T. S. 엘리엇 詩劇

T. S. 엘리엇 연구총서 3

T. S. 엘리엇 詩劇

한국 T. S. 엘리엇학회 편

도서출판 동인

❧ 발간사

한국T.S.엘리엇학회는 학회지『T. S. 엘리엇연구』의 발간 10주년을 기념하는 사업의 일환으로 단행본 총서 시리즈를 발간하는 사업을 2004년에 확정지어 현재까지 추진해왔다. 그리하여 본 학회는 시인 엘리엇을 다룬『T. S. 엘리엇 詩』를 총서의 제 1권으로 2006년 2월에 발간했고, 뒤이어 제 2권『T. S. 엘리엇 批評』을 2007년 11월에 발간한 바 있다. 이번에도 본 학회는 제 1권에서 밝힌 편집원칙을 준수하고, 그 동안의 경험에 의거하여 여러 차례 발간회의를 거쳐 극작가 엘리엇을 조명한 총서 제 3권『T. S. 엘리엇 詩劇』을 발간하게 되었다. 이로써 본 학회는 학회지 창간 10주년 기념 총서발간사업을 5년여에 걸친 각고 끝에 완수하게 되었다.

T. S. 엘리엇은 20세기 최고의 시인・비평가일 뿐만 아니라 극작가로서도 괄목할만한 업적을 남긴 대문호이다. 엘리엇은 실험적인 미완성 극작품「서언의 단편」("Fragment of a Prologue" 1926)과「투쟁의 단편」("Fragment of an Agon" 1927)을 합친「스위니 아고니스테스: 아리스토파네스풍의 통속극의 단편들」("Sweeney Agonistes: Fragments of an Aristophanic Melodrama" 1932)과「반석」("The Rock" 1934)을 제외하면 전생을 통해 모두 다섯 편의 시극을 출간한 셈이다. 엘리엇이 쓴 다섯 편의 시극은『대성당의 살인』(*Murder in the Cathedral* 1935)을 비롯하여『가족 재회』(*The Family Reunion* 1939),『칵테일 파티』(*The Cocktail Party* 1949),『비서』(*The Confidential Clerk* 1953)와『원로 정치가』(*The Elder Statesman* 1959)이다.

극작가로서 엘리엇의 변신은『황무지』(*The Waste Land*)를 정점으로 하여 영국국교도로 개종한 1927년을 전후하여 생의 말년에 이르는 시기로서 복잡한 그의 종교적 경험과 종교사상・철학이 원숙하게 발전한 여정이었다. 스미스(Carol H. Smith)는 엘리엇의「반석」과『대성당의 살인』이 아무 손색이 없는 종교시인의 작품이며, 뒤따르는 다른 주요 작품 『가족 재회』, 『칵테일 파티』, 『비서』도 엘리엇이 쓴 것으로 보기에는 믿어지지 않을 정도로 표면상 사실주의 범주에 속하는 작품들이나 극적 행동 가운데 신비스런 종교적 상징주의와 초자연적인 세계가 스며든 명백한 증거가 있다고 주장한 바 있다. 또 스미스는 서구의 연극이 제의식(祭儀式)에서 기원했고 또 완벽하게 질서를 갖춘 세계를 극적으로 표현할 수 있는 수용력 때문에 엘리엇이 자신의 종교적 통찰을 표현할 수 있는 완전한 수단을 연극에서 찾은 것이라고 피력한 바 있다. 현실세계의 무질서에 대한 절망에서 개종을 통해 초자연적인 질서를 수용함으로써 엘리엇은 혼돈의 세계에 의미와 통일성을 부여하기 위해 연극이라는 예술 양식을 선택했는지도 모른다. 그리하여 엘리엇 극의 주제는 신적인 세계의 질서를 인지하면서 현실세계에서 살아가도록 강요받는 인물들의 실존적 문제와 깊은 관련이 있다. 이러한 실존적 문제를 중심으로 이번 총서에 수록된 논문들은 엘리엇의 시극에 담겨 있는 그의 후기 문학의 진수를 드러내고 있다.

    5부로 구성되어 있는 총서 제3권 『T. S. 엘리엇 詩劇』에는 총 18편의 논문이 수록되어 있으며, 각 논문은 시극이 발표된 연대순에 따라 배열되어 있다. 이번에 발간되는 제3권의 경우 학회지에 발표된 엘리엇의 시극에 관한 논문이 총서 제1권 『T. S. 엘리엇 詩』와 제2권 『T. S. 엘리엇 批評』의 논문 수에 비하여 턱없이 부족하여 한 권의 책으로 발간하는데 어려움이 있었다. 이 어려움을 해결하기 위한 방안으로 부득이 몇 편의 예외적인 논문이 수록되었다. 즉 한 필자가 쓴 두 편의 논문, 그리고 시극과 직접적인 관련이 없는 논문들이 수록되었다는 점이다. 이것은 발간위원회가 시극을 단행본으로 출판하기 위해 취할 수밖에 없었던 불가피한 선택이었다. 창간호부터 그 후 10년 동안 학회지에 발표된 논문에 주력하는 한편, 엘리엇의 극작품에 관한 논문이 한 편도 발표된 적이 없는 경우에는 원로 회원님들께 원고를 청탁하거나 혹은 이미 출판된 원고로 대체한 것이다. 총서 『T. S. 엘리엇 詩劇』은 시극과 직접적으로 관련이 있는 논문 13편 외에 엘리엇의 시극과 다른 작품을 이해하는데 도움을 주는 종교 및 철학에 관한 논문 5편을 수록하고 있다.
　제 1부에는 엘리엇의 희곡 작품을 개관하는 3편의 논문이 수록되어 있다. 그 중 2편의 글은 이창배 선생님이 1988년『T. S. 엘리엇 전집』에 발표한 것을 필자의 허락을 받아 수록한 것이다. 이 글들은 엘리엇의 주요 극작품을 요약하여 개관할 뿐만 아니라 그의 시극의 발전과 인간적인 변모과정을 개괄적으로 보여주고 있다. 또 다른 글은 시극에서 엘리엇이 종교적 주제를 표현하는 극적 장치로서 미스터리의 요소들을 어떻게 사용하고 있는지를 살펴보면서, 그가 극에서 사용한 탐정소설적인 미스터리의 의미와 역할을 연구한 논문이다.
　제 2부에는 4편의 논문이 수록되어 있다. 그것들은 엘리엇이 극작가로서 초기에 쓴 실험적인 작품『스위니 아고니스테스』와 종교적인『대성당의 살인』을 다룬 논문들이다. 엘리엇의 미완성 작품인『스위니 아고니스테스』는 필자가 삶, 죽음, 재생을 종교적인 관점에서 접근한 논문이고, 나머지 3편은 우리나라에서도 공연된 바 있는『대성당의 살인』을 각각 그 극의 연극성, 주제와 언어, 정신 분석학적 측면에서 본 죽음에 관한 글이다.
　제 3부에는 3편의 논문이 수록되어 있고, 각 논문이 서로 다른 작품을 다루고 있다. 그것은 엘리엇이 작가로서 원숙한 시기에 쓴 작품으로서『가족 재회』,『칵테일 파티』,『비서』이다.『가족 재회』는 학회지에 발표된 논문이 전무하여 학회의 원로이신 최종수 선생님께 특별히 청탁하여 수록한 글이다. 그리하여『가족 재회』는 특정한 관점에서 쓴 논문이라기보다 일반 독자의 이해를 돕기 위해 쓴 개괄적인 작품해석에 초점을 둔 글이다. 나머지 2편『칵테일 파티』와『비서』는 각각 기독교적인 관점과 불교적인 관점에서 접근한 논문들이다.
　제 4부에 실린 3 편의 논문은 서로 상이한 관점에서 엘리엇의 마지막 시극인『원로 정치가』를 다루고 있다. 첫 번째 논문은 융(Carl G. Jung)의 분석심리학의 "개성화 과정"에 대한 시적 변용에 입각하여 읽은 것이고, 두 번째 논문은 프랑스 철학자 베르그송(Henri Bergsong)의 철학에 기초하여 접근한 것이며, 세 번째 논문은 불교적인 관점에서『원로 정치가』를 읽은 것이다.
　제 5부는 엘리엇의 시극과 직접적인 관계는 없으나 엘리엇의 작품의 근간

을 이루고 있는 다양한 종교사상과 철학사상을 다루고 있다. 엘리엇의 작품에 깊게 스며있는 다양한 사상은 기독교 신학, 인문주의 사상, 중국사상, 기독교적 실존사상 등이다.

　엘리엇 총서 제 3권 『T. S. 엘리엇 詩劇』은 학회지 창간 10주년을 기념하는 사업 중 하나로 기획된 연구서 발간사업의 완결편이다. 이번 총서에 수록된 논문들도 총서 제 1, 2권에 수록된 논문들과 마찬가지로 학회지가 창간된 1993년부터 2002년 사이에 발표된 것을 중심으로 장기간에 걸쳐 필자들이 수정 혹은 보완하거나 새로 집필한 글이다. 『T. S. 엘리엇 詩劇』은 학회지 창간 이후 10년 동안 축적된 학회의 연구역량을 총집합했을 뿐만 아니라 향후 엘리엇 연구에 새로운 방향을 제시해 주고 있다는 점에서 그 의의 또한 크다. 특히 『T. S. 엘리엇 詩劇』은 시인·비평가로서 20세기에 위대한 업적을 남긴 엘리엇을 극작가로서 조명한 것으로서 대문호 엘리엇 삶의 결정판이라고 할 수 있다.

　끝으로 총서 제 3권을 발간함에 있어 엘리엇 연구의 발전과 학회의 발전을 위해 논문을 집필해 주신 필자님들께 심심한 사의를 표한다. 또 이 총서가 완결될 때까지 헌신적으로 편집에 참여해 주신 발간위원님들과 김구슬 현 학회장을 비롯한 임원들께도 고마움을 전한다. 특히 제 3권의 발간을 위해 발간위원회의 간사 역할을 맡아 온 허정자 선생님께 고마움을 표한다. 아울러 총서 시리즈 발간사업이 완결되기까지 시종일관 격려와 조언을 보내주신 여러 회원님들께 감사를 드린다. 끝으로 총서 제 1권, 제 2권에 이어 제 3권의 발간을 맡아준 동인출판사의 이성모 사장님과 박하얀 양에게도 이 자리를 빌어 고마움을 표한다.

2009년 9월
총서발간위원회 위원장 노저용

❧ T. S. 엘리엇 연보

1888년 9월 26일   Henry Ware Eliot과 Charlotte Champe Stearns Eliot의 일곱 번째 막내둥이로 미국 Missouri 주 St. Louis에서 출생. 그의 조상 Andrew Eliot이 1668년에 영국 Somerset 주 East Coker에서 Massachusetts Bay Colony로 이주. 그의 할아버지 William Greenleaf Eliot은 1834년 Harvard College를 졸업하고, St. Louis로 옮겨 목사로서 최초의 유니테리언 교회 건립. 또 Washington University, Smith Academy, St. Mary 학교도 설립.
1898년   Smith Academy 입학.
1905년   *Smith Academy Record*에 처음으로 시 발표. Smith Academy 졸업 후 Massachusetts 주 Milton Academy에 입학.
1906년   Harvard 대학교 입학.
1907년   *Harvard Advocate*에 습작 시 발표.
1909년   B. A. 학위 취득. 희랍어, 나전어, 독일어, 불어, 영어영문학, 역사, 프로렌틴 회화, 역사 등 수강.
1910년   M. A. 학위 취득. Irving Babbitt, George Santayana, W. D. Briggs 교수의 강의 수강. 9월 프랑스 Sorbonne 대학에서 1년간 베르그송의 강의를 수강하기 위해 도불. Alain-Fournier로부터 불어 개인지도 받음. 의학도 Jean Verdenal과 친교 맺음.
1911년   Harvard대학교 철학과 박사과정 입학.
희랍철학, 실험 심리학, Descartes, Spinoza, Leibniz 연구. 인도어, 철학, 산스크리트 강의 수강.
"The Love Song of J. Alfred Prufrock," "Portrait of a Lady," "Preludes"와 "Rhapsody on a Windy Night" 씀.
1912년   철학과 조교로 임명. Emily Hale 만남. 논리학, 칸트철학, 심리학, 형이상학 등 연구.
1913년   윤리학, 형이상학 세미나 및 Josiah Royce의 세미나 수강. 영국철학

	자 F. H. Bradley의 저서 *Appearance and Reality* 탐독. Bradley 철학에 관하여 박사학위 논문 쓰기로 결정.
1914년	Bertrand Russell 만남. Harvard 대학으로부터 장학금 받아 옥스퍼드에서 1년간 연구함. 옥스퍼드에서 Harold Joachim 지도로 아리스토텔레스의 철학 연구. 영국 도착 전에 독일 Marburg 대학에서 국제여름학교 참가 예정이었으나 제1차 세계대전의 발발로 독일에서 약 2주 체류했다가 8월 말경 급히 런던으로 피신. 9월 22일 런던에서 Ezra Pound를 만나 평생에 걸친 우정 시작.
1915년	6월 26일 영국인 Vivienne Haigh-Wood와 결혼. 8월 잠시 미국 귀국 부모상봉. "The Love Song of J. Alfred Prufrock"을 미국의 시 전문지 *Poetry*에 발표함. "Preludes"와 "Rhapsody on a Windy Night"를 영국의 *Blast*에 최초로 발표함. 또 세 편의 시 "The Boston Evening Transcript," "Aunt Helen," "Cousin Nancy"를 *Poetry* 10월 호에 발표함. 뒤이어 11월 Ezra Pound가 편집한 현대시선 *Catholic Anthology*에 5편의 시 "The Love Song of J. Alfred Prufrock," "Portrait of a Lady," "The Boston Evening Transcript," "Miss Helen Slingsby," "Hysteria" 발표. High Wycombe 문법학교의 교사로 취업.
1916년	Highgate Junior School로 이직. Harvard 대학에 박사학위 논문 제출, 우수한 논문으로 평가되었으나 구술시험에 참석하지 못함. 저널에 서평 기고 시작. 옥스퍼드 대학교 및 런던 대학교 연장강의 시작하여 1918년까지 지속.
1917년	3월에 London City에 있는 Lloyds은행 입사. 발표된 12편의 시를 모아 첫 시집 *Prufrock and Other Observations*를 6월에 출간. *The Egoist* 잡지의 부 편집장직 맡음. 불어 시와 4행시 씀.
1919년	1월 부친 Henry Ware Eliot 타계. "Burbank with a Baedeker: Bleistein with a Cigar"와 "Sweeney Erect"를 계간지 *Art and Letters*의 여름 호에 발표. *The Egoist*에 평론 "Tradition and the Individual Talent" 발표.
1920년	2월 시집 *Ara Vos Vrec* 출간. 11월 평론집 *The Sacred Wood* 발간.

1921년	신경쇠약 진단받고 Lloyds로부터 3개월간 유급휴가 받음. 처음 Margate로 휴양 갔다가 스위스의 Lausanne로 옮김. Lausanne로 가는 길에 파리에서 Pound 만나고 Vivienne는 파리에 남겨 둠. Lausanne에서 "The Waste Land"의 후반부 탈고. 1922년 1월 중순경 런던으로 귀가하여 복직. 3월까지 Pound의 도움으로 "The Waste Land" 추가 수정.
1922년	계간지 *The Criterion* 편집장 맡음. 10월 중순 *The Criterion* 창간호에 "The Waste Land" 발표. 11월 미국의 *The Dial*에 발표. 12월 자신의 "Notes"를 포함한 단행본 *The Waste Land*가 뉴욕의 Boni & Liveright 출판사에서 출간. The Dial Award 수상.
1924년	평론집 *Homage to John Dryden* 출간.
1925년	Lloyds 은행에서 Faber & Gwyer 출판사로 이직. *Poems, 1909-1925*를 Faber 사에서 출간.
1926년	케임브리지 대학교에서 Clark Lectures 강의. "Fragment of a Prologue"를 *The New Criterion*에 발표.
1927년	영국국교회에서 세례와 견진 받음. 영국 신민으로 귀화. "The Journey of the Magi"를 "The Ariel Poems, No. 8"로 Faber & Gwyer에서 출간. "Fragment of an Agon"을 *The New Criterion*에 발표.
1928년	"Salutation"을 *The Monthly Criterion*에 발표. "A Song for Simeon"을 "The Ariel Poems, No. 16"으로 출간. 평론집 *For Lancelot Andrewes: Essays on Style and Order* 출간.
1929년	9월 모친 Charlotte Champe Eliot 타계. 평론집 *Dante*와 시작품 "Animula" 발표.
1930년	*Ash-Wednesday*, "Marina," St.-J. Perse의 *Anabase* 영역본 출간.
1931년	"Triumphal March" 발표.
1932년	*Selected Essays 1917-1932* 출간. Harvard 대학교 Charles Eliot Norton 강연자로 1년간 미국 체류. "Fragment of a Prologue"와 "Fragment of an Agon"을 *Sweeney Agonistes*라는 제목으로 단행본 출간.
1933년	Charles Eliot Norton 강연집 *The Use of Poetry and the Use of*

	Criticism 출간. Vivienne과 별거. University of Virginia에서 Page-Barbour Lectures 강연. The Johns Hopkins대학교 강연.
1934년	Page-Barbour Lectures를 단행본으로 묶어 *After Strange Gods*로 발간.
1935년	Canterbury Cathedral에서 *Murder in the Cathedral* 초연.
1936년	"Burnt Norton"을 수록한 *Collected Poems 1909-1935* 발간.
1937년	East Coker 방문.
1939년	*The Family Reunion* 첫 공연. *The Idea of a Christian Society*와 *Old Possum's Book of Practical Cats* 출간.
1940년	"East Coker"를 *The New English Weekly*의 부활절 호에 발간.
1941년	"The Dry Salvages"를 Faber & Faber에서 발간.
1942년	"Little Gidding"을 Faber & Faber에서 발간.
1943년	*Four Quartets*를 미국 Harcourt, Brace and Company에서 발간.
1947년	Harvard, Yale, Princeton 대학교로부터 명예 박사학위 받음. Vivienne 세상 떠남.
1948년	Penguin 판 *Selected Poems* 발간. *Notes Towards the Definition of Culture* 발간. Order of Merit 및 노벨 문학상 수상.
1949년	*The Cocktail Party* 초연.
1951년	1950년 11월 하버드 대학교에서 행한 The Theodore Spencer Memorial Lecture를 *Poetry and Drama*로 출간.
1952년	미국판 *The Complete Poems and Plays* 출간.
1953년	*The Confidential Clerk* 초연. John Hayward가 편집한 엘리엇의 *Selected Prose*를 Penguin사에서 출간.
1955년	The Hanseatic Goethe Award 수상.
1957년	Valerie Fletcher와 재혼. *On Poetry and Poets* 출간.
1958년	Edinburgh 축제에서 *The Elder Statesman* 초연.
1963년	*Collected Poems 1909-1962* 출간.
1964년	US Medal of Freedom 수상. *Knowledge and Experience in the Philosophy of F. H. Bradley* 출간.
1965년	1월 4일 타계. 유언에 따라 그의 유골이 East Coker의 St. Michael

	Church에 안장됨. *To Criticise the Critic and Other Writings* 출간.
1969년	*Complete Poems and Plays* 출간.
1971년	Valerie Eliot의 편집으로 *The Waste Land: a Facsimile & Transcript of the Original Drafts Including the Annotation of Ezra Pound* 출간.
1988년	탄신 100주년을 맞아 Valerie여사가 서간집 제1권 *The Letters of T. S. Eliot: 1898-1922*를 발간.
1993년	Cambridge대학교 강연(Clark Lectures 1926)과 The Johns Hopkins대학교 강연(Turnbull Lectures 1933)을 Ronald Schuchard가 편집하여 Faber에서 *The Varieties of Metaphysical Poetry* 발간.
1996년	Christopher Ricks의 편집으로 *Inventions of the March Hare: Poems 1909-1917* 발간.
2009년	서간집 제2권 *The Letters of T. S. Eliot: 1922-1928*이 Valerie 여사에 의해 발간될 예정.

| 차 례 |

- 발간사 ……………………………………………………………………… 5
- T. S. 엘리엇 연보 ………………………………………………………… 9

제1부 T. S. 엘리엇의 시극 개관

1. 5대 시극 심층 분석 ………………………………………………… 19
   이창배

2. 시극『칵테일 파티』·『비서』·『원로 정치가』를 통해서 본
   엘리엇의 인간적 성숙과 변모의 자취 ………………………… 55
   이창배

3. 엘리엇 시극에 비친 미스터리 ……………………………………… 77
   최영승

제2부 『스위니 아고니스테스』와『대성당의 살인』

1. 실패한 의식:『스위니 아고니스테스』에 대한 종교적 접근 ……… 123
   허정자

2. 엘리엇 시극의 연극성: 극적 구조의 유동적 의미작용
   -『대성당의 시해』를 중심으로 ………………………………… 155
   김재화

3. 말과 음악의 코러스 춤에 담겨지는 예배극:
   『대성당의 살인』의 주제와 언어고찰 ………………………… 181
   김 한

4. 타자의 욕망으로서의 순교:『대성당에서의 살인』읽기 ………… 223
   이정호

- 제3부 『가족 재회』・『칵테일 파티』・『비서』

    1. 『가족 재회』의 이해 ·· 257
       최종수
    2. 엘리엇의 시극과 구원의 길 -『칵테일 파티』를 중심으로 ··········· 283
       김양수
    3. 엘리엇의 『비서』와 불교 ··· 309
       정갑동

- 제4부 『원로 정치가』

    1. 융의 "개성화 과정"과 『원로 정치가』 ································ 345
       배희진
    2. 『원로 정치가』에서의 순수 기억과 죄의식 ·························· 369
       양재용
    3. 『원로 정치가』에서 클레버튼 경의 "자아" 탐구 ····················· 403
       최희섭

- 제5부 T. S. 엘리엇과 종교

    1. 앵글로 가톨리시즘 탐구 - 엘리엇은 무엇에 귀의했나? ············· 439
       가윈 더 루
    2. 엘리엇의 문화론의 성서적 고찰 ···································· 451
       김명옥
    3. 휴머니즘과 종교 ··· 471
       노저용
    4. 엘리엇의 중국학 ··· 501
       양병현
    5. 엘리엇의 시에 대한 실존적 연구 ··································· 527
       이준학

제1부

T. S. 엘리엇의 시극 개관

5대 시극 심층 분석

| 이창배 |

『대성당의 살인』(Murder in the Cathedral)

이 극은 1935년 캔터베리 축제 때에 공연할 목적으로 쓰여진 엘리엇의 최초의 본격적인 시극이다. 캔터베리 대주교의 순교를 다룬 이 극은 12세기의 역사적 사실에 기초한 종교극이고 역사극이지만, 엘리엇은 이 극에서 역사적 사실 그 자체보다는 토마스 베켓(Tomas Becket)의 순교정신에 크게 역점을 두고 있다.

정신주의의 영원한 승리는 엘리엇 시와 극에서 여러 가지 형태로 표현된 그의 문학의 중심적 주제이다. 그것이 『대성당의 살인』에서는 토마스 베켓의 순교정신과 그에 따르는 고뇌의 양상으로 부각된다. 엘리엇은 베켓의 순교정신을 강조하여 그 의미를 드러내기 위하여 그것과 대조되는 세속주의적 차원을 제시하여 두 차원의 대조와 갈등의 과정으로 주제를 전개하고 있다. 즉 이 극에서 캔터베리의 대주교 토마스는 정신주의적 차원을 대표하고, 유혹자와 기사들은 세속주의적 차원을 대표한다. 그리고 이 극에 등장인물로 되어 있는 네 사람의 유혹자들은 사실상 순교의 길을 각오한 토마스의 심중의 갈등상을 극화하기 위한 우의적인 인물들이라고 볼 수 있다.

엘리엇이 강조하는 베켓의 순교정신은 죄와 속죄의 갈등 대립에서 죄를 물리치고 속죄의 길로 나아가는 본질적인 기독교 정신이다. 이 극은 표면상

---

* 이 논문은 필자의 저서 『T. S. 엘리엇 전집』(1988, 민음사)에 수록·발표된 글임.

헨리 II세에 대항하여 왕권에의 순종을 거부하고 교권의 우위를 주장하다가 왕과 그 추종자들의 손에 처치당한 토마스 대주교의 정치적 비극담이지만, 엘리엇은 토마스가 세속적 권력에 희생 됨으로써 천상의 영광으로 나아간 기독교적 구원사상을 극화하고자 한 것이다. 온갖 유혹과 협박에 굴하지 않고 순교의 길로 나아간 토마스는 바로 그리스도 자신이다. 엘리엇은 국왕과 주교의 정치적 암투의 경위와 시비를 가리는 데 목적을 두지 않고 순교자적 고난의 의미를 천명하여 토마스가 택한 길이 결국 하나님의 뜻이고 영원한 승리라는 것을 보이고자 하였다.

『대성당의 살인』에 등장하는 캔터베리 여인들로 구성된 코러스는 희랍극의 수법을 본딴 것으로서, 글자 그대로 노래를 부르는 멤버들이 아니라, 극의 내러이터와 비슷하게 사건의 진행과정에 수시로 나타나서 방관자적 입장에서 전개되는 사건의 미래를 예고하기도 하고 숨은 뜻을 드러내 보이기도 하는 극작상의 한 약속이다. (자세한 논의는『T. S. 엘리엇 연구 – 인간과 문학』(1988, 민음사), 128-133쪽을 참조할 것.)

극은 토마스 대주교가 망명 길에 나선 7년 간을 회고하며, 재난의 임박을 예감하는 코러스의 말로 시작하여, 결국 토마스가 프랑스를 떠나 이미 영국에 들어와 있다는 전령의 통보로써 긴장의 국면에 접어든다. 그의 귀국이 과연 국왕과의 화해인가, 아니면 자존심의 포기인가, 자유를 보장받은 것인가를 의심하는 사제들과 전령 사이의 대화가 이어지고 대주교의 신상에 불길한 일이 있을 것을 염려하는 불안감 속에 돌연 토마스가 등장한다. 그는 국왕 쪽의 '적'들이 술책과 음모와 감시로써 자기의 귀국을 방해하고 구실과 기회를 노려 자기를 살해하고자 한다고 말한다. 그러나 그는 순간적으로 닥쳐 올 '결말'에 대하여 불안을 느끼기보다는 그것이 '신의 뜻하신 바'임을 각오하고 있다.

유혹자들이 차례로 등장하여 토마스의 결심을 흔들고자 애쓴다. 첫 번째 유혹자는 토마스가 국왕과 막역하던 과거를 회상시키며, 자존심을 꺾고 적당히 타협하여 옛날의 환락으로 돌아가는 것이 좋을 것이라고 말한다. 두 번째 유혹자는 토마스가 대주교로 임명되자 대법관직을 사임한 것이 과오였음을 지적하고, 다시 그 권좌에 올라 현세적이고 실질적인 힘을 향유하면 대주교겸 대법관으로서 지상의 번영을 가져오고 천상의 영광을 누릴 것이라고 권고하며 "권력은 현세의 것, 신은 후세의 것"이라고 유혹한다. 그러나 대주교의 자존심은 흔들리지 않는다.

> 안된다. 천국과 지옥의 열쇠를 쥔, 영국에서 최고 유일의 자리에 앉은 내가, 교황으로부터 권력을 받아, 묶는 것과 푸는 것을 맘대로 할 수 있는 내가, 그래 미미한 권력을 탐내어 몸을 굽히겠는가?
>
> No, shall I, who keep the keys
> Of heaven and hell, supreme alone in England,
> To bind and loose, with power from the Pope
> Descend to desire a punier power?

세 번째 유혹자는 교회의 힘을 빌어 국왕과 맞서 싸우기를 권고하고, 네 번째 유혹자는 토마스가 생각하는 대로 "이미 선택한 길"로 나아가 천국의 주인이 되어 삶과 죽음의 실꾸리를 마음대로 조종할 수 있는 영광을 누리라고 한다. 그는 순교자가 되어 "영원한 신 앞에 머무르는 성도의 영광"을 누리라고 유혹하지만 토마스는 그것이 신의 뜻이 아님을 안다. 이 유혹에 대하여 토마스는 그것이 영혼의 병이고 영광을 느끼며 파멸로 이끌리는 길이라고 말한다. 그는 그러한 죄짓은 영광에서 벗어나자면 다만 죄를 더하는 역설적 방법밖에 없다는 것을 알고 있고, "그릇된 이유에서 옳은 행동을 한다는 것"(To do right deed for the wrong reason), "죄악은 선행과 더불어 자란다"(Sin grows with doing good)는 것을 깊이 깨닫는다. 옳게 신을 섬기는 자는 섬기는 영광마저 바라지 않는 것이다.

제 I부와 II부 사이의 막간 대사는 1170년 크리스마스날 아침 캔터베리 성당에서의 대주교의 설교문이다. 이 설교문에서 대주교는 순교의 참 뜻을 강조하여 "순교자나 성도는 언제나 신의 의지에 따라 이루어지는 것이니, 인간에 대한 신의 사랑은 인간을 수호하고 인간에게 길을 가르쳐 신의 길로 인간을 돌아가게 하는 것입니다. 순교는 인간의 마음대로 이루어지지 않습니다. 참된 순교자란 신의 뜻대로 되어버린 사람이므로, 그는 신의 의지 속에 자신의 의지를 버리고 맙니다. 아니 버린 것이 아니라, 신의 의지 속에 자신의 의지를 찾는 거지요, 왜냐하면 신에 복종함으로써 자유를 찾기 때문입니다. 순교자는 자기에 대하여 아무 것도 바라지 않습니다. 순교의 영광마저 바라지 않습니다"라고 설교함으로써, 스스로 자기의 결심을 다짐한다. 그는 이미 순교의 각오가 되어 있어서, 다시는 이 설교단에 서지 않을지도 모른다는 비장한 각오를 암시한다.

제 II부는 크리스마스 4일 후, 대주교의 집무실로 네 명의 기사들이 들이닥쳐 왕명을 전달하고, 대주교에게 최후의 기회를 주고 난 후, 그에게 끝내 회개하는 기색이 없자, 그를 성당 안으로 끌어내어 살해하는 장면이다. 기사들은 토마스가 왕명을 거역하고 국법을 어겼다고 협박한다. 그들은 대주교란 본시 국왕이 임명한 자리이므로 그 지위에서 왕명을 수행하도록 되어 있는데, 국왕을 타고 올라, "기만과 사기와 허위를 자행하고, 맹세를 깨뜨리고 국왕을 배반하였다"라고 토마스의 죄상을 나열한다. 여기에 맞서 항변하는 대주교에게 달려드는 기사들 사이에서 사제들은 주교에게 피신을 권하지만 그는 "그리로 가는 길, 누가 나를 거부할 것이냐." "지복(至福)을 알리는 소리 귓전에 떨린다. 천국의 눈짓, 속삭임 들려온다"라고 말하면서 기쁨에 찬 심정으로 순교의 순간을 맞이한다. 사제들이 성당의 문을 닫으려고 하자, 토마스는 교회는 항상 문이 열려 있어야 하니 문의 빗장을 열라고 호통치는 순간 기사들은 집무실 안으로 난입하여 그를 살해한다. 극의 종말부는 네 명의 기사가 차례로 주교를 살해한 자기들의 행동이 정당했음을 주장하는 변론과 신의 영광을 찬미하는 코러스의 말로 끝맺는다. 기사들의 변론에는 국왕과 주교의 대립에 이르기까지의 과정과 당시의 혼란한 역사적 상황이 잘 진술되어 있다.

『가족의 재회』(The Family Reunion)

이 극은 1939년 3월에 런던의 웨스트민스터 극장에서 첫 공연을 가진 엘리엇의 두 번째의 본격적인 시극이다.

영국의 북부 위시웃1)에 있는 몬첸시경(Lord Monchensey)의 저택 응접실에서 이날 이 집의 마나님, 미망인 에이미의 생일파티를 위하여, 에이미의 누이동생 아이비, 바이올렛, 아가싸 그리고 시동생 제랄드와 찰스, 그리고 에이미의 종형제의 딸 메어리 등이 에이미를 중심으로 둘러앉아 날씨 얘기를 하는 장면으로부터 시작하여 이 얘기 저 얘기를 주고 받는다. 이들은 오늘 8년 간의 방랑생활에서 돌아오기로 되어 있는 이 집의 장남 해리를 기다리고 있다. 에이미는 몬첸시경이 집에서 떠난 후 35년 간을 시골의 유서 깊은 이 저택을 지켜 온 것에 자부심을 느끼고 있지만, 그녀는 죽음을 눈 앞에 바라보고 있는 노인이고, 막내 동생 아가싸는 옥스퍼드 출신의 교직에 있는 인텔리 풍의 독신 여성이고, 제랄드와 찰스는 퇴역군인들, 최연소의 메어리는 30세 정도의 대학 출신의 현명한 지식여성이다.

아가싸만이 해리가 돌아올 것에 대하여 불안을 느끼고 있고 나머지 식구들은 모두가 해리가 돌아와 이 집을 잘 지켜 나갈 것이라고 믿는다. 그들은 모두 해리의 아내가 그를 끌고 나가서 "전 유럽으로 세계의 반은 돌아다니며" 사치를 일삼다가 1년 전 대서양 선상에서 어느날 밤 무슨 이유에서인지 투신 자살했다고 믿으면서, 그녀를 험담하는 자리에 해리가 돌아온다.

해리의 등장으로 이 극의 주제가 본격적으로 전개된다. 해리는 응접실에 들어서면서 자신을 환영하는 인사에는 귀를 기울이지 않고, "저것 봐요, 저게 안 보여요?"라고 외치면서 창문을 향하여 자기에게는 육안으로 볼 수 없는 어떤 것들이 분명히 보인다고 모두가 이해 할 수 없는 독백을 지껄임으로써 모두를 놀라게 한다.

이 극의 주인공 해리의 행동이나 말은 우리들 현실세계에 집착하는 정상적인 사람들에게는 이해가 가지 않는 별 차원의 의미를 대표한다. 우리들 세속적인 사람들은 시야가 현상적인 법칙에만 얽매여 내면과 본질을 들여다보지 못하고 표면적이고 시간적 세계에만 국한된다. 그리하여 시간과 현상 너머에 있는 의미를 이해하지 못하고 그것을 단순히 생성 변화의 물질적 측면에서만 해석하고, 자기 중심적이고 감각적인 입장에서 파악한다. 『대성당의 살인』에서의 기사들이 바로 그런 세계를 대표하는 인물들이고, 이 극에서는 해리,

---

1) Wishwood이라는 지명은 Eliot이 세례를 받은 영국 북부 Oxfordshire의 Finstock 근처 Wychwood Forest일 것이다(F. B. Pinion, *A T. S. Eliot Companion*, 236).

아가씨, 메어리를 제외한 기타의 인물들이 그런 인물들이다.

『대성당의 살인』에서의 코러스들이나, 이 극에서의 해리, 아가씨, 메어리 등은 정도의 차이는 있지만 모두가 정신세계에 살고 있는 인물들이기 때문에, 그들은 시공을 초월하여 우리가 감각으로써 파악할 수 없는 세계를 본다. 우리 대부분의 소위 '정상인'이라고 하는 사람들이 시간의 세계에만 살고 있다고 말한다면 해리와 같은 사람들은 무시간의 세계에 사는 '비정상적'인 사람들이라고 할 수 있다. 이렇게 차원이 다른 두 세계에 사는 사람들은 제각기 다른 관점에서 말을 하기 때문에 서로 이해가 안 되고 의사의 소통이 이루어지지 않는다. 말하자면 그들의 대화는 동문서답식이다. 해리는 "그저 시간, 시간, 시간, 그리고 변화니 변화가 없느니, 얘기란 그것 뿐이군요!... 그러면서도 딴 얘기는 하나도 안 하시는군요, 왜 요점을 피하십니까"라고 불평스럽게 말한다. 그의 눈에는 보이지 않는 것이 보이고 사건이란 것은 무의미하다. 즉, 그는 영원히 존재하는 것을 의식하는 정신적으로 특별히 발달된 사람이다. 그가 눈을 크게 뜨고서 눈에 보이는 것 너머를 응시할 때에 거기에는 시간의 구분도 없고, 삶이니 죽음이니 하는 것도 무의미한 것을 알게 된다. 이런 사람을 '정상적인' 사람들이 보았을 때엔 정신병자로 보이지만, 실은 그 사람이 정상적이고, 우리들 '정상적'인 사람들이 바로 병든 사람들이라고 할 수 있다. 엘리엇은 항상 그의 문학에서 해리와 같은 입장에 서서 "영원히 존재하는 세계"에 가치를 두고 한편으론 우리의 현실세계의 무의미함을 여러 가지 표현으로 드러내 보인다.

해리의 실재의식은 원죄의식과 직결된다. 즉 그의 깨어 있는 눈에 비친 인간은 모두가 아담의 원죄를 짊어지고 있다. 그래서 그 의식을 대표하는 해리는 대서양 선상에서 죽은 아내를 자기가 살해한 것으로 생각하고, 그 때문에 복수의 여신의 추적을 의식한다. 그가 의식하는 죄의식은 우리가 말하는 양심의 가책이란 것보다 보편적이고 한층 근본적인 기독교인이 갖는 인간의 실재에 대한 자각이다. 해리는 이렇게 말한다.

> 흔히 말하는 양심이라는 것보다 한층 깊은 문제입니다.... 병든 것은 내 양심이 아니라 내가 살고 있는 세계입니다.

> It goes a good deal deeper
> Than what people call their conscience; . . .
> . . . It is not my conscience,
> Not my mind, that is diseased, but the world
> I have to live in

(엘리엇이 이 극에서 해리로 하여금 아내를 죽였다는 죄의식에 시달리게 하고, 복수의 여신 Eumenides와 코러스를 등장시키는 등의 수법을 쓴 것은 그가 자기의 거의 모든 극에서 희랍 비극의 방법을 채택했기 때문이다. 에스킬루스의 3부작 *Agamemnon, Choephoro, Eumenides*의 사건과 주제의 상징 중 상당부분이 『가족의 재회』에 다른 형태로 이식되어 있는 바 이 문제는 『이창배전집』(2001) 제 8권 pp. 145-149에서 언급하였다.)

이제 다시 극의 줄거리로 돌아가기로 한다. 해리가 돌아와 망상에 사로잡힌 독백을 하자 에이미는 아들의 그런 망상이 피로 때문일 것이라고 해석하여 휴식을 권하고, 바이올렛은 해리에게는 의사의 진단이 필요하다고 제의하여, 의사 위버튼을 부르기로 했지만, 우선 그 이전에 해리의 여행에 동반했던 운전기사 다우닝의 증언을 들어 보기로 한다. 다우닝에 의하면, 해리는 "아침에 가라앉는가 하면 저녁엔 개인다는 식"이고, 늘 흥분하고, 자신을 망각하는 일이 있는 신경질적이고, 때로 심령의 세계를 느끼는 것 같이 보였다고 하며, 그 부인은 흥분하기 쉽고 밤에 배의 갑판에 나가 있다가 잘못해서 바다에 빠졌을지도 모른다는 것이다.

제 2장은 1장과 같은 방, 메어리와 아가싸의 대화에 이어서 주로 해리와 메어리의 대화로 구성되어 있다. 해리는 어린 시절을 같이 지냈던 메어리와 오랜만에 만나 회포를 푸는 대화를 주고 받는다. 해리는 메어리에게 집에 돌아오면 가정이란 곳이 인생이 공허하지 않고 단순해지는 곳으로 생각했는데, "어떤 것에서도 해방이 될 수 없고 간절히 피하고 싶었던 그 그림자들을 피할 수가 없다"고 강박관념에 시달리고 있음을 토로하고, 아울러 고독감·절망감 같은 것을 떨쳐버릴 수가 없다고 말한다. 메어리가 식사 준비를 하러 간다고 하자 해리는 그녀를 끝내 붙들어 놓고서 다시 얘기를 주고 받는다. 메어리는 해리만큼 정신능력이 투철하진 못하지만, 해리의 '망상'의 세계를 충분히 이

해한다. 해리는 지금 자기 집에 돌아와 메어리와 애기하고 있으면서 의식은 어떤 딴 세계 — 햇빛이 비치고 노래 소리가 들리는 축복의 나라 — 에 가 있다. 그는 그 황홀한 망상을 다음과 같이 표현한다.

  메어리는 내게 새 소식을 알린 거야, 복도의 끝 닿는 곳, 그곳에 열려 진 문, 그 문을 보여 준 거지. 거기에 햇빛과 노래소리. . . .

  . . . You bring me news
  Of a door that opens at the end of a corridor,
  Sunlight and singing. . . .

이것은 「번트 노튼」의 장미원의 비전과 일치하는 체험이다. 그리고서 해리는 특유의 정신세계의 체험을 초감각적인 화해와 은총이라고 다음과 같이 표현한다.

  모든 감각을 초월한 깊은 이해, 후각보다 더 깊은 그러나 무언가 형언할 순 없지만 냄새 같기도 한 저 세상에서 흘러 나오는 달콤하고 지독한 냄새. . . . 과거 어느 때보다도 힘차게 무슨 아지랑이 같은 것이 만물을 용해시키고 나를 용해시켜 버린다.

  That apprehension deeper than all sense,
  Deeper than the sense of smell, but like a smell
  In that is indescribable, a sweet and bitter smell
  From another world. . . .
  More potent than ever before, a vapour dissolving
  All other worlds, and me into it

엘리엇의 시 「마리너」의 세계와 똑같은 구절이다. 이런 황홀한 비젼을 체험하는 순간 해리는 눈으로 무엇인가를 보면서 "너희들은 어디 있느냐? 그 모습을 보여라"라고 소리 지른다. 이때 커튼이 열리고 창문 틈으로 복수의 세 여신이 보인다. 물론 이 복수의 여신들의 모습이 메어리에겐 안 보인다. 엘리엇은 이 복수의 여신을 무대에 등장시키느라고 연출기술상 매우 힘들었고, 그것이 끝내 맘 먹은대로 되지 않았다고 후회한 일이 있다.

제 3장도 같은 방. 해리, 메어리, 아이비, 바이올렛, 제랄드, 찰스 등이 모여앉아 대담하는 중에 메어리가 디너를 위한 옷을 갈아입기 위하여 퇴장. 해리의 동생 아써와 존이 늦는 것을 기다리고 있을 때에 에이미가 의사 워버튼을 데리고 등장. 워버튼이 해리와 잠시 대화하며 얼마 있다 모두 식당 쪽으로 간다.

제 II부 제 1장— 식후 이 저택의 서재에서 에이미의 부탁을 받은 의사 워버튼이 해리와 대화를 갖는다. 해리는 워버튼에게 지금까지 아버지에 관해서 아무것도 들은 일이 없으니 말을 해 달라고 하자 워버튼은 해리의 아버지는 해리가 아직 엄마 뱃속에 있을 때 어머니와 헤어져 외국에 나가 살다가 세상을 떴다고 말한다. 그리고서 워버튼은 에이미의 건강문제를 언급하며, 노령에 이르러 매우 쇠약하였으니 어떤 심려 끼치는 일은 삼가야 한다, 그리고 지금까지 지탱한 것은 해리가 돌아와 위시웃을 장악하는 것을 보고자 하는 집념 때문이었다고 말한다. 이때 경사 윈첼이 찾아와 존이 자동차 사고를 내서 부상을 입었다는 것을 가족들에게 알리고 얘기를 나눈다. 이 날 집에 돌아오기로 되어 있는 아써도 런던에서 자동차 사고를 냈다는 연락이 왔고, 그것이 신문에 나서 모두가 걱정한다. 제 1장은 코러스의 운율에 맞춘 발언으로써 끝난다. 코러스는『대성당의 살인』에서처럼 극중 장면을 초연하고 본질적인 입장에서 바라보고 그 의미를 제시하는 역할을 담당한다. 이 장면에서도 그들이 모든 일어나는 일은 과거와 미래로 연결되는 것이며 피할 길도 없는 운명적인 일이라고 이 집에 내린 저주의 필연성을 암시한다.

제 2장은 비록 표면상은 해리와 아가싸의 대화의 형식을 취하고 있지만, 전체가 해리의 독백이랄까, 그가 고뇌를 읊어대는 한 편의 시다. 본래 이 극 전체를 그렇게 볼 수도 있지만, 특히 제 II부 제 2장은 사건보다는 시가 지배적이다. 그렇게 보면 아가싸의 대답은 해리의 독백에 대한 응답이고 보충에 불과하다. 해리의 고뇌의식은 그의 원죄의식에서 비롯된다. 그것은 흔히 생각할 수 있는 죄의식과는 다른 근원적인 인간의 불행의식이다. 아가싸는 인간의 마음의 역사는 죄와 속죄를 탐구해 온 기록이라고 말하고, 해리는 고뇌는 불

행한 이 가족의 의식을 대표하는 것이라고 다음과 같이 말한다.

> 죄가 생길 때에는 그 암흑의 본능 속에서 번민과 고통을 겪다가 드디어 의식에 부딪혀 정화의 길을 찾게 되는 것이 아닐까. 너는 틀림없이 이 불행한 가족의 의식의 역할을 하는 것일 거야. 가족의 대표로 파견되어 연옥의 불 속을 나는 새임에 틀림없다.

> It is possible that sin may strain and struggle
> In its dark instinctive birth, to come to consciousness
> And to find expurgation. It is possible
> You are the consciousness of your unhappy family,
> Its bird sent flying through the purgatorial flame.

해리는 자기가 아내를 죽인 살인자라는 의식을 떨쳐버릴 수가 없었고, 아버지는 어머니를 살해할 생각을 가졌던 것으로 망상한다. 그리고 이 위시웃의 고옥에는 저주가 내리고 있다고 생각한다. 그래서 그는 계속 복수의 신의 추적을 의식하며 살아 왔다. 그는 "그 동안의 내 생활이라는 것은 계속 도망치는 것이었고, 내가 도망쳐 다니는 동안 유령들은 나를 뜯어먹고 살아 온 것을 이젠 알겠어요"라고 고통스런 의식을 토로한다.

한편 해리는 연옥의 문을 빠져나와 구원의 동산을 비젼에 그린다. 그 동산은 새 소리 들리고 햇볕이 따스한 영원의 낙원이다. 그는 그 구원의 동산에서 자기를 인도할 '당신'의 손길을 기대한다.

> 사슬은 끊어지고 회전은 멈추고, 기계소리도 멈추고, 황야는 개인다. 궁극적인 눈 至公한 태양 아래에서. 그리고 불순한 모든 것은 물러나고 정화는 시작된다.... 아, 그렇습니다. 당신은 작은 문으로 걸어 나오고, 나는 달려가 장미원에서 당신을 맞이했습니다.

> The chain breaks.
> The wheel stops, and the noise of machinery.
> And the desert is cleared, under the judicial sun
> Of the final eye, and the awful evacuation
> Cleanses. . . .

O my dear, and you walked through the little door
And I ran to meet you in the rose-garden.

해리는 이렇게 말하면서 가장의 일은 존에게 맡기고 다시 집을 나설 뜻을 비친다. 그는 틀림없이 『칵테일 파티』에서의 실리아처럼 선교사나 순교의 길을 생각하는 것이다.

제3장은 해리가 다시 집을 나가는 것을 안 에이미가 동생 아가싸에게 화풀이하는 장면으로부터 시작된다. 에이미는 남편 몬첸시경이 35년 전에 집을 나간 후 객지에서 죽고, 마지막 희망인 장남 해리마저 집을 나가게 되면 이 집을 계승할 사람이 없다는 절망감에 빠져, 그것이 모두 아가싸의 영향에 의한 것으로 알고서 "너는 내게서 모든 것을 빼앗아 갔다. 집과 가구와 토지 이외는"라고 원망스런 하소연을 한다. 그러나 에이미는 어디까지나 표면적인 정상적 차원에서만 생각하는 사람이기 때문에 해리와 아가싸의 뜻을 이해하지 못한다. 아가싸는 해리의 문제를 "이 세계에선 그것을 설명할 수는 없고 해결은 다른 세계에서 될 문제"라고 말한다. 해리가 가는 세계는 이 세계의 죽음을 넘어선 "새로운 생명의 탄생"이 있는 곳이다. 그 세계에선 죽음이란 말과 생명이란 말이 우리의 세계에서와는 다른 뜻으로 쓰인다. 그러니까 정신적 혹은 종교적 차원의 인간은 그 세계로 가야 하고 일상적 차원의 인간은 이 세계에 살아야 한다. 아가싸는 해리의 세계를 이해할 수 있는 사람이기 때문에 "우리는 제각기 자기의 길을 가야 한다"라고 말한다. 그러나 메어리는 여늬 사람과 마찬가지로 해리만한 투철한 정신능력이 없기 때문에 "두 세계 사이의 어느 쪽도 아닌 중간지대를 방황하다가" 틀림없이 다시 만나게 될 것이라고 말함으로써 죽어서 지옥도 천국도 아닌 림보 같은 곳에 머물게 될 것을 암시한다. 이 극은 해리가 '자기의 길'로 떠나고 에이미의 죽음이 암시되는 장면에서 끝난다. 이때 일등은 "우리는 이 순간에 보조를 맞추어야 한다. 그리고 의당 할 일은 할 수 밖에"(But we must adjust ourselves to the moment: we must do the righy thing)라고, 『황무지』 끝부분의 "나는 최소한 내 땅이나 정돈해야 할까?"(Shall I at least set my lands in order?)의 구절을 연상시키는 발언을 한다. 마지막으로 코러스는, 들어가는 길이나 나오는 길이 같고, 생과 사가 여일한

데, 우리는 다만 일상의 세계의 변화만을 바라보면서 "어둠 속에 길을 잃고 있다"라고 인생과 우주의 진리를 깨우친 목소리를 들려 준다.

『칵테일 파티』(The Cocktail Party)

『칵테일 파티』는 1949년 상영되고, 1950년에 출간된 3막 5장의 엘리엇의 극 중 가장 장편의 희극이다. 내용은 평범한 영국 중류 지식층의 사회에서 일어나는 별스럽지 않은 일을 바탕으로 엘리엇이 그의 시와 극에서 한결같이 취급하는 정신세계의 추구가 암시되어 있다. 이 '암시와 추측'의 세계는 똑바로 시선을 맞춰 볼 수 없는 정신세계여서, 엘리엇이 구분한 관중의 등급으로 말하면 최고급에 속하는 사람들만이 파악할 수 있는 영역이다. 그렇지만 시인은 그 사람들을 위해서만 극을 쓴 것은 아니다. 누구나 하나의 오락으로서 볼 수 있게 재미있는 줄거리와 위트와 암시적인 대사를 통하여 '詩'의 세계로 독자를 이끌어 가고 있다.

막이 오르자 주인공 에드워드씨 댁 응접실에서의 유쾌한 칵테일 파티 장면이 나타난다. 풍부한 위트가 섞인 사교장의 가벼운 담화가 진행됨에 따라 각 등장인물 간의 상호관계, 그들의 성격과 직업, 그리고 사건의 계기들이 점차 밝혀진다. 변호사인 주인공 에드워드는 그날 아침에 돌연히 아내 라뷔니아가 아무 말도 없이 집을 나갔기 때문에 준비한 칵테일 파티를 중지하려 했던 것인데, 채 연락이 되지 않아서 부득이 혼자서 호스트 노릇을 한다. 손님들에게 변명할 단계가 되어서는 할 수 없이 아내는 시골에서 앓고 있는 아주머니를 보러 갔다고 꾸며댄다. 라뷔니아를 제외한 등장인물 전부가 파티에 나와 있다. 영화 시나리오를 쓰는 피터라는 청년은 시를 쓰는 실리아를 사랑한다. 실리아는 가장 연소한 순진한 처녀인데 에드워드와 좋아하는 사이이다. 에드워드의 아내 라뷔니아는 피터를 좋아한다. 이렇게 자기가 사랑한다고 생각하는 사람과는 사랑할 수 없는 두 사람의 남자와 두 사람의 여자가 이 극의 중심 인물이다. 특히 에드워드 부처와 또 한 쌍의 남녀 피터와 실리아는 모든 면에서 대조적이다. 나머지 세 사람은 이 네 사람을 부각시키기 위한 인물들인데,

그 중 특히 중요한 인물은 제 II막에 이르기까지 정체를 알 수 없는 낯선 손님 라일리이다. 그는 일종의 정신병의사이다. 나머지 두 사람은 수선을 떨어대는 다변(多辯)한 중년이 지난 부인 줄리아와 외무성 같은데에 소속한 듯한 여행가이고, 자칭 요리전문가인 알렉산더이다.

제 I막은 실리아와 에드워드 간의 정신적 관계의 청산과 라뷔니아가 에드워드에게서 헤어졌다가 다시 돌아와서 정상적 부부관계를 회복하는 데까지의 진전이다. 제 1장에서 에드워드가 파티에 온 객들이 다 떠나고 낯모를 손님 하나만 남았을 때, 에드워드는 그에게 아내가 나간 후의 정신적 방면(放免)상태에서 오는 진정한 자아의식의 고민을 토로하고, 초인간적 정신능력을 가진 듯이 보이는 그 정체불명의 손님으로부터 라뷔니아를 다시 돌아오게 해 준다는 약속을 받는다. 그리고 나서 에드워드는 피터로부터 그가 실리아에 대하여 꿈같이 경험한 사랑의 이야기를 듣는다. 피터는 결국 실리아에게 끊을 수 없는 미련을 느끼면서도 실리아의 태도에 실망을 느끼고 거의 단념상태에 들어간다.

제 2장은 같은 방에서 15분 후 에드워드가 혼자서 트럼프를 치고 있을 때 실리아의 방문을 받는다. 아내가 나간 후의 에드워드의 정신적 공백은 실리아로써 채워질 수 있는 성질의 것이 아니다. 그리고 실리아도 자기가 에드워드에 대하여 느꼈던 사랑이 결국 허수아비에 대한 사랑과 같은 무의미한 것이었지, 자기에게 진정한 정신적 만족을 줄 만한 사랑이 아님을 깨닫게 되어 두 사람 사이의 감정적 유대를 끊고 만다.

제 3장은 다음 날 늦은 오후에 에드워드가 전의 그 낯모를 손님으로부터 다시 방문을 받는 장면이다. 그 낯모를 손님이 여전히 정체를 밝히지 않고 퇴장한 후, 실리아, 줄리아, 알렉산더, 피터가 차례차례 등장한다. 이들은 모두 라뷔니아의 초대를 받고 왔다는 것이지만, 그 사이 돌연히 나타난 라뷔니아는 그 사실을 부인한다. 그 문제에 대하여 한참 동안 대화가 있은 후 객들은 모두 사라지고 에드워드와 라뷔니아는 두 사람만이 남아 대화한다. 그들은 자기들의 새로운 결합이 결코 진정한 사랑의 결합이 아님을 의식하면서 다시 결합하게 된 것을 인정하고 상호간의 정신적 갈등과 자아의식에서 오는 일종의 죄의

식 때문에 화합되지 않는 대화를 계속한다.

　제 II막은 수 주일 후 라일리의 요양소 진찰실에서 에드워드와 라뷔니아와 실리아가 각각 정신적 진찰을 받고 자기의 길을 택하게 되는 장면이다. 장(場)의 구별이 없는 이 막에서 이 극의 중요한 테마가 전부 나타나고 모든 문제는 해결된다. 제 I막에서 그들 부처가 라일리의 진찰실에서 공교롭게 만나는 것 등 모든 신비스러웠던 사건들은 사실상 라일리와 줄리아와 알렉산더가 꾸며 놓은 일이었고, 이 세 사람은 에드워드 부처와 실리아, 그리고 피터에 대한 일종의 정신적 수호자의 입장에 있는 사람들이었음이 알려진다. 라일리는 그 중에서 가장 중심적 역할자이다. 라일리는 에드워드와 라뷔니아를 다시 정상적인 부부관계를 지속하는 길로 인도하고, 실리아는 성도(聖徒)의 길을 택하게 한다. 수호자들은 운명의 길을 걸어가는 이들에게 축배를 올리는 장면에서 막이 내린다. 다만 피터만이 아직 축원을 받지 못하는 미해결상태이다.

　제 III막은 2년 후 7월, 에드워드의 집 응접실에서 칵테일 파티를 준비하는 장면에서 시작된다. 이때 에드워드와 라뷔니아는 단란한 가정생활을 이루고 있다. 제 I막에서와 같은 등장인물들, 줄리아, 알렉산더, 피터, 라일리 등이 예기치 않은 이 장면에서 다시 만난다. 다만 실리아만이 나타나지 않는다. 피터는 캘리포니아에서 영화제작 중 영국에 출장온 길이었고, 알렉산더는 킨칸자라는 섬에서 돌아온 직후였다. 알렉산더는 실리아가 바로 그 킨칸자에서 특별지원 구호대원의 한사람으로 다른 두 사람의 대원과 함께 어느 구호단체에서 역병에 쓰러지는 토인들을 구호하다가 그때에 발생한 폭동에 몸을 피하지 못하고 붙들려 죽었다는 사실을 일동에게 전달한다. 이 말을 듣고 라일리만은 오히려 만족한 표정을 지으며, 실리아의 죽음은 자신이 택한 죽음이었으니 오히려 행복한 죽음이라고 말한다. 객들이 모두 사라진 후에 에드워드와 라뷔니아 두 사람만이 남아서 이 날의 칵테일 파티가 시작되기를 기다리는 데서 극은 끝난다.

　이 극에서 중요한 것은 에드워드 부처와 실리아가 각각 그들의 길을 택하는 과정과 그것이 의미하는 것이 무엇인가에 있다. 에드워드와 라뷔니아는 본래 성실하고 보수적인 지극히 평범한 인간들이다. 그들은 타성에 이끌려 부부의 생활을 살아갈 뿐 적극적인 사랑이 없다. 그들은 "집착과 욕망의 불"에서 해탈되어 높은 신의 사랑과 구원을 받을 수가 없다. 에드워드는 자기가 "벌써 오래 전에 결정된" 자기 인생을 "거기에서 도피하고자 몸부림치는 것은 하나의 가장에 불과한 것이니" 무엇이고 욕망을 붙일 수 있는 것이면 그것에 만족하고, 남아 있는 욕망이 무엇이든 그것을 마음에 지니고 싶다는 소극적인 심정을 고백한다. 그리고 인간의 심리상태에는 항상 두 가지 면이 있다는 것을 다음과 같이 말한다.

> "이러고 싶다", "저러고 싶다"라고 말할 수 있는 자아, 즉 의지를 구사하는 자아, 그것은 실로 허약한 것이다. 그 자아는 결국에 더욱 완강한 움직일 수 없는 자아와 타협하고 말지요, 그 자아는 말도 않고, 애기도 않고 어떤 주장을 논할 수도 없는 자아지만, 그것이 어떤 사람에 있어서는 수호자의 역할을 할 수 있구요, 나와 같은 사람에 있어서는 그것은 귀찮고, 달래기 힘들고, 꺾기 어려운 범속한 정신에 불과하지요. 의지의 자아가 마음에 없는 이 상대와의 결합을 파괴할 수도 있지만, 결국은 그 강력한 상대방의 법칙에 순종함으로써만 번영할 수 있는 것이지요.

> The self that can say 'I want this — or want that' —
> The self that wills — he is a feeble creature;
> He has to come to terms in the end
> With the obstinate, the tougher self; who does not speak,
> Who never talks, who cannot argue;
> And who in some men may be the guardian —
> But in men like me, the dull, the implacable,
> The indomitable spirit of mediocrity.
> The willing self can contrive the disaster
> Of this unwilling partnership — but can only flourish
> In submission to the rule of the stronger partner.

여기에서 에드워드는 물질적이고 육체적인 욕구를 지향하는 하나의 자아는 정신적인 면을 지향하는 더욱 완강한 또하나의 자아의 법칙에 순종함으로써만 번영할 수 있다고 말한다. 이렇게 생각하는 에드워드는 비록 그가 실리아와 같이 더욱 높은 사랑의 부름에 이끌려 구원의 길로 나갈 수 없다 하더라도 분명 "지옥에 갈 만한" 인간의 영광을 지닌 사람이다.

에드워드가 이러한 자아의식에 도달한 것은 라뷔니아와 헤어져 자기는 결국 "겨우 진부한 반응을 되풀이하는 기계에 지나지 않는다"는 것을 알게 되었고, 자기의 실재성(實在性)을 찾게 되었을 때였다. 라일리와 줄리아 등 수호자들이 라뷔니아로 하여금 집을 나가게 한 것은 그 두사람에게 어떤 면에서 지극히 다행한 일이었다. 제 I막 제 2장에서 줄리아가 축배를 올리면서 에드워드에게 다음과 같이 말한다.

 . . . 자, 당신에게 라뷔니아의 아주머니를 드립니다. 무슨 말인지 짐작하시겠지요.

 . . . Come, I give you
 Lavinia's aunt! You might have guessed it

라뷔니아는 아주머니가 아프다는 핑계로 집을 나갔었다. 그녀가 집을 나간 후 지금까지의 타성에서 벗어났을 때 에드워드는 하나의 방면(放免)상태를 경험한다. 그는 이제 더 이상 하나의 인간이라는 생각이 들지 않고 객체의 상태로 변질한 자기의 존재를 파악했었다. 즉 그는 자기가 인간이 아닌 살아있는 객체라고 느낀 것이다. 우리는 에드워드와 같이 때로는 자기를 객체화하여 볼 수 있는 기회가 있다. 그것을 라일리는 다음과 같은 훌륭한 비유로써 에드워드에게 설명한다.

 또 하나 외과수술의 경우를 예로 들어 볼까요. 외과의의 진찰을 받기 위하여 병원의 침대에 접근한다. 그리고 간호장과 말을 건넨다. 그때까지는 당신은 아직도 주체이고 현실의 중심이다. 그러나 수술대 위에 몸을 펼쳤을 때에 당신은 수선공장에 흩어진 한 개의 연장이나 다름없이 주위에 둘러선 마스크 쓴 배우들에게 제공되는 것이다. 당신에 관련되는 것이란 당신의 육체 뿐, '당신' 자체는 사라지고 맙니다. . . .

 Or, take a surgical operation.
 In consultation with the doctor and the suereon,
 In going to bed in the nursing home.

In taking to the matron, you are still the subject,
The center of reality. But, stretched on the table
You are a piece of furniture in a repair shop
For those who surround you, the masked doctors;
All there is of you is your body
And the 'you' is withdrawn.

에드워드가 이러한 객체의식을 가졌을 때에 느낀 것은 그가 정신병 의사 라일리 앞에서 고백한 것처럼, 자기 자신의 인격을 못 믿게된 것, 즉 자기가 보잘 것 없는 사람이라는 새로운 생각에 사로잡힌 것이다. 그것은 곧 자존심의 상실을 의미하는 것인데, 그 자존심이란 것은 죄를 의식치 않는 모든 인간이 자기가 '실재의 중심'이라고 생각하는 태도이다. 죄악은 거기서부터 이루어진다. 에드워드는 결국 라일리의 권고에 의하여 자존심을 회복하게 되지만, 그것은 그의 수줍은 성격의 범위 내에서 이루어질 것이고 항상 참회가 따를 것이니 구원의 길이 희미하게나마 열려 있는 것이다. 자존심을 상실하고 인격의 붕괴를 깨달은 에드워드는 실리아의 사랑으로써 충족을 얻을 수가 없다. 그 고독의 상태는 결국 인간적인 것으로써 채워질 수 없는 것이고, '하나'(Oneness)로 귀일하는 절대적인 사랑으로써만 충족될 수 있다. 그러나 그에게는 실리아와 같은 적극적인 사랑의 힘이 없다. 에드워드와 라뷔니아의 공통적인 점은 바로 그 점이다. 즉 라일리의 말을 빌리면, "자신은 사랑할 능력이 없다고 생각하는 여자측"의 공통된 결함이다. 이렇게 공통된 결함이 있음으로해서 그들은 인간적인 결합을 이루면서 동시에 싫증을 느끼는 것이다.

라뷔니아가 에드워드에게 돌아와서 본질적으로 결합을 이룰 수 없지만 그런대로 인간관계를 다시 회복했을 때, 두 사람은 서로 "과거와 다른" 새로운 생활, 즉, "거짓말만 하고 시간을 허비하여 온" 자기 기만적인 생활을 버리고자 한다. 그러나 그들의 생활에 진정한 행복이 있을 수 없다. 그것은 다만 "견디는 것"(enduring)이지 "사는 것"(living)은 아니며, 그들의 애정이라는 것도 성애일 뿐 '사랑'(love)은 아니다. 그들의 행복이란 프레이저(Frazer)의 말과 같이 "부끄러울 것없는 차선"(honourable second best)으로서의 만족이다. 5년간의 결혼 생활은 이제 라뷔니아 없이는 살 수가 없는 '나'를 만든 것이다. 인간

본연의 의식을 갖지 못하고 "광명 속에 있느니라 하는 착각"에 도취하여 살아가는 자신을 에드워드는 다음과 같이 말한다.

> 그런데 결국 또 서로 쳐다보게 됐군, 올가미에 걸려들어. 그러나 한 가지 다른 점이 있겠군ㅡ그 동안처럼 울 안에서 서로 구석에 달라붙어 있지 않고 맞붙어서 싸울 수 있겠군. 하지만 축음기나 듣는 것보다는 시간을 보내는 데엔 훨씬 나은 방법이 아닐까.

> So here we are again. Back in the trap.
> With only one difference, perhaps — we can fight each other,
> Instead of taking his corner of the cage.
> Well, it's a better way of passing the evening
> Than listening to the gramophone

그러나 에드워드는 이러한 인간적 조건에 순응하기엔 너무나 심한 자기 분열상태에 놓여 있다.

> 문이 하나 있었지. 그 문을 나는 열 수가 없었지. 손잡이를 만질 수도 없었고. 어째서 나는 내 감옥에서 걸어나갈 수가 없었나? 지옥이란 무엇인가? 지옥은 자아, 지옥은 혼자인 것, 그 안에 있는 기타의 형상은 다만 그림자일 뿐, 도망쳐 빠져나올 곳도, 도망쳐 빠져나갈 곳도 없지. 우리는 언제나 혼자일 뿐.

> There was a door
> And could not open it. I could not touch the handle.
> Why could I not walk out of my prison?
> What is hell? Hell is oneself.
> Hell is alone, the other figures in it
> Merely projections. there is nothing to escape from
> And nothing to escape to. One is always alone.

"햇빛과 노랫 소리"(sunlight and singing) 쪽으로 열려진 하나의 문이 있는데, 그 문을 찾아 볼 만한 눈도 성의도 없는 대부분의 현대의 인간들과는 달리, 에드워드와 라뷔니아에게는 그 눈 vision이 있다. 그러나 그리고 걸어 갈

만한 용기가 없다. 실리아는 걸어 갔다. 그러나 에드워드는 걸어 가려고 일어섰다가는 채 손잡이에 손을 대지도 못하고 차라리 "파괴의 천사"(the angel of destruction)를 맞아들여 스스로의 자기 모순에 고민하는 것이다.

이러한 에드워드와 라뷔니아의 정신을 감정하고 그들에게 길을 일러주는 라일리는 지극히 동정적이다. 이 수호자들의 본래의 의도는 유리피데스의 *Alcestis*에서처럼 "죽음에서 되돌아오게"(to bring someone back from the dead) 하여 새로운 생활을 주고자 했던 것이다. 그래서 라일리는 에드워드에게 그녀를 하나의 죽었다 살아나온 사람으로서 라뷔니아를 대할 것이지, "서로 얽혀진 기억의 매듭을 더 이상 옭아매지 말라"(Don't strangle each other with knotted memories)고 충고한다.

라일리는 이 말을 구체적인 예를 들어 설명한다. 즉 우리의 어린 시절에 위안과 즐거움과 안전을 주던 할머니나 아저씨, 유모 등이 만일 지금 돌아왔다면 서로가 낯선 사람이 아닌 척하기는 지극히 곤란할 것이다. 그런 이치에서 과거로부터 돌아온 아내에 대해서는 물론, 자기 자신에 대해서도 하나의 낯선 사람으로서 대하라고 에드워드에게 말한다. 그렇게 하여 성실과 절제와 사색과 기도로써 이루는 재생의 생활에는 축복이 내릴 것이다. 엘리엇은 그 생활을 이렇게 묘사한다.

> . . . 그야 그들이 전에 가졌던 환상을 잊지 못하는 수도 있겠지만, 그것을 잃었다 해서 서운히 생각지는 않습니다. 그리고 그들은 일상적 규범에 따라 자신을 관리하고, 과도의 기대를 피하기에 힘쓰고, 자신이나 남에게 관대해지며, 보통의 행동으로 주고 받을 것을 주고 받습니다. 또한 그들에겐 불평이 없고, 서로 이해하지 못하는 두 남녀가 아침이면 헤어지고 저녁이면 만나서 화로 앞에서 이런 얘기 저런 얘기를 주고 받으며, 자기들이 이해하지 못하고 자기들이 이해할 수 없는 아이들을 키우는 데 만족하는 것입니다.

> . . . They may remember
> The vision they have had, but they cease to regret it,
> Maintain themselves by the common routine,
> Learn to avoid excessive expectation,

> Become tolerant of themselves and others,
> Giving and taking, in the usual actions
> What there is to give and take. they do not repine;
> Are contented with the morning that separates
> And with the evening that brings together
> For casual talk before the fire
> Two people who know they do not understand each other,
> Breeding children whom they do not understand
> And who will never understand them.

라일리가 측은히 생각하고 있듯이 에드워드 부처는 비록 "부엌에서 썩은 냄새 나는 음식, 그들의 머릿 속에서 썩어가는 진부한 사상" - 으로 다시 돌아가야 한다. 그러나 그 생활이 "광증과 폭력과 우둔과 탐욕"(lunacy, violence, stupidity, greed)의 세계에서는 그런대로 괜찮은 생활일 것이다. 운명의 지시에 따라 이 길로 걸어가는 이 부부에게 수호자들은 축원의 잔을 올린다.

> 지붕 위에선 성스러운 천사님이 굽어 살피고 자리에는 月神의 힘이 미치시기를.

> May the holy ones watch over the roof,
> May the Moon herself influence the bed.

실리아는 에드워드 부처와는 대조적인 인물이다. 아직 순진한 여성인데다 생활의 타성에 이끌릴 만한 소극적인 인물이 아니다. 그의 사랑은 하나의 인간적 대상을 지향한 것이 아니라 직접 절대자에게 향한 것이기 때문에, 궁극적으로 신에게 이끌리는 사랑이다. 그가 에드워드라는 하나의 대상에 이끌렸던 사랑은 진정 '꿈'이었다. 라뷔니아가 에드워드를 버리고 나갔을 때 실리아는 에드워드를 찾아와서, "우리가 이렇게 되기 전에 나는 미래를 버렸습니다. 그리고 그 후는 다만 현재에서 살아 왔지요. 그 현재는 시간의 의미를 상실하는 무리들의 마음 속의 세계이고, 거기에서는 행복이라는 말도 전연 다른 의미를 갖는 세계였지요. 그렇지 않다 해도 내겐 그렇게 생각된 것이예요."라고 고백한다. 이러한 실리아의 사랑은 단테가 어렸을 때 베아트리체에게서 경험한 것과 꼭 같은 종류의 사랑이고 그와 같은 행복이다. 만약에 실리아와 같은 여자가 후일에 어렸을 때의 경험을 명상하고 거기에서 의의를 발견하여 그 경험을 고백하였다면, 그것은 단테의『신생』과 같은 것이 되었을 것이다. 이런 사랑은 하나의 꿈인데 엘리엇은 이런 종류의 꿈을 '높은 꿈'(higher dream)이라고 규정하는 것이다. 그런 꿈에 도취했던 실리아가 에드워드의 몸이 자유로워졌다는 것을 알았을 때, "꿈만으로 만족할 수 없다는 것을 깨닫고 그 이상의 것을 바란" 나머지 그에게로 달려가서 이야기하고 싶어졌던 것이다. 즉 꿈에서 벗어나 현실세계를 탐냈던 것이다. 그러나 그 때에 에드워드는 말하자면 '낮은 꿈'에서 깨었을 때이다. 그 현실에 부딪친 실리아는 심한 자기 굴욕을 느끼고 꿈에서 깬 것을 오히려 후회하는 것이지만, 그것으로 실리아의 '눈'이 뜬 것이다. 지금까지 자기의 꿈을 기탁했던 에드워드라는 존재로부터 꿈을 제거하니 그것은 말을 하는 하나의 물체에 불과하다.

　　내가 당신을 바라보고 있는 동안에 당신은 두 번 변모한 것입니다. 처음에 당신의 얼굴을 보니, 그 윤곽의 하나 하나가 너무나 익숙한 사랑스러운 것으로 생각이 됐어요. 그런데 보고 있는 동안에 그것이 시들어 갔어요, 마치 미이라의 껍질이 벗겨지듯이, 당신의 목소리가 귀에 들어왔을 때, 언제나 내 마음을 흔들었던 그 목소리가 이젠 딴 목소리로 돼버리는 것이었어요 - 아니 목소리가 아닙니다. 내게 들린 것은 다만 벌레 소리였지요. 멋없고 그칠 줄 모르는, 무의미한 인간의 것이 아닌 소리였지요. 당신이 두 다리를 비벼대어 그런 소리를 냈을지도 모릅니다. 아니 그것은 차라리 메뚜기 소리입니다. 나는 당신의 심장을 찾고, 그 피를 찾아 거기에 귀를 기울였지요. 그러나 눈에 보인 것은 인간만큼 큰 딱정벌레였고, 그 속에 들어 있는 것이라곤, 딱정벌레를 밟아서 나오는 것 정도 밖에 아니지요.

　　Twice you haved changed since I have been looking at you.
　　I looked at your face: and I thought that I knew
　　And loved every contour; And as I looked
　　It withered, as if I had unwrapped a mummy.
　　I listened to your voice, that had always thrilled me,
　　And it became another voice — no, not a voice:
　　What I heared was only the noise of an insect.
　　Dry, endless, meaningless inhuman —

> You might have made it by scraping your legs together—
> Or however grasshoppers do it. I looked
> And listened for your heart, your blood:
> And saw only a beetle the size of a man
> With nothing more inside in than what comes out
> When you tread on a beetle.

이것은 하나의 잔해로 화한 에드워드의 모습이다. 카프카의 『변신』의 주인공 그레고르 사무사를 연상할 수 있다. 변신된 것은 에드워드 뿐이 아니다. 이제 와서 실리아에게 있어선 세상 그 자체가 하나의 환영으로 보이게 된 것이다. 그는 거기에 따른 고독감을 정신병 의사 앞에서 고백한다. 이 고독감은 인간이 실재의식(實在意識)을 갖는 순간에는 누구에게나 있게 마련인데, 우리는 하나의 '망상'에 빠져 그것을 잊어버리고 있을 뿐이다.

> 그러나 모든 사람은 혼자 있는 것이죠. 적어도 내겐 그렇게 생각이 돼요. 사람들은 뭐니뭐니 소리를 내고 그것이 서로 소통하는 것이라 생각하죠. 상을 찡그리고서 서로 이해한다고 생각하죠. 그러나 이해하지 못할 것입니다. 그것이 하나의 망상이 아닐까요?

> But that everyone's alone—or so it seems to me.
> They make noises, and think they are talking to each other,
> They make faces, and think they understand each other.
> And I am sure that they don't. Is that a delusion?

실리아는 이 고독감과 함께 죄의식을 고백한다. 이 죄의식은 어떤 부도덕에 수반하는 것도 아니고 특정한 범죄의식도 아니다. 범한 죄에 대하여 그것을 의식하지 못하는 사람은 없겠지만, 죄의식을 갖는 사람은 드물 것이다. 죄의식은 보편적으로 인간적인 조건에서 나타나는 문제로서 개인문제 또는 대인관계에서 나타나는 감정은 아니다.

> 내가 지금까지 해 온 일에 대하여 느끼는 그런 것은 아녜요. 그런 것에선 벗어날 수 있어요. 또는 나의 내부의 어떤 것에 대한 것도 아녜요. 그것

은 면할 수가 있어요. 그런 것이 아니라, 나의 외부의 어떤 사람 또는 어떤 것에 대한 공허감이랄까 실패감 그런 거지요.

It's not the feeling of anything I've ever done.
Which I might get away from, or at anything in me
I could get rid of — but of emptiness, of failure
Towards someone or something, outside of myself:

엘리엇의 또 하나의 시극『가족의 재회』는 바로 이 죄의식을 극화한 것이다. 번민하는 해리의 의식이 바로 그것이다. 해리나 실리아는 특별한 정신적 치료를 받아야 할, 말하자면, '중환자'들이다. 에드워드의 협소하고 제한된 죄의식의 경우에는 호텔 정도에서 요양이 필요했던 것이지만, 실리아의 경우는 그야말로 '병원'(sanatorium)에서의 치료가 필요한 것이다. 그것은 자기 희생 action과 suffering에 의한 속죄의 길이다. 속죄를 해야 할 것 같다고 말하는 실리아에게 라일리는 두 가지의 길을 일러 준다. 한 가지 길은 에드워드에게 적용했던 것과 같은 소극적인 참회의 길이고, 또 한 길은 신앙의 문을 향한 맹목적인 여행의 길이다. 어느 길이 더 낫다고 권유를 받은 것은 아니지만, 실리아의 성격으로 보아 꿈이 깨어지고, 그림자처럼 무의미한 이 세상에서 다시 인간적 조건에 순응한다는 것은 자기 배반이고, 견딜 수 없는 굴욕이다. 둘째의 길은 미몽에서 눈을 떠 고뇌와 명상의 길을 통하여 '영혼의 암야'를 경험하고서 광명으로 나아가는 길이다. 엘리엇은 그 광명의 세계를 "회전이 멈추는," "정지점"(still point)이라고 표현한다. 실리아가 이 길을 가기 위하여는 성 십자가의 존과 같이 "비난의 언덕과 조소의 골짜기"(between the scolding hills, though the valley of derision)를 맹목적으로 달려가야 한다. 그 길은 "정령의 그림자"(projected spirit)도 나타나는 고난의 길일 것이다. 실리아와 같이 몸을 바쳐 인간이 인간적인 것을 초월하는 길과 에드워드가 택한 길을 대조적이지만, 두 길은 모두 구원의 길이다.

어느 길이나 고독과 영교(靈交)로 나아가는 길입니다. 어느 길을 택하든 기억과 욕망이 뒤섞인 허망한 상상의 세계의 마지막 고독의 황량을 면할 수 있지요.

> Each way means loneliness — and communion.
> Both ways avoid the final desolation
> Of solitude in the phantasmal world
> Of imagination, shuffling memories and desires.

그래서 라일리는 그들에게 꼭같이 "성심껏 구원의 길을 개척하라"(work out your salvation with diligence)는 말을 준다.

구원의 길로 아직 나갈 수 없는 것은 피터의 경우이다. 피터의 실리아에 대한 사랑은 그가 제 I막 제 1장에서 에드워드에게 고백하듯이, "자신을 망각할 정도의 어떻다고 형언할 수 없는" 청순한 사랑이었다. 그것은 실리아가 에드워드에게서 경험한 '꿈'과 같은 정온(靜穩)의 행복이었다. 그는 에드워드의 말과 같이 아직 나이도 어리고 천성이 선량한 사람이다. 그러나 실리아가 자기에 대한 관심을 버렸을 때, 실리아가 에드워드의 정체에 눈을 떴듯이 피터도 실리아의 "변신"에 눈이 떴어야 할 것인데, 캘리포니아에서 계속 그 여자를 사모했다는 것은 꿈이 아니라 자기 집착에서 나온 현실적 욕망의 증거이다. 라뷔니아가 그것을 "자신의 욕구를 만족시키기 위하여 실리아의 영상에 의존하여 살아 온 것"이라고 피터에게 설명해준다. 이런 설명을 할 수 있는 것은 라뷔니아도 같은 경험을 해 왔기 때문이다. 그러나 라비니아는 피터가 자기를 사랑하는 것이 아니라 실리아를 사랑한다는 사실을 알게 됐을 때 자신은 아무도 사랑해 주는 사람이 없다는 것을 깨닫고, 의사의 지시에 의하여 차라리 "그릇된 것을 선용"(maked the best of bad job) 했던 것이다. 피터는 아직도 출발점을 얻지 못한 것이니 제 '길'을 가지 못한다. 수호자들이 축배를 올리는 단계에서 라일리는 피터의 경우를 언급하여 단적으로 이렇게 말한다. "그 사람은 아직 당연히 축원을 받을 만한 경지에 이르지 못했습니다"라고.

엘리엇이 이 극에서 라일리라는 수상한 인물을 정신과의사로 설정한 것은 매우 흥미있는 일이며 중요한 사실이다. 엘리엇이 「시와 극」에서 『칵테일 파티』 제작에 대한 반성으로서 한 말 중에, 관중으로 하여금 무대 위에서 무슨 사건이 일어날 것이라는 기대를 갖게 한 것과, 이 극의 암시를 제공받은 출처를 아무도 모르게 하는 데 성공하였다는 말을 하였다. 이 말로 미루어 보아 첫째 이 극에서 라일리라는 인물의 정체가 제 II막에 이르러 비로소 밝혀지게 했다는 것은 관중의 주의를 극 진행에 집중케 하려는 의도였음을 알 수 있고, 둘째로 이 라일리라는 인물은 바로 유리피디스 Euripides의 극에 나오는 허큐리즈 Hercules를 본딴 인물인데, 그것을 아무도 알아차리지 못하게 함으로써 엘리엇은 희랍 극작가의 테마를 현대의 장면에 완전히 흡수시키는 데에 성공하였다고 하겠다. 물론 엘리엇이 그의 극의 테마를 희랍 극작가에서 구한 것은 주로 하나의 출발점을 얻기 위한 것이었다. 『칵테일 파티』에서 라일리는 Hercules가 Alcestis를 무덤에서 데리고 오듯이, 라뷔니아를 '죽음'에서 되돌아오게 하여 새로운 생활로 인도하는 것이며, 허큐리즈처럼 술을 마시고 노래를 불러대는, 일견 방종한 인물로 되어 나타난다. 라일리를 그런 방종한 인물로 만든 것은 셰익스피어의 Falstaff와 같은 효과를 노린 것으로 보이며, 그가 노래를 부를 때 "나는요, 외짝눈 라일리"라고 한 것은 주로 비유적인 의미에 불과하다. 『황무지』에 나오는 "외짝눈 상인"(One-eyed merchant)은 그의 등에 '성배전설'(the Grail legend)의 중심을 이루는 생명의 상징을 지니고 다니는 인물이다. 라일리의 역할도 재생과 풍요의 길로 인도하는 성배전설에서의 '외짝눈 상인'과 관련되는 것으로 보인다.

 그 문제는 그 정도로 하고, 여기에서는 다만 이 극에 있어서의 라일리의 역할에 대해서만 말하기로 한다. 제 II막에 이르기까지 모든 극 진행은 라일리를 중심으로 세 사람의 정신적 수호자들에 의하여 그 원인이 마련된다. 신비스러운 통찰력을 가진 이 의사는 마술사와도 같고 사기꾼 같기도 하다. 그러나 에드워드 부처와 실리아는 그의 처방에 의하여 고뇌를 해소하고 각기 자기의 길을 걸어가게 되는 것이다. 표면상 그의 처방에 의한 것 같긴 하지만 그들이 자기의 길을 택한 것은 사실상 자기 자신들의 선택에 의한 것이다. 제 III막에서 알렉산더가 실리아의 사망소식을 전했을 때 라일리는 오히려 태연하게 "그가 택한 그 길이 결국 이번의 죽음으로 된 것입니다. 그러니 이런 죽음이 행복하지 않고 무엇이 행복하겠어요"라고 말하면서 모든 선택과 책임은 각자에게 있는 것이지 결코 제 삼자에게 있지 않음을 밝힌다. 이렇게 각자의 길을 인도해 주고서도 그 책임이 그들 자신에게 있다고 말하는 라일리는 어떤 의미에서 그들 자신의 정신의 대변자이기도 하다. 그러면서 동시에 그는 정신 이상의 초월적인 지혜의 소지자로 행동한다. 그가 실리아를 만났을 때, 그 여자는 이미 '사형선고'를 받은 한 여인인 것을 직시하고서 그녀가 어떤 종류의 죽음을 택하느냐에 있어 그것을 준비해 준 것이 라일리였었다. 그렇게 볼 때 라일리와 그들 '환자'와의 관계는 신과 인간과의 관계에 있으면서, 동시에 신의 질서 쪽으로 인간을 이끌어 주는 교도자 initiator의 입장에 있다. 라일리의 임무는 신의 의지에로 인간을 귀속시키는 데에 있다. 단테의 유명한 구절 "신의 의지는 곧 우리의 기쁨"이란 말의 뜻이 곧 라일리의 정신으로 보인다. 그러나 강요나 설득에 의해서가 아니라 오직 인간의 냉철한 이성에 의한 자발적인 선택과 결정에 의해서만 우리는 그 의지에 귀속할 수 있는 것이다.

『비서』(The Confidential Clerk)

이 극은 1953년에 에딘버러에서 첫 공연을 가진 엘리엇의 네 번째 시극이다. 7명의 등장인물이 응접실 같은 분위기에서 주고 받는 재치있고 암시적인 대화로 엮어진 이 극은 일종의 희극이고, 희극 중에서도 소극 farce에 가까운 풍습희극 comedy of manners이다. 이 극의 공연 첫날 엘리엇이 신문기자 회견에서 "오늘날 우리가 무엇인가 진지한 것을 말하고자 할 때엔 희극의 형식으로 말하는 것이 한층 용이하다"라고 한 말은 이 극의 성격을 이해하는 데 시사점이 될 것이다.

제 I막은 클로드경과 그의 비서였던 에거슨이 런던의 자기 저택 집무실에서 대화하는 장면으로부터 시작된다. 클로드경은 중년의 금융계 실업인이고, 에거슨은 30여년간 클로드의 비서직으로 있다가 막 은퇴하여 요슈아 파크에 있는 시골 집에서 원예와 교회 일에 종사하고 있다. 에거슨이 이 날 런던에 올라온 것은, 그의 후임자로 결정된 콜비 심프킨즈(Colby Simpkins)가 맡기에는 좀 난처하다고 생각되는 한 가지 일을 해 달라는 클로드경의 부탁에 의해서다. 즉 그것은 클로드경의 부인 엘리자베쓰가 이 날 여행에서 돌아오게 되어 있는

데 그녀를 공항에서 마중하고, 돌아오는 차중에서 후임자로 콜비가 결정되었다는 것, 그리고 콜비는 음악을 좋아한다는 것 등을 사전에 알려서 엘리자베쓰 부인으로 하여금 마음의 준비를 갖게 해 달라는 요청이다. 클로드경이 새로 채용한 콜비에 대해서 신경을 쓰는 까닭은 그가 자기의 사생아(콜비가 클로드경의 아들이 아니라는 사실은 훨씬 뒤에 밝혀진다. 밝혀질 때까지는 서로 부자지간으로 알고 있다)여서 부인에게 털어놓을 수 없는 비밀이기 때문이다. 클로드경은 부인과 합의만 되면 콜비를 양자로 삼아서 사업의 후계자가 되게 할 생각이기 때문에 아직 만나지 않은 엘리자베쓰로 하여금 호감을 갖도록 소개하지 않으면 안 된다. 문제가 복잡한 것은 클로드경에게는 또 하나의 사생아 루카스타 에인절(Lucasta Angel)이 있고, 엘리자베쓰 부인에게도 생후 남의 손에 넘어간 채 소식이 끊어진 아들이 있기 때문이다. 제 I막에서는 루카스타와 클로드경의 관계가 드러나지 않는다. 그리고 루카스타의 약혼자인 장래가 촉망되는 사업가 케이건(B. Kagan)이 실은 오랫동안 행방을 알 수 없었던 엘리자베쓰 부인의 아들이라는 것도 극의 종말부에 이르러 밝혀진다.

　클로드경과 에거슨이 대화하고 있을 때에 콜비가 들어온다. 클로드경 퇴장. 곧 이어서 케이건과 루카스타가 등장하여 에거슨과 콜비와 루카스타의 멋진 대화가 벌어진다. 루카스타는 어릴 때부터 자기의 자라난 과정을 부끄럽게 여기는 데서 역으로 교양 없다는 것을 과장해서 드러내고, 배가 고프다느니, 돈이 필요하다느니 떠들어대는 경박한 여인이다. 케이건은 약혼자 루카스타를 적당히 놀려대며 응답한다.

　이들의 대화는 엘리자베쓰 부인이 예정 시간보다 빨리 도착하여 이 좌석에 끼어 듦으로 해서 더욱 활발해진다. 에거슨이 비행장으로 마중 가기도 전에 엘리자베쓰 부인이 도착한 것은 그녀가 비행기 여행은 멀미가 난다 해서 밤 기차로 영국해협을 건너 기차로 왔기 때문이다. 클로드는 신임 비서 콜비를 부인에게 소개한다. 주로 클로드경과 엘리자베쓰 부인과 에거슨 간의 가벼운 대화가 오고 간 후에 에거슨은 앞으로 콜비를 자기의 시골 저택 요슈아 파크로 초대하겠다고 말하면서 떠난다. 이미 모든 등장인물이 퇴장하고 클로드경과 콜비 단 둘이만 남는 자리가 되자, 이 비밀스런 아버지와 아들은 아주 진지한 신상 얘기를 주고 받는다. 클로드경은 "내가 신중을 기하느라고 사람들 앞에선 너를 심프킨즈라고 불렀지만, 이제 두 달째 접어들고... 집 사람도 너를 좋아하는 눈치를 비치니.... 앞으로는 너를 콜비라고 부르겠다"라고 선언한다. 이들 부자간의 진지한 대화는 우선 그들이 오랫동안 헤어져 살아온 경위에 얘기가 미친다. 이어서 인생에서 당면하는 운명적 여건과 거기에서 벗어나고자하는 우리의 이상, 혹은 망상 같은 다분히 철학적인 문제에까지 얘기가 진전된다. 이 문제는 이 극에서 엘리엇이 말하고자 한 주제와 관련되는 매우 심각한 토픽이다.

클로드경은 콜비에게 자기는 젊어서 부친과 같이 사업가가 될 생각은 꿈에도 없었고, 예술가, 특히 도예가가 될 꿈을 가졌었다고 실토한다. 이 말을 듣는 순간 콜비는 자신도 음악가, 특히 위대한 오르간 연주자가 되고자 한 이상을 품었었지만, 결국 그 이상을 포기하고서 좌절한 음악가로서 클로드경의 비서가 된 사실을 생각하게 된다. 이들 두 사람이 꿈꾸었던 예술에 대한 꿈은 그야말로 '꿈'에 불과하여 클로드경의 위대한 도예가의 꿈은 이제 겨우 도자기의 수집취미로 끝나버리고 말았고, 콜비의 위대한 연주자의 꿈은 아마추어 연주자로 낙착되고 말았다. 그들은 이류의 예술가가 되어 전처럼 꿈을 쫓는 길을 가지 않고서 이제 하나는 실업가로, 하나는 그 실업가의 비서의 길을 택하게 된 것이다. 즉, 그들은 인생을 좌우할 만한 힘이 없기 때문에 그 힘을 운명적으로 받아들이고 만 것이다. 그들에게 있어 예술은 실용품이나 장식품과 같은 생의 배경이 아니라 생 그 자체였지만, 결국 현실에 적응하는 사람이 되어 생이 아니라 생의 대용의 차원을 택하게 된 것이다. 그 대용의 세계를 살아가는 그들에게 있어 그들의 '꿈의 세계'는 추잡한 현실로부터의 도피처이고 위안처이고 진실 그 자체이다. 클로드경은 그 "순수한 세계"가 있기 때문에 인생이 견디낼 수 있다고 말하고, 그것은 일종의 종교를 대신하는 것이라고 다음과 같이 말한다.

    내 경우는 도자기 작품들을 내 방에 두어 두고 있다. 그것은 남들에게
  보여 주고 싶지 않아서가 아니다. 그러나 혼자 있으면서 어떤 한 작품을
  오래 보고 있으면 나는 가끔 앞서 말한 그 작가와의 융화감 같은 것을 경

험하게 된다. 고뇌의 황홀이랄까. . . . 그러나 그 때문에 인생이 견디낼 수 있지. . . . 그것은 종교를 대신하는 것이라고 생각한다.

                And as for me,
I keep my pieces in a private room.
It isn't that I don't want anyone to see them!
But when I am alone, and look at one thing long enough,
I sometimes have that sense of identifacation
With the maker of which I spoke — an agonizing ecstasy
Which makes life bearable. . . .
I suppose it takes the places of religion:

   클로드경은 한편으로 황홀한 도피의 세계를 갖고 있으면서 한편으로는 "추잡한 현실" 세계에 살지 않으면 안되는 이중의 생활을 한다. 그는 자기나 콜비가 그런 생활을 하고 있는 것이 일종의 거짓생활이라고 말한다—"기껏해야 두 세계의 생활을 하는 사람들이 있는데, 그 어느 쪽 세계이건 가짜의 세계이다. 그것이 너와 나다"라고. 즉 이상과 꿈의 세계에 가치를 두고 보면 현실의 세계는 가짜의 세계이고, 한편, 현실과 실제의 세계에 가치를 두고 보면 이상과 꿈의 세계가 가짜의 세계이다. 이상과 현실, 현상과 실재의 괴리에서 연유하는 고뇌, 그리고 거기에서 허무와 고독으로 이어지는 주제는 엘리엇 문학의 일관된 주제이다. 다만 우리가 놀라는 것은 그가 지금까지와는 달리 두 세계 모두가 통합되는 가짜가 아닌 실재의 세계를 찾게 된 점이다.

   제 II막은 콜비가 아파트 방에서 피아노를 치고 있는 장면으로부터 시작하여 음악적 소양과 취미 같은 문제에 대한 콜비와 루카스타의 대화로 이어진다. 이 음악의 얘기가 자연스럽게 전개하여 이 극의 주제의 토픽으로 연결된다. 루카스타는 콜비에게 그가 음악가가 될 꿈을 단념한 것은 비참한 일이지만, 버린 것은 바깥 세계에 불과하고 아직은 내면세계를 지키고 있으며, 그 내면의 세계가 없는 비참한 인간이라고 자조한다. 그녀가 말하는 내면의 세계란 클로드경이 도자기를 감상하면서 황홀경에 도취하는 것과 같은 세계를 말한다. 루카스타는 콜비에게 다시 이렇게 말한다—"당신의 정원 안에서는 당신 이외는 아무도 들을 수 없는 음악이 울리고, 아무도 냄새 맡을 수 없는 꽃 향기가 떠돈다"라고. 이 말에 대하여 콜비는 누구에게나 자기만의 비밀의 정원이 있지만, 그 비밀의 정원과 현실의 세계 사이에 맥락이 없는 것이 문제라고 말한다. 콜비에게 있어 꿈과 명상의 세계와 현실의 세계는 별개의 것이어서 모두가 리얼하지 않다. 그는 혼자 들어가 자물쇠를 채고 있어도 고독하지 않는 그리고 거기에 신이 있는 현실과 꿈이 일원화된 세계를 말한다. 콜비와 루카스타가 주고 받는 진지한 대화는 이 극의 주제에 관계된다(『이창배전집』 (2001) 제 8권 pp. 187-190을 참조할 것).

대화는 진전하여 콜비와 루카스타의 부모가 누군가에 대한 매우 복잡한 화제로 진전된다. 루카스타는 세상 사람들이 자기를 클로드경의 정부로 알고 있지만, 사실은 그의 딸이라는 사실, 그리고 어머니는 매우 비천한 여자였는데 자기가 8세 때에 약물을 과용하여 죽고, 그후 친절한 부친에게 양육 받았지만 별로 바람직하지 못한 존재라는 것 등을 실토한다. 그리하여 그들은 배 다른 남매지간이라는 것을 인정하게 된다. 이때 루카스타의 약혼자 케이건이 등장. 케이건은 자기의 신분에 대해서 설명한다. 그는 콜비와 같이 지체 높은 집안에서 태어난 것이 아니라, 양친이 누군지도 모르는 버려진 자식으로 양부모의 손에서 자랐다는 사실을 고백한다. 다시 엘리자베쓰 부인이 등장하고 케이건과 루카스타와 같은 저질의 사람들과 사귀지 말고 집안 좋은 사람들과 사귀라고 권고한다. 부인은 콜비의 거실에 놓인 은제 사진틀에 들어 있는 초상화를 보고서 그것이 어머니의 사진이냐고 콜비에게 묻자, 그는 어머니는 자기를 낳자마자 죽었고, 부친은 누군지 알 수가 없고, 자기는 테딩턴의 가자드(Mrs. Guzzard)라고 하는 미망인에게서 자랐다고 밝힌다. 그 미망인은 콜비의 어머니의 누이동생, 즉 이모였었다는 데까지 얘기가 진행되었을 때에 클로드경 등장. 엘리자베쓰 부인은 클로드경에게 콜비가 바로 클로드의 행방불명된 아들임을 직관으로 알아냈다고 큰 소리 치면서도 한편 반신반의 한다. 결국 콜비의 양친을 밝히자면 그를 양육했다고 하는 가자드 부인을 만나 봐야겠다고 클로드경과 엘리자베쓰 부인은 결론을 짓는다.

제 III막은 제 I막과 같은 클로드경의 사무실. 가자드 부인을 오도록 해서 증언을 듣기 위하여 클로드가 의자의 배치를 서두르고 있을 때 엘리자베쓰 부인 등장, 클로드와 엘리자베쓰가 변호인격으로 증인인 가자드 부인을 심문하기로 하고, 콜비는 참고인으로 구석에 앉기로 한다. 두 사람의 부탁을 받고 달려 온 에거슨에게 사회를 의뢰한다. 루카스타가 등장. 그녀는 자기가 케이건과 결혼하게 된 것은 사실이지만, 잠시 콜비에게 관심을 기울인 것은 클로드가 자기를 귀찮아서 치워버릴 셈으로 결혼시키는 데 대한 반발로 그랬었다고 말한다. 이 말에 대하여 클로드가 "콜비는 네 오빠란다"라고 말하자 루카스타는 놀란다. 이 자리에 있던 에거슨이 다시 그 말을 뒷받침하고, 두 사람의 약혼을 축복하며, 이 회합이 끝날 때까지 아래 층에서 기다리라고 말하자, 두 사람 잠시 퇴장. 곧 케이건의 안내로 가자드 부인이 등장.

에거슨이 콜비의 부친에 관해서 얘기를 꺼내어, 엘리자베쓰에게는 남자 아이가 있었는데, 낳자마자 남에게 맡겨졌고 그 부친은 외국에서 죽었고, 아이를 맡은 사람의 이름을 잊고 있던 차, 그것이 테딩턴의 가자드 부인일 것이라고 확신하게 되었다는 것을 알리면서 가자드 부인에게 그런 아이를 맡은 일이 있느냐고 질문하자, 그녀는 상류가정의 아이를 양육비를 보내 준다는 조건 하에 맡았지만, 얼마 안 가서 양육비의 송달이 중단되어버렸다고 말하고, 이어서 보충설명으로 그 아이를 아이가 없는 이웃사람 케이건에게 맡겼다고 말하고 그 아이의 세례명이 바나바스라고 말하자, 엘리자베쓰 부인은 바나바스 케이건이 바로 자기의 아들인 것을 확신한다. 여기에 이르기까지 엘리자베쓰 부인은 케이건과 콜비를 혼동하여 콜비가 자기의 자식이라고 계속 믿기도 하고 주장도 해 왔다. 앞으로 콜비의 부모가 밝혀지는 과정도 추리소설 못지 않게 복잡하고 흥미로워 독자를 긴장시킨다. 콜비를 서로 자기의 자식이라고 믿고 있는 클로드경과 엘리자베쓰 부인의 착각의 과정은 이 극에서 엘리엇이 노린 주제 다음으로 중요한 작품 구성상의 의도이다.

콜비가 나가서 케이건과 루카스타를 데리고 들어온다. 케이건은 당장 엘리자베쓰를 어머니라고 부르기도 어색하여 엘리자베쓰 아주머니라고 부르겠다고 하며 자신은 그저 B.라고 불러 달라고 한다. 가자드 부인은 이번에는 자기가 질문을 하여 새로이 형성된 인연관계를 확인하고, 그것으로 모두의 소망이 이루어진 것인가를 묻겠다고 말한다. 케이건에게 새로 알게 된 혈연관계에

만족이 가느냐고 묻고, 루카스타에게는 케이건과 결혼하여 클로드와 엘리자베쓰를 양친으로 갖게 된 것이 만족스런 일이라고 말하고, 다음으로 콜비의 소망을 묻자, 그는 자기의 모친은 죽었을 뿐만 아니라, 자기가 머리에 그리는 아버지는 죽어서 기록에만 남아 유품을 통하여 자기와의 공통점을 확인할 수 있는, 그런 이미지를 마음에 그리며 살아갈 수 있는 아버지면 좋겠다고 말한다. 콜비의 아버지에 대한 소망이 "죽어서 이젠 없고, 이름도 없는 부친이었으면 좋겠다"고 말하는 데 대해서 가자드 부인은 콜비의 아버지는 클로드가 아닌, 죽은 실패한 음악가 허버트 가자드이고 어머니는 자기라고 말하자, 클로드가 이의를 제기하고 콜비가 의심스러워한다. 가자드 부인은 증거로서 허버트와 사라 가자드의 장남으로 콜비의 출생계가 제출되어 있다고 확인하고, 콜비에게는 자기가 어머니이지만 어머니는 죽은 것으로 해 두는 것이 콜비의 소원이라면 '아주머니' 정도로 불러 달라고 말한다. 가자드 부인은 클로드경에게 그 자신이 속고 있는 것이라고 당시의 사정을 이렇게 설명한다— 즉 클로드가 캐나다에 갔을 때, 자기와 클로드의 정부였던 동생이 모두 임신했었는데, 동생은 출산 전에 죽고 그것을 클로드에게 연락했지만 편지가 도착하기 전에 귀국하여, 클로드가 낳은 아이를 마음에 들어 하기에 그 착오를 밝히지도 못한 채, 그의 아들로 해 두는 것이 모두의 행복에 도움이 된다고 생각했었다고, 가자드 부인으로 말하면 남편은 죽고 가난한 과부였기 때문에 자기 아이의 장래를 유리한 입장에서 출발시키기 위해서는 아이를 클로드의 아들이라고 해 두는 것이 좋겠다고 생각했던 것이다. 이리하여 콜비를 자기의 자식이라고 주장하는 클로드와 엘리자베쓰의 오랜 실랑이는 끝난다. 콜비는 그들 어느 쪽 아이도 아닌 것이 판명되었다. 가자드 부인은 이 진실을 밝히는 것은 자기의 오랜 동안의 희생을 헛되이 하는 것과 같아서 가슴 아픈 일이라고 말한다. 콜비는 이로써 클로드경의 사업에 얽매일 필요가 없는 자유의 몸이 된 것이다. 클로드는 콜비가 그렇게 생각한들 도리없는 것이지만 자기들의 장래가 변동없이 계속되기를 희망한다. 콜비는, 비록 실패한다 해도 아버지의 뜻을 이어 오르간 연주자가 되고자 결심하여 클로드의 곁을 떠나고자 한다. 클로드와 엘리자베쓰는 단념할 수가 없어 에거슨에게 클로드를 설득하도록 요청하자, 에거슨은 시골 교구의 오르간 연주자의 취직처를 알선하겠다고 하고, 콜비는 그 제안을 받아들인다. 가자드 부인은 별로 찬성은 하지 않지만, 에거슨이 자기 교구의 오르간 연주자를 구하고자 한 소망이 이루어진 것을 만족스럽게 생각하고서 자기는 이제 자기가 사는 테딩턴으로 떠나겠다고 말한다. 마지막으로 가자드 부인은 클로드경에게 "당신과 나는 25년 전에 소망을 이루었지만, 우리가 소망을 이루었을 때엔, 그 소망이 시한부인 것을 알지 못했었다"라고 말한다. 즉, 자기들의 소망이 결국 오늘로 끝나버리고 말았다는 뜻을 넌지시 비치고 있다. 그리고 클로드와 콜비에 대하여 딴 사람이 되어 달라고 요구한 과오를 지적하여 에거슨은 "남이 나에게 무엇을 바라고 있는 가를 모르기도 하고, 자기는 남에게 무엇을 바라고 있는가를 모르면서, 사람은 과오를 범한다"라고 말하면서 이 극은 종말에 이른다.

『원로 정치가』(The Elder Statesman)

시극 『원로 정치가』는 시인의 나이 70세 되는 1958년에 공연된 엘리엇의 최후 작품이다. 전체 3막, 등장인물 8명으로 짜여진 이 극은 그의 극 중에서 가장 길이도 짧고 상징성이 적은 평이한 내용이다.

주인공 클래버튼경은 거물 정치인으로 국회의원 생활을 청산한 후엔 기업체의 회장으로 있다가, 이제 모든 공직에서 떠나 의사의 권유에 따라 요양 중에 있다. 딸 모니카는 젊은 국회의원 찰스 헤밍튼과 약혼 상태에 있으나, 혼자 있는 아버지의 곁에 있어 주기 위해서 결혼을 늦추고 있다. 말썽꾸러기 아들 마이클은 부친의 친구가 마련해 준 직장을 그만두고 해외에 나가 독립적으로 사업이라도 해보려고 하고 있다. 제 I막에서 클래버튼경은 옛날 옥스퍼드대학 시절의 동창생 프레드 칼버웰(Fred Culberwell)의 방문을 받는다. 이 동창생은 페데리코 고메즈(Federico Gomez)라는 별명으로 현재 중앙아메리카의 산 마르코 공화국에 살고 있다. 영국에서 위조 지폐에 관여하여 형무소살이를 한 일이 있는 고메즈는 클래버튼경에게 반가운 손님이 아니다. 그는 자기가 대학 때에 방탕한 길로 빠져 학교를 퇴학 당하고 결국 해외로 망명한 원인이 모두 클래버튼경의 영향 때문이었다고 비난을 한다. 고메즈는 클래버튼경을 만나 옛날 대학시절의 비밀을 상기시킨다. 그들이 옥스퍼드에 다닐 때, 아직 귀족칭호도 없는 무명의 '평범한 딕 페리'였던 클래버튼은 달빛 밝은 밤에 차를 몰고 가다가 한 노인을 친 채 뺑소니를 친 일이 있다. 다행이랄까 치인 그 노인은 이미 죽어 있는 시체였지만 클래버튼은 그때 차를 세우지 않은 것을 뉘우치고 그 떳떳치 못한 비밀스런 일을 가슴 속에 숨겨 오며 평생 동안 양심의 가책을 느끼며 살아왔다.

제 II막에서 두 번째로 클래버튼을 찾아온 것은 미세스 카길이라고 하는 옛날 런던에서 크게 이름을 떨쳤던 레뷰(revue) 쇼의 가수이다. 한 때 메이지 몬트조이(Maisie Montjoy)라는 예명으로 연예계에 널리 알려졌던 그녀는 클래버튼에게 크게 반하여 깊은 사랑에 빠져 약혼에까지 이르렀으나, 클래버튼의 부친의 반대와 회유로 결혼이 이루어지지 않았다. 여자 측에서 제기한 파혼소송에 대하여 남자 측에서 많은 위자료를 지불함으로써 여자를 단념시킬 수 있었고, 클래버튼은 부친이 바란 대로 돈 많고 신분 좋은 집안의 여자와 결혼하여 정계의 진출과 출세의 길이 열렸다. 몬트조이는 이 사실을 상기시키면서 한때는 세속인으로 행세하고 지금에 와선 원로정치인으로 포즈를 취하는 클래버튼경의 양심의 가책을 촉구한다.

제 III막에서 클래버튼경은 그동안 오래 부끄러운 일들을 숨겨 두었던 사실에 양심의 가책을 느껴 이제 그것을 딸 모니카에게 고백한다. 그리고 자기의 체면을 유지하기 위해서 자식들을 지배하려고 한데 대해서도 모니카에게 용서를 구한다. 한편 모니카와 찰스는, 과거를 뉘우치고 일체의 가면을 벗어버리고서 본연의 자아로 돌아간 아버지를 용서함으로써 더욱 아버지를 사랑하고, 자기들의 사랑에서도 새로운 의미를 발견하게 된다. 아들 마이클은 중앙 아메리카에서 온 고메즈의 주선으로 그곳에 가서 고메즈와 함께 무역업에 종사하기 위하여 떠난다. 극은 자식들이 각자 자기들의 길로 떠나고 클래버튼경은 머지 않아 닥쳐오는 죽음을 조용히 기다리는 장면에서 끝난다.

이 극을 속죄와 구원의 주제를 다룬 작품이라고 볼 때엔 『가족의 재회』의 변형이다. 클래버튼경은 옥스퍼드의 동창생 고메즈와 코메디 가극의 가수 미세스 카길이 나타나 과거의 떳떳치 못한 비열한 짓들을 상기시키자, 지금까지 세속적 가면을 쓰고 자기를 망각한 채 살아 온 과거를 뉘우치고 가혹한 자책에 빠져든다. 『가족의 재회』에서 해리는 복수의 여신 Eumenides의 추적을 받으면서 세상 사람들의 눈에는 안 보이는 깊은 고뇌와 운명적인 그림자에 시달린다. 클래버튼경은 해리와 마찬가지로 현재가 아닌 과거로 말미암아, 그리고 형법상의 죄가 아닌 본질적인 죄의식으로 고뇌한다. 클래버튼경은 자기를 찾아온 두 사람의 남녀를 과거의 망령들이라고 부르지만, 실은 망령이 아니라 은연중에 속죄와 구원을 일깨워 주는 메신저들이다. 고메즈와 미세스 카길은 해리의 복수의 여신들과는 달리 클래버튼경의 과거의 죄를 말해 주는 구체적 인물들이다. 클래버튼경은 이 인물들을 만나 죄를 깨닫고, 그 죄를 모니카에게 고백함으로써 자유를 얻는다. 이 고백의 행위는 일체의 허위와 위선과 죄에서 벗어나는 일이고, 그것이 곧 사랑의 행위이다. 클래버튼경이 출세와 세속적인 권위의 유지에 급급했던 때에 그가 사랑한 것은 거짓된 허상이었기 때문에 그는 그 과거를 뉘우치면서 "나는 지금까지 사실상 어느 누구도 사랑한 일이 없는 것 같다."(I'm afraid that I've never loved anyone, really)라고 말한다. 그는 남을 사랑할 수 없었을 뿐 아니라 진정한 사랑을 받아 본 일도 없다. 사랑하는 딸 모니카의 아버지에 대한 사랑도, 그 아버지가 연출하는 무대상의 배우로서의 아버지에 대한 것이었지, 있는 그대로의 아버지에 대한 사랑은 아니었다. 이제 그 아버지가 배우의 옷과 분장을 벗고 무대에서 내려옴으로써 비로소 모니카의 가슴에는 아버지에 대한 새로운 사랑이 움튼다. 클래버튼경은 일체의 과거를 고백하고 나서 모니카에게 다음과 같이 말한다.

나는 가면을 쓴 채로 네 사랑을 받아 왔다. 이제 나는 그 가면을 유지하는데 지쳤다. 이 아버지의 참 모습을 알고, 영락한 그 연기자를 대한 후에도, 네 가슴 속에 아직 한 가닥 사랑이 남아있다면 나는 기쁘겠다.

I've had your love under false pretences.
Now, I'm tired of keeping up those pretences,
But I hope that you'll find a little love in your heart
Still, for your father, when you know him
 what he is, the broken-down actor.

속죄와 고백을 통하여 도달하는 사랑은 곧 신의 은총이다. 그것은 인간이 '연옥의 불'을 거쳐 획득하는 신생을 의미한다. 원로 정치가 클래버튼경이 모든 과거에서 자기를 해방하고 새로운 사랑으로 남을 사랑하고 상실한 자신을 회복했을 때에 그는 신생을 얻은 것이다. 그는 과거의 자신을 죽음으로써 새로 살기 시작한다. 그는 이렇게 말한다— "죽음으로써 생을 찾는 것은 가치있는 일이다."(It is worth while dying, to find out what life is)라고. 속죄와 구원의 문제, 죽음과 영생의 문제는 엘리엇의 시와 시극에서 한결같이 취급되는 기본적 주제이다. 이 주제가 『원로 정치가』에서는 『네 사중주』나 『가족의 재회』에서와 같이 명상의 세계, 혹은 비전의 차원으로 비약하지 않고, 한층 일상적이고 현실적인 차원에 머무른 것이 이 극의 특징이다.

엘리엇이 이 극의 권두에 부인 발레리 엘리엇에게 바치는 간절한 사랑의 시를 싣고 이 극에서 모니카와 찰스의 인간적 사랑을 매우 긍정적으로 찬미한 것이 주목된다. 그 점을 그가 이 작품의 발표 불과 1년 전인 1959년에 젊은 여비서 발레리와 재혼한 사실과 결부하여 생각할 때에, 이 극은 엘리엇이 자기의 개인적인 자기 고백의 증언이라고 받아들일 수도 있다. 엘리엇의 전기적 사실과의 관련성과 이 작품의 희랍 신화적 관련성에 대해서는 다음 페이지에 실린 필자의 관련 논문을 참고해 주기 바란다.

참고문헌

Akroyd, Peter. *T. S. Eliot*. New York: Simon and Schuster, 1984.
Browne, E. Martin. *The Making of T. S. Eliot's Plays*. Cambridge UP, 1969.
Eliot, T. S. *The Complete Poems and Plays of T. S. Eliot*. London: Faber, 1969.
_____. *The Confidential Clerk*. New York: Harcourt, Brace and Co., 1954.
_____. *The Elder Statesman*. New York: Farrar, Straus and Cudanhy, 1959.
Jones, David E. *The Plays of T. S. Eliot*. Toronto: U of Toronto P, 1960.

시극 『칵테일 파티』・『비서』・『원로 정치가』를 통해서 본 엘리엇의 인간적 성숙과 변모의 자취

| 이창배 |

　　엘리엇의 밀튼관이 바뀐 것은 근본적으로 그의 인간적인 성숙과 관용에 기인한다. 그는 말년에 이르러 사물의 일면적인 관찰에서 대국적인 관찰로 시선을 돌렸고, 자기에게 인간적인 혐오감을 주는 사람까지도 포용할 수 있는 폭넓은 아량을 갖게 된 것이다. 밀튼론에서 뿐만 아니라 엘리엇의 토마스 하디론, D. H. 로렌스론, W. B. 예이츠론 등에서도 그의 초기적 독선·편협과 대조되는 후기적 관용을 읽을 수 있다.

　　엘리엇의 인간적인 성숙과 변모의 자취는 단지 그의 문학비평에서만 볼 수 있는 것이 아니다. 후기 시극작품들에서 주인공들이 보여주는 인간자세의 발전과정을 더듬어보면 시인 자신의 인간적 변모의 양상을 읽어낼 수가 있다.

　　엘리엇의 말년의 대표적 시극『칵테일 파티』의 성공은 그를 더욱 유명하고 권위있는 시인으로 만들었다. 시극『칵테일 파티』는 1949년 8월에 에딘버러에서 첫 공연을 가진 후 뉴욕과 런던에서 수백 회의 공연 횟수를 기록할 정도로 상업적으로 성공을 거둔 작품이다. 엘리엇이『대성당의 살인』과『가족의 재회』의 두 작품을 거쳐 세 번째로 10년만에 집필한『칵테일 파티』는 말하자면 그의 최초의 완전한 현대시극이다. 그가「시와 극」이라는 글에서 초기

---

* 이 논문은 필자의 저서『T. S. 엘리엇 연구』(1988, 민음사) 제8장「원숙과 조화」의 일부로 동 저서 153-82쪽을 수정하고 보완한 글임.

의 두 편의 시극을 반성한 바에 의하면, 시극이 산문극과 공공연한 경쟁에 들어가기 위해서는 시극에서 역사적·신화적 소재를 배제하고 희랍극에서 정석처럼 쓰이는 코러스를 없애고, 대사도 전통적인 無韻詩가 아닌 현대인의 회화체 언어를 써야 한다는 것이다. 이런 몇 가지 점을 반성하고서 현대생활에서 테마를 택하여 현대의 인물로써 쓴 극이 『가족의 재회』였는데, 이 극에서도 여전히 희랍비극의 요소를 청산하지 못하고 복수의 여신들을 등장시킴으로써 "희랍의 신화와 현대의 장면을 조절하는 데 실패"한 것이 결점이었다는 것이다. 그러나 『칵테일 파티』에서 코러스도 유령도 등장하지 않고 대사에 있어서도 "도대체 그 극 중에 시라는 것이 있느냐는 것이 공공연한 의문이 될" 정도로 완전히 현대의 구어체 언어를 채택했으며, 사건의 진행에서 서스펜스 효과를 가미하여 관중의 흥미를 지속시킨 점들이 이 극을 성공시킨 요인이라고 말할 수 있다. 그러나 이 극을 기교면에서보다도 주제면에 초점을 두어 시인 자신의 고뇌의 발자취로 보면 흥미롭다. 그가 평생에 걸쳐 추구한 철학적 명제는 현상과 실재의 문제였다. 이 양극적인 갈등에서 점차 그 두 차원의 화해의 길로 들어선 것이 『칵테일 파티』에서 엿볼 수 있는 사상이다.

엘리엇은 이 극에서 특출한 정신력을 갖고 종교적 사명감에서 순교하는 실리아보다는 선량하고 평범한 에드워드 부처에게 동정을 표시하고 있다. 인간의 절대 고독, 인간적인 지식과 사랑의 한계의식을 바탕에 깔고 있는 엘리엇의 전 작품에서 인간이 결국 취할 수 있는 길이 두 가지로 구분된다. 즉 실리아와 같이 '높은 꿈'에 이끌려 절대적 사랑을 찾아 인간적인 모든 것을 버리는 길과 에드워드 부처와 같이 인간적 한계 내에서 '낮은 꿈'의 생활과 타협하는 길이다.

실리아는 라비니아의 남편 에드워드와 사랑하는 사이이다. 그녀의 에드워드에의 사랑은 도덕적 의미를 초월하는 절대적 사랑이다. 그것은 단순한 '기분 전환'을 목적으로 하는 것도 아니고, 현실적인 어떤 목적을 위한 것도 아닌, 말하자면 순수한 관념적인 사랑이다. 그것은 단테의 베아트리체에 대한 사랑과 같다고나 할까. 실리아는 그런 사랑의 감정은 시간의 세계의 일이 아닌 마음 속의 일이라고 다음과 같이 말한다.

우리의 관계가 시작되기 전 나는 미래를 버렸습니다.
그리고서 그 후는 다만 현재에만 살아 왔지요.
그 현재는 시간이 의미를 상실하는 우리들의 마음 속의 세계이고,
거기에선 '행복'이란 말도 전연 다른 의미를 갖는 세계였지요.
아니, 그렇게 생각이 된 거예요.

I abandoned the future we began.
And after that I lived in a present
Where time was meaningless, a private world of ours,
Where the word 'happiness' had a different meaning
Or so it seemed.[1]

실리아는 유부남인 에드워드에 대해서 일종의 '꿈'같은 사랑을 느끼고 있었지만, 에드워드가 부인 라비니아에게서 떠나 자유로워졌을 때엔 꿈 이상의 현실을 요구하게 된다. 그때에 그녀의 꿈은 깨어지고 영원한 사랑은 시간 속의 사랑으로 바뀌지 않으면 안 되는 딜레마에 빠진다. 이 때에 실리아는 "어떤 면에서 꿈인 것이 더 좋을 지도 몰라요. 그것이 더 진정한 현실 같아요"라고 말하면서, 자기가 꿈 같은 사랑 속에서 현실세계를 탐내온 것을 '자기배반'의 굴욕으로 생각한다. 왜냐하면 그녀가 꿈에서 깨었을 때에, 그 꿈을 의탁했던 에드워드는 인간이 아닌 인간의 형해(形骸)였고, 하나의 물체였기 때문이다. 그것은 말하자면 '황무지'적 현실이다.

이렇게 청순하고 관념적인 여인은 결국 지상의 사랑을 누릴 수 없고 신을 향한 영원한 사랑을 찾아서 현세의 목숨을 버려야 하는 인간의 역설적 운명을 감수할 수밖에 없다.

한편 에드워드는 라비니아가 가출하여 타성적인 부부관계에서 혼자의 몸이 됨으로써 비로소 정신적 放免상태에서 오는 진정한 자아의식을 갖는다. 즉 그는 지금까지 어둠 속을 헤매면서 자기는 무엇이고, 아내는 무엇인가를 깨닫지 못했던 것이다. 그는 집을 나간 아내가 돌아와주기를 타성적으로 기다리면서도 "내가 정말로 그 여자를 사랑했다고는 생각되지 않는다"라고 실토하고, 실리아에 대한 사랑만이 진정이었다고 말한다. 에드워드의 그 고백은 세

---

[1] T. S. Eliot, *The Complete Poems and Plays*, p. 379.

속적인 의미에서의 부부간의 불화와 다른 여자에 대한 사련(邪戀)의 감정을 말하는 것이 아니라 관념적 사랑만이 가능하고 현실적 인간끼리의 사랑이 불가능함을 말하는 것이다. 아내가 나간 후 자유로운 몸으로 실리아와의 사랑이 꿈이 아닌 현실이 되려고 하자 그는 자기의 현실이 눈 앞에 보인다. 그는 "오늘 아침에 비로소 나는 내 자신을 보게 된 것"이라고 말하고, 중년 남자로서 늙어가는 자신의 비참한 모습을 알게 되었음을 말한다. 이 말에서 우리는 초기 시「프루프록의 연가」에서 "나는 늙어간다. 나는 늙어간다"라고 독백하는 프루프록의 심정을 연상하게 된다. 에드워드의 자아의식은 인간의 본질적인 불행을 깨닫는 데로 이어진다.

    ... 만약에 어떤 행복이란 것이 있다면,
    불행은 깨어진 아름다움 위에 자라는 것이 아니고,
    권태는 환희의 찌꺼기가 아니란 것을
    깨닫는 행복이 있을 뿐이지요.
    내 인생은 벌써 오래 전에 결정된 것이고
    거기에서 도피하고자 몸부림치는 것은
    다만 하나의 허구에 불과한 것이지요. ...

    ... if there is any happiness,
    Only the happiness of knowing
    That the misery does not feed on the ruin of loveliness,
    That the tedium is not the residue of ecstasy.
    I see that my life was determined long ago
    And that the struggle to escape from it
    Is only a make-believe. ... [2)]

"이미 오래 전에 결정된" 인생의 조건에 눈이 뜨이자 사랑하는 사람끼리 서로 상대방을 미화하여 생각했던 망상은 깨어지고, 실제 그대로의 차디찬 현실이 노출된다. 아름답게 들렸던 애인의 목소리는 "다만 벌레소리"에 불과하고, 눈에 보이는 상대방의 모습은 "인간만큼이나 큰 딱정벌레"에 불과하다.

---

2)『같은 책』, p.381.

라비니아의 가출은 에드워드와 실리아에게 각각 자아의식을 갖게 하는 계기를 마련하였다. 그것이 실리아에게는 '높은 꿈'에서 깨어나게 했고, 에드워드에게는 일상의 타성에서 깨어나게 했다. 이것은 그들이 '황무지'적 현실을 볼 수 있는 자아의식이고, 또한 거기에 따르는 필연적인 고독감이다. 인간은 본질적으로 자아 속에 유폐되어 있어서 남과의 교통이 불가능하다는 생각은 브래들리의 철학에서 영향을 받은 엘리엇의 근본적인 생각이다.

　　　　　　　　문이 하나 있었다.
　　그 문을 나는 열 수가 없었다. 손잡이를 만질 수도 없었다.
　　왜 나는 내 감옥에서 걸어나갈 수가 없나?
　　지옥이란 무엇인가? 지옥은 자아.
　　지옥은 오직 혼자인 것, 그 안에 있는 물상들은
　　다만 그림자일 뿐, 도망쳐 나올 곳도
　　도망쳐 갈 곳도 없지. 우리는 언제나 혼자일 뿐.

　　　　　　　　There was a door
　　And I could not open it. I could not touch the handle.
　　Why could I not walk out of my prison?
　　What is hell? Hell is oneself.
　　Hell is alone, the other figures in it
　　Merely projections. There is nothing to escape from
　　And nothing to escape to. One is always alone.[3]

단테의 우고리노 백작의 말과 브래들리의 말의 메아리라고 볼 수 있는 이 말은 라비니아가 에드워드에게로 다시 돌아와서 형식적인 부부간의 결합을 이루고 나서 두 사람 사이에서 주고 받는 대화의 한 토막이다. 이 극에서 초능력의 정신과 의사로 등장하는 라일리 박사의 말을 빌리면 "자신은 사랑할 능력이 없다고 생각하는 남자 측과, 자신은 사랑을 받을 능력이 없다고 생각하는 여자 측"의 결합이 에드워드 부처의 새로운 결합이다. 그들은 이제 인간의 한계의식과 자아의식을 갖게 된 것이니, 결국 결합을 이룰 수 없는 결합을 이

---

[3] 『같은 책』. p. 397.

루고, '과거와 다른' 새로운 생활을 하고자 하지만 그것은 불가능하다. 즉, "거짓말만 하고 시간을 허비하여 온" 자기 기만적인 생활을 버리고자 하지만, 그들의 생활은 '사는' 것이 아니라 '견디는' 것 뿐이다. 엘리엇은 재결합 후의 그들의 생활을 정신과 의사 라일리의 입을 통하여 다음과 같이 기술한다.

> . . . 그들이 전에 가졌던
> 환상을 잊지 못하는 수도 있겠지만, 그것을 잃었다 해서 서운해 하진 않지요.
> 그리고 그들은 일상적 규범에 따라 저희 생활을 영위하고,
> 과도의 기대를 피하기에 힘쓰고,
> 자신들이나 남에게 관대해지며,
> 보통의 행동으로 주고 받을 것을
> 주고 받지요. 또한 그들에겐 불평이 없고,
> 서로 이해하지 못하는 두 남녀가
> 아침이면 헤어지고 저녁이면 만나서
> 화로 앞에서 이런 얘기 저런 얘기를 주고 받으며,
> 그들이 이해하지 못하고 그들을 결코 이해하지 못할
> 아이들을 키우는 데 만족하지요.

> . . . They may remember
> The vision they have had, but they cease to regret it,
> Maintain themselves by the common routine,
> Learn to avoid excessive expectation,
> Become tolerant of themselves and others,
> Giving and taking, in the usual actions
> What there is to give and take. They do not repine;
> Are contented with the morning that separates
> And with the evening that brings together
> For casual talk before the fire
> Two people who know they do not understand each other,
> Breeding children whom they do not understand
> And who will never understand them.[4]

엘리엇은 에드워드 부처로 하여금 이러한 평범하고 선량한 생활을 받아들

---

4) 『같은 책』, p. 417.

이게 한다. 이리하여 그들은 이 생활이 최선의 생활은 아니지만 "광증과 폭력과 어리석음과 탐욕의 세상에서의 선한 생활"5)이라고 자위하고 체념한다. 실리아가 택한 순교의 길은 소수의 특출한 용기있는 인간들에게서나 볼 수 있는 길이지만, 에드워드 부처가 택한 길은 절대 다수의 인간들이 갈 수밖에 없는 운명적인 한정된 길이다. 엘리엇은 "사색과 봉사와 기도"의 이 생활을 "부끄러움 없는 차선"(honourable second best)의 길이라고 생각하면서도, 그렇다고 실리아가 택한 길이 반드시 최선의 길이라고는 생각지 않았다. 라일리는 어느 길이 더 나으냐고 묻는 실리아의 질문에 대해서 다음과 같이 대답한다.

> 어느 길이 더 낫다고 할 수 없지요.
> 양쪽 모두 필요하지요. 양자택일 하는 것도
> 또한 필요합니다.
>
> Neither way better.
> Both ways are necessary. It is also necessary
> To make a choice between them.6)

이 말에서 우리는 엘리엇이 말년에 이르러 갖게 된 타협과 관용의 인생의 폭을 읽을 수 있고, 평생에 걸쳐 그가 추구한 철학과 종교의 아포리아(aporia)가 결국 인생론적 타협의 길로 낙착되어 가는 것을 보게 된다.

엘리엇은 『칵테일 파티』에서 관념세계와 현실세계의 두 차원을 모두 긍정적으로 받아들이면서 그 두 세계를 관련짓는 데까지는 나아가지 못했다. 그러나 다음 작품 『비서』(The Confidential Clerk)에서는 그 두 세계의 조화와 통합을 모색하는 길로 나아간다. 이 극에 제시된 '정원'(garden)은 「번트 노튼」과 『가족의 재회』의 '장미원' 과 같이 다분히 초월적인 의식세계가 아니라 마음의 안식처라고 할 수 있는 상징적 전원이다.7) 엘리엇은 이 '가든'을 주요 화제

---

5) 『같은 책』, p. 418: "In a world of lunacy, / Violence, stupidity, greed . . . it is a good life."
6) 『같은 책』, p. 418.
7) 주 12)를 참조할 것.

로 하여 老정치가 클로드경(Sir Claude)의 후계자로 예정된 콜비(Colby)의 경우와 클로드경의 비서직에서 물러나 채전을 가꾸고 교회 일을 보는 에거슨(Eggerson)의 경우를 대비하고 있다. 콜비는 오르간 연주가로 일종의 아마추어 음악가이다. 그가 혼자서 즐기는 음악의 세계는 외부 세계와 차단된 관념의 천국이다. 그것은 말하자면 다른 사람이 향기 맡을 수 없는 꽃이 피어 있는 유폐된 마음의 가든이다. 콜비는 이 마음의 세계에 안식하면서도 그 가든을 실재 세계로 느낄 수가 없다. 즉, "문을 열고 걸어 들어가서 홀로 있는" 그 가든의 생활이 그에게 바깥 세계에만 사는 것과 마찬가지로 '허구'(make-believe)의 생활이라고 생각이 되는 것이다.

> 내가 말하는 것은, 나의 가든은 나의 바깥 세계나 다름없이
> 내게 실재감이 없다는 것입니다. 서로 아무런 관련이 없는
> 별개의 두 가지 생활을 한다면 —
> 그것은 어느 쪽이고 모두 실재성이 없는 것이지요.

> What I mean is, my garden's no less unreal to me
> Than the world outside it. If you have two lives
> Which have nothing whatever to do with each other —
> Well, they're both unreal.[8]

콜비는 관념과 현실이 하나로 된 세계, 그래서 고독하지 않은 조화된 세계를 원하는 것이다. 그는 자기의 현실성 없는 세계와 비교하여 에거슨의 생활이 참된 '가든'이라고 다음과 같이 말한다.

> 그러나 에거슨의 경우
> 그의 가든은 한 단일 세계의 일부이지요. . . .
> 거기엔 고독이 없지요.
> 만일 내가 종교적이라면, 신이 내 정원을 거닐 것이고,
> 그리하여, 바깥 세계가 현실성이 있게 되어
> 용납될 수 있으리라고 생각합니다.

---

[8] T. S. Eliot, *The Confidential Clerk*, p. 64.

> But for Eggerson
> His garden is a part of one single world. . . .
> Not to be alone there.
> If I were religious, God would walk in my garden
> And that would make the world outside it real
> And acceptatble, I think.9)

콜비의 '가든'은 현실세계와 유리된 정신적인 안식처일 뿐이어서 가장의 세계이지만 에거슨의 '가든'은 정신적으로나 현실적으로 안식할 수 있는 두 차원의 조화의 상징이다. 그는 콜비가 때로 음악의 세계에 몰입하듯이 그 '가든'에 몰입할 수 있으면서도 거기에 신이 있으니까 외롭지 않고, 그 정원에서 돌아올 때는 "호박이나 사탕무나 완두콩을 부인에게 가져다" 줄 수 있다. 엘리엇은 에거슨과 같은 인물을 그가 희망하는 궁극적인 완전인의 타입으로 내세운 듯하다. 엘리엇 극의 연출자인 마틴 브라운(E. Martin Browne)의 말에 의하면, 엘리엇은 에거슨을 "그 극에서 유일한 발전된 기독교인"(the only developed Christian)이라고 말했다는 것이다.10)

이에 비하면, 이 극의 주요 인물인 클로드경이나 그의 비서 콜비 등은 모두가 조화된 생활을 갖지 못하고 '가장'의 생활을 한 불완전인들이다. 클로드경은 본래 도예가가 될 꿈을 가졌으나 부친의 생활 패턴을 따라 금융인이 된 사람이고, 콜비는 오르간 연주가로서 위대한 음악가가 되려다가 에거슨의 뒤를 이어 클로드경의 비서가 되었다. 그들은 자기들에게 과해진 생활 패턴에 만족할 수가 없어 이상과 현실이 분열된 '가장'의 생활을 할 수 밖에 없다. 현실과 이상, 내면생활과 외부생활, 사생활과 공생활에 연관성과 조화가 있어야만 하겠다는 것이 이 극의 취지이다. 콜비가 음악가로서의 직업을 버릴 때에 그의 애인 루카스타는 콜비의 처지를 다음과 같이 설명한다.

> 당신이 상실한 것은 바깥 세계 뿐입니다.
> 당신은 아직도 당신의 내부세계―더욱 실재성이 있는 그 세계를 붙들고

---

9) 『같은 책』, pp. 64-65.
10) Grover Smith. Jr., *T. S. Eliot's Poetry and Plays*, p. 228에서 인용.

있는 것입니다.
그래서 당신은 우리와 다른 것이지요.
당신은 자신의 내밀한 가든을 갖고 있고, 거기에 들어가선
문을 잠가버리지요.

> But it's only the outer world you've lost:
> You've still got your inner world—a world that's more real.
> That's why you're different from the rest of us:
> You have your secret garden; to which you can retire
> And lock the gate behind you.[11]

바깥 세계를 버리고서 그 보상으로 자기만의 '내밀한 가든'을 갖고 있어도, 안과 밖의 두 세계가 관련성이 없는 이상 만족이 가지 않는다고 느끼는 것이[12] 콜비의 처지이다. 그러나 에거슨의 '가든'은 거기에서 신과 같이 있으면

---

11) *The Confidentied Clerk*, P. 63.
12) 엘리엇의 '가든'의 이미지는 그의 후기시와 시극에서 '장미원'의 이미지로 나타나는 중요한 이미저리 중의 하나이다. 그것이 'Ash-Wednesday'에서는 궁극적인 사랑을 상징한다.

> The Single Rose
> Is now the Garden
> Where all loves end
> Terminated torment
> Of love unsatisfied. . . .
> Of love satisfied. . . .

'Ash-Wednesday'의 '장미원'이 Dante의 「천국편」에 근거한 종교적 이미지인 것과는 달리, 'Burnt Norton'과 *The Family Reunion*의 '장미원'은 그 관련성과 의미가 약간 다르다. 'Burn Norton'에서의 '장미원'은

> Footfalls echo in the memory
> Down the passage which we did not take
> Towards the door we never opened
> Into the rose-garden.

에덴동산과 같은 순수한 행복의 원형세계의 의미가 강하다. 그리고 *The Family Reunion*에서도 같은 의미로 쓰여지고 있다.

바깥 세계가 실재성을 갖게 되고, 따라서 외롭지 않다. 바깥 세계와 합쳐지는 또 한 가지 방법으로 사랑을 통하여 타인과 통하고, 그의 마음 속의 '가든'에 침투해 들어가는 길이 있다는 것이 암시되어 있다. 사랑은 분열된 두 세계를 연결짓는 신비로운 작용을 한다. 사랑은 부모자식 간이나 남녀간의 사랑에서와 같이 일상 세계에서 기원하여 다른 세계로 확장해 들어가는 수도 있고, 신의 인간에 대한 사랑, 인간의 신에 대한 사랑과 같이 고차원의 세계에서 기원하여 일상 세계로 확장해 들어가는 수도 있다. 어느 경우에나 사랑을 통한 교통이 없는 한 인간의 생활은 분열되고 공허하여 실재감이 없게 마련이다. 사랑을 통한 인간생활의 조화와 행복의 주제를 다룬 작품이 그 다음의 시극 『원로 정치가』(The Elder Statesman)이다.

엘리엇의 발전된 화해의 자세는 그 다음 시극 『원로 정치가』에서 한 걸음 나아가 인간의 사랑을 찬미하고 세속적인 가치를 인정하는 데까지 이른다.

이 극은 엘리엇의 극중에서 가장 평이하고 상징적 의미가 적어서 거의 사실극에 가깝다. 이야기의 줄거리도 간단하여, 극 초반부와 중반에 결혼이 약속된 찰스와 모니카의 사랑의 대화가 약간 끼어 있을 뿐, 극 전체가 원로정치가 클래버튼경의 심중을 털어 놓는 모놀로그에 가까운 대화로써 이루어져 있다. 클래버튼경은 화려한 정치생활에서 은퇴한 원로정치인이다. 그는 오랜 정치생활을 하는 동안 명성과 권위를 지키기 위하여 자기 아닌 자기의 허상에 매달려 한 평생을 살아오고 나서 이제 병든 몸으로 죽음을 눈 앞에 두고 과거를

      You bring me news
Of a door that opens at the end of a corridor,
Sunlight and singing. . . .
I only looked through the little door
When the sun was shining on the rose-garden:

이 장미원의 이미지를 Louis L. Martz는 Alice in Wonderland의 세계에 관련시켜 해석했고 (Leonard Unger, ed., A Selected Critique, pp. 447-454), Unger는 'still point'와 관련시켜 우리 의식이 실재와 마주치는 "sudden illumination"의 체험이라고 해석하였다(The Southern Review, Spring, 1942). 이 '장미원'의 이미지가 The Confidential Clerk의 '가든'에서는 마음 속의 내밀한 은신처로서의 뜻이 강하다.

뉘우치면서 고독을 느낀다. 그는 행동력도 행동의 의욕도 없이 생활의 공백을 대하는 심정이 마치 마지막 기차가 떠난 후의 대합실에 앉아 있는 것 같다고 다음과 같이 딸 모니카에게 하소연한다.

활력의 모터가 다 된 것이다. 모니카, 너도 알겠지.
의사들은 한결같이 휴양을 취하라고 말한다. 찰스 조심하라고,
생을 편하게 생각하라고 말한다. 마음 편히 살라고
아무데로 가는 기차도 탈 생각이 없는 사람에게
기차를 타러 달려가선 안된다고 경고하는 것이나 다름없지.
천만에, 나는 과거의 생활에 대한 집착 같은 것은 눈꼽만큼도 없다.
다만 눈 앞에 펼쳐진 공백이 두려운 것 뿐이다.
일을 해서 자신을 죽음에 이르게 할 정도의 정력이 조금이라도 남아 있다면
얼마나 기꺼이 나는 죽음을 맞대면하겠는가? 그러나 기다리는 것 뿐이다.
행동의 의욕도 없이 無爲를 견디는 것도 두려운 채 기다리는 것이다.
진공의 상태를 두려워하면서도, 그것을 채울 의욕도 없다.
그것은 마치 어느 시골 기차 정거장에서
마지막 기차가 떠나고 나서, 그리고 나머지 승객도 다 떠나고
매표창구도 닫히고 포터들도 다 떠난
텅빈 대합실에 앉아있는 기분이다. 인기척도 없는 냉랭한
대합실의 불 꺼진 스토우브 앞에서, 나는 무엇을 기다리고 있는가?
아무도, 아무것도 기다리는 것이 없지.13)

They [Sources of the power] 've dried up, Monica, and you know it.
They talk of rest, these doctors, Charles; they tell me to be cautious,
To take life easily. Take life easily!
It's like telling a man he mustn't run for trains
When the last thing he wants is to take a train for anywhere!
No, I've not the slightest longing for the life I've left —
Only fear of the emptiness before me.
If I had the energy to work myself to death
How gladly would I face death! But waiting, simply waiting,
With no desire to act, yet a loathing of inaction.
A fear of the vacuum, and no desire to fill it.
It's just like sitting in an empty waiting room

---

13) T. S. Eliot, *The Elder Statesman*, p. 24.

> In a railway station on a branch line,
> After the last train, after all the other passengers
> Have left, and the booking office is closed
> And the porters have gone. What am I waiting for
> In a cold and empty room before an empty grate?
> For no one. For nothing.

클래버튼경의 이 고독한 심정을 이해하고 그를 위로하는 것은 딸 모니카뿐이다. 그녀는 부친을 염려한 나머지 찰스와의 결혼도 연기하고서 부친을 따라 배즐리 코트의 요양소에 가서 그의 말벗이 되어준다. 클래버튼경의 말년을 비참하게 만드는 것은 생활의 공백만이 아니다. 그는 과거의 떳떳하지 못한 일들에 대한 죄책감에 시달린다.14) 제2막에서 남자친구와 여자친구가 각각 찾아와서 그가 까마득히 잊었거나, 애써 잊고자 한 과거의 비밀을 그에게 회상시켜 준다. 그의 과거의 비밀 중 한가지는 자동차를 몰고 가다가 죽어서 쓰러져 있는 시체를 다시 치고서 도망친 사실이고, 또 한가지는 여자 관계이다. 클래버튼경은 이 두 가지 떳떳하지 못한 일이 양심의 가책이 되어 괴로워한다. 그런 일이 죄가 되느냐 안 되느냐는 별문제로 그는 양심의 가책에서 해방되고 싶어한다. 그는 형법상의 죄를 고백하는 것보다 양심의 죄를 고백하는 것이 더 어렵다고 생각할 정도로 결벽증에 가까운 도덕주의자이다. 보이지 않는 감시자를 마음 속에 의식하면서 살아온 클래버튼경은 인생을 느낄 겨를도 없이 항상 자의식의 울 속에서 양심의 가책만을 느끼며 살아왔다. 클래버튼경의 다음 대사를 읽으면 그가 어떤 인물인가를 충분히 짐작할 수 있다.

> 어쩌면 나는 대부분의 세상 사람들처럼
> 인생을 즐긴 일이 없었는지도 몰라. 적어도 세상 사람들은
> 인생을 즐기고 있다는 것을 의식하지 않고서 인생을 즐기는 것 같아.

---

14) 클래버튼경을 찾아오는 한 친구는 옛날 옥스퍼드 동창생이었다고 자칭하는 Gomez이고, 또 하나 Mrs. Carghill이라는 여자는 한때 연극에서 노래부르던 가수였고 클래버튼경의 옛 애인이었다고 자칭한다. 클래버튼경은 제3막(p. 104)에서 그들이 실제 인물이 아니고, 자기의 과거에서 온 유령들이라고 말한다. 유령을 이런 식으로 등장시키는 것은 엘리엇 극의 상투적 수법이다.

그런데 나는 인생을 즐긴 일이 없다고 생각해. 마음 속 깊숙이
자리잡은 나에 대한 불만에 평생 시달려왔지.
그래서 세상에 대한 정당성을 찾지 않으면 안됐지.
우리 마음 속의 자아, 그 말 없는 관찰자는 무엇인가?
이 가혹한 무언의 비평가는 우리를 공갈하고
결국은 헛수고에 불과한 행동으로 몰고가지,
그리하여, 그 비평가의 채찍에 쫓겨
과오를 범하고, 그럴수록 더욱 가혹한 판단을 내리지15)

Perhaps I've never really enjoyed living
As much as most people. At least, as they seem to do
Without knowing that they enjoy it. Whereas I've often known
That I didn't enjoy it. Some dissatisfaction
With myself, I suspect, very deep within myself
Has impelled me all my life to find justification
Not so much to the world — first of all to myself.
What is this self inside us, this silent observer,
Severe and speechless critic, who can terrorise us
And urge us on to futile activity,
And in the end, judge us still more severely
For the errors into which his own reproaches drove us?

클래버튼경이 이 보이지 않는 비평가의 채찍에서 벗어나는 길은 자기의 과거를 고백하고 마음의 문을 여는 일이다. 그것은 사랑이다. 자기의 심중을 고백하고 그 고백을 받아들일 수 있는 사람이 있어야 한다. 클래버튼경은 자기가 진정으로 사랑한 사람이 없었음을 시인하고, 딸 모니카를 사랑한다고 말하면서, 그러나 아버지와 딸 사이에 있어서의 적나라한 고백과 이해의 어려움을 토로한다.

단 한 사람이 있으면, 서슴없이 모든 것을 고백할 수 있는 사람이
한 평생에 단 한 사람이 있으면, 알겠나, 모든 것을,
범죄적인 것 뿐 아니라,
비열한 것, 추악한 것, 비겁한 것 모든 것을. . . .

---

15) *The Elder Statesman*, p. 54.

그러면 그는 그 사람을 사랑하는 것이고, 그 사랑이 그 사람을 구원할 것
    이다.
나는 지금까지 사실상 아무도 사랑한 일이 없다.
아니, 모니카를 사랑하고 있지 — 그러나 지장이 있다.
연상자에게 대등한 입장에서 솔직해 본 일이 없는 사람은
자기 자식에 대해서도 솔직할 수가 없지.
자기 딸이 아직 어린애일 때엔 그애에게 솔직할 수가 없다.
그리고 애가 성장하면 우리는 몸에 허위의 거미줄 같은 것을 치게 된다.
나는 평생을 자신을 잊고자 애쓰며 살아왔다.
내가 택한 配役이 자신인 줄로 생각하기에 급급했다.
그런 가장을 더 오래하면 할수록
그것을 떨쳐버리기가 어려워지고,
무대에서 내려와서 옷을 갈아입고
자기 자신의 말을 하는 것이 어려워지지. 그래서 나는 지금까지
모니카에게 우상으로 지내왔다.
모니카는 내가 연출한 역할을 찬탄해왔지. . . .
나는 나의 거짓된 가장 하에서 너의 사랑을 받아왔다. 모니카.
이제, 나는 이 가장을 지탱하기에 지쳤다.
그러나 이 아버지의 참 모습을 알고, 영락한 배우인 줄로 알고서도
만일 네 마음 속에 다소라도 아버지에 대한
사랑이 남아있다면 나는 얼마나 기쁘겠느냐.16)

If a man has one person, just one in his life,
To whom he is willing to confess everything —
And that includes, mind you, not only things criminal,
Not only turpitude, meanness and cowardice, . . .
Then he loves that person, and his love will save him.
I'm afraid that I've never loved anyone, really.
No, I do love my Monica — but there's the impediment:
It's impossible to be quite honest with you, child,
If you've never been honest with anyone older,
On terms of equality. To one's child one can't reveal oneself
While she is a child. And by the time she's grown
You've woven such a web of fiction about you!
I've spent my life in trying to forget myself,

---

16) 『같은 책』, p. 102.

> In trying to identify myself with the part
> I had chosen to play. And the longer we pretend
> The harder it becomes to drop the pretence,
> Walk off the stage, change into our own clothes
> And speak as ourselves. So I'd become and idol
> To Monica. She worshipped the part I played:
> I've had you love under false pretences.
> Now, I'm tired of keeping up those pretences,
> But I hope that you'll find a little love in your heart
> Still, for your father, when you know him
> For what he is, the broken-down actor.

　이러한 고백을 듣고서 모니카는 진실된 자기로 돌아가 사랑 속에 행복을 찾고 싶어하는 부친의 고독한 모습을 보고 사랑과 이해로써 그를 위로한다. 이때 클래버튼경이 느끼는 마음의 평화는 초월적인 신을 통해서가 아니라 사랑하는 사람의 마음을 통해서이다. 지상의 사랑의 의미를 깨닫고 행복을 느끼는 클래버튼경은 "나는 이제 사랑이 무엇인가를 희미하게 알았다. 모두가 안다고 생각하지만 그것을 정말 아는 사람이 몇이나 되는가! 이제 나는 행복하다. 일체의 것에 상관없이, 理性에 구애됨이 없이. 행복의 날개가 나를 어루만진다"17)라고 말한다.

　신이라는 말 대신에 사랑이라는 말이 많이 나오는 이 극은 시인의 자서전적인 요소가 가장 짙은 극이다. 이 극의 주인공 클래버튼경을 엘리엇 자신으로, 딸 모니카를 시인이 이때 재혼한 젊은 아내로 대치시켜 놓고 생각하면 극의 의미가 매우 새롭게 읽혀진다. 이 극을 그렇게 엘리엇의 자서전적인 극으로 읽을 수 있는 이유가 충분히 있다. 이 극은 시인이 70세 되는 해에 공연되었고 바로 그 전 해(1957)에 그가 발레리 플레처(Valerie Fletcher)와 재혼한 사실을 염두에 두고 읽어야 하는 작품이다. 이 작품을 극작품으로 읽는 사람은 우선 첫 페이지에 실려있는 아내에게 바치는 獻詩로부터 읽게 되어 있는데,

---

17) 『같은 책』, p. 128: "I've only just now the illumination / Of knowing what love is. We all think we know. / But how few of us do! And now I feel happy - / In spite of everything, in defiance of reason, / I have been brushed by the wing of happiness."

그 시가 엘리엇 시에서 전례 없는 감미로운 애정시라는 점에서 놀라지 않을 수 없다.

당신 덕분에 나는 깨어있는 동안엔
생동감 충만한 가슴 뛰는 기쁨을, 잠 잘 때엔
휴식을 고르게 하는 리듬을 갖게 되었고,

말이 없이도 같은 생각 같이 하고,
뜻이 없는 말이라도 같이 지껄이는
애인끼리의. . .
　　일심동체의 호흡을 갖게 되었소

그 당신에게 이 책을 헌정합니다. 내게 베푼
그 일부이나마 말로써 할 수 있는 최선의 보답으로.
말은 그 뜻하는 바이지만 그 이상의 의미일수도 있지요,
당신과 나에게만은.

To whom I owe the leaping delight
That quickens my senses in our wakingtime
And the rhythm that governs the repose of our sleepingtime,
　　The breathing in unison

Of lovers. . .
Who think the same thoughts without need of speech
And babble the same speech without need of meaning;

To you I dedicate this book, to return as best I can
With words a little part of what you have given me.
The words mean what they say, but some have a furthur meaning
For you and me only.

엘리엇이 두 번째 결혼한 플레처 여사는 1949년 이래 페이버사에서 엘리엇의 개인비서로 7년간 일해온 요크셔 출신의 쾌활한 아가씨이다. 엘리엇보다 39세나 나이 어린 플레처는 본래 소설가 찰스 모건(Charles Morgan)의 비서로 있었고, 유명한 사람의 비서가 되는 것이 그녀의 꿈이었다. 엘리엇은 그 동안

에 있었던 중대한 인생의 고비인 첫 번째 결혼과 영국국교로의 개종 때와 마찬가지로 이 두 번째 결혼을 '마치 음모를 꾸미듯이' 비밀리에 추진하여 오랫동안 동거해 온 친구 존 헤이워드(John Hayward)에게조차 사전에 알리지 않았다. 엘리엇은 친구가 모르게 옷가지를 한가지씩 옮기고 난 후에 떠나는 날에 비로소 그에게 결혼 사실을 알렸다는 말이 있고, 떠나는 날에 비로소 그에게 결혼 사실을 알렸다는 말도 있지만, 하여튼 친구 사이의 이 '배신적인 행위'18)로 말미암아 두 사람의 우정은 영영 멀어졌으며, 이 사정을 말해줄 수 있는 엘리엇이 헤이워드에게 보낸 편지와 기타 관계 서류들은 케임브리지대학의 King's College에 보관되어 서기 2천년이 될 때까지 공개가 보류되어 있다.

시인의 첫째 부인 비비엔(Vivien)이 정신병원에서 죽은 것은 1947년이고, 1935년 이래는 서로 만난 일조차 없이 그들은 이혼 상태에 있었다. 그 이전에 있어서도 그가 정신질환자인 비비엔과 결혼한 후 과연 부부생활을 제대로 한 기간이 몇 해나 될는지 매우 의심스러운 일이다. 거의 한 평생을 외롭게 살다가 70이 다 되어 재혼을 한 것이니, 그가 인간의 애정을 알게 된 것은 너무나 늦은 나이였다. 그럼에도 불구하고 엘리엇은 이 재혼을 통하여 주변에서 누구나 인정할 만큼 괄목할 만한 변신을 가져왔다 한다. 시인의 침울하고 황량한 생활은 이제 의심할 바 없이 해피엔딩에 이르렀다. 엘리엇의 오랜 친구 로버트 지루(Robert Giroux)는 다음과 같이 그 사실을 증언한다.

> 돌이켜 보건대, 내가 친구로서 거의 20년간 친히 그를 알고 지내온 동안 단 한 가지 가장 놀라운 면은, 초기에 그에게 감돌았던 좀 슬프고 외로운 후광과 말년에 그에게서 비쳐오는 행복 사이의 대조이다. '빛난다'는 말이 엘리엇에게 적용하기엔 이상한 말일지 모르지만 그 말은 그의 마지막 8년 남짓 동안의 그에 대한 정확한 표현이고 이것은 물론 1957년의 플레처와의 결혼에 기인했다. 그 몇 년 동안에 나는 그가 여러 번 '나는 이 세상생서 가장 행복한 사람이다'라고 말하는 것을 들었다.19)

---

18) Louis Simpson, *Three on the Tower*, 189.
19) Bernard Bergonzi, 『같은 책』, 180: "In retrospect, the most striking single aspect of the years (nearly twenty) during which I was privileged to know him as a friend is the contrast between the rather sad and lonely aura that seemed to hover about him in the earlier period, and the happiness he radiated in the later one. "Radiant" may seem and odd word to apply

이 행복한 결혼의 산물이 『원로정치가』이다. 엘리엇이 결혼 후 평생 처음 맛보는 평화롭고 행복한 심경에서 이 극을 구상할 때 극의 패턴을 희랍극 『콜로누스의 오이디푸스왕』(*Oedipus at Colonus*)에서 구한 것은20) 너무 당연한 일로 여겨진다. 한때의 시단의 제왕이었던 늙은 자신과 어린 아내와의 관계를 눈먼 오이디푸스왕과 그의 방랑길에서 손을 잡고 뒷바라지해 준 딸 안티고네의 관계를 동일화하여, 오이디푸스왕을 노 정치가 클래버튼경으로, 그의 딸 안티고네를 모니카로 대치시켜 놓은 것으로 해석이 된다. 늙은 오이디푸스왕처럼 70의 외로운 노시인에게 이제 필요한 것은 자신의 모든 것을 고백하고 의지할 수 있는 상대자였다. 그는 지금까지 지나친 명성 속에 파묻혀 하나의 공인으로서 "자기가 택한 역할의 인물이 되고자 노력하느라고 자신을 잊는 일에만 전념해 온" 것을 후회하는 어조가 역력하다. 이제 그는 노정치가 클래버튼경처럼 가면을 벗고 분장을 지우고서 적나라한 자신으로 돌아가고 싶어한다.

엘리엇이 플레처와 결혼한 후 느낀 사랑과 행복은 오이디푸스왕이 딸 안티고네에게 느낀, 그리고 클래버튼경이 딸 모니카에게 느낀 감정 바로 그것과 다름 없는 것으로 여겨진다. 그 사랑과 행복이 엘리엇에게 얼마나 젊음을 회복시키고 생의 의욕을 고취시켰는가를 생각해야 한다. 이 작품이 처음 공연된 해 『새터데이 리뷰』(*Saturday Review*)의 연극담당 헨리 휴즈(Henry Hewes)와의 인터뷰에서 엘리엇은 솔직히 결혼 후의 심경을 토로하였다. 그는 "사랑을 주고 받는 일은 언제나 젊음을 회복시키지요. 내가 결혼하기 전에는 나는 늙어간다고 느꼈어요. 이제는 나는 칠십 세에 육십 세 때보다 젊다고 느껴요. 사람이 혼자 있으면 늙어 갈수록 더욱 고독감을 느끼지요. 내 경우 과거와 대조가 되니까 더욱 뚜렷이 느끼지요."21)라고 말했다. 인간에게 선악의식이 없으면

---

to T. S. Eliot, yet it is an accurate description of the last eight or so years of his life, and this was due of course to his marriage in 1957 to Valerie Fletcher. More than once in those years I heard him utter the words. "I'm the luckiest man in the world."

20) David E. Jones, *The Plays of T. S. Eliot*, 180-183.
21) Michael Grant, ed., *T. S. Eliot: The Critical Heritage* (The Critical Heritage Series), Vol. II, 704-705: "Love reciprocated is always rejuvenating. Before my marriage I was getting older. Now I feel yunger at seventy than I did at sixty. Any man if he is alone becomes more aware of being lonely as he ages. An experience like mine makes all the more difference because of its contrast with the past."

남녀간의 관계는 짐승의 교미와 차이가 없다고까지 생각했던 결벽성증 도덕주의자였던 엘리엇에게 있어 이것은 크나큰 발전이고 변화라고 말하지 않을 수 없다. 사랑의 위대한 힘을 알게 된 그는 "젊어서는 나이 50은 한 작가의 하강기이고 70이면 완전히 끝나는 것으로 생각했는데 이제는 정신력의 쇠퇴를 조금도 의식할 수 없고, 사실상 극을 한 편 더 쓰고, 문학비평이나 사회비평을 한 편 더 쓸 계획"이라고 고백했다.22)

엘리엇 부부는 겨울에 몇 차례 카리브해로 여행을 했고, 도중에 뉴욕에 들려 친구들과 젊은 시인들도 만나고 인터뷰에 응하기도 했다. 엘리엇은 1962년 겨울에 몹시 앓은 일이 있고, 1963년 12월에 마지막으로 뉴욕에 들른 이래 건강이 점차 악화하여, 그의 시극 연출가 마틴 브라운이 1964년 9월에 마지막으로 시인과 식사를 했을 때 그는 몹시 쇠약해져 있었다고 한다. 그 해 겨울의 혹독한 추위에 건강이 더욱 악화된 시인은 다음 해 1965년 1월 4일, 77세를 일기로 위대한 한 평생을 마쳤다. 『타임즈』지는 시인의 공식 사망보도에서 엘리엇을 "당대의 최고로 영향력이 있는 영국 시인"이라고 말했고, 그의 친구 로버트 지루는 "내게 있어 그는 위대한 시인인 것은 말할 것도 없고 하나의 위대한 인간이었다"23)라고 말했다. 2월 4일 웨스트민스터 사원에서 집행된 추도예배에는 엘리엇의 詩句를 스트라빈스키가 작곡한 弔歌가 연주되었고, 영국 여왕, 수상, 존슨 미국 대통령 등의 특사를 비롯, 스티븐 스펜더, 크리스토퍼 프라이, 조각가 헨리 무어, 멀리 이태리에서 온 에즈라 파운드 등 수많은 저명인사가 참석했다. 이 날의 기사에서 『뉴욕 타임즈』는 "시와 종교의 세계가 오늘 T. S. 엘리엇의 추념 예배에 합쳤다"라고 기술했다. 엘리엇의 유해는 같은 해 4월 그의 조상이 묻혀 있는 이스트 코우커의 성 마이클교회에 안장되

---

22) *The Critical Heritage*, Vol. II, 705: "Mr. Eilot confesses that when he was young he thought of fifty as the age at which a writer goes downhill, and fully expected to be completely finished by seventy. However, he claims not to be conscious of any diminution of mental faculties and is, in fact, planning to write one more verse play, and some literary or social criticism in prose. 'I'm curious,' he adds, 'to see if I shan't also want to write a few more poems in a rather different style. I feel I reached the end of something with *The Four Quartets*, and that anything new will have to be expressed in a different idiom.':
23) Bernard Bergonzi, 『같은 책』, 183.

었고, 그 유해 위 벽에 붙은 간소한 묘비명에는 시 「이스트 코우커」의 첫 행 "나의 시작에 나의 끝이 있다"라는 싯귀가 적혀 있다. 이 의미심장한 글귀를 보는 이는, 조상과 자손, 시작과 끝이 다만 영원 속에 묻혀버리는 엄연한 진리를 깨닫고 새삼 숙연해질 뿐이다.

참고문헌

Akroyd, Peter. *T. S. Eliot*. New York: Simon and Schuster, 1984.
Browne, E. Martin. *The Making of T. S. Eliot's Plays*. Cambridge UP, 1969.
Eliot, T. S. *The Complete Poems and Plays of T. S. Eliot*. London: Faber, 1969.
____. *The Confidential Clerk*. New York: Harcourt, Brace and Co., 1954.
____. *The Elder Statesman*. New York: Farrar, Straus and Cudanhy, 1959.
Jones, David E. *The Plays of T. S. Eliot*. Toronto: U of Toronto P, 1960.

엘리엇 시극에 비친 미스터리

| 최영승 |

I

이 연구의 목적은 엘리엇(T. S. Eliot)의 극에 대한 분석을 통하여 그의 극에서 사용된 극적 장치로서 종교적 의미를 내포하고 있는 주제로 기능하는 현대 탐정소설이나 스릴러(thriller) 작품에서 볼 수 있는 미스터리(mystery)적인 요소를 찾아내어 그 역할과 의미를 파악해보는데 있다. 프랭크 윌슨(Frank Wilson)을 비롯하여 대니엘 존스(Daniel Jones)와 휴 케너(Hugh Kenner) 같은 비평가들도 엘리엇의 극에 나타난 이러한 면에 대한 연구를 했지만, 단편적인 시도에 그치고 말았기 때문에, 충분한 논의가 전개되지는 못하였다. 윌슨은 『엘리엇 작품의 발전에 관한 6편의 에세이』(*Six Essays on the Development of T. S. Eliot*)를 통해서 구성으로 쓰인 탐정소설 수법을 아주 간략히 언급하고 있지만 상세한 논의를 개진하지 않고 있으며, 존스는 『엘리엇 극』(*The Plays of T. S. Eliot*)에서 어느 정도까지는 미스터리적인 요소를 분석했으나, 다른 문제의 탐사에 치중하느라고 이 문제를 일관되게 다루지 못했으며, 휴 케너는 『보이지 않는 시인』(*The Invisible Poet*)에서 『칵테일 파티』(*The Cocktail Party*)를 포함한 엘리엇 극의 미스터리적인 요소에 대한 나름대로의 통찰력을 제시했으나 일관성을 견지하지 못했다. 그렇지만 주목해야 할 아주 중요한 점

---

* 이 논문은 『T. S. 엘리엇 연구』 제9호(2000)에 「엘리엇 시극에 비친 미스테리」로 수록되었던 것을 수정한 것임.

은 엘리엇 자신도 미스터리적인 요소에 대해 관심을 가졌다는 사실이다.

이런 점에서 이 주제에 관한 연구는 충분한 근거와 타당성을 확보하고 있다고 생각된다. 따라서 『투사 스위니』(Sweeney Agonistes)에서부터 『원로 정치가』(The Elder Statesman)에 이르는 그의 모든 극을 분석하여 이들 선행 연구의 모자라는 부분을 메워 나가는 연구 작업은 그의 극에 대한 다원적 해석과 그 해석공간의 확장이라는 점에서도 의의가 있을 것이라고 생각된다.

본 연구는 엘리엇이 관객을 즐겁게 해주는 동시에 자신의 종교적 주제를 표현할 수 있는 극적 장치로서 미스터리의 요소들을 어떻게 사용하고 있는 지를 살펴보는 데 중점을 둔다. 실제로 엘리엇은 미스터리 요소를 도입함으로써 세속극 속에다 종교극을 부활시키는 의미심장한 작업을 시도했다고 볼 수 있기 때문이다.

하지만 엘리엇의 극을 미스터리 탐정소설 장르와 연결시켜 보는 일은 손쉬운 작업은 아니다. 왜냐하면 이런 성격의 문학적 비평의 시도는 대개 순수 문학적 자세를 견지하는 학자들이 외면하는 미스터리 소설과 엄숙하고도 진지한 종교적 주제 사이의 관련성을 제시해야 하는 위험을 내포하고 있기 때문이다. 이런 이유로 당연히 있을 법한 이 새로운 관계에 대한 관찰이 생각보다는 주목을 덜 받아왔던 것도 사실이다. 그럼에도 불구하고 그는 비록 선별적이긴 하지만, 결국에는 세상에 대한 자신의 문학적인 견해를 표현하기 위해서 극의 주제와 구조 및 기교에서 이러한 요소에 대한 의식적인 차용을 시도했다고 볼 수 있다.

그의 시도는 미스터리 소설에 대한 관심으로 표명되었는데, 사실상 30년 이상 동안이나 읽혀져 왔던 미스터리 스릴러에 대한 그의 서평은 여러 비평적 가설들을 제공해주고 있다. 이러한 서평과 비평적인 글을 통하여 엘리엇은 실제로 탐정소설의 주제와 기교에 대한 나름대로의 주목할 만한 통찰력을 제공하고 있는 것이다. 이런 연유에서 그의 극들은 종교극과 탐정소설이라는 장르의 결합을 통해서 용해시키는 재미있는 실험이라고도 할 수 있겠다. 실제로 탐정소설에 대한 그의 서평과 비평적 글을 통해서 드러난 그의 생각과 통찰력은 그의 극을 훨씬 더 잘 이해하는데 적용될 수 있을 것이다. 이 과정에서 그가 빌어 왔으며, 또 한편 기여했다고도 볼 수 있는 탐정소설은 흥미본위의 오락물인 동시에 중요한 문화적 의미를 담고 있는 장르로 간주되어야 한다. 위대한 시인이자 비평가인 동시에 극작가인 엘리엇도 이런 점을 생각하고 자신의 작품에서 진지하고도 탁월한 미스터리 소설 작가들과의 관계를 중요하게 발전시켜 왔던 것이다.

II

엘리엇이 프루프록(Prufrock) 시편들을 썼던 1917년에서 마지막 극인 『원로 정치가』(The Elder Statesman)를 썼던 1958년까지의 기간은 확실히 탐정 미스터리가 성행했던 시기였다. 실제로 영국과 미국에서는 1920년대와 1930년대가 미스터리 소설의 황금시대였던 것이다. 그 당시의 지적인 독자라면 누구나 유럽 대륙과 미국을 휩쓸었던 미스터리 소설의 유행의 물결을 피해갈 수 있었으리라는 상상을 할 수가 없다. 따라서 엘리엇도 젊은 시절을 거쳐 서평을 썼던 비평가 시절에 탐정소설을 읽었으며, 그 결과 그는 탐정소설의 비평까지도 썼다는 사실은 놀랄만한 일은 아니다. 그는 탐정소설의 형식과 구조를 분석했을 뿐만 아니라, 그 과정에서 미스터리 작가들이 따랐음에 틀림이 없었던 규칙들을 체계화하기도 했던 것이다.

엘리엇은 겉으로 보아서는 자신의 극의 종교적 목적과는 아무런 상관이 없는 듯이 보이는 여러 요소들을 채택해서 쓰고 있다. 이들 요소들을 "미스터리적인 요소"라고 부를 수가 있는데, 사실은 주제적 요소와 극적인 장치라고 하겠다.

"미스터리"라는 뜻은 아주 인기 있었던 두 장르인 미스터리 스릴러와 탐정 이야기의 주요한 성분과 연관성이 있음을 의미한다. 엘리엇 스스로도 우주에 대한 신비감(x)[1]이나 좀 더 구체적으로 말하면 중세 미스터리 극에 대한

---

1) 엘리엇은 1928년 판 『성스러운 숲』(The Sacred Wood)의 서문에서 "만일 내가 셰익스피어의 시보다 단테의 시를 더 좋아하는 이유를 스스로 자문해본다면, 내게는 그것이 삶의 신비(mystery)를 향한 더 건전한 태도를 예시해주는 것처럼 보이기 때문이라고 답해야 할 것 같

그의 논의에서 보이는 훨씬 더 특별한 종교적 의미에서의 우주의 수수께끼에 대한 느낌을 자신의 저술을 통해서 표현하는데 미스터리라는 말을 다양하게 사용했던 것이다. 그러나 그도 역시 「윌키 콜린스와 딕킨스」("Wilkie Collins and Dickens")라는 글과 다른 여러 곳에서 탐정소설을 미스터리라는 의미로 사용하고 있다(Eliot 1980: 464). 엘리엇은 미스터리가 사람의 독창성으로 해결되는 것이 아니라, 주로 우연히 해결된다고 보면서 탐정소설 적인 의미로 미스터리라는 용어를 염두에 둔 모양이다.

그러나 엘리엇은 더 나아가서 미스터리 스릴러와 탐정 이야기의 명확한 구분을 끌어내려고 시도하고 있다.

> 나는 탐정소설이라고 적절히 여겨진 책과 미스터리 이야기라고 이름 붙이는 것이 더 나을 것 같은 책을 구분할 필요성을 발견했다. . . . 탐정 이야기에서는 아무 것도 일어나지 않는다. 범죄는 이미 저질러진 것이며, 나머지 이야기는 증거의 취합과 선별 및 조합으로 구성되기 마련이다. 미스터리 이야기에서, 독자는 새로운 진기한 모험에서 또 다른 진기한 모험으로 계속 이끌려 간다. 물론, 사실은 대부분의 탐정 이야기들은 약간의 사건을 내포하지만, 이런 것들은 종속적이기 때문에 그 사건의 조사과정에 흥미가 생기게 되는 것이다.

> I have found it necessary to discriminate between books which are detective fiction proper and those which may better be termed as mystery stories. . . . In the detective story nothing should happen: the crime has already been committed, and the rest of the tale consists of the collection, selection and combination of evidence. In a mystery tale, the reader is led from fresh adventure to fresh adventure. In practice, of course, most detective stories contain a few events, but these are subordinate and the interest lies in investigation. (Eliot 1927b: 360)

엘리엇의 극에서 스릴러적인 흥미는 탐정소설과도 같은 흥미를 내포하므로 미스터리의 요소는 기능적인 동시에 목적성을 지닌다고 하겠다.

일반적으로 스릴러가 저급한 형태의 문학으로 간주되고 있다는 사실에도

다"고 말하고 있다.

불구하고 엘리엇이 극적인 목적을 위해 스릴러를 채택했다는 사실은 충분히 인식되었다. 그는 고대 극작가와 현대 극작가들, 특히 소포클레스(Sophocles)와 셰익스피어(Shakespeare)의 작품에서도 스릴러적인 관심이 나타나있다는 사실을 알고 있었다.

> 나는 또한 셰익스피어의 주요한 비극들 가운데서도 『햄릿』과 『맥베스』외에도 『오셀로』는 어느 정도 이러한 '스릴러'적인 관심이 나타나 있지만, 『리어왕』이나 『앤토니와 클레오파트라』, 혹은 『코리얼레이너스』에는 도입되어 있지 않다고 생각한다. 그 관심은 『이디퍼스 왕』에 나타나 있다.
>
> I suggest also that besides *Hamlet, Macbeth* and to some extent *Othello* among Shakespeare's major tragedies have this 'thriller' interest, whilst it is not introduced into *King Lear, Antony and Cleopatra*, or *Coriolanus*. It is present in *Oedipus Tyrannus*. (Eliot 1980: 392)

당시 탐정소설은 아주 많은 계층의 사람들에게 매력을 주는 등, 실제로 인기 있는 민주적인 오락 형태로 자리 잡았기 때문에, 심지어 이 소설에 적대감을 보였던 비평가들까지도 그것을 무시해버릴 수가 없는 현상이 나타나고 말았다. 따라서 종교극의 부활을 보게 되었던 1920년대와 1930년대의 시기는 대중적인 문학 장르로서 스릴러가 부상하게 되었던 시기였다.

20세기 초반부의 10여 년 간에 걸쳐 유행한 현대 스릴러물에 대한 그의 30년이란 오랫동안의 관심(Eliot 1929: 552)[2]은 의심할 나위 없이 엘리엇으로 하여금 탐정소설 기교에 관한 몇 가지 주요한 규칙을 체계화하게 하였다(Eliot 1927a: 141-42)[3]. 『기준』(*The Criterion*)지에 몇 번 씩 기고한 그 장르에 관한 그의 서평 속에 내포된 이 규칙들은 탐정소설의 주제와 수법에 관한 선구적인 통찰력을 제공해 주었다. 이 규칙들은 오늘날까지도 계속된 탐정소설에 대한

---

2) T. S. Eliot, *The Criterion*, viii, 32 (April 1929), 552. 엘리엇은 자기가 읽어보았던 최초의 탐정소설로 애너 캐서린 그린(Anna Katherine Green)의 『리븐워스 사건』(*The Leavenworth Case*)을 거론하면서 그 작품을 읽었던 것은 20세기 초경이었다고 말했다.

3) T. S. Eliot, *The Criterion*, V, 1 (January 1927), 141-42. 엘리엇은 탐정소설이라는 장르에서 우수하다고 생각한 몇 몇 작품에 대해서 서평을 썼는데, 여기서 이 규칙들이 제시되었다.

그 어떤 비평도 필적하지 못할 정도로 확고하게 자리를 잡게 된 것이다 (Haycraft 197-99).

비록 그가 직접 스릴러물을 쓰는 모험을 시도하지는 않았지만, 탐정소설 "규칙"을 체계화하는 그의 비평적 기능들을 나중에 연습해보는 일은, 대중 취향의 심리를 연구하면서 명시했던 최대의 관심사임을 입증해 주었다. 실제로는 스릴러물에 길들여진 현대 관객을 위해 종교극을 쓰는 일은 명백히 위험한 계획이다. 처음에 엘리엇은 진지한 종류의 오락물을 제공하고 싶었지만, 나중에는 극작가의 중요한 과업은 잔인한 관객의 주의를 참여하게 하는 일이라는 것을 지적함으로써(Eliot 1938: 10) 자기가 사용한 말들을 순화시켰다. 사실 그는 탐정소설에서 쓰는 바로 그 언어로 극적인 구성 원리를 생각하고 있었으며, 동시에 스릴러와 극의 가능한 관계를 조사하고 있었는데, 윌키 콜린스의 『월장석』(The Moonstone)에 나오는 형사인 커프 경사(Sergeant Cuff)가 탐정의 능력과 극적인 능력을 모두 지녔다고 언급할 정도였다.

어떤 의미에서는 스릴러의 경우 범인은 악행을 저지름으로써 죄와 속죄의 극을 상연하는 인물이 되는데, 그 패턴에는 제의적 의미가 있다. 로벗 랭봄(Robert Langbaum)은 범죄행위가 갖는 제의적 의미에 주목해 왔다.

> 문학은 물론이고 신문의 일면에 보도된 놀라운 기사거리에서도 범인은 신화적 인물이 되는데, 오래된 비극의 주인공처럼 우리에게는 우리 자신의 천성에 있는 미처 깨닫지 못한 여러 잠재력들을 실연해내며, 스스로에게 가하는 형벌을 통해서 우리들 자신의 삶 속에서 대부분의 우리가 결코 보지 않으려는 유죄와 무죄에 관한 여러 문제를 제기한다. 범죄의 신화는 실제로 우리에게 남겨진 정말로 강력한 호기심을 자아내는 유일한 신화가 될 수 있다.

> Not only in literature but also in the sensational stories on the front pages of newspapers, the criminal becomes a mythological figure who, like the tragic hero of old, acts out for us the unrealized potentialities of our own nature and raises, in the punishment he takes upon himself, the questions about guilt and innocence which in our own lives most of us contrive never to face. The mythology of crime may as a matter of fact be the only really compelling mythology left us. (Langbaum 362)

엘리엇 글에서 범인은 개인인 동시에 대표인물이다. 그는 속죄양이기도 하지만 정신적으로 타락한 사회의 상징이기도 하다. 엘리엇은 이러한 사회와 범인을 동일시함으로써, 그 문화적 유산, 즉, 사회적 친교와 애정이라는 두 가지 중심원리를 사회에 일깨워주고 있는 것처럼 보인다. 그는 자신의 극과 산문작품을 통해서 인간의 인품을 고양시키는 이러한 경향으로부터 스스로를 자유롭게 벗어날 필요성과 기독교적인 자비와 겸양 및 애정의 가치를 채택해야 하는 필요성을 끊임없이 간청하고 있다.

그러므로 엘리엇이 관객에게 충격을 주어 관심을 갖고 참여하도록 스릴러를 사용했지만, 그것을 사용한 그의 목적은 필수적인 인간조건이라는 더 심오하고도 진지한 주제를 보완하기 위함이었다. 왜냐하면 범죄수사 장치는 양심상의 죄와 형사상의 죄 사이의 공통영역을 비롯하여, 정신적 죄인과 형사적 죄인 사이, 그리고 궁극적으로는 정신적 죄인과 관객 사이의 공통영역을 탐사해야 한다는 심원한 그의 극적 의도를 추출해내고 있다. 관객은 주인공의 속죄행위를 지켜봄으로써 죄와 속죄에 관한 기독교적인 제의에 참여하여 그 제의를 완성하게 된다. 엘리엇 극에서 범죄와 수사의 스릴러패턴이 갖는 제의적 의미는 죄에 대한 구원이나 보속이 전적으로 인간의지의 문제가 아니라는데 있다. 그가 제시하고 있는 그 의미는 신의 은총과 사도의 교리적 중재나 개입에 따라 좌우되는 가능성에 있다. 죄와 수사의 극을 통하여 엘리엇은 모든 사람들의 죄에서 결속의 개념을 제시한다. 엘리엇은 범인을 극 속의 구경꾼과 동일시함으로써 스릴러 패턴의 범위를 확대시킴은 물론이고, 범인을 우리들과 연결시키고, 심지어는 더 나아가서 창의적이거나 정통적이거나 간에, 사건의 사실들을 통하여 발견하거나 재발견해야하는 전반적인 세계관에 연결시키고 있다.

체스터턴(Chesterton)의 방법에 대한 엘리엇의 관찰은 나름대로의 자신의 면모를 보여주고 있기 때문에 중요하다. 그는 다음과 같이 관찰하고 있다.

> 물론 체스터턴의 『목요일의 사나이』와 같이 재미있는 소설이나 그의 브라운 신부를 나는 생각하고 있다. 아무도 나보다 더 이런 것들을 감탄해하여 즐기지는 않는다. 나는 단지 체스터턴보다 재능이 부족하면서도 열정적인

사람들이 꼭 같은 효과를 겨냥하면 그 효과는 부정적이라고 말할 것이다. . . . 내가 원하는 것은 의도적이거나 대담하기보다는 은연중에 기독교적인 성격을 띠고 있는 문학이다. 왜냐하면 체스터턴의 작품은 명백히 기독교적이 아닌 세상에서 드러나야 비로소 그 진가를 지니기 때문이다.

I am thinking, of course, of such delightful fiction as Mr. Chesterton's *Man Who Was Thursday*, or his Father Brown. No one admires and enjoys these things more than I do; I would only remark that when the same effect is aimed at by zealous persons of less talent than Mr. Chesterton the effect is negative. . . . What I want is a literature which should be unconsciously, rather than deliberately and defiantly, Christian: because the work of Mr. Chesterton has its point from appearing in a world which is definitely not Christian. (Eliot 1980: 391-92)

스릴러분야에 대한 새로운 견해에 주목하면서 엘리엇이 보인 수법에 대한 이러한 관찰은 그의 글에 어느 정도 적용될 수 있었다. 『기준』지에 실린 인기 있는 스릴러 몇 편에 대해서 쓴 서평에서 그는 범죄수사에서 "동기는 단서로서는 거의 쓸모가 없었다"(Eliot 1927b: 361)는 탐정과도 같은 자신의 생각을 드러내고 있는데, 그 사상은 명백한 종교적 의미 때문에 엘리엇에게 깊은 인상을 심어주었다.

죄와 속죄라는 패턴과 범죄와 수사라는 패턴 사이의 표면적 유사점을 강화시키고 심화시키려는 시도도 사실 위험한 것이다. 실제로 캐서린 워스(Katherine Worth)가 엘리엇 극의 모호함이 그의 극적 기술의 일환이라고 언급했듯이(Martin 170), 극의 주행동이 지니는 의미를 혼란시킬 가능성이 있기 때문이다. 했으나 요지를 정교하게 정리하지 못하고 있다. 따라서 엘리엇은 극이란 "범죄와 형벌의 탐정이야기가 아니라, 죄와 속죄의 이야기"(333)[4]라는 경고를 자신의 극의 구조 안에서 표현하였다.

그와 같은 경고는 그 유사성을 주목하고 본질적 의미를 혼돈하지 않도록 경계할 것을 조심스럽게 촉구하고 있다. 그 경고는 또한 엘리엇이 그 유사점

---

4) T. S. Eliot, *The Complete Poems and Plays of T. S. Eliot* (London: Faber and Faber, 1978), 333. 이후의 작품 인용은 이 전집에 의거하여 괄호 속에 인용 면수만 밝히기로 한다.

을 무슨 목적에 얼마나 일관되게 이용했는가를 우리에게 보여주고 있다. 두 개의 패턴이 서로 일치하거나 병합될 정도로 충분히 밀접해있는 엘리엇 극에는 높이 사줄만한 점이 있기 때문이다. 이 합병의 시점은 행동과 긴장, 움직임과 극적 흥미의 순간이 된다. 그리고 범인이 죄인으로 식별되고 범죄의 잠재가능성이 죄 많은 성격으로 판명되며, 범죄가 주요한 정신적 죄와 동일시되는 순간에, 그리고 수사행위가 정의를 보상하는 행동으로 밝혀지는 극적인 흥미의 순간에 엘리엇 극의 행위가 지니는 유형적 의미는 나타난다.

엘리엇은 스위니(Sweeney)의 초점을 수사문제에 두는 것이 아니라 살인범의 심적인 상태에 두고 있기 때문에, 관객에게 죄인의 인격에 끼치는 악의 영향을 절실히 느끼게 하고 있다. 폭행 장면은 삶과 죽음 사이뿐만 아니라, 살인자와 자신의 희생자 사이를 구분해주는 모든 감각들을 상실하고 있는 살인자를 정신적으로 착란 시키고 있다.

    그는 자신이 살아있는지를 몰랐다
           그녀가 죽었는지도 몰랐다
    그는 그녀가 살아있는지를 몰랐다
           자기가 죽었는지를 몰랐다
    그는 그들이 살아있는지 몰랐다
           혹은 모두 죽었는지도 몰랐다
    만일 그가 살아 있다면 우유장수도 살아있지 않았고
           집세수금원도 죽었다
    그리고 그들이 살아있다면 그는 죽었다.

    He didn't know if he was alive
           and the girl was dead
    He didn't know if the girl was alive
           and he was dead
    He didn't know if they both were alive
           or both were dead.
    If he was alive then the milkman wasn't
           and the rent-collector wasn't
    And if they were alive then he was dead. (125)

여기에 묘사된 살인자의 왜곡된 심리는 인간의 타락 이후 인간의 도덕적 혼란을 기독교적인 생각으로 나타낸 것이다. 스위니 자신은 실제로 살인자와 모든 살아있는 사람들 사이가 동등하다는 일종의 평등성을 암시하면서 그 상황을 객관화시켜 버린다.

순교를 그린 『대성당의 살인』(*Murder in the Cathedral*)은 동시에 다른 각도에서 극을 다시 읽도록 관객을 부추길 수 있는 요소들을 포함하고 있다. 왜냐하면 토마스에 대한 살해의 정당성을 역설하는 기사들의 변명 담에서 그들의 주장은 동기와 목적 및 본질적 책임감의 전체 문제에 이의를 제기하기 때문이다. 관객과의 긴밀한 접촉수단(Carol Smith 101)의 구실을 하는 기사의 변명담은 관객의 유혹용으로 간주될 수도 있다. 그러나 데이빗 존스(David Jones)는 자기의 탐구를 희생의 효율성을 부인하는 제의적 의미에 제한시키고 있다. 스릴러로서 변명에 대한 짧은 논평은 각주에 한정되므로, 이러한 요소에 대한 논의는 이 극에서의 스릴러 패턴을 충분히 도입하려는 의도에서 시작된다고 볼 수 있다(Jones 61). 관객의 전체적 관점에서 보면 토마스 베켓(Thomas Becket)을 살해하고 난 뒤, 세 번째 기사는 자신들의 사심 없음에 강한 변명을 하지만 네 번째 기사는 한술 더 뜬다.

제가 말해야 할 점이 한 마디의 질문 형식으로 표현될 수 있겠지요: 즉, 누가 대주교를 살해했느냐?

What I have to say may be put in the form of a question: Who killed the Archbishop? (279)

살해범이 누구냐는 이 질문은 기본적이다. 확실히 수사과정에서 관객을 가담시키는 네 번째 기사의 목적은 종교적인 국면에서 정치적이고 심리적인 국면으로 구실을 옮겨가게 하는 것이다. 순교에 관한 설교에서 토마스는 순교란 항상 신의 의도이며, 인간에 대한 창조주의 애정 때문에 결코 사람의 계획이 아니라고 말한다. 대신에 네 번째 기사는 그 캔터베리(Canterbury) 대주교라는 직분에 초점을 맞추고, 이기적으로 변하여 국가의 운명에 무관심해 진

토마스의 심리적 상태를 지적한다. 토마스라는 인물 자체가 당대의 사람들 가운데서는 상반된 반응을 보였던 인물이라는 지적도 있는데, 중세 역사가인 사던(R. W. Southern)은 다음과 같이 지적한다.

> 토마스 베켓은 생애에 첨예하게 양분된 견해를 보였던 장본인이었다. 그래서 이런 논쟁은 그의 죽음으로도 조용해지지 않았다. 그런데 그를 계속해서 반역자로 간주한 사람들이 있었다는 사실을 우리는 알고 있는데, 파리의 관리관들은 그 점을 논박했으며, 로저라는 관리관은 그가 죽을 가치가 있었다고 주장했다는 사실을 우리는 들었다. 반면에 저명한 관리관인 피터 챈터는 그가 교회의 자유를 위해 순교자가 되었다고 주장한다.
>
> Thomas Becket was a man about whom opinions were sharply divided in his lifetime, and these controversies were not silenced by his death. We know then there were men who continued to look on him as a traitor, and we are told that the masters of Paris disputed the point, a certain master Roger asserting that he had been worthy of death, while the well known master peter Chanter maintained that he was a martyr for the liberty of the Church. (Southern 264)[5]

극의 네 번째 기사가 표현한 견해에 따르면, 이것이 토마스의 동시대인들의 회의감에 대한 역사적 기록에 합당하게 보이지만, 토마스가 순교자의 죽음을 죽는다는 계획을 세웠기 때문에 자기 죽음에 대해 자신의 책임이 있다는 것이다.

> 프랑스를 떠나기 전에 그는 여러 증인들 앞에서 자신이 얼마 살지 못하리라는 것, 그리고 영국에서 살해될 지도 모른다고 분명히 예언했다는 확실한 증거를 저는 갖고 있습니다. 그는 모든 도발적 방법을 사용했던 것입니다. 그의 행동에서 그는 조금씩 순교에 의한 죽음을 결심했다는 사실 외에는 달리 추론해볼 수가 없습니다.
>
> I have unimpeachable evidence to the effect that before he left France he

---

[5] R. W. Southern, *The Making of the Middle Ages* (New York: Hutchinson University Library, 1959), 264.

clearly prophesied, in the presence of numerous witness, that he had not long to live, and that he would be killed in England. He used every means of provocation; from his conduct, step by step, there can be no inference except that he had determined upon a death by martyrdom. (279)

이러한 "증거"를 기초로 토마스의 행동은 법을 무시하는 야심에 찬 인간의 행위로 비쳐질 수가 있으며, 토마스 자신은 고집 세고 무모하여 왕의 명령에 순응하길 거부하는 굽힐 줄 모르는 인물로 비쳐질 수가 있다. 네 번째 유혹자의 말처럼, 그의 자기중심적 생각은 자신의 정치적 야심과 권력이나 영예에 대한 욕심 및 지배자가 되고 싶어 하는 본질적인 욕망의 결과로 보여 질지도 모른다. 네 번째 유혹자는 비록 반항적 태도와 권력을 꿈꾸는 것이 위험하겠지만, 여전히 "당신은 종종 그런 꿈을 꾸었다"고 그에게 상기시키고 있다. 따라서 토마스의 "범죄"는 왕의 권위의 전복을 이미 공모했기 때문에 정치적인 성격을 띠고 있다.

데이빗 워드(David Ward)가 관찰한대로 현대의 세속적 관객들은 왕관으로 상징되는 권력욕에 대한 "스릴러"적인 면을 간파했을 지도 모른다.

원래의 공연에서는 토마스에게 순교를 유혹하고 영예를 위해 자살을 유혹하는 조야한 영적인 자만심의 죄를 명백히 입증하는 네 번째 기사의 궤변에 동의하는 웅성거림이 있었다고들 한다. 당연히 그래야 된다는 사실은 놀라운 일도 아니다. 아이러닉한 시대에 순교와 같은 행위를 한다는 데에는 자만심보다 더한 다른 동기를 상상하기가 힘들다. 기사들은 토마스보다 훨씬 더 현대적인 감수성을 나타내고 있지만, 토마스가 현대 관객에게는 건전치 못하게 뒤틀리게 보이는 방식으로 행동하거나 엘리엇이 그를 그렇게 행동하게 만들고 있다.

It is said that in the original performances there were murmurs of agreement at the fourth Knight's sophistries, implicitly convicting Thomas of the gross spiritual pride of courting martyrdom, of suicide for the sake of glory. There is no wonder that this should be so; in this ironic age it is difficult to imagine any other motives than pride for such a martyrdom. The Knights represent a far more modern sensibility than Thomas, but Thomas acts, or Eliot makes him act, in a way which would appear insanely perverse to almost any modern audience. (Ward 191)

　엘리엇 자신은 『맥베스』와 같은 극의 "스릴러적인 관심"을 주목했으며, 스릴러물의 시대에 글을 쓰면서 왕관을 쓰고 싶어 했던 사람을 직접 그리는 이야기에 대한 이러한 관심을 의도적으로 이용했음에 틀림이 없었을 것이라는 사실은 놀라운 일이 아니다. 비평가인 그로버 스미스(Grover Smith)는 엘리엇이 『대성당의 살인』의 1부에서 아서 코난 도일(Arthur Conan Doyle)의 탐정 이야기인 「머스그로브 의식」("The Musgrove Ritual")의 몇 행을 이용해서 썼다는 사실에 이미 주목했었다(Grover Smith 318). 그러나 극의 왕관 주제도 역시 코난 도일의 이야기가 영국 왕들의 왕관이 범죄자에게는 유혹의 가능성이 있게 만들었으므로 같은 출처에서 나온 것이다. 물론 엘리엇은 여느 왕이나 황제들의 왕관보다도 훨씬 능가하는 영원한 왕관을 토마스가 바라게 함으로써 의미를 변형시키고 있기 때문에, 이것이 다른 질서에 대한 토마스의 열망을 통합하는 한편, 낮은 차원에서 토마스를 맥베스나 탬벌레인(Tamburlaine)보다도 훨씬 더 야심차고 오만한 광인이나 광신자로 보이게 하고 있다.

　그러나 『대성당의 살인』에서 해결될 필요가 있는 수수께끼는 숨겨진 행위가 갖는 미스터리가 아니라, 토마스를 살해한 자들의 동기는 물론이고 토마스의 드러나지 않는 동기들에 대한 미스터리이다. 제 1부의 유혹 장면에서 네 번째 유혹자는 토마스를 유혹한 사람들 중에서 토마스의 약점을 성공적으로 노출시키고 있는데, 심지어 토마스에게 충실한 사람들까지도 그의 동기 이면에 있는 "미스터리"를 무시하리라는 암시를 드러낸다. 그래서 사람들은 역사의 특정한 역할을 맡은 그에게 미스터리라고는 없다고 선언한다. 그리고 네 번째 기사가 "이기심"과 "광증"이 바탕이 된 토마스의 행동을 논리적으로 설명하지만, 그 자체가 또 다른 "미스터리"를 창출한다. 세 번째 기사는 기사들의 동기가 순수하다면서 살해행위를 옹호하고 있기 때문이다. 따라서 독자는 순교라는 영적인 미스터리 대신에 동기 없는 살인의 미스터리를 보고 살인에 정점을 이루는 사건의 전체 과정을 회고하듯이 재조사할 강력한 필요성이 대두되고 있다.

　동기 없는 범죄의 개념을 처음 사용한 사람은 라잇(W. H. Wright)이라는 필명으로 엘리엇이 진지하게 주목했던 스릴러소설을 집필한 밴 다인(S. S. Van Dine)이었다.『대성당의 살인』을 썼을 무렵, 엘리엇의 기억으로는 라잇의 스릴러 작품들이 신선했던 것 같다. 이는 엘리엇이 극의 제목으로 처음 제안 했던 것이『대주교 살인사건』(The Archbishop Murder Case)이라는 데서도 명 백하다(Dukes 113). 20세기 초반의 탐정소설가들은 자신들의 작품제목에 "살 인사건(Murder Case)"라는 어구를 자주 사용해서 썼다. 그들 가운데에는 엘리 엇이 대단히 감탄해 마지않았던 밴 다인과 애너 캐서린 그린(Anna Katherine Greene) 및 몇몇 탐정소설가들은 자신들의 작품을 살인사건이라고 불렀다 (Eliot 1929: 551-56). 밴 다인의『밴슨 살인사건』(The Benson Murder Case)과 캐서린 그린의『레븐워스 사건』(The Leavenworth Case)이 그 실례라고 할 수 있겠는데, 엘리엇이 극의 원고를 쓰는 단계에서 생각해 봤을 법한 제목인 "살 인사건"을 최종적으로 포기하게 만든 정확한 이유를 알아보는 일은 어렵겠지 만, 라잇이 1929년에 런던의 스크리브너즈(Scribners)사에서 출간한 비슷한 제 목인『주교 살인사건』(The Bishop Murder Case)이라는 탐정 스릴러가 이미 존재하고 있었기 때문에 엘리엇이 그 제목을 버렸을 가능성이 있는 것이다. 결국 엘리엇은 종교극 감독인 마틴 브라운(E. Martin Browne)의 부인인 헨지 래번(Henzie Raeburn)이 제안한 제목을 받아 들였다. 엘리엇이『대성당의 살 인』이라는 현재의 제목을 수용한 것은 토마스의 순교를 그린 극 이면에 있는 "영구적인 계획"을 흐리게 하지 않고, 이 극이 스릴러적인 양상을 넌지시 비 칠 것이라고 그가 여겼기 때문에, 그 제목을 선호했으리라는 사실을 나타내어 준다. 이는 아주 대단한 제목을 가지고 관객대중의 시선을 끄는 스릴러기교를 사용하는 엘리엇의 전략과 일치할 지도 모른다. 단지 눈길을 끄는 장치 대신 에 스릴러 제목은 결과적으로 "누가 대주교를 죽였느냐?"는 질문으로 토마스 의 살해에 독자나 관객을 훨씬 깊이 가담시키고 있다. 따라서 관객을 배심원 으로 가담시켜서 "불건전한 마음에서 생긴 자살"이라는 평결을 내리게 하려 는 네 번째 기사의 시도는 배심원의 위치보다는 자신이 직접 분석해서 스스로 미스터리를 해결해야 하는 탐정의 위치에 관객을 남겨 둔다. 즉, 관객은 토마 스의 야심과 행동만큼이나 신적인 의도에 대한 그의 인식이라는 견지에서 토마스의 심적인 정화문제(Gardner 135)를 스스로 결정하게 된다. 어떤 의미에서는 이것이 극의 극적인 맥락을 벗어나서 해결되어야 할 미스터리인 것이다.

살인행위에 대한 강조는 원초적인 죄의 철회불가능성을 제시하려고 의도된 것이다. 살인자의 짐승과도 같은 행위에도 불구하고, 이에 대한 책임회피는 무죄를 주장하는 살인자의 입장과 거의 같게 된다.

> . . . 그 평범한 살해범은
> 자신을 죄 없는 희생자로 여기겠지요.
> 그는 여전히 자신이 과거의 자기
> 또는 그렇게 되리라는 자신이겠지요. 그는 깨닫지 못 합니다
> 모든 것이 되돌릴 수 없으며,
> 과거는 돌아오지 않는다는 것을. 하지만 암이란, 지금,
> 현실적인 것이랍니다,
>
> . . . Your ordinary murderer
> Regards himself as an innocent victim.
> To himself he is still what he used to be
> Or what he would be. He cannot realise
> That everything is irrevocable,
> The past unredeemable. But cancer, now,
> That is something real. (315)

1917년의 『엘드롭과 애플플렉스』(*Eeldrop and Appleplex*)에서 엘리엇은 같은 말로 살인주제의 의미를 설명한 적이 있다.

> 갑섬 가에서 한 남자가 자기 애인을 살해한다. 중요한 사실은 남자에게는 그 행동이 변함없는 일이었으며, 그가 살아야 할 짧은 시간동안에도 그는 이미 죽은 몸이라는 것이다. 그는 이미 우리와는 다른 세상에 있다. 그는 경계를 넘어선 것이다. 중요한 사실은 돌이킬 수 없는 일을 저질렀다는 것이며 — 우리가 직접 그것을 목격할 때까지는 아무도 깨닫지 못할 가능성인 것이다.
>
> In Gopsum Street a man murders his mistress. The important fact is that for the man the act is eternal, and that for the brief space he has to live, he is

already dead. He is already in a different world from ours. He has crossed
the frontier. The important fact that something is done which cannot be
undone — a possibility which none of us realise until we face it ourselves.
(Grover Smith 117-18)

『가족의 재회』(*The Family Reunion*)에서 워버튼(Warburton)이 해리 몬첸시(Harry Monchensey)의 부모 관계에 대한 이야기를 할 때 그의 이야기는 신선한 서스펜스(suspense)를 창출한다. 해리의 부모관계에 대한 어느 정도의 미스터리가 있는 것 같은데, 어떤 면에서는 『개인 비서』(*The Confidential Clerk*)의 핵심적 극 상황을 간접적으로나마 예견해주고 있다고 하겠다. 그러나 곧 애거사(Agatha)는 "여기에는 아무런 미스터리가 없어"(332)라고 말하면서 출산의 미스터리에 관한 새로운 서스펜스를 없애 버린다. 하지만, 극의 서두에서 또한 "내가 이해 못하는 점이 확실히 있어: 그건 나중에 밝혀질 것이야"(296)라고 말한 그녀의 분명한 태도는, 행위 그 어딘가에 미스터리가 있다는 사실을 암시하고 있다.

이 "이해 못하는 점"은 확실히 독자의 호기심을 불러일으키며 행동의 서스펜스를 조성하고 있는 듯이 보이는데, 애거사가 미래는 과거를 토대로 구축될 수 있다고 지적한 바와 같이, 해리 자신이 과거를 알고 보다 나은 이해의 경지에까지 이르도록 자극을 주었다는 점에서, 중요한 역할을 하는 의사의 조사에 의해 그 미스터리가 밝혀지기 시작한다. 의사와 해리에 의한 이러한 조사와 반대 조사는 애거사에 의해 나중에 완결되는 오래 끄는 이야기로 바뀌게 된다. 그 이야기가 해리 부모 사이의 애정이 없는 관계를 밝히면서 미스터리 해결의 실마리가 제시되고 있다. 자기 아내의 익사에 관여했으리라는 해리의 혐의에 관한 미스터리는 명확히 밝혀지지 않고 있었다.

사실 이 수사 극에서 극적으로 아주 관련 있게 보이는 것이 찰스(Charles)의 조사다. 배경에서 이미 제시된 해리의 범죄 혐의에 대해 찰스는 비록 바이올렛(Violet)이 쓸데없다고 우려하고 있음에도 불구하고, 해리 아내의 죽음이라는 결과를 야기한 상황에 대한 나름대로의 정황조사를 착수한다.

바이올렛. 찰스, 당신이 이 조사를 결심했다면,
그 어떤 결과가 생기리라는 확신이 서지 않는 군요,
에이미가 찬성하지 않을 것은 확실하고-
하여튼 나는 절대로 반대의사를 표명하고 싶네요
당신의 목적이나 사용하는 방법에 대해서도.

    VIOLET. Charles, if you are determined upon this investigation
Which I am convinced is going to lead us nowhere,
And which I am sure Amy would disapprove of−
I only wish to express my emphatic protest
Both against your purpose and the means you are employing. (297)

  그러나 틀림없이 찰스의 행동이 일년이나 지난 미스터리 살인사건에 세인의 관심만 도로 불러일으킬 거라는 이유에서, 문제에 접근하는 그를 바이올렛이 반대하고 있다는 바로 그 사실 때문에 극의 미스터리 요소는 줄어들지 않고 오히려 지속되어 증폭된다.
  찰스의 조사 스타일이 얼마나 미스터리 스릴러에서 차용된 수법과 일반적으로 흡사한 가를 살펴보게 되면, 여기에 이미 미스터리 요소가 침투해 있음이 분명해진다. 비록 엘리엇이 극의 장면마다 정교하게 미스터리 주제를 전개하는 것이 힘들었겠지만, 간접적으로나마 독자나 관객에게 그러한 인상을 심어준 것은 틀림이 없다 하겠다. 『가족의 재회』에서 극의 구조는 도스또엡스키(Dostoevsky) 스타일의 죄와 벌의 이야기를 전개하고 있으며, 주로 극적 행위는 주인공이 자신의 비정상적인 정신 상태와 연관 지어 범행을 했다고 고백하는 "양심상의 죄"를 찾아내는 데 집중되고 있다. 수사관은 반드시 선별적이어야 하기 때문에, 찰스 자신은 조사를 통해 단서를 수용하는데 있어서 이 선별과정이 갖는 의미를 간과하지 않는다. 이 조사과정에는 많은 단서의 채집과 관련 단서의 선별작업이 필요하다. 엘리엇은 실제로 찰스가 아마추어 탐정역할을 하고 있는 1부 1장에서 모든 중요한 미스터리 스릴러적 요소들을 다루고 있다. 몇몇 스릴러 작가들이 창안해낸 여러 다른 유형의 수사관들에 대한 견해에서 엘리엇은 어느 정도 자신의 기호에 따라 훈련되지 않은 아마추어 탐정의 도입을 생각하고 있는 것 같다. 찰스는 해리 아내의 죽음의 정황에 대해 알고 있는 것을 토로하라고 다우닝(Downing)에게 퉁명스럽게 요구하지 않고, 대신에 여객선에서 "귀족 부인의 실종"에 이어 보도한 혼란스러운 신문기사를 회고한다. "귀족부인의 실종"이라는 세상이 놀랄만한 머리기사를 사용하여 "대단히 많은" 암시적 힌트를 제공하고 있는 신문은 해리 아내의 죽음에 대한 미스터리를 심화시켰다. 여기서 범죄가 "만연되고 있음을 폭로하는 일이 현대 사회에서 해야 할 신문의 역할이라는 사실이 자명해진다. 따라서 찰스의 조사는 미스터리를 강화시키도록 계산된 것처럼 보인다.

다우닝의 발언은 더욱 더 서스펜스를 가중시킨다. 데이빗 존스(David Jones)가 지적했듯이, 다우닝의 자기 행동에 관한 언급은 해리가 죄를 인정하도록 도와주고 있는 듯하다(Jones 92). 존스는 그 행위에 부과된 스릴러 패턴을 아주 가깝게 설명하고 있는 것 같으나, 곧 이어서 심리적 특성이나 인류학적 측면에 대한 조사에 관한 점을 포기해 버린다. 게다가 질문에 매번 대답할 때마다 그는 중요한 단서보다는 견해만 밝히고 있다. 따라서 이런 신뢰할만한 증인에 대한 조사는 미스터리를 지속시켜주고 정황을 복잡하게 만든다. 그러나 다우닝의 증거왜곡은 의도된 장치이다. 이유는 미스터리가 즉시 "해결되어서는" 않되고 계속 복잡하게 되어 탐정소설에서 수용되는 양식으로 연장되어야 하는 점이 분명한 반면에 그의 정확한 조사보고는 틀림없이 미스터리 해결에 도움을 줄 것이기 때문이다.

그러므로 범죄수사 극은 양심상의 죄와 속죄라는 주제를 지적해서 제시하도록 이용되고 있다. 엘리엇은 극의 내적 의미가 "가장 지적인 관객 구성원"(Eliot 1975: 153)에 의해서 혼돈되지 않도록 어쩔 수 없이 경고를 표명하고 있다.

> 우리가 쓴 것은 범죄와 형벌의,
> 탐정 이야기가 아니라, 죄와 속죄의 이야기야.
>
> What we have written is not a story of detection,
> Of crime and punishment, but of sin and expiation. (333)

엘리엇이 그러한 경고를 표현하고 있다는 사실은, 지적 수준이 높은 관객과 평범한 관객은 물론이고, 기독교적 인생관을 믿는 사람과 믿지 않거나 관심도 없는 사람들까지 포함하여 모든 사람들로 구성된 관객에 의해, 평행적 의미가 극에서 확실히 도출될 수 있음을 시사해주고 있다. 더 나아가서 엘리엇은 다른 놀랄만한 장치를 이용하여 극적인 균형감을 일관되게 강화시키고 있다. 양심의 복수화신에게 쫓기고 있는 살해범은 경찰의 출현으로 말미암아 심각하게 자극 받아서 신경질적으로 변한다. 이것이 윈첼 경사(Sergeant Winchell)의 도착 이후 해리에게 일어나고 있는 상황이다. 해리와 경찰의 만남은 아주 극적이다. 해리가 경사의 양어깨를 붙잡는데, 잠깐 동안 마치 해리에게는 눈에 보이지 않는 탐정인 유메니데스(Eumenides)가 갑작스럽게 지방 경찰관이라는 낯익은 인물의 모습으로 육화 된 것처럼 여겨진다. 그러나 그 빠른 격정은 경찰관이 베일에 싸여 있는 인물이 아니라는 사실을 발견하고는 수그러든다. 윈첼 경사를 극에 쓴 것은 1930년대와 1940년대 관객에게 좀 더 부가적인 충격 효과를 갖게 하도록 계산된 일일지도 모른다. 왜냐하면 인물의 이름이 유명한 당시의 런던 경시청(Scotland Yard)의 수사관인 윗처(Inspector Whitcher)를 연상시킬 정도로 거기서 나왔을 가능성이 높기 때문이다(Eliot 1980: 460-70).

범죄수사 극이 보편적 죄악을 강조하려고 사용된 것처럼, 전화나 전보와 같은 현대적 기구 장치들은 인간생활을 감싸고 있는 공포감을 강화시켜주려고 도입되었다. 경관이 해리의 형인 존(John)의 사고 소식을 밝히자, 아서(Arthur)의 사고 소식을 전해주는 장거리 전화가 아이비(Ivy)에게 온다. 뒤이어 에이미의 사망 소식이 이어지지만, 비록 연속된 두 사건의 발생이 행동의 불가능성의 요소를 도입하고 있고, 동시에 보편적 공포감과 불행을 가중시키고 있다.

사건을 선풍적 관심 안에 두는 현대 신문의 역할도 극 속에 스며들어 있다. 신문은 "자동차 충돌사고를 당한 귀족의 동생"이라는 제목으로 아서의 사건기사를 게재하고, 사고의 책임이 아서에게 있다는 설명까지 곁들이고 있다.

> 몬첸시 경의 동생인, 아서 제랄드 찰스 파이퍼씨는, 1월 1일 이른 아침에
> 에버리 가에서 배달원의 손수레를 받아 파손시켜서 오늘 50파운드의

벌금과 부대비용이 부과되었으며, 향후 12개월간 운전하는 일이 정지되었다.

> The Hon. Arthur Gerald Charles Piper, younger brother of Lord Monchensey, who ran into and demolished a roundsman's cart in Ebury Street early on the morning of January 1st, was fined £ 50 and costs to-day, and forbidden to drive a car for the next twelve months. (328)

엘리엇은 분명히 여기서 일간지를 통해서 범죄보고서와 같은 보도기사를 활용하고 있다. 엘리엇은 범죄와 폭력에 관한 일상어를 통하여, 독자나 관객이 한편으로는 아버지의 범행과 아들의 범행과의 관계를 찾아보게 하고, 다른 한편으로는 사람에게 세습된 범죄의 충동에서 벗어나는 방법으로 속죄의 필요성을 알게 하는 미스터리 요소를 극의 진행에 도입시키고 있다.

엘리엇이 범죄와 폭력의 요소를 사용하면서도 독자를 범죄수사 과정에 참여시킴과 동시에 범행을 저지르게 하는 상황을 절실히 느끼게 하기 위해서, 일련의 수사형식을 도입하고 있다. 엘리엇은 해리의 범죄에 대한 미스터리를 제대로 유지시키면서, 본질적으로 악한 인간의 심성을 강조하려는 의도를 갖고 있다. 그리고 그는 확실히 보편적인 평범한 상황에 있는 인간의 사악한 성격을 조명하여 이러한 인상을 효율적으로 촉진시키고 있으며, 진지한 관심을 스릴러 요소에다 기울여서 자신의 극에 대한 극적인 관심을 고조시키고 있다. 이 극에서 악을 향한 경향은 쉽게 감지할 수 있는 공통요인이다. 사람의 정신적 각성은 자신 안에 있는 이러한 경향에 대한 인식과 더불어 생기는 것이다. 해리가 범행을 저질렀을 수도 있고 그렇지 않았을 수도 있다. 그의 범죄에 대한 미스터리는 결코 해결되지 않고, 그의 실제 정신적 각성, 즉 속죄의 준비단계가 자신의 세습적인 범죄충동에 대한 인식으로 시작되고 있다. 존스의 지적처럼, "분명히 그것은 해리의 정신적 각성의 근원이 되었던 자신의 내부에 있는 살해충동에 대한 인식"(Jones 100)인 것이다. 결과적으로 범죄와 미스터리 요소들은 기독교적 개념을 설명하는 장치뿐만 아니라,『가족의 재회』의 극적 패턴을 구성하는 재미있는 요소가 되고 있다.

III

 엘리엇은 평범한 현대의 가정생활과 시간을 초월한 심오한 의미를 표현하기 위해서, 다른 그 어떤 것보다도 오락적인 즐거움도 주고 정신적인 진리를 드러내도록 극의 전경과 배경을 연결하는 미스터리 스릴러적 요소를 사용하고 있다.『칵테일파티』에서 독자의 주의력은 극의 바로 첫 장면에서 미스터리 요소에 의해 직접 이끌려 간다. 칵테일파티의 손님들이 수다스러운 줄리아 셔틀스웨잇(Julia Shuttlethwaite)을 설득하여「클루츠 부인과 웨딩케익」("Lady Klootz and the Wedding Cake")의 이야기를 하게 하려고 할 때, 기이하게도 안주인인 라뷔니아(Lavinia)가 없다는 사실을 발견한다. 청중들에게 호기심을 갖고 기대하도록 안주인이 미스터리 이야기를 하게 줄리아가 연출하지만, 안주인이 수수께끼 같이 종적을 감추었다는 사실이 알려지면서 많은 아이러닉한 서스펜스가 생긴다. 라뷔니아의 잠적에 어쩔 수 없이 간여하게 된 가엾은 에드워드 체임벌레인(Edward Chamberlayne)은, 그녀의 숙모가 갑작스럽게 병이 나는 바람에 라뷔니아가 숙모를 간호하러 에섹스(Essex)에 급히 갈 수밖에 없었다는 거짓 이야기를 꾸며내어서, 어설프게 미스터리를 해결하려고 애쓴다. 그러나 그의 꾸며진 설명은 미스터리를 해결하기보다는 더 깊게 만들고 있다. 손님들은 에드워드의 충실함에 의심을 가지면서, 숙모의 질환의 핑계를 알아보도록 그를 독려한다. 그의 아내의 실종에서 비롯된 우스꽝스러운 상황은 줄리아를 흥분하게 만든다. 그녀의 격정은 범죄와 미스터리가 얽혀있는 상황에 대한 관객들의 일반적인 동요와 자극을 재연하게 된다.
 여기서 제시된 "전율을 느낄 만한" 미궁의 상황은 미스터리 스릴러물의 상황과 유사하여 비교할만한 것이다. 에드워드의 상황은 분명히 관객이나 독자의 호기심을 불러일으키려고 의도된 것이다.

> 우리는 서로에게 익숙해 있었지요. 그래서 그녀가 가버린 것이
> 순식간에, 아무런 설명도 없이,
> 가서 오지 않겠다는 말 한마디 적어두고서
> 가버린 것이 — 도저히, 난 이해 못해요.
> 아무도 미스터리에 싸여 있기를 좋아하지 않지요:

그래서 . . . 해결하지 않고 있지요.

> We were used to each other. So her going away
> At a moment's notice, without explanation,
> Only a note to say that she had gone
> And was not coming back—well, I can't understand it.
> Nobody likes to be left with a mystery:
> It's so unfinished. (362)

안주인의 잠적에 부합된 상황적 세부묘사는 미스터리가 해결되기 힘들 정도로 빈약하다. 라뷔니아 자신이 남겨둔 "쪽지" 말고는 아무런 단서도 없으나, 그 "쪽지"가 미스터리 해결의 단서 역할을 할 수도 있을 것이다. 하지만, 너무도 완전하지 못하고 단편적이라서 라뷔니아를 추적할 수 있는 장소에 대한 아무런 도움을 주지 못하고 있는 것이다.

그녀가 내게서 떠나가겠다고 적은 쪽지를 남겼습니다;
그러나 그녀가 어디로 간지를 난 모른답니다.

> She left a note to say that she was leaving me;
> But I don't know where she's gone. (360)

평범한 관객처럼, 씰리아 커플스턴(Celia Coplestone)은 수수께끼 같은 라뷔니아의 잠적에 대한 이유를 추측할 뿐이다. 어쩌면 갑자기 돌아와서 에드워드와 씰리아를 함께 잡아두려는 라뷔니아의 술책인지도 모른다. 그러나 에드워드는 그가 처한 상황이 개인적 상황뿐만 아니라 다른 사람들도 빠지게 된 상황이라는 사실을 지적하고 있다.

씰리아.   라뷔니아가 돌아온다고!
            그녀가 우리를 함정에 빠뜨리려 했다는 말입니까?
에드워드. 아니죠. 만일 함정이 있다면, 우리 모두가 함정에 빠져 있겠지요.
            우리는 스스로에게 함정을 놓은 거랍니다. 그러나 나는 모릅니다
            그것이 어떤 종류의 함정인지를.

CELIA.   Lavinia coming back!
         Do you mean to say that she's laid a trap for us?
EDWARD. No. If there is a trap, we are all in the trap,
         We have set it for ourselves. But I do not know
         What kind of a trap it is. (375)

스릴러에서의 유사한 상황을 충분히 인식하고 관객이 생각하도록 스릴러가 빠져들게 하는 것을 이해하고 있음을 연상한 줄리아는 라뷔니아의 잠적이 심지어는 "유괴"에서 비롯되었을 수 있다고 말한다. 그녀의 말은 「에이곤의 단편」("Fragment of an Agon")을 연상시켜 주는데, 여기서 스위니(Sweeney)는 도리스(Doris)를 강간으로 위협한다. 안주인의 알 수 없는 잠적의 상황은 또한 『가족의 재회』에서 귀족부인이 사라지는 장면을 개작한 버전이라고 볼 수도 있다.

신원미상의 손님(an Unidentified Guest)이 수사하는 임무는 쉬운 것은 아니다. 엘리엇이 무척이나 좋아했던 아서 코난 도일(Arthur Conan Doyle)의 탐정인 셜록 홈즈(Sherlock Holmes)(Eliot 1980: 464)에게 왓쓴 박사(Dr. Watson)가 그렇듯이, 또한 렉스 스타웃(Rex Stout)의 미스터리 소설에서 네로 울프(Nero Wolfe)에게 아키 굿윈(Archie Goodwin)이 그런 것처럼, 임무수행을 위해서 신원미상의 손님은 두 명의 손님에 의해 도움을 받는다. 줄리아도 그러한 두 명의 조수 중 한 사람이다. 그녀는 자기 이름처럼 정해진 장소를 옮겨 다니면서(shuttle) 외관상 여행객들을 주시하는 탐정의 "눈"(eye) 역할을 하고 있다. 그러나 이들 조수와는 달리 그녀는 미스터리 분위기를 고조시킴으로써 관객을 헷갈리게 하여 극의 행동에서 더욱 더 깊게 간여하도록 유도하고 있다. 그녀는 은밀하게 사태를 조작한다. 처음에 그녀는 신원미상의 손님과의 어떠한 관계도 부인하지만, 나중에는 칵테일파티에 그를 초청한 사람이 바로 그녀였다는 사실이 드러난다. 에드워드가 처한 우스꽝스러운 상황에서 야기된 재미와 흥분은 그녀가 만들어낸 것이다. 마지막까지 결코 밝히지 않고 있는 미스터리와 모험의 이야기에 관객을 참여시키려는 그녀의 시도는 그녀가 이야기꾼의 기술적 비결을 갖고 있음을 시사해준다. 그녀는 이야기와 관련 없는 점들을 언제 삭제하고 흥미 있는 중요한 점을 언제 강조해야 하는지를 알고 있었다. 다른 손님들의 눈에 에드워드를 우스꽝스럽게 보이도록 만들기까지 에섹스(Essex)에 있는 라뷔니아의 아주머니 이야기를 그가 억지로 꾸며내도록 시킨 장본인도 그녀인 것이다.

미스터리를 더욱 더 깊게 하려고 스릴러 탐정의 상습적 조수역할에서 탈피하여 줄리아가 시도한 자유로운 역할이 두 가지나 있다. 하나는 빈번히 잃어버리는 안경으로 그녀는 다른 사람의 아파트를 엿보게 되는데, 이는 사람들의 사적인 삶에 관한 정보를 찾을 충분한 기회를 주는 교묘한 조작기술이다. 그녀가 직접 기술하듯이 안경은 하나의 렌즈에만 맞추고 있기 때문에 "최대의 미스터리"(365)가 된다. 줄리아는 자신의 정체를 폭로하지 않은 채 에드워드의 이전의 칵테일파티에 참석했던 손님들에게 전보를 보내서 라뷔니아가 돌아올 때 참석해 달라고 요청한다. 줄리아의 행동에 호기심을 갖고 당황한 라뷔니아는 전보로 친구들을 그 자리에 부른 것은 "줄리아의 못된 장난"(388)일지도 모른다고 의심한다. 엘리엇이 미스터리 상황에서 관객의 즐거움을 의식한 것처럼, 그녀가 그러한 미스터리 상황을 좋아했기 때문에, 미스터리를 촉진시키고 심화시키는 줄리아의 기능은 확실히 또 다른 역할을 한다.

   줄리아. . . .
       모든 것이 너무나 미스터리에 싸여 있어
       오늘 이곳에서는.
   에드워드.   미안합니다.
   줄리아. 천만에요, 난 오히려 좋은 걸요. . . .

   JULIA. There's altogether too much mystery
       About this place to-day.
   EDWARD.   I'm very sorry.
   JULIA. No, I love it. . . . (365)

줄리아는 또한 정신과의사의 시술방식을 처음으로 "극악무도한" 것으로 생각해보도록 관객을 유도한 책임도 있겠지만, 이상한 손님과의 긴밀한 연계를 맺고 있는 것처럼 보여 지게 행동한다.

신원미상의 손님의 또 다른 조수는 알렉스 맥콜기 깁스(Alex McColgie Gibbs)인데, 극에서 수수께끼 같은 세 사람 중의 한 구성원이다. "아무 것도 없는 상태에서 맛있는 음식을 만들어내는"(368) 능력을 인정받은 알렉스는 인습에서 벗어난 자유로운 스릴러 역할을 하는 신원미상의 손님의 또 한 명의 조수인데, 극의 미스터리 분위기를 해결하기보다는 더 증대시키는데 도움을 준다. 그는 또한 제임스 본드(James Bond)처럼 자신의 국제적인 연락망으로 해외 여행객들, 특히 회사 중역인 벨라 스고디(Bela Szgody)와 약속을 마무리 지으려고 캘리포니아(California)로 돌아온 피터 퀼프(Peter Quilpe)를 탐정 같은 눈길로 주시하고 있다. 미스터리를 불러일으키는 사람으로서의 알렉스의 기능은 그가 어디에도 항상 있음으로 인해 자명해진다. 줄리아처럼 그는 무언가 전조의 기미만 보이면 체임벌레인 부부를 방문한다. 그는 체임벌레인 부부 집에서 그는 라뷔니아의 귀가를 보고 축하하러 손님들을 함께 모이게 한 전보에 관한 미스터리를 관객이 목격하도록 사실상 강요하고 있다.

라뷔니아.   어디서요?
알렉스   데담이요.
라뷔니아. 데담은 에섹스에 있는데. 그렇다면 데담에서 왔겠군요.
        에드워드, 데담에 당신 친구라도 있나요?
에드워드. 아니요. 난 데담과 아무 관련도 없는데.
줄리아.   그렇다면, 정말 재미있는 미스터리군요.
알렉스   하지만 그 미스터리가 무엇일까요?

LAVINIA.   Where from?
ALEX.   Dedham.
LAVINIA. Dedham is in Essex. So it was from Dedham.
        Edward, have *you* any friends in Dedham?
EDWARD. No, *I* have no connections in Dedham.
JULIA.   Well, it is all delightfully mysterious.
ALEX.   But what is the mystery. (390)

상황에 관한 미스터리 또는 라뷔니아의 미스터리 같은 잠적은 여전히 명확해지지 않고 있다. 엘리엇은 자신의 목적에 맞게 이러한 탐정 요원들을 통해서 집요하게 미스터리를 살리고 있다. 알렉스가 미스터리를 해결하고자 일단 아주 근접하게 다가가지만, 줄리아로부터 그 일에 대해 꼬치꼬치 알려고 하지 말라는 경고를 받는다. 그로 말미암아 독자는 더욱더 이 미스터리 장치의 기능에 관해 호기심을 갖게 된다. "아니, 줄리아 우리는 전보내용을 설명할 수 없어"라며 그녀에게 동의한 알렉스의 장난기 어린 말투는 의심할 나위 없이 관객의 호기심 자극을 겨냥하고 있다. 그러나 극에서 그의 존재의 기능은 곧 분명해진다. 그는 자원봉사단체(the Voluntary Aid Detachment)의 다른 두 명의 자매회원과 함께 십자가형을 당한 씰리아에 대한 직접 보고서를 수집할 목적으로 오지 킹칸자(Kinkanja)라는 역병이 도는 먼 섬을 여행한다. 이 미스터리같은 원정으로 청중들을 즐겁게 하기보다는 오히려 그들의 등골을 오싹하게 만드는 범죄와 수사의 이야기를 구성하는 보고서가 만들어진다.

단순히 말보다는 실제의 살인사건을 수사하는 탐정의 과제를 알렉스가 수행하는 일은 섬뜩하다. 따라서 신원미상의 손님과 그의 동료들 세 사람은 함께 속죄를 추구하면서도 잘못을 저지르는 영혼을 주시하는 "개인적 시선"의 역할을 하는 비밀스러운 집단을 구성한다. 수수께끼 같은 이 집단은 라뷔니아의 미스터리 같은 잠적의 의미를 더 한층 심화시키면서 그들의 상황을 수정하는 방식을 지적해준다. 그들의 낭만적인 가장(假裝)에 내포되어 있는 의미는, 그 집단이 궁극적으로 사랑과 결혼의 유대를 무시하는 유죄와 죄의식을 죄 많은 영혼들이 보게 하도록 노력을 아끼지 않는다는 것이다.

신원미상의 손님과 그의 동료들이 수행하는 조사는 스릴러에서 이루어지듯이, 죄를 탐사하는데 목적을 두고 있다. 『칵테일파티』에서 물론 "죄"(guilt)라는 어휘의 의미가 법적이기보다는 정신적이라고 하더라도, 정신과 의사의 조사는 같은 목적으로 유도되고 있다. 에드워드 체임벌레인과 라뷔니아 및 씰리아 코플스톤은 저마다 도덕적 행동의 단절, 또는 좀 더 정확히 말하면 간통죄가 있음이 발견된다. 정신과의사는 도덕적 가치의 상실을 보편적 현상으로 강조하지만, 그의 시술 방식과 조수들인 줄리아와 알렉스의 기능은 세 사람이 하는 일을 외관상 지독하게 보이게 하는 신비스러운 분위기를 조장한다. 이들 세 사람은 모두 어떻게든 "악마와 같은" 대상으로 기술되고 있다. 악마에 대한 그들의 빈번한 언급은 그 세 사람을 사실상 라뷔니아가 잠적한 바로 그 순간에도 작동을 시작하고 있는 일종의 지옥 같은 장치로 변환시키고 있는데, 처음부터 행동은 이러한 장치에 의해서 조정되고 있다.

그런데 신원미상의 손님은 고통을 겪고 있는 사람이나 그의 "환자들"을 조사할 때에도 어떤 목적을 위해서 자기 자신의 기능을 관객이 슬쩍 보게 한다.

> 하지만 말씀드리겠는데, 낯선 사람을 가까이하면
> 예상 못 할 일을 불러오지요, 새로운 힘이 풀리게 되고,
> 또는 병 속의 도깨비를 밖에 나오게 하는 것이지요.
> 당신이 통제 못하는 일련의 사건이
> 시작되는 것과 같지요. 그러니 계속할게요.
> 말하건 데, 당신은 알지 못하는 어떤 위안을
> 체험하게 되지요.

> But let me tell you, that to approach the stranger
> Is to invite the unexpected, release a new force,
> Or let the genie out of the bottle.
> It is to start a train of events
> Beyond your control. So let me continue.
> I will say then, you experience some relief
> Of which you're not aware. (361)

확실히 미스터리 장치는 범죄의식에 의해 고통 받으면서 에드워드처럼 "정신적 죽음"을 겪고 있는 사람들과 썰리아가 느끼듯이, "죄의식"과 "고독감"을 느끼는 사람들에게 위안을 가져오도록 작동하고 있다. 이 장치는 비전의 순간에는 범죄의식으로 병든 인간의 영혼에 위안을 가져오는 수호자로 보이게 된다(Jones 152). 그러나 이들 수호천사들은 엘리엇이 상당한 역점을 두고 있는 것에 대해서는 탐정과도 같은 역할을 수행한다. 특히 신원미상의 손님은 인유를 통해 다른 미스터리 이야기 속의 탐정들과 비교된다. 예를 들어서 그가 칵테일파티에서 다른 손님들이 흩어지고 난 뒤에도 그대로 남아서 에드워드에게 말을 하는 방식은 스티븐슨(R. L. Stevenson)의 『지킬 박사와 하이드씨』

(*Dr. Jekyll and Mr. Hyde*)에서 나오는 법률가이자 탐정인 아터슨(Utterson)의 스타일에 힘입은 바가 있는 것 같다. 양자는 모두 예민한 분석력을 지니고서 진과 물을 섞는 것을 좋아하고 파티가 끝난 뒤에 상대적인 평화와 고독을 선택하여 집주인과 진지한 문제에 관해 대화를 나눈다. 그러나 아터슨은 신성에 관한 책을 읽어서 한때에는 패배하는 사람들의 삶에 영향을 주는 마지막 인물로 묘사되고 있다. 엘리엇은 탐정을 처리하는데 있어서 스티븐슨보다도 더 비유적이다. 그가 두 가지 면에 동시에 기능하도록 하게 할 정도까지 엘리엇의 탐정은 그가 셜록 홈즈보다도 더 동경해 마지않았던 인물인 체스터톤의 성직자 탐정인 브라운 신부와 훨씬 더 가깝게 된 것이다. 브라운 신부는 모든 인간이 잠정적으로는 범죄자라는 통찰력, 즉 모든 인간이 정신적인 죄인이라는 사실에 조사의 토대를 둔다. 이것은 엘리엇이 그린 신원미상의 손님에 대한 전제 사항이기도 하지만, 그들을 범인으로 직접 다루지 않고 그 대신에 치유할 수 없는 질병에 시달리는 환자로 다루게 하고 있다. 보편적인 질환이라는 생각은 보편적인 죄지음이라는 개념에 대한 비유이며, 그 질환을 탐사함으로써 그는 죄를 조사한다.

      정말, 내 환자는 내가 조사해야 하는
      전체 상황의 단편 정도에 지나지 않는
      경우가 종종 있지요. 스스로 앓고 있는
      그런 홀로 있는 환자는, 오히려 예외이지요.

      Indeed, it is often the case that my patients
      Are only pieces of a total situation
      Which I have to explore. The single patient
      Who is ill by himself, is rather the exception. (405)

"전체적인 상황"을 탐사하면서 신원미상의 손님과 그의 조수들은 스스로를 탁월한 탐정이라고 표명하는데, 그들의 행동이 도덕적으로 더 지고하다는 의미에서 탁월한 것이다. 신원미상의 손님의 목적은 라뷔니아의 잠적에 대한 미스터리를 해결하고 24시간 내에 그녀를 귀가시켜서 관객에게 즐거움을 주는 데만 있는 것은 아니다. 그의 목적은 모든 인간이 처한 필연적인 곤경이기도 한 힘든 궁지를 관객으로 하여금 성찰해보게 하기 위하여 죄의식이라는 함정을 놓는다.

『개인 비서』는 아버지로부터 소외되었다는 괴로운 감정을 억누르고 싶어 하는 욕구에서 비롯된 가장하려는 보편적인 성향을 단호하게 설명해주고 있다. 이런 이유로 생각해야 하는 것과 실제로 생각하는 것과의 차이가 생긴다. 그러므로 지속적인 가장은 자신에 대한 무지뿐만 아니라 자기 동료들에 대한 무지를 영속시키고 있다. 클로드 경(Sir Claude)에 따르면, 엘리자벳 부인(Lady Elizabeth)은 "항상 가장의 세상에서 살아 왔다"(462)는 것이다.

관심의 대상은 부모의 진실 된 정체에 대한 콜비 심킨스(Colby Simpkins)의 탐사인데, 이 탐사에는 미스터리 스릴러적 요소들이 사용되고 있다. 콜비의 말에 의해 창출된 서스펜스는 그의 숙모인 거자드 여사(Mrs. Guzzard)가 자기를 양육했다는 사실과 자기 친부모를 전혀 모르고 있다는 사실이 일찍이 드러나면서 강화되고, 클로드 경의 말은 특이한 스릴러 상황을 만들어낸다.

> 언제 – 정말 그래야 하는지 – 내가 그의 신분을
> 밝히는 일은 그녀가 그를 마음에 두는데 달려 있지요. . . .
>
> When – or indeed whether – I reveal his identity
> Depends on how she takes to him. . . . (448)

개인비서의 정체는 심지어는 엘리자벳 부인으로부터도 비밀로 지켜지게 되어 그녀가 콜비의 신원이 밝혀지는 데에 대한 반응을 어떻게 보이느냐에 따라 서스펜스가 생긴다. 또한 몇몇 다른 말들도 콜비의 친부모에 대한 미스터리를 더 심화시키는 기능을 하게 되며, 거자드 여사의 이름이 미스터리의 실마리가 된다. 그러나 이야기의 역점은 진실을 밝히는 급박함에 주어져 있다.

그러나 극의 미스터리 요소에 대한 분석을 해보면, 거자드 여사의 이름이 "오랫동안 찾아 왔던"(487) 바로 그 단서라는 엘리자벳 부인의 주장이 탐색에 대한 미스터리 스릴러의 개념과 연관되어 있다. 제대로 된 미스터리 조사의 전망은 클로드 경과 엘리자벳 부인이 저마다 콜비를 요구할 때 그들 간의 교환관계를 활기차게 해준다.

콜비의 정체를 식별하기 위해 멀해머(Mulhammer) 부부가 시작한 두 가지 설명은 스릴러에서 미스터리를 분명히 하기 위해서 시도된 "이론들"과 견줄 만하다. 그리고 다양한 가능성 있는 이론들을 형성하는 미스터리 스릴러의 기교에 대한 논평이라고 할 수 있다. 엘리엇은 "독자가 미스터리를 해결할 수 있는 당당한 기회를 가져야 함"(Eliot 1927a: 140)을 직접 관찰했던 것이다. 콜비는 자기가 누구의 아들인지 알고 싶어 했기 때문에, 클로드 경은 증거조사를 통해서 미스터리를 해결하기로 결심하고는 "제일 먼저 할 일은 우리가 거자드 여사를 만나야 한다"(492)고 말한다.

수사의 요소가 미스터리 스릴러의 중추이므로, 수사를 시행하려고 등장하는 은퇴한 개인비서가 탐정의 역을 맡는다. 그는 캐묻기도 하고 증인이 제공한 정보를 취합하여 분류하기도 하며, 증거를 분석하여 미스터리에 대한 만족할 만한 해결책을 제시하기도 한다. 따라서 "회장"으로서의 에거슨(Eggerson)의 역할은 탐정의 기능을 겸하게 되는 것이다. 조사를 실행에 옮기는 그의 역할에 대한 적합성 여부는 관객에게는 회의적으로 받아들여질 수도 있다. 에거슨은 개인비서의 능력이 입증된 은퇴한 사람이다. 그는 자기의 일을 수행하기 위해 조슈아 공원(Joshua Park)에 있는 자기 거처로부터 특별히 초대받았다.

윌키 콜린스의 수사관인 커프 경사에 대한 엘리엇의 기술을 떠올리게 하는 클로드 경은 에거슨을 "재치와 분별력을 지닌 사람"으로 묘사하면서 그의 능력을 확인하고 있다.

믿을 만한 증인으로 간주되는 거자드 여사의 진술이 신빙성 있는 것으로 여겨지기 이전에 생각해 볼만한 가능성이 두 가지가 있다. 즉 거자드 여사가 두 명이 있었거나, 아니면 두 명의 어린애가 동일한 거자드 여사에게서 양육되었다는 가능성이다. 두 명의 거자드 여사가 존재했으리라는 가능성은 희박한데 비해, 미스터리 해결의 핵심으로 보이는 두 번째의 가능성이 설득력이 있고, 두 명의 어린애가 의도적으로 바뀌었을 수도 있는 일이다. 두 어린애를 의도적으로 구분하지 못하게 한 목적은 친부모가 제대로 양육할 수 없기 때문에 금전상의 이익이나 다른 이익을 확보하려고 했기 때문일지도 모르는 일이다. 가난한 애의 행복에 관심을 둔 사람이라면 당연히 부당한 일이겠지만, 두 아이를 구분하지 못할 정도로 헷갈리게 만들어서 가난한 어린애에게 다른 아이의 양친으로부터 상당한 경제적 혜택을 보게 하는 일이 틀림없이 매력 있게 여겼을 것이다. 두 어린애의 보호자인 거자드 여사는 명백히 이 미스터리 사건에 깊이 연루되어 있다. 사건은 확실히 미스터리 스릴러에 대한 적절한 소재가 된다. 이러한 상황과 유사한 것을 쉴(M.P. Shiel)의 미스터리 이야기인「에드먼즈베리 수도사의 돌」("The Stone of Edmondsbury Monk")의 예에서도 볼 수 있는데, 거기서 미스터리는 보석과 평범한 돌이라는 두 개의 돌이 섞이는 과정에서 생긴다. 분규는 보석이 그 빛깔을 잃게 되어 평범한 돌과 구분할 수 없게 된 상황적 결과로부터 수수께끼 같은 미스터리가 창조된다는 점에서는 이 작품과 유사하다.

 수사팀장에 의한 과거 사건에 대한 간략한 설명은 미스터리 스릴러에서 사건에 대한 재설명과 유사하다. 그것은 독자가 사건에서 멀리 떨어져 있을 때에도 사건의 여러 사실들에 대해서 초점을 맞추고 독자에게 미스터리 해결에 근접하려는 인상을 줄 수가 있다. 휴 케너가 말했듯이, 탐정소설은 두 번씩 전달된 이야기이므로, 우리가 이해한다고 여겨지는 단계는 두 번째 이야기 때인 것이다(Kenner 241). 주요 증인인 거자드 여사가 그 문제에 익숙하도록 에거슨은 사건을 설명하지만, 그녀가 귀중한 정보로 용이하게 나설 수 있는 지점에서는 개입하지 않는다.

 『가족의 재회』의 다우닝보다도 더 정확하고 덜 당황하는 증인인 거자드 여사의 법적인 의견은 그 자체로 재미있는 이야기를 구성한다. 그녀는 한 때 자기가 돌보는 어린애가 있었지만, 양육에 필요한 월 송금이 중단되자 포기해야만 했다는 사실을 밝힌다. 비록 엘리자벳 부인이 토니(Tony)가 사고를 당했을 때 그랬을 것이라고 회고해 보지만, 탐정이자 의장인 에거슨은 이 점을 받아들이지 않는다. 그는 다른 방향으로 수사를 진행한다.

 약간 열을 식혀 볼까요?
 다른 각도에서 우리 이 문제에 접근해 봅시다,

거자드 여사에게 맡은 아기가 어떻게 됐는지를
묻겠습니다, 그 애는 엘리자벳 부인의 아기일 수도 있겠지요.

> May I pour a drop of oil on these troubled waters?
> Let us approach the question from another angle,
> And ask Mrs. Guzzard what became of the child
> She took in, which may have been Lady Elizabeth's. (508)

거자드 여사의 폭로는 상황을 더욱 더 당황스럽게 만든다. 어린애를 양자로 받아 들여서 세인트 바나바스(St. Barnabas)의 교회결혼식을 기념하려는 의미에서 그에게 바나바스라는 세례명을 준 사람은 비국교도 부부인 케이건(Kaghan) 부처였다. 그녀의 설명은 대단히 놀라운 것이다. 케이건을 한때 거자드 여사가 양육한 같은 어린애로 알고 있었던 클로드 경은 엘리자벳 부인을 미혹시킨다. 그녀는 케이건과 콜비 심킨스를 구분하기를 거절한다.

이상적인 미스터리 스릴러 수법에 맞게 미스터리는 에거슨의 조사에도 불구하고 지속되는 것처럼 보인다. 비록 거자드 여사가 자기 증거에 대한 확인이 멀해머 부부를 실망시킬 가능성이 있다는 사실을 충분히 예견할 수 있겠지만, 그녀의 진술과 폭로는 명백히 확인을 요하는 것이다.

> 그러나 케이건씨 부처가 제공할 증거를,
> 당신의 부인이 갖게 되면 만족할까요.
> 바나바스 케이건이 자기 아들임을 알고서?

> But will your wife be satisfied,
> When she has the evidence the Kaghans will supply.
> To recognise Barnabas Kaghan as her son? (512)

미스터리의 드러남은 이 극의 끝까지 유예된다. 케이건이 엘리자벳 부인과 콜비 심킨스의 아들이라는 거자드 여사의 증거가 멀해머 부부를 만족시키지 않지만, 결국에는 오랫동안 감추어 진 사건의 전모를 제시해준다.

증거는 간호사인 거자드 여사가 아버지 없는 가난한 자기 아들을 위한 금전적 이익을 확보하기 위해서 고의적으로 섞어 놓았던 두 어린애의 신원이 케이건과 콜비 심킨스라는 사실을 밝히는데 도움을 준다. 따라서 미스터리는 중복의 요소라는 도움으로 설정되어 있기도 하지만, 동시에 거자드 여사의 진술에 의해 임신했던 두 여인이 그녀와 그녀의 동생이라는 사실이 우연히 밝혀지게 된다.

이 미스터리를 연장시키는데 기회나 우연성이 중요한 역할을 한다. 거자드 여사의 메시지는 클로드 경이 캐나다에 있을 때에는 도착하지 않았던 것이다. 그는 돌아오는 길에 거자드 여사와 함께 있는 아이를 보자 그 아이를 자기의 아이로 받아들일 수밖에 없었다. 그 애가 누구의 애인지 듣지 못했던 그는 그 애의 출생증명서도 요구하지 않았다. 우연이라는 요소는 또한 미스터리 스릴러에서 주요한 기능을 한다. 포우(Poe)의 「황금 벌레」("The Golden Bug")를 예로 들면 모래 둔덕 아래에 숨겨둔 구겨진 종이쪽지의 노출된 부분이 숨겨진 보물을 발견하는 수단이 되었다. 그리고 엘리엇이 지적한 바와 같이, 윌키 콜린스의 『월장석』에서 훔친 월장석이 인도 사원에서 발견되어서 미스터리가 해결된 것은 사람의 창의성에 의해서라기보다는 주로 우연에 의해서였다(Eliot 1980: 468).

그러나 극 안에서 거자드 여사가 제시한 증거의 세부사항에 대한 확인을 요구하지 않으면, 증거는 콜비의 양친에 관해서 미스터리를 해결한 것같이 보일 것이다. 그러나 동시에 미스터리는 거자드 여사의 의도적인 범죄행위에 의해 야기되었다는 사실도 명백하다. 그로버 스미스(Grover Smith)가 관찰한 바대로 거자드 여사는 거짓말을 일삼는 사람으로, 25년 간 돈 때문에 처벌받을 만한 죄를 범해왔던 것이다(Grover Smith 241). 그래서 거자드 여사의 증거는 고백이라고 할 수 있는데, 이는 범인이 궁극적으로 자기 죄를 고백하게 만드는 미스터리 스릴러 패턴과 일치한다. 그러나 일반적으로 이 미스터리가 스릴러와는 얼마나 동떨어져 있는 지를, 그리고 개인의 범죄행위보다는 보편적 인간 성향을 어떻게 상징적으로 드러내는 지를 거자드 여사의 다음과 같은 말에서 찾을 수 있다.

    우리는 모두 이루어진 소망에
    복종해야 합니다. . . .

> We all of us have to adapt ourselves
> To the wish that is granted. . . . (512)

이 말들이 암시하는 바와 같이, 이 미스터리 극 역시 인간 소망충족의 극이다. 비록 엘리자벳 부인이 콜비를 택하지 않더라도, 그녀의 소망은 케이건을 취하면서 충족된다. 케이건과 루캐스터 엔젤(Lucasta Angel)은 그들이 바라는 대로 결혼하게 된다. 클로드 경만은 콜비에 대한 거짓 권리가 가장과 자기영예의 결과였기 때문에 실망한다. "나는 사실을 알고 싶었다"고 말한 콜비 역시 자신의 소원이 충족된다.

극의 종교적 의미는 콜비가 정교한 조사를 야기하게 한 진실의 본질을 설명할 때 분명해진다.

> . . . 내가 생각하는 아버지란,
> 내가 태어나기 전, 혹은 내가 기억할 수 없었던 때에
> 세상을 떠났기 때문에, 나는 아버지를 몰랐고,
> 그 분의 생애에 대해서지금도 알 길이 없는
> 다만 소문이나 기록으로써밖에는 —
> 실패나 성공의 생애에 대해서 . . .
> 어쩌면 성공보다는 실패의 생애이겠지만—
> 그 분의 소유물이라든지, 색 바랜 사진들이 남아 있어서,
> 그런 것 속에서 나와의 공통점을 찾아보고자 하는;
> 그런 아버지면 족할 것 같습니다.
> 내마음속에 그런 이미지를 창조할 수 있고,
> 그런 이미지로 살아가도록. 한 평범한 사람이 되고,
> 그 분이 하고 싶었던 일을 함으로써,
> 어떤 의미에서는 그 분의 생애를 영속시켰으면 합니다.
>
> . . . I should like a father
> Whom I have never known and couldn't know now,
> Because he would have died before I was born
> Or before I could remember; whom I could get to know
> Only be report, by documents—
> The story of his life, of his success or failure . . .
> Perhaps his failure more than his success—

> By objects that belonged to him, and faded photographs
> In which I should try to decipher a likeness;
> Whose image I could create in my own mind,
> To live with that image. An ordinary man
> Whose life I could in some way perpetuate
> By being the person he would have liked to be,
> And by doing the things he had wanted to do. (513)

이들 노선은 기독교적인 해석에 따라 달라질 수 있다. 존스는 이들 노선의 종교적 의미를 강조했는데, 사실, "나는 내 아버지의 직업과 가까운 곳에 있어야 해"라는 그의 대답은 크라이스트(Christ)의 답이다. 그리고 그가 추종하는 아버지는 크라이스트에서 드러난 창조주인데, 그가 "오직 보고서에 의해서만, 서류에 의해서만 알 수 있게 된" 것이다. 즉 복음에 의해서인 것이다. 크라이스트는 세속적 기준에 의하면 실패자이지만, 그의 삶은 기독교인이 모방하고 영속화하려는 대상이다(Jones 166). 콜비가 올갠(organ) 주자의 죽음으로 인해 생긴 공석을 맡도록 제의한 교회 내부에서 최종적으로 자기 아버지를 알고 찾으려는 결정을 할 때 아버지라는 어휘의 종교적 의미와 일반적 의미는 통합된다. 콜비의 아버지도 역시 교회의 올갠 주자였다. 놀라운 일은 에거슨이 조슈아 공원에 있는 교구목사의 관리인으로 그 자리에 콜비가 근무할 수 있도록 도움을 주기 위해 다시 한 번 등장할 때인 것이다. 그러나 그는 조사위원회의 의장이자 강력한 관리인으로 행동하는 상징적 인물로 등장한다. 그는 거자드 여사로 하여금 진실을 고백하게 하고 처벌을 받게 할 뿐만 아니라, 콜비가 자기에게 적당한 장소를 발견하는데 도움을 주고 있다. 심지어 오랜 조사 끝의 거자드 여사의 진실 고백은 극의 종교적 의미를 나타내는 상징이 된다. 그녀의 죄 많은 행위는 모든 소망이 도덕적 한계와 결과를 지니고 있다는 생각을 절실히 느끼게 하는 수단이 된다.

그릇된 소망충족을 속죄하는 목적은, 그러한 소망이 행위에 걸맞지 않은 결과에서 생긴 범죄행위처럼, 죄 많은 결과를 초래할 수밖에 없다는 사실을 제시하는데 있다. 이러한 제시는 『가족의 재회』에서 정교한 처리를 수용한 것으로, 엘리엇의 마지막 극인 『원로 정치가』에서 양심상의 죄(원죄)와 형사상의 죄(범죄) 사이에 대한 논의를 예견하게 한다. 탐정수사는 극의 초반부에 시작되고 있다. 세뇰 고메즈(Senor Gomwz)가 등장하는 장면은 미스터리 스릴러 수법으로 진행된다. 물론 그는 다름 아닌 클레버튼 경(Lord Claverton)의 젊은 시절 옥스퍼드(Oxford) 친구였던 프레데릭 컬버웰(Frederick Culverwell)이다. 그는 잉글랜드(England)에서 위조죄로 형을 받고는 "중미의 산 마르코(San Marco) 공화국"으로 이민을 가서, 30년 이상이나 거기서 살며 떳떳하지 못한 방식으로 많은 돈을 번 사람이었다. 이름을 바꾸어 쓰는 사람과 그들의 외적 정체성에 관한 내용이 『원로 정치가』의 핵심을 이루는데, 클레버튼 경이 옥스퍼드 시절 알았던 메이지 배터슨(Maisie Batterson)이란 여자는 메이지 몬조이(Montjoy)인데, 그녀는 요양소 장면에서는 다시 카길 여사(Mrs. Carghill)로 등장한다. 세뇰 고메즈가 기억하는 바와 같이, 원로 정치가는 옥스퍼드에서는 간단히 딕 페리(Dick Ferry)였고, 결혼 후 자기 부인의 이름을 차용해서 리처드 클레버튼-페리(Richard Claverton-Ferry)가 되었으며, 마지막에 가서는 귀족신분으로 상승하자 클레버튼 경이 되었다. 프레데릭 컬버웰은 자기 이름을 바꾸었을 뿐만 아니라 자신의 국적도 바꾸었기 때문에, 클레버튼 경의 집사는 전혀 모르는 방문객에 대해 기술해 달라고 부탁을 받자 그를 "외국사람"이라고 부른다. 클레버튼 경은 이 "외국사람"이 돈만을 요구하게 되었다고 생각하게 되었으며, 심지어는 그의 신원이 프레데릭 컬버웰이라고 밝혀진 뒤에도 자신의 동기가 "협박"이 될 수 있다고 생각한다.

방문에 대한 고메즈 자신의 동기가 무엇이든지, 그 목적은 정확히 말해서 원로 정치가의 과거조사와 재구성이다. 고메즈의 등장 바로 전에, 찰스는 모니카(Monica)에게 말하면서 그녀에게는 "개인작인 자아가 있다"고 응답한다.

> 그의 사생활이 아주 잘 지켜지기 때문에
> 나는 때때로 지켜져야 할 개인적 자아가 과연 있는가 하고 . . .
> 궁금히 여기지요.
>
> His privacy has been so well preserved
> That I've sometimes wondered whether there was any . . .
> Private self to preserve. (528)

자아회복에 관해서는 클레버튼 경과 고메즈가 "도둑처럼 사이가 좋았던" 옥스퍼드 시절로 거슬러 올라가야 한다. 그 당시 클레버튼 경의 근황이 어떠했으며, 당시 자기가 사려 깊지 못한 행위로 말미암아 무시해버린 것들이, 나중에는 파묻힌 씨앗들처럼, 견디기 힘든 죄와 좌절감으로 싹이 터 나오게 된 원인을 추론해 볼 필요가 있다.

우선 그는 젊은 컬버웰을 옥스퍼드에서 타락시켜서 "알려지지 않은 인문학교 출신의 장학생 소년"을 타락시켜서 아주 비싼 자신의 취향을 주입시켰던 것이다. 결과적으로 컬버웰이 우등생이 되고 클레버튼이 낙제하리라고 예상했지만, 낙제를 해서 비서가 되어 결국 위조범이 된 사람은 컬버웰이었다. 클레버튼 자신은 고메즈가 그에게 말했던 것처럼, 내부에 "신중한 악마"를 지니고 있기 때문에, 항상 지나친 결과를 때마침 깨닫게 되었다. 고메즈가 출옥한 뒤 그는 산 마르코에 갈 고메즈의 여행비를 지불했기에, 그가 생각한 바와 같이 자신의 삶에 이 불미스러운 사건을 영구히 남기게 된 것이다. 왜 그가 처음에 프레데릭 컬버웰을 후원했는지의 이유를 파악하는 일도 미스터리 해결에 도움이 된다. 당시 컬버웰은 사교계의 멋쟁이들인 클레버튼의 친구들을 얻어서 기쁘긴 했지만, 자신에 대한 클레버튼 경의 관심에 당황한다. 또한 고메즈는 클레버튼 경 자신도 잊었다고 생각했던 클레버튼 경 "개인작인 자아가 있다"고 응답의 과거의 삶의 또 다른 순간을 밝힌다.

『원로 정치가』에서는 『콜러너스의 이디퍼스』(Oedipus Colonus)에서 지적한 이러한 탐정 소설적 관심에 더 세심한 주의를 기울일 필요가 있다. 지적한 바와 같이, 이 극은 고메즈가 클레버튼 경의 숨은 과거를 노출시키면서 시작되는데, 엘리엇은 다른 극에서 사용했던 것과 같은 장치들을 도입하여 이러한 양상을 강화시키고 있다. 클레버튼 경이 다음과 같이 고메즈에게 대답하는 데서 그 예를 찾을 수 있다.

이 이야기가 세인들의 관심을 끌 거라고 자네가 생각한다면
왜 일요신문에 그 얘기를 팔지 않나?

If you think that this story would interest the public

Why not sell your version to a Sunday newspaper? (540)

스릴러 양상은 『투사 스위니』에서 나오는 태블로이드(tabloid) 판 신문의 선정성에 대한 언급과 『가족의 재회』에서 나오는 코러스(Chorus)의 말에서 유사하게 사용된다.

> 왜 우리는 죄 지은 공모자들처럼 여기에 서 있어야 할까, 어떤 계시를 기다리며 숨겨진 것들이 드러나서, 신문팔이 소년들이 거리에서 외칠 때? 사적인 것들이 널리 알려져서, 일반 사진사는 사진신문에 실으려고 플래시를 터뜨리지: . . .
>
> Why should we stand here like guilty conspirators, waiting for some revelation
> When the hidden shall be exposed, and the newsboy shall shout in the street?
> When the private shall be made public, the common photographer
> Flashlight for the picture papers: . . . (301)

엘리엇이 그러한 장치를 사용하여 『원로 정치가』에서 성취한 것은 소위 현대생활의 공통된 현상이라는 가장 낮은 차원에서 자기 주제를 이식시킨 것만은 아니다. 그는 공직이나 다른 높은 지위에 있는 사람들의 숨겨진 비행의 노출에 대한 취향을 통해서 극 속에 관객을 참여시키려고 애쓰고 있다. 클레버튼 경에게 "당신의 비밀이 내게는 안전합니다"(541)라고 한 고메즈의 확언에서와 같은 암시가 호기심 많은 청중을 끌어들이고 있음에 틀림이 없다. 이런 면에서 범죄가 공적으로 이루어졌으나 살인자들에 의해 그 책임감이 공적으로 모면되어 실제로는 탐정 수사 영역의 허용이 지극히 제한되었던 『대성당의 살인』에서부터, 처음으로 범죄가 자백되었지만 거부당한 『가족의 재회』에 이르기까지, 그리고 더 나아가서 의심도 받지 않아 수사도 받지 않은 사람에 의해 저질러진 범행의 심각성을 보이는 단서가 거듭해서 독자에게 제시된 『원로 정치가』에 이르기까지, 그 발전과정을 살펴보는 일은 흥미로운 일이다. 살인과 해결이라는 지극히 적은 스릴러적인 요소만을 갖고 있는 극에서부터 혐의가 짙은 "범죄인"의 정체를 밝히는데 다른 스릴러적인 요소들을 사용하는 극에 이르기까지의 진전사항이 그 핵심인 것이다.

클레버튼 경의 가담혐의는 그가 그 일에 대해 조용히 공격하는 고메즈의 비난내용을 들을 때 생기는데, 클레버튼 경은 고메즈의 이야기가 길 위의 사고에 대한 한 "개작"(540)일 뿐일 수도 있다고 언급하면서 긴장이 발생한다. 관객은 앞 다투어 또 다른 가능성 있는 개작을 찾아보려고 한다. 도로 위의 한 노인의 의문사를 설명할 수 있는 두 가지 버전을 만들 가능성에 대한 미묘한 암시는, 미스터리 해결을 위해서, 또한 정치가의 미스터리 같은 병과 조기은퇴에 대한 더 큰 의혹을 설명하기 위해서라도, 여러 이론을 체계화해야 하는 탐정의 관행과 일치하고 있다. 이는 고메즈의 폭로에 이어지는 상황에서 스릴러적 서스펜스를 강화시킨다. 여기에는 『대성당의 살인』에서 나오는 기사들의 변명 에피소드(episode)가 갖는 논리성이 내포되어 있으며, 『개인비서』(The Confidential Clerk)에서 발전된 "개연성"도 내포되어 있다.

클레버튼 경의 과거에서 비롯된 또 다른 인물인 카길 여사가 은퇴한 정치가 앞에 나타나서 그에게 그의 젊은 시절 행동에 대한 불쾌한 사실들을 회상시키자 탐정수사적 관심은 강화된다. 고메즈가 말하듯이, 그녀는 "신뢰할만한 증인"이라서 그녀의 증거는 신빙성이 있다고 간주될 수 있다. 「사랑하기에 그리 늦지 않았어요!」("It's Not Too Late For You To Love Me!")라는 노래로 인기를 얻은 전직 탑 뮤지컬 스타인 메이지 몬조이인 카길 여사는 클레버튼 경이 사랑을 배신하고 행복한 결혼생활의 꿈을 좌절시켰다고 비난한다. 그의 기억을 새롭게 하고 자기 주장을 뒷받침하기 위해 그녀는 한때 자기에게 클레버튼 경이 썼던 연정의 편지 사본을 제시할 준비를 한다. 법적 증거로서 가치 있고 유명한 공인과 관련된 경매품목으로도 가치 있는 이 편지는 그녀의 변호사의 관리 하에 안전하게 보관되어 있었다. 그러나 신중한 클레버튼 경은 그녀를 매수하여 법정 밖에서 그 문제를 매듭지으려고 하였으며, 고메즈의 경우에서와 같이 이 사건 역시 일단 종결되면 영구히 묻히게 되리라고 생각했던 것이다. 카길 여사는 여러 사실들을 완전히 우연하게 드러내면서 고메즈와 합세하여 과거사건을 재구성하고 정치가의 비행의 전모를 조사하게 된다.

극은 "범죄가 아닌 것들"에 대한 본질적 관심을 명확히 하고, 찰스로 하여금 그것을 주장하게 함으로써, 범죄적 법적 용어뿐만 아니라 범죄의 부적절성

까지도 분명히 하고 있으나, 클레버튼 경은 다른 관심 분야로 옮겨간다. 그래서 찰스는 여전히 협박의 가능성을 되풀이해서 말하며, 그런 협박에 적절히 대처하는 방안에 대해서도 얘길 한다.

> 만일 그것이 협박이라면, 아무래도 그렇게 밖에 보이지 않는데.
> 아버지는 내가 그를 설득해서 나를 믿게 할 수 있다고 생각하십니까?
>
> If it's blackmail, and that's very much what it looks like.
> Do you think I could persuade him to confide in me? (567)

3막 전체는 고백의 절정의 순간으로 구성되어 있다. 그러나 클레버튼 경의 고백은 탐정소설에서 범인들의 유용한 고백과는 상당히 다르므로, 그것이 "범죄가 아닌 것들"과의 관련성을 알 수가 있다. 클레버튼 경은 "누구나 알 수 있는" 가상적인 범죄적 행위를 아주 신속하게 처리하고 있다. 그러나 특히 "법과 관련된" 범죄처럼 양심상의 죄는 당사자가 직접 "죄인과 관련이 있기" 때문에, "아무도 믿지 않는 죄를 고백하는 일"은 특히 자기이해라는 완전한 굴욕감을 포함하는 훨씬 더 복잡한 관계로 과거의 재구성을 요구하고 있다.

IV

엘리엇의 극들은 개인적인 죄와 공포를 인식하는 주인공의 삶에서 표현을 발견하는 인간의 자연스러운 죄의식과 죄스러움을 드러내고 죄의 제거의 필요성에 대한 의식을 고조시키는 일에 관련이 있다. 민감한 주인공이 체험한 외로움과 권태감 및 공포감은 그들에게서 떠나지 않는 죄의식과 신성한 것으로부터 이탈되었다는 감정을 일깨워 준다. 유일한 의미 있는 행위는 신성한 것과의 관계를 복원시킬 수 있는 행위인 것 같다. 이러한 관계의 실현이야말로 고대의 신비스러운 제의가 지니는 유일한 목표였던 것이다. 그것이 또한 미스터리 연쇄극이나 기적극 및 도덕극과 같이 중세의 종교극의 주요 목적이며 동시에 엘리엇 극의 목적이기도 하다.

엘리엇은 극작가로서 신성한 근원으로부터의 소외감에서 생기는 여러 가지 결과를 다루고 있다. 즉『투사 스위니』에서는 죄를 저지르는 경향과 죄에서 생기는 공포를 체험하는 일을,『가족의 재회』에서는 죄지음과 속죄를,『카테일파티』에서는 죄의식과 보상을,『개인비서』에서는 표현된 개인의 참된 정체성의 탐색을, 그리고『원로 정치가』에서는 개인의 내적인 자아와의 만남을 다루고 있다. 주인공의 정신적 상태의 진전은 스위니와 같은 감각적 본성에서 나와서 악에 대한 민감한 인식의 상태와 속죄와 희망찬 삶의 부활을 위한 외부나 내부를 향한 여행의 상태로 나아가게 된다. 이것이 죄와 속죄, 또는 죄와 보속이라는 주제로 광범위하게 기술되고 있는 엘리엇 극에서 나타나고 있는 종교적 주제의 본질적인 패턴이다.

엘리엇이 개종하기 직전인『투사 스위니』를 쓰고 있었을 때에, 포우와 도스또엡스키가 공포를 다루는 방법에 대해서 아주 깊은 성찰을 했던 것 같다.『투사 스위니』와『가족의 재회』에서는 범죄 이야기의 주인공이 겪는 심리적 공포감이 표현되어 있다. 자기의 범죄와 공포감에 관한 이야기를 하면서 겁에 질려 있는 살인범을 관객은 스위니 자신이라는 의심을 하게 된다. 마찬가지로,『가족의 재회』에서 해리는 자기 아내를 살해한 사람이 자신이라고 믿을 정도로 충분히 자신의 죄에 대해 강한 공포감을 체험하게 된다.

이러한 공포감을 제시하기 위해서는 작가는 극단적인 상태의 감정과 지성을 자아내기 위한 대상물과 상황을 발견할 능력을 가져야 했다. 따라서 문화적 위기를 겪어 온 시대에 살면서, 종교적 가치와 사회적 가치에는 무관심한 채, 정신적인 죄와 범죄의식 및 속죄와 같은 종교적인 주제들을 다루는 장치로서 범죄와 공포 및 수사라는 탐정소설적인 패턴을 사용하는 것보다 훨씬 더 엘리엇의 목적에 기여할 극적인 전략은 없었을 것이다.

엘리엇의 목적은 사회적·도덕적 의미를 당대 세계의 이러한 삶의 비전으로 융합시키는데 있었다. 엘리엇은 유사한 범죄와 공포 및 미스터리 이야기를 기독교적인 관점에 주입시켜서,『대성당의 살인』을 제외한 다른 극에서는 각각의 서사구조로부터 희극성을 추출하고 있다. 어쩌면『대성당의 살인』에서의 죽음과 순교라는 고매하고 비극적인 주제는 세속적 가치의 맥락에서 아이러니칼하게도 종교적인 성향이 없는 현대 독자와 관객에 의해, 살해당한 사람은 물론이고 수수께끼 같이 알 수 없는 살인범의 동기에 토대를 둔 범죄와 수사의 극으로 다시 읽혀질지도 모른다.

그래서 엘리엇의 극들은 이전의 소포클레스와 애스킬러스, 셰익스피어, 딕킨스, 콜린스, 체스터톤, 포우 및 도스또엡스키 같은 위대한 고전 대가와 현대 대가들의 영향을 받았기 때문에, 종교적 요소와 세속적 요소를 독특하게 조합해내고 있다. 그들은 범죄를 다루면서 사회적·도덕적 의미를 부여했으나, 엘리엇은 거기다 종교적 의미를 귀속시켰던 것이다. 딕킨스와 콜린스, 포우 및 도스또엡스키 같은 작가들이 엘리엇 극에 끼친 영향이 상당했던 것은 이미 밝혀진 사실이다. 도스또엡스키가 유럽 미스터리 소설의 모델을 따르고 있었는데, 딕킨스의 소설을 그 모델로 하였고, 다시 딕킨스는 윌키 콜린스의 소설에 영향을 받았다고 볼 수 있다. 엘리엇은 1932년의 『에세이 선집』(Selected Essays)에 수록된 「윌키 콜린스와 찰스 딕킨스」라는 글에서 이들 작가의 소설에 상당한 찬사를 보냈는데, 그들은 영국에서 처음으로 발생한 미스터리 장르의 소설작가들이었다.

엘리엇은 범죄와 미스터리 및 수사나 조사의 패턴을 상징적으로 사용하고 있다. 그는 몸소 몇몇 과거의 위대한 극에 대한 스릴러적인 흥미를 관찰하여 거기에 대한 논평도 가미했는데, 이는 그가 자신의 극에서 미스터리 스릴러적 요소를 상징적으로 사용하고 있음을 보여주는 증거라고 할 수 있다. 탐정소설적 스릴러라는 장르는 그 자체가 가장 저렴한 오락적인 것을 제공하게 되면 진지한 목적이 사라지게 될지도 모른다. 그러나 엘리엇의 예는 위대한 작가가 어떻게 일상생활에서 가장 평범한 사건과 상황 및 체험뿐만 아니라, 특별한 것을 표현하는데 오락적인 것을 사용할 수 있는 가능성을 보여주고 있다. 엘리엇이 비록 자기극에서 미스터리 스릴러 요소들을 사용했다고 하더라도, 자기 관객들을 단지 즐겁게 해주기 위해서 그런 것들을 사용했던 것은 아니다. 범죄와 수사라는 패턴 사이의 균형을 제시함으로써, 그는 에드먼드 윌슨(Edmund Wilson)이 딕킨스에게서 감탄했던 것과 같은 상징적 방법을 사용하고 있다. 두 가지 패턴은 인식의 다른 두 층위에 맞는 두 가지 서로 같은 의미의 층위를 나타내어 준다. 따라서 엘리엇은 탐정스릴러의 통상적인 요소들에 중대한 의미를 부여하고 있으며, 또한 가장 세속적이고 대중적인 문화형식을 통해서 중요한 종교적 사상과 정신적 체험을 전달하려고 애쓰고 있다.

주요어 (Key Words): 엘리엇(T. S. Eliot), 시극(Verse Drama), 미스터리(mystery), 스릴러(thriller), 『투사 스위니』(*Sweeney Agonistes*), 『대성당의 살인』(*Murder in the Cathedral*), 『가족의 재회』(*The Family Reunion*), 『카테일 파티』(*The Cocktail Party*), 『개인비서』(*The Confidential Clerk*), 『원로 정치가』(*The Elder Statesman*)

인용문헌

Dukes, Ashley. "T. S. Eliot in the Theatre." *T. S. Eliot: A Symposium*. Compiled by Richard March and Tambimuttu. London: Poetry Editions, 1948: 113.

Eliot, T. S. *The Complete Poems and Plays of T. S. Eliot*. London: Faber and Faber, 1978.

_____. *The Use of Poetry and the Use of Criticism*. London: Faber and Faber, 1975.

_____. *The Sacred Wood*. London: Methuen & Company, 1972a.

_____. *Selected Essays*. London: Faber and Faber, 1972b.

_____. *The Criterion*. V. 1 (January 1927a): 139-43.

_____. *The Criterion*. V. 3 (June 1927b): 359-62.

_____. *The Criterion*. VIII. 32 (April 1929): 551-59.

_____. "Five Points on Dramatic Writing." *Townsman*. I (July 1938): 10.

Gardner, Helen. *The Art of T. S. Eliot*. London: The Cresset Press, 1948.

Haycraft, Howard, ed. *The Art of the Mystery Story*. New York: Grosset &

Dunlap, 1946.
Jones, David E. *The Plays of T. S. Eliot.* London: Routledge & Kegan Paul, 1969.
Langbaum, Robert. "Crime in Modern Literature." *The American Scholar.* XXVI (Summer 1956): 360-70.
Martin, Graham, ed. *Eliot in Perspective.* London: Macmillan, 1970.
Smith, Carol H. *T. S. Eliot's Dramatic Theory and Practice.* Princeton: Princeton UP, 1963.
Smith, Grover. *T. S. Eliot's Poetry and Plays.* Chicago: Chicago UP, 1974.
Southern, R. W. *The Making of the Middle Ages.* New York: Hutchinson University Library, 1959.
Symons, Julian. *Bloody Murder: From Detective Story to Crime Novel, a History.* London: Faber and Faber, 1972.
Ward, Daid. *T. S. Eliot Between Two Worlds.* London: Routledge & Kegan Paul, 1973.

제2부

『스위니 아고니스테스』와 『대성당의 살인』

실패한 의식: 『스위니 아고니스테스』에 대한 종교적 접근

| 허정자 |

I

일상의 삶에서 느끼게 되는 권태, 공포, 절망 등 현대인이 갖게 되는 불모의 정서를 시를 통해 탐구하려고 했다는 점에서 엘리엇(T. S. Eliot)은 호손(Nathaniel Hawthorne)과 제임스(Henry James)의 "정신적 실체에 대한 특별한 의식, 선과 악에 대한 깊은 감수성 그리고 공포를 전달하는 탁월한 능력에 깊은 관심을 표명한다"(Matthiessen 9). 선과 악 그리고 공포 같은 인간의 내면에 깊숙이 도사리고 있는 정서를 파헤치려고 한 엘리엇도 많은 다양한 계층의 대중에게 직접적으로 정서를 표현하기 위한 수단으로 시보다는 "율동 있는 산문 '아마도 북 소리에 의해 강조되는 어떤 무엇인가가 있는' 현대 삶의 드라마(가구 달린 아파트 속의 사람들의 삶 같은)를 쓰고 싶다는 심정을 토로한다"(Kenner 179에서 재인용). 그 첫 번째 시도가 『아가씨, 집에 갈래?』(*Wanna Go Home, Baby?*)라는 제목이 붙여져 각각 1926년 10월에 「서언의 단편」("Fragment of a Prologue")으로 그리고 1927년 1월에 「극의 갈등의 단편」("Fragment of an Agon")으로 발표되고, 이 두 개의 단편이 합쳐져 1932년에 『스위니 아고니스테스: 아리스토파네스풍의 멜로드라마의 단편』(*Sweeney*

---

* 이 논문은 『T. S. 엘리엇 연구』 제16권 2호(2006)에 「실패한 의식(儀式):『스위니 아고니스테스: 아리스토파네스풍의 멜로드라마의 단편』에 대한 종교적 접근」으로 게재되었던 것을 수정한 것임.

Agonistes Fragments of an Aristophanic Melodrama)으로 제목이 바뀐 작품이다. 이 극에서 엘리엇은 아리스토파네스풍의 멜로드라마라는 말과 같이 시와는 다른 새롭고 독특한 형식으로 공허한 현대인의 삶의 모습을 그려내려고 시도한다. 극이 보여주는 불모성 때문에 "『황무지』(*The Waste Land*)의 부록"(Gardner 132)이라고도 할 수 있는 이 극에서 엘리엇은 멜로드라마의 평면적 인물(flat character), 노래, 아리스토파네스풍의 풍자, 대화체의 언어 외에 1920년대 유행하던 재즈(jazz), 악극 쇼 등 여러 형태를 통해 그 나름대로 처음으로 극을 실험적으로 써보려고 하였다. 허무, 공포, 악몽 등의 정서를 엘리엇은 무대 위의 노래, 인물, 대화를 통해 극대화시켜 드러내고자 한 것이다.

> 술에 취한 대화, 비관적인 철학, 소름끼치는 일화들, 재즈 리듬, 악극 쇼, 금속성의 희가극 노래, 비열한 인물들(창녀들, 저속한 미국인들, 그리고 살인을 방조하는 사람) 등이 이상하고 거의 초현실적인 악몽의 분위기를 만든다.
>
> The mixing of drunken conversation, pessimistic philosophy, gruesome anecdotes, jazz rhythms, a minstrel show, brassy vaudeville lyrics, despicable persons (prostitutes, vulgar Americans, and an accessory to murder) achieve a weird, almost surrealistic, nightmarish quality. (Rees 289)

그러나 시가 아니라 극의 형태로 현대인의 권태와 공포의 정서를 독특하게 표현하려고 시도했던 『스위니 아고니스테스』는 엘리엇의 의도와는 달리 극이 완성되지 못하고 두 편의 단편으로만 남겨지게 된다. 또한 제목은 극을 의미하지만 완성되지 못해서인지 엘리엇은 자신의 전집에 이 작품을 미완성의 시(Unfinished Poems)로 분류했고, 평론가들은 이 작품을 극으로 간주하거나, 혹은 시, "의사 극시"(quasi-dramatic poem)(Bergonzi 106), "응용시"(applied poetry)(Chinitz 107)라는 이름을 붙이기도 한다.1) 따라서 시인 못지않게 극작가로서도 명성을 갖다 준 완성도가 높은 그의 다른 성공한 극만큼 이 작품이

---

1) 이 작품의 제목에서도 언급되고 있듯이 엘리엇이 처음으로 극의 형태로 쓰고자 한 작품이기 때문에 본고에서는 『스위니 아고니스테스』가 극이라는 입장에서 그 내용이 다루어 질 것이다.

독자들의 관심을 끌지 못한 것이 사실이다. 특히 엘리엇 자신이 "자신의 작품 중에서 가장 독창적인 것으로 언급한『스위니 아고니스테스』"(Ackroyd 146)는 불모의 공허한 현대의 삶을 배경으로 스위니라는 인물이 겪게 되는 육체적, 정신적 변화에 초점이 맞춰진 그의 내면 드라마라고도 할 수 있다. 그러나 극이 진행되는 과정에서 어떤 눈에 띄는 행동이나 특별한 사건이 없고, 또한 독자들이 그의 정신적 실체를 파악하는 과정에서 극이 미완으로 끝나게 되기 때문에 엘리엇이 전달하고자 하는 메시지(message)가 무엇인지 정확히 이해하기는 힘들다. "나의 의도는 청중 가운데 가장 감성적이며 가장 지적인 사람들과 같은 정도의 감성과 지성을 지닌 한 인물을 창안하는 것이었다"(UPUC 153)라는 엘리엇의 언급처럼 이 극은 "무대 위의 어떤 사람도 이해할 수 없는 사람에 관한 드라마"(Kenner 186)라고 할 수 있다. 그러나 내용을 파악하기 힘들고 모호한 인물이 등장하고 결말이 완성되지 못했다고『스위니 아고니스테스』를 단지 엘리엇의 극에 대한 관심을 처음으로 표명한 단편적인 시작(試作)으로 간주해 버리기에는 아쉬움이 남는다. 오히려 1920년대 초반인 1923-1925년 사이에 쓰여지고, 개종한 해인 1927년에 극의 단편의 하나인「극의 갈등의 단편」이, 그리고 결국은 1932년에 최종적으로 발표된 이 극을 통해 독자들은『황무지』(1922)와『재의 수요일』(Ash Wednesday)(1930) 사이의 엘리엇의 절망감 그리고 거기에 따른 종교로의 귀의의 계기를 엿볼 수 있다. 그리고 그 과정에서 그가 느꼈던 죽음, 정화, 재생과 같은 종교적 문제를 처음으로 이 극에서 다루고자 한 점에서 이 작품은 연구해 볼 필요성이 있다. 본고에서는 이런 점에서『스위니 아고니스테스』의 스위니를 중심으로 삶과 제의적 죽음, 재생의 의미를 종교적 측면에서 접근하여 탐구해 보고자 한다. 이러한 시도는 이 극에 대한 이해는 물론 시인에서 극작가로 첫발을 내딛게 되는 엘리엇의 능력과 한계 그리고 시인 뿐만 아니라 성공한 극작가로서 인정을 받은 엘리엇의 작품세계를 좀 더 잘 이해할 수 있는 계기가 될 것이다.

II

먼저 『스위니 아고니스테스』의 제사(題詞)를 살펴본다. 이 극의 제사에서는 인간의 죄와 죄를 지은 인간의 재생의 가능성이 언급되고 있다. 첫 번째 제사는 에스킬러스(Aeschylus)의 『코에포로이(제주(祭酒)를 바치는 여인들)』에서 우주의 질서를 파괴 한 자들이 죄를 뉘우치고 정화할 때까지 쫓아다니는 복수의 여신(Furies)을 보고 아폴로(Apollo)의 신탁으로 어머니를 살해한 오레스테스가 한 말을 인용한 것이다.

> 오레스테스: 너에겐 그들이 안 보인다. 안 보인다 — 그러나 내게는 그들이 보인다. 그들은 나를 쫓아온다. 나는 나아가야겠다.
> 『코에포로이』

> Orestes: You don't see them, you don't — but I see them: they are hunting me down, I must move on.
> Choephoroi.[2]

엘리엇의 『칵테일 파티』(*The Cocktail Party*)의 라일리(Reilly)는 "코플스톤 양, 당신은 죄의식 때문에 고통을 당하지요? / 그것은 가장 평범하지 않은 것이지요."(You suffer from a sense of sin, Miss Coplestone? / This is most unusual)(*CPP* 414)라고 말한다. 이렇듯 죄를 지은 사람은 평범한 사람과는 다르고, 죄를 지은 사람이 죄를 정화할 때까지 죄인을 쫓아다니는 복수의 여신은 다른 사람들의 눈에는 보이지 않고 죄를 지은 오레스테스 같은 사람의 눈에만 보인다는 점에서 지옥 속의 삶을 사는 오레스테스라는 죄인은 다른 사람들이 보지 못하는 것을 보는 성스런 통찰력이 있다고 할 수 있다. 따라서 복수의 여신은 인간의 원죄 의식 혹은 성스런 전달자(messenger)를 의미한다. 이런 점은 앞으로 스위니와 관련지어 살펴볼 것이다. 그러나 "죄의 실체를 인식하

---

[2] T. S. Eliot, *The Complete Poems and Plays of T. S. Eliot* (London: Faber & Faber, 1969) 115. 앞으로 이 극 및 엘리엇 작품의 인용은 이 책에 의거하고 인용문 뒤에 *CPP*로 표기하고 페이지 수를 적겠음. 이 극의 번역은 이창배 선생님의 것을 그대로 인용했음을 밝혀둔다.

는 것은 새로운 삶을 의미 한다"(SE 427)라는 말처럼 인간은 자신이 범한 죄를 깨닫고 그 죄의 정화를 통해 새로운 정신적 삶을 살 수 있는데, 그런 가능성이 두 번째 제사에서 언급되고 있다.

> 그러므로 영혼은 신과의 결합을 가질 수가 없다. 영혼이 피조물에 대한 사랑을 벗어 버릴 때 까지는. ― 십자가의 성 요한
>
> Hence the soul cannot be possessed of the divine union, until it has divested itself of the love of created beings.
> St. John of the Cross (CPP 115)

이 제사는 십자가의 성 요한의 『카멜산 오르기』(The Ascent of Mount Carmel)에서 인용한 것인데 영혼의 어두운 밤을 통한 인간의 정화를 말해주고 있다. 인간이 세상의 모든 피조물에 대한 사랑, 애착과 미련을 버리고 아무것도 소유하지 않은 채 신에게 다가갈 때 인간은 신과 신비한 영적 결합을 할 수 있다는 의미가 이 제사에 내포되어 있다. 무(無)와의 대면을 통해 인간은 진정한 삶의 가치를 찾게 될 수 있는 것이다. 이렇게 이 극의 제사에서는 죄를 지을 수밖에 없는 인간의 운명과 죄에 대한 깨달음 그리고 인간은 그의 죄에 대해서는 무슨 수단을 통해서라도 책임을 지고 속죄를 해야 하고 그 죄의 정화를 통해서 누구나 신과 합일할 수 있다는 가능성이 언급되고 있다. 이런 점에서 결국은 신의 은총으로 정신적 재생을 통해 거듭나게 되는 에스킬러스의 『코에포로이』의 오레스테스와 그리고 성 요한의 신비한 종교적 체험과 관련된 내용이 이 극의 제사에서 언급되었다는 것은 이 극을 종교적인 신비한 경험이라는 관점에서 접근하는 것이 가능하다는 것을 말해준다. 특히 『황무지』를 쓰고 나서 엘리엇은 "이제는 극, 영화, 발레 그리고 시에서도 의식과 같은 양식화(ritual-like stylization)가 필요하다"고 언급했고(Bush 81), 이 극의 제목의 아리스토파네스가 가리키듯 엘리엇은 연극을 통해 예술과 종교를 함께 즐길 수 있는 그리스(Greece) 문화에 관심을 가졌고, 실제로 이 극을 쓰기 전후에 아리스토파네스의 극을 읽었다고 한다. 또한 엘리엇은 극을 읽기 전에 이 극에 대한 자신의 의도를 알고 싶으면 종교적 제의식의 관점에서 아리스토파네스의

희극의 근원을 파헤친 콘포드(F. M. Cornford)의 『고대 그리스 희극의 기원』 (*Origins of Attic Comedy*)을 꼭 읽어 보고 참고하라고 한 점에서 이 극이 갖고 있는 고대극의 제의적 의식을 엿볼 수 있다. 특히 재즈극의 인상을 주는 『아가씨, 집에 갈래?』라는 제목 대신에 밀턴(John Milton)의 『삼손 아고니스테스; 투사 삼손』(*Samson Agonistes*)의 삼손의 정신적 고뇌를 연상시키는 『스위니 아고니스테스』로 제목을 바꾸고3) 제사와 함께 두 개의 단편을 합쳐 발표한 것은 이 극이 갖고 있는 멜로드라마, 악극 같은 대중적 요소 외에 엘리엇이 이 극의 문학적 중요성을 강조하려고 했다는 것을 알 수 있다(Chinitz 121). 이런 점에서 『스위니 아고니스테스』는 어둠과 죄 속에서도 그들의 삶을 새롭게 해 줄 봄이 다시 올 것을 믿고 의식을 행하는 그리스의 풍요제 같은 종교의식과의 연관성을 살펴볼 수 있고 이런 점에서 스위니의 경험을 제의적인 면에서 살펴보는 것은 타당하다고 하겠다.

그리스 극의 프로로고스(Prologos)처럼 먼저 이 극은 「서언의 단편」으로 시작된다. 프로로고스는 극에서 전개되려는 사건에 대한 기대와 흥미를 환기시키는데 그 목적이 있으며 대화 또는 독백으로 이루어진다. 이것이 끝나면 합창단이 등장하는 파로도스(Parodos)가 이어진다. 「서언의 단편」에서는 앞으로 전개될 극의 인물들과 분위기가 설정되고 다음 단편에서 코러스(Chorus)의 역할을 하는 인물들이 소개되고 있다. 런던(London)의 싸구려 아파트 방에서 성을 매개로 삶을 영위하는 도리스(Doris)와 다스티(Dusty)라는 두 명의 창녀가 소개되는 장면으로 이 「단편」은 시작한다. 자신들의 고객이면서 집세를 내주는 페레이라를 주말 파티에 초대하느냐의 여부를 의논하고 있는 그녀들은 "그 사람은 신사가 아니야, 페레이라는. / 그를 믿어서는 안돼!"(He's no gentleman, Pereira: / You can't trust him!)(*CPP* 115)라고 말하면서 그를 집에 초대하는 것을 반대한다. 저속한 말투로 아파트에서 손님을 받거나 카드놀이로 시간을 보내면서 공허하고 권태롭고 무의미한 삶을 영위하고 있는 이들은 "관능적이며 무미건조하고, 비전이 없는"(*UPUC* 153) 생중사의 삶을 사는 여

---

3) 갈등하고 투쟁하는 삼손처럼 이 극의 제목은 스위니와 관련되어 『투사 스위니』로 번역될 수 있다. 그러나 본고에서는 『스위니 아고니스테스』라는 제목을 사용한다.

인들이다. 그러나 엘리엇은 권태로운 삶 속에 도사리고 있는 공포를 찾아낸다. 페레이라의 전화로 그녀들은 왠지 모를 불길한 징조를 느끼게 되기 때문이다. 엘리엇은 전화나 문을 두드리는 소리를 "성스러운 것이 다가오는 것을 알리는 지속적인 신호"(Carol Smith 64)로 사용하고 있는데, 이러한 것은 이 극에서 과연 어떤 신비스런 경험이 일어날 수 있을 것인가를 암시하고 있다. 마주치고 싶지 않은 페레이라를 전화로 따돌리려고 도리스는 다스티에게 "계단에서 다리를 분질렀다고 해 / 집에 불이 났다고 하려므나,"(Say I broke my leg on the stairs / Say we've had a fire)(*CPP* 116)라고 거들라고 하자, 다스티는 도리스가 "심한 열이 있다"라고 거짓말을 하는데 "계단," "불," "심한 열"이라는 단어들은 앞으로 일어날지 모르는 위험과 두려움을 예감하게 한다. 특히 서로 얼굴을 보지 않고 간단하게 반복적으로 이야기만 나누는 전화 대화는 극의 리듬 외에 현대인의 삶의 불안감 그리고 단절된 인간관계를 잘 드러내고 있다.

다스티   여보세요, 여보세요, 누구십니까?
         예, 예, 미스 도랑스의 아파트입니다 —
         아, 미스타 페레이라세요? 안녕하십니까?
         아, 죄송합니다, 죄송합니다.
         실은 도리스가 집에 돌아와서 열이 심히 나서요.
         아니, 열만 나요.
         단지 열 뿐이라고 생각합니다.
         네, 사실 나도 그렇기를 바래요.
         그렇지요, 의자를 부르지 않게 됐으면 좋겠다고 생각해요.
         도리스는 의사를 싫어해요.
         월요일에 전화를 걸어 주십사고 하는데요.
         월요일에는 아주 좋아질 것이라고 하는데요.

DUSTY: Hello Hello are you there?
         Yes this is Miss Dorrance's *flat* —
         Oh Mr. Pereira is that you? how do you do!
         Oh I'm *so* sorry. I *am* so sorry
         But Doris came home with a terrible chill
         No, just a chill
         Oh I *think* it's only a chill

> Yes indeed I hope so too —
> Well I *hope* we shan't have to call a doctor
> Doris just hates having a doctor
> She says will you ring up on Monday
> She hopes to be all right on Monday (*CPP* 116)

페레이라를 따돌리고 손님들을 기다리는 동안 도리스는 카드로 점을 치는데 그녀는 스페이드의 2가 관을 의미한다는 것을 알고는 불길한 느낌을 갖게 된다.

도리스 이번엔 스페이드의 2인데
다스티 스페이드의 2라!
   그것은 棺이야?
도리스 그것이 관이라고?
   맙소사, 어떻게 한다?
   게다가 파티가 열리기 직전에!
다스티 반드시 당신의 일은 아니고, 친구의 일인지도 모르지.
도리스 아니야, 그것은 내 일이야. 틀림없이 내 일이야.
   간밤에 밤새 결혼식 꿈을 꾸었어.
   그랬지, 그것은 내 일이야? 알겠어. 그것이 내 일인 것을.
   큰일 났군, 난 어떻게 한다?

> DORIS: Here's the two of spades.
> DUSTY: *The two of spades*!
>   THAT'S THE COFFIN!!
> DORIS: THAT'S THE COFFIN?
>   Oh good heavens what'll I do?
>   Just before a party too!
> DUSTY: Well it needn't be yours, it may mean a friend.
> DORIS: No it's mine. I'm sure it's mine.
>   I dreamt of weddings all last night.
>   Yes it's mine. I know it's mine.
>   Oh good heavens what'll I do. (*CPP* 117)

어제 밤에 결혼식 꿈을 꾼 도리스는 죽음의 점괘 때문에 두려움이 앞선다. 또한 도리스가 친 카드의 "소액의 돈, 아니면 / 입는 복장의 선물, 아니면 파티" (A small sum of money, or a present / Of wearing apparel, or a party.)(*CPP* 117)라는 말에서는 연회가 연상된다. 이렇게 도리스가 언급하는 결혼, 연회 그리고 관은 악에 의해 죽지만 새로운 삶으로 돌아오게 되는 "재생과 죽음의 의식"을 상징(Carol Smith 65)하는 것으로 특히 희생 의식과 연관된 카드와 더불어 도리스의 현재의 공허한 삶을 변화시킬 제의적 죽음과 재생 그리고 결혼을 은유적으로 재현한다고 볼 수 있다. 특히 엘리엇이 이 극의 최초의 제목을 『페레이라: 혹은 삶과 죽음의 결혼, 꿈』(*Pereira; or, The Marriage of Life and Death, a Dream*)으로 하려고 했고(Ward 179), 후에 이 극의 대사에 첨가되었다가 생략된 "삶과 죽음의 결혼식 아침식사, 예수님의 오심, 육체와 정신의 융합"(the wedding-breakfast of life and death, the coming of Christ and a corporeal-spiritual union)(Chinitz 126)이라는 구절에서 엘리엇이 이 극에서 모색하고자 했던 것은 삶과 죽음을 통한 재생의 문제라는 것을 엿볼 수 있다. 도리스를 통해 언급되고 있는 죽음과 결혼은 어둠과 죄, 낡고 공허하고 무의미한 것의 죽음을 통한 정화와 재생에 대한 갈망의 의식(儀式)을 보여준다. 그러나 이러한 새로운 삶에는 새로 태어남에 대한 기쁨 외에 고통과 희생이 따른다는 것을 인식하기 전에 도리스를 비롯한 현대인들은 우선 두려움부터 느끼게 된다. 이런 점에서 엘리엇은 『칵테일 파티』에서 고통과 기쁨의 양면성을 잘 언급해주고 있다.

    메리   고통은 기쁨의 반대이고
            기쁨은 일종의 고통이지요
            나는 태어남의 순간은
            우리들이 죽음을 인식하는 때이고
            태어남의 계절은
            희생의 계절이라는 것을 믿지요.

    MARY.   Pain is the opposite of joy
              But joy is a kind of pain
              I believe the moment of birth
              Is when we have knowledge of death

> I believe the season of birth
> Is the season of sacrifice. (*CPP* 310)

    도리스를 비롯한 생중사의 삶을 사는 사람들은 삶, 죽음 그리고 새로운 삶의 기쁨이 주는 진정한 의미를 모르고 삶을 그냥 낭비하고 있는데 이런 그들의 공허한 삶으로부터 그들을 이끌어 내어 의미 있는 곳으로 인도할 상징적인 역할을 하는 인물이 바로 스위니라고 할 수 있다(Schuchard 28). 이렇게 속세적이고 무의미한 동물적인 삶을 버리고 의미 있는 정신적 삶으로의 재생의 모색은 엘리엇의 작품에서 자주 등장하는 주제가 된다. 계속 죽음의 점괘 때문에 신경이 쓰이는 도리스는 이제 아파트에서 함께 쾌락을 즐길 손님을 맞이한다. 호스폴(Horsfall), 크맆스타인(Klipstein), 워코프(Wauchope) 크럼패커(Krumpacker) 같은 남자들은 무의미하게 성의 쾌락을 쫓는 "재즈시대의 냉소적이고 부도덕하고 뿌리 없는 사람들로 이들은 불모의 정서를 강화해주는 역할"(Rees 289)을 하는 인물들인데, 이들은 다음 단편에서 코러스로 등장한다. 인간의 성과 동물의 성이 다른 점은 인간은 선과 악의 개념을 갖고 있다는 것인데, 이들에게 성은 아무런 의미 없는 기계적인 성 행위를 의미한다. 엘리엇이 보들레르(Baudelaire)에 관해 논하면서 보들레르는 의미 없고 자동적인 성보다는 차라리 사악한 성 행위가 낫다는 것을 깨달았다고 지적하는 데서 이들 남자들의 가치 없는 삶의 모습이 강조되고 있다.

> 내가 생각하기에 이것은 보들레르가 남녀간의 관계가 동물의 교미와 다른 것은 선과 악(자연스런 좋고 나쁜 혹은 청교도적인 옳고 그름이 아니라 도덕적인 선과 악)에 대한 이해라는 것을 깨달았다는 것을 의미한다고 생각한다. [. . .] 그는 적어도 악으로서의 성 행위가 현대의 자연적이고 생명을 주고 유쾌한 기계적인 성교보다는 더 위엄 있고 덜 지루하다는 것을 이해할 수 있었다.

> This means, I think, that Baudelaire has perceived that what distinguishes the relations of man and woman from the copulation of beast is the knowledge of Good and Evil (of *moral* Good and Evil which are not natural Good and Bad or Puritan Right and Wrong), [. . .] he was at least able to

understand that the sexual act as evil is more dignified, less boring, than as the natural, 'life-giving,' cheery automatism of the modern world. (*SE* 428-29)

III

두 번째 단편인「극의 갈등의 단편」은 그리스 극의 갈등(Agon)에 해당되는 곳이다. 공공 시합장에서 투사들이 상을 타기 위해 벌이는 싸움이 점차 내적인 갈등이나 정신적인 투쟁으로 의미가 확대되면서 고대 그리스 극에서는 선과 악, 여름과 겨울, 죽음과 삶, 빛과 어둠, 낮과 밤 등 서로 대립되는 것들의 싸움과 투쟁이 갈등의 요소로 그려졌다. 이「단편」의 갈등은 도리스의 점괘에서 "싸움, 소외, 친구와의 이별"(A quarrel, An estrangement, Separation of friends)(*CPP* 117)로 나타난다. 이「단편」에서는 과거 그리스 극처럼 행동으로 드러나는 눈에 띄는 갈등은 없고, 스위니와 도리스의 대화 혹은 스위니의 독백을 통해서 과연 정신적인 새 삶의 추구가 가능한가의 문제가 제기되면서 부분적으로 이곳의 갈등이 드러난다. 특히 카드를 통해 예견된 죽음이 동반된 도리스의 결혼이 죽음을 통한 새로운 삶이라는 역설적인 변화를 가져올지 스위니와 관련지어 살펴보고자 한다. 이때 이「단편」의 갈등은 바로 스위니의 갈등으로 제사의 죄인인 오레스테스처럼 남들은 모르고 자신만이 알고 있는 신비한 통찰력을 다른 사람들에게 전달할 수 없다는데 있을 것이다.

도리스와 다스티의 남자들과의 주말 파티가 끝난 후 도리스의 아파트에서 스위니와 도리스가 등장하는 것으로「극의 갈등의 단편」은 시작된다. 스위니는「서언의 단편」에서 잠시 언급된 인물이다.「서언의 단편」에서 아직 스위니는 등장하지 않고 모호하게 그의 존재가 드러났었다. 도리스는 카드놀이를 하다가 "클럽의 킹"을 뽑는데 이것은 페레이라나 스위니가 아닐지 모르겠다고 언급한다.

다스티   첫 장이라, 무엇일까?
도리스   클럽의 킹

다스티   그것은 페레이라야.
도리스   스위니일지도 모르지.
다스티   페레이라야.
도리스   스위니라도 상관없지.
다스티   하여튼 아주 기묘하군.

DUSTY: First is. What is?
DORIS: The King of Clubs
DUSTY: That's Pereira
DORIS: It might be Sweeney
DUSTY: It's Pereira
DORIS: It might *just* as well be Sweeney
DUSTY: Well anyway it's very queer. (*CPP* 117)

이 대화에서는 도리스와 다스티의 집세를 내주지만 그녀들이 만나기를 싫어하는 페레이라와 스위니는 어쩌면 같은 인물일 수도 있다는 가능성이 언급되고 있다. 스위니나 페레이라가 "클럽의 킹"이라면 이들은 "클럽의 킹이 나타내는 남근"(Holt 47)을 상징하는 인물로 볼 수 있다. 이런 육욕적인 모습의 스위니가 도리스를 섬으로 데리고 가겠다고 말하면서「극의 갈등의 단편」은 시작된다. 반주에 맞춰서 노래하는 합창단을 통해 언급되는 섬은 유혹과 쾌락은 있으나 근심이나 걱정은 없는 곳이다.

거기엔 고갱의 아가씨들이
뱅갈 보리수 그늘에서
야자수 잎의 옷을 입고
   [. . . .]
말해줘요, 숲 속 어디에서
당신은 나하고 딩굴 것인가?
   [. . . .]
나의 어여쁜 섬 아가씨
나의 어여쁜 섬 아가씨
나는 너하고 있으련다
무얼 할 것인가 하는 걱정은 말자
어떤 기차를 탈 것인가도 필요 없다

비가 오면 집에 돌아갈 일이 없다

Where the Gauguin maids
In the banyan shades
Wear palmleaf drapery
　　　[. . . .]
Tell me in what part of the wood
Do you want to flirt with me?
　　　[. . . .]
My little island girl
My little island girl
I'm going to stay with you
And we won't worry what to do
We won't have to catch any trains
And we won't go home when it rains (CPP 122-23)

섬에서의 쾌락과 유혹을 말하는 스위니는 황무지 같은 도시의 삶을 피해 원시 섬까지 도피해 왔으나 황무지의 메마름 때문에 정신적 성장이 멈춰버린 공허한 현대의 속물이거나 성을 상징하는 호색한으로 비쳐질 수 있다. 이런 세속적인 인상의 스위니가 언급하는 섬은 현대문명의 갈등, 열병, 불안과 소외감에 지친 현대인들이 갈망하는 원시적이고 단순하고 소박한 곳으로 걱정과 근심이 없는 아득히 먼 이상향 같은 곳이기도 하다. 특히 이곳은 자연 그대로의 과일, 야자수, 바다는 있지만 현대 문명의 이기인 "전화, 축음기, 자동차" (telephones, gramophones, motor cars)(*CPP* 121)가 없는 곳이다. 다시 말해서 이 섬은 "어떤 강렬한 형이상학적 순수성에 대한 갈망의 객관적 상관물" (Kenner 195)을 상징하는 장소이다.

　　스위니　당신을 식인종 섬으로 데리고 가련다.
　　도리스　당신은 식인종이 될 거요!
　　스위니　당신은 선교사가 되고-.
　　　　　　당신은 나의 귀여운 일곱 돌 선교사가 되는 거다!
　　　　　　나는 당신을 탐식할 것이다. 나는 식인종이 될 것이다.
　　도리스　당신이 나를 데려가 버린다고? 식인종 섬으로?

스위니   나는 식인종이 될 것이다.
도리스   나는 선교사가 될 거예요.
         나는 당신을 개종시킬 거예요.
스위니   내가 당신을 개종시킬 거다!
         스튜요리로.
         맛있는 예쁜, 하얗고 귀여운 선교사의 스튜요리로.
도리스   당신은 날 먹지 못할 거예요!
스위니   아니, 먹는다니까!
         맛있는 예쁜, 하얀 예쁜, 연하고 예쁜, 보들보들하고 예쁜,
         즙이 많은 예쁜, 알맞게 예쁜 선교사의 스튜요리.
         이 달걀을 봐요.
         이 달걀을 봐요.
         그것이 악어 섬에서의 생활이야.
              [. . . .]
         먹을 것이라곤 야생의 과일 뿐.
         볼 것이라곤 한 쪽엔 야자수
         다른 편엔 바다 뿐.
         들리는 것이라곤 밀려오는 파도소리.
         있는 것이라곤 세 가지 밖에.
도리스   어떤 건데요?
스위니   출생과 성교와 죽음.
         그것뿐이야, 그것뿐이야, 그것뿐이야, 그것뿐이야.
         출생과 성교와 죽음.
도리스   권태롭겠어요.
스위니   권태롭겠지.
         출생과 성교와 죽음.
         결국 있는 일이란 모두가 그것뿐.
         출생과 성교와 죽음.
         난 태어났다. 한 번이면 족하다.
         당신은 기억에 없겠지만 난 기억한다.
         한 번이면 족하다.

SWEENEY: I'll carry you off
         To a cannibal isle.
DORIS: You'll be the cannibal!
SWEENEY: You'll be the missionary!
         You'll be my little seven stone missionary!

	I'll gobble you up. I'll be the cannibal.
DORIS:	You'll carry me off? To a cannibal isle?
SWEENEY:	I'll be the cannibal.
DORIS:	I'll be the missionary.
	I'll convert you!
SWEENEY:	I'll convert *you*!
	Into a stew.
	A nice little, white little, missionary stew.
DORIS:	You wouldn't eat me!
SWEENEY:	Yes I'd eat you!
	In a nice little, white little, soft little, tender little,
	Juicy little, right little, missionary stew.
	You see this egg
	You see this egg
	Well that's the life on a crocodile isle.
	[. . . .]
	Nothing to eat but the fruit as it grows.
	Nothing to see but the palmtrees one way
	And the sea the other way,
	Nothing to hear but the sound of the surf.
	Nothing at all but three things
DORIS:	What things?
SWEENEY:	Birth, and copulation and death.
	That's all, that's all, that's all, that's all,
	Birth, and copulation, and death.
DORIS:	I'd be bored.
SWEENEY:	You'd be bored.
	Birth, and copulation, and death.
DORIS:	I'd be bored.
SWEENEY:	You'd be bored.
	Birth, and copulation, and death.
	That's all the facts when you come to brass tacks:
	Birth, and copulation, and death.
	I've been born, and once is enough.
	You don't remember, but I remember,
	Once is enough. (*CPP* 121-22)

아름답고 순수한 섬이기는 하지만 이곳은 식인종 섬이자 악어 섬으로 따뜻함과 생명력이 넘치는 곳이 아니라 권태로운 장소로 "출생, 성교, 죽음"만 있는 "지상 낙원이 기괴하게 패러디된 지옥"(Jones 284)이기도 하다. 특히 코러스의 노래처럼 이곳은 유혹과 쾌락의 섬이기도 한데, "나는 알 같은 것 싫어요, 알을 좋아한 적이 없어요, / 나는 악어 섬에서 사는 것이 싫어요."(I don't like eggs; I never liked eggs; / And I don't like life on your crocodile isle.)(*CPP* 123)라는 도리스의 말은 악어 알이 나타내는 풍요로움과는 달리 "남태평양 섬에서의 쾌락은 사해(死海)의 과일 같은 죽음의 춤에 불과"(Pinion 206)한 것이라는 것을 암시한다. 이런 지옥과 천국 같은 원시 섬에서 과연 인간이 어떤 종교적 비전을 발견할 수 있을 것인가의 문제를 스위니와 도리스를 통해 살펴보고자 한다.

캐럴 스미스(Carol Smith)는 식인종 섬을 배경으로 현대의 불모의 육욕적이고 폭력적인 속물로 비쳐지는 스위니를 정신적이고 종교적인 입장에서 해석한다. 스위니와 페레이라가 같은 인물이라면 페레이라는 브라질(Brazil)산 나무껍질을 원료로 만든 약으로 열을 내리는 효과가 있는 약에서 따온 이름이라는 것이다. 또한 그녀에 의하면 페레이라는 조나단 페레이라(Jonathan Pereira)(1804-53)라는 의사의 이름에 근거한 것으로 집세를 내주는 것처럼 남을 도와주는 사람 그리고 전화 벨 소리를 통해 어떤 변화도 새로운 일도 일어나길 원하지 않고 그저 현실에 안주하기를 바라는 사람들에게 불모의 현재의 삶을 인식할 것을 깨우쳐 주는 메신저의 역할을 한다는 것이다. 또한 그녀는 식인종 섬에서 도리스를 스튜 요리로 만들어 먹겠다는 스위니를 요리사로 간주하고, 의사처럼 요리사도 남다른 능력이 있는 존재로 볼 수 있다는 점에서 스위니가 갖고 있는 신비한 잠재력을 강조한다(65-68). 그로버 스미스(Grover Smith)도 아리스토파네스 극의 풍요 의식에서 생명을 주는 역할을 하는 "지혜로운 요리사"와 스위니를 연관시켜 그를 신비한 존재로 해석하고, 도리스를 스튜 요리로 만들어 먹겠다는 것처럼 이 섬에서 성찬의식을 통해 재생이 있을 것임을 암시한다고 지적한다(113). 특히 "선교사," "개종," "달걀"이라는 말에는 종교적 의미가 내포되어 있다. 그러나 앞서 언급했듯이 도리스가 의사나 자신을 위해서 집세를 내주는 페레이라를 싫어하는 것처럼 생중사의 삶을 사는 사람들은 그들의 무감각을 일깨워 주려고 하고 그들이 처한 상황을 충분히 인식하게 만들어 그들의 공허한 삶을 고통스럽게 바꾸려고 하기 때문에 페레이라나 스위니 같은 인물을 반가워하기 보다는 꺼려하고 의도적으로 거부하고 있는 것이다. 도리스의 주말 파티처럼 현대인들은 쾌락을 추구하는 이기적인 목적 때문에 누군가와의 의미 있는 만남의 기회를 놓치고 있는 것이다.

식인종 섬에서 스위니가 도리스를 요리로 만들어 먹고, 그녀를 "개종시킨다"고 말하는 것은 스위니가 불모의 도시건 원시 섬이건 자신이 삶에서 본 것은 "출생과 성교와 죽음" 뿐이기 때문이다. 이런 의미 없고 권태로운 삶으로부터 도리스를 구원하여 생중사(death-in-life)가 아닌 사중생(life-in-death)이라는 변형된 삶을 그녀에게 알려주기 위한 것이라고 할 수 있다. 따라서 스위니는 생이 허무하고 권태로우니 "한번 태어나는 것으로 족하다"라고 말하기보다는 이미 죽은 후의 "무시무시한 정화를 겪어서 죄를 깨닫고 정신적으로 재생하는 것이 얼마나 힘든가의 심정을 말하고 있는 것이다"(Schuchard 40). 이런 점에서 이 극은 죽은 후에 다시 살아나서 인간 정화의 어려움과 고통을 전해주는 라자러스(Lazarus) 주제를 표현하는 것으로도 볼 수 있다(Carol Smith 71). 따라서 "당신은 기억에 없겠지만 난 기억한다"는 스위니의 말처럼, 깨닫지 못하고 꿈속에서 사는 듯한 도리스는 기억하지 못해도 초자연적이고 초인적인 면을 요구하는 힘든 정화의 고통을 기억하고 있는 스위니는 이 세상은 한 번 사는 것으로도 충분하다는 말로 삶의 어려움을 말하고 있는 것이다. 이런 점에서 스위니는 인간이 두려워할 것은 지옥이 아니라 정화라는 것을 알려주는 인물일 수도 있다. 사실 도리스도 자신의 싸구려 아파트나 과일, 야자수, 바다 그리고 파도 소리만 있는 섬에서의 삶의 권태를 알고 있다. 따라서 그녀는 차라리 죽는 것이 낫지 않을까하고 생각해 본다. 그러나 그녀는 스위니가 의미하는 삶과 죽음이 함께하는 새로운 삶을 이해하지 못한다. 이제 스위니는 삶과 죽음을 경험한 듯이 살아있는 것도 죽은 것도 아닌 것 같은 모호한 상황에서 삶과 죽음의 이야기를 들려주려고 한다.

도리스 그것은 삶이 아녜요. 그것은 인생이 아녜요.
       차라리 나는 죽는 것이 훨씬 낫지요.
스위니 그것이 과연 삶이지. 그것이 바로
도리스 무엇이 말예요?
       무엇이 삶이에요?
스위니 삶이란 죽음이야.
       내가 아는 얘기로 옛날에 한 남자가 한 여자를 죽여서—
도리스 아 스위니씨, 제발 그만 말씀하세요.
       당신 오시기 전에 트럼프 카드를 떼서
       棺을 뽑았어요.
스워쓰 당신이 관을 뽑았다고?
도리스 마지막 장에서 <관>을 뽑았어요.
       나는 이런 얘기 싫어요.
       여자가 무서운 모험을 하다니.
스노우 스위니씨에게 얘기를 시킵시다.
       확실히 우리는 그 얘기에 흥미를 느껴요.
스위니 이런 일이 있었지, 옛날에 한 남자가 소녀를 죽였어.
       어떤 남자고 여자를 죽일 수 있을 거야.
       어떤 남자고 일생에 한 번은 여자를 죽여야 하고,
       죽일 필요가 있고, 죽이고 싶어 하지.
       그런데 그 남자는 여자를 목욕탕에 숨겨 두었지.
       리졸액 한 갤론이 들어 있는 목욕탕에.

DORIS: That's not life, that's no life
           Why I'd just as soon be dead.
SWEENEY: That's what life is. Just is.
DORIS: What is?
           What's that life is?
SWEENEY: Life is death.
           I knew a man once did a girl in—
DORIS: Oh Mr. Sweeney, please don't talk,
           I cut the cards before you came
           And I drew the coffin
SWARTS: You drew the coffin?
DORIS: I drew the COFFIN very last card.
           I don't care for such conversation
           A woman runs a terrible risk.

> SNOW: Let Mr. Sweeney continue his story.
> I assure you, Sir, we are very interested.
> SWEENEY: I knew a man once did a girl in.
> Any man might do a girl in
> Any man has to, needs to, wants to
> Once in a lifetime, do a girl in
> Well he kept her there in a bath
> With a gallon of lysol in a bath (*CPP* 123-24)

스위니는 인간의 원죄처럼 인간이면 누구나 갖고 있는 인간의 살인 욕구를 언급하면서 삶과 죽음의 의미를 도리스에게 전하려고 한다. 스위니는 인간은 누구나 일생에 한 번은 누군가를 죽이고 싶은 욕구가 있고 특히 남자는 성과 관련되어 누구나 여자를 죽일 수 있고 또 평생에 한 번은 여자를 죽인다는 인간의 살인 욕구와 폭력에 대해 말하면서 실제로 여자를 죽였다는 자신의 친구 이야기를 꺼낸다. 스위니는 그 친구가 자신을 찾아와 죄를 고백할 때 "그 친구 기운을 돋궈줬다"(cheer him up)(*CPP* 124)라고 말하면서, 자신의 친구는 여자를 죽인 후 경찰에 잡히지도 않고 두 달이나 여자를 목욕탕의 소독약에 담가두고 일상의 삶을 영위했다고 언급한다. 앞의 「단편」에서부터 왠지 모를 불안과 두려움을 느끼고 있는 도리스를 앞에 두고 스위니는 마치 남의 이야기를 하듯 살인자의 이야기를 하고 있으나, 사실 그 살인 이야기는 "반은 독백이고 반은 자신의 고백으로 볼 수 있기 때문에"(Gordon 287), 스위니는 자신의 이야기를 객관화하고 있다고 말할 수 있다. 이런 점에서 스위니는 희생자인 아가멤논(Agamemnon)에서 자신의 운명에 압도당하는 이 극 제사의 살인자 오레스테스의 역할로 옮겨간다고 윌리엄슨(Geroge Williamson)은 지적한다 (113).[4] 신문의 선정적이거나 폭력을 다룬 기사에 관심을 기울였고 특히 탐정

---

[4] 물론 발표된 극 원고와 차이는 있지만 엘리엇이 콘포드의 책에 근거하여 『스위니 아고니스테스』의 작품의 개요를 적은 자료를 보면 이 극에서 도리스가 카드를 통해 언급하고 있는 "하트의 퀸"(The Queen of Hearts)인 포터부인(Mrs. Porter) 등장 후에 스위니가 부인과 다툰 뒤, 그녀를 살해하는(Murder of Mrs. Porter) 장면이 있다. 그리고 다음 장에는 포터부인의 부활(Return of Mrs. Porter) 장면도 있다. 이 자료가 아니더라도 본고에서 인용된 비평가 외에 여러 엘리엇 연구자들이 그것이 상징적이든 실재든 스위니를 살인자라는 관점에서 보고 있기 때문에 본고에서 언급된 살인과 관련된 스위니의 인용은 타당하다고 본다. 이러한 것은

소설을 즐겨 읽었던 엘리엇은 인간의 어두운 악의 본능이나 충동에 관심을 가졌다. 이런 점에서 부시(Ronald Bush)는 엘리엇이 도스토에프스키(Dostoyevsky)의 『죄와 벌』(*Crime and Punishment*), 『백치』(*The Idiot*)에 나오는 살해된 젊은 여인을 기억하고 살해된 여자 이야기를 썼다고 지적하고(17, 58), 그로버 스미스는 엘리엇이 1917년 『리틀 리뷰』(*The Little Review*)에 「엘드롭과 애플플렉스」("Eeldrop and Appleplex")라는 살인사건에 대한 글을 썼는데 이것이 이 이야기의 근거가 아닐까하고 언급한다.

> 곱섬 거리에서 한 남자가 그의 정부를 죽였다. 그 남자에게 그 행위는 영원한 것이라는 것이 중요한데 왜냐하면 그가 살아가야 하는 그 짧은 순간에 그는 이미 죽은 것이나 다름없기 때문이다. 그는 이미 우리들하고 다른 세계에 있는 사람이다. 그는 경계선을 넘어갔다.
>
> In Gopsum Street a man murders his mistress. The important fact is that for the man the act is eternal, and that for the brief space he has to live, he is already dead. He is already in a different world from ours. He has crossed the frontier. (117-18)

하지 말았어야 할 일을 했기 때문에 살아도 죽은 것 같은 삶의 살인자는 그렇지 않은 사람과는 달리 경계선을 넘은 사람으로 이미 평범한 사람과는 다른 세상의 사람이 된 것이다. 경계선을 넘은 것처럼 살인을 고백한 자로서의 스위니는 오레스테스처럼 복수의 여신에 쫓기면서 그의 죄에 대한 대가를 치루고 정화를 통해서 자신은 물론 자신의 희생자에게 앞의 「단편」에서 도리스가 카드를 통해 상징적으로 언급한 죽음, 결혼, 정신적 재생을 가져오게 해야만 한다. 엘리엇은 이 극을 발표한 후에 쓴 『가족의 재회』(*The Family Reunion*) (1939)에서 삶 속의 죽음 같은 삶을 영위하기 보다는 훨씬 중요한 다른 실재의 삶을 찾아 떠나버리는 해리가 경계선을 넘었다는 이야기를 하고 있다.

결국 엘리엇이 이 극을 쓸 때 의도했던 죽음, 희생, 그리고 재생 등의 문제와도 자연스럽게 연관된다.
Robert Crawford, *The Savage and the City in the Work of T. S. Eliot* (Oxford: Clarendon P, 1987) 163-65.

아가사　　여기엔 위험, 여기엔 죽음, 다른 곳이 아니라 바로 여기에.
　　　　　다른 곳에는 분명 고뇌와 체념이
　　　　　하지만 탄생과 삶이 있지. 해리는 이미 경계선을 넘었지.
　　　　　그 너머엔 안전이나 위험이니 하는 것은 의미가 다르지.
　　　　　그리고 그는 돌아올 수 없지.

AGATHA. Here the danger, here the death, here, not elsewhere;
　　　　　Elsewhere no doubt is agony, renunciation,
　　　　　But birth and life. Harry has crossed the frontier
　　　　　Beyond which safety and danger have a different meaning.
　　　　　And he cannot return. (*CPP* 342)

　스위니가 죄로 인해 해리와 같은 의미로 경계선을 넘었는지는 확실하지 않다. 그러나 죽음과 타협할 수 없는 까닭에 반쪽에 불과한 삶, 죽음을 받아들이는 데서 생기는 참된 삶으로의 해방 그리고 삶과 죽음에 함께 참여하는 황홀한 순간 같은 주제는 엘리엇의 주된 관심사이다. 이때 삶과 죽음이 함께하는 순간은『황무지』의 " [. . .] 나는 말을 / 할 수 없었고 눈은 볼 수 없었다. 나는 살지도 / 죽지도 않은 채 아무 것도 모르면서 / 빛의 한가운데서 고요를 들여다보았다."([. . .] I could not / Speak, and my eyes failed, I was neither / Living nor dead, and I knew nothing, / Looking into the heart of light, the silence.)라는 때가 될 수 있다고 브룩스(Cleanth Brooks)는 지적한다(324). 스위니가 경계선을 넘어 이런 삶과 죽음을 완전히 이해한 신비한 경험을 했다고 단정을 지어 말할 수는 없다. 살아 있어도 살아 있는 것 같지 않은 투로 말을 하는 스위니는「텅 빈 사람들」("The Hollow Men")의 삶과 죽음 사이의 경계가 없어진 상황 그리고 삶이 너무 길다고 느낄 수 있는 곳을 경험했을 수도 있다. 더 나아가서 스위니는 "삶은 죽음이고 죽음은 삶인 곳"으로 경계선을 넘어 갔다고 볼 수 있다.
　일상생활 속의 예화로서 살인 이야기를 꺼낸 스위니는 자신의 특별한 경험 때문인지는 몰라도 삶과 죽음을 넘나드는 신비한 꿈 같은 상황에서 이제 다시 삶과 죽음의 이야기를 설명하려고 한다.

스위니 나는 당신들에게 얘기하려면 말을 쓰지 않을 수 없어.
내가 말하려고 한 것은 이렇다.
[. . . .]
아무런 맥락도 없다
아무런 맥락도 없다
왜냐하면 그대가 혼자일 때
그가 혼자인 것처럼 그대가 혼자일 때
그대는 살아 있거나 죽었거나 한다
거듭 말이지만 이건 문제가 아니다
죽었건 살았건 살았건 죽었건
죽음은 삶이고 삶은 죽음
내가 당신들에게 얘기할 땐 말을 사용해야겠다
그러나 당신들이 알아듣건 알아듣지 못하건
그건 나하고 상관없고 당신들에게도 상관없다
우리는 모두 해야 할 일을 해야 한다
우리는 여기 앉아서 이 술을 마실 것이다
우리는 여기 앉아서 노래를 부를 것이다

SWEENEY: But I've gotta use words when I talk to you.
But here's what I was going to say.
[. . . .]
There wasn't any joint
There wasn't any joint
For when you're alone
When you're alone like he was alone
You're either or neither
I tell you again it don't apply
Death or life or life or death
Death is life and life is death
I gotta use words when I talk to you
But if you understand or if you don't
That's nothing to me and nothing to you
We all gotta do what we gotta do
We're gona sit here and drink this booze
We're gona sit here and have a tune (*CPP* 125)

삶과 죽음에 대해서 횡설수설하는 스위니는 살인을 고백한 자로서 양심의 가책 때문에 자신의 이야기를 고백하면서 점점 흥분하고 미쳐서 술취한 광기로 일관성 없게 삶과 권태, 성교 그리고 죽음에 관한 이야기를 한다고 톰슨(T. H. Thompson)은 언급하면서, 따라서 스위니는 술이나 마시고 노래나 부르자고 말할 뿐이라고 지적한다(166-67).

그러나 자신의 특별한 경험 때문에 스위니는 오레스테스처럼 죄를 통해 진정한 삶과 죽음이 무엇인지를 어느 정도는 깨달았다고 볼 수 있고, 앞서 언급했듯이 죄를 통한 정화의 고통을 알고 있는 인물이기도 하다. 그렇지만 스위니는 평범한 사람들은 그들의 일상의 삶 속에서는 죽음이 새 삶을 가져오는 재생의 의미로써의 죽음 속의 삶(life-in-death)임을 깨닫지 못하기 때문에 자신의 경험을 다른 사람들에게 전달하기 어렵다고 말한다. 스위니의 죽음과 삶에 대한 인식과 일상적인 현실사이에서는 어떤 "맥락"도 찾을 수 없기 때문이다. 정신적으로 죽은 삶과 정신적으로 살아있는 삶 사이의 간격은 좁힐 수 없고 또 서로 다른 삶과 죽음의 개념을 갖고 있는 사람들 간의 대화도 불가능하다. 이 극의 제사의 오레스테스처럼 스위니가 삶과 죽음에 대한 통찰력을 지녔다 해도 그는 도리스를 비롯한 다른 이들에게 자신이 알고 있는 것을 설명할 수가 없기 때문에 다른 사람들을 재생으로 이끌 말과 길을 찾을 수가 없다. 이것이 스위니의 문제이고 따라서 그는 "내가 당신들에게 얘기할 땐 말을 사용해야겠다"라는 말만 되풀이 할 뿐이다. 이런 점에서 스위니를 살인과 폭력을 드러내는 인물보다는 "죄와 공포를 통해 얻은 통찰력을 가지고 엘리엇을 대신해 현대의 허무를 말하려는 대변인으로 본다면(Chinitz 106; Grover Smith 112), 육체적인 면보다는 정신적인 면에서 의미를 부여하여 탐구할 필요가 있는 것이다. 그리고 이 극에서 죄와 관련되어 언급되고 있는 스위니는 속죄를 위한 순례의 길을 떠나는 『가족의 재회』의 해리 그리고 절망으로부터의 구원을 위해 종교를 택한 『칵테일 파티』의 실리아(Celia)처럼 죄의식 때문에 자신의 구원의 길을 찾아가는 인물을 다룬 엘리엇의 다른 극의 선례가 되는 모델이 되고 있다(Lucy 183).

그러나 스위니는 「J. 알프레드 프루프록의 연가」("The Love Song of J.

Alfred Prufrock")의 프루프록이나 「게론티온」("Gerontion")의 게론티온처럼 자신의 상황을 인식만 한다는 점에서 적극적인 행동력을 잃은 자이다. 따라서 그는 도리스가 카드를 통해 예감한 죽음을 통한 재생의 의미를 그녀가 깨닫지 못하게 한다. 초월적인 존재를 거부한 채 철저히 육체적인 것만 강조하면서 동물적 삶을 사는 사람들은 원시 섬의 알에서 새 생명이 깨어나는 것처럼 새로 태어나는 삶에 대한 종교적 비전을 보지 못하게 된다. 그리고 서로 소외된 채 남의 일에 관심 없이 이기적으로 살아가야 하기 때문에 인간의 죄와 그로 인한 고통의 감수 그리고 정화의 문제 등은 결국 각 개인의 몫으로 돌아가게 된다. 도리스의 점괘대로 "싸움, 소외, 친구와의 이별"이 인간에게 남게 되는데, 이것이 죽음을 통한 재생의 의미를 깨닫지 못하는 현대인 그리고 진정한 삶과 죽음의 의미를 전달하지 못하는 스위니의 한계가 된다. 이런 점에서 스위니는 죄를 인식할 뿐 성스런 전달자가 되지 못한다. 그러나 이 극의 제사처럼 인간이 아무것도 소유하려 하지 않을 때 모든 것을 소유할 수 있게 된다는 의미를 깨달아야 하는 것처럼 죽음이라는 한계상황에서 인간은 진정한 자신의 존재의 의미 외에 공포와 정화 그리고 재생의 중요성을 알게 되고 결국은 신과의 합일을 이루어낼 수 있게 되는 것이다. 엘리엇은 "시인의 이점은 아름다움, 추함, 권태, 공포 그리고 영광의 밑바닥을 보는 것이다"(*UPUC* 106)라고 주장한다. 이런 점에서 이 극의 스위니는 엘리엇의 이런 견해를 충분히 환기시키고 뒷받침한다.

고대 그리스 극에서는 싸움 혹은 갈등에서 승리한 자가 신께 산 제물을 바치고 연회를 베풀고 결혼을 하는 것으로 끝나게 되는데, 이제 이 극은 도리스의 카드 점괘의 결혼, 연회는 없는 채로, 길버트와 설리번(Gilbert and Sullivan)의 오페레타(operetta)에서 챈슬러 경(Lord Chancellor)이 불렀던 "밤의 공포"(The Terrors of the Night)라는 합창을 통해 스위니가 겪은 일이 일반화되면서 마무리가 지어진다.

> 대합창: 워코프 호스폴 크맆스타인 크럼패커
> 한밤중에 그대가 단 혼자여서
> 땀과 공포의 지옥에서 잠이 깰 때

침대 한 복판에서 그대가 단 혼자인데
　　누군가에게 머리를 얻어 맞은 듯이 잠이 깰 때
그대는 악몽 중의 악몽을 본 것이다
　　그대에겐 후우--하 소리가 나올 것이다.
후우 후우 후우
그대는 꿈을 꾸고 그대는 일곱 시에 깨어난다
　　안개 끼고 습하고 새벽이고 어둡다
그대는 노크 소리와 자물쇠가 도는 소리를 기다린다
　　왜냐하면 사형 집행인이 그대를 기다리고 있는 것을
알고 있으니.
그리고 어쩌면 그대는 살아 있는지도
그리고 어쩌면 그대는 죽어 있는지도
후우 하 하
후우 하 하
후
후
후
노크 노크 노크
노크 노크 노크
노크
노크
노크

FULL CHORUS: WAUCHOPE, HORSFALL, KLIPSTEIN,
　　　　　　　KRUMPACKER
　　When you're alone in the middle of the night and
　　　　you wake in a sweat and a hell of a fright
　　When you're alone in the middle of the bed and
　　　　you wake like someone hit you in the head
　　You've had a cream of a nightmare dream and
　　　　you've got the hoo-ha's coming to you.
　　Hoo hoo hoo
　　You dreamt you waked up at seven o'clock and it's
　　　　foggy and it's damp and it's dawn and it's dark
　　And you wait for a knock and the turning of a lock
　　　　for you know the hangman's waiting for you.
　　And perhaps you're alive

>   And perhaps you're dead
>   Hoo ha ha
>   Hoo ha ha
>   Hoo
>   Hoo
>   Hoo
>   KNOCK KNOCK KNOCK
>   KNOCK KNOCK KNOCK
>   KNOCK
>   KNOCK
>   KNOCK (*CPP* 125-26)

스위니를 단지 현대의 속물, 살인자로 보면 그가 혼자서 공포의 지옥에서 꾸는 악몽은 죄의식 때문에 꾸게 되는 말 그대로 무시무시한 악몽이고, 그런 그를 기다리는 것은 결국은 죄의 대가에 대한 사형 집행일 것이다. 반대로 이 극의 제사의 십자가의 성 요한이 말한 영혼의 어두운 밤처럼 한밤중에 혼자 꾸는 악몽은 삶에 있어서 아주 중요한 경험이 된다. 왜냐하면 깊은 어둠과 암흑을 통해 인간이 신과 합일을 할 수 있는 신비한 경험의 하나가 되기 때문이다. 그렇다면 죽음을 통한 정신적 재생을 얻게 될 것이다. 고든(Lyndall Gordon)은 스위니의 악몽은 살인을 해서 경찰에 쫓기는 것이 두려워 꾸는 그런 악몽이 아니라 자신의 희생자를 끝까지 재생시키지 못한 것에 대한 스위니 자신의 죄책감에서 오는 악몽으로 해석한다(203). 한바탕의 소란(hoo-ha)은 오레스테스를 쫓아다니는 복수의 여신이라고 볼 수 있는데, 인간이 자신의 죄를 정화할 때 까지 복수의 여신은 따라다닌다는 의미로 해석될 수 있다. 이어 셰익스피어(William Shakespeare)의 『멕베스』(*Macbeth*)의 노크 소리처럼 마지막 노크 소리는 도리스 아파트의 전화 벨 소리처럼 일반 사람들에게 어떤 신성한 의미나 구원의 비전을 발견하라는 의미로 혹은 현재의 불모의 상황을 파악하라는 마지막 경고(Rees 288)로써 간주될 수 있다. 현대인들이 현세의 죽음을 넘어선 새로운 생명의 탄생이 있다는 것을 인식하지 못하고, 현재의 불모의 상황으로부터 인간을 구원해 줄 어떤 초자연적인 존재에 의존하지 않는 것처럼 그런 경고의 의미를 깨닫지 못하고 파멸한다 해도 "불경은 믿음의 신호"(*SE* 45)가 되고, 인간의 파멸에서 조차도 정신적 각성 혹은 구원의 가능성을 엿볼 수 있다는 여지만 남긴 채 이 극은 끝을 맺는다.

파멸 그 자체는 직접적인 결과를 가져오는 구원이다. 말하자면 현대 삶의 권태로부터 벗어날 수 있는 구원이다. 왜냐하면 결국 파멸을 통해 삶에 어떤 의미를 부여하기 때문이다.

that damnation itself an immediate form of salvation — of salvation from the ennui of modern life, because it at last gives some significance to living. (*SE* 427)

IV

문학이 종교를 대체할 수 없지만 "극은 종교 의식에서 나온 것이다"(*SE* 47)라는 엘리엇의 말처럼 그는 『스위니 아고니스테스』를 통해 고대 그리스 극처럼 스위니를 중심으로 제의와 예술사이의 생생한 관계로 인간의 재생문제를 추구하고자 시도한다. 그러나 엘리엇은 근본적으로 믿음이 결여되고 그 믿음을 되살리려고 하지 않는 현대인이 주인공이 되는 예배의식은 성스럽고 영광스러운 것이 아니라 끔찍하고 무시무시한 것을 깨닫게 되었고 그런 상황에서는 더 이상 극을 진행할 필요가 없었다고 느꼈을 수 있다(Crawford 180). 그리고 이 극의 제사에서 언급된 죄, 재생, 구원 등의 심각한 문제를 멜로드라마 같은 극의 형태로 해결하기에는 심리적으로 힘이 들고, 또 그 자신의 한계를 느꼈다고도 할 수 있다. 또한 이 극의 제목에서 알 수 있듯이 멜로드라마답게 엘리엇이 캐리커쳐(caricature) 같은 변하지 않는 평면적 인물을 그려내고 어떤 심각한 의미 전달보다는 존슨(Ben Jonson)식의 풍자극처럼 어떤 특별한 정서만 전달하는 식의 당대의 삶에 대한 비판이나 풍자만을 하고자 했을 것이다(*SE* 151). 아니면 인간은 너무 지나친 현실은 견딜 수 없는 것처럼 결국 엘리엇은 미사(Mass) 같은 성스런 의식이 아니라 인간의 드라마를 원했을지도 모른다.

우리들은 온전히 성스런 실재만을 의식할 수 없다. 우리들은 또한 인간의 현실을 깨달아야 한다. 그리고 우리들은 우리가 참여자가 되는 것보다는 방관자가 되는 그런 예배식을 갈망한다. 따라서 우리들은 똑같은 형태는 아니지만 미사나 성스런 드라마와 연관된 인간의 드라마를 원하는 것이다.

We cannot be aware solely of divine realities. We must be aware also of human realities. And we crave some liturgy less divine, something in respect of which we shall be more spectators and less participants. Hence we want the human drama, related to the divine drama, but not the same, as well as the Mass. (*SE* 49)

이런 점에서 살인, 죽음을 통해 인간의 죄, 정화 그리고 재생을 탐구해 보고자 한 이 극은 어떤 뚜렷한 결말이 없이 끝나기 때문에 "스위니의 실패한 의식(儀式)"(Hinchliffe 79) 혹은 "제한된 의미의 성공"(Schneider 98)만 보여준 작품이라고 볼 수 있다. 그러나 비록 미완성이기는 하나 『스위니 아고니스테스』는 불모의 현대인의 삶 속에 도사리고 있는 죄, 죽음, 공포, 권태 등의 어둡고 무서운 정서의 분위기를 충분히 환기시키는 극적 효과가 있는 극이다. 이런 점에서 무디(A. D. Moody)는 엘리엇이 『스위니 아고니스테스』를 통해 뚜렷하게 무엇을 전달하기보다는 어떤 정서만 드러내려고 한다고 지적한다.

엘리엇은 이 극에서 기독교 이전의 그리고 원시 제례 드라마를 현대화하고 새롭게 하려고 시도한다. 특별한 믿음이나 해석의 가능성 문제에 관심을 갖게 하기보다는 행위를 통해 어떤 특별한 정서를 일깨우고, 일정한 정서의 구조를 만들어내는 극을 말하는 것이다.

In that he was seeking to modernize, to make new, a pre-Christian and Primitive ritual drama: one in which the action would evoke certain emotions, and follow out a certain structure of emotion, but without invoking any particular belief or interpretation. (164)

결국 현대인이 구원과 재생의 비전을 앞에 두고도 그 안에서 희망을 깨닫지 못하듯이 엘리엇이 이 극에서 마무리 짓지 못하고 단지 관심을 표명했던 인간의 죄, 정화, 죽음 그리고 재생 같은 문제의 추구는 이 극의 기독교 버전이라고 할 수 있는 『가족의 재회』에서 해리의 정신적 재생의 길을 보여주는 것으로 마침내 완성되었다고 볼 수 있다(Moody 165). 『가족의 재회』의 해리가 "이것은 끝과 같다"(This is like an end)라고 말하자 아가사는 "그리고 하나의 시작이기도 하지"(And a beginning)(*CPP* 334)라고 답한다. 이런 점에서 『스위니 아고니스테스』는 엘리엇의 공포, 죄 그리고 절망에 따른 종교적 관심을 극적 형태로 처음 표현한 작품으로 그리고 그 후의 정신적 재생을 다룬 성공적인 시극의 토대가 되는 작품으로 여겨질 수 있고, 극작가로서의 엘리엇의 미완의 끝과 또 다른 새로운 시작이 함께 하는 작품이기 때문에 연구해 볼 가치가 충분히 있는 것이다.

주요어 (Key Words): 스위니(Sweeney), 도리스(Doris), 갈등(conflict), 공포(horror), 죽음(death), 재생(resurrection), 극과 종교 의식(drama and religious liturgy)

인용문헌

이창배 역. 『T. S. 엘리엇 전집: 시와 시극』. 서울: 민음사, 1993.
Ackroyd, Peter. *T. S. Eliot*. London: Hamilton, 1984.
Bergonzi, Bernard. *T. S. Eliot*. New York: Collier Books, 1972.
Brooks, Cleanth. "T. S. Eliot: Thinker and Artist." *T. S. Eliot: The Man and His Work*. Ed. Allen Tate. New York.: The U of Southern Delta, 1966. 316-32.
Bush, Ronald. *T. S. Eliot: A Study in Character and Style*. Oxford: Oxford UP, 1983.
Chinitz, David E. *T. S. Eliot and the Cultural Divide*. Chicago: U of Chicago P, 2003.
Crawford, Robert. *The Savage and the City in the Work of T. S. Eliot*. Oxford:

Clarendon P, 1987.

Eliot, T. S. *The Complete Poems and Plays of T. S. Eliot.* London: Faber & Faber, 1969. [*CPP*로 표기]

____. *Selected Essays.* London: Faber & Faber, 1951. [*SE*로 표기]

____. *The Use of Poetry and the Use of Criticism.* London: Faber & Faber, 1964. [*UPUC*로 표기]

Gardner, Helen. *The Art of T. S. Eliot.* London: Faber & Faber, 1968.

Gordon, Lyndall. *An Imperfect Life.* London: W. W. Norton & Co., 1999.

Hinchliffe, Arnold, ed. *T. S. Eliot Plays.* London: Macmillan, 1983.

Holt, Charles L. "On Structure and *Sweeney Agonistes.*" *Modern Drama.* Vol. 10. No. 1 (May 1967): 43-47.

Jones, Genesius. *Approach to the Purpose.* London: Hodder & Stoughton, 1964.

Kenner, Hugh. *The Invisible Poet: T. S. Eliot.* London: Methuen & Co., 1965.

Lucy, Sean. *T. S. Eliot and the Idea of Tradition.* London: Cohen & West, 1960.

Matthiessen, F. O. *The Achievement of T. S. Eliot* London; Oxford UP, 1959.

Moody, A. D. *Thomas Stearns Eliot Poet.* Oxford: Cambridge UP, 1979.

Pinion, F. B. *A T. S. Eliot Companion.* London: Macmillan, 1986.

Rees, Thomas L. *A Study of the Orchestration of Meaning in Eliot's Poetry.* The Hague: Mouton & Co., 1974.

Schneider, Elisabeth. *T. S. Eliot: The Pattern in the Carpet.* Berkeley: U of California P, 1975.

Schuchard, Ronald. "T. S. Eliot: The Savage Comedian and the Sweeney Myth." *The Placing of T. S. Eliot.* Ed. Jewel Spears Brooker. Columbia and London: U of Missouri P, 1991. 27-42.

Smith, Carol H. *T. S. Eliot's Dramatic Theory and Practice.* New York: Gordian P, 1977.

Smith, Grover. *T. S. Eliot's Poetry and Plays*: *A Study in Sources and Meaning.*

Chicago: The U of Chicago P, 1974.

Thompson, T. H. "The Bloody Wood." *T. S. Eliot: A Selected Critique*. Ed. Leonard Unger. New York: Reinhart, 1948. 161-69.

Ward, David. *Between Two Worlds*. London: Routledge & Kegan Paul, 1973.

Williamson, George. *A Reader's Guide to T. S. Eliot*. London: Thames & Hudson, 1965.

엘리엇 시극의 연극성: 극적 구조의 유동적 의미작용
─『대성당의 시해』를 중심으로

| 김재화 |

I. 시작하면서

　엘리엇의『대성당의 시해』(*Murder in the Cathedral*)는 1935년 발표 당시의 공연 목적과 주제가 확연히 종교적 의도를 천명한 것이기에 재해석할 수 있는 주제의 개방성이 적어 보인다. 그러나 이 작품은 주제의 철학적 종교적 의미 못지않게 연극적 완성도가 높은 것으로 초기 공연 이후에도 새로운 현대적 형식이라는 호평과 함께 지속적으로 공연되고 있다.[1]
　이 작품의 배경이 되고 있는 1170년의 토마스 베켓(Thomas Becket) 주교의 순교는 영국 순교 역사 가운데서 가장 유명한 사건으로 관객이 이미 잘 알고 있는 이야기이다. 베켓 주교는 한때 헨리 2세로부터 대법관(Lord Chancellor)의 직위를 임명받았고, 그 후 캔터베리 대성당의 대주교의 자리에 올랐던 사람이다. 그러나 오랫동안 친밀했던 국왕과의 유대관계가 후기에 와

---

* 이 논문은『T. S. 엘리엇 연구』제4권(1996)에「엘리엇 시극의 연극성─극적 구조의 유동적 의미작용─『대성당의 살인』을 중심으로」로 수록되었던 것을 수정한 것임. 특히 본고에서는 기존의 제목인『대성당의 살인』을『대성당의 시해』로 수정하였음.
1) 1992년도에 발간된 무라무드 교수의 엘리엇극 공연자료집을 보면,『대성당의 시해』의 주요 공연 횟수는 9회, 오페라가 1회(엘리엇의 자문으로), George Hoellering이 만든 영화로 1951년 베니스 국제영화제에서 최우수상 수상, 이 영화에서 엘리엇 자신이 각본을 쓰고 네 번째 유혹자 역을 담당(목소리로)했고, 기타 소규모 공연, 대학극단과 워크숍 규모의 공연 등을 무수히 있었음을 알 수 있다. Randy Mulamud, *T. S. Eliot's Drama* (New York: Greenwood Press, 1992), 283-289 참조.

서는 교회법과 국법에 대한 의견차이 등의 불화로 7년 동안 불란서에서 망명 생활을 보내야 했고, 1170년 귀국하여 크리스마스가 지난 며칠 후 국왕의 열성적 추종자인 일단의 살인자들에 의해 대성당의 제단에서 살해되었다. 이 사건 이후 캔터베리는 영국 기독교인의 순례 중심지가 되었다.

어떤 역사적 사실의 연극화는 작가에게 있어서 자유로운 소재 선택보다 당연히 인물창조나 극적 구성에 제한이 있기 마련이다. 더구나 이 작품은 캔터베리 축제에 참석하는 기독교신자들에게 신앙심과 교회 사업의 의의를 일깨워 주기 위한 목적으로 엘리엇이 위촉을 받고 쓴 것이다. 이러한 제한점을 갖고도 엘리엇은 역사적 사건의 사실성에 집착하지 않고 주제를 순교의 의미에 압축시킴으로서 이 작품을 일시적 행사용이 아닌 깊이 있는 기독교적 주제의 예술작품으로 남겨 놓았다.

어느 면에선, 과거 역사적 사건의 작품화란 작가의 개인적 가치관의 반영이라고 할 수 있다. 셰익스피어의 경우 수많은 역사적 사실에서 그 소재를 찾았지만 그가 살던 시대는 현대와는 달리 명확하고 확실한 시대적 가치관이 확립되었던 때였다. 즉 개인이 가치관을 창조할 필요가 거의 없었던 질서의 시대였다. 그러나 엘리엇은 현대의 다른 극작가들처럼 상실된 정신적 지표를 의식하고 스스로 가치를 모색해야 했다. 따라서 그의 극은 평면적인 외부세계의 사건을 주관적 이상주의로 주제의 의미를 바꾸어 놓은 것이라고 할 수 있다. 여기에서 다루어진 성자적 삶의 모형은 그가 이제까지 그의 시에서도 제시해 온 기독교사상의 표출인 것이다. 엘리엇의 '완숙한 작품'은 대부분 희곡에 속한다고 본 아놀드 힌치리프는 엘리엇이 현대 대표적 극작가들인 에드워드 올비나 해롤드 핀터보다 훨씬 앞서서 현대관객에게 흥미 있는 주제들을 개척했다고 평가한다.2)

또한 시극의 연극성의 문제에 있어서 엘리엇의 관심은 어떻게 하면 산문에 익숙한 현대관객에게 자연스럽게 시적 리듬 있는 고양된 언어로서 의미를 전달할 수 있는가에 기울어져 있었다.3) 시극이 결코 연극이 갖는 환상의 세계

---

2) Anold P. Hinchliffe, ed., *T. S. Eliot: Plays* (London: Macmillan Publishers, 1985), 8-14.
3) 현대관객에게 알맞은 시극이라면 어떤 적절한 언어(idiom)와 형식이어야 하는가. 이것은 엘리엇이 스스로 과거 시작(詩作) 경험을 살려 실험하고 탐구해야 할 과제였다. 그는 12세기

를 감소시킨다고 말할 수는 없다. 시로 표현된 셰익스피어 극세계도 상상력 넘치는 극적 활력과 생생한 인물들로 인해 현재에 이르기까지 다양한 재구성과 연출기법에 따라 그 깊이와 재미를 잃지 않고 있는 것이다. 시극이 융성했던 5세기의 희랍극들은 아이스킬로스, 소포클레스, 에우리피데스에 의해 빛나는 고전으로 남아있고, 16~17세기 영국의 셰익스피어와 함께 불란서에서는 꼬르네이유(Pierre Corneille)와 라신느(Jean Racine)에 의해 발표된 성공적인 시극 작품들이 오늘날에도 꾸준히 공연되고 있다. 또한 영국의 중세 도덕극(Moralities)이나 기적극(Miracle Plays)도 부분적으로는 시극인 것이다.

오늘날 더욱 연극창조의 다양성에 의해 역사의 재조명이 활발해지고, 무대의 구체적 창조과정에 더 관심을 갖는 연출가와 관객의 취향에 따라 작가의 텍스트는 빈번하게 재구성되고 있는 실정이다. 형식과 양식의 과감한 해체가 용납되고 있다. 이것은 연극의 다양성과 발전을 이룩한 것은 사실이나 한편 텍스트의 기본 틀을 벗어난 구조 자체의 재구성은 자유로움을 빙자하여 작품의 본질을 왜곡시키고, 더구나 상업주의 극장 원리에만 맡겨 놓아 작가는 없고 구경거리만 남는 결과도 있는 것이다.

따라서 본고에서 살펴보는 엘리엇 시극의 연극성의 범위도 기본적인 극적 구조 안에서의 행동과 결말과의 필연적 관계를 벗어나지 않고자 한다. 독특한 연극적 미학을 구상해 보는 것이 이 글의 목적은 아니다. 더욱이 종교적 의미가 주제일 때는 지나친 미학추구는 깊은 정신적 감동을 훼손시킨다고 생각한다. 그러면서도 한편 아무리 심오한 주제도 풍부한 연극적 상상력이 가미되지 않으면 1시간 반 이상 동안 관객의 관심을 끌고 가는 살아 있는 연극이 될 수 없다고 생각한다.4) 우리 마음에 일어나는 감동이 종교적이라 해도 표현방법

언어를 알았다 해도 사용할 필요를 느끼지 않았다고 술회한다. 또한 무대도 관객에게 셰익스피어를 연상시키지 않는 현대적 상황과 유관한 것으로 만들고자 했다. T. S. Eliot, *On Poetry and Poets* (New York: The Noonday Press, 1961), 28, 79-81.
4) 많은 비평가들이 엘리엇 시극을 주로 텍스트 위주의 연구에 치중하여 그의 시 세계의 일련으로, 종교적 의식, 언어, 희랍극의 전거 등에 편중된 것이 많다. 예로 캐롤 스미스(Carol H. Smith)는 그의 극을 전반적으로 종교적 차원에서 다루어 엘리엇의 의도를 관객으로 하여금 이 세상에서 초월적 세계의 질서를 깨닫게 하는 것으로 접근했고, 희랍극 전거에 대해서는 데이빗 존스와 그로버 스미스가 상세하게 고찰했다. 캐더린 워즈는 이러한 연구들이 엘리엇

은 연극적이어야 한다. 그리고 결론을 어디까지나 엘리엇에 의해 제시된 것이라야 하며, 그것을 독자나 관객이 공통적으로 이해하는 의미로 해설돼야 할 것이다. 『대성당의 시해』의 구조가 여러 가지 극적 요소들과 인물들의 성격의 상호작용에 의해 보다 유연하게 열려져 주제에 대한 이해와 연극적 관심을 높이고자 함이 이 글의 목적이다.

II. 구조와 인물의 다면성

극적 구조를 '행동과 반대행동'이란 구도로 본다면 대략 다음과 같다. 1) 발단은 베켓의 7년만의 귀국(그대로 불란서에 머물지 않고 위험이 있는 영국으로 돌연 귀국), 2) 상승 부분은 유혹자들의 등장으로 불안감 조성, 선택의 기로 제시, 3) 정점은 4번째 유혹자의 순교에 대한 유혹을 거절, 크리스마스 설교에서 순교의 뜻 결단, 4) 하강(下降)은 영국으로부터의 추방 종용, 캔터베리 여인들(Chorus)과 사제들(Priest)의 불안감 표출, 죽음에 대한 예감, 5) 클라이막스는 베켓의 죽음, 그리고 순교를 증언하는 캔터베리 여인들의 각성이란 도식으로 그려질 수 있다. 극은 베켓의 강한 결심이 내면의 결정적 전환점이고, 이후의 하강에서는 공감 가는 극적 긴장이 새롭게 만들어져야 한다. 그것이 바로 기사들(knights)의 변명으로서, 관객이 일시적이나마 그 말에 끌려 들어갈 위험이 있을 때 생긴다.

이 극에서 주인공의 고뇌와 갈등은 외적 사건에 의해 일어나는 것이 아니라 내면의 심리적인 것에서 기인된다. 그렇다면 그의 심리적 갈등표현에서 두 가지 이상의 요인을 유추할 수 있다. 즉 베켓의 갈등이란, 국가의 법보다 교회의 법을 지키는 일, 그리고 인간사회의 영광보다 신의 영광을 섬기는 일일 것이다. 이 성자적 비전은 상징성이 짙은 것이며 아무리 12세기적 배경으로 베

극을 시와 종교극(verse and religious drama)이라는 재미없는 한 구속을 차지하게 했다고 논평한 바 있다. 워즈의 고찰은 엘리엇극의 현대성에 깊은 관심을 둔다. Katharine J. Worth, "Precursor and Model Maker", *T. S. Eliot: Plays*, ed. Arnold P. Hinchliffe, 60-70. 그리고 Hinchliffe의 Introduction 13 참조.

켓의 성자적 투쟁을 조명한 것이지만 관객들은 그의 갈등을 보다 직접적으로 헨리 2세로 대변되는 전체주의 권력에 대한 투쟁으로 보기 쉽다.5) 또한 이 극의 외적 구조만 본다면 사회현실을 극화한 것 같은 정치극으로 볼 수 있으며, 기독교적 현실을 묘사한 것으로 볼 수 있다.6) 왕권과 교권의 대립, 코러스의 여인들이 토로한 수난의 시대, 신의 질서를 상실한 인간사회의 단면만으로 설정했다면 훨씬 평면적인 사실주의 극이 되고 만다. 외적 극적 갈등은 현세적 주권과 영원한 신의 세계의 순종자와의 대결 같지만, 내적 구조는 이 모든 것을 극복하고자 하는 주인공 자신의 의지와의 대결이 핵심이다. 따라서 우리는 지상적 갈등구조 안에만 있을 수 있는 인간 베켓을 차원이 다른 성자적 모형의 베켓으로 보게 되는 것이 중요하다. 즉 베켓의 양면성에서 그의 내면세계를 탐색하는 것이 이 극의 주제를 이해하는 순서며 과정이라고 하겠다.

엘리엇극의 주인공은 다른 비전 없는 보통 사람들에 비해 월등하게 예민한 감성과 지성의 소유자이다.7) 사회공동체 삶에서 현대인이 서로 영향을 주고받으며 각성에 이른 인물은 그렇지 못한 사람들의 삶에도 구원의 빛을 나누어준다는 것이 엘리엇극에서 볼 수 있는 사상이다. 베켓처럼 성자적 인물이 되는 사람이나 기타 그의 작품의 보통 인물의 주인공들이나 똑같이, 부정적 현실관을 긍정적 가치관 즉 각성에 이르는 과정은 대개 같은 것이다. 신의 세계에 복귀하려는 인간의 희망(vision of good)은 항상 꿈으로 남아 있으며 그 꿈은 인간의 죄의식과 갈등을 일으키게 된다.8) 이 고통과는 차원이 다르지만

---

5) Carol H. Smith, "Reluctant Saints and Modern Shamans; Teaching Eilot's Christian Comedies," *Approaches to Teaching Eliot's Poetry and Plays*, ed. Jewel Spears Brooker (New York: Modern Language Association of America, 1988), 166. 이 극을 교실에서 공부할 때 학생들은 베켓 주교와 헨리 2세의 갈등을 마치 현대교회와 전체주의, 우익 또는 공산주의 좌익으로부터 받는 위협에서 오는 것으로 볼 수 있을 것이고, 기사들의 자기변명 장면도 더욱 현대 정치연설 같다는 점에서 교실에서 활발하게 토론의 장을 마련할 수 있는 부분이라는 것이다.
6) A. D. Moody, *Thomas Stearns Eliot Poet* (Cambridge: Cambridge University Press, 1980), 170 참조.
7) T. S. Eliot, *The Use of Poetry and the Use of Criticism* (London: Faber and Faber, 1964), 153 참조. 엘리엇은 이러한 특성을 지닌 인물에 의해 사회 여러 계층의 서로 다른 취향이나 이질적 감성들을 통합시킬 수 없는 곳이 바로 극장이라고 했다.
8) Laurence Michael, "The Possibility of a Christian Tragedy," *Tragedy: Modern Essays in Criticism*, eds. L. Michael and R. B. Sewall, (Englewood Cliffs, N. J.: Printice-Hall, 1963),

헨리왕에 대한 베켓의 심리적 갈등은 없는 것일까. 그와의 단호한 결별이 결코 마음 편한 것은 아니었음을 유추해 본다. 국왕이라는 직위는 무시하더라도 사랑하고 은혜를 입었던 한 인간에게 차갑게 등을 돌려야 하는 고민을 추가할 수 있지 않을까. 그렇다고 순교하는 자세가 경건치 않다고 할 수는 없을 것이다. 고고한 베켓과는 사뭇 다른 인간적인 면도 엿볼 수 있는 것이다.

우리는 이렇듯 베켓 시해 이전의 역사적 사실에서 매우 흥미로운 연극적 소재를 찾아볼 수 있다. 베켓에게 배신당한 헨리왕이라는 또 다른 측면의 주제가 떠오른다. 헨리왕은 결단력 있고 능력 있는 왕이고 악정을 베풀지도 않았다는 것이 비록 주인공의 반대자들의 입에서이지만 시사되고 있다.9) 아무리 훌륭하게 그려 놓아도 그는 속세의 권력자이니 신의를 지향하는 베켓과는 차원이 다른 인물이다. 따라서 극은 순교의 의미를 훼손하지 않고서도 연극적 흥미를 더할 수가 있다. 더구나 헨리 2세는 베켓이 이 세상에서 가장 사랑했던 인물이었다고 작품 속에 묘사되고 있다. 애당초 귀족도 아니었던 한 런던 상인의 아들 베켓을 영국의 최고직인 대법관과 대주교까지 만들어준 것도 왕이었다. 한때 세상 재미를 함께 즐길 줄 알았던 베켓이 일단 대주교가 되자 교회법을 국가법보다 우위에 두었다. 법의 형평성으로 보면 사제가 살인을 저질러도 무죄가 되는 반면에, 일반인의 작은 죄도 국가법에서는 엄히 다스려진다면 공정치 않다고 하겠다. 현대적 개념으론 더욱 그런 것이다. 더구나 왕위 계승이 현 왕으로선 지상의 과제인데 헨리 왕자의 대관식을 다른 대주교들도 못하도록 베켓이 로마의 교황에게 탄원한다는 것은 너무 고집 센 인물이었다. 작품 속에서 유추해 낼 수 있는 이런 인간적인 면의 부각도 오히려 극적 구조의 유연성을 열어주고 인물들의 상호작용적인 성격을 부여할 수가 있다. 베켓

211-214. 신의 세계에 복귀하려는 의지는 고통을 받으나 또한 희랍극의 주인공처럼 인간의 숙명을 인고하는 장엄함을 보인다. 따라서 고통과 비극도 결실 없는 고통이 아니며 긍정적인 비극이라고 말한다.

9) 실재 사전적 인물평에도 헨리왕이 베켓을 살해하라는 명령은 잘못 해석되고 지나치게 베켓의 죽음과 역사적으로 연관시켜왔다고 쓰여 있다. *The Oxford Companion to English Literature*, ed. Margaret Drabble, (Oxford University Press, 1985), 77과 451쪽 참조. 기타 *The Oxford History of Britain*, ed. Kenneth O. Morgan, (Oxford University Press, 1988)(한국어판 번역본), 142-147 참조.

의 인간화가 가능해지는 것이다.

이 극에서 헨리왕은 등장하지 않는다. 그러나 베켓을 옆에서 지켜보는 사제 세 명의 대사를 통해서, 또는 기사들의 자기변명(apologies) 장면에서 애국, 충성, 의무, 공동의 책임 등의 말이 언급될 때, 배경 영상스크린을 통해서 4명의 유혹자(Tempter, 악마의 역할이나 유혹자로 통일함)들이 말한 왕과 베켓의 지난날을 회상시키는 장면 등을 비쳐주는 방법도 좋을 것이다. 한때 잘 지냈던 사람들의 불화는 항상 사람들의 주목을 끌며, 그 원인과 귀추는 관심거리이다. 또한 인간 베켓과 그 후의 성자 베켓을 대비시키는 방법도 된다.

극중인물의 자기표현의 과정은 단지 독립된 존재로서의 단순한 방향이 아니라 그의 내면 심층으로 들어가 타 인물과의 관계에서 우러나온다. 다면적 존재로서의 인간은 마치 콜라쥬 기법에서처럼 연관되는 다른 존재와의 긴밀한 구성 가운데서 그 성격이 형성된다. 하나의 정서가 어떤 계기에서 분리와 결합을 오가며, 우리가 그 정체를 볼 수 있을 때까지의 유동적인 과정이 연극에서의 흥미와 긴장감을 자아내는 요소일 것이다.

엘리엇은 간략하게 이 극의 극적 행동(사건)을, "한 사람이 돌아온다, 그는 살해당할 것을 예견했고, 그리고 살해된다."(A man comes home, foreseeing that he will be killed, and he is killed.)라고 했다.[10] 죽음은 극소화된 반면 그 죽음이 있기까지의 내면적 갈등과 죽음 후 남긴 여운은 매우 크다. 엘리엇은 육체적 고통이 있기 마련인 살해장면을 지극히 간결하게 처리함으로써 관객에게 죽음의 문제가 아님을 알게 한다. 사실주의기법이라면 관객은 육체의 고통에 동정은 할지언정 형이상학적인 내면의 고통은 전달되지 못할 것이다. 즉 연극적인 상상력에 의해 빛나는 정신에 집중시킬 필요가 있는 것이다. 이 점은 사실주의 전통이 남아있던 1930년대로 보면 매우 앞선 것이며, 표현주의 무대기법의 무대화가 훨씬 적절한 것으로 본다.

엘리엇 극에서 현대성을 발견하게 되는 또 다른 면은 주인공의 성격과 행동이 전통적 비극의 구조에 의해 설명할 수 없다는데 있다. 아리스토텔레스의

---

10) T. S. Eliot, "Poetry and Drama," *On Poetry and Poets* (New York: The Noonday Press, 1961), 86.

비극론에서 주인공의 운명의 역전이란 좋은 것이 나쁜 결과로 전환된다. 베켓은 그 반대이다. 젊은 시절의 영화를 누렸던 시절을 청산하고 성자적 위치에 도달했으니 "나쁜 상태에서 좋은 상태"(from bad to good)의 결과이다. 연민과 공포의 정화작용에 이르는 경우와 반대로 신의 축복의 환희로 막이 내려지니 희랍극과는 다른 기독교적 비극이라고 할 수 있다.

III. '시해'와 산문의 연극성

이 극의 제목은 시적이라기보다는 일종의 탐정물이나 미스터리극을 연상케 한다.11) 대성당이라는 엄숙한 장소에서의 살해라는 끔찍한 사건을 연상시키게 한 것은 역사적인 사실을 더욱 그로테스크하게 만들었다. 『대성당의 시해』(Murder in the Cathedral)가 아닌 '대성당의 순교자'(Martyr in the Cathedral)였으면 보다 교회 중심이나 학교연극 중심으로 고정됐을 지도 모를 종교적 제목이며, 누구나 쉽게 캔터베리 대주교의 역사적 사건을 상기했을 것이다. 즉, 연극적 운신의 폭이 좁은 것이다. 따라서 베켓의 죽음의 의미를 탐색하는 과정이 이 극을 보는 재미라고 할 수 있으며, 살해를 의도적으로 격식화 한 느낌을 주는 것도 중요하다. 이를 감안한다면 대성당에서 대주교가 '살해'되었다는 말은 앞뒤가 맞지 않으며, 목적이 있는 '시해'라는 표현이 적합하다고 본다. 살해장면에서 피할 수도 있었던 베켓이 전혀 반항하지 않고 무릎 꿇고 조용히 기도하는 가운데 순교하는 자세는 살해에 대한 상징성을 매우 극적으로 표현한 장면이다.12)

---

11) 엘리엇은 이 극의 원래 제목을 'Fear in the Way' 라고 붙였다. 연출자(E. Martin Browne)와 공연 연습에 관해 의논하던 중 브라운 부인이 'Murder in the Cathedral'로 제의하자 그대로 받아 들여졌다. E. Martin Browne, "T. S. Eliot in the Theatre, The Director's Memories," *Sewanee Review* (Winter 1966), 141 참조.
12) A. D. Moody, *Thomas Strearns Eliot* (Cambridge: Cambridge University Press, 1980), 170 참조. 무대가 이 장면을 매우 상징적이며 극적인 것으로 본 반면, Peter Ackroyd는 베켓이 겉으로는 남보다 우월하지만 내면에 약점을 지닌 사람으로 앞에 고난이 있는 것을 알면서도 피하지 못했고, 엘리엇은 이러한 인물에 깊은 관심을 가졌다고 말한다. Peter Ackroyd, *T. S. Eliot* (London: Hamish Hamilton, 1984), 227.

그런데 이 극을 '살해'(murder)의 측면으로 볼 때 누가 대주교의 죽음에 책임이 있는가를 묻게 된다. 여기엔 현대적으로 재해석될 수 있는 주제의 개방성이 있다. 보이지 않는 헨리왕인가, 그에 대한 과잉 충성자들인 기사들인가, 베켓을 제대로 옹호도 보필도 못하는 교단 안의 사제들과 시중들인가, 또는 인식의 차원을 넘지 못하는 즉 결단력과 행동력을 발휘하지 못한 중생들, 캔터베리 여인들도 책임이 있지 않은가. 그 어떤 역에 비중을 두느냐에 따라 책임 소재가 달라진다.

예로 무대 의상과 사회적 위치라는 문제에서도 각 배역의 역학적 관계가 비쳐질 수 있다. 기사들을 베켓보다 너무 잘 입히면 안하무인의 절대 권력자들이 될 것이고, 그 반대라면 너무나 존대한 대주교의 모습이 되어 자칫 그의 순교가 허영인가 순종인가를 판단하기 어렵게 만든다. 사실 연출자 브라운이나 엘리엇 자신도 실재의 베켓은 6피트가 넘는 건장한 사람이어서 살해자들과 맞서 그들을 때리기까지 했다는 것을 알면서도 이 극에서는 전적으로 죽음을 담담하게 맞이하며 신의에 순종하는 인물로 그린 것이다. 이 극의 공연이 캔터베리 대성당의 챕터 하우스(Chapter House)의 아주 작은 공간이 무대였음을 상기하면 무대 동작의 제한을 받는 것은 당연하다 하겠다.13) 1935년 6월 15일 최초 공연 때부터 베켓 역을 여러 번 맡았던 로버트 스페이트(Robert Speight)는 처음의 출연 교섭을 받고 대본을 읽으면서 자신이 베켓 역에 알맞은 자격이 있는지 의문스러웠다고 회고한다. 왜냐하면 역사적 인물 베켓의 나이는 56세였지만 자신은 겨우 31세였고, 6피트 4인치의 베켓의 키에 비해 5피트 8½인치 밖에 안됐기 때문이다.14) 아무튼 결과로는 거대한 체구의 베켓이 아닌 것이 극적 효과로선 적절한 것이다. 세속적인 기사들과 대비시킬 수 있기 때문이다.

『대성당의 시해』에서 연극적으로 흥미 있는 부분은 네 명의 기사들의 변

---

13) 역사적 인물 베켓은 사실 6피트가 넘는 힘 센 체격으로 살해자들이 그를 쓰러트리기 전 먼저 그들을 꽤 때린 것으로 알려져 있다. 그러나 엘리엇은 캔터베리 사원의 챕터 하우스의 무대가 지나치게 좁기 때문에 외적행동을 제한시켜 내적인 삶에 맞춘 것이라고 했다. Lyndall Gordon, *Eliot's New Life* (New York: Farra · Straus · Giroux, 1988), 33 참조.
14) Robert Speight, "With Becket in *Murder in the Cathedral*," *Sewanee Review*, 177.

명장면이다. 이들은 대주교를 살해하는데 성공하고는 곧이어 무대 앞으로 나와 관객에게 산문조로 각자 일장 연설을 한다. 매우 직접적인 수법이다. 엘리엇이 이 장면을 연설조 산문(the use of platform prose)으로 처리한 것에 대하여 캐롤 스미스는 엘리엇이 관객으로 하여금 그들 자신의 자기 만족감(complacency)에 충격을 주기 위한 하나의 특이한 기법을 시도한 것이라고 했다.15) 즉, 관객과의 직접적 대화법인 것이다. 베켓을 살해한 후의 기사들의 행위와 변명장면은 마치 20세기의 인물들이 연출하는 것처럼 현실감 있게 보일 수 있다. 그들이 관객을 향해 공동의 책임의식을 종용하기 위해 얼마만큼 기량 있는 연기력을 발휘하느냐에 따라 관객의 반응은 달라질 것이다. 예로 다음과 같은 평이한 산문조의 대사 한 줄에서 살인자 기사들의 속마음과 관객의 반응을 '속마음'에 일어나는 소리로 살펴보자.

> 즉 이렇다는 것이지요. 우리가 한 일은 여러분이 어떻게 생각하시든 간에 우리로서는 전혀 관심이 없었던 것입니다. (다른 기사들: 그래요! 들어 보세요!)

> It is this: in what we have done, and whatever you may think of it, we have been perfectly disinterested. (The other knights: Hear! Hear!) (277)16)

> (필자의 '속마음' 해설)
> 기사들: 어쩌면 그런 끔찍한 일을 저지를 수가 있는가 생각하겠지만, 뭐 우리가 하고 싶어 했나요.
> 관객: 저건 또 무슨 소리람. (웅성웅성)
> 다른 기사들: 조용히! 자, 들어보시라구요.

이런 부분은 긴 문장 속에 끼어 있는 한 부분에 지나지 않지만 얼마만큼 의미 부여를 하느냐에 따라 연극에서 긴장감을 풀어주는(comic-relief) 장면으로 극적효과를 극대화할 수 있다. 평이한 말에 숨어 있는 속뜻은 무엇인가. 그

---

15) Carol H. Smith, *T. S. Eliot's Dramatic Theory and Practice* (N. J.: Princeton UP, 1963), 228-231.
16) 본고의 『대성당의 시해』의 본문은 Eliot, *The Complete Poems and Plays* (London: Faber and Faber, 1978)에서 인용함.

들은 한껏 관객을 자기들 편으로 끌어들이면서 인간의 시간 안에서 보이는 결과를 요구한다. 그들의 변명은 영원한 것, 궁극적인 것과 상관없는 즉각적 반응을 얻기 위함이다. 영원은 신의 정의, 즉 베켓이 추구하는 세계이다. 이 두 상반되는 세계를 관객에게 확연하게 알리기 위해 엘리엇은 시와 산문의 대사로 구별했다. 산문의 세계는 보다 현실감 있는 관객의 것이다. 그리하여 그들도 코러스의 여인들과 마찬가지로 대성당의 시해사건에 책임이 있다고 생각하게 되는 것이다.

이제 캔터베리 여인들처럼 관객들도 그저 바라다만 보는 수동적 입장을 견지할 수 없는 것이다. 바로 우리의 눈앞에서 벌어지는 시해 장면을 모른다고 할 수 있겠는가. 앞서 지적했듯이 엘리엇은 이 극의 내적구조를 탐색의 과정으로 이끌어 간다. 살해자들은 현대관객들이 익숙한 상식적인 산문조 언어로 때로는 의무를 다하기 위해 폭력을 쓰지 않을 수 없음을 설명한다. 1930년 당시의 극장에서 기사들의 대사를 듣던 관객들은 파시스트의 자기합리화 된 연설문을 쉽게 상기할 수 있었을 것이다.17) 이와 같이 시극 속의 산문 어조의 구성은 두 가지 유리된 가치관, 즉 차원 높은 정신세계와 사실주의적 정치상황을 대비시킬 수 있다.

IV. 인물의 성격으로 본 갈등구조

기사들의 대사는 양식화되고 계산된 동작과 어조로서 독특한 리듬을 만든다. 텍스트를 플롯이라는 줄기구조로 보지 말고 중첩되는 이미지로 볼 때 어떤 리듬이 생성된다. 그런 구조에선 관객은 해석이나 의미를 부여하려고 애쓰

---

17) 파시스트 정부들이 등장했을 때라는 것을 지적하는 평자들이 많다. 고든에 의하면 1936년 미국공연에 들어갈 때 엘리엇은 바로 이것을 그의 동생과 의논했다고 한다. 전체주의 국가에 대한 계획된 풍자가 유럽과는 달리 그와 같은 문제가 없는 미국과 같은 나라에서 의미전달이 가능하겠냐는 의문을 가진 것이다. Lyndall Gordon, *Eliot's New Life*, 32 참조. 고든은 기사들의 변명 장면은 엘리엇의 기본적인 정치적 입장을 명백히 밝힌 것으로서, 모든 정치적 권력과 웅변 형태를 공격한 것으로 보고 있다. 그것은 호돈과 마찬가지로 엘리엇이 뉴잉글랜드 청교도주의와 연관된 도덕적 규범을 중시했기 때문이라는 것이다.

지 않아도 마치 음악을 들을 때처럼 자연스럽게 감정이 따라가게 된다. 베켓의 설교와 기사들의 장황한 변명, 즉 대조적 내용의 대사는 씬의 전환에서 사용하는 조명효과(예; 베켓이 백색이면 가사들은 회색으로)로 부각시키는 방법도 있을 것이다. 텍스트 안에서 재구성되지 않는 부분도 일련의 이미지를 투사하는 영상기법이나 음악효과 또는 몸짓으로 다양화시킬 수 있다. 이러한 말하는 것과 말해지지 않는 부분에 대한 환기, 즉 의식과 무의식을 함께 또는 교차시키는 방법으로 인물들의 성격의 깊이와의 연관성을 엿보게 한다. 기사들의 산문조의 어조에서 세속적 면을 읽게 되고 베켓의 시적 언어에서 관객은 고양된 감동을 느끼게 된다. 엘리엇 자신도 그러한 감동이 유발되는 것에 관해, "인간의 정신이란 고조된 감정에서는 시로서 이를 표현하고자 한다."고 하여 그러한 감정과 리듬의 관계를 밝히는 일은 신경병학자들(the neurologists)의 몫이라고 말한 바 있다.[18]

주인공과 싸우는 반대 힘과의 긴장감이 없다면 그의 내면에 대한 통찰도 필요 없을 것이다. 단지 고뇌 없이도 의당 가는 길을 택한 것일 뿐, 무미건조한 결말을 보게 된다. 피할 수도 있었던 베켓의 마지막 선택이 언뜻 모순처럼 보이지만 기독교도 관객들에게는 희랍극에서의 카타르시스처럼 고양된 정신적 정화작용을 일으킬 수 있다. 연민과 공포가 아니라 두려움과 경이로움 그리고 환희로 연결 지어진다. 베켓은 그의 궁극적인 승리는 전적으로 신의 뜻에 복종하는 것이라고 인식하게 된다. 자신의 행동이 수난자의 역할이 되지 말아야 한다는 것이다. 이것이 네 번째 유혹자가 말한 순교자의 영광을 뿌리친 성자적 비전에 드디어 도달하게 된 것이다.

4명의 유혹자 중 첫 번째부터 세 번째까지의 유혹자들은 대주교와 전혀 대면이 없었던 사람들이 아님을 그들이 사용하는 언어의 은유(metaphors)에 의해 알 수 있다.[19] 그들은 과거의 지상적 영화, 권력, 지위 등을 상기시킨다.

---

18) T. S. Eliot, "A Dialogue on Dramatic Poetry," *Selected Essays 1917-1932* (London: Faber and Faber), 1932, 46.
19) 예를 들어 계절, 그림자, 존재에 대한 말이 나오고, 첫째 유혹자의 대사에서는 turns, spurns, master, faster, late, fate 등 운(rhyme)을 맞춘다. 둘째 유혹자도 madness, sadness, gladness 등 운을 맞추고, 세 명이 지나간 세월(seasons that are past)에 대한 것을 상기시킨다. 베켓이 어떻게 생각하고 있는가는 그의 미래의 행동이 어떻게 나올 것인가를 상상해 보는 극적

그런데 마지막 네 번째 유혹자가 순교자가 되기를 시사하면서 미래의 영광 즉, 보석이 찬란한 신전(the glittering jewelled shrine) 앞에 서 있는 순례자의 행렬을 상기시킬 때 관객은 베켓이 이미 과거에 누렸던 권력과 지위에 대해 아무 미련도 없음을 알게 된다. 그러나 천상에서 영원히 누릴 순교자의 영광을 가지라는 유혹은 그의 가슴 속을 찌르는 말이다.

> 성자들의 영광과 비할 바가 또 무엇이 있겠습니까?
> 영원히 신의 임재 안에 머무는 일이니.
> 지상의 영광, 그것이 왕과 황제의 것이라도,
> 어떤 지상의 자부심이, 그것이 궁핍함은 아닐지라도
> 어찌 천국의 장대한 풍요로움에 비할 수 있겠습니까?
> 순교의 길을 찾으십시오, 천국에서 높아지기 위해
> 지상에서는 몸을 가장 낮게 하십시오.
>
> What can compare with glory of Saints
> Dwelling forever in presence of God?
> What earthly glory, of king or emperor,
> What earthly pride, that is not poverty
> Compared with richness of heavenly grandeur?
> Seek the way of martyrdom, make yourself the lowest
> On earth, to be high in heaven. (255)

이미 순교를 생각해 보았을지도 모를 베켓에겐 이 말은 가장 뿌리치기 힘든 유혹인 것이다. 네 번째 유혹자는 베켓이 교만과 허영심에서 순교를 생각할 수도 있다고 추정한 것이다. 이런 유혹자의 충동은 인간 베켓의 마음속에 있을 수 있는 불순한 동기를 스스로 깨닫게 되는 순간이다. 또한 인물들의 상호작용에서 유혹자와 살해자(기사)들의 성격을 병치시킨 것도 주목된다. 예로 두 번째 유혹자와 두 번째 기사의 성격이 유사하고 네 번째도 마찬가지이다. 전자들은 타락한 인간성을 노출하는 점에서, 후자들은 우리를 간교하게 속이려는 사람들이라는 면에서 유사하다.[20]

계기가 된다.
[20] 네 번째 기사의 논조야말로 가장 독특한 자기합리화의 말솜씨라고 할 수 있다. "누가 대주

엘리엇극은 희랍비극의 전형적 양식처럼 주인공의 생애에서 정점(Climactic stage)이 되는 부분에 초점이 맞추어져 있다. 극에는 베켓의 전 생애는 물론 불란서에서의 7년 동안의 망명생활에 대한 묘사가 없다. 돌연 귀국해서 어떤 행동을 취할 것인가를 가늠할 수 있는 단서는 극히 미미하다. 이런 점은 캔터베리 여인들이 갖는 불안에 대한 대답일 수 있다.

『대성당의 시해』도 엘리엇의 다른 극작품과 마찬가지로 여러 가지 단순화된 부분의 혼합양식이다. 극적 행동을 예로 들어본다면 대주교의 설교만 있는 막간극(Interlude)은 지극히 단조로운 장면이다. 그러나 간단치 않은 주제의 핵심이 바로 여기에 있는 것이다. 마치 셰익스피어의 독백처럼 주인공의 깊은 속마음까지 차근차근 들어가게 하여 관객이 미처 깨닫지 못한 부분까지 알려준다. 그들이 극의 주제인 순교의 의미를 이해하지 못한다 해도 문제 제시는 되고 있다. 그리하여 극적 긴장감은 외적행동 못지않게 의중을 살피는 일로 빠르게 번져 나간다. 대체 그의 말이 무엇을 뜻하는지, 알듯 모를듯한 모호함에서 더욱 의문과 감동이 엇갈린다. 사실 행동 없는 이 장면에서 베켓은 가장 크고 깊은 생각을 당당하게 토로한 것이다. 가장 심오한 순교의 의미를 정의하고 있는 그의 말을 아직은 관객이 제대로 이해하지 못한 채 앞으로 계속 전개될 부분이 남아 있는 것이다.

엘리엇 시극에 있어서는 특히 언어를 주의 깊게 살피지 않을 수 없다. 말(word)이 극적 사건과 떼어놓고 생각할 수 없을 만큼 중요하기 때문이다. 말이 곧 사건(what happens)인 것이다. 순교라는 말이 신의 계획(the design of God)이라는 어구에서 비로소 정의되고, 이 계획은 캔터베리 여인들의 합창의 시작과 끝에서 서서히 밝혀지고, 특히 순교의 의미를 설명한 핵심적 장면인 막간극은 말이 곧 행동이 되고 있다. 극적 구조나 주제에서 이 극의 중심은 바로 막간극인 베켓 주교의 설교의 말들이다. 이것은 신비스러움, 기독교신앙의 역설적 의미로 가득 차 있어 대단한 극적 힘을 발휘하는 부분이다.

극중에서 별로 의미 없는 말만 하듯 작은 역을 담당하는 3명의 사제들도

교를 살해했는가?"(Who killed the Archbishop?)라는 수사적 질문은 관객과의 공동책임 및 공감대를 이끄는 의도가 역력하기 때문에 앞서 말한 짧은 대사의 의미 확대가 가능한 부분이다.

그들의 언어가 마치 캔터베리 여인들의 말처럼 똑같이 무지에 차 있음을 알려준다. 3명의 목소리를 좀 더 개성화시키면 주인공 주변에 어떤 사람들만이 있었는가, 즉 얼마나 고독한 결정을 베켓이 내렸는가를 더 이해하게 되는 것이다. 베켓이 귀국하자마자 가장 먼저 코러스를 향해 던진 말 속에서 행동(action)과 고통(suffering)의 관계를 이해하는 것이 이 극의 주제인 순교의 의미를 알게 되는 길이다.

> 그들은 알고도 실은 모르는 것이다, 행동한다는 것이 무엇이고, 고통이란 무엇인지.
> 그들은 알면서 실은 모른다. 행동이 고통이요,
> 그것이 고통의 행동임을. 행동하는 사람은 고통 받지 않으며
> 인내하는 사람은 행동하지 않는다. 그러나 양자는 결합하노니
> 영원한(구원의) 행위와 영원한 고통의 인내에서.

> They know and do not know, what it is to act or suffer.
> They know and do not know, that action is suffering.
> And suffering action. Neither does the agent suffer
> Nor the patient act. But both are fixed
> In an eternal action, an eternal patience (245)

그의 죽음을 막지도 이해하지도 못한 것은 지혜 있는 사제나 가난한 중생들이나 그들의 언어를 통해 별로 차이가 없음을 보여준다. 결국 그들도 행동자가 아니라 증언하는 사람 측에 남아 있게 된다는 점이다.

V. 개성화된 코러스의 기능확대

코러스의 기능도 텍스트의 언어를 그대로 살려두면서 다양화시킬 수 있다. 코러스의 기능은 아이스킬로스 이후 점차 쇠퇴하여 단순히 극적 사건의 해설자 역할을 담당했었다. 그것을 엘리엇은 다시 아이스킬로스처럼 중심적인 역할로 되살려 놓았다. 뿐만 아니라 훨씬 더 개성화되어 주인공의 순교를 증언

하는 중생의 역할을 구체적으로 담당한다. 『반석』(磐石, The Rock)에서의 코러스의 기능은 의사를 '전달하는 소리'에 불과했으나 여기선 보다 본격적인 참여자의 역할이라 극적 구조에서 유리시킬 수 없는 요소이다. 엘리엇 자신도 코러스의 사용이 이 극에서 놀라운 효과를 거두었음을 밝히면서, 코러스의 '흥분된 때로는 히스테리컬한 여인들의 감정'이 극적 행동의 의미를 잘 반영시켰다고 술회했다.

> 흥분하고 때로는 히스테리컬한 여자들의 코러스를 도입시킨 것이 그들의 감정에서 행위의 중요한 의미를 반영시키는데 놀라운 역할을 하게 되었다. 두 번째 이유로는, 처음 시인이 무대를 위한 극작을 할 때에는 극적 대사에서 보다 합창의 시구가 훨씬 더 편안하기 때문이다. 이것이 뭔가 내가 할 수 있다는 것으로 확신이 섰고, 아마도 극적인 단점도 여자들의 울부짖음에 의해 어떤 면에서는 가려질 수 있다고 생각되었다. 코러스의 효용은 극적 힘을 강화시켰고, 또한 나의 극적 기술의 결점들을 감춰주었다. 이러한 이유로 나는 다음번에는 코러스를 더욱 긴밀하게 극 속에 통합시키리라고 마음먹게 되었다.

> The introduction of a chorus of excited and sometimes hysterical women, reflecting in their emotion the significance of the action, helped wonderfully. The second reason was this: that a poet writing for the first time for the stage, is much more at home in choral verse than in dramatic dialogue. This, I felt sure, was something I could do, and perhaps the dramatic weakness would be somewhat covered up by the cries of the women. The use of a chorus strengthened the power, and concealed the defects of my theatrical technique. For this reason I decided that next time I would try to integrate the chorus more closely into the play.[21]

코러스의 감정을 극적 행동과 긴밀하게 연관시키는 방법은 『대성당의 시해』 이후의 극에서도 엘리엇 극작기법의 특징으로 볼 수 있다.

우리는 이러한 코러스의 역할을 더욱 다양하게 재구성해볼 수 있다. 개체화된 성격이면서 중생들의 집단의식을 표명하고, 나아가 베켓의 순교 의미를

---

21) T. S. Eliot, "Poetry and Drama," *On Poetry and Poets*, 86.

객관화시켜 인지하는 발전과정을 더 세분화시킬 수 있는 것이다. 단체로서의 코러스가 아닌 군중 속의 각기 개성을 지닌 여러 인간형으로 분류하여 코러스의 언어를 대사, 음악, 춤 등으로 표현하는 방법이다.

코러스에게 구체적인 극적 목소리를 부각시킬 때 이 극의 주제와도 동떨어지지 않게 적절하게 그 의미를 줄 수 있다. 장면과 대사의 압축에 따른 의미의 비약을 막고 긴장을 풀어주면서 관객에게 생각할 여유를 준다. 서창에서 우리는 벌써 3명의 뚜렷한 목소리(voices)들을 가려 낼 수 있다.

코러스 :
여기 우리는 서 있자, 대성당 가까이에. 여기서 우리는 기다리자.
우리가 위험에 끌려 든 것인가? 아니면, 안전함을 아는 지각이 우리의 발
길을 대성당으로 이끄는 것인가? 어떤 위험이 우리들에게,
이 가난한 자들, 캔터베리의 가난한 여인들에게 있단 말인가?
우리가 익히 알지 못하는 재난이란 대체 무엇인가?
우리에겐 위험이란 없다. 또한 대성당에는 안전도 없다. 무언가,
어떤 행위가 일어날 징조에 우리의 눈이 증거 할 수밖에 없기에 우리의 발
이 성당으로 향하게 된 것이니,
우리 보고 증인이 되라는 것이다.

CHORUS :
Here let us stand, close by the cathedral. Here let us wait.
Are we drawn by danger? Is it the knowledge of safety, that draws our feet
Towards the cathedral? What danger can be
For us, the poor, the poor women of Canterbury? what tribulation.
With which we are not already familiar? There is no danger
For us, and there is no safely in the cathedral. Some presage of an act
Which our eyes are compelled to witness, has forced out feet
Towards the cathedral. We are forced to bear witness. (239)

각기 그들은 전체 단원의 기능들을 하나씩 강조하고 있다고 볼 수 있다. 첫 번째 목소리는 그들 여인네 자신들은 단지 수동적 증인의 입장임을 밝히고 있고, 둘째는 그 증인의 역할도 그들의 의사와는 달리 어쩔 수 없이 (unwillingly) 끌려가고 있는 것이라 했고, 셋째 소리는 암울한 음조로 초현실

적 비전으로 어떤 비관적이며 운명적인 것을 암시하고 있다. 베켓 주교가 영국에 돌아왔다는 사령(messenger)의 발언이 있은 다음 곧이어 둘째 목소리와 셋째 목소리는 번갈아 가면서 베켓이 불란서에 다시 돌아가도록 슬프게 탄원한다. 셋째 목소리가 "당신은 환호성과 더불어 오신다. 기쁨과 더불어 오신다. 그러나 당신께선 캔터베리에 죽음을 불러들이신다."(You come with applause, you come with rejoicing, but you come bringing death into Canterbury)(243 같음). "이 집 위에 운명이, 당신 위에도, 이 세상 위에 끝내 운명은 다가왔다."(A doom on the house, a doom on yourself, a doom on the world)라고 불길한 공기를 확연하게 감지하는 소리를 낼 때 둘째 목소리는 앞서 말한 자신들의 피동적 입장에 대해 확인시키면서도 "우리는 아무 일도 일어나기를 원치 않는다 / 7년을 우리는 조용히 살아왔다 / 주목받지 않게 잘 피해 왔고 / 살아왔지만 그건 희미한 삶이었다"(We do not wish anything to happen / Seven years we have lived quietly / Succeeded in avoiding notice / Living and partly living)고 소박한 여인들의 불안했던 삶을 토로한다. 그 동안의 사사로운 삶들이 몹시 그늘져 있던 것을 말한다. 정치사회적으로 그들의 삶이 암울했을 것을 짐작케도 하는 대사이며 또한 가난이 다른 어쩔 수 없는 그들의 생활상임을 알려준다. 그러나 곧이어 셋째 목소리가 끼어들면서, "그러나 지금 크나큰 공포가 우리를 덮치고 있다. 한 사람의 공포가 아닌 여러 사람의 공포가. . . ."(But now a great fear is upon us, a fear not of one but of many. . . .)라는 말로서 개인적 차원의 불행을 예감하는 것이 아님을 알린다. 이렇듯 세 목소리는 개성화된 입장에서 다수를 대변하고, 또 전체적인 극적 구조 안에서 깊이 상호작용을 하고 있다고 볼 수 있다. 그들은 사실 증인에 불과한 보조역으로 극적 의미를 해설해 줄 정도로 역할을 할 수가 있다. 주인공 베켓 역의 로버트 스페이트는 첫 대본을 받아 읽고는 코러스의 능동적 역할에 비해 왜 베켓의 성격이 그리도 수동적으로 그려졌는지 의아해 했다고 술회한다.[22]

텍스트의 코러스는 전부가 '무지'에서 출발하여 모두가 '각성'으로 발전한

---

[22] 스페이트는 처음 대본을 대충 읽고 받은 인상이어서 잘못 이해한 탓이라고 밝히고 있으나, 베켓의 '복종'의 수동적 자세와 정적 성격에 비해 코러스의 성격은 놀라운 것으로 회고한다. Robert Speight, "With Becket in *Murder in the Cathedral*," *Sewanee Review*, 176 참조.

다. 처음에는 베켓의 행동을 이해하지 못한 그들이 차츰 인식의 도를 높이면서 마침내 그의 죽음을 통해 인류의 속죄까지를 인식하는 차원으로의 변화의 모습이 동일한 어조의 음률과, 비슷한 무대동작으로 표현되는 장면을 생각해 보자. 압축된 극의 구조에 알맞고 극의 통일성을 주는 간결함은 있을 것이다. 단체이되 산만하지 않는 몸짓으로 주인공의 심리까지도 헤아리는 모습, 그것은 자칫 평면적인 학생들의 교복 입은 모습과 크게 다르지 않을 것이다. 그러나 여기에선 셰익스피어의 『줄리어스 시저』의 군중보다 줏대 있고, 말하는 것보다 국가와 사회와 민중의 삶에 대해 더 많이 알고 있음을 시사하는 여인들, 이들에게 좀 더 그들의 삶의 현실까지 엿볼 수 있는 폭넓은 연기를 기대할 수 있지 않을까. 그들 속에는 더 지혜로운 사람, 더 가난하여 생각하기를 포기하는 사람, 여러 귀족들이 권력투쟁을 일삼는 정치현실에 대한 환멸 등, 삶의 현장에 대한 의식 있는 시각을 그들의 노랫말 속에 더욱 부각시킬 수 있다. 그들의 몸짓에서 신의 질서를 상실한 인간사회의 단면을 볼 수 있다. 코러스 여인들의 비탄의 소리를 통해 공평치 못한 사회를 알게 하고 일반사람들의 의식 없는 삶을 비판토록 한다. 엘리엇의 사회비판의 시각은 『반석』에서도 이미 코러스를 통해 나타나있었다. 『대성당의 시해』는 코러스를 극의 핵심에 더 가까이 접근시켜서 지상의 영광 뿐 아니라 순교자의 영광까지도 거부하며 완전히 신의에 복종하는 베켓의 행동이 누구를 위한 것인가를 관객이 포함된 일반사람들이 증언하는 분의기를 연출한다. 이 극의 핵심주제인 '순교자'(Martyr)의 어원도 증언하는 자, 즉 그리스도의 피가 헛되지 않음을 증언하는 사람인 것이다.

VI. 주제와 제의적 모형

제의적 형식은 연극의 기원 때부터 집단적 경험의 종합작용(feedback)의 기능을 해왔다. 극의 목적도 그렇고 처음의 공연장소가 성당 안이었다는 것은 제의형식의 무대양식화가 주제에 잘 맞았다고 생각한다.
우리가 교회에서 특별한 의식을 마련하여 부활절을 기념할 때 그리스도의 죽음과 부활의 그 의미가 각별하게 마음에 되새겨지듯, 극장 안의 관객에게도 이러한 양식은 주제에 대한 이해와 감동이 더 자연스럽게 전달되기 마련이다. 데이빗 존스(David E. Jones)도 이 작품의 제의적 요소를 지적하여, 이런 종류의 연극은 그 자체가 예배는 아닐지라도 '예배의 유형이거나 보충'이라고 말한다.23)

캔터베리 사원의 챕터 하우스 무대는 옆 등장 문이 없고 무대 중앙 스크린 뒤에만 있었기에 배우들은 관객이 들어오기 전 미리 무대 위에 올라가 있어야 했다. 그러나 베켓은 관중 속을 통과하여 등단했고 그 뒤를 이어 손에 촛불을 든 코러스가 성자들의 기도(The Litany of the Saint)를 부르면서 따라 들어갔다.24) 이 장면은 관객을 일시에 극중세계로 동참케 한 좋은 예이다. 이와같이 이 작품은 장소의 역사적 교회적 연관성에서 자연스럽게 힘입은 바 컸을 것이다. 첫 공연장소의 여건 때문에 베켓의 등단을 그렇게 처리한 것이지만 오늘날에도 교회예전에서 많이 행해지는 의식의 한 부분이니 이러한 유사점은 연극의 제의적 모형을 표현하는 장면이다.

제의적 분위기가 짙던 챕터 하우스 초연 당시 마침 캔터베리에 휴가차 와 있던 '더 타임즈'의 극비평가 찰스 모건(Charles Morgen)의 극찬에 따라 이 작품은 엘리엇 시극의 행로에 순풍의 돛을 달아준다. 모건은 이 작품의 런던 공연에 앞서서, "당대 극작가의 한 위대한 작품을 이제 런던에서 보게 되었다."(The one great play by a contemporary dramatist now to be seen on London.)라는 선전문 같은 평을 써서 그 후 공연의 성공을 갖고 오는 촉매 역할을 했고, 1935년 11월부터 37년 3월까지 웨스트 앤드와 머큐리 극장에서 지속적으로 공연되고, 1938년 뉴욕과 보스턴 공연에 이르러서는 이 작품이 이제 연극사의 일부가 되어 엘리엇이 시로 얻을 수 없는 명성을 그에게 안겨 주었다.25)

---

23) David E. Jones, *The Plays of T. S. Eliot* (London: Routledge & Kegan Paul, 1960), 79. 엘리엇이 이미 *The Rock*을 통해 새로운 연극적 형식을 제시한 점을 지적하면서 아직도 평자나 관객이 이 기법에 대해 생소한 처지임으로 관객이 더 이해하고 경험하면 자연스럽게 익숙해질 것이라고 했다.
24) Robert Speight, 178-179.
25) Robert Speight, 180 참조.

많은 비평가들이 『대성당의 시해』를 비연극적으로 보았다면 그것은 이 극의 제의적 요소를 단순하게 생각했기 때문이다. 미약한 극적 행동, 정적 감정과 단순한 인물성격을 지적하며 연극성(theatrical)의 문제를 논하곤 했다.[26] 이 극의 구조는 현대적 의미의 연극성은 없고 오히려 중세적 제의양식에 가까운 것이 사실이다. 그러나 바로 그러한 제의적 모형과 언어형식 때문에 시간을 초월할 수 있다. 오히려 어느 시대에서건 그 특성을 살린다면 제한성을 극복할 수 있는 것이다. 오늘날 우리나라 연극무대에서도 얼마나 많은 우리의 옛 제의적 모형이 재구성되고 있는가. 그것은 과거나 현대의 시점을 초월한 영원한 현재성을 의미한다. 더구나 주제가 시공을 초월하는 기독교적 순교의 의미일 때 제의적 양식은 그 자체가 연극적이라고 말할 수 있다. 데이빗 워드도 엘리엇이 근본적인 제의적 기능을 모색했다고 보고 있다.

> 전통의 옹호자인 엘리엇이 어떻게 그토록 잘 확립된 관례를 무시할 리가 있겠느냐고 물을 것이다. 그 대답은, 그 자신이 아리스토텔레스적인 것보다 훨씬 더 기본적인 방법으로 전통을 관찰하고 중시한다고 느꼈기 때문이며, 비극의 요소를 이의 제의적 기능과 공공의 목적에서 찾고자 했다.
>
> It may be asked how Eliot, the champion of tradition, could ignore such well established conventions. The answer is that he felt that he was observing and respecting the tradition in a much more fundamental way than the neo-Aristotelian, searching for the essence of tragedy in its ritual function and its communal purpose.[27]

이 극의 모형을 살펴보면 그리스도의 십자가의 수난과 부활을 둘러싼 성경 이야기와 유사하다. 순교자와 그리스도는 육체적 희생을 감당하여 새로운 생명으로 부활되는 사람들이다. 모형을 비교해 보면, 제 I부는 광야에서 그리

---

26) 전통적 관념의 연극성을 찾는다면 이 극이 갖고 있는 기본적인 극적 구조를 잘못 이해하는 것임을 라이오넬 파이크(Lionnel J. Pike)도 그의 "Liturgy and Time in Counterpoint: A View of T. S. Eliot's *Murder in the Cathedral*," *Modern Drama* 23. 3 (September 1980), 277에서 밝히고 있다.
27) David Ward, *T. S. Eliot Between Two Worlds* (London: Routledge & Kegan Paul, 1973), 184-185.

스도가 받은 유혹과 베켓이 유혹자에게서 받는 것과 대비시킬 수 있고, 제 II
부는 수난과 부활을 순교에 비유할 수 있다. 유혹을 겪은 후의 베켓의 성탄절
설교는 마태복음의 그리스도의 시험이 있은 후의 산상수훈의 말씀을 연상시
킨다. 제 II부에서 가장 뚜렷한 유사점은 세속적 권세를 추구하는 자들에 의해
죽음을 겪게 되는 것이며, 그 죽음 또한 개인의 의도가 아니라 인류를 구원하
기 위한 하느님의 의도에 의해 이루어진다는 점이다.

> 기독교의 순교는 결코 우연이 아닙니다. 왜냐하면 성자들은 우연으로 만
> 들어지는 것이 아니기 때문입니다. 더욱이 기독교 순교자는 마치 인간이
> 의지와 노력으로 통치자가 되는 것 같은, 그런 의지의 결과로서 성자가 되
> 는 것은 아닙니다. 순교는 항상 신의 계획에 의한 것이며, 인간에 대한 신
> 의 사랑이며, 그들을 보살피고 인도하기 위함이며, 신의 길로 돌아오게 함
> 입니다. 이것은 결코 인간의 계획이 아닙니다. 왜냐하면 진정한 순교자는
> 신의 도구가 되는 사람이며, 신의 의지 안에 그의 의지를 버린 사람이며,
> 더 이상 자신을 위해 그 어떤 것도 바라지 않으며, 심지어 순교자의 영광
> 마저 바라지 않습니다.

> A Christian martyrdom is never an accident, for Saint are not made by
> accident. Still less is a Christian martyrdom the effect of a man's will to
> become a Saint, as a man by willing and contriving may become a ruler of
> men. A martyrdom is always the design of God, for His love of men, to
> warm them and to lead them, to bring them back to His ways. It is never
> the design of man; for the true martyr is he who has become the instrument
> of God, who has lost his will in the will of God, and who no longer desires
> anything for himself, not even the glory of being a martyr. (261)

　제의적 모형의 연극무대에서는 신의 뜻을 알고 복종하는 지도자적 인물이
주인공 베켓이라면, 그의 설교의 대상자들이 있기 마련이다. 제의가 집단 공동
체의 축제와 예배 기능을 담당해온 것처럼 현대에서도 극장 안의 관객은 그런
행사에 참여하는 상징적인 마을 공동체 사람들로 간주된다. 이 극에서도 집단
의 공동책임에 대한 강조가 기사들의 행위와 변명에서 나타나 있다.
　마치 오늘의 관객 앞에서 공동의 죄의식을 종용하는 재미있는 연극적 장

면이다. 코러스의 울부짖음 가운데서 관객 자신들로 하여금 무대 위의 인물들과 같은 책임이 있다는 사실을 충격적으로 받아들이게 하는 수법이라고 할 수 있다. 관객은 처음엔 기사들의 우스꽝스런 말에 웃음이 나오다가 그것이 차츰 스스로에게 던져진다. 성자적 모습의 중후한 분위기가 무너지고 이제까지의 긴장상태에서 해방된 듯 하다가 이 시점에서 관객은 공동의식으로 기사들과 동류의 인간일 수 있음을 알게 된다. 극장은 즉각적인 감정의 상호교감이 이루어지는 장소이다. 그리하여 이 극이 끝날 때 관객도 코러스처럼 고통스런 희열을 느끼게 되는 것이다.

VII. 끝맺으면서

실제의 역사적 사건을 토대로 한 작품의 무대화에서 과연 얼마만큼이나 역사성을 벗어나 수사적 언어와 극적 대사로만 주제를 표현할 수 있을 것인가. 우선 이 문제는 『대성당의 시해』를 논할 때 피할 수 없는 담론이다. 주인공 베켓은 아무리 이 작품이 재구성되어 상연되더라도 역사적 인물에서 완전히 자유로울 수는 없다. 그러나 중요한 것은 일반 역사적 사건과는 달리 기독교적 역사성은 하나의 단독적인 사건에 구애받지 않는 시공을 초월한 구원의 역사 안에서 이해될 수 있다. 이 극에서 주인공의 죽음이 있어도 이 극을 전통적 비극으로 볼 수 없는 것도 그러한 이유 때문이다. 고통이나 죽음에 대한 기독교적 해석은 희랍극과는 달리 비전이 있는 낙관주의이다.[28] 그렇다고 하여 이 극을 결코 희극으로 볼 수는 없으며, 아리스토텔레스의 비극론의 정의와는 다른 하나의 기독교적 비극(Christian Tragedy)이라 할 수 있다. 엘리엇의 기타 작품에서 희랍극의 바탕을 따르면서도 비극적 결말이 보이지 않는 것은 이러한 기독교적 비전이 있기 때문이다.

이 극에서 진정한 의미의 순교가 무엇인가를 엘리엇은 그의 특유의 종교

---

[28] George Steiner, *The Death of Tragedy* (London: Faber and Faber, 1973), 332쪽 이하 참조. 비극적 요소는 단지 잠정적인 실의 또는 영광으로 상승하기 전의 일시적 고통이며, 영적 승화는 인간적 삶의 승리이지 패배는 아니라는 것이다.

관과 철학으로 해석하였다. 그것은 주인공의 행동이 시간과 무시간의 교차점을 구현하는 것이며 목숨을 버리는 것이 정지점에 이르는 행위임을 밝히고 있다. 신의 세계와 합일되는 정지점에 이르기 위해서 행동은 고뇌하고, 인간의 의지로 순교가 이루어지는 것이 아니라 온전히 신의 계획에 의한 것이니 순교자가 되는 영광마저 바라지 않아야 한다.

이렇듯 핵심적인 주제가 주인공의 내부세계의 인식과정을 통해 표현되기 때문에 연극화될 때 오히려 외적 갈등구조보다 훨씬 깊이 있는 통찰이 가능해진다. 이 극의 제의적 요소와 함께 연극적 현재성으로 재구성할 수 있는 중요한 부분이 바로 막간극인 베켓의 설교 장면이다. 산문으로 독백처럼 그의 마음속 깊은 곳을 토로할 때 그의 성찰은 곧 관객의 인식과 각성으로 이어지며 연극적 정화작용을 가져온다. 또한 그 후 그의 심리적 반영의 농도에 따라 다른 극중인물들의 성격 또한 다양하게 조명해 볼 수 있는 것이다.

우리는 이 작품이 캔터베리 축제에 참석한 관객들만이 보았다면 얼마나 아까운 것이었나를 느끼게 된다. 1930년대, 그들의 신앙심에 대한 각성을 촉구하기 위해 위촉을 받고 쓴 극작품이 작가 자신의 예상을 벗어나 그 후 지속적으로 상연된 것은 오늘의 시대에도 의미 있는 주제와 작품의 연극성 때문일 것이다. 수많은 엘리엇 연구논문에 덧붙여 아직도 시극에 대한 비평은 대부분 권위적이고 이론적인 것이 사실이다. 연극은 강연이 아니다. 앞으로 엘리엇 시극은 열려진 시각에 의해 연극의 영원한 현재성으로 재해석되어 그 예술성이 더 밝혀져야 한다.

주요어 (Key Words): 갈등구조(Dramatic Conflict), 구원(Salvation), 기독교적 비극(Christian Tragedy), 기사(Knights), 대주교 토마스 베켓(Archbishop Thomas Becket), 막간극(Interlude), 사제(Priest), 순교(Martyrdom), 시극(Verse Drama), 제의적 모형(Ritual Model), 캔터베리 축제(Canterbury Festival), 코러스(Chorus), 헨리 2세(Henry II), 희랍비극(Greek Tragedy)

인용문헌

Ackroyd, Peter. *T. S. Eliot*. London: Hamish Hamilton, 1984.
Browne, E. Martin. "T. S. Eliot in the Theatre, The Director's Memories." *Sewanee Review*. 74. 1. Winter 1966.
Eliot, T. S. "Poetry and Drama." *On Poetry and Poets*. New York: The Noonday Press, 1961.
_____. *The Complete Poems and Plays*. London: Faber and Faber, 1978.
_____. *The Use of Poetry and the Use of Criticism*. London: Faber and Faber, 1964.
_____. "A Dialogue on Dramatic Poetry." *Selected Essays*. London: Faber and Faber, 1932.
_____. *On Poetry and Poets*. New York: The Noonday Press, 1961.
Gordon, Lyndall. *Eliot's New Life*. New York: Farra · Straus · Giroux, 1988.
Hinchcliff, Arnold P, ed. *T. S. Eliot: Plays*. London: Macmillan Publishers, 1985.
Jones, David E. *The Plays of T. S. Eliot*. London: Routledge & Kegan Paul, 1960.
Michael, Laurence. "The Possibility of a Christian Tragedy." *Tragedy: Modern Essays in Criticism*. Eds. L. Michael and R. B. Sewall. N. J.: Printice-Hall, 1963. 211-214.
Moody, A. D. *Thomas Strearns Eliot*. Cambridge: UP of Cambridge, 1980.
Mulamud, Randy. *T. S. Eliot's Drama: A Research and Production Source Book*. New York: Greenwood Press, 1992.
Pike, Lionel J. "Liturgy and Time in Counterpoint: A View of T. S. Eliot's *Murder in the Cathedral*." *Modern Drama*. 23. 3 (September 1980).
Smith, Carol H. "Reluctant Saints and Modern Shamans; Teaching Eliot's Christian Comedies." *Approaches to Teaching Eliot's Poetry and Plays*. Ed. Jewel Spears Brooker. New York: The Modern Language Association

of America, 1988.

_____. *T. S. Eliot's Dramatic Theory and Practice*. N.J.: Princeton UP, 1963.

Speight, Robert. "With Becket in *Murder in the Cathedral*." *Sewanee Review*. 74. 1 (Winter, 1966).

Steiner, George. *The Death of Tragedy*. London: Faber and Faber, 1973.

Ward, David. *T. S. Eliot Between Two Worlds*. London: Routledge & Kegan Paul, 1973.

Worth, Katharine J. "Precusor and Model Maker." *T. S. Eliot: Plays*. Ed. Arnold P. Hinchcliff. London: Macmillan Publishers, 1985.

말과 음악의 코러스춤에 담겨지는 예배극:
『대성당의 살인』의 주제와 언어고찰

| 김 한 |

I. T. S. 엘리엇의 드라마와 현대 서구무대의 제의적 양상

디오뉘소스신에게 바쳐졌던 제의(cult)에서 본격적으로 출발했던 서구의 연극은 세계연극사상 셰익스피어를 제외한 최고의 극작가들을 산출했던 고대 그리스시대의 연극의 전성기 이후, 중세에 와서 역시 미사의식에서 출발했던 예배극의 발달과 함께 중세극의 절정이라 할 수 있는 신비극의 놀라운 극적 성취를 보게 된다. 셰익스피어를 정점으로 공연예술의 절정을 보여주었던 영국의 르네상스시대의 연극 또한 축제적(festival) 양상을 띤다.

이후 현대 서구의 무대가 두드러지게 보여주는 제의적 연극의 공연과 실험은 주목할 만한 흥미로운 양상이다. 그 이유는 이것이 결코 어떤 새로운 형태의 현상이 아니라, 연극이 본래적으로 갖고 있던 것에로의 환원이기 때문이다.

현대 서구의 제의적 연극은 크게 두 가지 차원에서 공연되어 왔다. 하나는 원시 종교의 샤먼들의 몸짓과 소리 또는 율동을 개발하여 공연장을 제상화하는 방법이고, 또 하나는 서구의 전통적인 종교라고 할 수 있는 기독교의 예배 의식과 극예술과의 만남을 꾀해 양식미를 갖춘 기독교 예배극이라 할 수 있다.

전자에 속하는 예로서는 아프리카 우간다(Uganda)의 아마뿌이 극단이 런던 알드위치(Aldwych) 극장에서 공연한 『렌가모이』같은 극을 들 수 있다. 현대 극작가들이 할 수 있는 일이야말로 "제주(priest)로서의 기능"이라고 밝혔던 반 이태리(Jean Claude van itallie 1936)의 극 『뱀』(*The Serpent* 1969)은 원시종교의 제의에 맞도록 쓰여지고 공연된 예라 할 수 있고, 이보다 좀 더 원시종교의 제의에 그리스적 세련미를 가해 극을 쓴 예가 피터 셰퍼(Peter Levin Shaffer 1926-)였다. 그의 『에쿠스』(Equus 1973)는 한 편의 연극으로도 뛰어났지만 제의로서도 훌륭한 것이었다. 사무엘 베케트(Samuel Beckett 1906-1989)나 헤롤드 핀터(Harold Pinter 1930-2008)의 현장성 못지않게 피터 셰퍼의 제의성이 서구연극의 한 방향을 제시해주고 있는 것이 사실이다.

기독교적 예배와 연극의 만남은 원시제의로의 환원보다는 좀 더 먼저 시도 된 것으로서, 오든(Wystan Hugh Auden 1907-1973)이나 크리스토퍼 프라이(Christopher Fry 1907-2005), 엘리엇(T. S. Eliot 1888-1965)에 의하여 금세기 초에 영국에서 시작되었다.

엘리엇은 그의 첫 종교극 『바위』(The Rock 1934)의 원형을 그리스극이나 중세극에서 찾아보고자 시도했고, 다음 작품인 『대성당의 살인』[1](The Murder in the Cathedral 1935)에서는 그리스나 중세극 못지않게 성공회(Anglican Church) 제의와의 만남을 꾀함으로써 정통비극에 가까운 현대비극의 하나로 일컬어 질 시극을 창조했다.

엘리엇과는 조금 다른 측면에서 예배극의 이론을 확립한 현대 극작가로서 스위덴의 극작가 올로프 할트만(Olov Hartman)을 들 수 있다. 그는 엘리엇이 연극에 제의적인 것을 가미시킨데 반하여 제의에 연극성을 가미시킴으로써 독특한 예배극론을 확립한다. 그 외 요절한 덴마크의 극작가 카자뭉크(Kaj Harald Leininger Munk 1898-1944) 또한 기독교적 테마를 즐겨 다루었으나, 엘리엇이나 할트만이 성취했던 제의적 양식미를 정립하지 못한 이유로 희곡사적 가치를 부여받지 못했다.

사무엘 베케트, 헤롤드 핀터, 피터 셰퍼 모두가 생존하고 있던 당시, 엘리

---

[1] 필자가 택한 이 극의 텍스트는 엘리엇이 죽기 전 마지막으로 고쳐 쓴 최종판(London: Faber and Faber, 1935)이고, 번역부분은 이 극의 대역본(동인 2007)에 수록된 본인의 번역임. 제목의 Cathedral(주교좌성당)은 "주교좌(cathedra)가 있는 성당, 즉 각 교구의 교구장 주교가 거주하는 성당이다. 한국에서는 '대성당(basilica)'이라고 번역하지만, 이 번역은 옳지 않다. 외국의 경우 주교좌성당을 부르는 명칭에 차이가 있다. 프랑스에서는 일반적으로 주교좌성당을 '노트르담(Nortr-Dame)', 이탈리아에서는 '두오모(Duomo)', 독일에서는 '돔(Dom)'이라고 부른다." 『한국가톨릭대사전』(2004), 제10권, 한국교회사연구소, 7813. 필자는 이 극의 제목을 한국의 일반적 관례를 따라 '대성당'으로 번역하기로 한다.

엇은 사후 40 여년이 지났어도 이들 작가들 보다 오히려 그의 극이 거듭 다시 공연되고 재평가 받았던 것은 그가 일찍이 연극의 제의적 중요성을 파악하고 - 연극 본래적인 것으로의 지향을 선언하는 - 시대를 앞서가는 극을 썼기 때문이라고 보여진다.

엘리엇의 예술관과 연극관은 그의 종교적인 관점과 관련성을 가진다. 엘리엇은 그가 보여주고 싶어 했던 자신의 종교적인 직관을 담아줄 완벽한 그릇으로서 드라마를 택했다. 그 이유는 연극이 갖고 있는 제의적인 기원과 완결된 질서를 보여주는 극적인 세계를 제시해 주는 가능성 때문이었다.

엘리엇이 종교극에 손대기 시작했던 1930년대의 세계적 상황은 무솔리니의 "지금과 같은 정신상태가 지속된다면, 1939년경에는 전면적인 전쟁이 일어나리라"는 예언이 나왔던 혼돈과 격동기였다(Sencourt 138). 영속적인 가치가 부재했던 이 격동기에, 중세를 통해 성행했던 종교극을 부활시켜 보고자 마련되었던 1935년 6월의 켄터베리 축제(Canterbury Festival)를 위한 극을 써달라는 특별한 요청아래 쓰여 졌던 극이 『대성당의 살인』이다.

파시즘이 믿기 어려울 정도로 판을 치고, 그 라이벌로서 민족주의가 못지 않게 뽐내던 이 시기에, 엘리엇은 파시즘도 사회주의도 싫어하면서 지나친 개인주의와 자유주의를 지양할 어떤 것을 추구했다(The Criterion 266-75). 이 시기는 엘리엇의 '무장한 기독교의 시기'라고도 볼 수 있다. 엘리엇은 문학의 위대성은 문학적인 기준에서만은 판정될 수 없다고 보았고 문학비평도 결정적인 윤리적 관점 내지 신학적 관점에서 완성되어야 한다고 믿었다. 그는 기독교 세계를 그것에 대적하는 세속적인 공격들로부터 구원해내기 위해 쓴다고 밝힌 적이 있다(The Use of Poetry 343).

엘리엇을 '어디까지나 종교시인'이라고 보는 견해는 지배적이다(Carol H. Smith, "Preface" vii-ix). 이 견해는 과연 어느 정도 타당한 것인가? 또한 그의 대표적인 극으로 꼽히는 『대성당의 살인』은 종교극으로서 어느 정도 타당성을 가지는 것일까? 또한 한 편의 기독교 예배극으로서 이 극은 오늘날의 관중에게 얼마나 호소력을 가질 수 있는가? 현대 영국의 고전으로 취급되면서 그것이 깔고 있는 제의성을 통해 오늘날의 관중에게 다가가고 있는 『대성당의 살인』의 주제와 언어를 중심으로 살펴보기로 한다.

II. 『대성당의 살인』의 주제

1. 주제

이 작품의 중심적인 주제는 순교다. 이 극에서 한 순교자로서의 토마스 베케트는 어떤 동기로 고난당하거나 어떤 종교적인 신조를 위해서 그의 생명을 포기하는 자라기보다는, 신의 뜻의 실재에 대한 증인으로 그려지고 있다. 엘리엇에 있어 순교의 개념은 저 고래의 의미에서의 "증인"이다[2]

실제로 대주교 토마스가 살해되는 행위는 결코 하나의 극적인 클라이맥스로서 중요하지는 않다. 엘리엇은 그의 관중에게 그들이 지켜보고 있는 것은 "동기·행위·결과"라는 정상적인 극적논리를 포함하는 일련의 사건들이 아니라 — 인간의 처사(human behavior)가 아닌 — 신의 뜻에 의존하고 있는 한 행동임을 거듭하여 경고한다.

이 극은 "행동의 고뇌"(action-suffering)라는 모티브를 보여준다. 이 극은 동시에 어떤 행동이 신의 법칙들에서 이탈된 것일 때 그것은 감각세계에서의 예속임을, 신의 뜻을 체험함을 통하여 나오는 의지의 자유의 행사야말로 인생이 겪는 고난의 굴레로부터의 해방임을 부각한다. 또한 인간에 있어 그 행동이 지니는 유일한 진정한 자유란 그것이 신의 의지에 종속할 때 얻어지는 것이며 이때 비로소 "의지가 완전케"됨을 보여준다.

기독교적 인내와 겸허가 성취된 것은 오직 "선·악간의 영원한 투쟁"과 경험되는 변화가 신의 관점에서 보아질 때였다. 『대성당의 살인』에서 토마스가 완전한 자기포기와 더불어 신의 뜻을 그대로 받아들일 때 그의 가장 위대한 자유의 순간이 왔고, 기사들의 경우 그들이 보다 세속적인 목적들 — 권력, 탐욕, 정욕 — 에 굴종함으로써 일찍이 그들의 영혼이 가지고 있던 신성의 상실과 함께 최대의 예속이 오고 있는 것으로 부각되고 있다.

이 극에서 토마스를 위협하는 네 명의 기사들은 토마스를 유혹하는 네 명의 유혹자의 역할을 겸하도록 되어 있다. 이 네 명은 프로타고니스트

---

[2] "Witness"를 "목격"으로 표기한다면 실제로 무엇이 일어난 것을 옆에서 보는, 실증주의적 개념으로 국한하기 쉬우므로 "증인"으로 표기하는 편이 좋겠다고 본다.

(protagonist)인 토마스에게 박해를 가해오는 앤타고니스트(antagonist)로서 토마스와 뚜렷이 맞서고 있는 인물이다. 그러나 다른 안목으로 볼 때 이들은 토마스라는 하나의 인물 속에 도사린 내부의 세력이라는 해석도 가능하다. 이때 각 유혹자들은 토마스의 다른 자아들(alter ego)로서 토마스가 마주하도록 제시되는 다양한 과거들이라고 보아질 수 있다. 『대성당의 살인』이 극화하고 있는 것은 토마스가 안고 있는 갈등 – 신성과 인성, 혹은 선과 악의, 혹은 영적인 것 – 나아가 영원한 현실과 세속적인 것 등 간의 – 으로서 결국 이 갈등은 영과 육간의 갈등으로 압축된다고 대체로 보아진다. 이 갈등이 이 극에서 어떻게 극화되고 있는지 구조와 플롯을 통해 살펴보기로 한다.

2. 구조와 플롯

이 극의 구조는 크게 두 부분으로 구성된다. 1부는 토마스 베케트가 7년의 망명생활 끝에 대주교로서 켄터베리 성당으로의 귀환과 이후에 따른 코러스의 반응과 네 유혹자와 토마스간의 갈등을 극화하고 있고, 2부는 국왕이 파견한 기사에 의한 토마스의 죽음의 순교 사건과 이 사건이 순교의 증인인 코러스에게 일으키는 변화를 극화한다. 1부와 2부 사이에 놓여지는 막간은 주인공 토마스의 성탄 설교로 이루어져 있다.

1) 제1부

토마스는 7년간의 망명생활을 마치고 대주교로서 켄터베리 성당으로 귀환한다. 이 토마스에게 제일 먼저 찾아오는 첫째 유혹자는 젊은 시절, 조정에서 누리던 생활의 관능적인 쾌락들을 제시한다.

> 국왕의 호의, . . .
> 목장의 피리소리, 홀 안에서 울려오는 바이올린 가락,
> 물 위를 떠도는 웃음과 사과 꽃,
> 황혼의 노랫소리, 침실의 속삭임.
> 기지와 포도주와 지혜와 벗하여 어둠을 먹고
> 겨울을 삼키는 벽난로.

Favour with the King, . . .
Fluting in the meadows, viols in the hall,
Laughter and apple-blossom floating on the water,
Singing at nightfall, whispering in chambers,
Fires devouring the winter season,
Eating up the darkness, with wit and wine and wisdom! (I. 265-72)

이에 대해 토마스는 "어리석은 바보만이 운명의 수레바퀴를 돌릴 수 있다고 생각하는 법이다"고 대답하며 물리친다.

다음에 오는 제 2유혹자는 지상의 권력(대법관의 자리)을 제시한다. 토마스는 단호히 물리친다.

안 된다! 천국과 지옥의 열쇠를 쥔 내가,
교황의 도움으로 해방과 결박의 권리를 가진 내가,
영국에서 제일가는 하늘의 권리를 가진 내가
한 보잘 것 없는 권세를 탐하여 몸을 굽히겠느냐?

No! shall I, who keep the keys
Of heaven and hell, supreme alone in England,
Who bind and loose, with power from the Pope,
Descend to desire a punier power? (I. 375-79)

제3유혹자는 영국 귀족계급(barons)과 손잡음으로써 왕에게 복수할 수 있고 나아가 교황의 세력까지 통치할 수 있다고 유혹한다. 토마스는 다음과 같은 절규와 함께 그를 물리친다.

짓기 위해서는 부숴라! 이 생각은 이전에도 떠올랐다.
무너져가는 힘의 결사적인 투쟁이여.
가자의 삼손도 이보다 더하지는 않았겠지.
그러나 부수겠다면, 나는 나 자신만을 부셔야 할 것이다.

To make, then break, this thought has come before,
The desperate exercise of failing power.

Samson in Gaza did no more.
But if I break, I must break myself alone. (I. 470-73)

토마스는 이렇게 세 유혹자를 비교적 쉽게 물리칠 수 있었다. 그런데 여기까지 온 토마스는 자신이 스스로 모든 세력추구나 복수 행위로부터 해방시킨다고 봄으로써, 그의 사고의 모순을 드러낸다. "나는 나 자신만을 부셔야 할 것"이라고 자신의 파괴를 의지(意志)하는 이 시점에서의 토마스는 신의 의지 앞에 자신의 의지를 녹이는 일에 위배되는 행위를 범하고 있다. 그의 말이 끝나는 것과 동시에 등장한 넷째 유혹자는 "토마스 잘해내셨습니다. 당신에겐 쉽게 굽힐 줄 모르는 강한 의지가 있군요."라고 넌지시 말한다. 넷째 유혹자는 바로 토마스 자신이 한 말을 반복한다. 이 넷째 유혹자가 제시하는 것은 순교의 권세와 영광이며, 이것이야말로 토마스가 가장 물리치기 어려운 유혹이 되고 있음을 시사한다.

제 4유혹자 : . . . 생각해 봐, 토마스. 죽음 이후에 올 영광을 말이다.
한 왕이 죽으면 새 왕이 등장한다.
새 왕이 오면 새 통치가 시작되고
새 통치가 시작되면 옛 왕은 잊혀지는 법.
하지만 성자와 순교자의 통치는 무덤에서 시작된다.
토마스, 생각해 봐,
참회하면서 기어 다니며
그림자에 놀라는 당황한 적들의 모습을;
보석을 두른 번쩍이는 성당 앞에 줄지어 서서
영세토록
무릎 꿇고 간청하는 순례자들의 모습을!
그리고 하느님의 은총을 입은 기적을 생각해 봐. . . .
토마스 : 이미 생각해 보았다.
. . . .
그런데 할 일은 무엇이란 말인가!
영원한 왕관은 없단 말인가?
제 4유혹자 : 있다! 토마스, 있어! 일찍이 넌 그것도 생각해 보았다.
하나님의 존재 안에 영원히 거하는
성자의 영광에 비할 것이 어디 있겠는가?

어떤 지상의 왕궁이나 자만도, 왕과 황제의 영광도
하늘의 영광에 비하면
보잘 것 없는 것이 아닌가?
순교의 길을 추구해! 하늘에서 높게 되기 위해서
자신을 지상에서 가장 낮은 자로 만들어!
그리고 저 멀리 발아래를 내려다 봐. 심연이 가로 놓여있고,
너의 박해자들은 정열이 고갈된 채, 영원한 고통 속에서
속죄할 길을 잊은 채, 바싹 타들어 가고 있는 모습을.

TEMPTER. . . . . But think, Thomas, think of glory after death.
When king is dead, there's another king,
And one more king is another reign.
King is forgotten, when another shall come:
Saint and Martyr rule from the tomb.
Think, Thomas, think of enemies dismayed,
Creeping in penance, frightened of a shade;
Think of pilgrims, standing in line
Before the glittering jewelled shrine,
From generation to generation
Bending the knee in supplication,
Think of the miracles, by God's grace, . . .
THOMAS. I have thought of these things.
. . . .
THOMAS. But what is there to do? what is left to be done?
Is there no enduring crown to be won?
TEMPTER. Yes, Thomas, yes; you have thought of that too.
What can compare with glory of Saints
Dwelling forever in presence of God?
What earthly glory, of king or emperor,
What earthly pride, that is not poverty
Compared with richness of heavenly grandeur?
Seek the way of martyrdom, make yourself the lowest
On earth, to be high in heaven.
And see far off below you, where the gulf is fixed,
Your persecutors, in timeless torment,
Parched passion, beyond expiation. (I. 529-570)

여기에서 토마스는 소스라치게 놀라며 제 4유혹자의 말이 내포하는 것이 무엇인지를 비로소 인식한다. 순교를 의도하는 자만(pride)은 "그릇된 이유를 위해 행하는 올바른 행위"이며, 이 행위는 가장 커다란 반역이었다. 그는 자신이 저 수레바퀴를 돌리려고 했던 것이다. "내 영혼이 병들어 자만에 찬 파멸로 인도하지 않는 길이란 없단 말인가?"(I. 585)라고 절규하는 토마스에게 제 4유혹자는 토마스가 처음으로 이 극에 등장하면서 던지던 말을 반복한다. 이 말은 이 극의 메시지가 되고 있다.

너는 알면서도 또한 알지 못한다, 행위하고 고통하는 것이 무엇인지를.
너는 알면서도 또한 알지 못한다, 행위는 고통이며,
고통은 행위임을. 행위자는 고통하지 않고,
고통하는 자는 행동하지 않나니. 그러나 양자는
영원한 행위, 영원한 인내 속에서 결합한다. . . .

You know and do not know, what it is to act or suffer.
You know and do not know, that action is suffering,
And suffering action. Neither does the agent suffer
Nor the patient act. But both are fixed
In an eternal action, an eternal patience. . . . (I. 591-96)

행동은 고뇌(action-suffering)라는 주제는 종교적 인식이 체험 속에서의 시간과 영원의 교차라는 주제와 연관된다. 이 둘이 교차하는 시점은 시간이라는 수레바퀴를 움직이는 신성한 지점이요 돌고 있는 세상 복판에 자리한 고요한 정점이다. "윤회하는 세상속의 정점"(the stillpoint of the turning world)은 엘리엇의 다른 주요 작품인 『네 4중주』(Four Quartets)에서도 의미 깊은 것으로 다루어지고 있다. 저 정점은 윤무적인 세계 속의 상수(常數)요, 지나간 시간과 오는 시간이 즉 과거와 미래가 모이는 곳으로서 과거와 미래가 하나를 이루는 곳이다. 바로 이 지점에서 "내면적 자유"(inner freedom)가 찬양된다. 이 정점(靜點)은 "모든 것을 넘어선 평화"의 지점이다(Smith 176-8). 또한 이 정점이 표상하는 상수란, 이것을 볼 수 있는 자에게는 언제나 현재인 고로, 이 정점은 "모든 것을 넘어선 평화의 정점"인 동시에 "모든 순간에 가능한 신의 인식"이며 "역사 속에서의 인카네이션의 순간"으로 해석된다.

이 극에서 토마스가 한 첫 말 "평화"는 행동과 고통을 넘어선 새로운 의미를 함축하고 있다. 이렇게 제1부는 토마스에게 제공되어 오는 세속적인 영광들과 권력을 보여 주었고, 동시에 인간의 모든 능력과 인간의 모든 지혜의 상대성과 허무성을 인식하며 이것들을 물리치는 토마스의 모습을 보여주고 있다. 토마스는 "지극히 높은 곳에서의 신의 영광"을 택하며, 저러한 것들을 포기하기를 결단함으로써, 참다운 의지의 완성, 자유의 성취로 향하는 것으로 제1부가 끝난다.

2) 막간

제1부에서 잇달아 나오면서 이 극의 막간을 이루고 있는 것은 산문으로 구성된 토마스의 성탄절예배의 설교다. 누가복음 2장14절, "지극히 높은 곳에서는 하나님의 영광이요, 땅에서는 기뻐하심을 입은 사람에게는 평화로다"로 시작되는 이 성탄설교는 "그리스도의 탄생과 함께 십자가상의 수난과 죽음을 동시에 축하하는" 성탄예배의 특별한 의미를 지적하면서, 신의 평화를 세상이 아는 평화와 구별지우고 그리스도와 순교자 사이의 유사성을 부각시켜준다. 토마스의 설교는 순교란 "자신의 계획이 아닌 계획에 의해서 되어진 것" 이라는 기독교 순교에 대한 새로운 통찰로서 맺어진다(막간 60-82).[3]

이 극은 그 내면적인 차원에 있어 토마스의 수난과 구원을 그리스도의 십자가 수난 및 부활과 동일시되는 차원까지 끌어올림을 통해 적어도 토마스에 대한 단순한 심리연구를 넘어서려고 시도한다. 이 성탄절의 설교는 세상 죄를 짊어진 속죄양(scapegoat) 그리스도와 토마스의 유사성을 암시하고 있다. 이 극의 제1부는 토마스에게 닥쳐왔던 유혹을 다룸으로써 그리스도의 유혹을 연상시켜 주고, 제2부는 토마스의 순교를 보여줌으로써 그리스도의 수난, 죽음, 부활의 사건을 연상시켜 준다고 해석할 수 있다.

---

3) 지면 상 II장 언어고찰 부분 중, 4. (2)의 1)에 수록.

3) 제2부

제2부가 시작되면 성 스테반, 사도 요한, 무죄한 어린이 순교자들(Holy Innocents)이 성기(banners)를 들고 입장하고 성 스테반과 성 요한의 초입경(Introit)[4]이 들려온다. 이렇게 시간의 흐름을 통합함으로써 이 성자와 순교자들이 의미가 지니는 공시성 혹은 동시성이 부각된다(Browne 57-69).

여기에서 보여지는 온후한 사제들의 분위기는 나중에 등장하는 기사들의 모습과 태도가 보여주는 야수적인 분위기와 대조를 이룬다. 기사들의 야수성을 통해 신의 뜻에 타협하지 않고 자신만의 의지를 행사할 때 확대되는 인간의 동물성이 상징되기도 한다.

사제들은 토마스에게 기사들이 도착하기 전에 도망하거나 숨으라고 강요한다. 이 때 토마스는 죽음이 하느님의 뜻이라면 그것을 맞이해야 한다고 주장하며 거절한다. 광분한 사제는 그를 강제로 끌어내는 데에 성공한다. 여기에서 사제들은 신의 뜻을 결코 이해하지 못하고 있음이 보여진다. 행동을 원하는 그들은 그들 자신이 저 수레바퀴를 돌릴 수 있다고 생각하고 있다. 사제들은 그들 손으로 성당 문을 잠근다. 그러나 토마스는 문을 열라고 명령한다.

    사제들   문을 걸어라! 빗장을 질러라!
    문은 닫혔다!
    우리는 안전하다. 이제는 안전하다.
    토마스   빗장을 벗겨라! 문을 열어라!
    나는 기도의 집이요, 그리스도의 교회인 이 성소를 요새로 만들지는 않겠다.
    교회는 교회의 방식대로 스스로를 보호해야 한다.
    몽둥이와 돌멩이 대신에. 돌과 나무는 썩는다.
    이곳에 머물러 있지 말라. 교회는 견디어 내리라.
    교회의 문은 열려져야 한다. 적들에게 까지도! 문을 열어라!
    . . . .
    자, 문을 열어라! 명령이다! 문을 열어라!
    (*문이 열린다. 기사들이 술 취한 듯 약간 비틀거리며 들어온다.*)

    PRIESTS. Bar the door. Bar the door

---

4) 영국국교회에서 성찬식 전에 부르는 노래

> The door is barred.
> We are safe. We are safe.
> They dare not break in.
> They cannot break in. They have not the force.
> We are safe. We are safe.
> THOMAS. Unbar the doors! throw open the doors!
> I will not have the house of prayer, the church of Christ,
> The sanctuary, turned into a fortress.
> The Church shall protect her own, in her own way, not
> As oak and stone; stone and oak decay,
> Give no stay, but the Church shall endure.
> The Church shall be open, even to our enemies. Open the door!
> . . . .
> Open the door! I command it. OPEN THE DOOR!
> [*The door is opened. The* KNIGHTS *enter, slightly tipsy*] (II. 310-322. 352)

이 극에서 극 행위의 클라이맥스가 있다면, 바로 이 장면일 것이다. "교회의 문은 열려져야 한다. 적들에게 까지도!" 라고 외치며 문을 여라는 토마스의 명령에 따라 문이 열려진다. 이제 열려진 문을 통해 기사들이 들어오고, 토마스를 추방하라는 왕의 명령을 가지고 왔으니 토마스에게 떠나라고 거칠게 명령한다. 떠나기를 거절하는 토마스를 향해 기사들은 광분하며 반역이라고 기소하며 위협할 때, 토마스는 자신은 "인간의 법칙 위에 있는 하느님의 법칙에 생명을 맡긴다"(342)고 말한다. 토마스는 두려움에 떨며 몸부림치는 켄터베리 여인들에게 그들이 "지금 공포 속에서 목격하는 행위의 나중에 올 영광"을 이야기하며 위로한다. 칼끝을 겨누며 토마스를 둘러싸고 있던 기사들이 그를 살해한다. 여기에서 토마스를 중심으로 서서 그를 둘러싸는 기사들은 그를 주축으로 하나의 바퀴 모양을 이룸으로써 운명의 수레바퀴라는 이미지가 시각화되고 극은 절정에 이른다. 이 살해가 진행되는 동안 코러스는 격렬하게 몸부림치며 온 세상이 피에 물들었음을 절규하며 세상의 정화를 부르짖는다.

이 극의 막이 내리기 직전 기사들은 다시 등장하여 당대의 산문으로 관중에게 그들의 행위를 변호한다. 마틴 브라운의 요청으로 나중에 첨가되었던 이

부분들은, 관중에게 충격을 주어 그들이 이제까지 잠겨있던 안이한 포만에서 깨어나게 하기 위해 쓴 것이라고 엘리엇 자신이 밝힌 바 있다(Use of Poetry 343). 이것을 통해 엘리엇은 현대 관중과의 보다 더 직접적인 접근을 꾀했던 것이고 이 시도는 성공하고 있다.

기사들은 여러 가지 근거를 들어 최선의 현대 논리에 따라 그들의 행위를 정당화한다. 그들은 "사사로운 이익을 넘어서서 공정"했을 뿐이고, 그들이 사용한 폭력은 "사회의 안전을 유지하고 정의를 확립하기 위해 불가피했던 유일한 길"이며, 토마스의 죽음은 결국 "불건전한 이상성격으로 인한 자살"로 판결되어야 할 것이라고 주장한다.

이런 정치적 논쟁 투의 현대 산문을 이 극이 전반적으로 취하고 있는 시적이고 종교적인 바탕 속에 삽입함으로써, 카톨릭적인 인생관이 지니는 시와, (질서와 리듬이라는 의미에서의) 무질서하고 혼란된 현대적 존재의 실리적인 물질주의의 산문적인 속성의 대조를 구축하고 있다. 이런 수법을 통해 이 극은 다양한 극적분위기를 혼합하면서 사건들에 대한 보다 근원적인 해석에 도달하기를 추구하고 있다.

이 극의 마지막 행들은 구세주와 토마스 베케트라는 성자간의 관련성을 결정적으로 새기고 있다.

주여, 우리에게 자비를 베푸소서.
그리스도여, 우리에게 자비를 베푸소서.
주여, 우리에게 자비를 베푸소서.
축복받은 토마스여, 우리를 위해 기도해 주옵소서.

Lord, have mercy upon us.
Christ, have mercy upon us.
Lord, have mercy upon us.
Blessed Thomas, pray for us. (II. 630-34)

『대성당의 살인』에 나오는 인물들이 보여주는 신의 뜻에 대한 인식은 다양한 계층을 이룬다. 이중 토마스만이 수레바퀴의 중심에 서서 행동과 고뇌의 차원을 넘어선 평화를 체험한다.

III. 『대성당의 살인』의 언어

엘리엇은 언어란 시이고 행동이며, 주제요 분위기이며 의미라고 보았고, 사회의 분위기를 상징하는 관중기호의 다양한 계층들을 가로지르는 시가 가장 유용한 시라고 여겼다. 엘리엇은 이 시를 위한 이상적이고 직접적인 매개체를 극장으로 보았고, 생의 깊고 영속적인 것들에 드라마가 개입하기 위하여서는, 그 표현수단으로 시(verse)를 사용해야 한다고 믿었다. 실로 이 극을 심화하고 이 극에 통일성을 주는 가장 강력한 힘은 시에서 나오고 있다.

이 극에서 엘리엇의 탁월한 시가 가장 성공하고 있는 부분은 코러스의 다양하고도 자유로운 운율이다. 코러스는 그 시에서 뿐만 아니라, 그 기능에서 또한 이 작품을 높여주고 있다. 오늘날 결코 희랍극장이 구사하던 수법이 우리의 것이 될 수는 없으나, 이 극에서 코러스는 근본적으로 보편적인 기능을 담당한다. 이 극의 코러스인 켄터베리 여인들은 극중의 행동과 관중과의 사이를 중개하며 그 행동이 파급하는 감정적인 결과들을 투영해 줌으로써 행동을 이중으로 보게 하는 효과를 탁월하게 성취하고 있다. 이리하여 엘리엇은 아이스퀼로스(Aeschylus)이래 코러스로 하여금 극중의 행동을 그 전체적인 의미 속으로 전개시켜 주는 구실을 감당하게 하는데 성공한 최초의 현대 극작가가 되고 있다. 본 장에서는 오늘날 대표적인 현대극의 고전(modern classic)으로서 평가되는 『대성당의 살인』의 언어에 대해서 집중적으로 고찰하고자 한다.

1. 코러스의 언어

『대성당의 살인』의 중심인물 토마스의 순교의 효과는 궁극적으로 이 극의 코러스를 구성하고 있는 켄터베리의 주민들인 가난한 여인들의 생 속에서 느껴지도록 하는데 성공하고 있다. 이 극에서 성자 토마스의 순교의 과정은 민중("people")을 대변하는 켄터베리 여인들로 구성된 코러스에게 변화를 파급함으로 해서 더욱 의미로운 것이 되고 있다. 주인공 토마스와 코러스간의 상호작용에 대한 극화는 실로 중요하다. 이 극에서 주인공(hero)의 딜레마를 대면하는 이들의 반응은 또한 관중의 반응과 상응한다.

코러스는 개별적으로는 개성을 지닌 개인들이며 전체적으로는 공통적인 감정을 겪고 있는 집단이다. 그들은 자기 연민에서 전적으로 벗어날 수 있는 냉정을 보여 주기도 하고, 참다운 신앙에로 귀의하며 겸허한 수용의 자세를 보여 주기도 한다. 극의 시작부의 대사가 예시하듯 그들의 직관은 다가올 미래를 예언한다.

우리의 발길을 성당으로 이끄는 것은 무엇인가.
어떤 예감이 우리에게 명하는구나.
닥쳐올 상황의 증인이 되라고.
. . . .
우리는 기다린다. 우리는 기다린다. . . .
새로 태어날 순교자와 성자의 탄생을.
운명은 하나님의 손 안에서 기다리고 있구나, 아직 형태를 갖추지 못한 것
　에 형태를 주면서.
. . . .
인자는 조롱의 시궁창에서 다시 태어날 것인가!

. . . . Some presage of an act
Which our eyes are compelled to witness, has forced our feet
Towards the cathedral. We are forced to bear witness.
. . . .
We wait, we wait,
And the saints and martyrs wait, for those who shall be martyrs and saints.
Destiny waits in the hand of God, shaping the still unshapen:
. . . .
Shall the Son of Man be born again in the litter of scorn?

(I. 6-8, 40-42, 49)

코러스는 이 극의 초기에서 7년간의 부재 끝에 돌아오는 대주교가 가져올 정신적인 동요를 두려워하며, 차라리 "고요한 불모성"을 택하려고 한다. 그들은 그들의 "부분적인 삶, 조각난 삶"을 영위하기를 계속하도록 그들을 그대로 내버려 달라고 하며 "차라리 그분이 돌아오시지 않으면 좋으련만"이라고 노래한다.

처음에는 이렇게 무책임하게 회피적이고 수동적이던 그들의 자세는 이 극을 통해 변화를 겪는다. 토마스의 죽음이 임박할 때, 죄의식에 차서 격정적이고도 히스테리칼한 반응을 보여주며 몸부림치는 그들은 책임의 단계에 들어선 것을 보여준다. 그러나 이러한 반응은 아직 그들이 신의 뜻을 고요히 받아들일 수 없음을 보여준다. 토마스의 순교 이후 그들은 마침내 그들이 도달한 죄에 대한 보다 높은 인식과 함께, 순교의 영광에까지 참여하는 자세에 이르게 된다. 이와같이 이들 코러스가 극중에서 보여주는 자세의 변화에 따라 그들의 언어가 변화한다. 그들의 언어는 자연언어에서 벗어나 베케트의 (종교적) 언어를 수용하게 된다. 코러스 언어의 변화에 대해서는 언어의 상호작용에 대해서 집중적으로 다루는 4장에서 자세히 다루기로 한다.

2. 운율

엘리엇은 이 극을 통해 또 다시 "앞으로 나아가기 위해서 뒤로 돌아가고 있음"을 보여주고 있다(Gardner 21). 엘리엇은 비극의 가장 원시적 형태로 눈을 돌리며 이 극을 위한 언어 모델로서 아이스퀼로스의 초기 극들을 채택하고 있다.

아이스퀼로스의 극들의 모든 주제는 하나의 중대한 상황을 중심으로 놓여지고 있고, 이 주제들은 '말과 음악'으로 구성되는 하나의 단순한 코러스적인 춤(choric dance)에 담겨져 취급될 수 있다.5) 『대성당의 살인』은 토마스의 순교의 죽음이라는 하나의 중대한 상황을 중심으로 설정되고 있고, 이 극의 주제들이 담겨지는 '말과 음악' 또한 이와 유사한 양상을 보여주고 있음을 코러스가 드러내주고 있다.

아이스퀼로스의 초기 극에서 모델을 찾았던 엘리엇은, 또한 이 극의 운율

---

5) There is one great situation, in which poet steeps our minds, with at most one or two sudden flashes of action passing over it. Woman pursued by the lust of unloved man, the Saviour of mankind nailed eternally to the rock, the suspense of a great people expecting and receiving the news of defeat in war, the agony of a besieged city — these are all the kind of subject that might be treated in *a simple choral dance with nothing but words and music*. (이태릭체 부분은 필자 강조) 재인용, Helen Gardner 21-2.

로서 관객 대중으로부터 가장 애호 받아온 대표적인 중세 도덕극 『만인』 (*Everyman*: 작자 미상)의 운율을 채택하기도 한다(Coghill 145-50). 그의 책 『시와 극』(*Poetry and Drama* 24)에서 엘리엇이 밝히고 있듯, 극작가로서 그는 극적인 움직임과 하나가 되면서, 이 움직임을 보강할 수 있는 일종의 음악적 디자인을 통해 관객인 우리 자신이 모르게 우리의 감정들의 맥박을 조정하고 촉진시켜 극을 강화하고자 시도한다. 엘리엇은 이러한 리듬의 면밀한 통제력을 지닌 셰익스피어의 뛰어난 재능을 믿었다. 그러나 엘리엇은 셰익스피어를 모방하는 대신, 셰익스피어보다 150년 전에 쓰여진 『만인』의 운율을 염두에 두고서, 과다한 약강(iambic)의 리듬의 사용을 피하며6), 약간의 두운(alliteration)의 사용을 곁들이면서, 종종 예측하지 않은 각운(혹은 압운 rhyme)의 사용을 시도한다.

아래의 대사가 보여주듯 『만인』은 셰익스피어의 경우보다 리듬의 사용이 훨씬 자유로우며, 강조(stress)의 사용이 훨씬 불규칙적이다.

Death: Sée thou make thee réady / shórtly,
For thou máyest / sáy // thís is the dáy
When nó / mán / líving / shall scápe awáy.
Everyman: Alás! I may wéll / wéep // with síghs / déep
Nów have I nò mánner of cómpany
To hélp me in my joúrney / and mè to kéep;
Álso my wríting is fúll unréady.
Hòw shall I do now / for to excúse me?
I would to Gód I had never be gét ! (had never been begotten)
To my soúl a fúll / gréat / prófit it had bé, (been)
For nòw I fear paíns / húge and gréat.
The tìme / pásseth; // Lórd / hélp, that áll / wrought!
The dáy / pàsseth / and is álmost agó; (almost gone)
I wòt not wèll / whát for to dò!7)

---

6) 전형적인 셰익스피어 리듬은 약강 오보격(iambic pentametre)으로서 예시하면 아래와 같다.
Fŏr Gōd's /săke lēt / ŭs sīt / ŭpōn / tĕe grōund /
Ănd tēll / săd stōr / iĕs of / tĕe dēath / ŏf kīngs / (*Richard II*)
7) 재인용, Coghill 148.

죽음(Death)의 대사에서 강세의 숫자, 행의 길이, 각운과 두운이 일어나는 것은 거의 우연적인 듯이 보인다. 그러나 동시에 이 대사는 전체적으로 하나의 형태(shape), 한 소리 형태(sound-shape)을 보여주며, 자체적으로 균형을 잡고 있는 듯이 보여진다. 이어지는 『만인』의 대사는 이 극의 클라이맥스 부분에서 취해 온 것으로서, 이 장면에서 만인은 자신의 죄에 대한 진정한 참회와 함께 자신을 하나님의 자비 아래 던지고 있다. 이 대사는 느껴지는 것과 꼭 같이 말해지도록 제시된다(Coghill 148).

『대성당의 살인』의 특징적인 운율을 예시해보면 아래와 같다.

   i. And the *sáints* and *márty*rs *wait*, for *thóse* who shall be *márty*rs and *sáints*.
      *Dést*iny *wáits* in the *hand* of *God*, / *shap*ing the *stìll* uns*háp*en:
(Part 1. 43-5)

   ii. Who *dó* / some *wèll*, some *ill*, / *plán*ning and *guèss*ing,
      *Hàv*ing their *áims* / which *túrn* in their *hánds* / in the *pàtt*ern of *tíme*.
(Part I. 48-9)

   iii. Your *thóughts* have *móre* *pów*er than *kíngs* to com*pel* you.
      You have *àlso thóught*, / *sòme*times / at your *práyers*,
      *Sòme*times *hès*itating at the *áng*les of *stáirs*,
      And between *slèep* and *wák*ing, / *éar*ly in the *mór*ning,
      When the *bírd cries*, / have *thòught* of *fúr*ther *scór*ning.
      That *nóth*ing *lásts*, but the *whéel tùrns*,
      The *nést* is *rí*fled, and the *bírd moùrns*;
      That the *shríne* shall be *píll*aged, and the *gòld spént*,
      The *jéwels góne* for *light làd*ies' *órn*ament,
      The *sánc*tuary *bròken*, // and its *stóres*
      Swépt into the *láps* of *pár*asites and *whóres*. (Part I. 542-50)

위의 대사에서 *pówer-compel*과 *light làd*ies는 두운을 보여준다. 그러나 『만인』이 보여주는 각운들의 경우와 같이 줄기차지 않다. 이 결과 전체적으로 살아있는 움직임과 강조적 연설이라는 효과를 거두고 있다. 조화로운 리듬감 있는 구절과 강압적인(compulsive) 각운 위에, 마치 우연히 갑자기 예측하지 못하게 떨어져 구르지만 동시에 어떤 규정할 수 없는 기대에서 오는 희열이 깔려있다. 시의 이러한 효과들은 이 극에 유일하게 삽입된 두 산문 장면들 — 막간에 나오는 베케트의 성탄설교와, 2부 마지막에 나오는 베케트 살해 직후의 기사들의 변명 — 에 의해서 크게 강화되고 있는데, 이 장면들은 감정이 지배적인 나머지 대화와 대조를 이루고 있다(Coghill 150).

이 극이 취하고 있는 주된 모델이 중세 도덕극의 "도덕적 패턴"(morality pattern)인가 혹은 희랍비극인가 하는 논의는 별로 무의미하다. 양자 모두가 지향하는 것이 제의성으로서, 이 극의 중심인물 토마스 베케트의 죽음의 사건 또한 하나의 제의가 되고 있기 때문이다. 순교가 주제가 되고 있는 이 극에서 한 순교자로서의 토마스 베케트는 신의 뜻의 실재(實在)에 대한 증인으로 그려지고 있다. 동시에 이 극이 올려지는 극장에서 주인공 토마스를 비롯한 극중 인물과 함께 코러스도 관객도 이 실재에 대한 체험으로 인도되고 있고, 이 체험이 특별히 크게 의존하고 있는 것은 청각기능이다.

3. 리듬

엘리엇은 "청각적 상상력"에 대해서 다음과 같이 말하고 있다.

> 내가 청각적 상상력이라고 부르는 것은 음절과 리듬에 대한 감각이며, 생각이나 느낌의 의식의 저 밑바닥에까지 파고 들어가, 모든 단어에 생기를 주고, 가장 원시적이고 잊혀진 영역에까지 잠수하여 그것의 근원으로 되돌아가 무엇인가를 회복하여 건져 올리며, 거기서 우리의 느낌의 시작과 끝을 탐구하는 능력이다. 그것은, 분명히, 의미를 통하여 일하며, 일상적으로 우리가 뜻하는 의미 없이는 작용하지 못한다. 그것은 오래되어 망각된 것을 평범한 것과 유행하는 것 그리고 새롭고 놀라운 것과 융합시키며, 가장 오래된 정신과 가장 문명화된 정신으로 혼용시킨다.

> What I call the 'auditory imagination' is the feeling for syllable and rhythm, penetrating far below the conscious levels of thought and feeling, invigorating every word; sinking to the most primitive and forgotten, returning to the origin and bringing something back, seeking the beginning

and the end. It works through meanings, certainly, or not without meanings in the ordinary sense, and fuses the old and obliterated and the trite, the current, and the new and surprising, the most ancient and the most civilised mentality. (*The Use of Poetry and the Use of Criticism* 118-19)

음절과 리듬에 대한 감각으로서 구사하는 청각적 상상력을 통하여 엘리엇은 이 극의 텍스트의 모든 단어에 생기를 부여하고 있다. 엘리엇은 그가 구사하는 강조(stress)와, 각운과 두운의 방식을 통해 청중의 귀가 다음에 무엇을 기대해야할 지를 모르도록 놓아두는 가운데 일종의 기대와 긴장의 의식을 극에 실어간다. 스미스가 관찰하듯이, 이 극은 엘리엇의 극들 중에서도, "극에 대한 엘리엇의 이론들의 가장 성공적인 구현"(Eliot's most successful itegration of his dramatic theories)(Smith 52)이라고 하겠다.

엘리엇은 또한 이 극을 관극하는 현대의 관객들이 친밀하게 접근할 수 있는 다양한 리듬형태들을 도입한다. 몇 가지 실례들을 살펴보는 것은 흥미롭다.

1)재즈리듬

엘리엇이 이 극에서 전개하는 시는 "한편으로는 연극의 상태를 지향하면서, 다른 한편으로는 음악의 상태를 지향하는 몸부림"을 보여준다(Smidt 97). 그 대표적인 예는 2 부에서 국왕이 파견한 기사들이 베케트를 살해하러 들어오는 장면에서 보여진다. 기사들은 "취한 듯 비틀거리며" 들어온다(II. 351). 기사들이 구사하는 언어는 그들의 걸음걸이처럼 술 취한 듯한 재즈의 리듬에 담겨진다. 여기에서 엘리엇은 미국 시인 바첼 린제이(Vachel Lindsay 1879-1931)가 1920년 발표했던 재즈리듬을 부활시키고 있는 「다니엘 재즈」("Daniel Jazz")라는 시의 리듬을 채택하여 모방하고 있다. 반복들, 줄기찬 비트(beat)와 명확히 구분되는 각 연(stanza)속에 포함되고 있는 'priest'와 'beast'라는 서로 상반된 심상에 공통적으로 부여되는 운율은 이 장면이 하나의 특별한 극적 순간임을 청중의 귀가 구별하도록 이끈다.

기사들   국왕의 반역자, 베케트가 어디 있는가?

미친 주교, 베케트가 어디 있는가?
내려오라, 다니엘, 사자 굴을 향하여.
내려오라, 다니엘, 짐승의 표지를 향하여.

그대는 양의 피로 목욕했는가?
그대는 짐승의 표지를 달고 있는가?
내려오라, 다니엘, 사자 굴을 향하여.
내려오라, 다니엘, 내려와 이 잔치에 참예하라.

쵑싸이드의 풋내기 베케트가 어디 있는가?
불충한 사제, 베케트가 어디 있는가?
내려오라, 다니엘, 사자 굴을 향하여.
내려오라, 다니엘, 내려와 이 잔치에 참예하라.

Where is Becket, the traitor to the King?
Where is Becket, the meddling priest?
Come down Daniel to the lions' den:
Come down Daniel for the mark of the beast:

Are you washed in the blood of the Lamb?
Are you marked with the mark of the beast?
Come down Daniel to the lions' den,
Come down Daniel and join in the feast.

Where is Becket the Cheapside brat?
Where is Becket the faithless priest?
Come down Daniel to the lions' den,
Come down Daniel and join in the feast. (II. 353-63)

이후 이어지는 기사들의 베케트의 살해는 이 극의 중심적인 사건이 되고 있다. 이 극은 '재즈리듬에 담겨지는 순교 이야기'이기도 하다.

『황무지』를 포함한 엘리엇의 모든 주요 작품이 보여주고 있는 시 쓰기의 특징적인 양상은, 시의 시작에서부터 소리와 리듬을 특별하게 음악적인 방식으로 사용하는 점이다. 엘리엇이 지향하는 것은, 시 속의 "소리의 음악적 패턴"과 그것을 구성하는 단어들의 부수적 의미의 음악적 패턴이 서로 유리되지 않고 온전히 하나로 어울리는 "온전한 음악시"를 듣게 되는 경험을 제공하는 것이다. 시와 음악의 다양한 형식과의 관계에 대한 엘리엇의 이러한 깊은 인식은 후기 작품으로 갈수록 두드러진다.8)

2) 탐정이야기의 리듬

이 극은 또한 찬송가의 리듬도 예배의식의 리듬도 아닌 하나의 탐정이야기(detective story)의 리듬을 보여준다. 1부의 다음 대사들이 취하고 있는 리듬은 우리가 익히 알고 있는 소포클레스(Sophocles)의 비극 『오이디프스 왕』(*King Oedipus*)을 연상시키며, 엘리엇이 구사하는 리듬이 야기하는 '놀라움'(surprise)을 예시해준다.

    유혹자 2   . . . . 권력은 그것을 잡는 자에게는 현세의 것입니다.
    토마스   누가 그것을 잡는 자인가?
    유혹자 2   거기에 나아가는 사람이지요.
    토마스   때는?
    유혹자 2   처음부터 마지막 순간까지.
    토마스   무엇을 하지?
    유혹자 2   성직자의 권리처럼 보이는 것.
    토마스   왜 바쳐야하지?
    유혹자 2   권력과 영광을 위해서.

---

8) 엘리엇의 작품세계 전체에 스며있는 음악의 영향에 대해 살펴보면 아래와 같다.
"후기의 시나 시극에 비하여 초기의 시들은 음악적 기교의 피상적 흡수단계를 보이고 있으며, 이 단계에서의 그의 시의 음악의 양식은 단지 리듬이나 압운, 두운이나 의미 사이의 상호작용에 의하여 나타나는 정도에 불과하였다. 그러나 그가 음악의 형식들을 시작품에 확대 적용시킬 수 있는 가능성을 이해하기 시작하면서 음악적 인유와 당대의 구어와 노래의 리듬이 그의 시에 스며들기 시작하였으며, 『황무지』에서부터 비평가들은 주명곡 싸이클(sonata cycle)이나 단일 악장의 빠른 주명곡(sonata allegro)이 가지고 있는 심미적 내용을 탐지해낼 수 있게 되었다. 많은 엘리엇 학자들이 엘리엇의 작품에 나타나는 이러한 음악의 영향을 인정하기 시작하였으며, 마침내는 『대성당의 살인』(*Murder in the Cathedral*)에서는 베토벤의 피아노 쏘나타의 주제나 구조와의 유사성이, 『재의 수요일』(*Ash Wednesday*)과 『네개의 사중주』(*Four Quartets*)에서는 베토벤의 후기음악 특히 작품번호 132, A 단조와의 유사성이, 『황무지』에서는 와그너의 오페라, 리차드 슈트라우스 (Richard Strauss)의 음시(tone poems: symphonic poem) 그리고 스트라빈스키의 발레음악의 주제와 구조와의 유사성이 주장되기에 이르렀다"(Nicolosi 196).

TEMPTER 2.	[. . . .] Power is present, for him who will wield.
THOMAS.	Who shall have it?
TEMPTER 2.	He who will come.
THOMAS.	What shall be the month?
TEMPTER 2.	The last from the first.
THOMAS.	What shall we give for it?
TEMPTER 2.	Pretence of priestly power.
THOMAS.	Why should we give it?
TEMPTER 2.	For the power and the glory. (I. 353-59)

이 리듬 속에서 청중은 짧은 단문으로 이어지는 대사의 각기 각 행, 각 단어에 실리는 긴장과 고조되는 서스펜스를 온 몸으로 감지하면서 숨 죽이며 다음 대사를 경청한다.

3) 폭력적 리듬

기사들이 노래하는 "피의 잔치"의 절정이라 할 토마스의 살해가 일어나는 동안 우리는 켄터베리의 익명의 가난한 여인들인 코러스의 절규를 듣는다. 이 장면에서 엘리엇은 극도로 격렬한 폭력적 리듬을 도입한다.

> 대기를 씻어라. 하늘을 씻어라. 바람을 씻어라.
> 돌에서 돌을 떼어내어 돌들을 씻어라.
> 땅이 오염됐다. 물이 오염됐다. 우리와 우리의 짐승들이
> 피로 더럽혔구나.
> 핏방울로 흐려진 눈. 어둡구나. 어둡구나.
> 잉글랜드는 어디 있는가.
> 켄트는 어디 있는가. 켄터베리는 어디 있는가.
> 아, 과거 속에 멀리 멀리 멀리 묻혔구나. 불모의 가지들의 땅에서 방황하노라.
> 나뭇가지를 꺾으니 피가 나는구나. 메마른 돌들의 땅에서 방황하노라.
> 돌을 건드리니 피가 나는구나. . . .
> 밤이 우리에게 머물고 있구나, 태양을 멈추고, 계절을 정지시키고,
> 낮이 오는 것을 막고, 봄이 오는 것을 막고 있구나.
> 우리는 과연 다시 해를 볼 수 있을 것인가. 낮과 낮의 세상을.
> 세상이 온통 피로 물들여져 있구나, 흘러내리는 피의 장막 속에서.
> . . . . .

세상 전체가 더럽구나.
공기를 씻어라. 하늘을 씻어라. 바람을 씻어라.
돌에서 돌을, 팔에서 피부를, 뼈에서 근육을 떼어내어 씻어라.
돌을 씻어라. 뼈를 씻어라. 뇌수를 씻어라. 영혼을 씻어라.
씻어라, 씻어라!

> Clear the air! clean the sky! wash the wind! take stone from
>   stone and wash them.
> The land is foul, the water is foul, our beasts and ourselves defiled
>   with blood.
> A rain of blood has blinded my eyes. Where is England? where is
>   Kent? where is Canterbury?
> O far far far far in the past; and I wander in a land of barren boughs:
>   if I break them, they bleed; I wander in a land of dry stones:
>   if I touch them they bleed. . . .
> Night stay with us, stop sun, hold season, let the day not come, let
>   the spring not come.
> Can I look again at the day and its common things, and see them
>   all smeared with blood, through a curtain of falling blood?
> . . . .
> But the world that is wholly foul.
> Clear the air! clean the sky! wash the wind! take the stone from the
>   stone, take the skin from the arm, take he muscle from the
>   bone, and wash them. Wash the stone, wash the bone, wash
>   the brain, wash the soul, wash them wash them! (II. 397-403,421-23)

　　극장에서 이 리듬은 그 격렬한 "폭력성"을 관객들이 온 몸으로 체험하도록 끌어당긴다. 이 과정에서 관객인 우리는 더 이상 엘리엇의 초기 극들을 관극하는 관객들이 흔히 그랬듯 "참을성 있게 지루함을 견디어 내며, 엘리엇의 극이 칭송받을 만한 가치가 있는 것을 수행해 냈다는 느낌으로 스스로를 만족시키기를" 기대하는 류의 관객(Worth 55)이 아님을 발견한다. 대신 우리는 무대 위에서 일어나는 것과 생생하게 교감하며 체험하는 관객이 되어가고 있는 자신을 발견한다. 이러한 관객이야말로 엘리엇이 절실히 만나고 싶어 하는 진정한 관객인 것이다.

4. 언어의 상호작용: 충돌과 극복

엘리엇이 관찰하듯 세상에 관한 어떤 주장이나, 세상속의 어떤 대상에 대한 어떤 궁극적인 진술은 불가피하게 "하나의 해석"이라고 할 수 있다. 그것은 "하나의 가치부여"이고, "한 의미의 부과"인 것이다(*Knowledge* 165). 예술의 기능에 대하여 논하면서, 엘리엇은 ". . . 궁극적으로 모든 예술의 기능은 우리에게 현실속의 한 질서에 대한 어떤 인식을 부여하고, 우리를 평온(serenity), 고요함, 화해의 조건으로 가져오는 것. . . ."("Poetry and Drama" 94)이라고 진술한다.

진실에 대한 배타적이고 절대적인 관점의 제시가 안고 있는 한계를 알았던 엘리엇은, 현실에 대한 한 유효한 (언어)모델9)을 구축하기 위해서 다양한 관점들을 제시함으로써 자신의 설득이 신빙성 있게 다가오게 하는 효과를 지향한다. 이에 따라 그는 이 극에서 그는 "똑같이 유효한 담론 유형들의 투쟁"을 소개하는 대신, "유일하게 진실된 언어가 헛된 언어들을 궁극적으로 극복하는 과정"을 보여주도록 전개되는 언어방식을 채택한다.10)

1) 코러스언어의 변화: 자연언어와 종교적 담론

엘리엇은 이 극에서, 현실에 대한 종교적(절대적) 해석과 세속적(상대적) 해석간의 인간들의 마음이 보여주는 갈등을 중심적인 주제로 다룬다. 그는 이 갈등의 주된 대상을 켄터베리 여인들로 구성된 코러스로 설정하고 있다. 이 여인들은 신화적이라고 명명될 수 있는 세계관을 대변한다고 할 수 있다(18). 서두의 코러스 대사들이 보여주는 신화적 담론은 자연 언어 체계에 담겨져 형성된다.

코러스를 구성하는 켄터베리 여인들 자신들은 성스러운(초자연적) 세계와 속된(경험적) 세계, 상류계급과 하류계급, 인간과 동물 등과 같은 공간상의 대

---

9) 언어(verbal) 모델들의 구성은 하나의 중요한 문화적 행위라고 할 수 있다. 어떤 사건도 의미의 체계로 잡혔을 때만 개별적이고 집단적인 의식 속에서 존재하기를 지속할 수 있기 때문이다. 벤다(C. E. Benda)의 지적대로 "현실"은 언어를 통한 현실의 해석을 통해서 의식의 한 의미 깊은 일부가 된다(262).
10) Artur Blaim & Ludmila Cruszewska 17. 앞으로 Blaim으로 약해서 표기하기로 한다.

립이 존재함을 지적한다. 그러나 신화적 사고에 특징적인 동일화의 과정이라는 수단을 통하여 모든 그러한 대립, 반명제, 이분법이 초월되고 있다.11) 신화적 세계를 보여주는 전형적인 언어 모델을 통해, 우주, 사회, 인간의 몸이 서로 대응적인 체계들로 간주되고 있고, 우주의 모든 것들을 포용하는 통일성이 코러스에 의해서 강조된다. 그들은 운명의 베틀, 군주들의 회합, 그들 자신의 내장과 두뇌 사이에서 하나의 공통된 패턴을 인식한다.

코러스에 의하면 성탄과 부활절 사이에 같은 땅이 농부에 의해서 뒤집어지고, 같은 소리가 새에 의해 노래될 것이다(II. 19-21). "통일성과 순환"이라는 개념이 하나의 영원하고, 신화적인 사물들의 질서를 확신케 하는 확고한 패턴의 기능에 기여한다. 우주 속에서 자신들을 "미미한 것들 가운데 사는 / 미미한 민초들"로서(244) 이해하는 그들은 자신들의 삶 속에서, 그것이 기쁨과 마음의 평화를 가져오건(예컨대, 잔치, 출생, 결혼, 미사) 혹은 불행과 근심(죽음, 스캔들, 세금)을 가져오건 간에 관계없이, 어떤 것에 의해서도 이 질서는 범해질 수 없다고 본다(I. 11-18).

이 극의 시작에서 코러스의 첫 대사들은 임박한 사건이 그들의 신화적 사고와 담론의 방식을 침범할 가능성을 감지하게 해준다. 이 여인들은 다가오는 무질서를 예견한다.

>봄철의 입김은 어디에 있는가?
>어린 가지가 솟아나는 한 가닥 몸짓도 한 번의 동요도,
>한 번의 숨소리도 없이, 오직 옛것들의 죽음뿐이구나!....
>숨 막힐 것 같은 이 대기, 이 정적....
>굶주린 까마귀가 긴장한 채 앉아 있고, 숲속에서는
>올빼미가 죽음의 공허한 노래를 연습하는구나....
>우리 주님이 나신 성탄절에 땅 위의 평화, 인간 가운데의 기쁨이
>되지 않는 것이 무엇일까?....우리는 다만
>생명 없는 봄과, 메마른 여름과, 추수 없는 가을을 맞으리라.

---

11) 신화는 경험적인 것과 성스러운 것으로 구성되어있는 전 우주가 유사한 원칙들의 체계에 종속되고 있다고 가정하면서 하나의 단일한 언어를 사용한다. 신화적 현실의 어떤 대상도 같은 체계의 용어로 묘사될 수 있다. 신화적 묘사의 단일 언어적 성격은 이해의 방식(modes)들로서의 번역과 해석을 배제한다(Blaim 18).

What sign of the spring of the year?
Only the death of the old: not a stir, not a shoot, not a breath.
. . . still and stifling the air: . . .
The starved crow sits in the field, attentive; and in the wood
The owl rehearses the hollow note of death . . . .
What, at the time of the birth of Our Lord, at Christmastide,
Is there not peace upon earth, goodwill among men?
. . . we shall have only
A sour spring, a parched summer, an empty harvest. (II. 2-18)

그들이 익숙해온 평화가 뒤흔들리고, 전 우주에는 휴식이 없다. 집과 거리들은 무겁고 진한 공기와 병든 냄새와, 어두운 초록빛으로 채워진 채, "휴식 없는 발의 움직임"과 불길한 소리들의 영역이 되고 있다. "성당에(조차) 안전이 없고"(1. 7), 대자연의 순환 속에 교란이 예기된다. 이제 죽음은 겨울에 의해서 뿐만 아니라 "파괴적인 봄", "재앙을 가져오는 여름"과 "썩게 하는 가을"에 의해 가져와 질 것이다. 인간들 사이에 극도의 평온과 선의를 의미했던 성탄 절기 또한 이제 결코 좋은 징조가 보이지 않는다.

대주교를 에워싸는 위험과 죽음은 이 여인들의 경험을 넘어선다. 이제까지 일어나는 모든 것은 인식되고, 경험된 것이었다. 모든 공포는 그것의 정의를 가졌고, 모든 슬픔은 일종의 종말을 가졌었다. 반면 대주교에게 다가오는 죽음이 야기하는 공포는 낯익은 특징이나 양상들을 결하고 있다. 무제한하고, 탄생과 죽음 둘 다를 닮은 그것은 인간 이해와 인내를 넘어서고 있다.

> 창자를 가르는 것 보다 더욱 무섭구나
> 두개골을 쪼개는 것보다 더욱 무섭구나
> 문간의 그림자보다도 더욱,
> 홀 안의 광란보다도 더욱 무섭구나.
> 지옥의 사자들이 퇴장하고, 인간은 점점 졸아들며 녹아져서
> 망각 속에서 잊혀 지리! . . .
> 죽음의 얼굴 뒤에는 심판이,
> 그 심판의 뒤에는 공허가 있구나.
> 공허의 저 쪽은 지옥 속에 꿈틀대는 형상들보다 더욱 끔찍하구나.

공허와 부재와 신으로부터의 이탈.
공허한 땅, 그것은 땅이 아닌 공허에 불과한 것.
공허요, 부재요, 허공일 뿐인 빈 땅을 향해 가는 헛된 여행의 공포.
인간이 더 이상 마음을 돌릴 곳 없고 꿈과 거짓으로 도피할 수 없는 곳,
무와 무의 무서운 결합 속에서 영혼이 더 이상 기만될 수 없는 곳,
영혼이 그 자체를 못 보도록 영혼을 혼란시킬
형태도, 빛깔도, 음조도, 물체도 없는 그곳.
그것은 우리가 죽음이라고 부르는 것도 아니요,
죽음 저편의 것도 아닌 죽음. 무섭구나. 무섭구나.

Still the horror, but more horror
Than when tearing in the belly. . . .
Than when splitting in the skull.
More than footfall in the passage,
More than shadow in the doorway,
More than fury in the hall.
The agents of hell disappear, the human, they shrink and dissolve
Into dust on the wind, forgotten, unmemorable; . . .
And behind the face of Death the Judgement
And behind the Judgement the Void[12]; more horrid than active
        shapes of hell;
Emptiness, absence, separation from God;
The horror of the effortless journey, to the empty land
Which is no land, only emptiness, absence, the Void,
Where those who were men can no longer turn the mind
To distraction, delusion, escape into dream, pretence,
Where the soul is no longer deceived, for there are no objects, no tones,
No colours, no forms to distract, to divert the soul
From seeing itself, foully united forever, nothing with nothing,
Not what we call death, but what beyond death is not death,

---

12) "And behind the Judgement the Void: "이것은 토마스의 공포가 아니라, 지도자 없이 임박한 죽음에 흔들리는 코러스의 공포. 최후의 네 가지 죽음, 심판, 지옥, 천국을 생각하고 있는 그들은 공포에 직면해 특히 죽음, 심판, 지옥의 생각에 잠기다. Void는 지옥자체이다. 여기서는 emptiness, absence, separation from God (II. 293)으로 생각된 것으로서, 최후의 심판 같은 중세의 그림 등에서 화가나 시인들이 그려온 것과 같은 active shapes of Hell (II. 292) 보다 더욱 무서운 것. 엘리엇에 있어 Void란 영혼이 그 자체의 무의미(nothingness)와 이 무의미에 깃들인 고독에 마주한 채 어떤 종류의 위안도 취할 수 없는 상태로 상상되었다.

We fear, we fear. (ll. 279-302)

그들의 언어는 이 공포를 규정하기에 부족한 듯하다. 그들은 일상적 경험을 벗어난 이 사건을 "생을 벗어난, 시간을 벗어난 것"으로 결론짓는다.

> 모든 공포는 규정할 수 있고,
> 모든 슬픔은 그 나름대로 끝이 있어,
> 인생에서는 그리 오래 슬퍼할 시간은 없는 법.
> 그러나 이것은, 삶과 시간 저 바깥에 속한 것,
> 악과 잘못의 순간적인 영원성.

> Every horror had its definition,
> Every sorrow had a kind of end:
> In life there is not time to grieve long.
> But this, this is out of life, this is out of time,
> An instant eternity of evil and wrong. (ll. 412-18)

대주교의 살인 행위는 코러스에 의해 대변되고 있던 신화적 사고 방식에 대해 예기치 못한 결과를 가져온다. 혼돈(*chaos*)이 질서 잡힌 우주(*cosmos*)를 대체하는 순간, 피 흘리는 황무지에 대한 종말적 비전이, 켄터베리와 켄트의 성당이 어디에 있는지 그 비전을 흐리게 하는 순간 영국은 코러스의 여인들에게 더 이상 "자연적"이고 유형적인 어떤 것으로서 인식되지 않는다.

> 땅이 오염됐다, 물이 오염됐다, 우리의 짐승들과 우리가 피로 더럽혔구나.
> 핏방울로 흐려진 눈. 어둡구나. 어둡구나. 잉글랜드는 어디 있는가.
> 켄트는 어디 있는가. 켄터베리는 어디 있는가.
> 아, 과거 속에 멀리 멀리 멀리 묻혔구나. . . .
> 밤이 우리에게 머물고 있구나, 태양을 멈추고, 계절을 정지시키고,
> 낮이 오는 것을 막고, 봄이 오는 것을 막고 있구나. . . .

> The land is foul, the water is foul, our beasts and ourselves defiled with blood.
> A rain of blood has blinded my eyes. Where is England? where is

Kent? where is Canterbury?
O far far far far in the past; . . .
Night stay with us, stop sun, hold season, let the day not come, let the
spring not come. (II. 397-405)

　　이 영원한 어두움과 가뭄의 왕국, 영원한 피의 왕국은 "이해를 넘어서는"
것으로서, 그것은 "적절한 혼돈"도 "적절한 코스모스"도, 죽음도 삶도 아니다.
불모의 가지들과 메마른 돌들이 피로 고동치고 있는 황무지에서 죽음이 살아
서 고동치고 있다! 이러한 비전을 목격하는 행위자체가 그 경계를 넘어서는
첫 걸음이 된다. 다음 단계는 이해의 행위를 요구당할 것이다. 코러스는 이제
자신이 목격하는 것을 규명할 말을 찾아내기 위해서 하나의 새로운 언어를 채
택해야한다. 그것은 그들 생각의 방식을 뒤흔들어놓은 이 사건의 의미에 대한
믿을만한 설명을 자신에게 제공할, 현실에 대한 새로운 언어(모델)이어야한다.
이 극을 맺는 코러스의 마지막 대사가 분명히 제시해주는 것은 현실에 대한
그들 자신의 모델의 실패를 공공연히 인정하는 자들이 취하는 선택이다.

　　. . . 오 당신의 보혈의 자비와 사랑과 구속에 감사합니다.
　　당신의 성자와 순교자들의 보혈이 대지를 풍요롭게 하며,
　　성스러운 장소들을 창조해 줍니다. . . .
　　성자가 산 곳은 어디든지 순교자가 그리스도의 보혈을 위해 피흘린 곳은
　　어디든지/ 그곳은 성스러운 땅이 됩니다.
　　신성은 그곳에서 영원히 솟아오릅니다.
　　비록 군대가 짓밟을 지라도,
　　여행 안내서를 든 관광객들이 그곳을 지나쳐버릴 지라도,
　　. . . 영원히 거부된 곳일지라도,
　　그곳에서 영원히 이 땅을 새롭게 해줄 것이 솟아오릅니다.
　　오! 하느님! 그런고로 켄터베리에 그러한 축복을 내려주신 당신께
　　감사를 드리나이다.
　　주여, 우리를 용서하소서.
　　이제 우리는 문을 닫고 불 곁에 앉아 있는 남자와 여자들일 따름인
　　보통 사람의 부류임을 깨닫습니다.
　　하느님의 축복을, 하느님의 밤의 고독을,
　　요구되는 항복을, 겪어야 될 박탈을 두려워했습니다.

하느님의 정의보다 인간의 정의를 두려워했습니다.
하느님의 축복과 사랑을 알지 못했습니다.
창에 와 닿는 도둑의 손과 지붕 위에 붙는 불과
주막의 싸움을 무서워했습니다.
우리는 우리의 죄와 약함과 과오를 깨닫습니다.

We thank Thee for Thy mercies of blood, for Thy redemption by blood.
For the blood of Thy martyrs and saints
Shall enrich the earth, shall create the holy places.
For wherever a saint has dwelt, wherever a martyr has given his
    blood for the blood of Christ,
There is holy ground, and the sanctity shall not depart from it
Though armies trample over it, though sightseers come with
    guide-books looking over it;
. . . Though it is forever denied. Therefore, O God, we thank Thee
Who hast given such blessing to Canterbury.
Forgive O Lord, we acknowledge ourselves as type of the common man,
Of the men and women who shut the door and sit by the fire;
Who fear the blessing of God, the loneliness of the night of God[13],
    the surrender required, the deprivation inflicted;
Who fear the injustice of men less than the justice of God;
Who fear the hand at the window, the fire in the thatch, the fist in
    the tavern, the push into the canal,
Less than we fear the love of God.
We acknowledge our trespass, our weakness, our fault; . . . (II. 610-26)

이 극을 맺는 코러스의 마지막 대사는, 기사들이 자신들의 연설에서 적용했던 수사적 장치들의 설득력이, 목격자들의 시선을 피의 비로 얼룩진 황무지의 묘사가 일으키고 있는 본질적 질문으로부터 이탈시키는데 실패했음을 입

---

13) the loneliness of the night of God: "영혼의 신과의 결합에 이르는 여행이 밤으로 불리 우는 데는 세 가지 이유가 있다. 첫째는, 영혼은 모든 세속적인 소유에도 불구하고 점차로 욕정을 제거해야한다는 관점에서 인데, 이 거부와 제거는 인간의 전 감각에 대한 밤이다. 둘째 이유는, 영혼이 저 결합을 향해 나아가기 위해 밟는 수단, 길인 신앙이란, 이해에 대하여 밤만큼 어두운 것으로 보아지기 때문이다. 셋째로는, 여행이 향하는 지점은 신으로서, 이 신은 이생에서는 영혼에 대해 어두운 밤이라는 점에서이다." *The Complete Works of St. John of the Cross*, trans. and ed. E. Allison Peers, (1947) Vol. I, 19-20.

증해준다. 마침내 코러스는 – 그들과 더불어 관객들은 – 이 본질적 질문 저 너머에서 들려오는, "(귀에는 들리지 않는) 천상의 음악"(unheard heavenly music)을 듣기를 추구하며(Mendonca 44), 이것을 향해 귀를 연다. 이 추구를 막는 것에 기사들의 담론은 완전히 실패했던 것이다.

2) 두 산문 장면들의 대조: 베케트의 설교와 기사들의 정치담론

(1) 성탄 설교

토마스 대주교가 순교직전에 했던 성탄 설교는 종교언어로 형성된 가장 완전한 모델을 제시한다. 종교적 담론이라는 이 특별한 장르의 구조적 요구들과 발맞추어 언어 매체는 시에서 산문으로 변화한다.14) 대주교는 이 설교가 성탄절의 미사의 신비와 깊은 의미를 다룰 것이라고 선포함으로써 시작한다. 그는 미사의 목표가 언제나 예수 그리스도의 수난과 죽음을 다시 일으키는 것이듯이, 성탄절의 미사는 예수의 탄생에 대한 축하와 그의 죽음의 재현을 연결시키는 것임을 강조한다.

베케트는 성탄절에 축하되는 미사의 의미를 설명한 후, 신약에서 사용된 "평화"가 지칭하는 의미(sign)에 주목하기를 요청한다. 이 평화가 지칭하는 의미와 관련하여, 자연어를 구사하는 종교적 언어가 지칭하는 의미들의 제 이의 유형에 대해 언급한다.15) 평화를 자연어로 해석한다면, 그리스도가 제자들에

---

14) 이 설교는 공식적으로 신약의 한 구절에 대한 주석으로서, 성서와 관련되는 하나의 메타텍스트일 뿐 아니라, 다가오는 사건의 모델이 형성되는 종교적 담론의 의미론적(semiotic) 체계의 요소들을 설명하는 메타-언어적 텍스트(meta-linguistic text)로서 기능한다(Blaim 20).
15) ". . . 주님은 제자들에게 '너희에게 나의 평화를 남긴다. 너희에게 나의 평화를 준다'라고 말씀하셨습니다. 주님이 말씀하신 평화의 뜻은 우리가 생각하는 것과 같은 것이었을까요? 즉 잉글랜드는 이웃 우방국가와 평화를 유지하고 귀족들도 왕과 화합하고 가장은 평화적인 방법으로 번 소득을 계산하고, 깨끗이 청소된 벽난로 곁에서 친구에게 고급술을 대접하며 식탁을 마주하는 일이나, 어린이들에게 노래를 불러주는 아내의 모습과 같은 그러한 평화일까요? 주님의 제자들은 결코 그러한 것들을 몰랐습니다. 그들은 바다와 육지 멀리로 떠돌아다니며, 고통당하면서 고문과 투옥과 낙담을 체험했고, 마침내는 순교의 죽음을 치렀습니다. 그러면 주님이 그때 의미하신 것은 무엇이겠습니까?" (막간 30-36)

게 한 말, "내가 너희에게 평화를 남기노라"와, 제자들의 생애 – 먼 여행들, 고난, 투옥, 낙담과 순교에 의한 죽음들로 점철된 – 간에는 분명한 모순이 있다. 그러나 종교적 담론의 용어로 볼 때, 애도가 기쁨과 모순되지 않듯이 고난과 순교는 평화와 모순되지 않는다. 구조적 관점에서 "순교"는 "평화"를 닮고 있다.

"순교"의 충분한 의미는 자연언어의 용어로 규정될 수 없다. 진정한 기독교 순교는 "신의 계획"이지 "하나의 성자가 되고자 하는 한 인간의 의지의 결과"가 아니며, 사물들의 세속적 질서에 속하지 않는 고로 우연한 것이 결코 아니다.

. . . 기독교 순교는 결코 한 사건이 아닙니다. 성자들은 우연히 생겨나는 것이 아닙니다. 한 인간은 의지와 계획으로서 인류의 통치자가 될 수도 있습니다. 그런데 기독교 순교란 한 성자가 되고자 하는, 인간 의지의 결과로 이루어지는 것은 결코 아닙니다. 순교는 언제나 하느님이 인간을 사랑하는 고로 그들을 경고하고, 인도하고, 그들을 하느님의 길로 돌아오게 하려고 하시는 하느님의 계획입니다. 왜냐하면 참다운 순교자란 하느님의 의지 속에서 자신의 의지를 포기하고, 더 이상 자신을 위해서 어떤 것도 열망하지 않는 자를 말하며, 또한 그는 순교자가 된다는 영광, 그것 자체마저도 열망하지 않는 하느님의 도구가 되는 자를 말하기 때문입니다. . . . 머지않아 여러분은 또 하나의 순교자를 보게 되실 것입니다. 그는 하나의 순교자일 뿐, 마지막 순교자는 아닐 것입니다.

. . . A Christian martyrdom is no accident. Saints are not made by accident. Still less is a Christian martyrdom the effect of a man's will to become a Saint, as a may by willing and contriving may become a ruler of men. A martyr, a saint, is always made by the design of God, for His love of men, to warn them and to lead them, to bring them back to His ways. A martyrdom is never the design of man; for the true martyr is he who has become the instrument of God who has lost his will in the will of God. The martyr no longer desires anything for himself, not even the glory of martyrdom. . . . it is possible that in a short time you may have yet another martyr, and that one perhaps not the last. (막간 61-70, 81-2)[16]

---

16) 순교의 죽음 사건 이전에 베케트가 이 성탄 설교를 통하여, 자신의 죽음에 대해 언어 모델을 제공한 것은 두 가지 이유에서 중요하다. 한 편으로 그것은 이 사건이 인식될 범주들을 미리 제시해주고, 다른 한편으로 그것은 이 대주교의 죽음이 집단적 의식의 한 사실이 될

순교에 대한 적절한 반응 또한 통상적인 반응들을 닮을 수 없다. 순교의 죽음에서 초래 된 애도도, 그의 현재의 조건에 대한 인식에 의해 야기된 희열도(결국 그는 성자들과 동행하게 된 것을 즐기므로) "세상의 방식과" 같지 않다. 왜냐하면 애도는 기쁨으로부터 분리할 수 없고, 후자는 애도로부터 분리할 수 없기 때문이다.

(2) 기사들의 연설

기사들은 대주교를 처치하는 그들의 '과업'을 끝낸 후, 단상 앞으로 나와서 관객과 광란하는 여인들을 향하여 연설을 시작한다. 엘리엇이 여기에서 관중에게 직접 말하게 한 것은 그 당대의 극적 기교에서 두드러진 개혁이 되고 있다. 기사들은 극장을 정치회합으로 바꾸며, 고도로 사실적인 20세기 구어법의 문체로 말을 하고 있다.

대주교의 살인자들인 기사들이 범죄를 저지른 직후 관객을 진정시키기 위해 그들에게 직접 말하는 이 산문 연설들은 이 극의 중심적 사건에 대한 대표적인 세속적 언어모델이 되고 있다. 그들은 전통적인 수사학[7]과 현대의 정치적 선전에서 사용되는 다양한 테크닉들을 동원하여 일상적 용어로 사건에 대한 하나의 모델을 구성하고자한다.

이들은 처음에는 그들의 관중의 확신과 호의를 사려고 시도한다. 그들의 명분이 혐오스럽고 수치스러운 것을 아는 그들은, 겸손한 말로써 청중들이 그들의 말에 경청하도록 만들고, 그들의 목표에 대해 우호적일 수 있는 그런 마음구조로 그들을 끌어들이기 위한 직접적인 호소들을 시도한다. 먼저 대중의 동정과 공감을 얻기 위한 상투어(cliché)를 고도로 능란하게 구사한다. 우리는 영국인으로서 정당한 훼어 플레이(fair play)를 신봉하고 영예를 존중한다. 우

그러한 언어를 관객에게 제공해준다. 이렇게 하나의 종교적 모델을 제시해 줌으로써 결국 코러스로 하여금 현실(reality)에 대한 그들의 새로운 버전을 규정하도록 돕는다.

[17] 예를 들어서 연설을 개시하기위해, 기사 1은 키케로(Cicero)가 수사학에 대한 그의 책 (*Rhetorica Ad Herennium*)에서 제시된 패턴을 아주 가까이 따르고 있다. 명분이 수치스러운 성격을 띨 때, 우리는 다음과 같은 점들에 입각해서 소개를 할 수 있다. 행동이 아니라 행위자가 고려되어야 한다는 점, 우리의 적수가 범했을 그 행위들을 우리 자신들도 불쾌해한다는 점, 이런 행위들은 무가치하고, 정녕, 사악하다는 점 등등. (Cicero 17-19).

리는 몰리는 약자(under-dog)를 동정하며, 양측의 입장을 다 들어봐야 한다고
주장하는 바이다. 우리는 우리의 행위를 통해 얻는 소득은 아무것도 없을 뿐
아니라, "개인적으로 대단히 유감"인 이 일을 "국가적인 이유" 때문에 했어야
했고 그 책임은 고스란히 떠맡아야 할 우리야 말로 진정한 희생자이다. 그분
은 아주 위대한 사람이다 등등.18)

    기사 2. . . . 우리는 누구보다도 폭력을 사용할 수밖에 없었던 점에 대
해서 유감스럽게 생각하고 있습니다. 불행히도 폭력만이 사회
정의를 보장하는데 있어 유일한 방도인 때가 더러 있습니다.
다른 경우에, 여러분은 한 명의 대주교를 국회의 투표로 정죄
하려 들 것이고 반역자로서 그를 공식적으로 처단했을 것이고,
아무도 살인자라 불리우는 부담을 짊어지지 않으려 했을 것 입
니다. . . . 그러나, 여러분이 이제 교회의 위선들을 국가의 복지
에 종속시키자는 올바른 결론에 도달하셨다면, 그 첫 발을 내
디딘 자가 우리임을 기억해 주십시오. 우리는 여러분이 승인하
시는 국사의 수행에 도구노릇을 담당했습니다. 우리는 여러분
의 이익을 위해 봉사했으니 여러분의 갈채를 받아 마땅합니다.
그런데 조금이라도 그 일에 우리가 죄가 있다면 여러분은 우리
와 함께 그 죄를 나누어야 할 것입니다.

    You will agree with me that such interference by an Archbishop
offends the instincts of a people like ours. So far, I know that I
have your approval: I read it in your faces. It is only with the
measures we have had to adopt, in order to set matters to rights,
that you take issue. No one regrets the necessity for violence
more than we do. Unhappily, there are times when violence is

---

18) 기사들은 관객의 주의와 선의를 끌어냈다고 생각하는 시점에서 그들의 명분을 제시하기 시
작하는데, 그런데 그 명분이란 것이 분명히 의심쩍고 너절할 뿐 더러 수치스러움을 스스로
인식한다. 그들은 청중의 동정을 끌 표현들을 동원한다. "개인적으로는 대단히 유감인" 그
러한 이유 때문에 했던 "대단히 빽센 일"등의 표현들은 효과적으로 전해진다. 기사들은
대주교를 "훌륭한 대주교", "유능한 행정가"로서 인정한 후 덧붙인다. 그의 좋은 자질들과
칭찬할만한 행위는 그가 왕을 지지할 당시의 과거에 속한다. 그가 그리고 불합리하게 거부
했던, 왕과 그와의 우정의 이미지는 그가 대주교가 된 이후의 그의 행동과 대조를 이룬다.
그의 후기의 행위들은 영국을 완벽한 상태에 접근하지 못하게 막았으므로 베케트의 죄는
보다 더 큰 것으로 판명 나고 있다 등등.

the only way in which social justice can be secured. At another
time, you would condemn an Archbishop by vote of Parliament
and execute him formally as a traitor, and no one would have to
bear the burden of being called murderer. . . . But, if you have
now arrived at a just subordination of the pretensions of the
Church to the welfare of the State, remember that it is we who
took the first step. We have been instrumental in bringing about
the state of affairs that you approve. We have served your
interests; we merit your applause; and if there is any guilt
whatever in the matter, you must share it with us. (II. 511-20)

기사 2의 스피치와 함께, 설득의 방식은 첫 두 연설들에서 지배적인 에토스와 파토스로부터 로고스로 변한다(Blaim 22). 기사 1 과 달리, 감정들이 아니라 이성에 호소할 것이라고 주장하는 기사 2 는, 결국 그들의 행위는 필요했고, 전체적으로 국가에 대해서 본질적으로 유익했으며. 청중들의 이익들에 봉사했음을 강조하며, 만일 실제로 공유해야할 어떤 죄가 있다면 청중들은 연사들과 함께 그 죄를 필히 나누어야할 것이라고 단언한다.

네 기사들의 연설 중 특히 뛰어난 기사 2와 기사 4의 연설은 이 역사적인 상황을 공정히 다루는 듯이 보이는 데에 썩 잘 성공하고 있어, 많은 현대역사가들은 그들과 동조하게 될 정도다. 494행과 553행에서 시작하는 부분은 꽤나 합리적이고 주장할 만한 것으로 들리는 관점을 제공한다. 그러나 이런 관점은 살인과 신성모독으로 인도했던 것이 잔혹한 사실이다. 아마도 관객이 이 극의 막간 부(Interlude)를 이루는 베케트의 성탄설교를 듣지 않았더라면 대주교가 자살을 범했다는 사상은 더욱 신빙성을 가졌을 것이다.

마지막 화자는 사실상 과연 어떤 살인이 일어났는지를 부인함으로써 한발 더 나가고 있다. 그에게, 베케트는 "이기주의의 도사"이고, "자살적인 집착"을 소유한 광인이다. 기사 4 는 베케트의 죽음(순교)을 언급하나, 자신의 언어와 세계관의 용어로 "이상심리에서 빚어진 자살"이라고 재해석한다.[19]

---

19) 기사 4. "그는 갖가지 방도를 써서 충동질했지요. 그의 행위를 단계별로 따지고 볼 때, 순교를 통해 죽음을 작정했다는 외의 추론은 있을 수 가 없습니다. 마지막 순간에서도 그는 우리에게 이유를 댈 수도 있었는데도, 여러분은 그가 어떤 식으로 우리의 질문들을 회피하

기사들의 연설들은 자동적인 자기-만족적인 모델들로서 기능한다. 기사들의 대주교의 좋은 자질에 대한 칭찬은 나중에 그를 공격하기 위한 수단으로 이용되고 있다. 기사들의 담론은 결론적으로 이 연설들이 궁극적으로 함축하는 것은 "베케트의 죄야말로 그의 살인자들 – 정의를 위해서 행동할 수 밖에 없었던 – 을, 무고한 자가 되게 해 줄만 한 것"이었다는 점이다.

기사들은 마지막으로 청중들이 집으로 돌아갈 때 길에서 떼를 지어 어슬렁대지 말라고 강조하는 말을 통해 어떤 대중의 소요의 경우에도 폭력을 사용하겠다는 위협을 함축적으로 소개하고 있다. 여기에서 이제까지 일시적인 힘을 재현해주던 모든 언어상의 모델들의 궁극적인 무관성이 뚜렷하게 드러난다. 폭력성의 과시를 통해 그들은 이제까지 자신들이 구축한 모든 설득을 취소하며, 주장했던 "자명한 진리"를 스스로 무산시킨다. 반증하기 위해 의도되었던 기사들의 연설이, 겨냥하고 있는 바로 그 대상들에게 결국 "살인 행위"가 목격되도록 인도했다! 그리하여 설득력 있는 테크닉으로서 기능하는 것은 궁극적으로 물리적 폭력임이 입증되고 있다. 그리고 이것은 그들의 언어 모델들과 그들의 담론 방식을 축소시킨다.

대주교의 설교와 기사들의 연설들은 둘 다 이 극에서 유일하게 산문으로 된 부분들로서 이 극에서 특별한 의미를 띤다. 노쓰롭 프라이의 말대로 이 산문들은 각기 "인간의 귀에 계시를 적응(화해)시키는 이성의 음성" 이며 "한 범죄적인 행위를 여론과 화해시키는 합리주의 음성"이 되고 있다(T. S. Eliot 94). 양 자 모두 이 극에서 코러스(와 관객)에 의해서 채택될, 베케트의 죽음에 대한 모델들로서 기능한다. 그것을 수용할지 거부할지는 이 모델들의 유효성에 대한 궁극적인 검증이 되고 있다.

고 있었는지를 보셨습니다. 그가 고의적으로 우리를 인간이 참을 수 있는 한도 이상으로 약이 오르게 해놓았을 때도 아직 충분히 몸을 피할 수 있었고 우리의 의분이 가라앉을 때까지 숨어있을 수도 있었습니다. 그런데 그는 다만 그런 것을 원치 않았습니다. 그자는 우리가 격분에 불타고 있는 데도 문을 열라고 고집을 부렸습니다. 더 이상 말 할 필요가 있겠습니까? 이러한 사실들을 앞에 놓고 여러분은 주저하지 않고 그것이 이상심리에서 빚어진 자살이라는 판결을 내리게 될 것 입니다. 이것이야말로 한 위대한 인간이었던 자에 대해 여러분이 내릴 수 있는 유일한 관대한 판결일 것입니다." (II. 545-49)

V. 맺는 말

『대성당의 살인』이 한 편의 극으로서 설 때, 엘리엇의 한계가 가장 드러나고 있는 것은 주인공 토마스 베케트라는 인물 자체이다. 엘리엇은 이 극에서 한 성자의 초상화를 그리기 위하여 베케트라는 인물의 성자로서의 자포자기를 더욱 완전하게 만들수록 그를 한 생생한(real) 인간으로 보여지도록 만들기가 어려웠고, 이 점은 이 작품이 한 편의 극으로서 안게 될 문제점이기도 하다.

이 극이 보여주려는 것이 성탄설교가 지적해 주듯 기독교 순교가 결코 하나의 사건도 한 성자가 되려는 인간의 의지의 결과도 아닌 것이라면, 이 극의 중심은 극화된 토마스 베케트의 죽임이 아니라 한 마음의 상태라고 보아질 수 있겠고, 그리하여 이 극에는 실제로 행동이라는 것이 없다고 말할 수도 있게 된다.

엘리엇이 그가 택한 주인공을 한 탁월한 인간으로 본 것은 사실이다. 그런데 그가 취할 행동이라는 것이 없다면, 이 극은 이 성자의 우월성을 자의식적 행위를 통해서 밖에는 그려 줄 도리가 없다는 결론에 부딪힐 수밖에 없다. 이에 불가피하게 『대성당의 살인』이 보여주고 있는 토마스는 시종일관 강한 자의식을 지닌 자만에 찬 모습으로 보여지기 쉽다. 여기에서 토마스는 저 셰익스피어(William Shakespeare)의 '야심이 해친 고귀한 인물' 맥베드(Macbeth)에 비교되면서, '자존심이 해친 고귀한 인물'이라는 말도 듣게 되는 것이다. 그런데 결코 엘리엇이 의도하는 토마스는 철저한 자기포기를 보여주는 자, 순교의 영광을 포기하는 순교자이어야 한다. 이것이 연극의 제의라는 옷을 입히는 작업 속에서 엘리엇이 봉착하는 가장 큰 난관이 아닌가 한다.

여기에서 엘리엇은 차라리 리얼하지 않더라도 하나의 성자를 그릴 것을 택한다. 또한 엘리엇은 자신의 극의 프로타고니스트 토마스 베케트를 영원한 증인이요, 수난자, 순교자로서 설정하면서 교회를 그와 동일시하고 있다. 교회는 신의 뜻을 인식하는 자로서 그러나 이와 동시에 세속의 영역 속에서 살아야 하는 자로서 겪어야할 고난이 영원히 계속될 것이다. 그러나 교회는 문들을 적들에게까지 열어놓은 채 아주 참을성 있게 기다려야 할 것이다.

엘리엇은 당대의 여러 세속적인 공격으로부터 기독교를 구원해내기 위해서 이 극을 썼다고 말했다.『대성당의 살인』은 그가 원하는 형태의 기독교 문학을 성취했다고 볼 수 있다. 문학비평도 결정적인 윤리적 내지 신학적 관점에서 완성되어야 한다는 신념을 가진 엘리엇으로서는『대성당의 살인』의 귀결은 당연한지 모른다.

엘리엇은 인간은 자신의 구원을 향한 추구를 지지하는 세상의 어떤 방해로부터도 자유로워야 하며, 사회는 인간이 신과의 관계 속에서 그의 전 휴머니티를 개발시키는 책임을 자유롭게 감당할 수 있는 분위기를 마련해 주어야 하는 적극적인 의무를 띤다고 주장한다. 엘리엇의 모든 극들은 어떤 방식을 통하여도 이 인간해방이라는 개념을 다루고 있다.

『대성당의 살인』은 켄터베리 축제를 위해 쓰여지도록 요청을 받아 쓰여 졌고 공연된 것인 이상 한편의 문학작품으로서 영국국교회의 신학내지 철학에서 벗어나지 못한 아쉬움이 느껴지는 것은 사실이다. 또한 엘리엇의 문학관과 의도 역시 그가 처한 시대를 결코 벗어날 수 없는 한계성과 더불어, 영속적인 가치가 부재했던 격동기의 절박한 세계에 대하여 "순교자의 영광마저도 저버릴 수 있는 영웅"을 제시하는 영웅전의 산출이 불가피했을지 모른다.

엘리엇의 주제가 종교였든 사회였든 간에 이 극은 어디까지나 한 편의 극으로서 끝까지 문학의 위치를 지켜야 함은 당연하다.『대성당의 살인』은 한편의 참다운 기독교극임에 틀림없다. 그러나 엘리엇의 주제가 종교였다고 하여 그의 문학이 진정한 문학작품이 되지 못한 채 종교의 시녀가 되고 있지는 않은가 하는 의문은 산중을 요한다(Sencourt 12). 그것은 이러한 물음에 앞서 이 극이 포함하는 종교가, 제의가, 과연 인간의 삶이나 문학에서 별도로 분리될 수 있는 별개의 것인가 하는 물음이 선행되어야 하기 때문이다. 제의란 과연 인간의 삶 전체와 결부된 것은 아닌가? 이 극이 보여 주는 종교란(여기에서 기독교는) 인간의 삶, 리얼리티와 별도로 일반화 될 수 있는, 종교사, 종교일반의 한 현상, '인간 정신생활의 한 현상'으로 취급될 수 있는 것일까(Bultman 95)? 이것은『칵테일 파티』(*The Cocktail Party*)를 위시하여 종교극이라는 형태를 통하여 문학이 궁극적으로 다루는 인간구원의 문제를 지향하는 엘리엇이 오늘날의 관중에게 묻는 물음이기도 하다.

21세기에 들어서고 있는 오늘날, 우리는 묻는다. 엘리엇의 극은 현대 극장의 발달에 연관성이 있는가? 그의 극은 주요 흐름으로부터 아주 멀리 벗어나고 있는 것인가? 과연 엘리엇의 극은 '살아있는 극장'(living theatre)의 맥락속에서 보여 질 수 있는가? 그의 극을 살아있는 극장의 맥락 속에 보여질 수 있도록하는 것은 이 극이 구사하는 언어 - 자유롭고 다채롭게 펼쳐지는 운율, 분출하는 새롭고 다양한 리듬과 동시에 다양한 언어의 활발한 상호작용을 통하여 - 속에서 찾아지고 있다. 또한 현대극장의 주요 흐름속에 엘리엇의 자리를 부여하는 것은, 소외와 폭력에 대한 그의 감각과, 형이상학적인 가능성들을 미미하고(trivial) 터무니 없는(absurd) 것을 통해 제시할 수 있는 재능과, 관객의 신경(nerves)과 맥박(pulses)위에 작용하는 새로운 극적 수단들에 대한 탐색이라 하겠다(Smith 56).

엘리엇이 극작가로서 보여주었던 전후의 극 스타일의 변화와 더불어 이 극을 통해 성취했던 언어는 "진정한 관객들(real audiences)과의 만남"이라는 엘리엇의 열렬한 갈망의 주요한 소산이라 할 수 있다(Worth 55). 이 극의 언어는 작가의 의도에 성공하고 있다. 그것은 『대성당의 살인』의 언어야말로, 1935년 켄터베리 축제를 위한 예배극으로서 발표된 지 70년이 넘는 오늘날에도 여전히 살아있는 극장을 창조하며 관객의 생동적인 참여를 일으키는 주된 요인으로 기능하기 때문이다.

주요어 (Key Words): 순교(martyrdom), 증인(witness), 시(poetry), 새 리듬(new rhythm), 코러스(chorus), 제의(ritual), 진정한 관객과의 만남(encounter with a real audience), 살아있는 극장(a living theater)

인용문헌

김 한. 『대성당의 살인』. 현대 영미드라마학회 영한 대역 32권. 서울: 도서출판 동인, 2007.

_____. "Introduction." *Introduction and Notes to T. S. Eliot's The Murder in the Cathedral*. 서울: 향학사, 1981.
『한국가톨릭대사전』. 제10권. 한국교회사연구소, 2004.
허혁 역. Bultmann, Rudolf. 「접촉과 저항」.『학문과 실존』I. 서울: 성광출판사, 1980.
Benda, Clemens E. "Language, Consciousness and Problems of Existential Analysis." *American Journal of Psychotherapy* 14/2 (April 1960): 259-76.
Blaim, Artur, Ludmila Cruszewska. "Languages at War: T. S. Eliot's *Murder in the Cathedral*." *Yeats Eliot Review* 13 (1-2) (1994): 17-25.
Braybrooke, Neville, ed. *T. S. Eliot: A Symposium for His Seventieth Birthday*. New York: Farrar Straus and Cudahy, 1958.
Browne, E. Martin. *The Making of T. S. Eliot's Plays*. Cambridge: Cambridge UP, 1969.
Cicero. *Rhetorica Ad Herennium*. Tr. H. Caplan. London: Heinemann, 1977.
Coghill, Nevill. *Murder in the Cathedral with an Introduction and Notes*. London: Faber and Faber, 1973.
Eliot, T. S. *T. S. Eliot, Murder in the Cathedral: With an Introduction and Notes by Nevill Coghill*. London: Faber and Faber, 1965.
_____. "The Need for Poetic Drama." *The Achievement of T. S. Eliot*. Ed. F. O. Matthiessen. Oxford: Oxford UP, 1958.
_____. "Last Words." *The Criterion* VIII (January 1939): 266-75.
_____. *Knowledge and Experience in the Philosophy of F. H. Bradley*. London: Faber and Faber, 1964.
_____. *Poetry and Drama*. London: Faber and Faber, 1951.
_____. "Poetry and Drama." *On Poetry and Poets*. New York: The Noonday Press, 1970.
_____. *The Use of Poetry and the Use of Criticism*. Cambridge, Massachusetts: Harvard UP, 1933.

_____. *After Strange Gods: A Primer of Modern Heresy.* New York: Harcourt, Brace and Company, 1934.

Frye, Northrop. *T. S. Eliot.* Edinburgh: Oliver and Boyd, 1963.

Gardner, Helen. *The Art of T. S. Eliot.* London: Cresset Press, 1950.

Harvey, Gross. *Sound and Form in Modern Poetry.* Ann Arbor: U of Michigan P, 1995.

Jones, David E. *The Plays of T. S. Eliot.* London: Routledge and Kegan Paul, 1960.

Mendonca, Brian Mark. "The Use of Music in T. S Eliot's *Murder in the Cathedral.*" *CIEFL Bulletin.* (New Series) 6. 1 (June 1994): 42-56

Nicolosi, Robert J. "T. S. Eliot and Music: An Introduction." *The Musical Quarterly.* LXVI 2, 1980.

Sencourt, Robert. *T. S. Eliot: A Memoir.* Ed. Donald Adamson. London: Garnstone Press, 1971.

Smidt, Kristian. *Poetry and Belief in the Work of T. S. Eliot.* London: Routledge & K. Paul, 1961.

Smith, Carol H. "Preface." *T. S. Eliot's Dramatic Theory and Practice: from Sweeney Agonistes to The Elder Statesman.* Princeton: Princeton UP, 1963.

_____. "The New Rhythm." *T. S. Eliot's Murder in the Cathedral. Modern Critical Interpretations Series.* Ed. and with an introduction by Harold Bloom. New York: Chelsea House Publishers, 1988.

Worth, Katharine. "Eliot and the Living Theatre." *T. S. Eliot's Murder in the Cathedral. Modern Critical Interpretations Series.* Ed. and with an introduction by Harold Bloom. New York: Chelsea House Publishers, 1988.

타자의 욕망으로서의 순교:
『대성당에서의 살인』 읽기

| 이정호 |

I. 시작하는 말

    죽음을 생각하지 않고 글을 쓰는 작가는 결코 위대한 작가가 될 수 없다. 글을 쓴다는 것은, 특히 위대한 작품을 쓴다는 것은 대개의 경우 작가가 사라지고(죽고) 난 후에 이루어지는 평가이기도 하지만, 글을 쓰는 작업 자체가 부재(absence)로서의 죽음 속에 삶의 흔적으로서의 죽은 기호를 남기는 일이기 때문이다. 이는 우리가 위대한 작가라고 생각하는 셰익스피어의 경우도 예외는 아니며, 또한 워즈워스나 예이츠 등 위대한 작가들은 모두 죽음을 자신들의 글쓰기의 화두로 삼은 것에서도 알 수 있다. 20세기 영어로 시를 쓴 시인들 중에서 가장 위대한 시인으로 손꼽히는 엘리엇 또한 죽음을 화두로 삼고 있었다는 측면에서 예외는 아니다. 이처럼 훌륭한 작가나 시인들이 죽음을 생각한다는 것은 이들이 죽음이라는 부정적인 측면을 생각한다는 뜻이라기보다는 죽음이라는 빈 공간을 통해 자신들의 삶을 더욱 값있게 살기 위함이다. 죽은 후에 사는 것 — 이것이 글쓰기를 자신의 필생의 업으로 삼는 작가들이 필연적으로 천착해야 할 화두가 되는 이유는 인간의 삶은 육체의 삶과 등가가 아님을 이들은 믿기 때문이다. 죽은 작가가 영원히 사는 길은 곧 이들이 쓴 글이 영원히 사는 길이기 때문이다. 아무것도 영원한 것이 없는 이 세상에서 영원

---

* 이 논문은 『T. S. 엘리엇 연구』 제9권(2000)에 「타자의 욕망으로서의 순교: 『대성당에서의 살인』 읽기」로 수록되었던 것임.

히 산다는 것은 예외적인 삶을 사는 것이며, 따라서 죽은 작가가 다시 사는 길은 이처럼 자신의 글이 오래오래 사는 길인 셈이다. 이런 측면에서 볼 때 엘리엇이 죽음을 다룬 희곡, 그것도 보통 사람의 죽음이 아닌 대주교의 죽음을 다룬 작품을 다시 읽어 본다는 것은 우리들 독자에게는 큰 의미가 있다.

『대성당에서의 살인』(이하『대성당』으로 줄임)은 엘리엇의 죽음에 관한 생각을 가장 잘 표출한 작품이다. 폴 틸리히(Paul Tillich)의 지적처럼 종교가 인간의 궁극적인 관심(ultimate concern)이라면, 죽음은 이러한 인간의 궁극적인 관심이 구체적으로 드러난 장(場)이기 때문이다. 죽음은 햄릿의 말처럼 어느 누구도 돌아 온 적이 없는 나라에로의 여행이기 때문이다. 따라서 그 곳에서 무엇이 일어나는지 아는 사람은 아무도 없다. 많을 사람들이 죽음을 두려워하는 것은 바로 이 같은 이유에서이다. 인간은 누구나 미지(未知)를 두려워하는데, 죽음은 인간에게는 영원한 미지이기 때문이다.

그러면 이 희곡에 나오는 주인공인 베케트 주교는 어떤 이유에서 이 같은 미지에로의 여행을 두려워하지 않았을까? 그리고 엘리엇과 그가 창조(?)한 인물인 베케트와는 어떤 관계가 있을까? 엘리엇은 자신과 베케트를 동일시하는 것은 아닐까? 이러한 질문들은 우리가 이 희곡을 읽으면서 제기할 수 있는 질문들이다. 지금까지 이러한 질문들에 대한 답은 대개 두 가지 방향에서 이루어졌다. 그 하나는 전통적인 기독교적인 입장이고, 다른 하나는 문학적인 입장에서의 것이다. 그러나 죽음이라는 인간의 중차대(重且大)한 문제에 대한 의문은 이 같은 두 가지 방향에서만 그 해답이 얻어지는 것은 아니다. 필자는 이 글에서 지금까지의 이 같은 『대성당』 읽기를 보완함과 동시에 이를 대체하는 방안으로 정신 분석학적 입장에서 이 작품을 읽어 보려 한다. 곰곰이 따져보면 인간이 종교에 귀의하는 것은 죽음 이라는 미지의 경험에 대한 두려움에 그 근거가 있으며, 이 같은 두려움은 결국 심리적인 것이기 때문이다.

II. 타자의 욕망으로서의 순교

죽음은 단지 인간이 숨을 거두고 활동을 중지하는 것만을 의미하는 것은 아니다. 이 같은 죽음은 생물학적인 죽음일지는 몰라도 형이상학적인 측면에서 볼 때 인간의 죽음의 전부는 아니다. 생물학적인 죽음은 신앙이 없는 사람 또는 생사관(生死觀)이 결여된 사람이 두려워하는 것일 수는 있어도, 모든 사람에게 죽음은 언제나 두려운 것만은 아니기 때문이다. 신앙이 있는 사람이나 사생관이 뚜렷한 사람이 두려워하는 것은 오히려 이 같은 현세에서의 죽음이라기보다는 죽음 후에 오는 것으로 생각되는 것을 얻지 못하지는 않을까 하는 두려움인 셈이다. 기독교의 (그리고 많은 다른 종교의) 순교자들이 두려워하는 것은 단순한 생물학적인 죽음이 아니다. 이들이 두려워하는 것은 그들의 순교(죽음)가 단지 "잘못된 이유로 옳은 일[죽는 것, 순교하는 것]"을 하는 것(To do the right deed for the wrong reason, *CPP* 258)은 아닌가 하는 두려움이다.

엘리엇은 『대성당』에서 토마스 베케트(Thomas Becket, 1118(?)-1170년 12월 29일 사망) 캔터베리 대주교의 순교를 극화함으로써 자신의 죽음과 구원에 대한 신앙을 드러낼 뿐만 아니라, 구원에 대한 신앙을 잃은 현대인들에게 참다운 신앙이 무엇인지를 보여준다. 엘리엇은 1935년 영국 성공회에 입교하여 영국 시민이 되었으며, 이 극은 1935년 6월 캔터베리 대성당 축제를 위해 써진 것이다. 이렇게 볼 때, 『대성당』은 단순히 베케트 주교의 순교만을 다룬 희곡이 아니라 엘리엇이 자신을 베케트 주교와 동일시하고 그의 순교를 극화함으로써 자신의 신앙을 드러내는 계기로 삼았다고 보는 것이 타당할 것이다.

그렇다면 베케트 주교의 성격과 그의 사생관(死生觀)을 살펴보는 것이 바로 엘리엇의 성격과 사생관을 살펴보는 일이 될 것이다. 이 같은 측면에서 우리는 베케트 주교의 성격을 살펴볼 필요가 있다. 베케트 주교는 가톨릭으로 대표되는 기독교가 지배 이데올로기로 유럽에서 독점적인 지위를 차지하고 있던 시대에, 이러한 지배 이데올로기에서 중요한 위치를 차지하는 교회 조직의 핵심적인 위치에 있는 주교로 살던 사람이다. 따라서 그의 성격은 이 같은 기독교 이데올로기와 밀접한 관계를 가지고 있다.

기독교는 우리가 흔히 말하는 남근 로고스 중심주의(phallogocentrism)의 가장 대표적인 체제이다. 이 같은 남근 로고스 중심주의의 정점(頂點)에는 삼위일체(三位一體)의 교리로 대표되는 남성으로서의 성부(聖父)와 성자(聖子) 그리고 성령(聖靈)이 초월적인 기의(transcendental signified)로 자리 잡고 있다. 그렇다면 이 같은 남근 로고스 중심주의에서 권력 구도로서의 의미 (signification)를 확정하는 것은 성부(Father)로 대표되는 아버지임을 알 수 있다. 물론 기독교에서는 구약에 나오는 엄하고 몰인정한 아버지로서의 성부는 신약에 나오는 사랑으로서의 아들(聖子)로 대체되기는 하더라도 이 같은 남근 로고스 중심주의로서의 이데올로기는 그 본질에 있어 아무런 변화가 없다. 남근 로고스 중심주의로서의 이데올로기의 특징은 이렇게 강력한 이데올로기로서의 기독교의 의미화 체계(signification system) 속에서는 아버지로서의 신(神)이 모든 것의 중심에 있으며, 그렇기 때문에 아버지로서의 신은 근본과 원칙, 그리고 중심과 관계가 되는 모든 의미를 자신의 현전(presence)으로 확정하고 있다. 이를 가리켜 데리다(Derrida)는 원형(原形, *archē*), 목적(*telos*), 본질(*essence*), 실체(substance), 주체(主體), 진리(*aletheia*), 초월(transcendentality), 의식(consciousness), 신(God), 남자(man) 등 여러 가지의 명칭으로 부르고 있다(Writing 279-80).

 남근 로고스 중심주의에서는 이처럼 여러 가지 이름으로 불리는 중심이 체제 외적인 존재(extra-systematic entities)로서 권위의 중심(centers of authority, Hawthorn 159)으로 자리 잡는다. 따라서 이 같은 체제에서는 이분법적인 가치 기준에 의한 억압 체제가 유지된다. 예들 들면 신과 인간은 창조주와 피조물이라는 서로 대립되는 짝을 이루어 신/인간이라는 이항 대립(二項對立)의 관계를 형성하는데, 이 경우 신과 인간 사이에 가로 놓인 빗금(/)은 하나의 편의를 위한 구분이 아니라 이 둘 사이에는 넘을 수 없는 장벽이 있다는 사실을 시각적으로 보여 주는 장치이다. 신이 세상의 모든 사물을 만든 움직여지지 않고 움직이는 이(the unmoved Mover)이며, 또한 스스로 존재하는 자(I AM that I AM)인 반면에, 피조물인 인간은 오직 신에 의해서만 그 존재의미가 부여되는 부수적인 존재일 뿐이다. 이 같은 이분법적인 사고방식은 위에서 예로 든 모든 종류의 중심에 의해 행해진다. 예를 들면, 의식/무의식이라는 이분법에서는 로고스(*logos*)로 대표되는 의식(consciousness)이 무의식을 억압하는 기제로 작용한다.

이 같은 의식에 의한 무의식의 억압 구도는 프로이트(Freud) 이전에는 아무런 이의 없이 받아들여졌다. 이 같은 억압 구도는 주체/객체, 남성/여성, 본질/현상 등의 여러 형태의 이분법적인 패러다임의 형태로 나타나며, 이 같은 이분법적인 사고 방식은 억압을 정당화하고 보편화하는 권력 형태가 된다. 따라서 이 같은 남근 로고스 중심주의에서는 중심에 위치한 항목이 준거점(points of reference)이 되며 또한 체제 밖에 존재하는 권위의 정점(extra-systematic point of authority)이 되는 것으로 이 같은 체제에서는 소쉬르(Saussure)가 말하는 차이의 유희(play of difference, Hawthorn 159)가 허용되지 않는다. 이 같은 로고스 중심적인 체제가 곧 데리다가 말하는 현전의 형이상학(the metaphysics of presence)에 기초한 체제이다.

이 같은 현전의 형이상학은 플라톤 이래로 서양 철학의 근본이기도 하지만, 이는 또한 기독교가 플라톤 철학을 대폭적으로 수용한 이래로 기독교의 근본 이데올로기가 됐다. "말씀이 하느님과 함께 있었고, 말씀은 곧 하느님이었다"라는 요한 복음 1장 1절에 나오는 구절은 기독교가 대표적인 남근 로고스 중심주의의 이데올로기임을 분명히 한다. 이 경우 말씀으로서의 하나님은 초월적 기의이며, 이 같은 하나님은 모든 기표에 의미를 확정하는 존재자로서 그의 현전은 모든 기표의 기의를 확정한다.

베케트는 이 같은 현전의 형이상학이 모든 담론의 지배 이데올로기이던 시대에 살았다. 따라서 그가 가톨릭교회 대 왕권이라는 권력 투쟁에서 권력의 중심을 대표하는 가톨릭의 편에 선 것은 당연 이상이 당연한 귀결이다. 따라서 우리가 그의 순교에서 보는 것은 단순히 그 자신의 독단적인 결론이 아니라 당대의 지성인으로서 택해야 할 당연한 명제이기도 하다. 그러므로 그가 결국 순교를 택한 것은 하나의 사인(私人)으로서의 결정이 아니라, 가톨릭교회의 고위 성직자인 대주교라는 공인(公人)으로서의 결정이기 때문에 그가 몸담고 있는 기독교가 요구하는 타자(他者)의 욕망으로서의 순교이다. 따라서 그의 순교는 타자의 욕망을 자신의 욕망으로 투입(投入, introjection)함으로써 가능한 것이다.

라캉은 "인간의 욕망은 타자의 욕망이다"(man's desire is the desire of the Other, *Écrits*[1977] 312)라고 정의한다. 여기서 그가 말하는 타자(the Other)는 단순히 타인을 지칭하는 것은 아니다. 타인으로서의 타자를 의미할 경우 그는 소문자로 시작하는 타자(*l'autre*, the other)를 써서 표기함으로써 대문자 타자(*l'Autre*, the Other)와 구별한다. 소문자로 표기된 타자가 타인으로서의 타자를 나타내는 반면, 대문자로 표기된 타자는 상징질서로서의 타자를 지칭한다. 따라서 대문자 타자(the Other)는 상징질서를 구성하는 언어, 법, 등을 포함하는 "근본적인 타자[성]"(radical alterity, Evans 133)을 말한다.

이런 의미에서 베케트가 대면하고 있는 신 또한 대문자로서의 타자이다. (이 글에서는 대문자 타자(*l'Autre*)와 소문자 타자(*l'autre*)를 구별하지 않고 단지 타자라고 표기한다. 그러나 소문자 타자와 대문자 타자를 구별할 필요가 있을 때는 이를 밝히도록 한다). 그러므로 베케트에게 있어 신은 하나의 절대적인 상징질서로서 자신의 존재 이유가 된다. 따라서 신은 베케트의 욕망의 대상이 된다. 라캉은 욕망이 남근 로고스 중심주의에서 차지하는 중요성을 보여주기 위하여 어린애의 예를 든다. 그에 의하면, "어린애는 어머니의 욕망을 욕망한다"(the child desires the mother's desire, Hawthorn 38). 어린애가 이처럼 어머니의 욕망을 욕망하는 이유는 "남근[체제] 속에서 어머니 자신이 어린애의 욕망을 상징하는 한에서만 어린애는 이 같은 욕망의 상상적인 대상인 [어머니와] 동일시하기 때문이다"(the child . . . identifies himself with the imaginary object of his desire in so far as the mother herself symbolizes it in the phallus, *Écrits*[1977] 197-98).

그러나 어린애가 이처럼 어머니와 동일시하는 것은 어린애가 상징체계에 진입하기 전인 오이디푸스 전 단계(pre-Oedipal stage)에서이다. 어린애가 성장하여 상징 체계로서의 오이디푸스 단계에 진입하게 되면, 어린이에게 있어 어머니는 이미 그의 욕망의 대상이 되지 않는다. 이는 어머니는 상징체계인 남근 중심주의 체제에서는 남근적 권력을 가지지 못하기 때문이며, 따라서 어린애는 남근적 권력을 가지고 있는 아버지와 자신을 동일시하게 된다. 『대성당』에서의 베케트 주교는 상징질서로서의 오이디푸스 체계인 기독교 이데올로기에 진입해 있으므로, 그의 욕망은 타자로서의 아버지의 욕망이 되는 셈이다. 이제 그의 욕망은 따라서 타자로서의 아버지[신]의 욕망이 대상이 되고자 하는 욕망인 동시에 신으로부터 인정을 받으려는 욕망이기도 하다. 그의 이 같은 타자의 욕망은 그가 만나는 네 명의 유혹자들과의 대화에서 아주 잘 드러난다. 그가 만나는 유혹자들은 따지고 보면 그 자신의 내적 갈등이 의인화되어 투사된 것이므로, 그와 유혹자들과의 대화는 자신과의 대화라고 말할 수 있다.

베케트 주교가 살던 시대의 지배 이데올로기가 기독교라는 점을 감안한다면, 우리는 베케트 주교와 그를 설득하려는 네 명의 유혹자들과의 대화를 알튀세(Louis Althusser)가 말하는 이데올로기에로의 호명(interpellation)으로 볼 수 있다. 알튀세에 따르면 "[모든 이데올로기는] 구체적인 개인을 구체적인 주체로 부르거나 호명한다"([All ideology] hails or interpellates concrete individuals as concrete subjects, *Lenin and Philosophy and Other Essays* 162). 이렇게 함으로써 특정한 이데올로기의 구성원들은 이러한 이데올로기가 요구하는 일련의 이데올로기적 가정(假定)과 신념을 자신의 신조로 삼아 그가 몸담고 있는 이데올로기의 일원으로 살 수 있게 된다. 베케트와 그를 시험하는 네 명의 유혹자들과의 대화의 목적은 베케트를 호명하여 그가 가지고 있는 이 같은 기독교 이데올로기의 덕목을 그 자신의 의식 속에 각인(刻印) 시키는 것이다. 유혹자들은 차례차례로 등장하여 베케트를 시험한다.

첫 번째 유혹자(First Tempter)는 정신(廷臣)으로 등장하여, 베케트 주교가 과거에 누렸던 영화를 상기시키면서 그를 시험한다.

> 대주교님, 만일 당신이 기도하실 때 나를 기억해 주신다면
> 나도 키스하면서 층계 아래서 당신을 생각하겠습니다. (이창배 184)
>
> If you will remember me, my lord, at your prayers,
> I'll remember you at kissing time below the stairs. (*CPP* 248)

첫 번째 유혹자가 베케트의 과거를 상기시킴으로써 그를 시험한다면, 두

번째 유혹자는 왕당파 정치인(Royalist politician)으로 등장하여 세속 권력으로 그를 유혹한다. 그는 베케트 주교가 대법관으로서 권력을 행사하던 시절을 상기시키면서 다음과 같이 말한다.

악한들의 무장을 해제하시고 법을 강화하사
대의를 위하여 통치하소서.
그리하여 정의를 베풀어 만인을 공평하게 하시면
지상에 번영을 가져올 것이고, 어쩌면 천상에도 그러할 것입니다.
(이창배 185)

Disarm the ruffian, strengthen the laws,
Rule for the good of the better cause,
Dispensing justice make all even,
Is thrive on earth, and perhaps in heaven. (*CPP* 249)

이 같은 유혹자의 감언이설에 베케트 주교는 다음과 같이 말한다.

속세적 권력, 좋은 세계를 이룩한다는 그 권력,
현세에서 생각하는 질서, 그것을 유지하는 권력.
현세의 질서를 믿고,
신의 질서의 지배를 받지 않는 자들은,
독단적인 무지에 빠져, 다만 무질서를 초래하여,
그것을 조장하고 치명적인 병을 일으키게 되며,
스스로 존중하던 것을 타락시키고 만다. 국왕에게 부여된 권력―
한땐 나도 국왕이었다. 국왕의 팔이었고, 그의 현명한 두뇌였다.
그러나 이전에 느꼈던 득의의 영예는
지금에 와선 다만 비굴에 불과하구나. (이창배 186)

Temporal power, to build a good world,
To keep order, as the world knows order.
Those who put their faith in worldly order
Nor controlled by the order of God,
In confident ignorance, but arrest disorder,
Make it fast, breed fatal disease,
Degrade what they exalt. Power with the King―

I was the King, his arm, his better reason.
But what was once exaltation
Would now be only mean descent. (*CPP* 250)

세 번째 유혹자는 노르만(Norman)계의 남작(baron)인데, 베케트 대주교 또한 노르만 계통이다. 그는 베케트 주교가 순교하지 않고 노르만 계의 실력자들을 규합할 경우 교황과 영국 모두를 위해서 대단히 유용한 일을 할 수 있음을 역설하면서 그를 유혹한다.

우리에겐 교회의 도움이 유리합니다.
자유를 위한 투쟁에서는
교황의 강력한 보호의 혜택을 받아야 합니다. 대주교님, 당신이
우리와 함께 힘을 합하여 싸우신다면
영국을 위하여, 로마를 위하여 일거에 대성공을 거두실 겁니다.
왕실이 사제를 억누르고,
왕실이 귀족을 억누르는
폭압적인 권한을 종식시킴으로써. (이창배 188)

For us, Church favor would be an advantage,
Blessing of Pope powerful protection
In the fight for liberty. You, my Lord,
In being with us, would fight a good stroke
At once, for England and for Rome,
Ending the tyrannous jurisdiction
Of king's court over bishop's court,
Of king's court over baron's court. (*CPP* 251-52)

그러나 이 세 명의 유혹자들의 감언이설은 베케트에게는 그리 설득력이 없다. 베케트 주교는 이들이 열거하는 여러 가지 일들을 과거에 이미 경험했고 이제 그는 이미 이런 경험들을 초월했기 때문에 이런 일들에 연연하지 않기 때문이다.

그렇지만 베케트 주교에게 나타난 네 번째 유혹자는 그를 움찔하게 만든다. 그가 베케트에게 제시하는 바는 주교 자신이 두려워했던 바이고, 이는 또

한 기독교 이데올로기의 근본 가정을 앞세워 베케트를 시험하는 것이기 때문이다. 베케트 주교가 이 네 번째 유혹자를 두려워하는 것은 그가 곧 주교 자신의 무의식에 감추어진 비밀스런 욕망을 부추기는 것이기 때문이다. 이는 "무의식은 타자의 담론"(the unconscious is the discourse of the Other, *Écrits*[1977] 312)이라는 라캉의 주장으로도 뒷받침 된다. 네 번째 유혹자는 다음과 같은 말로 주교를 설득하려 한다.

> 왕이 죽으면 다음 왕이 나타나고,
> 다른 왕엔 다른 통치가 따르지요.
> 새로운 왕이 나타나면 전왕은 잊혀 집니다.
> 성자나 순교자는 묘지에서 통치합니다.
> 생각해 보십시오, 토마스 대주교님, 낙담하고 있는 적들을.
> 땅을 기며 참회하고, 망령을 보고 무서워하는 그들을 생각해 보십시오,
> 세대를 이어가며
> 기도하며 무릎 꿇고
> 보석이 찬란한 경당(敬堂) 앞에
> 줄을 지어 서 있는 순례자들을.
> 신의 은총에 의한 기적을 생각해 보십시오.
> 그리고 또 다른 데에 있는 당신의 적들도 생각해 보십시오.
> (이창배 190-91)

> When king is dead, there's another king,
> And one more king is another reign.
> King is forgotten, when another shall come:
> Saint and Martyr rule from the tomb.
> Think, Thomas, think of enemies dismayed,
> Creeping in penance, frightened of a shade;
> Think of pilgrims, standing in line
> Before the glittering jewelled shrine,
> From generation to generation
> Bending the knee in supplication.
> Think of the miracles, by God's grace,
> And think of your enemies, in another place. (*CPP* 254)

이 같은 네 번째 유혹자의 설득을 듣고 베케트 주교는 자신도 모르게 흠칫 놀라면서 유혹자에게 이렇게 묻는다.

내 구미를 돋우며 나를 유혹하는 너는 도대체 누구냐? (이창배 192)

Who are you, tempting with my own desires? (*CPP* 255)

베케트 주교가 유혹자의 유혹을 자신이 가진 욕망이라고 말하는 것에서 알 수 있듯이, 네 번째 유혹자는 주교의 속내를 훤히 꿰뚫고 있음을 알 수 있다. 주교가 이처럼 소스라치게 놀라는 것에서 알 수 있듯이, 주교의 욕망은 그 자신의 개인적인 사리사욕에 기인하는 욕망이 아니라, 타자의 욕망으로서의 욕망임을 알 수 있다. 이 같은 타자의 욕망은 주교의 무의식 깊숙한 곳에 숨어 있다가 네 번째 유혹자에 의해 들통이 났기 때문에 주교는 이처럼 자신도 모르게 소스라치게 놀라는 것이다. 네 번째 유혹자는 계속해서 다음과 같이 말한다.

나는 당신이 욕망하는 것을 드립니다. 그리고
당신이 내게 주시지 않을 수 없는 것을 나는 원합니다. 영원한 광영(光榮)에 대한 예견을 보여 드린 대가로 그것이 고가(高價)라고 할 수는 없겠지요?
(이창배 192)

I offer what you desire. I ask
What you have to give. Is it too much
For such a vision of eternal grandeur? (*CPP* 255)

네 번째 유혹자는 주교의 이 같은 욕망을 간파하고, 그의 이 같은 욕망을 그가 실현시켜 주겠다고 유혹한다. 주교는 자신의 욕망이 단지 자신만의 개인적인 욕심에서 나온 욕망이 아니라, 타자의 욕망임을 의식하지 못한다. 그러면서 이 같은 그 자신의 욕망은 칠죄종(七罪宗, Seven Deadly Sins) 중의 하나인 교만에서 나온 것이므로, 그는 이로 인해 지옥의 영벌(永罰)을 받지 않을까 걱정한다.

나의 영혼의 병엔 달리 길이 없는가?
교만심으로 파멸로 치닫는 길 이외에는 다른 길이 없는가?

Is there no way, in my sickness,
Does not lead to damnation in pride? (*CPP* 255)

그럼에도 불구하고 주교는 마음을 다잡아먹고 다음과 같이 말한다.

이제 내 길이 뚜렷하다. 의미가 분명하다.
두 번 다시 이런 종류의 유혹엔 빠지지 않겠다.
마지막 유혹은 가장 무서운 반역이었다.
그릇된 이유로 옳은 행동을 하는 것은. (이창배 195)

Now is my way clear, now is the meaning plain:
Temptation shall not come in this kind again.
The last temptation is the greatest treason:
To to the right deed for the wrong reason. (*CPP* 258)

자신의 분신이며 무의식의 표출이라고도 볼 수 있는 네 명의 유혹자들의 호명과 시험을 거쳐 주교는 이제 단단히 순교의 결의를 다진다. 특히 네 번째 유혹자는 주교 자신의 무의식까지도 꿰뚫어 봄으로써 주교는 자신의 숨겨둔 욕망이 탄로 났음을 느낀다. 그러나 이처럼 그의 은밀한 욕망이 탄로 났으므로, 그는 이제 결심을 새롭게 하여 순수한 마음과 참된 신앙을 가지고 순교에로의 결의를 다지게 된다.

III. 베케트 주교의 수동 의존적 욕망

이제 우리는 이처럼 타자의 욕망을 자신의 욕망으로 투입(introjection)한 베케트 주교가 어떤 유형의 성격을 가지고 있는지를 잠시 살펴 볼 필요가 있다. 베케트 주교의 성격은 자기 자신이 독자적으로 형성한 것이 아니라 그가 살던 시대의 지배 이데올로기인 기독교 이데올로기가 그의 성격을 형성하는 데에 막강한 영향력을 발휘했다는 사실을 염두에 둔다면, 그의 성격은 기독교 이데올로기가 형성할 수 있는 가장 대표적인 것이라고 말할 수 있다. 따라서 베케트 주교의 성격 형성은 그와 타자의 욕망 사이에 어떤 관계가 성립하는가를 살펴봄으로써 알 수 있다. 이 같은 측면에서 볼 때 마크 브라커(Mark Bracher)가 제시하는 다음과 같은 욕망의 네 가지 유형은 우리에서 아주 유익한 참조 틀을 제공한다(20-21).

1. 수동 자기애적 욕망. 대타자의 사랑(또는 대타자의 경탄, 이상, 또는 인정)의 대상이 되기를 욕망한다.
2. 능동 자기애적 욕망. 대타자가 되고자 하는 욕망. 이 경우 동일시는 욕망의 한 형태이고 사랑이나 헌신은 사랑의 또 다른 형태이다.
3. 능동 의존적 욕망. 대타자를 희열의 수단으로 소유하고자 욕망한다.
4. 수동 의존적 욕망. 대타자의 희열의 대상으로서 대타자에 의해 욕망되거나 소유되기를 욕망한다.

1. Passive narcissistic desire. One can desire to be the object of the Other's love (or the Other's admiration, idealization, or recognition).
2. Active narcissistic desire. One can desire to become the Other — a desire of which identification is one form and love or devotion is another.
3. Active anaclitic desire. One can desire to possess the Other as a means of jouissance.
4. Passive anaclitic desire. One can desire to be desired or possessed by the Other as the object of the Other's jouissance.

우리는 브라커가 네 가지로 분류한 욕망의 범주 중, 베케트가 가지고 있는 욕망은 마지막 항목인 수동 의존적 욕망에 속함을 할 수 있다. 베케트 주교는 창조주인 신과 그의 피조물인 인간 사이에는 뛰어 넘을 수 없는 초월적인 간극이 있음을 알고 있다. 이러한 뛰어 넘을 수 없는 간극을 뛰어 넘는 유일한 길은 타자로서의 신의 희열의 대상이 되는 것이며, 이의 가장 확실한 방법은 신을 위해 순교하는 길이다. 이러한 그의 생각은 그가 죽기 전에 봉헌(奉獻)한 성탄 미사에서 행한 강론(講論)에서 아주 잘 드러나 있다. 그는 순교에 대해 이렇게 말한다.

기독교인의 순교는 결코 우연이 아닙니다. 성인은 우연으로 되는 것이 아니기 때문입니다. 세속에서는 인간이 의지나 노력으로 지배자가 될 수는 있으나, 기독교인의 순교는 인간이 성인이 되고자 하는 의지의 결과가 결코 아닙니다. 순교자나 성인은 언제나 신의 의도에 의해 만들어지는 것입니다. 인간에 대한 신의 사랑은 인간을 수호하고 인간에게 길을 가르쳐 신의 길로 인간을 돌아가게 합니다. 순교는 결코 인간의 의도로 되는 것은 아닙니다. 진정한 순교자란 신의 도구가 되어 버린 사람이므로, 그는 신의 의지 속에 자신의 의지를 버리고 맙니다. 순교자는 자신을 위해서는 아무것도 욕망하지 않습니다. 순교의 영과마저도 욕망하지 않습니다.

A Christian martyrdom is never an accident, for Saints are not made by accident. Still less is a Christian martyrdom the effect of a man's will to become a Saint, as a man by willing and contriving may become a ruler of men. A martyrdom is always the design of God, for His Love of men, to warn them and to lead them, to bring them back to His ways. It is never the design of man; for the true martyr is he who has become the instrument of God, who has lost his will in the will of God, and who no longer desires anything for himself, not even the glory of being a martyr. (*CPP* 261)

순교란 따라서 신을 자신의 멸절(滅絶)로 증거(witness)하는 것이다. 그러므로 순교자에게 있어 죽음은 두려워하거나 슬퍼해야 할 그 무엇이 아니라, 오히려 환영하고 축하해야 할 경사스러운 일이다. 죽음은 초월로서의 신을 만나러 가기 위해 필연적으로 거쳐야 하는 하나의 과정일 뿐이기 때문이다. 그러나 신앙이 없는 사람에게 있어 죽음은 현세와의 이별이며, 죽음 이후에 오는 것에 대한 믿음이 없기 때문에 이는 큰 불안 요소가 된다. 베케트 주교가 이처럼 순교로서의 죽음을 믿음이 굳은 사람의 입장에서 설파한 반면에, 신앙이 단단하지 못 한 사람들을 대표하는 캔터베리 여인들로 구성된 합창단(Chorus)은 죽음을 하나의 불안스러운 것으로 다음과 같이 묘사한다.

다만 여기에
죽음의 하얀 평평한 얼굴, 신의 말 없는 종복이 있을 뿐,
그리고 그 죽음의 얼굴 뒤에는 심판이,
그 심판 뒤에는 지옥이 살아 있는 형체들보다 더욱 무서운 진공이 있다.

그것은 부재, 텅 빔(空), 신으로부터의 이산(離散). (이창배 211)

>   [O]nly is here
>   The white flat face of Death, God's silent servant,
>   And behind the face of Death the Judgement
>   And behind the Judgement the Void, more horrid than active shape of hell;
>   Emptiness, absence, separation from God. (*CPP* 272)

캔터베리 여인들로 구성된 합창단이 죽음을 하나의 커다란 텅 빔(空, the Void)으로 보는 것과는 반대로, 베케트 주교는 죽음을 두려워하거나 또는 아무 일도 하지 않으면서 이를 담담히 기다리기만 하는 것은 아니다. 그는 오히려 죽음을 적극적으로 영접한다. 그러기 위해 그는 자신을 죽이러 온 왕이 보낸 기사들을 당당히 맞이하기 위해 대성당의 문을 열어 놓고 이들을 기다린다.

>   빗장을 빼라, 문을 열어라!
>   이 기도의 집, 그리스도의 교회를,
>   이 지성소(至聖所)를 성채(城砦)로 만들고 싶진 않다.
>   교회는 스스로 그 자체를 자체의 힘으로 방어해야 한다.
>   나무나 돌은 필요 없다. 나무나 돌은 썩는다.
>   [나무나 돌은] 지속하지 못한다. 그러나 교회는 영원하다.
>   교회는 그 문이 열려야 한다, 우리의 적에게도 문을 열어라! (이창배 212)

>   Unbar the doors! throw open the doors!
>   I will not have the house of prayer, the church of Christ,
>   The sanctuary, turned into a fortress.
>   The Church shall protect her own, in her own way, not
>   As oak and stone; stone and oak decay,
>   Give no stay, but the Church shall endure.
>   The Church shall be open, even to our enemies. Open the door!
>   (*CPP* 273)

이렇게 대성당의 문을 활짝 열라고 명령한 후 그는 자신의 행동, 즉 신을 위한 순교는 시간 밖에서 결정된 것이므로 이는 인간의 범주에 드는 것이 아니라 신의 법에 따르는 것임을 역설한다. 이 같은 그의 행동은 믿음이 없는 사람들의 행동과는 질적으로 다르다. 믿음이 없는 사람들의 행동은 시간 속에서 행해진 일이기 때문에, 이것의 옳고 그름을 따져 보기 위해서는 이를 하나하나 살펴봐야 하기 때문이다. 이것이 바로 타자로서의 신의 희열을 자신의 욕망으로 삼고 있는 베케트 주교와 그렇지 않은 보통 사람들의 행동을 판가름하는 아주 중요한 잣대가 되기 때문이다. 자신의 순교에 대한 결심에 대해 베케트는 다음과 같이 말한다.

> 나를 무모한 자포자기의 광인으로 생각할지 모른다.
> 너희들이 한 행동이 선이냐 악이냐를 결정하는 데 있어
> 이 세상에서 하듯이 결과만으로써 논하려고 한다.
> 너희들은 사실 앞에 복종하고 만다. 그것은 하나하나의 삶과 하나하나의 행동에
> 반드시 선과 악의 결과가 나타나기 때문이다.
> 시간이 감에 따라 대부분의 행위의 결과가 분간할 수 없게 되듯이,
> 선악도 결국에 가선 혼동되어 버리고 마는 것이다.
> 내 죽음은 시간 안에서는 이해될 수 없을 것이다.
> 내 결의, 만일 그것을 결의라 한다면,
> 나의 전 존재가 완전히 호응한
> 나의 결의가 이루어지는 것은 시간 밖에서이다.
> 나는 나의 생명을
> 인간의 법칙 그 위에 있는 신의 법칙에 맡긴다. (이창배 213)

> You think me reckless, desperate and mad.
> You argue by results, as this world does,
> To settle if an act be good or bad.
> You defer to the fact. For every life and every act
> Consequence of good and evil can be shown.
> And as in time results of many deeds are blended
> As good and evil in the end become confounded.
> It is not in time that my death shall be known;
> It is out of time that my decision is taken
> If you call that decision
> To which my whole being gives entire consent.
> I give my life
> To the Law of God above the Law of Man. (*CPP* 273-74)

이처럼 베케트 주교에게는 신은 세상을 초월해 있는 "체계 밖에 존재하는 권위의 구심점"(extra-systematic point of authority, Hawthorn 59)으로서, 세상의 모든 기표들 중에서 만능 기표(master signifier)이며, 그렇기 때문에 신은 또한 모든 기의를 확정하는 초월적 기의(transcendental signified)로 모든 존재들의 중심을 차지하고 있는 셈이다.

그러나 이처럼 중요한 신(神)도 이를 초월적 기의로 받아들이지 않는 보통 사람들에게는 단지 또 하나의 기표로 존재할 뿐으로 다른 기표보다 우위에 서는 것은 아니다. 따라서 이들에게는 신은 단지 다른 기표와의 차이(difference)로서만 존재하는 또 다른 하나의 기표에 지나지 않는다. 이들에게는 세상의 선악을 절대적으로 판가름하는 초월적인 기준이 없고 단지 상대적인 차이로서의 기준만이 존재하기 때문에, 이들의 행동에는 선한 행동과 악한 행동이 서로 뒤 섞여 있을 뿐이다. 따라서 이들의 행동을 가늠하기 위해서는 하나의 행동을 다른 행동과 비교해 봄으로써 이들 각각의 행동에 대한 판단을 내리는 수밖에 없다.

여기서 우리는 위의 인용에 나오는 defer라는 단어에 유의할 필요가 있다. 이것을 '사실 앞에 복종하고 만다'라고 번역돼 있는데, 이는 '사실에 맡긴다'라는 의미가 있는 단어이다. 이 단어를 데리다(Derrida)가 사용하는 차연(差延, *differance*)이라는 개념과 연계해서 생각해 보면 아주 흥미로운 사실을 발견하게 된다. 데리다는 이 '차연'이라는 용어를 구성하는 중요한 요소로 '연기하다'라는 의미를 가지는 'defer'를 포함하고 있다. 이렇게 본다면 데리다의 '차연'이라는 개념에 포함된 의미를 엘리엇이 이미 여기서도 쓰고 있다고 말할 수 있다. 이렇게 본다면 이 둘이 defer라는 단어를 사용한 것은 우연의 일치일지는 몰라도 이 단어에는 아주 중요한 의미가 있다.

믿음이 없는 이들에게 있어 옳고 그름은 이처럼 확실한 것이 아니라 차연(차이와 연기)에 의해 단지 그 확정이 미루어질 뿐이다. 이렇게 볼 때 불신앙 속에 사는 사람들의 세계는 '차연의 세계'(the world of *difference*)이지만, 믿음이 있는 사람의 세계는 타자와 아버지로서의 신의 법(the law of God)이 존재하는 '비차연(非差延)의 세계'(the world of *indifferance*)이기 때문이다. 이제 베케트 주교는 신의 법이 주재하는 이 같은 '비차연의 세계'를 자신의 생명을 걸고 증거하려 한다. 차이의 세계인 불신자들의 세계에서는 신이라는 기표가 다른 기표에 배타적(exclusive)이며 독점적(monopolistic)인 만능 기표로서의 자리를 지키지 못함으로써 신은 단지 다른 기표들과의 상호 관계 속에서 의미 작용(signgnification)을 거칠 수 밖에 없다.

그러나 신의 법이 지배하는 초월적 기의의 세계에서는 이 같은 차이와 다름이 의미를 생성하는 차연의 세계와는 달리 의미는 독자적으로 그리고 자족적으로 즉각적인 신의 현전(presence)에 의해 확정된다. 베케트 주교가 희구하고 있는 세계는 바로 이처럼 차이(差異/差移)가 없이 모든 것이 신의 현전에 의해 의미가 확증(確證)되는 초월적인 기의의 세계임 셈이다.

우리가 베케트 주교의 순교에 대한 열망을 이처럼 설명 할 수 있음에도 불구하고, 그의 순교에 대한 열정은 죽음 욕동(death drive)이 표출된 것은 아닌가 하는 강한 의구심을 갖지 않을 수 없다. 우리는 이 기회에 프로이트와 라캉의 죽음 욕동에 대한 이론을 살펴 볼 필요가 있다. 죽음 욕동이 인간이 가지고 있는 중요한 본능임을 처음으로 간파한 사람은 프로이트이다. 그러나 이 이론은 그의 제자들에 의해 배척되어 왔다. 그럼에도 불구하고 라캉은 "그[프로이트]의 학설에서 죽음 욕동을 무시하는 것은 그의 이 학설[죽음 욕동] 전체를 잘못 이해하는 것이다"([T]o ignore the death drive in his [Freud's] doctrine is to misunderstand that doctrine entirely, *Écrits*[1977] 301)라고 주장하면서, 프로이트의 이론에서 죽음 욕동이 차지하는 중요성을 역설한다. 그럼에도 불고하고 프로이트의 많은 후계자들이 죽음 욕동을 배척하는 것에서 알 수 있듯이 이 이론은 논란의 여지가 많은 이론임에 틀림없다.

우선 프로이트와 라캉 사이에 존재하는 죽음 욕동에 대한 견해 차이를 보기로 하자. 프로이트는 죽음 욕동을 "유기적인 생명체에 내재하는 이전 상태로 돌아가려는 욕구"(an urge, inherent in organic life, to an earlier state, *Beyond the Pleasure Principle* 36)로 정의한다. 따라서 프로이트는 죽음 욕동을 삶 욕동(life drive)인 에로스(eros)와는 반대되는 개념으로 파악했다. 프로이트가 죽음 욕동을 이렇게 보는 이유는 "죽음 욕동은 긴장을 영(零)으로 줄이려는 노력"(the death instincts strive toward the reduction of tensions to zero-point, Laplanche 97)이라고 생각했기 때문이다.

이 같은 프로이트의 죽음 욕동에 대한 생각에 대해 라캉은 "[죽음 욕동은] 생물학의 문제가 아니다"([T]he death drive is not a question of biology, *Écrits*[1966] 102)라고 말함으로써 그의 죽음 욕동에 대한 가정이 프로이트의 그것과 근본적으로 다름을 분명히 한다. 이는 프로이트가 죽음 욕동이 본능(nature)의 차원에 속하는 것으로 생각하는 것과는 달리, 라캉은 이를 문화(culture) 또는 양육(nurture)의 차원의 문제라고 생각한다. 이 같은 라캉의 죽음 욕동에 대한 생각은 일거(一擧)에 이루어진 것이 아니라 여러 단계를 거쳐 형성됐다는 사실에서도 그가 이를 얼마나 지속적으로 생각하고 있었는지 알 수 있다.

라캉이 1938년 죽음 욕동을 처음 언급했을 때, 그는 이 욕동을 "잃어버린 조화에 대한 향수로, 어머니의 젖가슴과 하나였던 오이디푸스 이전 단계로의 회귀에 대한 욕망"(a nostalgia for a lost harmony, a desire to return to the preoedipal fusion with the mother's breast, Evans 32)으로만 생각하고 있었다. 그러나 1946년에는 이 같은 이전까지의 입장을 바꿔 라캉은 죽음 욕동을 "나르시즘적인 자살 충동"(the suicidal tendency of narcissism, Evans 32)이라고 말한다. 그가 죽음 욕동을 이렇게 본 것은 죽음 욕동이 상상계에서 연원하는 것으로 보았기 때문이다.

그러나 1950년대에 들어서면서 죽음 욕동에 대한 라캉의 생각은 큰 변화를 보인다. 1954-1955년의 세미나에서 그는 "죽음 욕동은 단지 상징 질서의 가면에 지나지 않는다"(The death instinct is only the mask of the symbolic order, The Seminar[Book II] 326)고 말함으로써 죽음 욕동이 상징계에 연원하고 있음을 처음으로 인정한다. 라캉의 이러한 인식의 전환은 그가 죽음 욕동에 대해 가지고 있는 생각이 획기적으로 변했음을 드러낸다.

또한 프로이트가 죽음 욕동과 삶 욕동을 서로 상반되는 별개의 욕동으로 본 것과는 달리, 라캉은 이 두 욕동이 별개의 것이 아니라 하나의 뿌리에서 나온 것이라고 주장한다. 라캉이 프로이트와 다른 견해를 표명하고 있는 것은 이뿐만이 아니다. 프로이트는 삶 욕동 중 가장 두드러진 것이 성적 욕동(sexual drive)이라고 본 것과는 대조적으로 라캉은 죽음 욕동이 모든 욕동의 한 측면이라고 주장한다. 이 같은 라캉의 주장은 인간의 욕동 중에서 가장 중요한 욕동은 삶 욕동으로서의 성적 욕동이 아니라 오히려 죽음 욕동이라고 주장함으로써 죽음 욕동의 중요성을 강조한다. 이 같은 그의 생각은 "모든 욕동은 사실상 죽음 욕동이다"([E]very drive is virtually a death drive, *Écrits*[1966] 848)라는 그의 주장에서 절정을 이룬다. 라캉의 죽음 욕동에 대한 생각이 이처럼 변한 것은 상상계를 초기에는 중요한 요소로 생각하다가 후에는 상징계를 더 중요하게 생각한 데에 그 근본 원인이 있다.

그렇다면 이제 우리는 베케트 주교가 가지고 있는 순교에 대한 의지, 즉 그의 죽음 욕동을 어떻게 읽을 수 있을까 하는 문제에 부닥치게 된다. 그의 죽음 욕동을 읽기 위해서는 프로이트의 죽음 욕동에 대한 가설보다 라캉의 가설이 더 설득력이 있다. 이는 라캉이 죽음 욕동을 모든 욕동의 근원으로 보았으며, 또한 죽음 욕동과 삶 욕동이 별개가 아닐 뿐만 아니라 죽음 욕동이 상상계가 아닌 상징계에서 발원하고 있다는 그의 주장은 프로이트의 죽음 욕동에 대한 가설보다 더 설득력이 있기 때문이다. 베케트가 가톨릭교회의 고위 성직자라는 사실은 그가 당시 사회의 이데올로기의 지배 계급에 속했음을 보여 준다. 따라서 그는 상징계의 중요한 버팀목 역할을 했으며 이러한 그가 순교에 대한 의지를 드러낸 것은 죽음 욕동이 상징계에서 연원한 것이라는 라캉의 이론을 증명하는 것이기도 하다.

또한 그는 종교 지도자로서 초자아(super ego)의 상징적이며 제도적인 장치 속에 몸담고 있음을 보여준다. 이 같은 그의 초자아적인 위치는 그가 공적인 영역(public sphere)에 속해 있는 인물이기 때문에 개인적인 자아(ego)의 위치보다는 사회적인 위치에서의 공적인 행위를 강요받는 처지에 있음을 잘 보여준다. 이 같은 그의 공적인 위치는 초자아가 자아의 자기 보존(self-preservation) 본능보다 우선함을 여실히 드러낸다.

그가 이런 위치에 있다는 사실은 곧 그가 "순전히 죽음 욕동의 문화"([a] pure culture of the death drive, Freud, *The Ego and the Id* 52)인 상징 질서 속

에 몸담고 있음을 보여준다. 이러한 상징 질서는 그 구성원들로 하여금 이데올로기를 위해 자신을 희생으로 바칠 것을 강요하는 초자아적인 체제이기 때문에 죽음 욕동의 문화라고 말할 수 있다. 이것이 바로 베케트 주교의 순교를 필연적인 것으로 만드는 가장 큰 이유가 된다. 이 같은 사실은 왕이 그를 죽이기 위해 보낸 기사들이 그를 죽이기 전에 베케트 주교가 한 다음과 같은 말에서 잘 드러난다.

> 나는 여기 있다.
> 왕에게 역적이 아니라 하나의 사제이고,
> 그리스도의 피로써 구원 받고,
> 내 피로써 달게 고난을 감수하려는 크리스천이다.
> 이것이야 말로 언제나 교회의 표지이고
> 피의 표지이다. 피에는 피로써.
> 주의 피는 내 목숨을 구원하기 위하여 바쳐졌고,
> 내 피는 주의 죽음을 보답키 위하여 흘리는 것이다.
> 주의 죽음에 대한 보답으로 내 죽음을. (이창배 214)
>
> I am here.
> No traitor to the King. I am a priest,
> A Christian, saved by the blood of Christ,
> Ready to suffer with my blood.
> This is the sign of the Church always,
> The sign of blood. Blood for blood.
> His blood given to buy my life,
> My blood given to pay for His death,
> My death for His death. (*CPP* 274-75)

여기서 그리스도의 피는 곧 기독교로 상징되는 초자아이고, "나의 피"는 베케트 주교의 자아 본능을 드러낸다. 그러나 베케트 자신이 상징 질서 체계로서의 기독교 이데올로기의 초자아를 구성하기 때문에 그는 진정한 의미의 개인적인 자아(ego)를 가질 수 없을 뿐만 아니라, 이 같은 자아는 초자아의 공공 영역에 흡수된다. 따라서 그의 자아 보존 본능은 초자아라는 상징 질서의 제단 위에 희생물로 놓일 수 밖에 없다. 이러한 측면에서 볼 때 죽음 욕동은 상징계에 그 기원이 있다는 라캉의 주장은 잘못된 이론이 아니다. 따라서 베케트에게 있어 자신의 욕망은 곧 타자로서의 기독교 이데올로기의 욕망이 되며, 이 타자의 욕망은 또한 죽음 욕동이기도 하다. 이 같은 상징체계로서의 기독교 이데올로기는 피조물인 인간의 결핍(lack)에 기초한다. 베케트 주교는 이런 결핍을 자신의 순교로 메꿈으로써 만능 기표(master signifier)인 신의 이름 속으로 편입되기를 욕망한 것이다. 이 같은 그의 생각은 그가 남긴 다음과 같은 말에서 잘 드러난다.

> 이제 나는 전능하신 신에게, 복되신 동정녀 마리아에게, 복되신 세례자 요한에게, 사도 베드루와 사도 바오로에게, 순교자 데니스에게, 그 외의 모든 성인들에게 나의 대의(大義)와 교회의 대의를 맡기노라. (이창배 214)
>
> Now to Almighty God, to the Blessed Mary ever Virgin, to the Blessed John the Baptist, the holy apostles Peter and Paul, the blessed martyr Denys, and to all the Saints, I commend my cause and that of the Church. (*CPP* 275)

따라서 베케트 주교의 순교는 타자의 욕망을 자신의 욕망으로 투입함으로써 이를 자신의 것으로 하여, 자신을 상징계로 편입시키려는 기도인 셈이다. 이는 그가 '아버지의 이름'(Name of the Father)이 지배하는 상징 질서에 편입되어 그 자신이 의미가 확정되지 않은 하나의 떠다니는 기표(a floating signifier)가 아니라 신의 이름과 현전에 의해 형성되는 초월적 기의의 세계(the world of transcendental signifieds) 속으로 편입됨을 의미한다. 이 같은 베케트 자신의 자발적인 희생으로서의 순교는 알튀세(Louis Althusser)의 지적처럼 교회가 얼마나 강력한 이데올로기적 국가 장치(Ideological State Apparatus, ISA)인가를 잘 보여주는 셈이다. 이 같은 교회 조직은 그 구성원들로 하여금 교회의 이데올로기를 스스로 내면화(內面化)하여 이를 자신들의 생활의 중요한 작동 원리로 삼게 한다.

베케트 주교의 순교는 이처럼 지배 이데올로기로서의 기독교 교리를 그가 자신의 신조로 내면화함으로써 그가 이러한 상징 질서의 일부분이 되는 것을 의미한다. 그러나 이 같은 그의 행동의 중요한 동인(動因)이 피학증(masochism)이라는 사실은 우리에게 시사하는 바가 많다. 피학증은 일반적으로 자신에게 고통을 가함으로써 성적 쾌락을 얻는 이상 심리를 말하는 것이지만, 이 같은 이상 심리의 하나로 도덕적 피학증(moral masochism)이 존재한다는 사실은 흥미로운 일이다. 프로이트는 도덕적 피학증은 "주체가 [중략] 성적 흥분에 직접적으로 간여(干與)하지 않고 희생자의 역할을 추구하는 것"(the subject . . . seeks out the position of victim without any sexual pleasure directly involved, Laplanche 244)임을 지적한다. 이 같은 도덕적 피학증은 죽음 욕동과 긴밀히 연계돼 있다는 측면에서 죽음 욕동이 도덕적 피학증을 통해 표출된다고 말할 수 있다. 베케트 주교의 도덕적 피학증은 그의 다음과 같은 말에서 잘 읽을 수 있다.

> 주를 위해 지금 죽을 각오를 다진다.
> 그럼으로써 주의 교회에는 평화와 자유가 있을 지어다.
> 너희들은 마음대로 하라. 그것은 너희들의 손실이요, 불명예일 것이다.
> 그러나 다른 사람에 대해선
> 평신도이건 성직자이건 신의 이름으로 손을 대선 안 된다.
> 이는 엄금하는 바이다. (이창배 214)
>
> For my Lord I am now ready to die,
> That His Church may have peace and liberty.
> Do with me as you will, to your hurt and shame;
> But none of my people, in God's name,
> Whether layman or clerk, shall you touch.
> This I forbid. (*CPP* 275)

이 같은 그의 말을 듣고 우리는 그의 죽음이 도덕적 피학증에 근거하고 있음을 잘 알 수 있다. 그는 이 같이 말함으로써 그가 희생자의 위치를 추구하고 있음을 분명히 하고 있다. 예수가 자신의 죽음으로써 세상의 죄를 씻었듯이, 그도 자신의 죽음이 교회의 평화와 자유에 이바지하고, 또한 신도들과 성직자들이 평안하기를 염원한다. 이 같은 그의 바람은 자기 자신을 희생함으로써 가능하다는 그의 도덕적 피학증에 근거한 생각에서 기인하는 것이다. 베케트의 일관된 순교에 대한 열정은 바로 이 같은 그의 도덕적 피학증이 동인이라는 사실을 염두에 둔다면, 우리는 그가 어떻게 타자로서의 가톨릭교회의 욕망을 자기 자신의 욕망으로 승화(?)시켜 자신의 순교를 정당화시키는지를 알 수 있다. 따라서『대성당』에서는 타자의 욕망으로서의 기독교 이데올로기는 죽음 욕동으로 변형되고, 베케트 주교는 자신의 이러한 죽음 욕동을 도덕적 피학증을 통해 승화시켜 자신의 순교를 합리화하는 셈이다.

IV.『대성당』에 나타난 '부정의 길'

『대성당』은 엘리엇이 쓴 시극(verse drama) 중에서 대단히 성공한 작품이다. 시극은 셰익스피어 이래로 성공하기가 매우 어려운 장르임에도 불구하고 엘리엇이 이 시극을 성공한 작품으로 만들었다는 것은 문학사적으로 대단히 중요한 의의가 있다. 그러나 여기서는 이 시극을 성공작으로 만든 기법상의 문제보다는 이 희곡에 담겨 있는 철학 사상과 종교적인 함의를 살펴보기로 한다. 우리가 먼저 유의해야 할 것은 엘리엇과 베케트 주교의 성격이 많은 면에서 공통점을 보이고 있다는 사실이다. 베케트 주교는『대성당』에서 "수동적이고·모호한 인물"(a passive and ambiguous figure, Ackroyd 227)로 묘사돼 있는데, 이 같은 베케트의 성격은 엘리엇의 성격과 아주 많이 닮아 있다. 이러한 두드러진 예로 엘리엇은 자신을 베케트 주교와 대단히 동일시 함으로써 미학적 거리(aesthetic distance)를 유지 하지 못함으로써 주교를 극적으로 객관화하는데 실패했다는 사실이다. 따라서 "그[엘리엇]는 작중인물[베케트 주교]에 너무 가까이 있었기 때문에 연극적인 언어로 그를 객관화 할 수 없었다"([H]e seems too close to that character to be able to objectify him in dramatic terms, Ackroyd 227)고 애크로이드는 주장한다. 따라서 첫 번째 사제가 지적한 베케트 주교의 성격의 특징은 베케트 주교의 성격에 대한 묘사라고 볼 수 있지만, 이는 또한 엘리엇 자신의 성격에 대한 묘사이기도 하다.

대법관으로 국왕의 아첨을 받으시고,
오만한 궁정의 사회에서 그들의 호감과 두려움의 대상이 되어
언제나 외톨이로 그들과 섞이지 못 하시고,
의지할 데 하나 없이, 그들의 경멸을 받으시거나 그들을 경멸하셨다.
그의 자존심은 언제나 자신의 고결한 성품 위에서 자랐으니
불편부당(不偏不黨)함이 그 자존심을 떠받쳤고,
넓은 도량이 또한 그 자존심을 떠받쳐
한 때 맡겨진 권력을 혐오하시고,
다만 신에게 귀의할 것만을 바라셨다. (이창배 177)

I saw him as Chancellor, flattered by the King,
Liked or feared by courtiers, in their overbearing fashion,
Despised and despising, always isolated,
Never one among them, always insecure;
His pride always feeding upon his own virtues,
Pride drawing sustenance from impartiality,
Pride drawing sustenance from generosity,
Loathing power given by temporal devolution,
Wishing subjection to God alone. (*CPP* 242)

다른 사람들과 같이 있으면서도 언제나 고립돼 있는 외로운 존재, 정신(廷臣)들의 호감을 사면서도 그들의 두려움의 대상인 존재, 세속적인 권력을 혐오하고 오직 신에게만 예속되기를 원하는 존재. 이 같은 베케트 주교의 성격은 또한 엘리엇의 성격이기도 하다. 하버드 대학 시절이래로 순교라는 주제에 강박적으로 집착하고 있던 엘리엇이 그 자신이 성격과 아주 흡사한 베케트 주교의 순교를 주제로 한 시극을 씀으로써 그는 지금까지 그의 가슴에만 묻어 두었던 그의 비밀스런 욕망을 실현한 셈이다. 그는 이 시극을 쓰는 계기를 통하여 "자신의 시와 신앙을 하나의 [예술적인] 형식으로 묶는 만족할만한 방법을 발견한 셈이다"([He hs discovered] a way . . . to combine his poetry and his faith in a satisfying formal unity, Ackroyd 226).

더구나 엘리엇은 베케트 주교가 순교한 곳으로부터 50 야드도 채 안되는 곳에서 이 희곡이 실제로 무대에 올려 진다는 사실에 대단한 감명을 받았다. 베케트 주교의 이름인 토마스(Thomas)가 또한 엘리엇 자신의 이름이라는 사

실은 그와 베케트 주교의 동일시를 용이하게 하는 연결 고리가 되기도 했다. 더구나 "이 극에서의 상상력의 중심은 [주교의] 죄의식과 부정결(不淨潔) 그리고 '허무'을 집요하게 묘사하는 데 있다"([I]ts imaginative center lies in an obsessive presentation of guilt, uncleanliness and the 'void,' Ackroyd 227)는 사실은 베케트 주교가 가지고 있던 도덕적 피학증을 드러낸 것이기도 하지만, 이는 또한 엘리엇 자신이 가지고 있던 도덕적 피학증의 표출이기도 하다.

그렇다면 엘리엇이 이 극을 통해 발언하고자 하는 바는 무엇이었을까? 해럴드 블룸(Harold Bloom)은 엘리엇이 초월(transcendence)에 강박적으로 집착해 있었음을 지적한다. 그의 희곡들에서는 그의 이 같은 초월에 대한 집착이 중심축을 이루고 있으며, 이 같은 그의 초월에 대한 생각은 『대성당』에서 가장 두드러지게 표출돼 있다(Bloom 1). 엘리엇은 베케트 주교가 이 희곡에서 하는 것과 마찬가지로 혼돈이 지배하는 이 세상에 질서를 부여하고 싶어 한다. 이러한 엘리엇의 생각은 베케트 주교의 묘사에서 그의 외적인 행동보다는 그의 내면 성찰이 주를 이루는 것에서 알 수 있다. 이런 이유로 이 희곡에서는 보통의 다른 희곡에서와는 달리 갈등이나 극적 순간이 결여가 나타난다. 따라서 베케트의 성격 묘사는 설득력이 떨어진다(Bloom 1). 이 극이 이처럼 극적 요소를 결여한 한 것은 엘리엇이 이 극에서 베케트 주교의 초월적인 측면에 초점을 맞추었기 때문이다. 비일러(Michael T. Beehler)는 이 희곡의 이러한 측면에 대해 다음과 같이 지적한다.

> 그러므로 [우리는] 『대성당』에서 역사의 징표들이 퇴행적으로 유희하는 것을 막는 하나[신]의 현전(現前)을 추적하겠다는 엘리엇의 욕망을 읽을 수 있다.
>
> *Murder in the Cathedral* thus traces Eliot's desire for a presence which authorizes the signs of history by halting their recessive play. (Beehler 338)

그러나 엘리엇의 이 같은 욕망만으로는 침묵하는 신의 현전(presence)을 재현하기에는 역부족이다. 이 희곡에 나오는 신은 '항상 이미 부재하는 현전'(always already absent presence)으로서의 하나의 '텅 빔'(a Void)으로 묘사된다. 이 같은 부재하는 신은 그가 부재하고 침묵함으로써 베케트에게 뿐만 아니라 엘리엇에게도 무한한 희생을 요구하는 가학적인 신(sadistic God)이기도 하다. 이 같이 침묵하는 신을 세상의 중심에 놓고 모든 기표에 기의를 부여하는 초월적인 만능 기표로 만들기 위해서는 베케트는 자신을 학대하는 도덕적 피학증 환자가 되지 않으면 안 된다. 베케트가 이 같은 도덕적 피학증 증세를 보이는 이유는 아버지의 이름으로 대표되는 상징계에서 가학적인 신에 의한 거세 공포를 이겨내기 위한 하나의 방어 기제(defence mechanism)라고 할 수 있다. 베케트에게 있어 상징계에서의 거세는 자신의 생물학적인 죽음보다도 훨씬 더 큰 공포감을 불러일으키기 때문이다. 많은 독실한 기독교 신자들이 순교를 가장 탁월한 신앙적 성취로 여기는 것은 바로 이 때문이다.

마찬가지 이유로 일부 사교(邪敎)에서 이 세상에서의 죽음을 별로 대수롭지 않게 여기는 이유 또한 바로 여기에 있다. 죽음에 대한 두려움이 경감됨으로써 이들은 더 열성적인 사교 집단의 신자가 될 수 있기 때문이다. 더구나 유럽에서 많은 사람들이 인류가 그 때까지 겪어 보지 못한 가공할 제1차 세계대전을 겪은 후 정신적으로 충격적인 공허감을 느끼고 있었다는 사실은 이들이 『대성당』에 열광하는 이유 중의 하나이다. 따라서 이 희곡에 묘사된 정신적인 공허감은 베케트 주교의 정신적인 상태일 뿐만 아니라, 엘리엇 자신이 느낀 정신적 공허감이며, 더 나아가서는 유럽과 미국 등지에 만연하고 있던 총체적이고 시대적인 공허감의 표출인 셈이다.

이러한 상황에서 엘리엇은 침묵하고 부재하는 신의 현전을 목말라하는 베케트 주교를 이 희곡의 중심에 놓음으로써 이 극을 바로 부재(absence)와 침묵의 중심이 되게 한다. 베케트의 욕망은 따라서 이 같은 신의 부재 속으로 자신을 던지는 피학적 행위이므로 그의 행동은 어느 의미에서 보면 대단히 무모한 것처럼 보이기도 한다. 이런 측면에서 볼 때 베케트 주교의 순교는 베디언트(Calvin Bedient)가 말하는 "종교적 공포"(religious terror, 204) 이며 또한 "신성한 일격"(sacred blow)이라고 말할 수 있다. 베티언트는 이에 대해 다음과 같이 말한다.

1917년에 출간된 루돌프 오토의 『신성함』은 (후에 미르체아 엘리아데가 그의 『성과 속』에서 기술한 바와 같이) 대단한 관심을 불러 일으켰다. 오토는 이 책에서 하나의 이상형으로서의 신이 아니라 폭력으로서의 신을 강조함으로써 종교의 비이성적이고 공포적인 측면을 강조하고 있다. 오토는 <신성함 앞에서의 공포>를 진정한 종교적 "양상"으로 추출해 냈다. 이제까지 통설로 받아들여지던 종교에 대한 생각 대신에 많은 모더니스트 예술가들은 이 책이 출간된 것과 거의 같은 시기에 종교적 공포의 <진정한 실체>, 즉 설명할 수 없는 존재론적인 힘을 추구하고 있었다. [이러한 상황에서] 신성한 일격(一擊)에 대한 허구가 생겨났다. [이 신성한 일격은] 폭력적인 통과 의례가 아니면 인간에게는 직접적으로 드러날 수 없다는 가정이다. [이 같은 일격은] 효능으로서의 신성함과 이 같은 효능을 병적으로 갈구하는 인간 사이에 존재하는 메울 수 없는 간극(間隙)을 졸지에 깨닫게 해 준다.

In 1917, Rudolf Otto, in *Das Heilige*, aroused extraordinary interest — as later reported by Mircea Eliade in *The Sacred and the Profane* — through his stress on the irrational, frightening side of religion: on God as force, not as idea. Otto isolated *terror before the divine* as the true religious "mode." In lieu of received religious opinion, many modernists were seeking, at about the same time, the *one reality* of religious terror: inexplicable ontological power. There arose the fiction of the sacred blow — the assumption that the divine could not manifest itself to man except through a violence of passage, a rude impact consequent upon the disparity between the divine as efficacy and the human as what pathetically cries out for efficacy. (Bedient 204)

따라서 베케트에게 순교는 "존재론적 힘"을 주는 유일무이한 방법인 셈이다. 엘리엇은 12세기에 순교한 베케트 주교의 순교를 통해 이 같은 자신의 정신적인 공허감을 메우는 길을 발견한 셈이다. 베케트 주교는 이 같은 힘을 얻기 위해 피학증 증상을 보인다. 초월적인 신성함으로 존재하는 침묵하고 자신의 모습을 드러내지 않는 신을 찾아가는 길은 그에게는 무한한 인내와 고통을 요구한다. 이 같은 시련을 이기기 위해 베케트 주교는 단지 수동적으로 신의 욕망을 자신의 욕망으로 투입할 뿐이다. 타자로서의 신의 욕망을 자신의 것으로 만드는 것만이 피조물로서의 인간인 그가 존재론적 힘을 얻는 유일한 길이기 때문이다. 엘리엇이 베케트 주교와 자신을 동일시했다는 측면에서 볼 때,

이 같은 베케트 주교의 피학적인 고통의 길은 또한 엘리엇이 추구하던 초월에 이르는 '부정의 길'(via negativa)인 셈이다.

V. 나가면서

『대성당』은 독자를 숙연(肅然)하게 하는 작품이다. 이 희곡에서 엘리엇은 절대자를 대면하는 인간이 이를 수 있는 최고의 경지를 보여주고 있다. 흔히 우리는 엘리엇을 『황무지』의 작가로만 기억하는 수가 있지만, 오히려 그는 『대성당』의 작가로 기억돼야 할 것이다. 『황무지』에서 엘리엇은 신의 질서가 파괴 되거나 상실된 상대의 세계에 널브러진 깨어진 성상(聖像)의 무더기를 보여준 것이라면, 『대성당』에서 그는 죽음 앞에서 흔들림 없이 절대자를 대면하고 있는 베케트 대주교의 내면 풍경을 보여줌으로써 독자들의 흔들리는 믿음을 굳세게 한다. 상대의 세계는 절대의 세계와는 대비가 불가능하다. 우리는 이 작품을 읽으면서 우리의 삶이 목적이 무엇이며, 또한 어떻게 살 것인가를 묻지 않을 수 없다. 이 희곡이 이런 문제를 다룰 수 있었던 것은 캔터베리 대성당에서 공연된 이 희곡의 관객이 기독교인들로만 구성됐다는 사실에서 찾을 수 있다. 만약에 여러 잡다한 신앙을 가진 청중을 대상으로 하는 작품이었으면 이런 단일한 주제를 깊이 있게 다루기는 힘들었을 것이다. 위대한 작품은 위대한 생각의 소산이다. 그렇게 본다면 엘리엇은 20세기가 낳은 위대한 사색가이며 또한 위대한 작가임을 실감하게 한다.

주요어 (Key Words): 궁극적인 관심(ultimate concern), 현전(presence), 지배 이데올로기(dominant ideology), 타자의 욕망으로서의 순교(martyrdom as the desire of the Other), 남근 로고스 중심주의(phallogocentrism), 스스로 존재 하는 자(I AM that I AM), 수동 의존적 욕망(passive anaclitic desire), 비차연의 세계(the world of indifferance), 죽음 욕동(death drive), 부정의 길(via negativa)

인용문헌

이창배 역. 『T. S. 엘리엇 전집: 시와 시극』. 서울: 민음사, 1988.
Ackroyd, Peter. *T. S. Eliot: A Life*. London: Hamish Hamilton, 1984.
Althusser, Louis. *Lenin and Philosophy and Other Essays*. Tr. Ben Brewster. London: New Left Books, 1971.
Bedient, Calvin. *He Do the Police in Different Voices*: The Waste Land *and its Protagonist*. Chicago: U of Chicago P, 1986.
Beehler, Michael T. "*Murder in the Cathedral*: The Countersacramental Signs of Play." *Genre* 10 (Fall 1977), 329-38.
Bloom, Harold, ed. *T. S. Eliot's* Murder in the Cathedral. New York: Chelsea House, 1988.
Bracher, Mark. *Lacan, Discourse, and Social Change: A Psychoanalytic Cultural Criticism*. Ithaca, NY: Cornell UP, 1993.
Derrida, Jacques. *Writing and Difference*. Tr. Alan Bass. London: Routledge, 1978.
Eliot, T. S. *The Complete Poems and Plays of T. S. Eliot*. London and Boston: Faber and Faber, 1978. [*CPP*로 표기]]
Evans, Dylan. *An Introductory Dictionary of Lacanian Psychoanalysis*. London and New York: Routledge, 1996.
Freud, Sigmund. *Beyond the Pleasure Principle. Standard Edition of the Complete Psychological Works of Sigmund Freud*. Tr. and ed. by James Strachey. London: Hogarth, 1953-1974, Vol. 18. 1-64.
Freud, Sigmund. *The Ego and the Id*. Standard Edition. Vol. 19. 1-66.
Hawthorn, Jeremy. *A Concise Glossary of Contemporary Literary Theory*. 2nd ed. London and New York: Edward Arnold, 1994.
Lacan, Jacques. *Écrits*. Paris: Seuil, 1966.
_____. *Écrits: A Selection*. Tr. Alan Sheridan. London: Tavistock, 1977.

_____. *The Seminar. Book II. The Ego in Freud's Theory and in the Technique of Psychoanalysis, 1954-1955*. Tr. Sylvana Tomaselli. New York: Norton, 1988.

Laplanche, Jean, and J. B. Portalis. *The Language of Psycho-Analysis*. Tr. Donald Nicholson-Smith. New York: Norton, 1973.

Wright, Elizabeth, ed. *Feminism and Psychoanalysis: A Critical Dictionary*. Oxford: Blackwell, 1992.

제3부

『가족 재회』· 『칵테일 파티』· 『비서』

『가족 재회』의 이해

| 최종수 |

I

 엘리엇은 1950년 Harvard 대학교에서 행한 「시와 연극」("Poetry and Drama")이라는 제목의 연설에서 다음과 같은 말을 했는데, 그 연설은 글로도 발표되었다.「우리가 해야 할 일은 시를 청중이 살고 있는 현실 세계로 가져 오게 하는 일이다. 그리고 시는 극장을 떠나면 다시 현실 세계로 되돌아간다.」 ("What we have to do is to bring poetry into the world in which the audience lives and to which it returns when it leaves the theatre.") 따라서 필자는 우리가 엘리엇의 시극을 읽을 때는 그 작품의 주제와 관련이 있는 핵심적인 시구를 숙독하고 음미하는 것이 중요하다는 생각을 가지고 있다.『가족 재회』에서는 다음과 같은 부분(제1부 제1장, 제 320행 이하)이 이에 해당된다고 생각한다. 어쩌면 엘리엇은 이 작품을 쓰는 과정에서, 이런 구절로 상징되거나 암시되는 사상과 감정을, 배우라는 제 3의 목소리를 통해서 예술적인 방식으로, 극장의 관중 앞에서 피력하는 것을 하나의 큰 기쁨으로 생각했는지도 모른다.

 혼잡한 사막, 짙은 연기 속에서
 갑자기 느끼는 고독, 수많은 생명체들은
 방향도 모르는 채 움직이고 있지요. 방향이 있을 수 없지요.
 어디를 가든지 그 연무 속을 목적도 없이
 빙글빙글 돌고만 있을 뿐이니까요. 행위의 원칙도 없이

빛과 어둠이 교차하는 중간 지대에 놓여 있을 뿐이지요.
고뇌의 국부 마취에 감각도 잃고
기계처럼 움직이는 자신의 동작을 간신히 볼 뿐이지요.
그러는 동안에 오염은 서서히 피부를 뚫고
깊숙이 파고 들어가 살을 더럽히고 뼈까지도 변색시키지요―
이것이 문제입니다. 그러나 말로는 표현할 수가 없고,
다른 방법으로도 표현할 수가 없지요. 일반적인 말로 밖에는
표현할 수가 없지요. 구체적인 것은 표현할 언어가 없기 때문이지요.
억지로 도망치려고 생각하는 사람도 있지만, 사람은 여전히
혼잡한 사막 속에서, 유령에 밀리고 채이면서 여전히 혼자 있는 거지요.

The sudden soilitude in a crowded desert / In a thick smoke, many creatures moving / Without direction, for no direction / Leads anywhere but round and round in that vapour / Without purpose, and without principle of conduct / In flickering intervals of light and darkness; / The partial anaesthesia of suffering without feeling / And partial observation of one's own automatism / While the slow stain sinks deeper through the skin / Tainting the flesh and discolouring the bone― / This is what matters, but it is unspeakable, / Untranslatable: I talk in general terms / Because the particular has no language. One thinks to escape / By violence, but one is still alone / In an over-crowded desert, jostled by ghosts.

　필자의 이 글은『가족 재회』의 구성이나 내용의 어떤 특정된 국면이나 문제점을 학문적으로 분석하거나 고찰하고자 하는 글이 아니다. 필자는 한국엘리엇학회로부터 상기 작품에 대해서 글을 한편 써달라는 요청을 받고 좀 생각해 보았다. 이 시극은 엘리엇의 5 개 시극 중의 대표작이거나, 크게 성공한 작품으로 평가 받고 있는 것이 아니기 때문에, 그 작품의 문제점이나 독특한 국면을 상세하게 살펴보는 것보다는, 차라리 이 작품을 읽고자하는 독자의 이해를 돕기 위하여, 작품의 일반적인 해설을 시도하는 것이 바람직하리라고 생각했다. 엘리엇 자신도 문학비평가의 기능은 독자가 문학 작품을 이해하고 즐기도록 도와주는 데 있다고 말하였거니와, 문학 작품의 연구에 관한한, 먼저 독자가 작품 자체를 숙독하도록 도와주거나 자극하는 일이 긴요하다고 생각하기 때문이다.

II

먼저 이 작품의 줄거리를 대충 살펴보기로 하자. 제1부 제1장. 무대는 영국 북부의 시골 Wishwood에 있는 귀족 Monchensey 집안의 응접실. 때는 3월 말. 이 집의 안주인인 Amy가 생일을 맞이하는 날의 저녁 무렵이다. 그녀의 남편은 이미 고인이 되었고, 오늘 이 집에 모인 사람은 Amy의 여동생들인 Ivy, Violet, Agatha, 그리고 죽은 남편의 형제인 Gerald와 Charles, 그 밖에 친척 집 딸로서 이 집에 와서 살고 있는 Mary 등인데, 이들은 모여서, 봄이 오는 속도가 느리다는 등의 이야기를 하면서, Amy의 세 아들, 즉 Harry, John, 그리고 Arthur의 도착을 기다리고 있다. 그 중에서도 장남인 Harry는 오늘 Amy 여사의 이 생일잔치 모임에서 가장 중요한 역할을 할 사람이다. 그는 어머니의 생일을 맞이하여, 집을 떠난 지 8년 만에 귀국하게 되는데, 어머니는 이것을 기회로 그를 집안의 후계자로 맞아드려 이 집에서 정착하도록 만들고자 하는 계획을 품고 있다. 남편이 죽은 후 35년간을 혼자서 집을 지켜온 Amy는 말하자면 Wishwood의 여장부적인 존재로 살아온 것이다.

지금 Amy는 본능적으로 자기의 죽음이 가까워 졌다는 것을 깨닫고, Harry가 자기의 의도를 좇아, 이 가문의 후계자가 되어주기를 바라는 소원 하나 만을 품고 살아가는 것이다. 어둠 속에서 시계가 멈추는 것, 다시 말하면 죽음을 두려워하는 Amy에게 있어서는, 시계가 알려주는 시간만이 유일한 시간이며, 따라서 환경을 옛날 그대로 보존하고 있으면, 그간의 여러 가지 경험들은 망각(忘却)에서 벗어날 수가 있다고 생각하며, 이 집의 모든 것을 가급적 Harry가 집을 떠날 때의 모습 그대로 보존하려고 노력해 왔다. 위에서 말한 다른 가족들도 Harry가 이 집에 정착하여 안주할 것이라고 생각하고 있다. 그러나 Amy의 여동생인 Agatha만은, Harry에게는 이번 귀향(歸鄕)이 괴로운 일이 될 것이라는 예감을 품고 있다. 「왜냐하면 인간의 모든 지난날의 경험은 취소할 수 없는 것이며, 미래는 과거 위에서만 세울 수 있는 것이라고 그녀는 믿기 때문이다.」(제1부 제1장 제111행 이하)(. . . because everything is irrevocable; / Because the past is irremediable, / Because the future can only be built / Upon the real past.)

여기서 이야기는 자연히 Harry의 지난 8년간의 생활 중의 한 사건으로 옮겨간다. 즉 어머니의 동의도 받지 않고 결혼을 감행한 Harry는, 어머니 Amy의 주장에 따르면, 허영심이 강한 아내에게 끌리어 유럽으로부터 시작하여 세계의 절반이나 되는 넓은 지역을 놀면서 돌아다니다가, 1년 전 어느 날 밤, 항해하던 선상에서 아내가 홀연히 사라진 사건을 경험한 것이다. 아마도 그녀는 해중에 빠진 것으로 짐작된다. Amy의 견해로서는 Harry가 악처(惡妻)로부터 해방된 것은 오히려 축복할 만한 일로 생각되지만, 아무튼 이 사건은 더 이상 언급하지 않기로 하자고 말한다. 그러나 무언가 불길한 예감에 두려움을 느끼는 듯, Ivy, Violet, Gerald 그리고 Charles의 4인은 합창(Chorus)을 통하여 불안을 호소한다. 이들 4인은 이 작품의 끝까지 합창의 역할을 맡는다.

드디어 Harry가 귀가한다. 그러나 그는 자기를 환영하는 가족들의 말에는 귀를 기울이지 않고, 갑자기 창문 밖을 기웃거리며, 유령들이 자기를 엿보고 있다고 중얼거린다. 그들이 지금까지는 자신을 숨어서 감시하는 것으로 느끼고 있었는데, 고향집으로 돌아온 지금에 와서는 오히려 모습을 드러냈다고 말하는 것이다. 여기서 어머니 Amy는 Harry를 위로하듯이 지금 이 집은 옛날과 조금도 달라진 것이 없다는 점을 강조하며, 아들의 지난날의 괴로운 경험을 잊게해 주려고 애를 쓴다. 그러나 Harry에게 있어서 지난날의 경험이란, 가족들이 말하는 것처럼 흘러가는 사건들의 연쇄에 지나지 않는 것이 아리라, 자신이라는 낡은 가옥 안에 있었던 모든 과거는 사라지지 않고 계속 살아 있다는 것이다. 그런 경험을 구체적으로 표현할 수 있는 적절한 말을 찾기가 쉽지 않으므로, Harry는 본 논문의 서두에서 필자가 인용한 *The Waste Land*적인 심상(images)으로 표현한 시구「혼잡한 사막, 짙은 연기 속에서 / 갑자기 느끼는 고독...」(The sudden solitute in a crowded desert...) 이라는 말을 쓰고 있는 것이다. 그러면서 Harry는 자기가 항해하던 중 밤중에 갑판에서 아내를 물속으로 밀어 넣는 폭력을 사용하면서 까지 괴로움으로부터 피하려고 한 것은, 결국 잠깐 동안의 휴식에 지나지 않았다고 말한다. 아내를 물속으로 밀어 넣었다는 말은 듣고 있던 식구들을 당황케 하는데, Charles는 Harry를 달래면서, 그런 망상(妄想)을 품어서는 안 되며, 자신의 양심을 괴롭히지는 말아야

한다고 타이른다. 그러자 Harry는 병환(病患)은 개인의 양심만의 것이 아니라 세계 전체의 것이라고 반박하며, 아내로부터 도피하려고 시도한 결과가 오히려 아내를 더욱 가까운 존재로 만들어 버렸으며, 오염은 골수에 까지 미치게 되고, 그들은, 다시 말하면 망령들은, 자기 뒤를 쫓고 있다고 말한다.

어머니 Amy는 Harry의 그런 말을 긴 여행으로 인한 피로 때문으로 돌리며, 안으로 들어가 휴식을 취하라고 일러준다. 반면 이모인 Agatha는 Harry의 말을 더 추구하면 결국은 자유의 길이 열릴 것이라고 조언을 한다. Harry가 휴식차 안으로 들어간 후 가족들은 의사인 Warburton을 부르기로 결정한다. 그러나 Agatha는 의사를 부르는 것은 일시적으로만 기분을 안정시킬 뿐이라고 말한다. Amy와 Agatha가 나간 후, 남은 가족들, Ivy, Violet, Charles 및 Gerald는 Harry의 하인이며 운전사인 Downing을 불러, Harry가 말하는 자기 아내 살해 사건의 진상을 알아보려고 한다. 그러나 Harry가 자기 아내를 바다 속에 밀어 넣었는지에 대해서는 알 길이 없다. 한동안 서로를 비난하는 말을 나눈 후 그들은 합창을 하며, 「우리는 모두가 우주적인 굴레에 대하여 / 비범한 예외인 듯이 보이려고 애쓴다. . . .」(제1부 제2장, 제578행 이하)("We all of us make the pretension / To be the uncommon exception / To the universal bondage.")는 주장을 한다.

제1부 제2장. 이 연극의 무대 위에서는 장면의 구별이 없다. Agatha와 꽃을 들고 나온 Mary의 대화가 진행된다. Mary는 지금까지는 이 집의 주인인 Amy의 독재자적인 뜻에 순응하면서 살아왔지만, Harry가 귀가한 지금에 와서는 이 집을 떠나야겠다는 결심이 생겼다고 말한다. 그러나 Agatha는 지금은 그런 결단을 내릴 시기가 아니고, 인간의 능력을 초월하는 힘의 결단을 기다려야 할 때이며, 자기들은 기다리며 지켜보는 임무를 띠고 있다고 말하면서 Mary를 설득한다. Agatha가 옷을 갈아입기 위하여 퇴장하자 Harry가 등장한다. Marry는 통상적인 인사를 마치자 옷을 갈아입기 위하여 안으로 들어가려 한다. 여기서 Harry는 Mary를 붙들고 이야기를 시작한다. 그는 지금 자기도 잘 모르는 무엇인가를 추구하고 있다고 말한다. 그 동안 여러 지역을 방랑하면서 느꼈던 소년시절의 순박한 추억을 회상한 후, 이제는 과거에서 벗어나

삶의 원점으로 되돌아 왔으니, 새 출발을 시도해야겠다는 생각을 이야기 한다. 그러나 여기서도 유령은 그를 추격하고 있으며, 거기다 지난날의 추억도 되살아나고 있어, 이제는 꼼짝할 수 없는 궁지에 몰렸다고도 말한다. 어릴 적부터 소꿉친구였던 Harry와 Mary는 어릴 적에 어른들로부터 억지로 떠맡겨졌던 행복과, 어른들의 눈을 피하여 얻었던 진정한 행복의 추억에 잠긴다. 그것도 잠깐 동안에 불과했다. Harry는 희망을 빼앗긴 지금의 생활을 한탄한다. Mary는 순진한 여성의 직감으로, Harry는 지나치게 증오심에 사로잡혀 있다고 말한다. 여기서 Harry는 Mary의 말을 폭풍 사이에서 흔들거리는 풀잎처럼 들으며, 지금까지의 초조해하던 태도를 버리고, 그녀의 말에 귀를 기울인다. Harry는 Mary에게 당신의 말은 지금까지 내가 앞이 막혔다고 생각했던 복도 문이 열리는 것 같은 느낌을 주고, 햇빛 속에서 노래 소리가 들려오는 것 같은 느낌을 준다고 말한다. 이런 심상은 "Four Quartets"를 생각나게 하는 부분이며, 제2부에서도 반복되는데, 사랑에 의한 구원의 가능성을 암시하는 중요한 심상이라고 하겠다.

 그러나 Harry에게 있어서 인간적인 애정에 의지하는 것은 도피에 지나지 않으며, 어머니 Amy적인 시간에 굴복하는 것에 지나지 않는 것이다. 마치 이런 것을 경고나 하듯이 Harry의 뒤를 쫓고 있는 유령(The Eumenides)이 나타난다. 그러나 아직 이 단계에서 이들이 신(神)의 사자들이란 사실을 이해하지 못하는 Harry는, 그들을 저주하며 아무것도 보이지 않는다고 말하면서, 자기를 위로하는 Mary에게 재차 초조함을 보인다.

 제1부 제3장. 처음에는 Ivy, Violet, Gerald, Charles, Mary가 등장하고, 얼마 후 Amy가 의사 Warburton를 동반하여 등장한다. 그들은 몇 마디 말을 교환하다가, 지금 이 생일 축하 자리를 향해 오고 있는 Amy의 아들인 John과 Arthur를 더 기다릴 것 없이 먼저 식사를 하기로 한다. 여기서 Chorus는 일상적인 시간이 역전(逆轉)되는 비일상적(非日常的) 체험에 대한 불안을 호소한다. 끝으로 Agatha가 혼자 남아서 이 집에 내려진 저주가 풀어지기를 기원하면서 퇴장한다.

 제2부 제1장. 같은 집의 서재. 식후 Warburton의사가 개인적인 이야기를

하겠다며 Harry를 대면하고 있는 장면이다. 의사는 Amy의 행복과 이 집안의 장래에 대하여 언급하면서, 이를 위해서는 Harry의 역할이 매우 중대하다는 사실을 지적하는데, 이에 대하여 Harry는 어릴 적에 언제나 어머니의 배려 때문에 오히려 죄의식(罪意識)을 가슴에 심게되었던 사실을 회상하고, 미래는 이미 과거에 의하여 결정된 것으로 생각하며, Warburton의사에게 이미 고인이 된 자기 아버지에 대한 질문을 한다. 의사는 Harry의 아버지는 Harry와 닮은 점이 많았다는 사실과, 어머니와의 결혼생활이 그다지 원만하지 않았기에, 별 거를 하고 있었는데, 달리 추문이 있었던 것도 아니었다는 정도 밖에는 말하지 않는다. 그러면서 지금 Amy는 Harry에게만 기대를 걸고 기력을 유지하고 있기 때문에, 어머니에게 충격을 주는 일은 삼가야한다고 경고를 한다. 이 때 순사부장인 Winchel이 등장하여, Harry의 동생인 John이 자동차 사고로 부상을 입었다는 보고를 한다. 그 순간 가족들이 모두 등장한다. Amy는 직접 현장으로 가보기를 원하지만, 의사에 의하여 제지되며, 결국 현장에는 의사만이 가게 된다.

    John의 사고에 대해서 동정의 말 한마디도 하지 않고, 또 자기 어머니의 감정도 헤아리지 않고 냉정한 태도만 보이고 있다는 숙모의 충고의 말을 듣고, Harry는 자기는 당신들과 같은 차원을 포함하여, 여러 가지 차원에서 사태를 고려하고 있지만, 일시에 복수적(複數的)인 차원에서 말을 할 수는 없으며, 지금 자기가 말하고 싶은 것은 차원이 다르다고만 대답한다.

    Harry는 어머니를 침실로 인도하여 잠이 드는 것을 본 후 다시 무대로 나온다. Harry의 동생인 Arthur로부터 장거리 전화가 걸려왔는데, 그도 역시 며칠 전에 자동차 사고를 일으켜 운전을 금지당하여 기차로 오기로 했는데, 막차를 놓치고 말았다는 사정이 판명된다. 처음에 Amy는 시간을 잘 지키는 것은 Arthur와 John이라고 말한 바 있지만, 결국 어머니의 생일 축하 식탁에 시간을 맞추어서 온 것은 Harry였다는 사실은 하나의 아이러니가 아닐 수 없다. 이어서 Chorus는 과거가 되살아나 미래를 결박하는 공포를 이야기하지만, 결국 그들에게는 그 의미가 이해되지 못하며 그들은 다시 일상적 의식으로 되돌아간다.

제2부 제2장. 바로 앞 장면의 연속으로 무대 위에는 Harry와 Agatha가 남아서 이야기를 나누고 있다. 만일 Harry의 고뇌가 단순히 외부로부터 온 것이라면 그것은 도피할 수가 있을 것이며, 반대로 마음속의 것이라면 앞장에서 만났던 의사와 더불어 이야기를 하는 가운데 치유될 수도 있을 것이다. 그러나 Harry의 고뇌는 내부의 것일 수도 있고 외부의 것일 수도 있음을 그는 말한다. 그 고뇌는 8년 전에 어쩔 수 없는 영원한 고독감으로서 그를 찾아 왔으며, 이로 인하여 그는 정신적 마비상태에 빠졌던 것이다. 이 지옥 같은 고뇌로부터 빠져나오기 위하여 그는 지금 고향을 찾아온 것이다. 그러나 여기에 와서 보니 새로운 고뇌가, 어쩌면 고뇌의 원천이 자기를 기다리고 있는 것 같은 느낌을 가지게 되었다는 것이다. 이렇게 말하면서 Harry는 이모인 Agatha에게 자기 아버지에 대한 이야기를 해달라고 부탁을 한다.

그것을 이야기하는 것은 Agatha에게는 고통스러운 일이기는 하지만, 또한 그것은 자신에게 해탈(解脫)을 가져오게 하는 일이기도 하는 것이다. Harry의 아버지는 뛰어난 재능을 타고난 부드러운 사람이었지만, 성격이 허약한 사람으로서 아내의 압박에 견딜 수가 없어서, Harry를 임신하고 있었을 때 그녀를 죽이고자 했는데, 그 때 Agatha는 임신된 아기에 대한 애정과 연대의식 때문에 그런 계획을 중지하도록 말렸다는 이야기를 한다. Harry는 아마도 자기의 일생은 타인의 마음이 자기를 통하여 본 꿈에 불과하며, 자기가 아내를 물속에 밀어 넣었다는 것도 꿈이었는지도 모른다고 말한다. 이제 자신의 죄의 근원을 깨달은 Harry는 자신이 자기 집안의 죄악을 속량받기 위하여 선택된 인물임을 자각하고, 이를 위한 고통을 자진하여 감수할 것을 결심한다. 여기서 Harry와 Agatha의 사랑의 이중주(二重奏)라고 할 수 있는 부분이 표현되는데, 주목할 것은 장미원에서 두 사람이 만나는 심상이 나온다. 물론 이것은 인간적인 사랑을 의미하는 동시에 구원으로 통하는 사랑의 비유이기도 하다. 여기에 또다시 Eumenides가 나타나지만, 자신의 사명을 깨달은 Harry는 이제부터는 놀라지도 않고 오히려 자기 쪽에서 그 유령들의 뒤를 따라가려고 결심을 한다. 여기에 Amy가 등장한다. 그녀는 자기 아들이 왜 또다시 집을 나가려고 하는지 이해를 못한다.

제2부 제3장. Harry가 집을 나간 후, Amy는 Agatha를 향하여 35년 전에는 남편을 빼앗더니 지금은 자식까지도 빼앗는 가고 화를 낸다. 그러나 Agatha는 Amy의 남편은 처음부터 Amy의 소유물이 아니었기에 그를 빼앗았다는 것은 말도 되지 않는 것이며, 또한 Harry가 집을 나간 것은 자기 때문이 아니라고 말한다. 자기는 다만 지켜보면서 기다릴 뿐이라는 것이다. 여기에 Mary가 등장하여, Harry가 지금 집을 떠날 준비를 하고 있는데 말려야하지 않겠는가고 제의를 한다. 그러면서도 그녀는 Agatha 아주머니도 유령을 보았다는 사실을 알고 있다면서, 자기도 집을 나가겠다고 말한다. 모두가 자기를 버리고 집을 나간다고 Amy가 탄식을 하고 있는데 Harry가 재등장한다. 그는 어머니를 향하여 만사를 동생인 John에게 맡기면 해결된다고 말하며 위로한다. 그때 가족들이 모두 들어오지만 무슨 이유로 Harry가 집을 나가는지를 모른다. Amy는 아들이 선교사가 되기 위하여 집을 나간다고 설명을 하지만, 한동안 어수선한 분위기는 계속된다. Harry는 지금은 가족들이 자기의 감정을 몰라주겠지만 얼마 후에는 이해해 줄 것이라면서 집을 나간다. Amy는 자신은 자식들에게 지나친 기대를 걸었었다고 말하면서 자기 방으로 되돌아간다.

　Harry의 운전사인 Downing이 주인이 잊어버리고 떠났던 물건을 찾으러 되돌아온다. Harry를 잘 보살펴달라는 Agatha의 부탁을 받고 Downing은 지금까지 Harry에게 일어난 일은 언제나 앞으로 발생할 일의 예고처럼 느껴졌으며, Harry가 자기를 필요로 하지 않을 날도 얼마 남지 않았을 것이라고 말하면서, 끝으로 유령을 처음 본 것은 자기였다고 말한다. 그 순간 Amy의 외치는 소리가 들린다. "Agatha여, Mary여 빨리 오너라! 시계가 멈추었다. 암흑!" Chorus가 인간 상식의 한계를 말하며, 그 이상의 사태를 직면하여 할 바를 모르고 있는 경우를 말한다. Amy가 죽었으므로 장례식 준비와 유언 처리에 관한 상식적인 화제가 떠오른다. 최후로 Agatha와 Mary가 시중드는 여자가 가져온 birthday cake의 주변을 돌면서 촛불을 끈다. 저주의 불가피성을 말하고 그것을 소멸하는 속죄의 순례와 평안을 기원하면서 연극은 끝난다.

III

　다음은 이 시극의 이해를 깊게 하기 위하여 등장인물들을 살펴보기로 하겠다. Harry, Lord Monchensey는 여주인공 Amy의 장남이다. 그는 결혼 후 7년간 자기의 집인 Wishwood를 떠나 세계의 여러 지역을 여행 중이었는데, 그의 아내는 넓은 바다에서 폭풍이 불던 한밤중에 여객선 갑판에서 미끄러져 바다에 떨어진 것으로 짐작된다. 그녀의 시체는 찾을 길이 없다. Harry는 이 사건에 대한 죄책감에 사로잡혀 자기가 그녀를 바다 속으로 밀어 넣은 것이 아닌 가고 괴로워하고 있다. 그 사건 이후로 그는 유령들(Eumenides)의 추적을 받고 있는 것이다.

　그는 자기 어머니의 생일인 3월 어느 날 저녁 무렵 7년 만에 귀향하여 자기 집 거실인 무대에 등장하여 가족과의 재회를 한다. 유령들을 보았다고 생각하기 때문에 그는 창문의 가리개를 친다. 어머니 Amy는 이제 Harry가 오래된 이 가옥의 주인이 되어, 세금 문제, 사라져가는 정원 문제, 노인들이 되어버린 하인들 문제 등을 적절히 처리해주기를 기대하고 있다. 어머니는 지금 Harry는 이 집을 떠날 때와는 조금도 달라진 것이 없는 상태의 집으로 되돌아온 것이라고 생각한다.

　그러나 Harry 자신은 매우 변해졌다는 사실이 곧 분명해진다. 그는 잠자는 것조차도 두려워하며, 자기 아내를 바다 속으로 밀어 넣었다는 범죄의식 때문에 심히 괴로워하면서 말을 한다. 그의 하인인 Downing은 Harry의 신경과민의 상태를 억압상태라고 말한다. Harry는 실지로 무슨 일이 발생했는지를 알지 못하고 있는데, 이 범죄의식의 의미를 깨닫지 못한다면 그는 결코 자유로워 질 수가 없는 것이다. 그는 현재 일시적으로 일종의 착각에 빠져있는 것이다. 만일 자기가 자신의 출발점인 Wishwood의 아동시기의 환경으로 되돌아갈 수만 있다면, 지금 자신을 괴롭히고 있는 망령으로부터 도피할 수가 있을 것이라고 생각하는 것이다.

　Harry는 지난날 Wishwood 집은 자신의 진정한 자아와 같은 것이라고 생각했다. 그러나 얼마가지 않아서 그 기대는 곧 절망감으로 변했다는 것을 깨닫게 된다. Wishwood에서 보낸 어린이 시절의 옳고 그름은 오로지 어머니의 반응에 의해서만 결정되었다. 어머니가 만족하면 그것은 곧 옳은 것이고, 어머니를 괴롭히는 일은 악이었던 것이다. 자기 집 Wishwood가 Harry에 대해서 가지는 역할 중에서, Harry가 도저히 이해할 수 없었던 것은 자기 아버지가 Wishwood에 대해서 가지는 관계였다. 그것을 알고 싶어 하는 탐구는 Harry의 최후의 해방으로 이루어지는 것이다. 그는 자기 아버지와 어머니의 불행한 결혼은, Agatha 아주머니에 대한 아버지의 사랑, Harry를 임신하고 있던 Amy를 죽이고자 했던 아버지의 흉계, 이것을 못하도록 말리는 Agatha의 조정, 그리고 아버지의 해외에서의 사망 등, Harry는 이 모든 것을 자기 자신의 심리적 충동을 깨닫기 전에 먼저 알아야만 하는 것이다. Harry는 자기가 자기 연령 때의 아버지와 닮았든가를 알고 싶어 했다. 닮았다는 말을 듣고 Harry는 어쩌면 부자간의 일치가 그렇게도 완전하며, 동일한 죄악 심리의 충동조차도 동일한 것이었는가를 깨닫고 놀랜다.

　　Harry에게 그의 아버지를 숨김없이 폭로해 준 것은 Agatha였다. 이처럼 Agatha는 Harry의 심리적 해방을 도와준 보호자들 중의 한 사람이다. 교양 있는 시골 지주로서 독서와 그림 그리기와 피리 연주를 좋아했던 Harry의 아버지는 그의 아내를 죽이고자 했지만 결국은 자신이 망하고 말았다. Harry는 조상의 죄악이 자기에게 미쳤다는 사실을 깨닫고, 이제는 자기가 Eumenides의 추적을 받을 것이 아니라 자기가 그들을 따라가야 한다고 생각하게 된 것이다. 마치 옛 그리스의 Aeschylus의 비극 3부작에서처럼 Harry의 두려움은 사라지고 어둠 속의 유령(Furies)은 빛나는 천사로 변모하는 것이다. Harry는 온전한 정신을 회복한다. 그의 전도에는 고뇌, 포기, 재생 그리고 생명이 있다. Harry의 구체적인 목표나 구원의 구조 등은 제시되고 있지 않지만(훗날 엘리엇 자신도 이 점을 좀 더 분명히 제시하지 못했던 점을 후회했다), 우리는 Harry의 앞길이 '속죄의 순례'라는 것을 안다. 자신의 죄악과 타고난 타락을 정직하게 수용하면서 그는 구원을 향하여 전진한다. 그는 Wishwood의 집을 버리고 떠나감으로써 그 충격으로 인하여 어머니를 죽이는 꼴이 된다. 그것은 마치 그리스 비극의 Orestes가 자기 어머니를 죽이는 것과 비슷하다.

　　다음으로 Harry의 어머니 Amy, Dowager Lady Monchensey를 보기로 하

자. 그녀는 시간의 흐름을 막고 사물의 정상적인 변화를 저지하고자 애를 쓰면서 Wishwood 저택에서 하는 일 없이 세월을 보낸다. 생일을 맞이하여 가족들, 다시 말하면 여동생 3명 Agatha, Ivy 그리고 Violet; 아들 3인 Harry, John 그리고 Arthur; 자기가 후견을 맡고 있는 친척집 딸 Mary; Harry의 죽은 남편의 형제 Gerald와 Charles를 집으로 오게 한다. 새로운 또 한 해를 앞두고 그녀는 Wishwood 저택을 앞으로 변함없이 지켜나갈 결심을 밝히며, 장남인 Harry를 안개 짙은 북쪽 시골 저택의 새 주인으로 오게 한다는 결심을 굳힌다.

그녀는 그동안 언제나 Harry의 아내를 원망해 왔는데 그녀의 죽음은 하나의 구원이라고 하겠다. Mary는 Harry의 아내가 죽은 것은 그녀가 죽기를 바라는 Amy의 강력한 소원이 초자연적인 하나의 신비로운 힘이 되어서 이루어진 것이라고 주장한다. Amy는 또한 자기의 동생인 Agatha도 원망하고 있다. 그녀는 과거에도 자기에게 해를 끼쳤지만 앞으로도 또 해를 끼칠 거라고 생각하기 때문이다. 이 두 여자 사이에 원한이 생기게 된 것은 Amy의 남편과 Agatha의 사랑 때문이었다. Agatha는 Amy가 Harry를 임신하고 있을 때 그녀의 남편이 Amy를 죽이고자 했지만, 그렇게 못하도록 한 것이 자기이기 때문에 그녀는 지금도 Harry를 자기의 아들처럼 생각하고 있는 것이다. Amy는 Harry를 Agatha의 손에 맡겨버린다면 Wishwood 집안은 붕괴된다고 믿고 있다.

Amy는 속세의 일과 시간의 흐름에 대한 집념이 강하다. Wishwood집안의 시계는 정확한 시간을 알리고 있지 않으며 Amy의 시계는 작동하지 않고 있다. 그녀는 인간의 지상 생활에서는 그 누구도 피할 수 없는 쇠퇴라든가 붕괴 따위의 개념을 인정하지 않는다. 그녀는 죽음의 침상에서도, 어둠 속에서도 "시계가 멈추었다!"고 외친다. Agatha와 Mary는 식탁의 주변을 시계방향으로 움직이면서 서서히 촛불을 끄고, 어둠 속에서 무대를 떠난다. 그런가 하면 Amy는 생일을 축하하는 전진이 아니라 죽음으로의 역행을 하고 있다.

Harry는 앞으로 구원을 경험하려면 어머니 Amy의 물욕적인 지배로부터 빠져나오지 않으면 안 된다. Harry는 어머니가 회피하지 못하게 얽매어 놓으려는 물질 중심의 삶을 거절하고, 보다 중요한 심령적 가족의 일원이 되기를 추구하고 있는 것이다. 그는 보다 높은 목표를 지향하고 있다. Amy의 다른 두

아들, John과 Arthur는 끝내 무대에 나타나지 않는다. John은 견실한 아들이지만 Leicestershire로부터 출발하여 Wishwood로 오다가 자동차 사고 때문에 병원으로 가 있다. London에 살고 있는 Arthur는 무책임한 젊은이로 음주 상태에서 운전을 하다가 체포되었는데, 그는 화물차를 들이받고 남의 가게 집 창문을 부수었던 것이다.

다음으로 Amy의 동생인 Agatha를 보기로 하자. 여자대학의 유명한 학장인 그녀는 Harry가 추구하는 일을 돕고자 하는 수호자들(guardians)의 한 사람으로서, 죽음의 의미와 Harry의 자유에 대해서 신비스런 말을 하며, 자유란 지금까지 발생했던 일에 대한 지식을 통해서만 이루어질 수 있다는 주장을 한다. 그녀는 Wishwood 가족 중에서 Harry의 죽은 아내를 만나고 또 그들의 결혼식에 초대받았던 유일한 식구이다.

그녀는 이 시극의 몇 군데에서 신비스런 주문(呪文)형식의 표현을 시도하고 있다. 그 일례로 제1부 제3장의 말미에서 그녀는 「눈은 이 집에 솔리고 / 눈은 이 집을 덮고 있다 / 복수의 여신 3명이 거기 함께 있다. / 이 3명이 제발 떨어지기를 바라며 / 묶어졌던 매듭이 풀어지기를 바라며 / 가득 찬 우물 속의 / 교차된 뼈들이 / 드디어 반듯하게 풀어지고 / 족제비와 수달이 / 제 각기 자기 일에만 관여하기를 바란다. / 낮 시간의 눈과 / 밤 시간의 눈은 / 매듭이 풀리고 / 교차된 것이 바로 잡히고 / 비뚤어진 것이 반듯해질 때까지 / 이 집으로부터 떠나주기를 원한다.」라고 말하고 있다. 그녀는 또 이 극의 말미인 제2부 제3장에서도 「속죄를 위한 / 이 순례의 길은 / 주문을 성취하는 궤도를 돌고 돌아 / 드디어 매듭은 풀리고 / 교차된 것은 바로잡히며 / 비뚤어진 것은 반듯해지고 / 저주는 끝이 난다.」라고 말하고 있다.

그녀는 Harry의 구원을 위한 대리자 역할을 하면서 그가 허식(虛飾)과 공포의 세계 속으로부터 벗어날 수 있도록 도움을 준다. 우리는 더 많은 고통을 통하여 더 많은 것을 배워야한다고도 말하고 있다. 그녀는 이 집에 내려진 저주는 고난을 통해서 보상될 수 있다고 생각하는 것이다. 그녀도 역시 Eumenides를 보았고, 따라서 Harry가 이 유령들이 출현한 의미를 충분히 깨닫도록 도와준다.

Amy의 여동생 2명, Ivy와 Violet는 어떤 역할을 하고 있는 것일까? 그들은 이른바 flat characters로서, 발생한 사건의 진상을 모르고 있다. Harry가 지향하고 있는 신비스런 심리적 목표도 이해하지 못하고 있는 것처럼 보인다. 그들은 언니인 Amy의 지배적인 그늘 아래서 살아온 사람들로서, 무대에서 벌어지는 행동의 의미를 깨닫지 못하는, 그림자와 같은 역할을 하고 있을 뿐이다.

Mary를 보기로 하자. 그녀는 Amy의 죽은 사촌 형제의 딸로서 지금은 Amy의 보호를 받고 있는 가난한 30세 가까운 미혼 여성이다. Amy는 Mary를 Harry의 두 번째 아내로 삼고 Wishwood의 새로운 안주인으로 삼고자 계획하고 있다. 그렇게 되면 Mary는 Amy의 순한 며느리가 될 것이고, Harry에게는 가정부 겸 친구가 될 것이다.

Mary와 Harry 사이에 사랑이 전개될 것 같은 장면이 나타나기도 하지만, 그녀는 단순한 인간적인 사랑의 상징물에 불과하다. 이제 Harry는 그런 사랑은 거절하지 않을 수 없다. 그녀는 유령을 보지 않았다고 주장하지만 우리는 그녀가 그 유령들을 보았다는 사실을 나중에 알게 된다. Harry가 이 집에 돌아왔을 때 Mary는 이 집을 떠나고자한다. 그러나 Agatha는 그렇게 할 필요가 없다고 말한다. 그런 문제는 '우리들의 힘을 초월하는 힘'에 의하여 사전에 미리 결정되어 있다는 것이다. Harry와 Mary의 사랑의 장면을 중단시킨 것은 유령들인 것이다. Harry는 그 순간 Mary에 대하여 실망하게 되며, 자기를 기다리고 있는 보다 높은 심령적 세계를 위하여 Mary를 포기하는 것이다.

Gerald와 Charles는 어떤 인물인가? 이들은 Amy의 죽은 남편의 형제들이다. Gerald는 젊은 세대의 사람들을 옹호하면서, Northwest 변경지역에서 살았던 자신의 어린이 시절을 회상하기도 한다. 그는 군인으로 살아왔기 때문에 군무 이외의 일에는 별 관심이 없다. Charles는 London을 좋아하지만, 젊은이들의 몰취미와 지구력의 결핍과 칵테일을 좋아하는 버릇을 싫어한다. 그는 심령적 통찰력을 이해하면서도, Harry가 취하고 있는 태도를 이해하기를 싫어하고 거절한다.

의사인 Warburton은 어떤 인물인가? 그는 시골 개업의(開業醫)로서 Amy 집안의 가장 오래된 친구이다. Cambridge 대학 출신으로 최소한도로 세계적인 질병의 치료법 하나쯤은 발견하기를 꿈꾸면서, 40년간 의료 경험을 쌓아왔지만 아직 그렇게 못하고 있다. 그는 Amy의 주치의인데 그의 진단에 의하면 Amy는 심장이 허약하기 때문에, 돌발적인 충격으로 사망할 수가 있다는 것이며, 다만 굳은 결심 하나로 생명을 이어가고 있다는 것이다. 그는 이번 가족 재회의 모임에는 Harry의 건강을 돌봐주기 위해서 초청된 것인데, John이 이 집으로 오는 도중에 차 사고를 당했다는 소식을 듣고 그를 돌보러 떠나간다.

그는 자기의 첫 번째 환자에 대한 재미있는 이야기를 들려주는데, 이 이야기는 나중에 하나의 풍유(諷諭)처럼 들린다. 그가 말하는 첫 번째 환자는 구약성경에 나오는 카인처럼 살인자였는데, 살고자하는 강한 의지를 갖고 있었지만 결국 치유될 수 없는 암으로 인하여 사망했다는 것이다. 여기서 우리는 범죄행위는 원죄(原罪)로, 다시 말하면, 사람의 몸을 파괴하는 암으로 해석되며, 또한 아담의 타락으로 인하여 인류가 물려 받은 죄에 빠지기 쉬운 속성으로도 해석할 수 있다는 생각을 갖게 한다.

Winchell 경사는 어떤 역할을 하는 것인가? 그는 John이 West Road 노상에서 짙은 안개 속에서 자동차 사고를 일으켰다는 급한 소식을 가지고 온다. John의 자동차가 트럭과 충돌하였으며 John은 심한 충격을 받아 지금 치료를 받고 있다고 알려준다.

Harry의 운전사이며 하인 Downing의 역할은 무엇인가? 그는 지난 11년간 Harry와 동행하면서, Harry부부가 New York으로부터 배를 타고 해상 여행을 했을 때도 함께 있었다. 그는 마치 Aeschylus의 작품에 나오는 Pylades와 같은 역할을 하고 있다. Charles의 질문을 받고 그는 Harry의 아내의 죽음에 대한 예감을 가지고 있었다고 말한다. 그는 Harry의 아내의 죽음은 우연한 사고라고도 말한다. 그도 역시 Eumenides를 보았는데 그들은 앞으로도 Harry의 보호자 구실을 할 것이라고 말한다. 그는 아침 일찍부터 자동차 정비를 해놓고 Harry가 갑자기 출발할 지도 모른다는 예측을 하고 있다.

여자 사환 Denman은 간단한 역할을 하고 있다. 그녀는 Eumenides가 나타나고자 하면 카텐을 치기도 하고, Winchell 경사의 등장을 알리기도 하며, 축하식을 위하여 케익을 운반하기도 한다.

합창대는 4명으로 구성되어 있는데, Gerald, Charles, Ivy 그리고 Violet 가 그들이다. 그들 자신의 말을 빌리면 자기들은 연극이 시작되기를 기다리는 배우와 같은 인물로서, Amy에 의해서 가족 재회의 모임에 불리어 나와, 사전에 준비도 하지 않았던 역할을 수행하도록 요청을 받았다는 것이다. 그들은 때로는 연극을 보편화 시키면서, 인간의 총체적인 공포심과 대다수 인간들의 제한된 이해심을 표명하기도 하는 것이다.

마지막으로 Eumenides(복수의 여신들)를 보자. 그들은 그리스의 고대 Aeschylus의 3부작 비극에서 빌려온 현대의 '마술적인 존재들'이다. 과거에는 Furies라고 불리웠는데 가족들의 저주를 받고 있는 자에게 대하여 복수를 계획하고 있는 귀신들이다. 옛 그리스의 비극에서 그들은 Orestes를 Apollo의 신전으로 몰아붙여, 종국은 그를 속죄로 인도했던 것이다. Aeschylus는 이들 무서운 복수의 여신들을 친절한 여신들인 Eumenides로 변화시켰는데, 이와 비슷하게 엘리엇은 Harry의 공포의 원천이었던 복수의 여신들을 속죄를 위한 '찬란한 천사'로 변화시켰던 것이다.

IV

이 작품의 주제를 한 마디로 표현한다면, 주인공 Harry가 일상적인 세계 (the normal world)의 반복되는 자각(自覺) 없는 삶으로부터 벗어나, 높은 차원의 심령적 세계(spiritual world)의 의미 있는 삶으로의 전환을 깨닫는 과정이라고 하겠다. 일상적인 세계의 자각 없는 삶을 엘리엇은 「... 사람은 여전히 유령들이 / 득실거리며 빈자리 하나 없이 붐비기만 하는 사막에 홀로 있습니다. / 그것은 오로지 감각도 없이 방향을 역행하고 있을 뿐이었습니다.」(제1부 제2장, 제333행 이하)(... one is still alone / In an over-crowded desert, jostled by ghosts. / It was only reversing the senseless direction.)라고 표현하고 있으며, 반면 심령적 세계의 의미 있는 삶은 「이 길은 / 속죄를 위한 순례, / 주문을 성취하며 / 궤도를 돌고 돌아, / 매듭은 풀리고, / 헝클어진 것은 풀어지고, / 구부러진 것은 바로잡혀, / 저주는 끝납니다.」(This way the pilgrimage / Of expiation / Round and round the circle / Completing the charm / So the knot be unknotted / The crossed be uncrossed / The crooked be made straight / And the curse be ended . . .) 라고 표현하고 있다. 전자의 표현은 제1막 제1장 중간쯤에서 Harry가 한 말이고, 후자의 말은 제2막 제3장, 즉 이 시극의 말미에서 Agatha가 한 말이다. 그리고 이 작품에 등장하는 Amy, Violet, Ivy, Gerald, Charles, John 그리고 Arthur 등은 마음이 협소하고 이기적인 평범한 인물들로서, 첫 번째인 일상적 세계에 속하는 사람들이라 할 수 있겠고, Agatha는 두 번째인 심령적 세계에 속하는 사람으로서, 어쩌면 Dante의 『신곡』에 등장하는 Beatrice의 역할을 담당하고 있다고 볼 수도 있다. 그리고 주인공 Harry는 이 두 세계의 중간에서 고뇌하는 인물이라고 할 수 있다.

연극의 첫 부분에서 주인공 Harry는 마치 엘리엇의 시 "Gerontion"의 주인공처럼, 자신을 과거에만 결부시키고 있다. 그러나 연극이 진행되면서 차차 그는 자기 집안의 저주스런 일로 인하여 자기가 희생의 제물이 되었다는 사실을 깨닫게 된다. 그것은 마치 기독교에서 주장하는 원죄설, 다시 말하면 Adam이 신의 명령을 어기고 범죄함으로써 Eden 동산으로부터 추방당하였다는 주장처럼, 자기 자신의 범죄로 인하여 희생의 제물이 되었다기보다는, 자기 아버지가 범한 죄로 인하여 선천적으로 죄인이 되었다는 주장과 상통하는 것이다. 그러나 Harry는 지옥 같은 절망 속에도 재생의 길은 있으며, 그것은 곧 고난과 역경을 극복하는 데 있다는 사실도 깨닫는 것이다. 연극이 진행되는 과정에서 Agatha는 Harry가 바퀴의 회전과 같은 무의미한 일상생활의 굴레로부터 해방될 수 있도록 인도하며, 과거를 부인함으로써가 아니라, 모든 것은 회복될 수 있다는 신념과 미래는 진정한 과거 위에 세울 수 있다는 깨달음을 가지도록 도와주는 것이다. 이로 인하여 Harry는 '사막 위에 떠 있는 단 하나의 눈'으로 상징되는 신령한 은총을 찾아서 새 출발을 하게 되는 것이다. Harry가 자신의 깨달음을 말하는 다음 구절(제2부 제2장 제327행 이하)은 지극히 일상적인 용어로 구성되어 있지만, 엘리엇 다운 상징성이 강하고 함축성이 풍부한 대 시인의 극시다운 면모를 갖추고 있다고 하겠다. 따라서 빛을 향한 Harry의 고통스러운 등반(登攀)은 지극히 인간적인 결단으로, 우리의 공감을 자아내기에

족한 행동이라고 생각되는 것이다.:

나는 배워야 하겠습니다. 그것은 아직도 해결되지 않았습니다. / 나는 아직도 정확한 방향을 갖지 못했습니다. / 이 광란의 세계로부터 어디로 가야 한단 말입니까? / 절망의 반대쪽 어딘가로 말입니다. / 사막 안에 있는 예배처소로, 목마름과 상실이 있고, / 돌로 구축된 성소와 원시적인 제단이 있고, / 태양의 열기와 어름처럼 차가운 철야 기도소가 있고, / 비천한 사람들의 삶을 위한 보호소가 있고, / 무지의 교훈과, 고칠 수 없는 질병의 교훈이 있는 곳 말입니다. / 그와 같은 것은 가능합니다. / 나를 기다리며 필요로 하며, 나를 넘어지지 않게 하는 것은 / 사랑과 폭력입니다. 귀뚜라미를 울게 하세요. . . . 우리가 요구하는 힘이 / 비록 과대하게 보일지라도, 그 만한 힘은 충분히 주어지는 것입니다. / 나는 찬란한 천사들을 좇아가야 하겠습니다.

I shall have to learn. That is still unsettled. / I have not yet had the precise directions. / Where does one go from a world of insanity? / Somewhere on the other side of despair. / To the worship in the desert, the thirst and deprivation, / A stony sanctuary and a primitive altar, / The heat of the sun and the icy vigil, A care over lives of humble people, / The lesson of ignorance, of diseases. / Such things are possible. It is love and terror / Of what waits and wants me, and will not let me fall. / Let the cricket chirp. . . . That seems too mush, is just strength enough given. / I must follow the bright angels.

V

이제 우리는 엘리엇이 이 시극을 쓰게 된 동기나 목적이 무엇이었는가를 간단히 살펴볼 필요를 느끼는 것이다. 거기에는 세 가지 목적이나 동기가 있었을 것으로 짐작된다. 첫째는 시(poetry)를 연극의 자연스런 언어로 복귀시키자는 것이고, 둘째는 연극을 통해서 선(善)과 악(惡)에 대한, 바꾸어 말하면, 종교적 경험에 대한 우리들의 의식을 새롭게 하자는 것이며, 셋째는 오랫동안 런던의 연극 무대를 지배해 왔던 일상적인 객실적(客室的) 거동과 일반적인 대화 양식을 빌어서, 이런 종교적 각성을 현대적인 방식으로 표현해 보자고자 하는 데 있었던 것으로 짐작된다.

첫 번째 목적에 대해서는 무엇보다도 먼저 엘리엇 자신이 1932년 행한 강연의 결과로 출판된 유명한 저서 *The Use of Poetry and the Use of Criticism*의 결론 부분에서 주장하고 있는 말을 주목할 필요가 있겠다. 그는 「나에게 있어서 시에 대한 이상적인 매개물이며, 시의 사회적 효용성에 대한 가장 직접적인 수단은 극장입니다」라고 말하고 있다. 이와 비슷한 주장은 1951년 그의 글 "Poetry and Drama"의 서두에서도 표명되어 있다. 「지난 30여 년간의 나의 비평 활동을 회고해 볼 때, 셰익스피어와 동시대의 작품을 검토하거나, 혹은 미래의 가능성을 생각해 보거나를 막론하고, 내가 얼마나 부단히 연극으로 되돌아갔던가를 발견하고 놀라고 있습니다.」 또 그는 같은 글에서 이런 말도 하고 있다. 「 . . . 관중을 그들 자신의 세계와는 전혀 무관한 무슨 상상의 세계로, 즉 시의 주장이 허용되는 그런 비현실적인 세계로 이송(移送)하는 것이 아닙니다. . . . 우리의 경험을 새롭게 살릴 수 있는 다음 세대의 극작가들이, 관객들이 시를 듣고 있다고 의식하는 바로 그 순간에, "우리도 시라는 도구를 이용하여 말할 수 있다"고 하는 주장을 그들의 입에서 저절로 말하게까지 만들 수 있기를 희망합니다.」 이 말 속에는 시는 일반 사회인들이 관객으로 모여 드는 극장의 무대 위에서 그들에게 효과적으로 전달되어질 때에 비로소, 그 사회적 기능을 효과적으로 수행한다는 견해가 내포되어 있는 것이다.

따라서 엘리엇이 상업극장을 위하여 작성한 최초의 작품이며, 현대생활에서 취재한 최초의 희곡인 『가족 재회』에 있어서 그가 강한 역점을 둔 것은, 어떻게 하면 일상어(日常語)의 리듬을 희곡의 시형에 적응시킬 수 있을 것인가 하는 작시법(versification)의 문제였던 것이다. 그 결과 여기서 그가 채택한 것은 1행의 길이나 음절의 수는 자유롭게 하고, 다만 각 행에 1개의 휴지(caesura)를 설정하여, 그 전후에 1 내지 2 개, 합계 3 개의 강세(stress)를 두게 하는 형식이다. 이 형식을 그는 자신의 최후의 희곡에 까지 계속 사용했던 것이다. 엘리엇에게 여러 가지 조언을 제공했으며, 엘리엇의 모든 희곡의 연출에 관여했던 E. Martin Brown에 의하면, 이 시형은 모든 종류의 일상어를 표현할 수 있다는 것이다.

그러나 시형에 지나치게 주력하는 나머지 연극의 구성이나 등장인물의 성격 부각을 소홀히 했다는 점은 엘리엇 자신도 인정하고 있다. 물론 그런 점에 있어서 이 시극은 결점을 내포하고 있다는 논평도 받겠지만, 어쩌면 그런 문제를 희생해가면서 까지 일반 청중을 위하여 시의 형식과 전달을 중시했다는 점과, 자신의 주제를 집요하게 추구했다는 점은 높이 평가받아야 마땅할 것이다. 그러나 외국인인 우리로서는 이 문제보다는 다음 문제에 대하여 더 깊은 관심을 가지지 않을 수 없는 것이다.

두 번째 목적에 대해서 알아보기로 하자. 이 시극에서 종교적인 경험에 대한 우리들의 관심을 어떻게 표현하자는 것일까? 물론 이 시극에서는 현실적이며 구체적인 행동이나 방법을 제시하기 보다는, 다분히 상징적이고 함축적인 암시에 의존하고 있는 것이 많다. 이를 포괄적으로 말한다면 한 가정의 저주를 통한 인간의 죄악상과 속죄에 대한 종교적 견해와, 초자연적인 힘의 관여를 빌어서 살인 행동의 반복으로부터 가정을 구하고하는 노력이, 고도의 다양한 시적 형식을 빌어서 표현되어 있다고 하겠다.

사실 엘리엇 자신은 종교에 대한 태도나 시극에 대한 태도에 있어서 표면적으로 크게 다른 것은 없다고 하겠다. 양자는 모두 삶에 대한 우리의 지식이나 경험에 있어서 자연스럽고 무의식적인 역할을 이룩해야 한다는 점에서 차이가 있을 수 없다는 것이 엘리엇의 견해이다. 그는 1959년 12월 그의 친구이며 한때 동역자였던 E. Martin Brown에게 이런 편지를 쓰고 있다. "나는 언제나 기독교적인 목적을 지나치게 강조하는 연극보다는, 차라리 기독교인에 의하여 쓰여진 일반적인 연극을 가장 많이 열망합니다. 나는 극장에서 기독교적인 심성(心性)이 관객의 마음속에 침투하여 영향을 끼치고, 이로 인하여 노골적인 종교적 주장에 대하여 완강히 반대할지도 모르는 그런 관객의 마음을 누그러지게 하기를 원합니다." 1939년에 발표한 The Family Reunion 속에 암시된 사상은 엘리엇이 살면서 20년간 이상 품어온 사상이 많이 포함되어 있다고 하겠다. 1917년 발표한 "The Love Song of J. Alfred Prufrock"에 나오는 지성적인 여성들은 실내를 왔다 갔다 하면서, 미케란제로의 이야기를 하고 있다.

따라서 그들은 문화적으로는 장식된 사람들이지만 심령적으로는 메말라 있는 사람들이다. 그 후 1922년에 발표한 The Waste Land에는 정신적 심령적 불모상태가 노출되어 있으며, 썩어가는 문명 속에서 죽어가는 생명이 보잘 것 없는 목숨을 이어가고 있는 것이다. 1926-7년간에 발표된 "Sweeny Agonistes"에서는 "모든 삶은 요약하면 / 출생, 교합, 죽음이다. / 나는 한번 태어났으니 그것으로 족하다."(That's all the facts when you come to brass tacks; / Birth, and copulation, and death. / I've been born, and once is enough.)고 말하고 있으며, 1934년의 "The Rock"에 이르면 런던의 무신상태에 대한 긴 고발이 나오고, 물질주의와 상업주의의 질식 상태로 인한 삶의 무의미함이 강하게 주장되고 있다. 그러다가 Murder in the Cathedral 속에 등장하는 평민을 대변하는 합창단 켄트베리 여인들은 "살아 있기는 하지만 부분적으로 밖에는 살아 있지 않다." (cannot claim more than that they are living, and partly living.)고 말하고 있다.

이런 맥락에서 고려한다면, 『가족 재회』에서도 Wishwood 집안의 사정도 비슷한 죽음 속의 삶이 계속되고 있는 것으로 볼 수 있다. 새로운 변화는 없고 무언의 저주는 항상 드리워져 있는 것이다. 부유한 지방 토호인 그 집안의 남자들은 독한 면은 없지만 우둔한 사람들이고, 여성들은 앙심 깊은 노처녀적인 기질을 가진 사람들이다. 여기서는 의미있는 삶은 사라졌으며, 의욕도 목표도 잃은 생활이 시간의 끝없는 반복 속에 계속되는 수밖에 없는 것이다. 따라서 이런 집안의 근본적인 실태를 살펴볼 때 이에 대한 치유책을 추구하지 않을 수 없는 것이다. 엘리엇의 시나 시극 전채를 고찰해 볼 때 처음에는 희미하게, 그러나 세월이 흐를수록 보다 강하고 보다 고통스럽게, 속세의 사랑으로부터 벗어나, 우리들의 의지를 신의 의지에 굴복시키는 일이 그 치유책이라는 사실을 발견하게 되는 것이다.

세 번째 목적으로 지적 하고 싶은 것은, 엘리엇은 일반인의 객실적 거동과 일상적인 대화의 리듬을 빌어서, 런던의 상업극장에서 다분히 현대적인 방식으로 종교적 각성을 표현하고자 하는 노력을 집요하게 보이고 있다는 점이다. "상업극장에서 다분히 현대적인 방식으로 종교적 각성을 표현한다"는 것은 무엇을 의미하는 것일까? 이 질문은 필자가 이 작품을 읽고 느끼는 하나의 생각을 적어보는 것이다. 이 시극의 주인공인 Harry는 제1부 제2장에서, "비록 내가 설명하려고 시도하더라도, 당신은 결코 이해하지 못할 것입니다. / 설명한다는 것은 오해를 더 일으킬 뿐일 것입니다. / 설명한다는 것은 당신으로부터 나를 더욱 더 멀리 떨어지게 할 뿐일 것입니다."(If I tried to explain, you could never understand: / Explaining would only make a worse misunderstanding; / Explaining would only set me farther away from you.)라고 말하고 있거니와, 현대적인 실리추구를 중시하고, 체험적이고 실증주의적 경험에 더 많은 비중을 두고자 하는 현대의 물질주의자들에게는 종교적 각성을 깊이 있게 전달하는 방법으로는 역설적인 말이지만, 불투명하거나 애매하거나 추상적이거나 상징적인 표현이 오히려 효과적이라는 사실을 엘리엇은 숙지하고 있다.

이것은 엘리엇의 전체 시의 특색이기도 하거니와, 종교적 진리와 각성의 허(虛)와 실(實)은 누구에게나 쉽게 알려지는 것이 아니지만, 이런 역설적인 방법을 꾸준히 사용함으로써 처음에는 관심을 가지지 않았던 자도 시간이 흐르면 그것을 탐구하거나 규명하고자 하는 욕구를 품게 되는 것이기 때문이다. Harry의 표현 가운데는 이러한 부분이 적지 않게 있다는 것을 부인할 수 없다. 비근한 예로 제2부 제1장에 나오는 Harry의 말을 들어보자.

오, 무슨 차이가 있겠습니까?
과거와는 관계가 있으면서도, 어떻게
미래와는 관계가 없겠습니까? 또는 미래와는 관계가 있으면서도
과거와는 관계가 없을 수 있겠습니까? 내가 지금 당신께 말하고 있는 것은
매우 중요한 일입니다. 매우 중요합니다.
내가 설명을 좀 해야 하겠습니다. 그런 후에 당신의 말씀을 듣겠습니다.
왜 그런지 나는 모릅니다. 그러나 다만 오늘 저녁만은
내가 설명을 해야겠다는 강한 필요성을 느낍니다—
그러나 어쩌면 나는 이야기하는 꿈을 꾸고 있는 지도 모릅니다.
그러다가 깨어보니 한 동안 침묵을 지키고 있었거나, 아니면
귀먹은 돌멩이에게 말을 하고 있었던 것을 깨달을 지도 모릅니다. 그리고
다른 사람들은
내가 말하는 것과는 다른 이야기를 듣고 있는 것처럼 보입니다.

그러나 말씀하시기를 원하신다면, 무슨 유용한 말씀이라면, 최소한도로
나에게는 말씀해 주십시오. . . .

Oh, is there any difference! / How can we be concerned with the past / And
not with the future? / And not with the past? What I'm telling you / Is very
important. Very important. / You must let me explain, and then you can
talk. / I don't know why, but just this evening / I feel an overwhelming
need for explanation - / But perhaps I only dream that I am talking / And
shall wake to find that I have been silent / Or talked to the stone deaf: and
the others / Seem to hear something else than what I am saying. / But if
you want to talk, at least you can tell me / Something useful. . . .

  인간의 삶이란 과거나 현재나 미래가 모두 관련되어 있다는 사고방식은
다분히 엘리엇의 역사의식을 암시하는 말이기도 하거니와, 지금 이 장면에서,
Harry의 어머니의 미래의 행복에 대해서 염려하는 마음으로 질문하는
Warburton의 말에 대한 Harry의 답변은, 얼핏 듣기에는 질문자가 듣고 싶어
하는 답변과는 거리가 멀고, 요령부득의 애매한 답변으로 들릴 것이다. 그러나
Harry의 말을 깊이 생각해보면, 그 속에 삶의 진실이 감추어져 있음을 부인할
수 없다. 더구나 "어쩌면 나는 이야기 하는 꿈을 꾸고 있는 지도 모릅니다. /
그러다가 깨어보니 한 동안 침묵을 지키고 있었거나, 아니면, / 귀먹은 돌맹이
에게 말을 하고 있었던 것을 깨달을지도 모릅니다. 그리고 다른 사람들은 / 내
가 말하는 것과는 다른 이야기를 듣고 있는 것처럼 보입니다"라는 표현은 이
장면의 문맥에서는 다소 엉뚱하고 부조화스런 표현으로 들릴지 모르지만, 우
리 인간들의 언어활동을 전체적으로 살펴볼 때, 꿈속에서 중얼거리고 있는 과
정에 불과하다든가, 귀먹은 돌맹이에게 말하는 것과 같다든가, 또는 전혀 엉뚱
한 뜻으로 해석되는 허무한 노력이 될 수 있다는 주장은 결코 틀린 말은 아니
다. 오히려 이 말은 깊은 함축성과 진실성을 품고 있다고 하겠다.
  이런 수법에 능숙한 엘리엇은 이 시극에서 어떤 간접적이고 포괄적이고
상징적인 수법으로 숨은 기독교적(a crypto-Christian) 주제를 나타내려고 시도
하고 있는 것일까? 우리가 쉽게 느낄 수 있는 인상은 교회의 축제행사에서 교
인의 관객을 위해서 마련했던 그의 전작인, 1934년에 발표한 "The Rock"나,

1935에 발표한 *Murder in the Cathedral*에 비해서, *The Family Reunion*에서는 기독교의 가르침이나 종교적 상징에 대한 노골적인 언급을 피하고 있다는 사실이다. 그는 보다 폭 넓은 관객들에게, 어쩌면 적개심조차 품은 관객들에게까지 시극의 가치를 전달하려고 노력하고 있는 것이다. 말하자면 그는 유행의 물결을 타고 있는 런던의 극장가라고 하는 광야로 들어가, 먼저 시극에 대한 관심을 일으키고자 했던 것이다. 따라서 앞에서도 언급했지만, 그는 기독교와는 무관한 심령적 상징물이나 이교도적인 함축성이 많은 요소를 제시함으로써, 그의 작품이 처음부터 기독교의 사상을 직접적으로 전달코자 하는 것이 아니었다는 점을 암시하고 있다. 그는 종교적 각성이 수긍되는 분위기 조성을 더 중시했던 것이다. 주인공 Harry의 발언 중에는 기독교적인 가르침을 암시하면서도 비신자들에게 반감을 불러 일으키지 않을 표현이 적지 않다. 다음의 말(제2부 제2장 제329행 이하)은 그 일례라 하겠다:

사람은 광란의 세계로부터 어디로 갈 것인가요? / 절망을 너머선 저쪽 어딘가로, / 사막 안에서의 예배, 갈증과 박탈, / 돌로 된 성소와 원시적 제단, / 태양열과 차가운 철야, / 비천한 사람들의 삶에 대한 보살핌, / 무지의 교훈, 불치병의 교훈. / 그런 것들은 가능합니다. 나를 기다리고 나를 원하는 것에 / 대한 사랑과 공포는 나를 타락에서 벗어나게 하겠지요. / . . . 나는 저 찬란한 천사들을 따라가야 하겠습니다.

Where does one go from a world of insanity? / Somewhere on the other side of despair. / To the worship in the desert, the thirst and deprivation, / A stony sanctuary and a primitive altar, / To the heat of the sun and the icy vigil, / A care over lives of humble people, / The lesson of ignorance, of incurable diseases. / Such things are possible. It is love and terror / Of what waits and wants me, and will not let me fall. . . . I must follow the bright angels.

여기에 나오는 시구는 대부분 기독교인이라면 대개가 숙지하는 표현들이다. '절망을 넘어선 저쪽'(구원의 피안), '사막 안에서의 예배'(속세를 떠난 고독 속에서의 예배), '갈증과 박탈'(종교적 구원에 대한 갈망과 사리사욕으로부터의 탈피), '돌로 된 성소와 원시적 제단'(인간적인 장식을 버린 순수하고 소박한 참된 기도처), '태양열과 차가운 철야'(작열하는 더위의 대낮이나 차가운 겨울 밤 중의 철야기도), '무지의 교훈 불치병의 교훈'(무지한 자에게 주는 신의 교훈, 불치병을 통해서 깨닫는 신의 교훈) 등, 그 어느 말을 살펴보아도 모두가 기독교신자에게는 신앙의 참된 모습을 상기케 하는 표현들이다. 엘리엇이 주장하는 이른바 객관적 상관물(objective correlatives)에 해당하는 표현들이라 하겠다. 특히 "나를 기다리고 나를 원하는 것에 대한 사랑과 공포(신을 사랑하고 경외하는 마음)는 나를 타락에서 벗어나게 해줄 것이다"라는 표현은 지극히 일상적인 표현이지만, 신앙의 본질을 신학적인 교리의 주장 못지않게 예술적인 수법으로 승화시키고 있는 것이다. 마지막 "저 밝은 천사들을 따라 가겠습니다"라는 말속에서, Harry는 앞으로 자기는 인간적 욕구 충족의 허무한 삶으로부터 남을 섬기는 옳은 삶으로 방향을 바꾸겠다는 결심을 다짐하는 것이다. 이렇게 볼 때 엘리엇은 종교적인 내용을 전달하는 것 못지 않게 그 표현의 예술성에 노력을 기울이고 있는 것이다. 그런 의미에서 *The Family Reunion*은 엘리엇의 이런 종교적 교훈의 예술적 표현 양식의 표본이 되고 있는 것이라고 할 수 있겠다.

VI

엘리엇은 1953년에 행한 "The Three Voices of Poetry"라는 제목의 연설에서, "첫째 목소리는 시인이 자기 자신에게 말하는 목소리 — 즉 자기 이외에는 아무에게도 말을 걸지 않는 목소리입니다. 둘째는 시인이, 수의 적고 많음과는 관계없이 청중에게 말하는 목소리입니다. 셋째는 운문(verse)으로 말하는 극중 인물을 창조하려고 할 때, 그 시인이 자기 자신의 말로서 말하는 것이 아니고, 한 사람의 상상적인 인물이 다른 한 사람의 상상적인 인물에게 말을 걸고 있다는 한계 한에서 그가 말할 수 있는 것만을 말하고 있을 때의 목소리입니다."라고 말하고 있다. 그의 초기의 야외극 "The Rock"은 극적인 목소리에 도달하지 못했으며, *Murder in the Cathedral*은 극적인 면에서는 진전을 보였지만 아직 충분치 못하였고, 세 번째 목소리가 엘리엇의 귀에 억지로 날라 들어온 것은 1938년 이후였다고 한다. 참고로 그가 *The Family Reunion*을 발표한 것은 1939년이었다. 저자가 극중 인물의 독립성을 인정하고 거기에 행동의 대립이 생기게 했을 때 비로소 세 번째 목소리는 생기는 것이다.

    제대로 된 시극이라고 생각되는 작품에 있어서는 위에서 말한 세 개의 목소리가 모두 들리게 되어 있다고 엘리엇은 말하고 있다. 무엇보다도 먼저 각 등장인물의 목소리, 다른 어떤 인물의 목소리와도 다른 독립된 하나의 목소리가 들린다는 것이다. 그 결과 우리는 그가 말하는 한 마다 한 마디에 대하여 그 사람이 아니고서는 발할 수 없는 말을 인정치 않을 수 없다는 것이다. 이렇게 되면 작품 저자와 등장인물의 목소리는 하나가 되고, 등장인물에게도 적확하게 어울릴 뿐 아니라, 저자의 의중에도 잘 맞는 말이 나오게 마련이라는 것이다. Shakespeare를 위시하여 위대한 시극작가의 작품 세계 속에는, 창조자의 능력이 모든 장소에 존재하며, 또 모든 장소에 숨어 있다는 점에서 시의 목소리의 최고봉을 표현하고 있다는 것이다.

    앞으로 *The Family Reunion*의 보다 더 깊은 의미와 가치를 연구하고 추구하고자 할 때, 우리는 상기한 시의 목소리와 결부시켜서 이 작품을 고찰해 보는 것도 뜻있는 일이 될 것이라는 말을 첨가하면서 이 글을 끝맺기로 하겠다.

주요어 (Key Words): 광란의 세계(A World of Insanity), 사랑과 공포(Love and Terror)

엘리엇의 시극과 구원의 길
―『칵테일 파티』를 중심으로

| 김양수 |

I. 서 언

　인간이란 대체로 연륜을 더해감에 따라 삶의 종말과 그 다음 단계에 대한 관심을 갖게 되고 나아가 인간 자체의 능력이나 한계성의 범위에 대한 문제를 깊이 생각하게 마련이다. 기독교적 관점에서 보면 인간은 유한한 존재이고, 아울러 유한한 자유를 허락 받은 존재이다. 그러나 이 유한성을 벗어나려는 욕망에 눈이 멀어 사탄(Satan)의 유혹에 휘말려 유한한 자유의 한계를 넘게 되고 신(神)으로부터 퇴출이라는 소외를 당하게 되어 결국 본연의 궤도에서 이탈된 인간이 원죄의식에 사로잡혀 죽음과 같은 고독 속을 헤매어 온 것이 인류역사의 한 단층이라 할 수 있을 것이다.
　엘리엇(T. S. Eliot)은 특히 현대 서구 문명 사회의 근본적인 병폐는 신을 외면한 인간의 삶 자체에 기인한다고 보고 인간 본연의 자세와 진정한 삶의 가치를 종교적 구원을 통해 이룩하고자 했다. 엘리엇의 작품활동의 전반기는, 어두운 현실 극복의 길을 모색하는 방황 속에서, 절대자의 존재 자체를 회의하면서, 객관적, 절대적 가치체계가 의문시되는 혼란상황에서 방향감각을 잃고 허우적대는 현대인의 절망 의식을 그 주제로 다루고 있다(김양수 263-69).
　1927년의 개종을 계기로 엘리엇의 작품세계는 전반기의 회의, 고뇌, 방황

---

* 이 논문은 『T. S. 엘리엇 연구』 제6권(1998)에 수록되었던 「T. S. 엘리엇의 시극과 구원의 길 ―『칵테일 파티』를 중심으로」를 일부 수정한 것임.

에서『성회 수요일』(Ash-Wednesday)과『네 개의 사중주』(Four Quartets)로 대표되는 후기시의 질서와 조화의 원숙한 세계로 변하게 된다. 이러한 변화는 확고한 의지와 종교적 신앙을 바탕으로 하며 전반기의 소극적 내지는 부정적 자세는 후반기의 긍정적 자세로 변하고, 이러한 긍정적 자세는 부정을 극복한 긍정이며, 엘리엇의 부정을 통한 긍정에의 도달이라는 역설적인 개념은 그의 시극에서 중요하게 다루어지고 있는, 자기 부정을 통한 영적 재생이라는 주제로 발전되고 있다. 엘리엇의 시 세계는 정신적 존폐의 위기에 처한 현대 사회를 기독교 정신의 재확립과 신앙심의 재충전을 통해 구하고자 하는 그의 신념을 나타내는 것이며, 이 신념은 특히 그의 후기시와 시극을 망라하는 문학 창작의 중요한 동기로 작용하고 있다.

엘리엇의 모든 시와 시극 작품은 인간의 생존과정에서 필연적으로 대두되는 인간의 궁극적 문제에 대한 해결책을 탐구하는 과정의 문학적 형상화라고 할 수 있다(이준학 45). 특히 개종 이후의 작품을 통해, 인간의 궁극적 문제에 대한 해결의 열쇠는 사랑이라는 인식에 이르게 되고, 이 사랑의 실체가 곧 고통이라는 것을『대성당의 살인』(Murder in the Cathedral)에서 분명하게 보여주며, 나아가 그 고통의 근본적인 원인이 인간의 원죄 즉 신의 섭리의 거역에서 온 것이라는 결론을『가족 재회』(The Family Reunion)에서 밝히고, 이 원죄성에서 벗어나기 위한 방법으로 신과의 합일(reconciliation)의 길 즉 캐리(D. M. Kari)가 말하는 소위 '부정의 길'(Negative Way)을 제시하지만 (31), 이는『대성당의 살인』의 베켓(Thomas Becket)이나『가족 재회』의 해리(Harry)와 같이 중세적인 또는 성자적 자질을 가진 특수한 인간에게나 가능한 것이고, 대부분의 현대인들에게는 실천하기 어려운 방법이다. 그래서 엘리엇은 평범한 현대인들이 실천할 수 있는 길을『칵테일 파티』(The Cocktail Party)에서 탐색하여 제시해주고 있다.

II. 신의 질서

엘리엇의 작품 세계가 타락과 혼돈의 현실 세계에 안정과 질서를 부여할 구원의 힘을 종교에서 모색하는 과정이라고 볼 때, 그에게 있어 종교와 문학은 상호 보완적인 것이다. 전통과 질서를 중요시하는 엘리엇은, 그의 시극 작품을 씀에 있어서 고대 그리스의 비극을 바탕으로 하고 있으며, 서양 중세 연극의 발생이 교회의 예배 의식에서 비롯했다는 것과, 그리스 비극 또한 원시 종교의식에 그 근원을 두고 있다는 것을 감안하면 연극이 본질적으로 종교와 분리될 수 없는 것임을 짐작할 수 있다. 엘리엇 자신이 밝힌 바와 같이(*On Poetry and Poets* 91, 이하 *OPP*로 표기함), 그의 시극에서는 기독교적인 요소와 고대 그리스 비극의 요소를 다분히 발견할 수 있다. 엘리엇이 그리스의 신화나 비극이 내포하고 있는 죽음과 재생의 모티브를 기독교적으로 재해석함으로써 그리스도의 죽음과 부활이라는 기독교 교의와 연결시키고 있다 (Malamud 131). 엘리엇이 중요시하는 질서란 혼란의 극에 달한 현대적인 상황을 광정할 수 있는 신의 질서를 의미하는 것이고, 엘리엇에게 있어서 예술의 기능은, 인간 세계에 질서를 부여함으로써 그 속에 존재하는 신의 질서를 깨닫게 하는 것(*OPP* 94)임을 생각할 때, 그의 시극은 그가 의도하는 목적에 보다 유용한 예술의 한 형태라 할 수 있는 것이다.

근대 합리주의적인 사고에 기초하는 리얼리즘극 쪽에서는 일상적인 현실의 충실한 묘사를 위해서는 일상적인 산문이 더 적절한 매개체라고 보며, 운문은 인위적이고 부자연스러운 것으로 여긴다. 그러나 엘리엇은 산문도 일단 무대 위에 올려진 이상 인위적일 수밖에 없다고 지적하고 나아가 산문의 우월성에 대한 논거를 반박한다.

엘리엇은, "운문이라는 매체를 통해서 극은 더 높은 수준에 이를 수 있으며, 모든 시는 극을 지향하고, 모든 극은 시를 지향한다. 그렇기 때문에 시의 형태와 극의 형태는 서로 매우 밀접하게 연관되어 있으며 크게 구분할 수 없는 것이다. 더욱이 위대한 극은 시극이고 시적인 묘사가 극에 크게 도움을 주게 되며 따라서 시극이 최고의 극이다. 우리는 셰익스피어의 극에서 시와 극의 완전한 융합을 볼 수 있다. 셰익스피어가 입센(Ibsen)보다 더 위대한 것은 그가 훌륭한 극작가 일뿐만 아니라 훌륭한 시인이기 때문이다. 산문극은 일시적이고 피상적인 것을 강조하지만, 만약 우리가 영구적이고 보편적인 것을 얻고자 한다면 우리는 운문으로 표현해야 한다"(Eliot, *Selected Essays* 46-52)고 말한다. 그는 인간의 영혼은 감정이 고조된 순간에는 그것을 운문으로 표현하려 하며, 이는 감정과 리듬이 서로 연관되어 있기 때문이라고 진술하고 있다(46). 그리고 그는 또 운문극은 대상의 표면을 걷어 내고 그 이면의 진정한 모습을 드러내 주기 때문에 자연주의적인 극보다 더 리얼리스틱하다고 주장한다. 운문극은, 산문극이 다루기 쉬운 현실 뿐만 아니라 그 너머의 명확히 볼 수 없는 감정의 무한한 영역까지 나타냄으로써 두 가지 차원 즉 일종의 "이중성"을 지닌다고 주장한다(229).

엘리엇의 시극은 의미와 형식이 유기적으로 결합되어 작가의 의도를 충실하게 전달할 수 있는 문학 형태가 되고 있다. 엘리엇이 시극의 한 특징을 이중성이라고 한 바와 같이, 그의 시극은 인간의 경험 세계에 존재하는 두 개의 현실을 다루는 이중구조를 지니게 된다. 엘리엇은 표층구조보다 심층구조 속에 자기의 종교적 의도를 짜 넣고 있으며, 이러한 현상은 종교적 의도를 더 깊이 갈무리하는 후기 극에 이르면 더욱 더 짙어진다. 엘리엇에게 있어서 합리적, 논리적 실체라는 것은 오직 하찮은 환상일 뿐 진정한 실체는 오로지 신과 관계된 것이며, 초월적인 것이다. 그에게 있어 시극의 중요한 기능은, 일상적인 것의 이면에 존재함으로써 우리가 미처 깨닫지 못하는 신의 리얼리티를 드러내는 데 있다.

엘리엇에게 있어, 자기의 작품을 통해 독자나 관객에게 전달하려는 내용이 같다하더라도, 시보다 연극이 관객들의 사회적, 지적 수준에 덜 구애받는 예술의 형식이 되고 있다. 극장은 작가와 관객의 직접적인 교류를 가능케 해 주는 공동의 장이 될 수 있으므로 다양한 계층의 관객들에게 자신의 종교적 신념을 전달하려 한 엘리엇에게 극장은 문학의 사회적 효용성을 제고할 수 있는 이상적인 매개체로 생각되었던 것이다. 일상적인 것의 환상을 연출하는 리얼리즘극은, 엘리엇이 의도하는 관객과의 직접적인 교감이나 종교적 신념을 전달하기 어려웠고 따라서 보다 더 직접적이고 효과적으로 자기의 의도를 실현할 수 있는 종교적 시극으로 귀결될 수 밖에 없었던 것이다. 따라서 엘리엇의 시극은 기독교적 교훈과 연극적인 즐거움을 동시에 제공할 수 있는 중세적인 종교극 형태를 취하게 된 것이다.

III. 신의 사랑

『칵테일 파티』의 줄거리는, 한 가정의 인간 관계에 관한 것으로 각 인물들의 의미심장한 대사와 더불어 엘리엇의 시극 작품 중에서 가장 흥미롭고도 희극적인 요소가 강한 작품이다. 변호사인 에드워드(Edward Chamberlayne)는 아내 라비니아(Lavinia)와 소원해진 상태에 있다. 그녀는 젊은 영화 작가 피터(Peter Quilpe)를 사랑하고 피터는 시를 쓰는 셀리아(Celia Coplestone)를 사랑하며, 셀리아는 에드워드를 사랑하는데, 에드워드는 아무도 사랑하지 않으며, 또 어느 누구도 라비니아를 사랑하지 않는다.

제1막은 런던에 있는 에드워드의 집 응접실에서 라비니아를 제외한 다른 주요 인물들이 초저녁에 칵테일파티를 열고 있는 장면으로 시작된다. 라비니아는 아무 예고도 없이 바로 그날 오후에 에드워드에게서 떠나 버렸다. 그래서 에드워드는 그녀가 아주머니에게 병문안 간 것으로 둘러댄다. 수다쟁이 줄리아(Julia), 괴상한 성격의 아마추어 요리사이며, 외국에 자주 여행하는 알렉산더(Alexander), 그리고 제2막까지 낯선 손님으로 나타나는 정신과 의사이자 분석 심리학자인 헨리 하코트 레일리(Henry Harcourt Reilly)경 등 소위 이 극의 수호자(guardian)의 역할을 하는 사람들이 모여 일상적인 얘기를 주고받는 가운데 에드워드와 라비니아의 사이가 좋지 않았다는 것과, 이제 에드워드에 대한 라비니아의 감정이 점차 회복되고 있다는 것이 드러난다. 특히 레일리경은 예고 없이 사라진 라비니아를 결국 돌아오게 하여 에드워드와 새로운 가정 생활을 하게 하는 데 주도적인 역할을 함으로써, 고대 희랍의 유리피데스(Euripides)의 비극 『알케스티스』(*Alcestis*)에서, 죽었던 알케스티스가 다시 살아와서 남편 아드메투스(Admetus)와 만나게 하는 헤라클레스(Heracles)와 같은 역할을 하고 있다(Malamud 131).

다른 인물들이 퇴장하고 낯선 손님과 단 둘이 남은 에드워드는 낯선 손님으로부터 자기가 아내로부터 버림받은 상태가 다음과 같다고 하는 말을 듣게 된다.

바로 그 순간 당신은 심술궂은 계단에 맡겨진
하나의 객체가 되는 경험을 갖게 되죠.
....
그러나 수술대 위에 몸을 눕히고 난 뒤에는
수선 공장에 가져다 놓은 한 점의 가구가 되어
....
당신에게 있는 것이란 당신의 육체뿐
당신 자체는 사라지고 말지요.

. . . Just for a moment
You have the experience of being an object
At the mercy of a malevolent staircase.
....
. . . But, stretched on the table,
You are a piece of furniture in a repair shop
....
All there is of you is your body
And the 'you' is withdrawn. (*Complete Poems and Plays of T. S. Eliot*
362-63, 이하 *CPP*로 표기함)

    에드워드의 상태가 자신의 주체를 상실하여 완전히 객체로 전락된 상태라는 것을 암시하는 것이며, 정상적인 상태에서 분리된 소외의 상태임을 암시하는 것이다. 소외의 상태란 결국 다른 사람으로부터, 신으로부터 그리고 자기 자신의 본질로부터 분리되어 심한 당혹감과 무력감에 사로잡히게 되고 외부나 다른 사람과 의사소통도 되지 않는 극도의 외로움에 빠지게 되는 상태로서, 이러한 상태에서는 소외를 극복하고 분리된 것과 재결합하려는 욕구가 필연적으로 생겨나게 마련이다.
    제 2장에서, 에드워드와 셀리아의 대화 중에, 셀리아가 에드워드를 정신파탄의 상태라고 말하면서 레일리 경이라고 하는 명의에게 가보라고 하는데 대해 에드워드는, 자기에게는 명의 중의 명의가 필요하다고 말한다. 그리고 에드워드에 대한 자기의 사랑이 덧없는 꿈이었다는 것을 셀리아는 알게 되고, 그 허망한 꿈이 실현되기를 바랐던 자신에 대해 굴욕감을 느낀다. 이어, 에드워드는, 셀리아에게 자기가 한 번이라도 여자를 사랑한 적이 있다면, 그것은

셀리아를 사랑한 것이었다고 말하고, 그러나 그것이 결코 영원한 것일 수는 없다고 말한다. 이에 대해 셀리아는, 당신(에드워드)이 라비니아를 지금도 사랑하지 않고 전에도 사랑한 적이 없다면, 당신이 원하는 것은 대체 무엇이냐고 묻는다. 에드워드는 그것이 무엇인지 확실치 않다고 대꾸하면서, 오늘 아침에 중년 남자로 늙은 자신을 발견했고, 그 순간 모든 것에 대한 욕망의 상실을 느꼈다고 말한다.

이렇게 변한 에드워드에게서 셀리아가 보는 것은 환상의 껍질일 뿐이다. 여기에서 셀리아는 자기의 희망의 죽음을 느끼게 되고 사랑의 꿈에서 분리되었다는 것을 깨닫게 된다. 드디어 두 사람은 이별의 축배를 든다. 이렇게 본질에서 분리되어 고독에 처한 그들에게 필요한 것은 수호자들의 도움인 것이다.

제 3장에서 다시 등장한 그 낯선 손님이, 에드워드의 마음을 다시 재확인하며 그러나, "누군가를 죽음에서 데려오는 것은 심각한 일"이라고 말한다. 또 "우리는 매일 서로 상대방에 대해 죽는다"는 레일리 경의 말은 라비니아의 하룻 동안의 가출을 죽음에 비유한 것으로서, "인간은 매일 서로에게 새롭게 태어난다"는 의미이다.

낯선 손님이 퇴장한 뒤, 셀리아와 피터가 들어오고, 라비니아도 그 낯선 손님의 약속대로 돌아오며, 그 뒤에 줄리아와 알렉산더가 들어온다. 라비니아는, 이들이 전보를 받고 왔음을 알지만, 정작 그 전보를 누가 보낸 것인지는 모른다. 셀리아는 '어디론가 떠날 계획'을 하고 있고, 피터도 캘리포니아로 가기로 결정한다. 라비니아는 다음과 같이 말한다.

> 어제 내가 어떤 기계를 돌리기 시작한 것 같이 생각돼요,
> 그것이 지금도 돌아가는데, 그걸 멈출 수가 없군요.
> 그것이 기계가 아닌 것 같기도 해요. 그것이 기계라면
> 누군가 다른 사람이 돌리고 있는 거죠.
> 그런데 그게 누군가요? 항시 누군가가 간섭합니다. . . .
> 도무지 자유가 없어요.
>
> But it seems to me that yesterday
> I started some machine, that goes on working,

> And I cannot stop it ; no, it's not like a machine —
> Or if it's a machine, someone else is running it.
> But who? somebody is always interfering. . . .
> I don't feel free. . . . (CPP 391)

이것은, 자기가 무엇을 시작하긴 했지만, 자기 뜻대로 되지 않고 다른 어떤 누군가에 의해 간섭되고 조종되고 있다는 뜻이다. 이 간섭자가 누군지 확실히 밝혀지지 않지만, 단 둘만 남은 챔벌린 부부의 입씨름을 통해, 현대 기계 문명사회의 메카니즘이 현대인들을 간섭하고 어디론가 몰아가는 경향이 있으며, 이것은 현대 사회라는 거대한 메카니즘 속에서 인간이 자율적 의지보다, 무서운 괴력의 메카니즘에 의해 자율성과 자신감을 상실한 채 왜소해진 현대인의 정신적 상태라 할 수 있는 것이다.

이러한 상실감에서 오는 불안과 초조, 그리고 부자유한 현실에서 탈출하여 결국 인간은 영원의 세계를 동경하게 되고 그 길을 모색하게 되는 것이다. 드디어 에드워드는 다음과 같이 말한다.

> 나는 왜 내 감옥에서 나갈 수 없나?
> 지옥이란 무엇인가? 지옥은 자아,
> 지옥은 단지 혼자인 것.
> 그 안에 있는 다른 사람들은 다만 그림자일 뿐.
> 도망쳐 나올 곳도, 도망쳐 갈 곳도 없다.
> 인간은 언제나 혼자인 것.
>
> Why could I not walk out of my prison?
> What is hell? Hell is oneself,
> Hell is alone, the other figures in it
> Merely projections. There is nothing to escape from
> And nothing to escape to. One is always alone. (CPP 397)

이에 대해서 라비니아는, 에드워드를 정신 파탄 상태에 이르렀다고 하면서 의사에게 가보라고 하지만, 그녀가 선택해 주는 의사는 필요 없다고 화를 내면서, 다음과 같이 말한다.

내겐 의사는 필요 없어요.
나는 다만 지옥에 들어와 있을 뿐이니, 거기엔 의사는 없어요. −
적어도 직업적인 의사는 필요 없어요.

But I don't need a doctor.
I am simply in hell. Where there are no doctors −
At least, not in a professional capacity. (*CPP* 397)

결국 제 1막이 주는 전체적인 인상은, 사랑하는 사람들(챔벌린 부부와 셀리아 그리고 피터 등)의 정신적 타락과 부패상 그리고 영적인 사랑의 결핍과 그 후유증같은 것이다. 수다장이 줄리아가, 파티의 음식이 모자란다고 말하는 것은, 이들의 영적인 고갈상태를 암시하는 것으로 볼 수 있으며(Carol 180), 나아가 이 극의 구조가 강한 종교 의식을 반영하고 있음을 보여 주는 것이다.

제 2막에서는, 낯선 손님이 정신과 의사 레일리 경이고, 줄리아와 알렉산더 그의 협력자로서, 이들 세 사람은 수호자로서의 역할을 하는 인물들임이 밝혀진다. 이 작품에서 이들 수호자들의 역할은, 인간 세계에 있어서 신의 사랑이 당사자에게 직접 전달되는 것이 아니라 어떤 매개체를 통해서 전달된다는 것을 보여준다. 그로버 스미스(Grover Smith)가 말하는 바(217)와 같이 그 주도적 역할을 하는 레일리 경은 신의 사랑을 현대인의 삶 속에서 구현시키는 신의 대리자와 같은 인물로 부각되어 있는데 특히 챔벌린 부부와 셀리아의 정신적 고뇌와 구원의 문제를 상담해 주고 그들의 정신적 보호자요, 수호자적인 역할을 함으로써 그와 다른 사람들과의 관계는 마치 신과 인간의 관계와 같이 보인다.

알렉산더의 소개로 레일리 경을 만난 에드워드는 그가 바로 낯선 손님이라는 것을 알게 되며, 자신은 별로 보잘 것 없는 사람이라는 생각에 사로잡혀 있다고 고백한다. 이에 대하여 레일리 경은 다음과 같이 말함으로써 굉장한 능력의 소유자로 에드워드에게 비쳐진다.

내가 당신에게 자존심을 가지게 할 수 있습니다.
그러면 당신은 그걸 기이하다고 생각할 겁니다.

그리고 힘이 미치는 한 나쁜 짓을 하며 살아가겠지만,
결국엔 후회하게 될 겁니다.
이 세상에서 행해지는 해악의 반은 자존심을 갖고 싶어하는
사람들에 의해 이루어집니다.

And I could make you feel important,
And you would imagine it a marvellous cure;
And you would go on, doing such amount of mischief
As lay within your power — until you came to grief.
Half of the harm that is done in this world
Is due to people who want to feel important. (*CPP* 403)

이 말에 감복한 에드워드는 자기의 과오를 후회하게 되고, 그렇게 된 원인이었던 라비니아와의 관계에 대해 다음과 같이 말한다.

아내가 돌아오기를 바라는 이유를 이제 알겠어요.
그것은 아내가 나를 전연 딴 사람으로 만들었기 때문입니다.
....
아마 생전 처음 맛보는 심한 전면적인 압박감을 느꼈지요.
그것은 여자에 따라 혹 가질 수 있는 완강하고 무의식적이고
비인간적인 힘으로 아내가 나에게 항상 떠 맡겼던
역할의 비현실성 그것이지요.
아내가 없어지자 나는 공허한 상태가 되었고, 아내가 가버렸다고
생각하자 나는 붕괴하기 시작하여 존재를 그쳤던 것입니다.
아내가 내게 해 준 것은 그것입니다!
나는 아내와 함께 살 수 없습니다. — 그것은 견딜 수 없는 일입니다.
그러나 아내가 없이는 살 수 없습니다.
아내가 내 자신의 존재를 가질 수 없게 만들었으니까요.
우리가 5년간 같이 사는 동안 아내가 내게 해 준 것은 그것입니다.
아내는 이제 이 세상을 그녀와의 관계를 끊고서는 살 수 없는 장소가 되게
했습니다.
나는 혼자 있어야겠어요. 같은 세계에선 안되겠습니다.
제발 나를 선생님의 요양소에 넣어 주시기 바랍니다.
거기에선 혼자 일 수 있겠지요?

I see now why I wanted my wife to come back.

It was because of what she had made me into.
....
Before I felt, and still more acutely —
Indeed, acutely, perhaps, for the first time,
The whole oppression, the unreality
Of the role she had always imposed upon me
With the obstinate, unconscious, sub-human strength
That some women have. Without her, it was vacancy.
When I thought she had left me, I began to dissolve,
To cease to exist. That was what she had done to me!
I cannot live with her — that is now intolerable;
I cannot live without her, for she has made me incapable
Of having any existence of my own.
That is what she has done to me in five years together!
She has made the world a place I cannot live in
Except on her terms. I must be alone,
But not in the same world. So I want you to put me
Into your sanatorium. I could be alone there? (*CPP* 403)

강력한 사회적 욕구를 가진 아내에 의해 오랫동안 억눌려 무기력해진 에드워드가 자기 혼자 있고 싶다는 생각을 하는 것이다. 그리고 곧 이어서, "육체의 죽음 같은 것은 두렵지 않지만, 정신적인 죽음이 두렵다"고 한다. 초월적인 세계를 의식하기 시작한 것이다.

라비니아가 요양소에 입원했다는 사실이 레일리 경에 의해 알려지자 챔벌린 부부의 입씨름이 계속된다. 에드워드와 셀리아의 애정 관계가 폭로되고, 라비니아와 피터의 관계가 드러난다. 라비니아는 자기의 병의 원인이 남편에게 있는 것처럼 말하지만, 근본적인 원인은, 자기를 사랑하는 줄 알았던 피터가 셀리아를 사랑한다는 사실과, 자기를 사랑하는 사람이 아무도 없다는 사실이다. 셀리아 역시 자기를 사랑하는 줄 알았던 에드워드가 자기를 진정으로 사랑한 것이 아니었다는 것을, 라비니아의 가출 때 알고는 충격을 받는다. 에드워드는 자기가 진정으로 사랑할 능력이 없는 것이 아닌가 하는 의심에서 오는 일종의 불안감을 느끼게 된다. "사랑할 수 없다"는 사실과 "사랑 받을 수 없다"는 사실은 굉장한 불안감과 공포감을 야기시키며 나아가 그것은 무서운 소외감을 초래하는 것이다. 두 가지 모를 일이 있다고 했는데 그것이 무엇이냐고 묻는 레일리 경의 질문에, 셀리아는 (첫째로) "고독입니다. 단지 흔히 있는 환멸의 뜻도 아니고... 어떤 일어난 일이 내게 고독을 의식케 한다는 뜻입니다. 인간은 언제나 혼자라는 것입니다"라고 대답한다.

셀리아가 말하는 고독은 환멸이나, 어떤 관계의 종말에서 오는 것이 아니고, "인간은 항상 혼자"라는 생각 즉 인간의 원초적 고독을 말하는 것이다. 인간은 본질적으로 유아론(唯我論)적 우주 속에 살고 있으며, 그 속에서 우리는 누구와도 진정한 의사소통을 할 수 없다는 것이 인간에 대한 엘리엇의 철학적 입장이라 할 수 있다(Eliot, *Knowledge and Experience* 141-52). 그리고 이어서, (둘째로) "죄의식"이라고 대답한다. 셀리아가 느끼는 죄의식은 이 세상에 존재하지 않는 보물을 찾아 헤매던 환상이 깨졌을 때 느끼는 감정과 같은 것이다.

이 세상에는 존재하지 않는 진실되고 영원한 사랑을 착각 속에서 찾아 헤맨 것에 대한 절대자에의 죄의식 그것이다. 말하자면 신에게서 이탈하여 인간적 사랑의 달콤한 환상을 추구하다가 마침내 인간적 사랑의 실체가 허망이라는 것을 인식했을 때 찾아오는 그런 허탈감과 죄의식인 것이며, 이것은 원죄와 연결되는 것이다. 이러한 고독과 소외감과 죄의식 속에서 공허감이나 부족감을 실감하면서 인간은 누구나 분리된 것과의 결합에 대한 강렬한 욕구를 가지게 되는 것이다. 그리하여 서로의 입장과 상황을 분명히 인식하게 된 챔벌린 부부는 서로 사랑하고 사랑 받을 수 있는 사람이 되려고 노력함으로써 소외감을 극복하고 정상적인 생활로 복귀할 수 있으며, 한편 셀리아에게는 새로운 길을 모색하는 계기가 되는 것이다.

결국 보물을 찾으러 숲 속에 들어갔다가 보물을 찾기는커녕 나가는 길까지 잃고 헤매는 어린애 같은 이들에게 레일리 경은 다음과 같이 (첫째 길에 대하여) 말한다.

> 그 상태는 구제의 가능성이 있지요. 다만 치료의 방법 만은
> 당신 자신이 선택해야 합니다.

그리고 그들은 일상적 규범에 따라 자신을 관리하고,
과도한 기대를 피하는 것을 배우고, 자신이나 남에게 관대하며,
일상의 행동으로 주고받을 것은 주고받지요.
또한 그들은 불평하지 않고, 서로가 이해할 수 없다는 것을
알고 있는 두 남녀가 아침에는 헤어지고 저녁에는 만나
난로 가에서 가벼운 이야기를 주고받으며,
자기들이 이해하지 못하고, 자기들을 이해할 수 없는
아이들을 키우면서 만족해 하는 것이지요.

The condition is curable.
But the form of treatment must be your own choice:

Maintain themselves by the common routine,
Learn to avoid excessive expectation,
Become tolerant of themselves and others,
Giving and taking, in the usual actions
What there is to give and take. They do not repine;
Are contented with the morning that separates
And with the evening that brings together
For casual talk before the fire
Two people who know they do not understand each other,
Breeding children whom they do not understand
And who will never understand them. (*CPP* 417)

이에 대해, 셀리아는 "그것이 최선의 삶인가요?"라고 묻자 레일리 경은 다음과 같이 대답한다.

그것은 좋은 삶이지요. 물론 종말에 이르기까지는 얼마나
좋은 가를 모를테지만, 그러나 그외에는 아무 것도 바라지 않겠지요.
그리고 다른 삶이란, 전에 읽은 적이 있으나 지금은 잃어버린
책이나 다름없겠지요.
광증과 폭력과 우둔과 탐욕의 세계에서 그것은 좋은 삶이지요.

It is a good life. Though you will not know how good
Till you come to the end. But you will want nothing else,

And the other life will be only like book
You have read once, and lost. In a world of lunacy,
Violence, stupidity, greed. . . . it is a good life. (*CPP* 418)

이 대화는 하딩(Harding)이 말하는 바(536)와 같이 이 시극의 중심이 되는 내용의 진술이며, 너무도 세련되고 강력한 힘을 가지고 있어 그 자체로 매우 감동적인 한 편의 시와 같다.

이렇게 레일리 경은 평범하고 일상적인 서민의 생활을 하라고 권유하지만, 셀리아는 "그런 생활은 일종의 굴복일 것만 같아요. 아니 굴복이 아니라 배반에 가까울 거예요. 나는 어떤 환상을 꿈꾸었는데, 그게 무엇인지 모르지만 그걸 잊어버리고 싶지 않아요. 그것과 함께 살고 싶어요"라고 말하면서 평범한 일상 생활보다는 다른 길이 없느냐고 묻는다.

이에 대해 레일리 경은 다음과 같이 말한다.

> 다른 길이 있지요. . . . 첫째 길은 우리 주위 사람들의
> 생활 속에 다소 예시된 것을 우리 모두가 보아 왔고
> 당신도 그것을 보았으니까, 나는 그것을 통속적인 말로
> 설명할 수 있었지요. 둘째 길은, . . . 신앙이 필요하지요.
> 절망에서 우러나오는 그런 신앙입니다. 거기에 도달할 때
> 까지는 별로 알지 못할 것이고, . . . 그러나 그 길로 나아가면
> 당신이 지금까지 그릇된 곳에서 찾아 헤매던 것을 얻게 됩니다.

> There is another way, if you have the courage.
> The first I could describe in familiar terms
> Because you have seen it, as we all have seen it,
> Illustrated, more or less, in lives of those about us.
> The second is unknown, and so requires faith —
> The kind of faith that issues from despair.
> The destination cannot be described;
> You will know very little until you get there;
> You will journey blind. But the way leads towards possession
> Of what you have sought for in the wrong place. (*CPP* 418)

여기에서 셀리아는 "어느 길이 더 나은가요"라고 묻는 데, 레일리 경은 "어느 길이 더 낫다는 게 아니고, 두 길이 모두 필요하지요. 또한 양자택일하는 것도 필요합니다"라고 말한다. 결국 두 번째 길을 택한 셀리아에게 "그것은 무서운 여행이지요... 어느 길이나 고독과 영교의 상태를 의미합니다. 어느 길을 택하든 기억과 욕망을 혼용한 상상의 세계의 고독에서 생겨나는 최후의 황량함을 면할 수 있지요"라고 레일리 경은 일러준다. 이렇게 레일리 경이 환자들과 이야기하는 것은, 제 1막에 나타난 불순물을 정화시키는 종교의식과 같은 것(Carol 180)으로 볼 수 있다.

여기에서 셀리아가 찾는 것은 완전하고도 영원한 사랑이다. 이것은 신에 대한 사랑이며, 셀리아의 입장에서는 다른 길이 없는 유일한 길인 것이다. "성심껏 구원의 길을 개척하세요"라는 레일리 경의 격려를 받으며 셀리아가 퇴장한 뒤 레일리 경과 줄리아 그리고 알렉산더는 챔벌린 부부와 셀리아를 위해 축원의 술잔을 들고 신의 가호를 기원한다.

제 3막은 그로부터 2년 뒤 화목하게 지내는 챔벌린 부부의 응접실에서 이어지는데, 다른 사람보다 늦게 등장한 알렉산더가 셀리아의 죽음을 알린다. 그녀는 어떤 엄격한 교단에 들어가 킨칸자라는 어느 외딴 섬에서 원주민 환자들을 간호하던 중 이교도들의 폭동에 휘말려 십자가에 못 박혀 죽었다고 한다. 셀리아의 죽음의 소식에 대한 레일리 경의 반응은 의외로 담담한 표정이다. "그녀 스스로 그 길을 선택했으며, 그러한 죽음이 행복한 죽음이 아니라면 어떤 죽음이 행복하겠어요?"라고 말한다. 자기는 그저 그녀가 그러한 죽음의 길을 선택하는 것을 도와줬을 뿐이라고 한다. 셀리아는 갈등과 질투와 욕망과 타락에 젖은 위선의 세계와의 타협의 길을 버리고 완전하고도 영원한 사랑의 세계에서의 재생을 위해 무시무시한 원시적인 야만인들 사회에서 값비싼 대가를 치르고, 십자가에 못 박혀 죽었다는 것이다. 그리고 또 셀리아의 죽음이 오히려 승리적인 죽음이라고 말한다. 이 말은 십자가에 못 박혀 죽은 그리스도의 죽음이 부활을 통해 영원한 승리의 죽음이 된 것과 같이, 셀리아의 죽음 역시 그녀가 추구한 영원한 사랑 즉 신과의 합일의 의미를 지니기 때문에 승리의 죽음이라는 것이다.

줄리아, 피터, 레일리 경이 떠난 뒤 챔벌린 부부는 또 다른 손님을 위한 칵테일 파티를 즐거운 마음으로 준비하는 것으로 이 극은 끝나는데, 챔벌린 부부의 새로이 행복해진 결혼 생활과, 셀리아의 신과의 결혼은 기독교적인 의식의 상징적 의미를 짙게 띠는 것이며(Carol 181), 또 존스(Jones)가 말한바(143)와 같이 이 극의 제목 "칵테일 파티" 역시 기독교에서 그리스도의 죽음과 부활을 기념하여 그의 살과 피를 상징하는 빵과 붉은 포도주를 나누어 먹는 성찬식(Communion Service)과, 영국인들의 일상적인 칵테일 파티가 가진 상징적 의미를 고려한 제목이라는 것을 감안하면 이 극의 제목이 암시하는 재생과 부활의 의미는 특히 챔벌린 부부에게는 각별하다 할 수 있으며, 또한 칵테일 파티는 타락과 갈등과 불신 등 오염에 찌든 현대인들에게 새로운 재생의 생명력을 가져다주는 상징적인 의식이기도 한 것이다.

IV. 긍정의 길

『가족 재회』에 이르기까지의 초기 시극들은 '부정의 길', 즉 신과 함께 하는 영원세계의 평화에로 나아가기 위해 모든 육체적 욕망에 대한 부정과 자기 희생을 제시하며, 외로운 순례자, 또는 별로 성자답지 못한 사람을 위해 적극적으로 그 구원을 도와주는 외로운 수난자의 덕을 강조하는 데 비해, 『칵테일 파티』는 평범하고 일상적인 생활을 하면서도, 기독교 공동체와 더불어 성실한 삶을 삶으로써 구원의 길을 갈 수 있다는 '긍정의 길'(positive way)을 처음으로 제시한다. 이는 엘리엇의 종교적 자세의 획기적인 변화요, 발전인 것이다.

『칵테일 파티』에는 3사람의 중심적인(그 이전의 작품에서 순례자 또는 순교자와 같은) 인물들이 등장하는데, 에드워드, 라비니아, 셀리아 등이다. 비록 이들이 모두 영웅적이거나 다른 인물들보다 더 존경받을만한 인물은 아니지만, 이들은 이 작품에서 뚜렷한 정신적인 투쟁과 발전의 변화를 보여주며, 이러한 과정을 통해 엘리엇은 일시적인 가치와 영원한 가치 사이의 기본적인 긴장을 그려낸다. 특히 이 작품에서 엘리엇은, 자기의 변화된 종교적 견해와 정신적 발전을 주요 등장인물들의 변화하는 삶의 과정을 통해서도 뚜렷이 보여주고 있다.

에드워드는 우유부단하고 소극적이고, 냉담한 성격으로, 프루프록(Prufrock)을 연상시키는 인물이다. 에드워드는 사실상 자기만을 생각하는 이기주의자이고, 라비니아는 야심이 있으면서도 허영심이 있는 여자이다. 그들은 둘 다 어떤 정신적 보상으로서의 사랑을 필요로 하며, 에드워드는 자기의 이기심을 만족시키기 위해 사랑 받기를 원하며, 라비니아는 자기의 필요성을 충족시키기 위해 사랑하려고 하는 인물이다(Chiari 137). 레일리 경의 다음과 같은 대사는 라비니아의 성격을 잘 보여준다.

> 당신은 사랑을 받고 싶어했지요.
> 그러나 자기를 사랑한 사람이 없었다는 걸 알고는
> 아무도 자기를 사랑해 줄 사람이 없는 것이 아닌가 하는
> 두려움을 갖게 된 것이지요.
> ....
> 이제 두 분이 서로 많은 공통점을 가지고 있다는 것을 알게
> 된 것 같습니다. 똑같은 고독입니다.
> 사랑할 능력이 없다고 생각하는 남자,
> 그리고 아무도 자기를 사랑해 주는 사람이 없다고 생각
> 하는 여자.
>
> You had wanted to be loved;
> You had come to see that no one had ever loved you
> Then you began to fear that no one could love you.
> ....
> And now you begin to see, I hope,
> How much you have in common. The same isolation.
> A man who finds himself incapable of loving
> And a woman who finds that no man can love her. (*CPP* 409)

이들 부부의 상황은, 최초의 인간이 남성과 여성을 겸비한 존재였는데 신들이, 창조물들의 행복을 억제하기 위해 두 성을 분리시켰다는 고대 그리스의 신화를 생각나게 해준다. 따라서 서로 적개심을 품은 상태에서 서로 보완해주는 상태로 이들이 변화하는 것은 인간의 통합과 화합의 한 상징이라 할 수 있

으며, 통합을 향한 그들의 변화에서 특이한 것은, 기독교적인 사랑과 희생과 봉사의 정신으로 합리적이고 평화적인 결혼생활을 위해 서로의 상반되는 성격을 조정하는 그들의 의지와 능력이며 그것은 셀리아의 성자적 죽음보다 더 극적인 변화라 할 수 있는 것이다.

챔벌린 부부에게 레일리 경을 비롯한 수호자들의 충고가 주효하여 결국 구원을 향한 여행을 시작하지만, 거기에는 『황무지』(The Waste Land)의 '주라, 동정하라, 자제하라'(Datta, Dayadhvam, Damyata)이상의 겸손과 정직, 유머 그리고 인내가 필요한 것이다(Kari 48). 그리하여 에드워드와 라비니아는, 그들의 낡은 자아가 사라지고 새로운 성격의 인간으로 변화하게 된다. 낡은 자아가 사라져 가는 변화의 과정은 이 극 전체에 걸치는 중요한 모티브라 할 수 있으며, 이러한 변화의 과정을 통해, 사람은 변하는 것이고, 특히 과거의 잘못을 용서해 준 사람을, 새로운 사람으로 받아 들여야 한다는 것을 보여주며, 이것은 다른 사람을 용서하기를 거부하는 사람은 하나님에게 용서받지 못한다는 기독교 성경의 말씀과 같은 것이다. 그래서 에드워드와 라비니아가 경험하게 되는 구원은 상호적인 것이고 얻기 어려운 용서인 것이다. 따라서 챔벌린 부부가 화해하여 행복한 가정을 꾸리게 되는 것은 두 사람 모두에게 만족한 것이며(Mittleman 1014), 이것은 '긍정의 길'을 선택하여 그 길을 바르게 이행한 결과라 할 수 있는 것이다.

다른 사람을 사랑할 수 있고, 사랑받을 수 있는 셀리아이지만, 그녀는 보다 진정하고 영원한 사랑을 찾을 수 있는 다른 길을 선택함으로써, 만족할 수 없고 참을 수 없는 존재로부터 멀리 가는 것이 필요한 것이다. 이들 세 사람은 소외와의 투쟁을 해 왔으며 그것은 바로 폴 틸리히(Paul Tillich)가 말하는 죄에 대한 새로운 용어인 것이다(Kari 53). 분명히 챔벌린 부부에게 있어 소외는 붙어 다니는 죄이며, 이것은 그들의 무 애정의 산물이고, 그들이 이 병을 극복하는 것이야말로 그들에게는 최고의 성취인 것이다. 이런 관점에서 볼 때 전체적으로 엘리엇의 모든 시극 중에서 챔벌린 부부는 가장 발전적인 인물이라 할 수 있고 다른 어떤 인물들보다 큰 변화와 발전을 보여주는 인물들이다.

셀리아는 기질이 다르다. 진정 그녀는 사랑에 대해서는 절대적이다. 사랑을 절대적인 것으로 생각하는 셀리아의 기질에 에드워드는 겁을 내며, 그는 그러한 절대적인 것을 이해하지 못한다. 치어리(Chiari)가 주장하는 바(137)와 같이 총체적인 헌신은 총체적인 반응을 요하며, 이러한 형평성을 찾아내어 계속 유지하는 것은 매우 어려운 것이다. 천성적으로 그러한 욕구를 가지고 태어난 사람들은 좀처럼 타협할 줄을 모르며, 그것을 위한 죽음이 곧 삶이기 때문에 그들은 그것을 찾거나 아니면 죽어야만 하는 것이다.

챔벌린 부부가 바르고 적절하게 서로간의 소외감을 제거하고 서로 사랑하는 것을 배워가는 동안 셀리아와 피터는 매우 다른 관심을 가지고 살아간다. 그들의 이름은 그들이 성자의 길을 갈 운명이라는 것을 암시해 주는 데, 셀리아(Celia)는 성 세실리아(St. Cecilia)의 약자이고 피터(Peter)는 로마 가톨릭 교회의 창설자인 성 피터(St. Peter)와 관련되는 이름이다(Kari 53). 그래서 피터와 셀리아는 인간적 존재로서 보다는 어떤 이상적인 존재로 비쳐지는 게 사실이다. 피터의 다음과 같은 진술에서 우리는 그것을 볼 수 있다.

오, 별일 없었어요. 그렇지만 내게 확실히 관심을
가지고 있다는 걸 알았지요.
같이 있을 때엔 참 행복했지요. 아주 만족스러웠고, 아주 마음
이 편했고 글쎄, 무어라 할까요? 이러한 평온한 행복은 꿈에도
생각지 못 했어요.
전에 내가 경험한 건 흥분, 열광, 소유욕 같은 것 뿐이었지요. 그 여
자에 대한 건 전혀 그런 것이 아닙니다. 그건 참 묘한 것이었습
니다. 말하자면 . . . 평온이랄까.

                Oh, nothing happened.
But I thought that she really cared about me.
And I was so happy when we were together—
So . . . Contented, so . . . at peace: I can't express it:
I had never imagined such quiet happiness.
I had only experienced excitement, delirium,
Desire for possession. It was not like that at all.
It was something very strange. There was such . . .
   tranquillity. . . . (CPP 370)

이러한 진술로 미루어 보면, 두 사람의 관계는 단순히 플라토닉한 것이 아니라 형이상학적이고 또한 신비스럽기까지 한 것이다. 이러한 관계는 피터의 고도의 영적인 가치에 대한 매력을 나타내며, 다른 사람의 영적인 성질을 끌어내는 셀리아의 능력을 보여주는 것이다. 이들은 모두 일상의 세계에 만족할 수 없기 때문에 고독한 영혼의 순례를 하게 되고, 물질세계를 넘어선 가치를 탐구하게 된다. 이 세상에 대한 셀리아의 환멸은 에드워드와의 망가진 애정관계로 더욱 촉진된 것이다. 그녀는 자기의 사랑을 발전시키고, 그 가치를 구현하는 데 실패했다는 것을 알았을 때 더욱 더 초월적인 사랑을 찾게 된 것이다.

영적 탐구에서 더욱 성숙해지려는 셀리아의 열망은 그녀의 본성을 보여주는 것이며, 그녀와 레일리 경과의 대화는 그녀의 타고난 통찰력을 보여주는 것이다. "일어났던 어떤 일이, 나는 항상 고독하다는 것을 의식케 한다는 뜻이지요. 인간은 언제나 혼자라는 것이지요" 셀리아는 또 다음과 같이 말한다.

> 그러나 모든 사람은 혼자 있는 거죠. 적어도 내겐 그렇게 생각되요.
> 사람들은 소리를 지르고, 그것이 서로 얘기하는 것이라고 생각하지요.
> 사람들은 얼굴을 찌푸리고 그리고 그것이 서로 이해하는 것이라고 생각하지요.
> 그러나 그렇지 않을 겁니다. 그것은 망상이 아닐까요?

> But that everyone's alone — or so it seems to me.
> They make noises, and think they are talking to each other;
> They make faces, and think they understand each other.
> And I'm sure that they don't. Is that a delusion? (*CPP* 414)

챔벌린 부부와 같이 셀리아 역시 소외와 그 결과를 경험한다. 셀리아가 죄에 대한 느낌을 말할 때 그녀는 인간관계의 실패와 소외에 대한 생각을 이것과 떼어 놓을 수 없었다. 레일리 경과의 대화에서 그녀는 다음과 같이 말한다.

> 내가 지금까지 해온 일에 대하여 느끼는 그런 것은 아니에요.
> 그런 것에서는 벗어날 수 있어요. 또 나의 내면적인 어떤 것에
> 대한 것도 아니에요. 그것은 면할 수 있어요. 그런 것이 아니라

외부의 어떤 사람, 또는 어떤 것에 대한 공허감이랄까 부족감
이랄까 그런 것이지요. 나는 암만해도 속죄해야 할까 봐요. 그렇게
말해야 타당할까요?

It's not the feeling of anything I've ever done,
Which I might get away from, or of anything in me
I could get rid of—but of emptiness, of failure
Towards someone, or something, outside of myself;
And I feel I must . . . atone—is that the word? (*CPP* 416)

비록 셀리아의 진술이 에드워드와의 비도덕적인 정사에 대한 죄책감을 덮기 위한 구실에 불과하다 하더라도, 셀리아는 일상생활에서는 만족할 수 없는 내적 영혼의 충동을 점점 더 분명하게 느끼게 된다. 그리고 인간의 가장 큰 소외감은 다른 사람으로부터 오는 것이 아니고 평범한 일상생활에서는 거부되는 삶의 어떤 고도의 이상에서 오는 것이라고 셀리아는 인식하고 있는 것이다.

이러한 성향을 지닌 셀리아는 레일리 경의 촉구에 더욱 자극 받아 자기부정과 고독과, 억제된 자아에게는 더욱 고독한 길인 '부정의 길'의 필요성을 확신하게 되었고 그 길을 갔던 것이다. 결국 작가는 셀리아의 영혼을 소외의 상태와 활력이 없는 삶의 상태에서 진정한 새로운 삶의 상태로 회복시켜 주었다. 성자적인 죽음이라는 삶으로 그녀를 회복시킴으로써 새로운 삶으로 나아가게 했으며, 그렇게 함으로써 작가는 속죄에 대한 종교적인 의미를 부여하고, 그리하여 이 극의 관객과 독자들의 마음속에 그러한 의미를 깊이 부각시켰으며 (Bradbrook 163), 이것은 또한 작가의 진정한 의도였을 것이다. 그리고 엘리엇은 수호자들을 등장시키고 있으며 그들은 사람들이 올바른 결정을 내리도록 촉구하고 그 길로 가는 것을 도와주는, 사람 모습을 한 복수의 여신 (Eumenides)들과 같은 기능을 한다. 이 그룹은 레일리 경, 줄리아, 알렉산더 등으로 구성되며 순례자와 수호자들은 다 함께, 이 작품을 엘리엇의 가장 훌륭한 작품의 하나로 만드는 데 도움이 되는 복합적인 역할을 하고 있다.

레일리 경은 정신과 의사와 종교 지도자를 혼합한 인물같기도 하며, 하딩이 말하는 바(532)와 같이, 작가는 실제의 성직자나 정신과 의사보다 이러한

복합적 능력을 가진 자를 활용하므로써 그에게 다양한 통찰력과 영향력을 부여하려 했으며, 때로 레일리 경은 주변 사람들의 상태나 가능성을 지켜보고 이해하는 편이기도 하고, 때로는 특히 챔벌린 부부에게 권위있고 영적인 힘을 가진 능력의 인물로서의 자세를 갖기도 한다. 이러한 양면성이 그들에게 어떤 종교적 능력을 가진 인물로 비치게 되었고, 마침내 챔벌린 부부가 '긍정의 길'로, 셀리아가 '부정의 길'로 가게 하는 결과를 낳게 한 주도적 역할을 하게 된 것이다. 또 치어리가 말한 바(138)와 같이 레일리 경, 줄리아 그리고 알렉산더 등 수호자들은 이 극에 희극적 요인을 제공해주며, 레일리 경과 협조해서 다른 사람들을 도와주고, 그들 각자에게 필요한 진실을 찾게 해주며 그들 각자가 자기들 내부의 도덕적 양심을 되찾는 것을 도와준다. 레일리 경은 신의 대리자처럼, 그 핵심적인 역할을 하며 나머지 두 사람은 그의 보조자 역할을 하는 인물들이다.

V. 결 어

이 작품의 성공과 발전은 그 이전의 작품에서는 볼 수 없었던 엘리엇의 종교적 견해의 커다란 변화에 있다고 할 수 있다. 즉 맬러머드(Malamud)가 말하는 바(129)와 같이, 구원에 이르는 두 가지의 길 즉 "긍정의 길"과 "부정의 길"이 그것이다. 초기의 시극에서는 "부정의 길" 만을 제시하던 작가가 이 작품에서 처음으로 "긍정의 길"을 제시하는 것은, 엘리엇의 종교적 자세의 획기적인 변화라 할 수 있으며, 이 두 길은 다 같이 영원에 이르는 구원의 길로서 전자는 평신도의 길이고 후자는 성자의 길이다.

"긍정의 길"은, 완전하고도 초월적인 신이 창조한 모든 피조물은 신의 불완전한 형상을 띄고 있으며 따라서 모든 피조물은 신의 형상으로서 긍정적으로 수용되어야 한다는 논리로서, 불완전한 형상을 수용한다는 것은, 인간의 많은 결점을 현실로 인정하며, 그것을 비극적 유한성을 지닌 인간의 운명으로 받아들여야 하며, 무엇보다 인간적 사랑을 나누고 베품으로써 화평과 조화를 이루게 되고 그렇게 함으로써 구원에 이르게 된다는 것이다.

이와 같은 "긍정의 길"은 사회적인 일상의 삶 속에서 구원의 의미를 찾으려 하는 엘리엇의 새로운 시도를 보여주는 것이다. 엘리엇이 "긍정의 길"을 제시하는 것이 결코 그것을 미화하는 것은 아니지만, 날마다의 자아의 죽음과 재생에 대한 엘리엇의 인식은, 인간이 순교자가 되거나 또는 금욕주의자의 속죄행위같은 것에 의존하지 않고도 이룰 수 있는 영(靈)적인 발전에 대한 새로운 인식을 보여주는 것이다. 말하자면, "긍정의 길"을 통해, 인간의 사랑이 신의 사랑과 맺어질 수 있다는 작가의 새로운 종교적 자세를 보여주는 것이다.

"부정의 길"은, 이 세상의 모든 피조물에 대한 애착이나 집착을 버리고 인간적인 모든 욕망을 절제하고 체념하여 성자와 같은 순교의 길을 감으로써 신의 사랑과 합일하여 구원에 이르게 된다는 것이다. 『가족 재회』(The Family Reunion)에 이르기까지의 초기 시극 작품들은 인간이 사회와 신과 함께 영원 세계의 평화에로 나아가는 노력으로서 모든 육체적 욕망에 대한 부정과 자기 희생을 강조하는 "부정의 길"을 제시했다.

따라서 긍정의 길을 선택한 챔벌린 부부에게 있어 삶의 자세의 변화와 정신적 성숙과 고독의 극복은 새로이 서로를 사랑하는 것을 알게되는 과정에서 뚜렷이 나타나며, 부정의 길을 선택한 셀리아에게 있어서의 그것은 신에 대한 사랑으로의 합일을 추구하는 데에서 뚜렷이 나타났던 것이다. 셀리아는 자기를 진정으로 사랑하는 줄 알았던 에드워드와의 사랑이 진정한 사랑이 아니라 일종의 환상이었다는 것을 알게 되자, 이 세상의 모든 피조물에 대한 애착을 버리고 진정한 사랑의 길인 "부정의 길"을 선택하게 된 것이며, 그리하여 정신적 재생을 위해 십자가에 못 박히는 순교의 길 즉 신과의 합일이라는 기독교적 결혼을 함으로써 영생을 얻게 된 것이다. 이것은, 이 세상의 모든 인류의 죄를 대속하기 위해 십자가에 못 박힌 예수 그리스도의 희생적 죽음과의 유사성을 연상시키는 것이며, 또한 이것은 작가의 종교적 신앙에서 우러나온 회심의 결정체라 할 수 있는 것이다.

인간적 가치와 자선(慈善)의 수단으로서의 사랑, 그리고 타락과 불완전함으로부터 자기와 타인을 구제하는 수단으로서의 사랑의 잠재적 능력에 대한 이러한 긍정적 인식은, 고행(자기학대-자제)이라는 『황무지』이래의 계속적인 주제의 성숙성을 보여주는 것이다. 이러한 주제를 다룸에 있어 엘리엇의 시극 작품들은, 실제적인 순교로부터 자기와 타인에 대한 사랑과 자기억제와 일상적인 생활 속에서의 경건(敬虔)함으로 전이해 간 것이다. 외롭고 고독하고 고행에 찬 성자적인 삶만을 인정하던 것에서 한발 더 나아가 기독교 공동체 내에서의 일상적이고 평범하면서도 신앙에 충실한 삶을 긍정적으로 인정하게 된 것은, 기독교 공동체에 대한 엘리엇의 비젼의 성숙을 보여 주는 것이고, 또한 현실 긍정과 긍정된 현실 속에서의 인간적 삶에 대한 긍정을 보여주는 작가의 정신적 자세의 커다란 변화이며, 그것은 바로 작가 엘리엇의 종교 사상의 대 변화요, 발전이라 할 수 있는 것이다.

주요어 (Key Words): T. S. 엘리엇의 종교적 신념(T. S. Eliot's religious beliefs), 신의 질서(order of God), 사랑의 실체(reality of love), 긍정의 길 (positive way), 부정의 길(negative way), 유한한 존재(finite being), 유한한 자유(finite freedom), 신과의 합일(reconciliation to God)

인용문헌

김양수. 『T. S. Eliot의 詩와 思想』(개정판). 서울: 브레인 하우스사, 2003.
이준학. 「T. S. Eliot의 시와 시극에 나타난 '궁극적 관심'」. 『영어영문학』 40호. 한국영어영문학회, 1994.
Bradbrook, Muriel C. "Eilot as Dramatist." *T. S. Eliot: Plays*. Ed. Hinchliffe, Arnold P. London: Macmillan, 1985.
Chiari, Joseph. *T. S. Eliot: Poet and Dramatist*. New York: Barnes and Noble Books, 1972.
Eilot, T. S. *Complete Poems and Plays of T. S. Eliot*, London: Faber and Faber, 1978.
_____. *On Poetry and Poets*. New York: Farrar and Straus, 1976.

_____. *Knowledge and Experience in the Philosophy of F. H. Bradley*. London: Faber and Faber, 1964.

_____. *Selected Essays*. London: Faber and Faber, 1980.

Harding, D. W. "Progression of theme in Eliot's Modern Plays." *T. S. Eliot: Critical Assessments* Ⅲ. Ed. Graham Clarke. London: Christopher Helm, 1990.

Jones, David E. *The Plays of T. S. Eliot*. London: Routledge and Kegan Paul, 1960.

Kari, Daven Michael. *T. S. Eliot's Dramatic Pilgrimage*. Lewiston: Edwin Mellen Press, 1990.

Malamud, Randy. *T. S. Eliot's Drama*. New York: Greenwood Press, 1992.

Mittleman, Leslie B. "*The Cocktail Party.*" *Masterplots Vol. 2*. Ed. Frank N. Magill. Englewood Cliffs: Salem Press, 1976.

Smith, Carol II. *T. S. Eliot's Dramatic Theory and Practice: From Sweeney Agonistes to The Elder Statesman*. Princeton: Princeton UP, 1963.

Smith, Grover. *T. S. Eliot's Poetry and Plays: A Study in Source and Meaning*. Second Ed. Chicago: U of Chicago P, 1974.

엘리엇의 『비서』와 불교

| 정갑동 |

I. 서론

T. S. 엘리엇의 『비서』(The Confidential Clerk)의 첫 공연을 관람한 후 문학 편집자이자 연극비평가인 핀드레이터(Richard Findlater)는 "『칵테일 파티』가 발표된 이후 4년이 지난 금년[1953] 8월 에딘버러 축제에서 첫 무대에 올려진 T. S. 엘리엇 씨의 새 연극『비서』는 앞의 것보다 인기에서 훨씬 성공적인 것 같다. 그리고 이런 성공은 매우 집요하게 솔직한 것에 대한 엘리엇 씨의 겸손에 대한 팬들의 의식에 의해 조장된 것일 수 있다"[1])고 하였다. 엘리엇의 『비서』는 그만큼 관객의 마음에 잔잔한 감동을 주었다고 볼 수 있다.

그는 그의 문학 세계에 직접·간접으로 동양사상의 영향을 받았고 또한 동서양의 철학을 융합 발전시켜왔기 때문에 더욱 그 문학세계가 더 풍요롭게 그 열매를 맺게 되었다고 본다. 그의 작품에는 엘리엇 자신이 스스로 인정했듯, 인도의 철학적인 영향이 물씬 풍기고 있다. 그러나 이런 사실을 간과하고 오히려 축소하려는 듯 이런 관점에서 연구하고 평가하는 학자들은 그리 많지 않은 것 같다. 시 부분에서는 이를 다루는 저서로는 드위베디(Amar Nath

---

* 이 논문은 『T. S. 엘리엇 연구』제7권(1999)에 「T. S. 엘리엇의 『비서』와 불교사상」으로 수록되었던 것을 수정한 것임.
1) Richard Findlater, 'The Camouflaged Drama.' *Twentieth Century*, Vol. Cliv (October 1953): 311-16. Michael Grant, ed., *T. S. Eliot: The Critical Heritage*, Vol. 2 (London, Boston, Melbourne and Henley: RKP, 1982), p. 668.

Dwivedi)의 『T. S. 엘리엇의 시에 나타난 인도의 사상과 전통』(*Indian Thought and Tradition in T. S. Eliot's Poetry*), 스리(P. S. Sri)의 『T. S. 엘리엇, 베단타 그리고 불교』(*T. S. Eliot, Vedanta and Buddhism*), 컨즈(Cleo McNelly Kearns)의 『T. S. 엘리엇과 인도의 전통』(*T. S. Eliot and Indic Traditions*), 고쉬(Damayanti Ghosh)의 『T. S. 엘리엇의 인도사상』(*Indian Thought in T. S. Eliot*)등과 논문들이 외국에서 발표되었다. 그러나 국내에서는 약간의 박사학위 논문과 일반 논문이 발표된 정도이다. 그러나 엘리엇의 시극을 동양사상의 입장에서 본격적으로 다룬 논문은 찾기가 쉽지 않다. 그래서 본 논문은 이런 저서들과 몇 편의 논문들을 바탕으로 하여 엘리엇의 시극『비서』를 중심으로 그의 문학세계에 미친 인도의 철학적인 영향, 특히 불교의 근본 사상인 사성제(四聖諦)를 중심으로 불교가 엘리엇의 시극『비서』에 어떤 영향을 끼쳤는가를 살펴봄으로써 그의 문학세계를 한층 더 깊이 이해하는데 기여하고자 한다.

II. 엘리엇의 생애에 미친 인도의 영향

T. S. 엘리엇이 출생해서 교육을 받으며 학문적으로나 사상적으로 성장하던 시기에 미국의 문화계는 인도의 종교(철학)가 크게 영향을 미쳤다. 엘리엇 자신도 자기가 초월주의자들과 관련이 있다고 생각하였다. 그 자신이 쓴 샤롯트 엘리엇(Charlotte Eliot)의 『사보나로라』(*Savonarola*)(1926)에 붙인 서문에서, 그는 자기의 어머니가 W. E. 채닝(Channing), R. W. 에머슨(Emerson), 허버트 스펜서(Herbert Spencer)를 거쳐 절대관념론과 유니테리언파의 교의의 장점이 통합된 슐라이에르마허(Friedrich Ernest Danial Schleirmacher)의 철학을 정신적으로 이어 받았음을 밝힌 바 있다(Smidt 80).

또한 엘리엇은 그의 문학 작품 몇 곳에 『바가바드 기타』(*The Bhagavad Gītā*)와 『브리하다란야까 우파니샤드』(*Bṛhad-āraṇyaka Upaniṣad*)에서 인용했고, 붓다의 가르침의 본질에 대하여 시에서 자주 언급하였지만, 휘트만은 "내 자신의 노래"(Song of Myself)와 "인도로 가는 길"(Passage to India)에서 불교 교리의 핵심에 접근하고 있음에도 불구하고 붓다의 가르침의 본질을 똑바로 언급한 것은 한 번도 없다. 그러나 엘리엇이 에머슨과 휘트만의 영향을 쉽게 받았음은 부인할 수 없을 것이다.

엘리엇의 시에 동서양의 사상이 융합되어 있는 것은 그가 하버드(Harvard)대학시절, 인도의 사상과 전통에 깊은 관심을 갖고 있는 란만(Charles Rockwell Lanman), 우즈(James Haughton Woods)와 배비트(Irving Babbitt)와 같은 스승들의 지도를 받았기 때문이다. 분명히 엘리엇은 불교에 대하여 배비트 만큼의 열정을 지니고 있었고 우즈가 판탄잘리(Patañjali)의 형이상학에 대해 가졌던 것과 같은 전문지식은 없었지만, 인도 철학 전반에 대해 일반적인 지식 이상의 깊은 지식을 갖추고 있었다.

엘리엇 자신은 유럽의 철학자들이 인도철학을 이해하는데 있어 큰 어려움은 무엇이고, 자기 자신도 그 철학에 깊이 파고 들 수 없는 이유가 무엇인가를 『이신(異神)을 좇아서』(*After Strange Gods*)에서 잘 나타내 주고 있다.

인도철학자들이 추구하는 것을 이해하려는 노력의 상당 부분과 ― 그리고 그들의 미묘함이 대부분의 위대한 유럽의 철학자들을 초등학생들처럼 보이게 만든 것은 ― 그리스시대부터 유럽철학자들에게 공통적인 모든 분별의 범주와 종류를 마음에서 지우려고 노력하는 데 있었다. 나의 유럽철학에 대한 앞선 연구와 수반되는 연구는 거의 방해에 불과했다. 나는 ― 쇼펜하우어, 하트만 그리고 도이쎈에서와 같이, 유럽에 대한 브라민과 불교사상의 영향은 주로 낭만적인 오해를 통해 존재했다는 것을 알고 나서 ― 신비의 마음에 진정으로 스며드는 나의 유일한 희망은 미국인이나 유럽인으로써 생각하고 느끼는 방법을 잊는 데 있을 것이며, 감상적인 이유뿐만 아니라 실제적인 이유 때문에, 나는 그런 일을 하고 싶지 않았다는 결론에 도달했다.

A good half of the effort of understanding what the Indian philosophers were after ― and their subtleties make most of the great European philosophers look like school boys ― lay in trying to erase from my mind all the categories and kinds of distinction common to European philosophers from the time of the Greek. My previous and concomitant study of European philosophy was hardly better than an obstacle. And I came to the conclusion—seeing also that the 'influence' of Brahmin and Buddhist thought on Europe, as in Schopenhauer, Hartmann and Deussen, had largely been through romantic misunderstanding—that my only hope of really penetrating to the heart of the mystery would lie in forgetting how to think and feel as an American or a European, which, for practical as well as sentimental reasons, I did not wish to do. (*ASG* 40-1)

위 인용문에서 엘리엇은 인도 철학의 그 모호하고 심원한 진리 앞에서 유럽의 철학자들은 기껏해야 초등학교 학생들로 밖에 보이지 않기 때문에 자기 자신 인도철학을 이해하기 위하여 우선 유럽철학자들에게 공통적인 모든 카테고리와 각종 구분을 마음에서 지워 버리고자 노력했음을 언급하고, 나아가 중요한 것은 유럽인으로, 또는 하나의 미국인으로서의 사고방식과 감수성을 망각하는 것임을 알고 있지만 그것이 사실상 그럴 수가 없었다고 말하고 있다. 엘리엇은 서양 철학가들의 인도철학 이해는 주로 낭만적인 오해에 바탕을 두고 있음을 지적하고 그 오해에서 벗어나기 위해서는 서양 철학자들은 그 사고방식을 바꾸어야 한다고 말하는 것이다.

「유럽문화의 통일성」('The Unity of European Culture')에서 엘리엇은 자기가 동양의 문학에도 관심을 가졌음을 밝히고 있다.

> 위대한 시는 아시아의 문학에 있다. 또한 심오한 지혜와 몇 가지의 매우 어려운 형이상학도 있다. . . . 오래 전에, 나는 고대 인도어들을 공부했다. 그리고 나는 그 당시 주로 철학에 관심을 갖고 있었고, 또한 몇 편의 시도 읽었다; 나는 내 자신의 시에 인도사상과 감수성의 영향이 나타나 있는 것을 안다.
>
> In the literature of Asia is great poetry. There is also profound wisdom and some very difficult metaphysics. . . . Long ago, I studied the ancient Indian languages, and while I was chiefly interested at that time in philosophy, I read a little poetry too; and I know that my own poetry shows the influence of Indian thought and sensibility. (*NTDC* 113)

이 글에서 보는 바와 같이 엘리엇의 문학에 나타난 인도사상의 영향은 그가 거기에 깊은 관심을 갖고 연구했기 때문인 것을 알 수 있다. 그는 또한 "나는 불교도가 아니다. 그러나 몇 권의 초기 불교경전은 일부의 구약성서처럼 나에게 영향을 주었다"(*UPUC* 91)라고 말했고, 붓다의 불의 설교가 "그 중요성에서 산상설교에 해당한다."(*CPP* 79)2)고 적고 있다. 또 "나의 경험에서 『바가바드 기타』는 『신곡』(*The Divine Comedy*) 다음의 가장 위대한 철학시"(*SE* 258)라고도 했다. 그의 개인 서재에는 『스물 여덟 개의 우파니샤드』(*The Twenty-eight Upanishads*)가 꽂혀 있었고, 그의 하버드대학 때 인도철학의 과목 성적은 모두 A학점이었다고 한다.3)

엘리엇은 1911년 가을 학기 하버드대학원에서 철학을 공부할 때, 그 3분의 1 정도를 동양철학과 역사언어학 과목에 치중했다. 과목선택은 불교 경전에 두드러진 경향을 보여주며, 그의 노트에는 2세기에 용수(龍樹: Nāgārjuna)가 이룩한 중관사상(*Mūlamadhyamaka-kārikā*)에 특별한 매력을 느끼고 있었음이 나타나 있다. 또한 초기 불교경전 언어인 팔리(Pali)어를 배우기 위하여 2년 동안 산스크리트(Sanskrit)어 연구를 미루기도 했다.

그는 또한 미국의 인도학 교수 우즈(James Woods)의 초청으로(Eliade 282) 1913년에서 1915년까지 하버드대학에서 중국과 일본의 종교와 철학사상 연구를 강의한 마사하루(Anesaki Masaharu; 姉崎正浩)시간을 선택하여 수강하였다(Olney ed 158). 그는 아네사키 교수를 통하여 용수의 가장 유명한 말 중의 하나인 현상과 실재가 같으며 오직 두 가지 다른 면으로 보일 뿐이라고 주장하는 일원론, 즉, "윤회는 열반이며, 그것은 열반과 다른 것이 아니다(samsara is−or is not different from−nirvana)"(Kearns 79)라는 경구를 대학원 시절에 이미 알고 있었다. 엘리엇은 윌슨 나잇(Wilson Knight)의 『불의 바퀴』(*The Wheel of Fire*)(XX)의 서문에서 "실재는 현상 속에 그리고 현상을 통해서만 존재 한다 reality only exists in and through appearances"는 말을 했는데, 이것

---

2) 이후 본문에서 *The Complete Poems and Plays*는 *CPP*로 표기함
3) "Among the books from Eliot's library now in the Hayward Bequest in King's College Library is *The Twenty-eight Upanishads* (Isha and Others). Harvard records show what an impressive range of texts Eliot read in his two graduate years and that, apart from one A minus, his grades in Indian studies were all A." Helen Gardner, *The Composition of Four Quartets* (London & Boston: Faber and Faber, 1980), p. 54. 에서 재인용.

은 브레들리(F. H. Bradley)와 용수의 사상을 그대로 드러낸 것이라고 컨즈(Kearns)는 말하고 있다(Kearns 110). 엘리엇은 1915년에는 옥스포드(Oxford)에 있는 불교학회(the Buddhist Society)에도 나갔으며(Crawford 30-1), 특히 『황무지』를 쓰고 있을 무렵 스펜더(Stephen Spender)에 의하면 그는 불교에 심취해 있었다.

> 말이 나온 김에, 엘리엇 자신의 사상을 고찰해 본다면, 나는 한번 칠레의 시인 가브리엘라 미스트랄에게 『황무지』를 쓰고 있을 당시에 진지하게 불교도가 되려고 생각했다고 그가 말하는 것을 들었다.
>
> Incidentally, if Eliot's own views are to be considered, I once heard him say to the Chilean poet Gabriela Mistral that at the time when he was writing *The Waste Land*, he seriously considered becoming a Buddhist. (Spender 40)

위의 글에서 볼 때에 인도의 철학의 주제와 상징이 그의 작품세계의 일부분으로 형상화 되었으리라는 점을 염두에 두어야 할 것이다. 엘리엇은 자기가 경험한 실재에 대한 비전을 형상화하는 시인이기 때문이다.

이상에서 언급한 바와 같이 엘리엇은 소년시절이래 하버드 대학원 시절까지 유니테리안 종파인 종교적인 가정 분위기에서 자라면서도 인도의 종교와 그곳의 풍물을 책을 통하여 지속적으로 접촉하고 동경의 대상으로 여겼기 때문에, 엘리엇의 문학에는 인도철학과 불교의 영향이 역력히 드러나 있음을 확연히 보여주고 있다.

III. 사생아와 고제(苦諦)

프라이(Northrop Frye)는 "품위 있는 소극의 분위기가 전편에 유지되고 있다. 주인공[콜비]은 오히려 눈부시게 말하기 때문에 모든 사람들은 아름다운 마음씨를 가지고 있는 것 같다"4)고 말하고 있으나, 이 시극은 상류사회의 비

---

4) Arnold P. Hinchliffe, ed., *T. S. Eliot: Plays* (London: The Macmillan Press Ltd, 1985), p. 172.

도덕적인 남녀관계로 인하여 파생된 심각한 가정의 문제(사생아)를 다루었기 때문에 모든 사람들의 관심을 끌었던 작품이라고 볼 수 있다. 여기에 등장한 인물들은 모두 중요한 인물들인 것 같다. 도시의 성공한 실업가인, 클로드 경(Sir Claude Mulhammer)은 새로운 비서로 그의 사생아인 아들 콜비 심프킨즈(Colby Simpkins)를 고용한다. 그러나 자기가 아버지라는 사실을 아내 이리자버스(Elizabeth Mulhammer)와 또한 그의 사생아인 딸 루카스타(Lucasta Angel), 루카스타의 활기 있는 약혼자이며, 자기의 부모를 전혀 모르는 고아인 B. 케이건(B. Kagan)에게 당분간 비밀로 하기로 되어있다. 연극이 진행되면서 이리자버스는 콜비를 자기가 20년 전에 잃어버렸던 사생아인 아들이라고 주장한다. 이리자버스는 결혼 전에 다른 남자와의 사이에서 낳은 갓난 사내아이를 테딩톤(Teddington)에서 살고 있던 다른 가자드 부인(another Mrs. Guzzard)이란 여인에게 맡겼으나 양육을 맡겼던 그 남자가 아프리카에서 사냥하다 갑자기 사고로 사망하여 양육비의 전달이 불가능하게 되자 그 아이의 소식은 두절되고 말았다. 가자드 부인(Mrs. Guzzard)은 죽은 여동생이 낳은 아들인 조카 콜비를 기르면서 클로드경으로부터 양육비를 받아왔다. 제 3막에서 은퇴한 비서이며 클로드의 전 비서인 에거슨(Eggerson)은 가자드 부인의 고백으로 복잡한 상관관계를 밝히는 데 공헌을 한다. 콜비는 클로드경이나 이리자버스의 아들도 아니고 가자드 부인 자신의 아들임이 밝혀진다. 클로드경의 아들은 출산 때 산모(가자드 부인의 여동생)와 함께 죽었다. 이리자버스의 아들은 그녀가 항상 속물이라고 경멸한 케이건이다. 이 시극은 콜비가 모든 사람의 간청에도 불구하고 클로드경의 상속자로서의 위치를 포기하고, 실패한 오르간 연주자인 자기 아버지의 발자취를 따르기로 결심하고, 추론에 의하면 1차 세계 대전 때문에 아들을 잃어버린 에거슨에게 아들 노릇을 할 것으로 예상할 수 있다. 이 시극에서 인간은 한때의 실수로 기나긴 세월을 불안한 삶과 고통 속에서 살아갈 수 있음을 엿 볼 수 있다.

    엘리엇이 이 시극에서 표현하려 하는 인간의 고통은 곧 붓다의 번뇌이자 모든 사람들의 번뇌라고 볼 수 있다. 붓다는 성도 후 깊은 적정에 잠겨 7일 동안 보리수 밑에서 삼매(三昧: *samādhi*)에 들어 있었으며, 그 후 다른 나무 밑에서 해탈의 기쁨을 맛보면서 5주 동안이나 일어설 수가 없었다. 붓다는 자기가 깨달은 '법(*dhamma*)' 즉 진리는 매우 심오하고 난해하기 때문에 다른 사람들에게 설하더라도 이해하지 못할 것이라고 생각한 나머지 주저했으나 설법을 펴기로 결심하고, 고행하던 시절에 함께 수행했던 5명의 수행자(다섯 비구: Koṇḍañña, Vappa, Bhaddiya, Mahānāma 그리고 Assaji)에게 '바라나시'(Bārānasī: 지금의 Benares)의 녹야원綠野苑(지금의 Sārnāth)에서 애욕과 고행의 양극을 피하여야 한다는 중도 및 사성제와 팔정도를 가르쳤다. 이것이 그의 유명한 초전법륜[5](*Dhammacakkappavattana*)이다. 붓다가 성도 후 최초로 녹야원에서 설했다고 하는 사성제의 첫 번째 진리는 인생의 고(苦; *dukkha*, P: *duḥkha*, Skt)에 대한 진리다. 생, 노, 병, 사가 모두 고이며, 싫어하는 자와 만나고, 좋아하는 자와 헤어짐이 모두 고이며 원하는 것을 가지지 못함도 고이며, 오온(五蘊)에서 생기는 것도 고이다.

  이것이 . . . 고제(苦諦)이다.
  출생[生]이 고이고, 늙음[老]이 고이고, 병(病)이 고이고, 죽음[死]이 고이다.
  게다가 슬픔과 비애, 고뇌, 비탄과 절망도:
  싫은 것과 만나는 것과: [怨憎會苦]
  좋은 것과 헤어지는 것, – 그것 또한 고이다. [愛別離苦]
  원하는 것을 얻지 못하는 것, . . . 그것도 고이다. [求不會苦]
  요컨대, 집착을 기반으로 하는 오온(五蘊: *pañca-skandha*: 色, 受, 想, 行, 識)[6],
  즉 이런 다섯 부분으로 이루어진 집단 그 자체가 고이다. [五陰盛苦]

---

5) By avoiding these two extremes the Tathāgata has gained knowledge of that middle path which giveth vision, which giveth knowledge, which causeth calm, special knowledge, enlightenment, Nibbāna. And what, monks, is that middle path which giveth vision . . . Nibbāna? Verily it is this Ariyan eightfold way, to wit: Right view. right aim, right speech, right action, right living, right effort, right mindfulness, right concentration.
 This, monks, is that middle path which giveth vision, which giveth knowledge, which causeth calm, special knowledge, enlightenment, Nibbāna. *Saṁyutt-Nikāya* tr. F. L. Woodward(London: The Pali Text Society, 1979) Vol. V. 420ff. 이후 *SN*으로 표기.
6) 五蘊의 定義의 설명에 대해서는 *SN*, III, pp. 86-90 참조.

Now this . . . is the Ariyan truth about Ill:
Birth is Ill, decay is Ill, sickness is Ill, death is Ill:
likewise sorrow and grief, woe, lamentation and despair.
To be conjoined with things which we dislike: to
be separated from things which we like, — that also is Ill.
Not to get what one wants, — that also is Ill.
In a word, this body, this fivefold mass
which is based on grasping, — that is Ill.[7]

색(rūpa)은 물질적 요소들을 말한다. 受(vedanā)라는 하는 것은 바깥세계를 받아들이는 감각과 감정기능을 말한다. 受는 일반적 감정을 표현하는 명칭이라고 보아도 좋을 것이다. 受(vedanā)의 원어는 vid, 즉 '안다'는 말에서 파생한 것이긴 하지만, 지식적으로 아는 것보다는 오히려 '느낌'으로서 아는 것이며, 그 느낌에 쾌, 불쾌의 감정을 포함하여 受라고 하였다. 붓다에 의하면, 受에 세 종류가 있다. 고(dukkha)와 낙(sukha)과 불고불락(adukkhāsukha)이다. 이 세 감정은 잠시도 그 같은 상태를 유지하지 못하고 서로 왕래하여 바뀌는데, 고로부터 낙으로, 낙으로 부터 고로, 불고불락으로부터 고락으로 끊임없이 바뀌는 것이다.[8] 想(saṃjñā)이란 대상을 마음의 중심에서 떠올리는 작용이다. 예를 들면, "이것은 청색이다. 황색이다. 적색이다. 백색이다"고 아는 (sanjānāti) 것을 想이라고 말하는 것이다. 이런 점에서 보면 想은 지각(perception)에 상당한 것 같기도 하지만, 반드시 외계에 대한 지각의 경우에만 한정하지 않고, 기억을 통해 불러일으켜 대상을 생각하여 떠올리는 것도 역시 想의 작용인 것으로 간주되고 있다. 行(saṃskāra)은 언뜻 보면 극히 애매한 작용이다. 그래서 그 의미는 뚜렷하게 구별하기 어려운 점이 있다. 경(經)의 설명에 의하면, "유위(有爲)[9]를 형성하기 때문에 行이라고 명명된다"[10]고

---

7) SN, V, p. 421.
8) "Cūḷasāropamasutta," Majjhima-Nikāya, tr. I. B. Horner (London: The Pali Text Society, 1976), I. p. 203. 이후 MN으로 표기.
9) 爲作・造作의 뜻으로 有爲法이라고도 한다. 모두 인연의 화합에 의해서 조작되어진 現象的 존재를 말하고, 영구불변의 절대적 存在인 無爲와 相對語 — 『佛敎學 大辭典』 (서울: 弘法院, 1988), p. 1187.
10) SN., III, p 87.

하며, 더욱이 오온이 무상변천하는 것은 모두 이 힘에 의한다고 설명되어 있다. 이 행은 우리들의 조직을 결합하고 그것은 움직이게 하는 작용으로서, 좁게 말하면 의지(will)에 상당하지만, 넓게 말하면 마음으로 하여금 활동하도록 하는 요소를 모두 이 속에 포함시킨 것일 것이다. 識(vijñāna)도 역시 상당히 애매한 말이지만 붓다는 이것을 두 가지 의미로 사용하였다. 넓은 의미로 쓰인 예를 들면 육계견에 있어서 지수화풍공(地, 水, 火, 風, 空)의 소위 五大에 대해 제 6을 識이라 명명했던 것과 같은 경우이다. 이 경우 識이란 마음 전체를 뜻하는 것인데, 이 속에는 受, 想, 行은 물론이고, 그 밖의 모든 심소(心所)[11])도 포함되는 것이라고 이해한다. 이유는 위의 분류는 신체적 요소를 다섯으로 간주한 데 반해, 정신적 요소를 하나로 간주한 것이기 때문이다. 따라서 이 경우의 용법을 막연하게 사용할 때의 마음(心: citta)이나 의(意: mana)와 같은 것으로서, 실제 붓다는 이것을 종종 "저 소위 마음(心) 이라거나, 意라거나, 識이라고 불리우는 것"[12])(. . . this which is called heart, or mind, or consciousness . . .)이라고 칭하여 心・意・識을 같은 의미로 사용하여 心전체의 의미로서 설하고 있다. 엄격히 말하면 心이라고 할 때는 오직 정의적으로 볼 때의 心이며, 意라고 할 때는 앞에서 말한 바와 같이 주로 외계인식의 기관이라고 볼 때의 心이고 識이라고 할 때는 오직 판단과 추리를 주로 담당하는 것이라고 볼 때의 心을 가리키는 것으로 되어 있지만, 막연히 사용할 때는 아무래도 전체로서의 내적작용을 의미했던 것이다.

좁은 의미로서는 오온설(五蘊說)의 경우에 사용되고 있는 것과 같은 識의 용례이다. 즉, 수라든가 상이라든가 행을 떠나, 이와 대립하는 것으로 보는 경우이다. 이런 경우에서는 識이란 통각(apperception), 또는 오성(understanding)의 작용으로 心을 의식적으로 통일하는 동시에 판단과 추리를 관장하는 心작용이라고 말 할 수 있는 것이다. 經에서 이것을 "알기 때문에 識이라 불린다"[13])고 말하고 있는데, 여기서 "안다"고 하는 것은 구별하여 아

---

11) Ibid., p. 942. 범어 caitta 또 cetasika 혹은 caitasika의 번역. 心數라고도 번역하여 心에 속한 것이라는 뜻이다.
12) "1. Brahmajāla Sutta," Dīgha-Nikāya, tr. T. W. Rhys Davids (London: The Pali Text Society, 1977), Vol. I, p. 21. 이후 DN으로 표기.

는 것을 의미한다.14)

 오온이 모두 고인 것은 그것들이 잠시도 그대로 머물러 있지 않으며 항시 변하는 무상(anicc, P.; anitya, Skt.)한 것이기 때문이며, 이 무상한 오온을 취하여 어느 것도 변하지 않는 영원한 자아라 부를 것이 없다(anātman 無我)고 한다.

 우파니샤드철학에서 말하는 아트만이라고 부르는 자아의 개념은 영원불변하고 무한한 희열이 되는 것이었다. 붓다는 이러한 개념을 알고 있었던 것처럼 보이나, 그의 인간관은 우파니샤드의 철인들과는 근본적으로 다른 것이었다. 즉, 오온의 어느 것도 그러한 영원한 기쁨이 되는 것은 없으며 인간에게는 오온의 화합 이외에 따로, 혹은 그 오온을 소유하는 어떤 불변의 자아가 있다고는 볼 수 없다는 것이다. 인간이란 단지 항상 변하고 있는 제법(諸法)15)들의 묶음 자체로서 오로지 현상적인 존재일 뿐이라는 것이다. 비단 인간의 존재뿐만 아니라 세계에 존재하는 모든 사물은 法(dharma)이라고 부르는 더 이상 환원될 수 없는 무수한 존재 요소들의 결합으로서, 이 법들은 끊임없이 생멸을 계속하고 있으며 그 어느 것도 상주불변하는 것이 없다는 것이다. 다시 말하면 실재라는 것은 순간순간 사라져 버리는 법들뿐이며, 인간과 세계란 이런 법들로 구성된 현상들로서 그 배후에 어떤 불변하는 실체나 본질이 없다는 하나의 현상주의적인 세계관을 붓다는 가르친 것이다. 제법은 고, 무상, 무아의 세 가지 법인(法印: dharmalakṣana)의 성격을 지녔기 때문이다.16)

 무상설은 반드시 불교에만 있는 것은 아니다. 「우파니샤드」나 「바가바드기타」에도 언급되어 있다. 브라만의 지혜는 본질적으로 우리가 일상생활에서 지혜라 부른 것과는 다르다는 것을 인식하게 된다. 무명의 개념은 단순한 무명의 부정적인 관념에서 거짓된 지혜의 수동적인 관념으로 발전되어 간다.17)

---

13) *SN*, III, p. 87.
14) 木村泰賢, 「原始佛敎 思想論」 朴京俊 譯 (서울: 경서원, 1992) pp. 136-7.
15) 여러가지 법. 萬法과 같음. 우주에 있는 有形, 無形의 모든 사물. 諸有. 諸行.-「佛敎學 大辭典」, p. 1416.
16) 吉熙星, 「印度哲學史」 (서울 : 民族社, 1984), pp. 52-5.
17) Paul Deussen, *The Philosophy of Upanishads* (New York: Dover Publications. Inc., 1966), p. 74.

공허한 말, 단순한 이름, 어둠, 비실재처럼 사물에 대한 완전한 경험적인 지혜는「우파니샤드」에서 무명으로 기술되고 있다. 이런 용어는 아마 처음으로 『브리하다란야까 우파니샤드』(Bṛhad-āraṇyaka Upaniṣad) 4.4.3-4에서 언급되었을 것이다. 육신에서 자아가 죽음으로 빠져나갔을 때, "무명을 버렸다(dispelled ignorance)"고 한다. 참된 지혜는 오직 브라만이다. "슈베따슈바따라" 우파니샤드(Śvetāśvatra Upaniṣad) 5.1에서 "무명은 쏜살같은 것이며, 지혜는 영원한 것이다(Ignornace is the fleeting, knowledge is the eternal)"라고 언급되고 있다.

일체의 집착은 무상・고・변이의 법이다(all substrates are impermanent, ill, and subject to change and decay)[18]라고 하고, 또 모든 것에 대해 변화하고 변천한다는 생각을 관하라(無常觀)(. . . and do ye dwell observant of impermanence in all compounded things) . . . 모든 것에 대해 변화하고 변천한다는 생각을 관할 때 수많은 어리석음이 사라지고 깨달음의 지혜가 생긴다(In those who dwell observant of impermanence in all compounded things what is (deemed) ignorance is abandoned, what is (deemed) knowledge arises.)(III. 4. 6)고 붓다는 설하였다.

클로드경은 욕망에 사로잡혀 젊은 시절 결혼 전에 저질렀던 두 번의 업(karma: 행위)이 지금까지 그를 윤회의 바퀴에 매여 놓고 있다. 그는 아내 이리자버스가 여행에서 돌아오기 전에 업보의 소산인 콜비에 관하여 에거슨과의 대화에서 그에 대한 연민의 정이 얼마나 큰가를 우리는 살펴 볼 수 있다.

    그는 나 같아요, 형태가 다를 뿐
    똑같은 실패자. 오르간 연주자가 되는 것이
    그의 야심이었다는 것을 그는 결코 잊지 않을거요.
    그것은 흡사 내가 잊을 수 없는 것 같이. . . .

    He's like me, ... The same disappointment
    In a different form. He won't forget

---

18) *"Itivutaka," Khuddaka Nikāya* tr. F. L. Woodward (London: The Pali Text Society, 1985), III. 3. 8.

That his great ambition was to be an organist,
Just as I can't forget. . . .
	. . .
아주 좋은 피아노를 하나 사줄까.

I'm trying to find him a really good piano. (*CPP* 446)

　클로드경은 실업가가 되기 위해 도예가가 되는 꿈을 포기하였다. 그러나 결국 그 자신은 거짓(make-believe)의 세계에서 생활하고 있다는 것을 깨닫게 된다. 그 거짓 세계에서 자기가 만든 도자기와 수집한 도자기가 있는 방으로 들어가 현실 세계에서 도피한다. 그는 이런 작품들을 통하여 "그 작가와의 일체감 . . . — 인생을 아름답게 만드는 황홀한 고뇌"(that sense of identification / With the maker . . . —an agonising ecstasy / which makes life beautiful)(*CPP* 466)를 경험하는 "참 세상"(real world)으로 들어 갈 수 있다. 그는 자기 스스로 열과 성의를 다하여 예술을 실행하고 신의 목적의 도구로써 활동하는 힘이 부족하다. 그는 사업면에서도 자기 아버지만큼의 정열도 갖지 못하여 훌륭한 사업가가 되기는 어렵다고 생각한다. 그는 기만 위에 자기 인생을 세웠기 때문에 사생아인 아들 콜비를 사랑함으로 자신의 좌절을 극복하려고 한다. 그러나 그 노력도 역시 여의치 않는다. 콜비 역시 자신의 아버지인 클로드 경의 비서가 되기 위해서 위대한 오르간 연주자가 되는 꿈을 버렸기 때문이다. 가끔 콜비의 의붓누나 루카스타가 그 꿈을 일깨워 줄 때면, 자기 자신의 "내적 세계"(inner world)(*CPP* 472)인 "비밀 세계"(secret world)(473)로 움추려든다. 그러나 콜비는 잠시의 위안만으로는 마음의 평온을 찾을 수 없다.
　클로드경은 에거슨에게 노솔트공항에서 돌아오는 길에 자기 아내에게 콜비에 관한 예비 지식을 주고, 그녀가 좋아하는 "음악을 그[콜비]가 좋아한다고 그녀에게 말하는 것을 잊지 말아요"(don't forget / To let her know that he's very musical)(447)라고 부탁하고, 아내가 자기 자신이 콜비를 선택한 것처럼 믿게 하려고 노력한다. 그는 아내의 모성 본능까지 일으키게 하여 숨겨두었던 아들과 함께 생활하려고 모든 방법을 동원하고 있다. 그의 아내 역시 클로드경과 결혼하기 전에 낳아 잃어버린 아이에 대한 생각에 깊이 빠져 있기 때문에 "그런 분위기에서 아내는 질투할지도 몰라요"(In the circumstances, that might make her jealous)(449)라고 아들의 뺏김을 우려하고 있다. 그러나 그녀가 콜비가 고아이기 때문에 양자로 삼고 싶어 하지 않을까 생각 한다. ─ (she will want us to adopt him.)(449) 그러면서 에거슨의 도움을 청하는 것도 잊지 않는다. 에거슨은 만약 이리자버스가 콜비를 양자로 삼으려고 한다면 클로드경이 자신의 아들이란 사실을 알릴 것인지 그 여부를 묻는다. (Will you let her know, then, that Mr. Simpkins / Is actually your son?)(449)

루카스타는 클로드경이 윤회의 바퀴에 매어있는 두 번째의 업보다. 그녀의 존재는 클로드경의 집에서는 환영을 받지 못하는 것으로 보인다. 케이건은 그녀의 출현을 다음과 같이 전하고 있다.

> 언제나 그렇듯이 그녀는 파국에 들어선거지요.
> 루카스타가 돈 생각이 나서 온 모양이지요. 또다시 빈털털이가 됐나? 그래서 난 생각했어요. 콜비의 충격을 줄이기 위해선, 내가 그녀를 데리고 내가 한발 앞서서 이층에 올라오는 것이 좋을 겁니다.
>
> The ususal catastrophe.
> She's come to pry some cash from the money-box.
> Bankrupt again! So I thought I'd better bring her
> And come up stairs ahead, to ease the shock for Colby. (452)

루카스타는 또다시 실직하고 다시 돌아와 새로 부임하는 콜비와 만나 자신의 현 상황과 앞으로 자신을 돌보는 일까지 인계 맡도록 강요한다. 이런 점으로 보아 그녀는 단호한 성격의 소유자임을 알 수 있다. 그러나 에거슨은 콜비에게 루카스타의 성격이 좀 들떠 있으나 성품이 착하다고 변호해 준다.

> 콜비 씨, 내 충고를 받아드려요.
> 루카스타에게 가장 사소한 편의도 허용하지 마세요.
> 그렇지 않으면 그녀는 그것을 자기에게 유리하게 이용할거요.
> 그녀는 냉혹해요.

Take my advice, Colby.
Never allow Lucasta the slightest advantage
Or she'll exploit it. You have to be tough with her
She's hard as nails. (*CPP* 454)

에거슨은 루카스타가 이 가정에서 어떤 위치에 있는지를 모른 채 막연히 그녀의 아버지가 클로드 경의 친구일거라고 여기고 있으며, 클로드 경 자신도 자기가 마치 아버지인 것처럼 행세하며 지낸 것으로 알고 있다. 이들은 모두가 거짓의 세계 즉 마야에서 살고 있다. 콜비는 자기 스스로 내적, 외적 생활을 의미 있게 만들어 나아가야 한다는 것을 잘 알고 있다. 그는 자기의 이상세계와 분리된 현실 세계에서 충실한 생활과 정지점를 향하여 도달하려는 성실한 생활 사이에서 선택해야 만 한다. 콜비는 결국 어떤 생활도 선택 할 수는 없다. 그는 교회의 오르간 연주자로 일할 기회를 꿈꾸기 때문이다. 그러나 그는 성스러운 음악에서 정신적인 자산을 만들고 목사가 되려는 것은 원하지 않는다. 결국 클로드와 콜비는 "자아와 사물과 사람들에 대한"(to self and to things and to person)(*CPP* 195)집착의 혼란에 빠져 여전히 윤회의 바퀴에 매어 있다.

IV. 인간의 욕망과 집제(集諦)

붓다 자신도 살을 에고 뼈를 깎는 수행 끝에 그 고(苦)의 원인을 찾게 되었다. 그것은 곧 갈애와 무상, 무명이 가장 큰 요인이었다. 욕망(갈애)는 욕애(慾愛: *Kama-taṇhā*), 유애(有愛: *bhava-taṇhā*), 무유애(無有愛: *vibhava-taṇhā*)의 3종으로 나누어진다. 욕애는 감각적인 욕망 혹은 정욕을 말한다. 유애는 생존이 영원히 계속되기를 바라는 욕망이며, 무유애는 생존이 단절되기를 바라는 욕망이다. 행복을 구하는 것도 욕망의 일종이라면 갈애는 그것들과는 달리 욕망의 근저에 있는 '불만족성'을 말하는 것이다. 이것이 인간을 불행에 빠뜨리는 원인이다. 갈애를 또한 '무명(無明: *avidyā*)'이라고도 한다. 이 갈애, 무명을 근저로 하여 그 위에 갖가지 번뇌가 생기고, 이것이 마음을 더럽히고 있다. 따라서 집제란 갈애를 근저로 하는 갖가지 번뇌를 말하며, 이것이 고통의 원인이다. 붓다는 인간의 생존 자체가 고통이 되는 것은 마음의 깊은 곳에 갈애(taṇhā)가 있기 때문이라고 한다. 이것은 모든 욕망의 근저를 이루는 욕망이다. 갈애에서 고통으로 연결되는 과정을 연기법(Conditioned Genesis)이라는 사성제의 유명한 추론형식으로 서술되어 있다. 무명에서 시작하여 부패와 죽음으로 끝나는, 12개의 제약으로 이루어진 연기법은 이 세상에서 일어나는 모든 것을 포괄하고 있다.

> 여래는 한 원인을 일으키는 모든 법의 원인을 설하시고 또한 모든 법을 중단시키는 법의 원인을 설하셨다. 그것이 위대한 고행자의 가르침이다.
>
> The Tathāgata has expounded the cause of all those dharmas which spring from a cause, and also their cessation. That is the teaching of the Great Ascetic. (Conze 48)

붓다의 정각 내용이 이 연기법이다. 『상적유대경』(*Mahāhatthipadopama-sutta*)은 연기의 법을 싸리붓다의 입을 통하여 여러 비구들에게 다음과 같이 설한다. "붓다께서는 이렇게 말씀하셨읍니다. 만일 '연기를 보면 법을 보고, 법을 보면 연기를 본다.'(Whoever sees conditioned genesis sees *dhamma*, whoever sees *dhamma* sees conditioned genesis.)[19]" 연기라는 술어는 *paṭicca-samuppāda*의 한역(漢譯)으로서 그 의미는 연(緣)하고 있으면서 (*paṭicca*) 함께(*sam*) 나타남(*uppāda*)이다. '*paṭicca*'는 의지하다(fall back on)의 의미를 지닌 동사 '*pacceti*'의 동명사로서 '의지하고 있음'의 뜻이다. 따라서 이것은 차유고피유(此有故彼有), 차기고피기(此起故彼起)의 의미 가운데 此有故彼有의 의미를 표현한 것이라 할 수 있다. 왜냐하면 의지하고 있다는 것은 두 개 이상의 법(사물/현상)이 함께 있다는 의미인데 此有故彼有는 '이것이 있는 곳에 그것이 함께 있다'는 뜻이기 때문이다. 한편 '*samuppāda*'는

---

19) *MN*, Ⅰ. 191.

함께(together with)라는 의미의 접두사 'saṁ'과 나타남(appearance)을 뜻하는 중성명사 'uppāda'가 결합된 합성어로서 '함께 나타남'의 의미이다.20)

연기법에 의하면 모든 존재는 우연히 생겼거나 혼자서 존재하는 것이 아니고 어떤 원인이나 조건에 의해 생겨나거나 존재한다. 그러므로 그 원인이나 조건이 사라지거나 변하면, 존재도 사라지거나 변한다는 것이다.

경전의 여러 곳에서는 緣起의 원리를 구체적으로 설명하고 있다.

... 이것이 있으므로 저것이 있고   (此有故彼有)
이것이 생기므로 저것이 생긴다   (此起故彼起)

... 'this' being, 'that' becomes;
from the arising of this that arises.21)

라고 표현하고 있다. 이것으로 모든 존재가 상관관계에 의해서 존재하고 발생함을 나타내고 있다. 이것을 반대로 말한다면, 그 상관관계가 깨어질 때 모든 존재는 그 이상 존재할 수 없게 된다는 것을 같은 방법으로 설명하고 있다.

이것이 없으므로 저것이 없고   (此無故彼無)
이것이 사라지므로 저것이 사라진다.   (此滅故彼滅)

... this not being, that becomes not;
from the ceasing of this, that ceases.22)

위의 설명에서 '이것이 있으므로 저것이 있다'와 '이것이 없으므로 저것이 없다'는 것은 '존재함(有)'과 '존재하지 않음(無)'이라는 개념으로 모든 존재가 공간적으로 서로 관계가 있다는 것을 설명하고 있다. 그 반면 그 다음 구절인 '이것이 생기므로 저것이 생긴다'와 '이것이 사라지므로 저것이 사라진다'에서는 생김(起)과 사라짐(滅)의 개념으로 존재의 시간적인 관계를 설명하고

---

20) 이중표, 『아함의 중도체계』 (서울: 불광출판부, 1992), pp. 188-89.
21) *SN*, XII, 3. 21.
22) *Ibid*.

있다. 모든 존재는 공간적으로 그리고 시간적으로 상호관계를 가지고 발생하고 소멸한다는 것을 설명한 것이다.

이 시극에서는 어느 등장인물도 순교자나 성인이 아니다. 또한 어느 누구도 예술적인 천재도 아니다. 다른 사람들과 구별되는 것 같은 콜비 조차도 단지 평범한 지능의 소유자 일 뿐이다. 그렇다고 특별한 처방으로 치료해야 할 사람은 없다. 등장인물들은 모두 자기 나름대로 자신의 진단 방법을 지니고 있으며 그 처방까지도 스스로 지니고 있는 그야말로 평범한 보통사람들이다. 그러나 결국은 그들 중 콜비가 그래도 가장 깊은 통찰력을 갖게 되지만 나머지의 통찰력은 자기 지식의 한계를 벗어나지 못한다. 콜비 자신의 교육은 자기 아버지 클로드와의 진지한 처음의 대화에서 시작된다. 클로드경이 아내 이리자버스가 "항상 거짓의 세계에서 살고 있다"(has always lived in a world of make-believe)(*CPP* 462) 고 말하자, 이를 받아 콜비가 그 주장에 의문을 제기할 때, 더욱 심오한 경지에 도달하게 된다.

> 그것은 정직한 짓이 아니라고 생각돼요.
> 우리가 모두 허위의 세계에 살아야만 한다면,
> 그것이 우리에게 좋은 일이겠는가?
>
> It doesn't seem quite honest.
> If we all have to live in a world of make-believe,
> Is that good for us? (*CPP* 462)

클로드경은 콜비에게 자기는 도예가가 되려는 젊은 시절의 꿈을 단념했고, 점차 실업가로 그의 인생을 바꿔 보상 심리로 살아가게 되었다고 밝힌다.

> 나는 내 능력을 인정할 때까지
> 이 일을 싫어했어. 이런 생활이 나를 바꾸었지. 자네가
> 이런 생활 속에서 달라지는 것과 마찬가지로.
> 삶은 일종의 가면극으로 시작하고, 가면이
> 삶을 리얼하게 만드는 법이야.

>   I loathed this occupation
>   Until I began to feel my power in it.
>   The life changed me, as it is changing you:
>   It begins as a kind of make-believe
>   And the make-believing makes it real. (CPP 464)

자기의 생활은 "가면극"에서 시작하여 그 속에서 생활하지만, 그에게 있어 아름다운 도자기를 만들어 낸다는 것은 결코 다른 삶이 생각하는 것처럼 어떤 실용적 목적이나, 하나의 장식품을 만들어 내는 것이 아니다. 다시 말하면 도자기는 생활의 배경으로서 장식물이 아니고 자기에게 있어서는 그것 자체가 생활이오, 그것이 도피라고 한다면 진실한 생(生)에로의 도피요, 불순한 세계에서 순수한 세계로의 도피라고 말하고 있다.

>   그런 것들 속에서 존재한다는 것은,
>   그것이 하나의 도피라면, 생활 속으로 도피해 들어가는 것이지.
>   즉 추잡한 세계로부터 순수한 세계로의 도피이지.
>   . . . .
>   내가 원하는 것은 형상이 곧 실체인 세계,
>   그 세계의 내용은 다만 그림자에 부과한 세계야.

>   To be among such things,
>   If it is an escape, is escape into living,
>   Escape from a sordid world to a pure one.
>   . . . .
>   I want a world where the form is the reality,
>   Of which the substantial is only a shadow. (CPP 464)

클로드경이 원하는 것은 어떤 모형이 존재하고 물질적인 것이 그림자에 지나지 않는 세계이며, 그에게 예술은 정신적인 실체로 들어가는 문이 되고 있다. 그러나 그는 "가족의 압력"(family pressure)(CPP 464) 때문에 이러한 실재의 추구를 외면하고 아버지의 사업을 계승하게 되었다. 클로드경이 때때로 도피하는 "순수한" 예술세계는 "더러운" 사업계만큼 거짓세계란 것은 분명하

다. 그는 "두 세계 – 그 어느 쪽 세계나 모두가 거짓의 세계"(two-world – each a kind of make-believe)(466)에서 살고 있다. 그의 아내 이리자버스처럼 클로드경도 환영(幻影)에 갇혀, "망상"(delusions)(462)의 희생물이 되어 있다. 콜비는 그의 아버지를 보면서 똑같은 감정에 빠지게 된다. 그 역시 자기의 예술적인 이상을 버렸기 때문이다. 그러나 그는 "가면이 생활을 리얼하게 만든다"는 희망 속에서 아버지가 숙명적인 인생의 조건을 받아들인데 대하여 상당히 거부적인 반응을 나타낸다. 그는 전적으로 리얼하지 못한 것에 대하여 만족하질 못한다. 그 역시 자기의 피난처인 내적인 세계의 "비밀 정원"(secret garden)을 가지고 있다. 그러나 콜비는 의붓누이인 루카스타가

> 당신이 잃은 것은 바깥 세계 뿐이지요.
> 아직도 내부 세계는 가지고 있고, 그 세계가 더 리얼하지요.
>
> . . . it's only the outer world that you've lost;
> You've still got your inner world – a world that's more real (472)

라고 말한 것을 받아들일 수 없다. 콜비는 죠수아 파크(Joshua Park)처럼 글자 그대로의 정원인 리얼한 정원을 갖고 싶어 한다. 그곳에서 그의 전임자인 에거슨은 창조적인 기쁨을 얻을 뿐만 아니라 자기의 아내를 위하여 "호박이랑, 근대랑, 완두콩"(marrows, or beetroot, or peas)(473)을 얻고 있다. 콜비처럼 그런 감각을 지닌 사람은 이상적이고 정신적인 것을 실체적인 것과 통합하지 못할 때는 그 실체를 받아들일 수 없다. 그는 외부세계와 자신의 비밀정원은 실체가 없다는 것을 잘 알고 있다.

> . . . 내 정원이 내 바깥 세계나 마찬가지로
> 리얼하지 않다는 것입니다. 우리가 서로
> 아무런 연관도 없는 두 생활을 산다면 –
> 그렇다면 두 세계가 모두 리얼하지 않는 것이지요.
>
> . . . my garden's no less unreal to me
> Than the world outside it. If you have two lives

> Which have nothing whatever to do with each other—
> Well, they're both unreal. (*CPP* 473-4)

게다가 그는 자기 정원에서 혼자일 뿐이다. 그래서 콜비는 신이 그곳에서 산책하기를 바라고 있다. 그 이유는 "그것이 나의 바깥 세계를 리얼하게 만들기 때문이다"(that would make the world outside it real)(*CPP* 474)이라고 생각하기 때문이다. 정원과 외부세계를 현실적으로 만들 수 있는 단 하나의 방법은 다른 사람이 서로 사랑을 나누는 그 정원으로 들어온다면, 그는 그것이 가능하다는 것을 암시하고 있다. 사랑만이 내부 세계와 외부 세계의 간격을 연결시킬 수 있는 역할을 할 수 있다는 것이다. 부모와 자식 간의 사랑 혹은 남녀 간의 사랑과 같은 일상적인 생활 속의 사랑이 다른 세계로 번져 나갈 수도 있고, 반대로 그 사랑은 다른 세계인 창조적 세계에서 생겨나 일상생활로 뻗어 나갈 수도 있는 것이다. 사랑의 유대 없이는 인생도 결실이 있을 수 없으며, 세계는 진실로 실재적인 것이 될 수 없다. 그러나 콜비는 자기의 정원과 외부 세계는 신의 존재만 있으면 실재적이 것이 된다고 보고 있다. 그는 자아가 밀폐된 원, 즉 사적인 거짓 세계에서 떨어져나가 환영(幻影)에서 자유롭게 되기를 갈망하고 있다. 그러나 그것은 쉽게 실현될 수 없는 것이다. 그것을 향해 가는 것은 루카스타를 잃는 데서 오는 고통과 그의 정원이 루카스타와 같은 사랑하는 사람의 영혼의 존재 때문에 현실적인 것이 되리라는 희망을 잃은 데서 오는 고통을 맛보고 있는 것이다. 게다가 그는 자기의 부모의 사랑과 다른 세계의 사랑을 모두 잃게 되는 것이다. 이런 환영의 세계인 무명(無明)에서 헤어나지 못하고 있는 콜비가 문제를 해결할 수 있는 방법을 이리자버스 부인이 넌지시 제시해 주고 있다.

> 　　　　물론 우리 안에는 무엇인가가 있어요.
> 그것은 단순한 유전 같은 것이 아니라.
> 어떤 독특한 것이지요. 우리가
> 영원으로부터 . . . 직접 신으로부터 받은 그 무엇 말입니다.
> 그러니까 우리는 어느 누구에게 보다도 신에게 더 가깝다는 거요.
> ─그래, 어렸을 때 어디에 살았어요?

>   Of course, there's something in us,
>   In all of us, which isn't just heredity,
>   But something unique. Something we have been
>   From eternity. Something . . . straight from God.
>   That means that we are nearer to God than to anyone.
>   —Where did you live, as a child? (*CPP* 485)

인간에게는 독특한 무엇이 있기 때문에 영원성이 있고 그러기 때문에 인간이 신에 가장 가까운 존재라는 것이다. 부인은 어렸을 때 어디서 살았는가를 물어 가상의 세계에서 벗어나 진정한 아버지를 찾게 함으로써 콜비를 고해(苦海)의 바다에서 벗어나도록 계기를 만들어 준다.

V. 에거슨의 정원과 적정(寂靜)

붓다가 설한 세 번째 진리는 고(苦)가 멸한 상태(*niroda*)가 있다는 진리이다. 즉, 열반(*nirvāṇa*)이 가능하다는 것이다. 불교에 있어서의 이상의 경지는 보통 니르바나라는 말로 표현되고 있는데 니르바나라고 하는 것은 당시의 여러 종교의 수행자가 사용한 특수한 용어였고, 이상의 경지(최고의 목적)는 보다 접근하기 쉬운 평이한 말로 표현하고 있다. 그것은 안온(安穩)이라 했는데, '온화하다'라는 의미이다. 그것은 베다(*Veda*)종교가 지향하는 경지였는데 여기서는 베다의 성전에 있는 말을 살리고 있다. 그것은 니르바나와 같은 뜻으로 생각하고 있었음이 확실하다. 또한 그것은 행복, 질서, 편안함, 불사, 불사의 경지, 더러움 없는 법 등으로 불리기도 했다. 이러한 말들은 불교 이전의 베다성전에서 바람직한 경지로서의 목표로 삼았던 것이었는데, 원시불교는 이것들을 그대로 계승하는 데 지나지 않았다.

니르바나에는 "동요를 가라앉히다, 조용하게 안정시키다"라는 의미도 있지만, 보통 불전에서는 이 말의 어근이 *nir* + *v* 또는 *nir* + *vā*로 분해하여 전자가 "바람이 불다," 후자가 "불이 꺼지다"라는 뜻으로 *nirvāṇa*를 "(화염, 즉 번뇌가) 완전히 꺼진 상태"로 해석한다. 그곳에는 이미 안이나 밖이나, 또는 소란이나 고뇌나 동요나 불안도 모두 사라져 버려, 따라서 평안 그것이므로 위의 두 말을 합쳐 "열반(涅槃)·적정(寂靜)"이라고도 한다. 적정의 팔리어인 Santi는 산스크리트(Sanskrit)어로 Sānti인데 이 말은 지금도 그대로 사용되고 있으며, sānti는 현세에 있어서 가장 긴요한 "평화"를 나타내는 힌두어이다.(中村元 146)

불교는 항상 니르바나의 상태는 말로 설명할 수 없지만 그것을 실재라고 주장한다(Murti 271). "생겨난 것이 아닌 것, 이루어진 것이 아닌 것, 만들어진 것이 아닌 것, 합성된 것이 아닌 것이 있다.... 생겨난 것이 아닌 것이 없다면, 이 합성된 사물들의 세상에서 피하는 것은 불가능하다.... there is the not-born, the not-become, the not-created, the not-compounded. . . . if there were not this not-born etc. . . . there could be no escape from this world of compounded things"(Udāna, Ⅷ, 3). 그곳은 흙도 없고 물도 없고, 불도 없고, 바람도 없다. 그곳은 허공으로 가득찬 곳(the sphere of infinite space: 空無邊處)도 아니고, 식별이 가득 찬 곳(the sphere of infinite consciousness: 識無邊處)도 아니며, 어떤 것도 아닌 곳(the sphere of nothing; 無所有處)도 아니고, 상(相)이 아닌 것도 아닌 곳(neither the sphere of nothing nor of neither-consciousness-nor-unconsciousness: 非想非非想處)도 아니다. 오는 것도, 가는 것도 머무르는 것도, 발생도, 섬멸도 없는, 다름 아닌 괴로움[苦]의 끝이다"(Udāna, Ⅷ, 1.)라고 붓다는 설하고 있다.

무르티(Murti)는 니르바나를 다음 3가지로 나누고 있다. 즉 유여의열반(有餘依涅槃)과 무여의열반(無餘依 涅槃), 무주처열반(無住處涅槃)이다. 유여의열반(Upadhiśeṣa Nirvāṇa)은 무명과 탐욕이 완전히 소멸해 버리긴 했지만 아직 몸과 마음이 기능을 하는 상태를 말한다. 이 때 물론 그 몸과 마음은 탐욕을 떠나 있다. 이 경지는 베단타(Vedānta)와 상캬(Sāṅkhya)의 유신해탈(有身解脫: jīvanmukti)에 해당된다. 깨달음을 얻은 이후의 붓다가 그 대표적인 예이다. 무여의열반(Nirupadhiśeṣa Nirvāṇa)은 경험적인 존재를 구성하는 오온(五蘊)까지도 멸한 최후의 해방의 상태이다. 대승불교도는 하나를 더하였다. 즉, 무주처열반 (Apratiṣṭhita Nirvāṇa)은 최후의 해방을 얻을 자격을 충분히 갖추었으나, 최후의 해방(Final Release)으로 물러나는 것을 피하고 또 자신의 자유로운 선택에 의하여 모든 인간에게 봉사하는 데 전념하는 보살(bodhisattva)의 상태이다.(Murti 272)

열반은 영원이며 신(神)이고, 실재이자 붓다 자신이며 공(空)이다. 엘리엇이 말하고 있는 정지점(the still point)도 역시 영원이고 신이자 실재이다(Murti 280-4). "번트 노튼"(Burnt Norton)의 정지점은 공(Śunyatā)이라고 볼 수 있다. 『중론』에 나타난 용수의 사상은 경전에서 붓다자신이 인간존재에 대한 자기의 견해를 중도적인 것으로 규정했던 것을 그 기본적 입장을 더욱 확대하여 세계 전체에 대한 존재론적 규정을 하고 있다. 세계의 모든 법은 스스로 존재하는 자성(自性)이 없기 때문에 공한 것이다. 그러나 공은 결코 무가 아니며, 다만 자성이 없이 조건적으로 생기하고 있는 현상세계의 실상을 있는 그대로 표현하는 것일 뿐이다. 따라서 공이란 비유(非有), 비무(非無)이며 중도(中道)인 것이다. 공은 연기의 진리에 근거한 것이다. 용수는 연기설의 참 철학적 의미는 어떤 법도 연기의 지배를 받는 조건적이며, 상대적인 것이기 때문에 독자적으로 존재하는 자성을 결여하고 있는 무자성(無自性), 따라서 공이라는 것이다. 그러나 제법(諸法)의 실상이 공임을 알면, 그 제법이 아무것도 아닌 무인 것이 아니라 공한 그대로, 즉 있는 모습 그대로 여러 이름을 가지고 존재하는 것이다. 용수에 의하면 우리는 사물을 볼 때, 높고 낮은 두가지 관점에서 볼 수 있다고 한다. 그리고 이 두 가지 관점에 따라서 진제(眞諦: paramārtha-sayta)와 속제(俗諦: saṃvṛtti-satya)가 성립된다는 것이다. 진제란 사물을 있는 그대로 반야(般若; prajñā; 智慧)의 눈으로 보는 것으로서 언어를 초월한 공(空)의 진리를 말하는 것이며, 속제란 세상 사람들의 상식적인 눈으로 보는 세계로서 진리가 가려진 모습을 말한다. 용수는 일상적인 진리가 존재하는 것을 부정하지 않는다. 오히려 공의 입장에서 보면 모든 언어의 사용과 철학적 사유는 다름 아닌 속제의 단계에서 이루어지는 것이다. 속제를 떠나서는 진제를 깨달을 수 없다고 용수는 말하고 있다. 진제인 공의 세계는 모든 차별과 대립이 사라져 버린 不二의(advaya) 세계로서 유와 무, 생사와 열반, 미와 오, 중생과 불타, 그리고 속제와 진제의 구별조차 부정되며 공마저도 공인 일체무소득(一切無所得; *anupalabdhi*)의 세계이다.(吉熙星 144-46) 이러한 세계는 에거슨이 가꾸며 즐거운 시간을 보내는 정원이다. 또한 엘리엇이 말하는 "the still point"이며, 이는 육체와 영혼, 과거와 미래, 상과 하 등의 상반되는 분별상들을 통일하는("Burnt Norton" Ⅱ. ll. 62-82) 초월적인 신의 거처인 장미의 핵심에 있는 원의 중심이다. 이것은 또한 유무의 분별을 떠난 [離有無] 불교의 삼매경인 연화의 핵심이기도 하다.(李明燮 27)

콜비는 자유롭게 사실 속에서 사실을 식별해 낼 수 있고 죽은 사실(dead facts)과 살아있는 사실(living facts)을 구별해 내고, 그가 정상적인 가족관계에서 벗어나 자란 어린 시절 때문에 클로드경과 이리저버스의 친권의 주장과 토론에 단순한 무관심을 나타낼 수 있다. 그는 죽은 사실에서는 생명이 나오지 않는다는 것을 잘 알고 있기 때문이다.

>   . . . 죽은 사실에서는
> 아무 것도 살아 있는 것이 생겨나지 않습니다.
>
>   . . . out of the dead facts
> Nothing living can spring. (*CPP* 490)

이 극의 제 3 막에서 가저드 부인에 의해 콜비의 출생의 비밀이 밝혀진다. 그의 아버지는 어떤 실의의 음악가였다는 사실이 밝혀지고, 그는 자기의 갈 길은 출세의 길이 아니라 클로드경이 그의 아버지의 뒤를 계승한 것처럼 그도 그의 아버지의 길을 따르겠다고 결심한다.

> 선생님이 내 아버지라고 생각하고 있을 때엔
> 같은 야심을 갖는 것이 좋았고,
> 그 야심의 좌절을 받아들이는 데에도 같은 기분 이였어요.
> 선생님에게도 아버지가 계셨지요, 하나의 모범으로서.
> 선생님은 자신이 물려받는 것을 아셨습니다. 이제 나도 물려받은 것을 알고 있어요.

As long as I believed that you were my father
I was content to have had the same ambitions
And in the same way to accept their failure.
You had your father before you, as a model;
You knew your inheritance. Now I know mine. (*CPP* 516-7)

콜비가 자기 아버지가 되고 싶었던 그런 인간이 되고, 아버지가 하고 싶었던 그런 일에 종사하여, 아버지의 생애와 사업을 자기가 계승하고 따르겠다는 것을 클로드 경에게 밝힌다. 클로드경은 다음과 같이 그의 아버지를 이해하지 못한 죄를 속죄하기 위해 그의 평생을 보냈다고 말하고 있다.

. . . 나는 평생 동안
속죄를 해 오고 있는 것이야, 돌아가신 분에 대해서.
그분은 언제나 옳았어. 나는 아버지를 한 번도 이해 못했어.
나이가 어렸기 때문이지. 내가 그분을 이해할 수 있을 만큼
나이가 들었을 때엔 그분은 이미 이 세상에 계시지 않는구나.

. . . And all my life
I have been atoning. To a dead father,
who had always been right. I never understood him.
I was too young. And when I was mature enough
To understand him, he was not there. (*CPP* 465)

『가족의 재회』와 『칵테일 파티』에서는 주인공이 세속적인 생활을 택하느냐 종교적인 생활을 택하느냐가 문제가 되고 있다. 그러나 『비서』에서는 주인공은 세속적인 생활 속에서 자기의 길을 선택하고 있다는 점에서 인물 창조와 그 바탕이 보다 세속화되고 있다고 볼 수 있다. 콜비는 그의 진실한 천직(vocation)이 무엇인가를 발견하고 있는 것뿐이고 정확한 방향에 대한 의식은 해리(Harry)와 실리어(Celia)처럼 명확하지 않다. 콜비가 오르간 연주자가 될 것을 결심했을 때 그의 선택이 무엇을 의미하는가를 아는 것은 형안을 가진 에거슨 뿐이다.

당신은 오르가니스트로 일생을 보낸다고는 생각하지 않습니다.
다른 직업을 구하실 것으로 생각하는데요.
. . . .
심프킨즈 씨, 당신은 성직을 위해서 공부해 볼 생각을 하실 것 같은데요.
그리고 자기의 음악을 갖게 되지요. 심프킨즈 씨, 어떻습니까.
요슈아 파크에 가게 되면 교회의 성직자나 또는 고위 성직자가 되는
징검다리가 될 것입니다.

I don't see you spending a lifetime as an organist.
I think you'll come to find you've another vocation.
. . . . .
Mr. Simpkins! You'll be thinking of reading for orders.
And you'll still have your music. Why, Mr. Simpkins,
Joshua Park may be only a stepping-stone
To a precentorship! And a canonry! (*CPP* 518)

결국 콜비는 장차 교회에 봉사하는 어떤 직업을 얻게 되면 더 낫고 보람된 일로 나아가기 위한 방편(*upāna*)이 될 것이다. 그러나 그런 것은 여기서 암시되고 있을 뿐 해리와 실리어가 선택한 성자의 길은 아니다.

에거슨은 중개인이며, 엘리엇이 말하는 촉매(catalyst)의 역할을 하는 인간이다. 그는 자기 자신이 정원을 가꾸고 자기 자신과 주변의 인간들에게 평안을 유지해 주는 인간이다. 그의 뜨거운 온정 속에 모든 것이 용해되고 있다. 그는 다른 사람들을 고통의 바다에서 건져낼 수 있기를 바라고 있다. 그는 다른 사람들의 행복은 다름 아닌 자기 자신의 행복이라고 생각한다. 이런 마음을 가지고 있는 에거슨은 보살(*Bodhisattva*)이다. 보살은 자신만을 해방시키는 사람이 아니라 다른 사람들 속에 잠재된 깨달음의 씨앗(불심)을 집어내고 기르는 수단을 고안해내는 데 능숙한 사람이다.(Conze 128) 그는 남들의 이익을 위해 희생하지 못할 일이 아무 것도 없으며, (보살은) 모든 중생을 위해 현재와 미래의 자신의 삶을 거리낌 없이 바치는 것이다.(Murti 264) 이 극에서 모든 사람이 어려운 상황에 빠졌을 때 항상 에거슨을 찾고 있다. 루카스타조차 에거슨을 보고 "오, 에기, 당신이 여기 계시니 기뻐요! 당신은 대단한 지지자지요."(Oh, I'm glad you're here, Eggy! You're such a support)(*CPP* 499)라고

말하고 있다.

가자드 부인도 에거슨처럼 이해심도 많고, 갈등을 해소시키는 '계략의 여신'(the *dea ex machina*)이며, "다른 사람들의 행복을 위해서 다른 사람들을 고통의 바다에서 건져낼 수 있기를 바라는 보살"(Conze 126)이라고 볼 수 있다. 그녀는 모든 사람의 소원을 충족시켜 주는 신비로운 기능을 가지고 있다. 그녀는 다음과 같이 말하고 있다.

> 나는 여러분 모두의 소원을 만족시켜 드리려고 생각해요.
>
> I should like to gratify everyone's wishes.
> - - - -
> 우리 모두는 이루어진 소원에
> 복종해야 해요. 그것은 처음에 고통스러운 일이지요.
>
> We all of us have to adapt ourselves
> To the wish that is granted. That can be a painful process. (*CPP* 512)

우리는 그 허락된 소원에 스스로를 적응시켜 그 소원과 타협해야 한다는 것이다. 또 그녀는 클로드 경이 인생이 부여한 조건을 받아들여야 한다고 말하는 참된 뜻을 깨닫지 못하자 가자드 부인은 이를 지적하고 있다.

> 클로드 경, 당신과 나는
> 같은 소원을 25년 전에 품었어요.
> 그런데 그 소원을 세웠을 때엔,
> 계약상 시한부 조항이 있다는 것을 보지 못했어요.
>
> You and I, Sir Claude,
> Had our wishes twenty-five years ago;
> But we failed to observe, when we had our wishes,
> That there was a time-limit clause in the contract. (*CPP* 518-9)

클로드 경은 이 극이 끝날 때에도 명확하게 이해를 하지 못하고 당황해 하고 있다. 그는 타인에 대한 이해의 중요성과 인간은 타인에 대해 항상 무식하다는 것을 알면서도 그의 현실 생활에서는 타인을 이해하지 못하고 있다는 것은 매우 반어적이다. 그 예는 클로드 경 자신과 콜비와의 관계이다. 그는 사실 콜비를 전혀 이해하지 못했을 뿐만 아니라, 그의 아버지에 대해서도 이해를 못하고 있다는 것을 알게 된 것이다. 이러한 인식 때문에 그는 오랫 동안 소원했던 아내와 상호 이해 할 수 있게 된 것이다. 아내에게 젊었을 때 도공이 되려고 했다는 야심을 고백할 수 있었고, 아내는 시인이나 음악을 하는 예술가를 좋아했고, 남편의 오랜 한을 이해하고 따르려는 마음의 소유자란 것도 알게 된다. 그로 인하여 부부상호간의 마음의 장벽을 해소시킬 수 있었다. 경험을 통해 배운 교훈은 결혼한 사람들이 모든 것은 당연한 것으로 생각하는 것이 큰 잘못이란 사실을 확인 하였다.

이 극은 클로드 경이 에거슨에게 가자드 부인의 이야기를 확인하고, 자기 아들의 죽음과 콜비의 탄생을 확인하였다는 고개짓에 막을 내리고 있다. 『비서』의 끝은 『가족의 재회』와 매우 흡사하다. 그 극에서 에이미(Amy)의 죽음은 그녀의 아들이 성스러운 대지를 타락시키는 것을 상징하고 있다. 클로드 경이 큰소리로 루카스타와 에거슨를 불러내는 것과 똑같이 에이미는 자기의 죽음에 아가사(Agatha)와 메어리(Mary)에게 마지막 도움을 큰소리로 청한다. 이 두 경우에 그들은 아들을 물질세계에서는 잃었지만, 정신세계에서는 얻었다. 양쪽 경우에, 『가족의 재회』에서 생일 케익의 둘레를 에워쌈으로써, 그리고 『비서』에서 에거슨의 마지막 확인의 고개짓에 의해, 그의 주인공은 망상과 욕망에서 벗어나 "이해를 초월한 평화"(Shantih)(CPP 80), 즉 적정의 경지에 이르는 길을 따른다.

VI. 결론

『비서』에서 불교의 근본사상이 어떻게 융화되었는가를 살펴보았다. T. S. 엘리엇은 이미 주지한 바와 같이 기독교의 집안에서 태어나 기독교적인 교육을 받고 자랐다는 것은 잘 알려진 사실이다. 그러나 그는 어린 시절부터 동양

사상 특히 인도의 철학에 지대한 관심을 갖고 연구에 많은 시간과 노력을 기울인 철학시인이자 종교 시인이다. 이 극시에서는 『칵테일 파티』와 같이 특별히 불교의 어느 경전이나 용어를 사용한 뚜렷한 흔적은 없다. . 그러나 그는 자신의 문학 세계에 기독교의 사상의 바탕 위에 불교의 근본사상을 융합시켜 앞서 발표한 『칵테일 파티』와 더불어 훌륭한 또하나의 시극을 발표하였다. "우리는 존재하는 모든 생명체가 우리와 함께 깨달음을 얻도록 이끌어야 한다. 모든 중생은 우리의 가족만큼이나 우리에게 가까우므로 우리는 그들을 운명에 내맡긴 채 버려두어서는 안 된다"(Conze 127-8)는 보살의 정신을 가지고 있는 에거슨과 에거슨과 같은 이해심과 계략의 여신(dea ex machina)인 가자드 부인이 클로드 경과 이리자버스와의 갈등, 클로드 경과 콜비의 오해, 클로드경과 루카스타의 지루한 신경전 등, 이러한 번뇌의 바다에서 구출해 준다. 우리의 축적된 업(karma)은 좋든 나쁘든, 그 결과를 포기하고, 체념의 정신에서 행동하는 것을 선택하면, 우리의 업의 나쁜 결과뿐만 아니라 좋은 결과에서 벗어 날 것이고 적정(nirvāṇa)를 얻을 것이다. 적정은 무감각보다 초월을 통하여 더 얻어진다. 역시 집착의 굴레를 벗는 자유는 사랑의 종말을 의미하지 않는다. 대신 그 자유는 인간의 보편적인 사랑, 즉 자비(karuṇā)가 육체적인 욕망을 능가하게 만들 수 있다.

소올 벨로우(Saul Bellow)는 이 시극에 대하여 "나는 영혼의 어두운 밤에서 빠져나온 사람에게 무슨 길들이 열려 있다는 것을 배울 것을 기대했었다. 나는 혼자 실망 하였다"(Clarke ed 420)라고 평하였다. 그러나 엘리엇은 자신의 문학세계에서 불교사상의 뿌리를 바탕으로 현대인이 처한 문화적인 위기의식을 진단하고 치료하려 했음을 독자들은 알 수 있다. 엘리엇의 문학세계에 더 가까이 다가가기 위해서는 기독교 사상뿐만 아니라 동양 사상, 특히 불교 사상에도 더 많은 연구가 있어야 할 것이다.

주요어 (Key Words): T. S. 엘리엇(T. S. Eliot), 『비서』(The Confidential Clerk), 『이신을 좇아서』(After Strange Gods), 제임스 우즈(James Woods), 삼매 (samādhi), 윤회(samsara), 우파니샤드(Upaniṣad), 녹야원(Sārnāth), 초전법륜(Dhammacakkappavattana)

인용문헌

吉熙星. 『印度哲學史』. 서울: 民族社, 1984.
木村泰賢. 『原始佛敎 思想論』. 박경준 역. 서울: 경서원. 1992.
_____. 『佛敎學大辭典』. 서울: 홍법원, 1988.
李明燮. "T. S. Eliot의 The Still Point와 曼茶羅," 『誠心女子大學論文集』 第 8 輯(1977).
이중표. 『아함의 중도체계』. 서울: 불광출판사, 1992.
中村元, 三枝充悳. 『바웃드하 佛敎』. 혜원 譯. 서울: 김영사, 1990.
Clarke, Graham, ed. *T. S. Eliot: Critical Assessments*. London: Christopher Helm, 1990.
Conze, Edward, ed. *Buddhism: Its Essence and Development*. New York: Harper Torchbook, 1959.
Crawford, Robert. *The Savage and the City in the Work of T. S. Eliot*. Oxford: Clarendon Press, 1987.
Davids, T. W. Rhys, trans. *Dīgha Nikāya*. Vol 1. London: The Pali Text Society, 1977.
Deussen, Paul. *The Philosophy of Upanishads*. New York: Dover Publications Inc., 1966.
Dwivedi, Amar Nath. *Indian Thought and Tradition in T. S. Eliot's Poetry*. Bareilly: Prakash Book Depot, 1977.
Eliade, Mircea, ed. *The Encyclopedia of Religion*. Vols. I-X. New York: Macmillan, 1987.
Eliot, T. S. *After Strange Gods: A Primer of Modern Heresy*. London: Faber and Faber Ltd, 1934. [*ASG*로 표기]
_____. *The Complete Poems and Plays*. London: Faber and Faber, 1969. [*CPP*로 표기]
_____. "Introduction" to *Savonarola: A Dramatic Poem* by Charlotte C. Eliot.

London: R. Cobden-Sanderson, 1926. pp. vii-xii.

_____. "Introduction" to *The Wheel of Fire* by G. Wilson Knight. London: Methuen, 1930. pp. xi-xix.

_____. *Notes Towards the Definition of Culture*. London: Faber and Faber, 1948. [*NTDC*로 표기]]

_____. *Selected Essays*. London: Faber and Faber, 1969. [*SE*로 표기]]

_____. *The Use of Poetry and the Use of Criticism*. London: Faber and Faber, 1975. [*UPUC*로 표기]]

Gardner, Helen. *The Composition of Four Quartets*. London: Faber and Faber, 1978.

Ghosh, Damayanti. *Indian Thought in T. S. Eliot*. Calcutta: Sanskrit Pustak Bhandar, 1978.

Grant, Michael, ed. *T. S. Eliot: The Critical Haritage*. Vol. II. London, Boston, Melbourne and Henley, 1982.

Hinchliffe, Arnold P., ed. *T. S. Eliot: Plays*. Hampshire and London: The Macmillan Press LTD., 1985.

Horner, I. B., trans. *Majjhima Nikāya*. Vol. 1. London: The Pali Text Society, 1976.

Kearns, Cleo McNelly. *T. S. Eliot and Indic Tradition: A Study in Poetry and Belief*. Cambridge: Cambridge University Press, 1987.

Mascaro, Juan, trans. *The Bhagavad Gita*. Harmondsworth: Penguin, 1962. Tr. *The Dhammapada*. Harmondsworth: Penguin, 1973.

Murti, T. R. V. *The Central Philosophy of Buddhism*. London: George Allen and Unwin Ltd., 1970.

Radhakrishnan, S. *The Principal Upanishads*. London: George Allen & Unwin Ltd., 1968.

Olney, Hames, ed. *T. S. Eliot: Essays from the Southern Review*. Oxford: Clarendon Press, 1988.

Smidt, Kristian. *Poetry and Belief in the Work of T. S. Eliot*. London: Routledge and Kegan Paul, 1949.

Spender, Stephen. "Remembering Eliot." *The Sewanee Review*, LXXIV, 1 (Winter 1966): 60.

Sri, P. S. *T. S. Eliot, Vedanta and Buddhism*. Vancouver: University of British Columbia, 1985.

Woodward, F. L., trans. *Samyutta Nikāya*. Vols. 2, 3 & 5. London: The Pali Text Society, 1982.

_____. "Udāna and Itivuttaka." *Khuddaka Nikāya*. Trans. London: The Pali Text Society, 1985.

제4부

『원로 정치가』

융의 "개성화 과정"과 『원로 정치가』

| 배희진 |

I. 서 론

엘리엇(T. S. Eliot)이 시란 "개성의 표현이 아니라 개성을 탈피하는 것"(*SP* 30)이라는 비개성 시론을 제창했을 때, 그가 벗어나고자 한 것은 스스로를 내세우는 자아 표현이었다고 생각된다. 시인의 창조력을 맹신하여 신의 영역을 인간의 자아 속으로 끌어내린 낭만주의의 극단적 내재화에 대한 비판이 엘리엇의 탈개성화의 시대 상황적 배경이 되었고, 산문과 시에서 그토록 '겸허'의 덕목을 강조한 배경이 되었을 것으로 짐작된다. 프라이(Northrop Frye)는 『T. S. 엘리엇』(*T. S. Eliot*)에서 엘리엇의 비평이 "'개성'의 두 차원, 즉 자아 중심적 차원과 도야한 개성의 차원에 토대를 두고 있다"고 분석하고, 엘리엇의 창작활동이 자아가 핵심이 되는 자기중심적 삶으로부터 겸허의 지혜로 진정한 개성을 지향하는 부단한 과정이었다고 본다(26). 이런 관점에서 필자는 엘리엇의 작품을 융(C. G. Jung) 분석심리학의 '개성화'(Individuation) 과정에 대한 시적 변용, 시적 개성화 과정으로 바라본다.

융에 있어서 '개성'(personality)이란 의식과 무의식을 통합하는 전체로서 한 사람의 성품을 말하므로, 개성화는 그 사람의 전체 인격을 실현한다는 의미로 '자기실현'이라고도 한다. "개성화란 "분리되지 않은", 한 사람의 통일된

---

* 이 논문은 『T. S. 엘리엇 연구』 제16권 2호(2006)에 「융의 "개성화 과정"과 『원로 정치가』」로 수록되었던 것을 수정한 것임.

개체가 됨을 의미한다. 개성을 우리의 가장 내적이며 궁극적인 비길 데 없는 유일한 것으로 이해하는 한, 개성화란 본래의 자기가 되는 것이다. 그러므로 우리는 개성화를 "자기화"나 "자기실현"으로 옮길 수 있다"(*CW* 7. 173). 융의 '자기'라는 개념은 의식의 중심인 자아(Ego)와 구별되는, 무의식 계까지 포괄하는 전체정신으로서의 자기(Self)를 일컫는다. 이것은 스테드(C. K. Stead)가 『新시학』(*The New Poetic: Yeats to Eliot*)에서 엘리엇의 개성으로부터의 도피는 "자아(self)로부터의 도피가 아니라 의식의 층 아래의 더 깊은 자아 속으로 도피"(131)라고 주장한 바와 같이, 엘리엇이 "인간의 내부에 존재하는 두 자아, 즉 이기적인 자아와 자기를 존중하는 참된 자아"(Frye 10)를 구별한 것에 적용할 수 있다. 이는 일상적 차원의 자아와 탈개성화한 참 자아간의 구별이고, 융 심리학에서 자아(Ego)와 자기(Self)간의 차이로 비교될 수 있다.

필자는 엘리엇의 전 작품에 걸친 개성화 과정에 대한 연구의 필요성, 특히 인물이 삶의 변화를 이루는 과정이 두드러지게 나타나는 후기 시극에 대한 개성화적 관점의 연구의 필요성을 느꼈다. 엘리엇 시극의 인물들에 나타난 집단정신으로서의 역할 수행 및 인물들의 위선적 탈과 같은 연극적 특성이 융의 페르소나와 관계되고, 이러한 연극적 역할을 포기할 때 페르소나를 벗는 것이 된다. 또한 주인공과 주변 등장인물들이 갖는 원형적 상징성이 그림자와 아니마의 분석에 용이하다는 점도 개성화적 관점의 시극 분석에 대한 근거가 될 수 있다. 『칵테일 파티』에서 인물들의 주체적 삶의 변환과정을 인도하는 분석심리학자의 등장도 이러한 관점에서 시극 분석의 필요성을 제기하는 단서가 된다. 본 논문은 『원로 정치가』(*The Elder Statesman*)에 대한 세밀한 분석의 방법을 통해 작품에 나타난 개성화 과정을 고찰하고자 한다.

II. 페르소나(Persona, 가면 혹은 탈) 인식

우리 의식의 모든 내용은 자아(ego)에 연계되어 있어서 자아가 의식영역의 중심역할을 한다. 우리가 현실 생활에서 다른 사람들과 관계를 맺고 살아가자면 사회적인 적응 태도를 갖게 마련인데, 이렇게 자아와 외부세계를 연결하는 관계 기능을 융은 '페르소나'(persona)라 부른다. 페르소나는 고대 그리스의 연극에서 배우들이 쓰던 가면을 가리킨 것인 만큼, 한 사람의 진정한 자아가 아니라 환경에 적응하면서 얻은 자아의 또 다른 측면이다. 따라서 개인이 사회적 적응수단으로서 갖는 페르소나는 그 사람에게 고유한 것이 아니라 집단이 공유하고 있으면서 개인에게 부여한 것이라고 할 수 있다.

> 근본적으로 페르소나는 참다운 것이 아니다. 페르소나는 한 사람이 무엇으로 보이느냐 하는 것에 관한 개체와 사회와의 타협의 소산이다. 그것은 어떤 이름을 받아들인다. 칭호를 획득하거나 지위를 나타내거나 이것저것이 되기도 한다. 이것은 물론 어떤 의미에서는 진실성이 있는 것이기는 하다. 그러나 페르소나는 당사자의 개성과 관련해서는 부차적인 현실, 즉 단순한 타협물과 같은 것이며 이 타협에서는 흔히 당사자보다 다른 사람들이 더 많이 관여하고 있다. 페르소나는 겉보기이며, 별칭을 붙이자면, 2차원적인 현실이다.

> Fundamentally the persona is nothing real: it is a compromise between individual and society as to what a man should appear to be. He takes a name, earns a title, exercises a function, he is this or that. In a certain sense all this is real, yet in relation to the essential individuality of the person concerned it is only a secondary reality, a compromise formation, in making which others often have a greater share than he. The persona is a semblance, a two-dimensional reality, to give it a nickname. (*CW* 7. 158)

이런 방식으로 개인이 갖게 된 여러 가지 행동양식이나 역할, 의무, 약속, 도덕규범 등 페르소나는 외부세계와의 관계에서 필요한 것이므로 한 개체의 외적 인격이라고 할 수 있다. 다만, 경계해야 할 것은 자아의식이 외부적인 것들에 중요성을 부여하다보면 외적 인격을 자신의 전체 인격으로 착각하기 쉽다는 점이다. 페르소나 자체에는 좋고 싫음의 개념이 들어있지 않지만, 페르소나에 지나치게 경도되는 경우 동일시가 심해져 내면의 자기소외 문제가 유발될 수 있고 아무런 페르소나도 갖고 있지 않을 경우 원시인에 가까워 사회적 적응이 문제될 수 있다. 따라서 절대적 중요성이 부과되지 않는 범위 내에서 필요한 것이므로 페르소나는 없애야 하는 것이 아니라 구별되어야 한다. 개성화에 접어들기 전에, "집단정신을 극복해야만 참된 가치가 나오는 것"(*CW* 7. 170)이기에, 무의식을 인식하기 전 단계로서 먼저 페르소나를 분석해야 한다. 이는 엘리엇의 시극을 분석할 때도 마찬가지여서, 등장인물이 가진 페르소나의 작용을 살펴보아야 한다.

『원로 정치가』의 클레버튼(Claverton) 경은 평생 공적인 삶의 추구로 일관하여 명예의 페르소나에 붙들린 인물이다.

> 집단에 어울리는 페르소나를 구축하는 일은 '자기'로서는 외부세계에게 엄청난 양보를 하는 것이며, 자아로 하여금 곧장 페르소나와 동일시하도록 강요하는 '자기희생'을 의미한다. 그래서 그들이 나타내 보이는 바가 그들 자신이라고 믿는 사람들이 실제로 있게 된다.
>
> The construction of a collectively suitable persona means a formidable concession to the external world, a genuine self-sacrifice which drives the ego straight into identification with the persona, so that people really do exist who believe they are what they pretend to be. (*CW* 7. 193)

충실한 남편, 결점 없는 아버지, 훌륭한 정치가 클레버튼 경을 실제 자기 모습에 대체해온 클레버튼은 병고로 퇴직하고 나자 삶의 허무를 느낀다. "다만 내 앞에 놓인 텅 빈 공허에 대한 두려움 뿐"(Only fear of the emptiness before me), 그는 여러 개의 가면들의 집합을 실제 자신이라고 생각해 왔기 때문에 인생이 허무하다는 사실 앞에 자신의 전 존재가 흔들리는 죽음의 공포를 느낀다. 존스(David Jones)도 『T. S. 엘리엇의 극』(*The Plays of T. S. Eliot*)에서 클로드 경이 "가면 아래 진정한 자기를 숨겨왔다"(183)고 표현했듯이 그는 가면 밖의 인위적인 자아를 부수고, 진정한 자기의 자연스러운 모습으로 거듭날 수 있는 귀로에 선 셈이다. 우선은 그간의 완벽 지향적인 페르소나 속에 소외된 자아의 텅 비고 무력한 모습을 드러내고 이 모습을 긍정하는 일이 선행되어야 한다. 그러나 지금 클레버튼은 자신의 힘으로 거듭남의 죽음을 향할 도덕적 열의가 부족하기 때문에 무언가 외부적인 힘이 자신에게 가해지기를 바라고 있는 것처럼 보인다. "행동하려는 욕구도 없이 / 그저 기다리고 기다리니"(But waiting, simply waiting, / With no desire to act), 그래서 그의 인위적인 자아를 무너뜨리는 일은 다른 인물들의 불쾌한 자극에 의해 촉발된다. 물론 융에 따르면 개성화의 요구가 내재적인 원동력으로부터 나오므로, 이 또한 클레버튼 경의 내면 깊은 곳으로부터 진정한 자기 찾기와 맞닿아 일어난 것으로 해석할 수 있다.

    클레버튼 경이 페르소나를 인식하고 자기성찰을 할 수 있게 도와주는 첫 인물은 옥스퍼드 대학 시절의 옛 친구 고메즈(Gomez)이다. 그는 타국에서, "스스로 다른 인간성을 만들고, / 다른 이름을 갖고서"(To fabricate for myself another personality / And to take another name) 클레버튼 앞에 나타난다. 고메즈는 자신이 클레버튼과 크게 다르다고 말하고 있지만, 그 역시 새로운 페르소나로 클레버튼 앞에 서 있는 것이다. 고메즈는 겉보기에 성공한 자신의 삶이 실제로는 실패한 것임을 분명히 인식한다는 점에서, 자기가 클레버튼보다는 나은 인간이라고 자부한다.

    고메즈   내 생각에 최악의 실패자는
                    자기가 성공자라고 스스로 가장해야 하는
                    사람이지. 아침마다 거울 앞에서 자기 얼굴을
                    꾸며야만 하는 사람 말일세.

    GOMEZ   The worst kind of failure, in my opinion,
                    Is the man who has to keep on pretending to himself
                    That he's a success — the man who in the morning
                    Has to make up face before he looks in the mirror. (CPP 540)

클레버튼 경은 실패한 삶을 결코 인정하지 않지만, 고메즈는 자기 삶의 실패를 인정하기 때문에 클레버튼보다 상대적으로 성공적인 삶이라는 주장이다. 클레버튼 경이 사회적인 페르소나를 추구하느라 자기 내면세계를 무시하는 삶을 살아왔음을 감안하면 얼마간 설득력이 있다. 이제 클레버튼 경은 스스로 떳떳하지 못했던 과거를 숨기려고 애써온 자신의 모습을 돌아보자 더욱 어두워진다. "'초라함'으로 평가 절하되고 더 이상 가치를 올리지 못하게 된 잃어버린 과거와 함께 구원자도 상실되어간다. 왜냐하면 그 구원자는 초라함 그 자체이거나, 초라함에서 생겨나기 때문이다"(*CW* 9-i. 157)라는 융의 지적처럼, 클레버튼 경 또한 벗어나고 싶은 초라한 내면의 과거를 자신의 것으로 포용하면 그것이 구원의 매개가 될 수 있다. 여러 가지 역할 속에서 내적인 자아를 잊고 살았던 클레버튼의 자기 탐색이 시작된다. 그는 내면에서 자신을 관찰하는 자아를 발견하고, 그 자아가 자신의 과오를 질책하고 있음을 느낀다. 클레버튼은 고메즈가 상기시킨 과거의 비밀에 관한 목격자를 마음 속 깊이 감추고 있었다. 그 날 이후 이 목격자는 그의 내면의 보이지 않는 감시자가 되었고, 그는 이 눈을 의식하지 않으려고 안간힘을 쓰며 살았으므로 자의식의 굴레를 벗어날 수 없었던 것이다.

클레버튼의 페르소나를 상기시키는 또 다른 인물은 옛 애인 메이즈(Maisie)이다. 카길 여사(Mrs. Carghill)가 되어 요양원을 찾은 그녀는 클레버튼으로 하여금 그의 실체를 보다 명확하게 인식하도록 강요한다. 과거에 클레버튼은 그녀를 버리고 다른 여자와 결혼하여 사회적 출세의 길을 갔다. "그러나 이미 셈이 끝났고, 해를 주지도 않았으며, 서로 각자의 교훈을 얻었다"(But we'd settled our account. / What harm was done? I learned my lesson / And you learned yours)라는 클레버튼 경의 말은 여전히 공적인 업무를 보는 듯한 인상을 준다. 이것은 그의 자기 탐색이 외적 인격의 한계 안에 있음을 보여준다. 카길여사는 클레버튼 경이 과거와 다름없이 좁은 자아의 틀에 갇혀 있음을 보고 다음과 같이 말한다.

> 미세스 카길 근본에 있어서 당신은 여전히 과거의 그 어리석은
> 리차드군요. 과거의 당신은 세속적인 사람인 체했어요.
> 지금은 무엇인 체 하는 거지요? 지금 당신은 원로 정치가인
> 체 하는 게 아닌가 싶네요.
> 원로 정치가인 것과 성공적으로 원로 정치가인 체 하는 것
> 의 차이가
> 실제로는 별 문제가 아니지요. 그리고 당신은 그 역할에 어
> 울려요.
> 당신이 어떤 역할을 맡든, 당신은 언제나 어울린다고 할 수
> 있죠.

> MRS. CARGHILL. At bottom, I believe you're still the same silly Richard
> You always were. You wanted to pose
> As a man of the world. And now you're posing
> As what? I presume, as an elder statesman;
> And the difference between being an elder statesman
> And posing successfully as an elder statesman
> Is practically negligible. And you look the part.
> Whatever part you've played, I must say you've always
> looked it. (*CPP* 552)

이는 클레버튼 경이 자신의 삶을 산 것이 아니라 무대 위 배우처럼 늘 어떤 역할을 하고 있었음을 지적한다는 점에서 고메즈의 말과 다르지 않다. "내겐 더 연기할 역할이 없어요"(I've no longer any part to play)라는 클레버튼의 자조적인 말은 이제 본래의 자기의 모습을 찾아야 할 때임을 인식하는 것으로 해석될 수 있다.

클레버튼에게 철저한 자기 인식을 촉구하는 세 번째 인물은 아들 마이클(Michael)이다. 클레버튼은 아들이 처한 현재 상황을 자기 자신이 헤어나지 못하고 있는 과거의 삶과 동일시한다. 마이클은 "난 아버지의 아들 즉, / 아버지 존재의 일종의 연장에 불과했지요."(I was just your son — that is to say, / A kind of prolongation of your existence.)라고 말하며, 아버지의 그늘로부터 벗어나 자신의 존재를 찾고자 한다. 데이빗 존스가 "다른 사람에게 자신의 의지를 강요하는 위험성이 에이미와 클로드 부부에게서 드러났는데, 클레버튼 경에게서 다시 나타난다"(183)고 말한 바로 그 위험이 마이클에게서 현실화되었다. 이것은 클레버튼이 처한 위험이기도 하다. 클레버튼 경은 마이클을 현실도피자라며 자신의 과거에 비추어서 아들을 훈계한다. 그는 마이클을 그의 아들이라는 페르소나로만 보았기 때문에 본래의 마이클을 볼 수 없었다. 이는 클레버튼 자신도 본래의 자기 자기를 보지 못한다는 말이기도 하다. 과거로부터 도망치면 "네가 상상하는 성공과 영광의 낙원이라는 / 목표에 도달했을 때, / 네 과거의 실패가 그곳에서 너를 맞이할 것이다"(When you reach your goal, / Your imagined paradise of success and grandeur, / You will find your past failures waiting there to greet you). 이것은 클레버튼이 아들을 설득하는 말이지만, 실은 자기 삶을 표현하고 있는 것으로 자기 자신에게 말하는 것이나 다름없다. 다시 말해, 세속적인 명예는 얻었지만, 인간적으로는 실패한 삶이었음을 고백하는 것이다. 결국 모니카와 예비사위에게 처음으로 가면을 모두 벗은 진짜 모습을 보인다.

> 클레버튼 나는 지금까지 내가 연기하려고 선택한 역할과
> 진정한 나를 동일시하려고 노력하면서,
> 나 자신을 잊으려 애쓰는데 내 삶을 허비했다.
> 가장하면 할수록, 그 가면을 벗기가
> 더 어려워진다. 무대 밖으로 걸어나가, 자신의 옷으로 갈아입고
> 자신의 말을 하기가 어렵다. . . .
> 나는 거짓의 가면을 쓴 채 네 사랑을 받아왔다.
>
> LORD CLAVERTON I've spent my life in trying to forget myself,
> In trying to identify myself with the part
> I had chosen to play. And the longer we pretend
> The harder it becomes to drop the pretence,
> Walk off the stage, change into our own clothes
> And speak as ourselves. . . .
> I've had your love under false pretences. (*CPP* 568-69)

클레버튼이 오랫동안 겪은 심리적 긴장과 회한을 느낄 수 있는 대목으로, 내면적 투쟁을 통해서 자신의 외적 인격과의 동일시로부터 벗어나는 순간이다. 이러한 '역할포기'에 대해 헤이(Eloise Knapp Hay)는 『T. S. 엘리엇의 부정의 길』(*T. S. Eliot's Negative Way*)에서 클레버튼이 "내면의 실재를 직면하고 죽음을 맞이할 수 있게 되었음"을 표현한다고 해석한다(152). 이렇듯 '영락한 연기자'(broken-down actor)가 '그의 참모습'(what he is)이었음을 인정하는 것은 곧 클레버튼이 진실로 자신의 페르소나를 인식하고 그것을 벗었음을 의미한다.

> 클레버튼 경 나는 대단한 사람인 체 가장했던 자신으로부터 해방되었소.

그리고 아무 것도 아닌 사람이 됨으로써 나는 살기 시작한다.
삶이 무엇인가를 알기 위해 죽음은 겪어볼 만한 일이다.

LORD CLAVERTON I've been freed from the self that pretends to be
someone;
And in becoming no one, I begin to live.
It is worth while dying, to find out what life is. (CPP 582)

클레버튼 경의 "죽음"을 거듭남의 죽음으로 볼 수 있다. 그는 공적이고 이기적인 자아의 죽음을 통해 더 큰 자기를 태어나게 하여, 새로운 삶을 얻은 것이다. 융의 개성화를 따를 때, 페르소나의 분석은 개성화 과정의 시작일 뿐이다. "개성화의 목적은 한편으로는 페르소나로부터, 다른 한편으로는 무의식의 원초적 이미지들의 암시적 강제력의 그릇된 굴레로부터 자기를 해방시키는 것에 다름 아니기"(CW 7. 174) 때문이다. 그러므로 이제 무의식의 층과의 끊임없는 교류를 통한 의식화 과정인 개성화의 진정한 국면으로 들어가야 한다.

III. 그림자(The Shadow)[1] 인식

"자기 자신과의 만남은 우선 자신의 그림자와의 만남을 뜻한다"(CW 9-i. 21)라는 융의 표명처럼, 개성화 과정에서 제일 먼저 부딪치는 무의식 내용이 개인적 무의식의 그림자이다. 개인이 자아이상(ego-ideal)이나 페르소나를 자기와 동일시하다 보면 동물적 본성 등 내면의 어둡고 미숙한 요소들을 억압하게 되어 이것들이 그림자를 형성하는 것이다. 이처럼 그림자는 의식에서 배척당해 무의식의 어둠 속에 내려앉아서 잘 보이지 않는 자아의 일부분이므로, 우리의 의식이 좀처럼 내려가려 하지 않는 어두운 통로를 통과해야만 밝고 넓

---

[1] "융이 '그림자'라는 시적인 표현을 쓴 이유는, 그림자 개념에 '열등한 성격적 특성들'과 절대악의 성질까지도 들어 있음에도, 부정적 전제가 개입되는 부적절한 오해를 피하고자함"이라고 밝힌다(CW 8. 208). 이것은 개인적 무의식의 그림자가 의식화되면 창조적 기능으로 전환될 수 있다는 의미를 살려내기 위함으로 풀이된다. 융은 전집 15권에서 무의식의 창조성에 관한 예술적 측면을 설명한다.

은 곳에 이르게 된다. 그 때문에 융은 "그림자는 좁은 통로이며 좁은 문인데, 깊은 우물로 내려가는 사람은 그 길의 고통스러운 협소함을 감내해야 한다" (*CW* 9-i. 21)고 강조한다. 그러나 자아의식의 일방성 때문에 그림자가 외부세계에 투사되면 인격의 전체성을 실현하기는 그만큼 어려워진다.

물의 거울을 들여다본 사람은, 물론 먼저 자기 자신의 얼굴을 본다. 자기 자신에게로 가는 사람은 자신과 만나는 일의 위험성을 무릅쓴 것이다. 거울은 아첨하지 않고 그 안에 비치는 대로 충실하게 보여준다. 즉 연극배우의 가면인 페르소나로 가리고 있었기 때문에 우리가 결코 세상에 내보이지 않았던 그 얼굴을 내보인다. 거울은 가면 뒤에서 진정한 얼굴을 보여준다. 이러한 대면은 내면으로 가는 용기를 시험하는 첫 관문이며, 대부분의 사람들을 두렵게 하기에 충분한 것이다. 왜냐하면 자기 자신과의 만남이란 모든 부정적인 것을 환경에 투사하는 동안은 피할 수 있는 불쾌한 일에 속하기 때문이다.

True, whoever looks into the mirror of the water will see first of all his face. Whoever goes to himself risks a confrontation with himself. The mirror does not flatter, it faithfully shows whatever looks into it; namely, the face we never show to the world because we cover it with the persona, the mask of the actor. But the mirror lies behind the mask and shows the true face. This confrontation is the first test of courage on the inner way, a test sufficient to frighten off most people, for the meeting with ourselves belongs to the more unpleasant things that can be avoided so long as we can project everything negative into the environment. (*CW* 9-i. 20)

무의식의 의식화에 관한 융의 생생한 비유가 보여주듯이, 외부에 투사된 그림자를 거두어 나 자신의 일부로 받아들이는 용기야말로 개성화의 필요조건이다. 과거의 과오에 사로잡혀 현재의 자기를 상실한 인물의 상징인 클레버튼 경이 자기를 되찾기 위해서는 죽음의 두려움을 무릅쓴 용기로 과거의 진실을 인정해야 한다. 「원로 정치가- 엘리엇의 극에서 위치」("The Elder Statesman: Its Place in Eliot's Theater")에서 스미스(Carol H. Smith)에 따르면, "클레버튼 경은 원로 정치가이자 결점 없는 아버지와 남편이라는 거짓 역할을 벗고 그의 진정한 본성과 초라한 과거에 관한 진실을 받아들여야한다"(Spears, 1988, p.

149). 그는 처음으로 자신의 가면을 모두 벗은 진짜 모습을 보여주기 위해 딸 모니카와 사위 찰스(Charles)에게 자신이 부끄럽게 여기는 과거를 털어놓고자 한다. 이 때 찰스가 과거의 죄를 상기시키는 고메즈와 카길 여사에게서 벗어나지 않는 이유를 묻자 이렇게 대답한다.

> 클레버튼 경 그들은 그저 허깨비야.
> 내 과거에서 온 유령. 그들은 늘 나와 함께 있어왔지
> 최근에야 나를 괴롭히는 그 유령들을
> 살아 있는 사람들에게서 발견했네. 그들의 정체가 악의에 찬,
> 하찮은 실제
> 인간인 것을 알았네. 이제 내 자신이 내 망령 같은 존재로부
> 터 빠져 나와
> 실재 있는 그대로의 존재로 바뀌어 가는 것을 보네.
>
> LORD CLAVERTON They are merely ghosts:
> Spectres from my past. They've always been with me
> Though it was not till lately that I found the living persons
> Whose ghosts tormented me, to be only human beings,
> Malicious, petty, and I see myself emerging
> From my spectral existence into something like reality. (*CPP* 569)

클레버튼 경은 그들이 과거에서 온 자기 자신의 그림자이기 때문에 그곳을 떠난다고 해서 그들을 피할 수 없다는 사실을 직시하고 있다. 문제는 그들을 외적인 실체 이전에 자신의 과거의 일부로서의 내적인 실체로 받아들여야 한다는 것이기 때문이다. 그것은 법률적인 죄와 벌의 문제가 아니라 자기 내면의 도덕적 문제이다.

그림자는 자아의 전체 인격을 위협하는 도덕적 문제이다. 왜냐하면 어느 누구도 도덕적으로 많은 노력을 기울이지 않고서는 그림자를 의식화할 수 없기 때문이다. 그림자를 의식화한다는 것은 개성의 어두운 측면을 현재 실재로 존재하는 것으로 인정한다는 것을 뜻한다. 이 행위는 자기인식에 있어 필수조건이다. 따라서 이것은 상당한 저항을 받곤 한다.

The shadow is a moral problem that challenges the whole ego-personality, for no one can become conscious of the shadow without considerable moral effort. To become conscious of it involves recognizing the dark aspects of the personality as present and real. This act is the essential condition for any kind of self-knowledge, and it therefore, as a rule, meets with considerable resistance. (*CW* 9-ii. 8)

오랜 동안 겪어온 이러한 내면의 갈등과 저항을 이겨낸 클레버튼 경은 고메즈와 비밀로 해온 뺑소니사건을 털어놓으며, "너는 차를 세우지 않았다"(you didn't stop)고 속삭이는 목소리를 자나깨나 들어 왔노라고 고백한다. 또한 결혼 전 카길 여사와의 연인관계를 신사적이지 못한 방식으로 청산한 것도 털어놓는다. 이로써 그가 겪는 고통의 원인은 바로 자신이 과거에 저지른 죄이기에 고메즈나 카길 여사는 일종의 허깨비이며 그들은 바로 자신에게서 나온 것임을 인정한다. 클레버튼 경은 두 인물과 연관된 자신의 과오를 모두 고백함으로써 과거의 삶을 참회했으므로, 이 인물들과의 만남을 더 이상 두려워하지 않는다.

        클레버튼 경 나는 너에게 고백했다. 모니카.
            이것이 자유를 향한 첫 발걸음이고,
            어쩌면 가장 중요한 출발인지도 모른다.

        LORD CLAVERTON I've made my confession to you, Monica:
            That is the first step taken towards my freedom,
            And perhaps the most important. (*CPP* 562)

클레버튼 경은 가장 사랑하는 딸에게 비밀스런 과거를 고백함으로써 그를 괴롭히는 인물들이 자신의 내면의 악과 죄의식의 그림자임을 인식하자, 자신이 "병에서 회복하고 있다"(I'm recovering!)고 느낀다. 그래서 카길 여사와 고메즈 그리고 마이클을 모두 같은 자리에서 담담하게 만나면서 자신의 현실을 직면한다. 옛친구 고메즈와 옛 애인 카길 여사는 과거의 그림자를 상징하는 인물로, 그리고 아들 마이클은 잘못된 과거에 지배받는 불안한 미래의 그림자를 상징하는 인물로 해석된다. 이들이 클레버튼에게 가한 정신적 압력은 그로 하여금 자신을 냉철하게 바라보도록 촉구하여 그 결과 내적인 자유를 가져다 준다. 마이클이 고메즈와 함께 외국으로 가게 되었음을 알리자, 클레버튼 경은 마이클이 아버지 삶의 연장이 아니라 독자적인 삶을 살아야한다는 사실을 인정하고 그의 선택을 받아들인다. 모니카는 "마이클이 버리고 싶어하는 것은 아버지나 저가 아니라 / 바로 자기 자신, 스스로 부끄러워하는 불만스러운 자신"(it's not you and me he rejects, / But himself, the unhappy self that he's ashamed of)이라고 이해한다. 클레버튼 경 역시 자아로부터의 도피는 불가능하며 마이클이 스스로 성찰의 과정을 거쳐야 함을 알고 있기에 아들을 떠나보낸다. 그리고 고메즈와 카길 여사가 그를 떠남으로써 클레버튼 경은 이제 과거의 짐을 모두 벗는다. 특히 마이클이 제 갈 길을 가게 함으로써 과거에 묶인 자신과 결별하고 새로운 사람으로 태어날 수 있게 된다.

    클리버튼경   진실을 알고서 회한이 뒤따르고,
                     회개에 이어 마음의 평화가 온다.
                     나는 왜 항상 자식들을 지배하려 했었던가?
                     나는 왜 마이클의 진로를 한정하여 그 길로만 가도록 강요했던가?
                     그 애를 통하여 내 자신을 영원하게 하려 했기 때문이다.
                     나는 왜 모니카 너를 독점하려고 했던가?
                     나라고 가장한 그 사람을
                     네가 한평생 숭배해주길 바랬기 때문이다.
                     그래서 내가 내 자신의 가면을 믿을 수 있도록 말이야.

    LORD CLAVERTON It is the peace that ensues upon contrition
                          When contrition ensues upon knowledge of the truth.
                          Why did I always want to dominate my children?
                          Why did I mark out a marrow path for Michael?
                          Because I wanted to perpetuate myself in him.
                          Why did I want to keep you to myself, Monica?
                          Because I wanted you to give your life to adoring
                          The man that I pretended to myself that I was,
                          So that I could believe in my own pretences. (*CPP* 581)

이렇게 자기 인식에 이른 클레버튼 경에게 "행복의 날개가 스친다"(brushed by the wing of happiness). 클레버튼 경에게서 보듯이 개인적 그림자의 의식화란 그림자의 어두운 측면만을 보는 것이 아니라 빛과 그림자, 밝음과 어둠이 우리 정신의 전체성을 이루고 있다는 사실의 체험이 된다. 우리 정신이 구성하고 있는 이러한 대극을 몸으로 체험함으로써 비로소 이것을 관조할 수 있게 된다. 역설처럼 들리지만, 이것은 융 심리학이 갖는 혹은 우리 인간의 심성이 갖는 역설적인 특징이라고 할 수 있다.

> 어떤 사람을 그의 그림자 앞에 세운다는 것은 또한 그의 밝은 면을 보여주는 것이기도 하다. 우리가 그것을 몇 번 경험하고 나면 무엇인가를 판단하면서 대극 사이에 서 있을 때, 우리는 필연적으로 자기 자신이 무엇을 말하는지 느끼게 된다. 자기의 그림자와 자기의 빛을 동시에 자각하는 사람은 자신을 양 측면에서 본다. 그리하여 그는 중앙으로 나온다.
>
> To confront a person with his shadow is to show him his own light. Once one has experienced a few times what it is like to stand judgingly between the opposites, one begins to understand what is meant by the self. Anyone who perceives his shadow and his light simultaneously sees himself from two sides and thus gets in the middle. (*CW* 10. 463)

겉보기에 부정적인 작용을 하는 그림자를 창조적인 것으로 전환시킬 수 있는 열쇠는 순전히 자아의식이 무의식에 대하여 얼마만큼 관심을 가지고 그림자의 존재를 깨닫고자 노력하느냐에 달려있다. 자아의 노력 덕택에 그것이 깨달아질 때 의식의 변화가 생기고 그림자의 부정적 측면이 해소되기 때문이다. 과거의 그림자에서 자기를 해방하고 죽음이 불안한 그림자를 드리운 두려운 미래로부터도 해방됨으로써, 클레버튼은 객관적 태도로 있는 그대로를 보는 사람이 된다. 또한 상실한 자기 자신을 회복하여 본래의 자기가 되었을 때, 너그러이 자신과 남을 사랑하게 되었다. 그리하여 있는 그대로의 마이클을 처음으로 사랑하게 되자, 사랑의 실천에 있어서 자신이 초심자임을 겸허하게 인정한다. 이처럼 클레버튼은 수치심과 갈등과 회한의 복잡한 심리상태를 거치면서 내면의 열등한 그림자를 의식화 한 후 비로소 과거의 공적인 자아에서 벗어나 '있는 그대로의 사람'으로 다시 태어난 것이다. 이는 이기적인 옛 자아가 죽음으로써 새로운 삶을 살기 시작하는, 엘리엇의 기본 모티프의 재현이기도 하다.

이와 같이 인물의 내면의 죄의식을 포함한 부정적 감정들을 융 심리학의 그림자 개념으로 풀 때, 클레버튼 경의 경우처럼 개인적 무의식의 내용으로서의 그림자일 때는 그림자가 완전히 사라진다고 볼 수 있다. 하지만 그림자가 집단적 무의식의 원형인 경우에는 완전한 의식화 자체가 원초적으로 불가능하다. 따라서 융이 강조한 종교적 태도, 즉 "주의 깊고 성실하게 관조하는 렐리기오(religio)의 자세"(CW 11. 8)가 중요하게 부각되는 곳은 무엇보다 그림자의 의식화와 관련된 지점이라고 할 수 있다.

IV. 아니마 / 아니무스(Anima / Animus) 인식

개인적 그림자에 이어 아니마·아니무스의 의식화가 뒤따른다. 마음의 구조에서 아니마·아니무스는 의식의 중심인 자아의 무의식적 그림자와 자기 사이에 걸쳐있어, 자아와 자기를 잇는 교량과 같다. 외적 인격인 페르소나가 외부환경의 영향으로 형성되는 것에 상응하여, 내적 인격인 아니마·아니무스는 사람이 자신의 내적인 정신과정에 대해 취하는 태도이다. 그것은 곧 무의식을 향한 그의 성격의 특성이므로, 무의식의 여러 요소들로 형성된다. 자아의식에 가장 가까이 맞닿아 있는 것이 개인적 무의식의 그림자이고, 그 그림자에 쌓여 있는 것이 아니마·아니무스이기 때문에 그림자를 의식화하지 않고서 아니마·아니무스를 의식화한다는 것은 어려운 일이다. 하지만 그림자가 집단적 무의식의 내용일 때는 그림자를 남김없이 의식화하는 일 사체가 실제로 불가능하기 때문에, 양자는 번갈아 가면서 의식화를 요구한다. 분석심리학자 이부영은 "융의 아니마·아니무스 학설의 핵심은 자아와 자기 사이를 매개하는 어떤 자율적 기능인 무의식의 내적 인격의 존재에 관한 학설이지만 실제적 측면에서는 남성과 여성은 자기실현에서 어떻게 다른 과제를 수행해야 하는가를 가르쳐주는 학설"(이부영, 『자기와 자기실현』 135)이라는 방향제시를 한다. 아니마의 인식이 남성의 개성화 과정에서 거쳐야 할 과제라면, 아니무스의 인식은 여성의 개성화 과정에서 거쳐야 할 과제이다. 융의 저작을 살펴보면 아니마의 인식에 관한 논의에 중점을 둔 것으로 보인다. 이것은 융 자신이 남성이기 때문에 아니마 인식에 관한 분석이 좀 더 용이했으리라는 추정도 가능하지만, 실제 과정에 있어서 양자에 큰 차이가 없기 때문이라는 것이 융의 설명이다.2) 시인 엘리엇도 그의 시극의 등장인물도 남성이므로, 본 논문은 아니마의 의식화 과정에 초점을 맞추고자 한다. 먼저, 아니마가 무의식 안에서 인격화되어 외부로 투사되는 과정에 대한 융의 설명은 이렇다.

한 남성이 바라는 이상적인 남성상인 페르소나는 내적으로는 여성적 유약성으로써 보상된다. 그리고 그가 밖으로 강한 남자의 역할을 하는 것처럼 안으로는 여성, 즉 아니마가 된다. 왜냐하면 페르소나에 대응하여 나타나는 것이 아니마이기 때문이다. 그러나 자아가 페르소나와 동일시하면 할 수록 외향화된 의식의 눈에는 내면세계가 어둡고 보이지 않게 되며, 그만큼 자신의 유약함을 생각하지 못하게 된다. 그 때문에 페르소나의 상대자인 아니마도 완전히 어둠 속에 남게 되어 이내 밖으로 투사된다.

The persona, the ideal picture of a man as he should be, is inwardly compensated by feminine weakness, and as the individual outwardly plays the strong man, so he becomes inwardly a woman, i.e. the anima, for it is the anima that reacts to the persona. But because the inner world is dark and invisible to the extraverted consciousness, and because a man is all the less capable of conceiving his weakness the more he is identified with the persona, the persona's counterpart, the anima, remains completely in the dark and is at once projected. (*CW* 7. 194-95)

---

2) "아니무스는 의식적인 관계 기능에 속하는 게 아니라, 무의식과의 관계를 촉진하는 것이다. 여성이 단순히 의식적으로 생각해야 할 외부 상황에 대해 자기의 의견을 떠올리는 대신에, 아니무스는 착상 기능으로서 안으로 방향을 돌려야 한다. 거기서 무의식의 내용을 떠오르게 해야 하는 것이다. 아니무스와 대면하는 기법은 근본적으로 아니마의 경우와 같다. 다만 여성이 비판적으로 보아야 하는 것은 의견들이다. 의견들을 억압하기 위해서가 아니라 그 내력을 탐구함으로써 어두운 배경으로 들어서기 위해서이며, 그곳에서 그녀는 원상에 마주하게 될 것이다. 이는 남성의 아니마 대면에서와 같다." (*CW* 7. 208-9)

아니마가 외부 대상으로 투사되면 그는 아내가 되었든 애인이 되었든 그 투사 대상의 지배 아래 들어가게 된다. 이 때 아니마를 대면하여 인식하는 방법으로써 융은 "아니마 객관화"(objectivation of the anima)를 제안한다. 그것은 내적인 대화나 꿈의 해석을 통해 무의식의 내용을 인식하는 작업인데, 특히 적극적으로 무의식의 이미지를 객관화하여 아니마와 만나는 내적인 대화를 융은 "적극적 명상"(positive meditation)이라고 했다. 사회적으로 존경받는 나무랄 데 없는 신사가 가정에서는 온갖 짜증과 변덕으로 아내와 자녀에게 공포의 대상이 되었다면, 그가 좋은 예이다. 아내와 자녀가 그에게서 멀어지면, 그는 가족의 무정함을 탓하면서 갈수록 심하게 대하고 후회와 화해 그리고 망각과 억압 등으로 이어간다. 이 때 아니마는 남자를 가족으로부터 떼어놓으려는 질투심 많은 애인처럼 굴 것이다. 이 경우 어떻게 아니마를 대면해야 하는지에 대해 융이 제안한 아니마 객관화는 다음과 같다.

> 아니마 성향의 배후를 살펴보는 것이 온당할 것이다. 이를 위한 첫걸음은 내가 '아니마 객관화'라고 부르고자 하는 것으로, 소외를 부추기는 성향을 자신의 약점 탓으로 돌리는 일을 엄격히 배격하는 것이다. 그런 다음에야 비로소 우리는 아니마에게 물을 수 있다. 즉, "그대는 왜 이러한 소외를 원하는가?"라고 – 이렇게 개인적으로 물음을 던지면 큰 이점이 있다. 그렇게 하면 인격으로서의 아니마를 인식하게 되며, 아니마와 관계를 형성할 수 있게 되기 때문이다. 따라서 아니마는 개인적으로 다룰수록 대면하기에 더 좋다.
>
> We would be better advised to investigate what is behind the tendencies of the anima. The first step is what I would call the objectivation of the anima, that is, the strict refusal to regard the trend towards separation as a weakness of one's own. Only when this has been done can one face the anima with the question, "Why do you want this separation?" To put the question in this personal way has the great advantage of recognizing the anima as a personality, and of making a relationship possible. The more personally she is taken the better. (CW 7. 200)

자신으로 하여금 소외를 부추기는 배후에 아니마 존재가 있음을 깨달아, 그러한 아니마 반응을 자기 자신의 탓으로 자책하지 않는 것이 일차적인 과제이다. 그러면 자기에 대해 객관적인 태도를 취하게 된다. "그러므로 그가 아니마의 형상을 어떤 자율적 인격으로서 파악하고 아니마에 대하여 개인적인 물음을 제기한다면, 그는 올바르게 대처하는 것이다. 나는 이것을 실제적인 기법이라고 생각한다"(*CW* 7. 201)라고 융은 말한다. 이 대화의 기법을 행함에 있어 중요한 요건이 있다. 대화 결과의 만족 여부를 주관적 감정이 결정하기 때문에, "자기 자신에 대한 엄격한 정직성과 자기 내부의 '다른 측면'이 하고자 하는 말을 성급하게 짐작하지 않는 것이 아니마 교육기법에서 필수 요건이다"(*CW* 7. 203). 다시 말해, 아니마가 스스로를 표현하도록 인내심을 갖고 기다려주는 태도가 필요하다. 그런데 무의식의 특성상 아니마·아니무스도 자율성(autonomy)을 갖는다. 이는 자아의 통제를 넘어서서 자율적으로 활동하는 힘을 가졌다는 말이다. 그렇지만 자아의식이 진지하게 아니마·아니무스의 움직임을 관조하면, 뭉쳐있던 그 힘이 풀어져서 창조적 에너지로 변용 된다. 이것이 엘리엇 같은 시인의 시가 되거나 위대한 예술작품이 되기도 한다. 또한 자아의식이 자신의 아니마·아니무스를 만났을 때 우리는 아름다운 싯귀나 예술작품을 한 층 더 깊이 이해할 수 있게 된다.

『원로 정치가』는 엘리엇이 1957년에 결혼한 이듬해 창작하여 아내 발레리에게 바친 작품으로, 퇴임 정치가가 잃어버린 자기를 찾아가는 개성화 과정을 한층 더 일상적이고 현실적 차원에서 다루고 있다. 발레리 엘리엇은 "엘리엇의 내면에 해방되지 않은 어린 아이가 들어 있었다"고 회고한 바 있는데,3) 그녀에게 바친 헌사만 보더라도 엘리엇이 성숙한 아니마의 도움으로, 내적 평화를 찾지 못해 미숙하게 남아 있던, 그의 내면의 어린 아이를 해방하고 자신의 영혼의 반려자를 만나 진정한 행복감을 느꼈던 것으로 보인다.

> 그대로 말미암아 가슴 두근거리는 기쁨 누려
> 깨어서는 나의 감각들이 생기에 넘치고
> 편안한 잠으로 안내하는 선율이 있으니
> 이는 우리의 호흡의 온전한 화합

---

3) Valerie Eliot, "The Mysterious Mr Eliot," BBC (Ackroyd 320 재인용).

> To whom I owe the leaping delight
> That quickens my senses in our wakingtime
> And the rhythm that governs the repose of our sleepingtime.
> The Breathing in unison. (*CPP* 522)

쓰렌호세(Threnhause)에 따르면, 다른 시인들이 연인들의 사랑의 말을 감동적으로 노래하는 것과는 달리, 황무지 여인에게서 보듯이 엘리엇의 연인들은 무언이거나 광적인 상태에서 분출되는 이야기이다. 그런데 엘리엇의 시에서 두 예외가 원로 정치가에 있으니, 발레리에게 바치는 헌사와 모니카와 찰스의 사랑이 그것이라고 한다. 쓰렌호세는 특히 이 헌사가 그의 작품에서 정말 이례적인 시라고 평한다(135). 어쩌면 시인이란 영혼의 반려자를 그리워하여 노래함으로써 마음 속 비밀스럽고 신비로운 세계로 자신과 사람들을 이끄는 안내자인지 모른다. 그리고 우리는 자신의 영혼의 반려자를 만날 때 비로소 그러한 노래의 깊이를 알게 되는 것인지 모른다. 이렇게 볼 때, 필자는 이것이 예외나 이례적인 시라기보다는 균형 잡힌 내적 성장에 따른 자연스러운 변화라고 생각한다. 스미스(Carol H. Smith)는 "이제는 성스러운 사랑을 자기 밖이 아니라 자기 안 또는 타자에 대한 사랑이 가져다 줄 수 있는 정화 속에서 찾게 된 점"(149)이 『원로 정치가』의 큰 변화라고 말한다. 이 변화는 매우 중요한 의미를 갖는다. 이 단계를 거쳐 맞이하는 아니마는 허상으로 짓는 사랑이 아니라 주변에 있는 사람, 삶의 지혜를 불어넣어 주는 실제 인물이기 때문이다.

> 모니카   아버지, 저는 항상 아버지를 사랑해 왔어요.
>   그러나 여기에서 아버지를 알게 된 이래 전보다
>   더 사랑하게 되었어요.
>
> Monica   Oh Father, I've always loved,
>   But I love you more since I have come to know you
>   Here,

딸 모니카를 클레버튼의 아니마로 해석할 수 있다. 아버지에 대해 깊이 알수록 아버지를 더욱 깊이 이해하고 사랑하는 모니카는 클레버튼의 긍정적 아니

마 이미지의 구현이다. 앞장에서 논의된 그림자의 문제에 있어서도 아니마로서의 모니카의 도움이 없었다면, 클레버튼의 내적인 그림자의 동화란 불가능에 가까웠을 것이다. 클레버튼이 과거의 과오에 붙들린 인물에서 성장해 그림자로부터 스스로를 해방하여 있는 그대로를 수용하는 사람이 될 수 있었던 것은 전 과정을 한결같은 사랑으로 지켜준 모니카가 있었기에 가능했다.

V. 자기(The Self)의 실현

우리 삶에 존재하는 숱한 상황들만큼이나 원형의 종류도 많은데, 이 중 자기원형은 집단적 무의식의 원형가운데서 가장 핵심적인 것이다. "'자기'가 원형이라는 말은 그와 같은 능력이 만들어지는 것이 아니라 태어날 때부터 이미 갖추어진 인간 본연의 원초적 조건이라는 말이다. 의식의 삶뿐 아니라 무의식의 삶을 인식하고 실현하여 통합된 전체인격이 되도록 하는 선험적 조건이 자기원형이다"(『자기와 자기 실현』 59). 그런데 모든 원형은 의식에 접촉된 이상, 우리의 의식태도에 의해서 양면성을 지니게 된다. "정신은 모든 종류의 대극들의 조정을 통해 에너지가 생성되는 과정들로 이루어진다"(*CW* 8. 207)는 융의 표명처럼, 대극성은 인간 정신의 원초적 조건이다. 따라서 우리는 의식과 무의식, 남성성과 여성성, 아름다움과 추함, 정신과 신체, 내향과 외향, 우월기능과 열등기능, 합리와 비합리 등 수많은 대극성 속에서 삶을 경험하게 된다. 이처럼 모든 정신현상은 대극들의 긴장과 갈등 그리고 통합 과정으로 진행되는데, 자기는 밝고 어두운 면을 모두 포용하는 전체정신이기 때문에 자기가 대극합일의 상징이 되는 것이다.

융은 우리가 대극의 갈등을 인간 존재의 본연의 요청으로 받아들여 삶 속에서 철저하게 대극을 체험할 때라야만 비로소 정신의 보다 높은 전체성, 즉 자기에 도달할 수 있다고 믿는다. 그리하여 자기의 체험을 통해서 대극의 희롱으로부터 빠져나온 사람, "그는 어둠과 광명이 이 세계를 만든다는 것을 안다. 우리는 다만 이 대극을 함께 관조함으로써 대극성에서 해방되어 중심에 도달하며, 그렇게 함으로써만 이 대극을 지배할 수 있게 된다. 우리가 대극에 지배받지 않게 되는 것은 오직 이 길뿐이다'(CW 10. 464). 이 길을 통해서 우리는 융이 말한 대극을 뛰어넘는 '초월적 기능'으로 새로운 의식성의 탄생을 맞이할 수 있다. 이것은 자아의식이 무의식에 어떤 인격이 자신과 함께 살고 있는지 최대한 객관화하는 작업 속에서, 습성화된 의식을 따르지 않으면서 무의식의 내용들에 사로잡히지도 않고 양자를 살려내는 통합을 이룬 결과이다.

클레버튼 경 역시 자신의 참모습을 인정하고 나서, "아무 것도 아닌 사람이 됨으로써 나는 살기 시작한다"(And in becoming no one, I begin to live.), "나는 이제야 사랑이 무엇인가를 깨달았다"(I've only just now had the illumination / Of knowing what love is.)라는 경지에 이른다. 그는 자기 내면의 대극체험을 통해서 이로부터의 긴장에서 벗어나 통합된 인격을 이룬다. 평온하게 죽음을 맞이하는 아버지를 바라보며, 그의 아니마인 모니카 역시 "아무도 아닌 사람이 됨으로써, 있는 그대로의 자신이 되신 것"(In becoming no one, he has become himself.)으로 이해한다. 클레버튼 경은 아니마의 도움으로 과거의 그림자와 관련된 사람들과의 긴장과 갈등을 내면화하여 자신의 내부의 긴장과 갈등을 체험하고 통합함으로써 본연의 자기를 찾았기 때문에, 죽음을 받아들이며 마음의 평화를 얻는다.

개성화의 요구가 집단적 무의식의 원형인 자기의 내재적인 원동력으로부터 나오므로, '자아'가 '자기'로 향하도록 되어 있는 것은 인간심성의 원초적 조건이라고 할 수 있다. 그렇다고 해도 자아와 집단적 무의식의 원형으로 있는 자기가 서로 긴밀해지려면 무의식의 내용을 깨달아 가는 적극적인 의식화 작업이 필요하다. 그런데 실제에 있어서 개성화의 구체적 단계인 페르소나와의 동일시 극복, 그림자의 동화, 아니마/ 아니무스의 동화 내지 분화 등이 순차적인 의식화 과정을 밟는 것이 아니라 이러한 요소들이 섞여서 나오는 것이 일반적이다. 다만 개성화의 전 단계에서 주체가 무의식의 혼란스러운 힘을 의식 차원에서 인식하여, 자아와 새로이 떠오른 무의식 내용이 균형을 유지하면 자연스럽게 정신 통합에 이르게 된다. 클레버튼 또한 이 같은 개성화의 전 과정을 밟고 있지만, 온전히 개성화를 실현한 인물로 보기는 어렵다. '개성화된 인물'에 가장 근접한 엘리엇의 등장인물로서, 원만함과 지혜로움이 주변 사람들에게도 긍정적인 영향을 미치는 『비서』의 에거슨(Eggerson)을 들 수 있다. 우리의 자아가 무의식의 내용들을 동화할수록 "자아는 자기에게 더욱 근접해지는 것이지만, 이 접근은 끝없는 과정"(CW 9-ii. 23)일 수밖에 없다. 따라서 개성화의 과정은 완전한 통합 상태가 아니라 인격의 온전함을 지향하는 평생에 걸친 자기변화의 과정이라고 해야 할 것이다.

주요어 (Key Words): 개성화(individuation), 『원로 정치가』(*The Elder Statesman*), 페르소나(Persona), 그림자(Shadow), 아니마(Anima), 자기(Self), 동화(assimilation)

인용문헌

이부영. 『분석심리학 – C. G. Jung의 인간심성론』. 일조각, 1998.
____, 『자기와 자기실현』. 한길사, 2002.
에르나 반 드 빙껠, 『융의 심리학과 기독교 영성』. 김성민 역, 다산글방, 2002.
Ackroyd, Peter. *T. S. Eliot: A Life*. London: H. Hamilton, 1984.
Bergsten, Staffan. *Time and Eternity*. London: Wiliam Heinemann, 1960.
Brooker, Jewel Spears, ed. *Approaches to Teaching Eliot's Poetry and Plays*. New York: MLA, 1988.
____. *The Placing of T. S. Eliot*. Columbia & London: U of Missouri P, 1991.
Drew, Elizabeth. *T. S. Eliot: The Design of His Poetry*. New York: Charles Scribner's Sons, 1949.
Eliot, T. S. *Selected Prose*. Penguin Books, 1958. [SP로 표기]
Fabricius, Johannes. *The Unconscious and Mr. Eliot: A Study in Expressionism*. Copenhagen: Nyt Nordisk Forilag Arnold Busck, 1967.
Frye, Northrop. *T. S. Eliot*. New York: Capricorn Books, 1972.
Gordon, Lyndall. *T. S. Eliot : An Imperfect Life*. New York: W. W. Norton &

Company, 2000.
Jones, David. E. *The Plays of T. S. Eliot.* London: Routledge & K. Paul, 1960.
Jones, Joyce Marie Meeks. *Jungian Concepts in the Poetry of T. S. Eliot.* MI. 1976. [JC로 표기]
Jung, C.. *Collected Works of C. G. Jung,* Vol. *4.6.10.11.17.18.* Princeton: Princeton UP, 1970. [CW로 표기]
Kari, Daven Michael. *T. S. Eliot's Dramatic Pilgrimage.* 1990.
Smith, Grover. *T. S. Eliot's Poetry And Plays: A Study in Sources and Meaning.* Chicago: U of Chicago P, 1974.
Stead, Christian K. *The New Poetic: Yeats to Eliot.* London, 1964.
Sugg, Richard P., ed. *Jungian Literary Criticism.* Evanston. IL: Northwestern UP, 1992.
Threnhause, Mary Elizabethe. *The Struggle for Being: A Jungian Perspective on the Poetry of T. S. Eliot.* East Texas University, 1991.

『원로 정치가』에서의 순수 기억과 죄의식

| 양재용 |

I

T. S. 엘리엇은 동서양의 다양한 사상에 심취하고 여러 종교의 심오한 세계를 탐험했다. 이런 그의 이력은 그의 작품을 단일한 관점으로만 해석을 할 수 없게 한다. 엘리엇의 『황무지』와 『네 사중주』의 시에 나타난 불교와 인도 사상과는 다르게 시극에 오면 기독교의 심원한 사상이 나타난다. 엘리엇은 서양문명이 주는 한계를 보았고, 이런 한계를 극복할 희망을 동양 사상과 종교에서 찾았으며 한 때는 불교도가 되기를 생각했다고 고백[1]한다. 그러나 『문학의 정의에 대한 소고』(Notes Towards the definition of Culture 113)에서 인도 사상에 대한 관심과 『이신을 좇아서』(After Strange God 40-1)에서 보여준 인도 철학에 대한 신비와 두려움[2]은 엘리엇에게 정체성의 문제를 심각하게

---

* 이 논문은 『T. S. 엘리엇 연구』 제7권(1999)에 「T. S. 엘리엇의 『원로 정치가』에서의 죄와 구원 – 베르그송의 영향과 한계」로 수록되었던 것을 수정한 것임.

1) 초기 불교 경전들 중 몇 부분은 구약(舊約)의 몇 부분이 영향을 주었듯이 엘리엇에게 영향을 주었다.(Eliot, *The Use of Poetry and the Use of Criticism* 91) 황무지의 3번째 단원의 제목도 불교로부터 직접 도입했고 이 시가 쓰여 질 때 불교도가 되기를 심각히 생각했다. (Stephen Spender, "Remembering Eliot", 60)

2) 엘리엇은 『이신을 좇아서』(*After Strange Gods* 1934)에서 이전에 배운 유럽 철학의 연구는 인도철학을 배우는 과정에서 방해에 지나지 않았으며 인도 철학자들의 진리를 추구하는 과정에서 깨달음의 신비 상태는 대부분의 유럽 철학자들을 학생처럼 보이게 만들었다고 고백하면서 신비의 핵심에 도달하기 위해 미국인과 유럽인으로서 어떻게 생각하고 느끼는 것을 망각하는 데 있다고 말하면서 감정적 이유와 실제적 이유로 하고 싶지 않다고 고백하고 있다. (220)

생각한 계기가 되었다. 시인의 믿음과 생각은 그때까지도 확정되어 있지 않았다. 시간이 흐름에 따라서 그가 체험한 세계는 그의 의식을 변화 시켰다. 엘리엇은 자신의 정체성이 '유럽의 정신'(The Mind of Europe)이라는 것을 깨닫고 결국 동양의 종교와 사상을 버리고 서양의 전통을 따른다. 서양의 전통 즉 앵글로 캐톨릭, 즉 기독교에 자신의 정체성을 두었을 때 자신의 존재가 의미가 있다는 것은『이신을 좇아서』(After Strange God 22 1934)[3])의 고백을 통해 알 수 있고 그의 개종을 통해 확연히 드러난다. 이처럼 엘리엇은 자신의 사유 체계가 변화를 겪으면서 변화된 생각은 작품 속에 반영되었다. 그의『대성당의 살인』(Murder in the Cathedral)같은 후기 시극에서는 그의 변화된 의식을 찾을 수 있다. 엘리엇은 베르그송(Henri Bergson)을 거부했고 브래들리(F. F. Bradley)를 받아 들였지만 마지막에는 브래들리를 포용하지는 않았다(Douglass 55). 이런 관점에서 엘리엇의 사상과 믿음은 변화를 거치면서 후반기의 시극 특히『원로 정치가』(The Elder Statesman)에서는 기독교의 의식과 사상이 그의 작품에 반영되었다.

엘리엇은 앨런 테이트(Allen Tate)에게 보낸 편지에서 "흄(T E. Hulme)은 나에게 많은 영향을 주었다"(Margolis 89)고 인정했다. 특히 '죄'에 대해서는 흄에게 나는 많은 영향을 받았다(Ackroyd 89)고 말했다. 엘리엇이 이처럼 죄의 문제에 민감하게 된 것은 정신병으로 고생하면서 남편인 엘리엇에게 매달렸지만 일방적으로 이혼을 당하고, 결국에는 정신병원에서 죽은 비비안(Vivienne Haigh-Wood)에 대한 남편으로서의 책임과 죄의식을 느꼈기 때문이었을 것이다. 그녀와의 고뇌의 순간들은 그에게 죄의식을 불러일으켰고, 고든 여사(Lyndall Gordon)도 엘리엇에게 비비안이 불러일으킨 회한과 죄 그리고 저주의 의식은 6년 후의 별거와 종교 개종 후에도 오랫동안 계속된 정화의 여행을 하게 만든 결정적 요인이라고 말한다(Gordon 123). 고든여사는 비비엔이 불러일으킨 죄와 양심의 가책이 결국 그가 종교에 귀의하게 됐다고 평했다[4]).

---

[3]) I believe that a right tradition for us must be also a Christian tradition, and that orthodoxy in general implies Christian orthodoxy, I do not propose to lead the present series of lectures to a theological conclusion(22).

[4]) The sense of damnation, . . . the remorse and guilt that Vivienne evoked were essential to

이런 이유로 엘리엇은 "인간이 유한하고 악하다"는 흄(T. E. Hulme)의 원죄론을 추종하며 「인본주의에 대한 두 번째 생각들」("Second Thoughts about Humanism")과 「보들레르론」("Baudelaire")에서 원죄 사상에 심취하게 된다. 앨런 테이트(Allen Tate)에게 보낸 편지에서 스미트(Kristian Smidt)는 엘리엇의 후반기 시에서 보이는 우울한 분위기는 가끔 죄라는 개념에 사로 잡혔다고(193)하면서, 대체적으로 죄는 시간속의 존재와 필연적으로 얽매여 있으며 그것은 인류의 유산인 원죄라고(194) 평하고 있다. 속죄와 구원, 죽음과 영생의 문제는 엘리엇의 시와 시극에서 끊임없이 계속되는 기본적인 주제이다. 이런 죄에 대한 문제는 엘리엇에게 무시간과 영원 그리고 구원의 문제를 생각하게 했다. 기쉬(Nancy K. Gish)에 따르면 엘리엇의 후반기 모든 작품에서 시간과 무시간, 인간과 신의 관계가 근본적 관심사가 되었다고 말하면서 1920년대의 시들에서 시작됐다고 말한다(27). 스미트도 엘리엇이 『네 사중주』와 후반기 극에 이르러 무시간에 대한 관심이 더욱 분명해졌다고 말하고 있다(173). 흄은 베르그송의 제자이며 베르그송의 철학과 예술론을 영국에 최초로 소개했지만 흄의 원죄론은 베르그송의 변화의 철학과는 근본적으로 상반된 입장이다. 이런 관계는 흄의 입장을 따르는 엘리엇이 베르그송의 영향을 받았지만 베르그송을 부정한 것과 흄이 베르그송에게 영향을 받고 난 후에 베르그송을 극복한 것이나 같으며 결국 자신들의 정체성이나 입장의 차이에서 베르그송을 부정한 것이다.

시간은 현대 문학에서 가장 보편적이고 지배적인 주제였다. 시간이 중요한 이유는 자아와 불가분의 관계를 맺고 있기 때문이며(Meyerhoff 1) 그래서 시간의 문제는 자아의 문제와 동일시된다. 엘리엇이 베르그송을 부정했지만 모더니즘의 시와 소설에 많은 영향을 준 시간과 기억의 이론들 때문에 그의 영향은 부정할 수는 없다. 엘리엇이 베르그송의 영향을 받았다면 아마 베르그송의 기억의 이론일 것이다. 기억의 이론은 "순수 지속"(pure duration)과 "직관"(intuition)과 직접적 관계가 있다. 베르그송의 기억의 이론은 프로이트의

Eliot's long purgatorial journey that continued long after his formal conversion and their separation six years later. He could escape her, morally, only embracing the ascetic way of the Catholic mystics. (Gordon 123)

심층 심리학과 현대 소설에 많은 영향을 끼친 제임스(William James)의 의식의 흐름(stream of consciousness)의 학설로 더욱 부각되었다. 많은 프랑스 문학인들과 일부 상징주의 시인들까지 베르그송의 철학에 직접, 간접으로 영향을 받았다.5) 엘리엇은 자신이 파리에서 쓴 시들이 베르그송의 "실재 시간"(real time)과 "지속"(la durée)의 영향을 받았으며, 「프루프록의 연가」(*The Love Song of J. Alfred Prufrock*)를 쓸 당시는 베르그송주의자 라고 어떤 질문자에게 고백한 적이 있다.6) 러브런(Le Brun)도 엘리엇은 베르그송의 지속(duration)의 개념으로 문학사를 재구성하며 과거는 현재를 침범하나 현재는 또한 과거를 관통한다(*T. S. Eliot Critical Assessments* IV 206)고 한결같이 엘리엇에게 끼친 베르그송의 영향을 주장한다.

베르그송은 시간을 "의식의 직접적 소여"(immediate datum of consciousness)로서 생각하였고, 그가 만든 이론은 이런 관련된 체계 안에서만 의미가 있으며(Meyerhoff 10), 베르그송 철학이 문학에 커다란 영향을 끼쳤다면 시간을 기계나 물리의 관점으로 보지 않고 의식의 직접적인 소여로서 보는데 있으며 시간을 인간의 삶과 활동으로 분석한다는 점에서 문학에서의 시간 취급은 언제나 "베르그송적"이었다(Meyerhoff 10)고 호프는 말한다. 러브런도 엘리엇은 베르그송의 "지속"(duration)의 개념으로 문학사를 재구성하고 과거가 현재를 침범하나 현재 또한 과거를 관통한다(Michael Grant IV 206)고 주장한다. 이런 견해는 『원로 정치가』를 베르그송의 기억의 관점으로 해석할 수 있는 근거가 된다.

『원로 정치가』에서 주인공 클레버튼 경(Lord Claverton)은 그의 딸 모니카(Monica)와의 집착에서 벗어나서 진정한 사랑을 찾아 구원의 길에 이른다. 그런데 구원에 길에 이르려면 자신의 과거를 누르는 죄에서 벗어나야한다. 그러

---

5) 윌리엄 제임스는 베르그송과 의식의 흐름에 대한 서신을 주고받았다고 한다. 많은 불문학자들은 프루스트에서 뒤아멜(G. Duhamel)에 이르기까지 이른바 의식의 내면을 문제삼은 소설가와 클로텔(P. Claudel), 페기(C. Peguy), 쉬아레스(A. Suares) 등의 직관파 문학들도 베르그송의 영향을 직, 간접으로 받았다고 인정한다(송면, 프랑스 문학의 이해, p. 262, 베르그송 연구 p. 120에서 재인용).
6) In H. W. H. Powel's unpublished master's essay, *Notes on the Life T. S. Eliot*, 1888-1910 (Brown University, 1954). (Ackroyd 41)에서 재인용.

나 죄는 그의 의식에서 계속 살아 있다. 베르그송은 의식을 기억과 동일시하기 때문에 과거의 죄의식이 살아있다면 그의 의식 속에는 과거의 기억만이 존재하고 따라서 그는 살고 있어도 현재를 사는 것이 아닌 것이다. 따라서 이런 인과론적 유전의 시간에서는 구원이 없다. 그런데 구원의 길에 도달하려면 현재에 영향을 주는 과거가 현재로 흘러가는 의식이 끊어져야한다. 현재로 흘러오는 의식이 끊어지려면 현재의 의식이 과거를 변화시키는 베르그송의 "순수기억"(pure memory)이 작용해야 가능하다. 순수기억은 "행동"(action)에 사로잡힐 수밖에 없는 우리의 삶이 시간이 지나면서 초연해진 과거에 대하여 "사심이 없어지고"(disinterested) 무심해지면 가능하다. 우리는 선택적으로 기억하던 과거의 잃어버린 기억을 "현재"에서 온전히 소생시킨다는 점에서 과거를 온전하게 부활할 수 있다고 말할 수 있다. 이 순간에 우리는 과거에는 깨닫지 못한 것이 사심이 없어졌기 때문에 새롭게 깨닫는 경험을 한다. 그러나 베르그송의 "순수기억"은 현재의 의식이 과거에 얽매여 있던 의식을 해체하여 변화시킬 수 있지만 미래의 삶까지 변화시킬 수는 없다. 미래의 문제까지 해결해 주는 것은 진정한 구원으로, 이것은 영원한 현재(eternal now)인 미래의 공포와 과거의 죄에서 벗어나서 자유로운 "영원한 시간"에서 가능하다.

본 논문에서는 『원로 정치가』를 베르그송의 순수 기억으로 해석하면서 주인공의 기억 속에 존재하는 과거의 죄가 현재에 어떤 형태로 이어지며 등장인물이 이런 기억이나 의식 속에서 존재하는 죄의 문제를 어떻게 극복하며 이 과정에서 기억은 어떤 역할을 하며 어떤 종류의 기억이 작용했으며 그 한계는 무엇인지를 밝히겠다. 베르그송의 순수 기억도 한계가 있기에 결국 주인공은 기독교의 사랑을 통한 방기(self-surrender)의 상태가 되면서 구원에 도달하는 "긍정의 길"(Affirmative Way)[7]을 간다. 이런 "긍정의 길"은 신비주의에서 말하는 신비 체험과 깊은 관계가 있으며 이것은 주인공의 정신적인 변화가 수반된다는 가정으로 성립되며 이런 경험은 사유의 세계를 넘어선 사차원의 종교

---

7) 토마스 아퀴나스는 신을 아는 세 가지 방법을 언급한다. 긍정의 길(the affirmative way)은 "모든 것들" 가운데 신을 인식하는 방법으로 아퀴나스는 디오니소스(Dionysius)에 관해 주석하여 기술한 길이다. 엘리엇이 큰 장점으로 또한 사용하는 상승의 길(the way of eminence)이 있고 나머지는 부정의 길(way of negation)이 있다.

적 세계에서 볼 수 있는 체험이다. 엘리엇은 『원로 정치가』를 두 번째 부인 발레리(Valerie)에게 헌정한 것이고 결혼을 한 후로부터 수차에 걸쳐서 가졌던 인터뷰에서 재혼 후에 "사랑은 젊음을 회복시킨"다고 말하면서 사랑의 힘을 강조했다. 『원로 정치가』에서 보여주는 사랑의 세계는 구체적인 실천과 관상(觀象)의 세계를 가능하게 할 수 있었던 것은 그의 재혼이었을 것이다.

베르그송의 기억의 개념이나 텍스트를 일종의 상호 텍스트(intertext)로 이용하여 원로 정치가를 분석하고 그 영향과 한계를 밝히려는 이런 시도는 또한 엘리엇에 미친 베르그송의 영향이 너무 부각되어서 작품 속에서 결국 죄를 극복하고 구원을 향해 나아가도록 기획한 엘리엇의 입장을 약화시킬 수 있겠다. 그러나 엘리엇이 『원로 정치가』에서 주인공의 의식의 변화를 통해 마지막으로 도달하는 인간관계를 사랑을 통한 방기(放棄)로 이해한다면 어렵게 도달한 목적지가 더 빛나 보일 것이며 베르그송의 한계도 명확해 질 것이다.

II

엘리엇은 후반기에 들어서 시보다 극을 통해 사상과 종교를 효과적으로 전달될 수 있다고 생각했다. 1930년대에 와서 엘리엇은 사회에 대한 시인의 사명으로 극을 쓰게 된다. 1933년에 엘리엇은 시극(詩劇)을 쓰게 된 동기를 "시가 사회에 유용하려면 현존하는 모든 계층의 대중들의 취미에 영향을 주어야 한다고" 말하고 그러기 위해 시의 이상적인 매체는 연극(演劇)이고, 연극은 시의 사회적 유용성을 (social 'usefulness' for poetry)을 가장 직접적으로 보여주는 수단"(『시의 효용과 비평의 효용』 153)이라고 말했다. 엘리엇의 이런 선언은 시는 관념적이고 추상적이기 보다 사회에 실질적으로 도움을 줄 수 있어야 한다는 생각을 반영한 것으로 '시의 정체성에 대한 변화'를 함축하고 있다. 시가 추상적이지 않고 구체적인 것이 되려면 이런 목적을 가장 잘 수행할 수 있는 매체가 시극이고 그래서 엘리엇은 시극(詩劇)을 사용한 것이다. 이런 그의 마음은 종교와 문학에 대한 그의 견해로 알 수 있다. 엘리엇은 "종교적 판단과 문학적 판단의 분리는 결코 완전할 수 없다"(*SE* 388)는 신념을 말하고 있다 그는 문학을 이용하여 종교의 구원을 추구하려는 생각을 갖게 된 것이다. 종교와 문학의 관계는 문화의 정의에 관한 소고에서 엿볼 수 있다8). 문화와 종교에 대한 관심은 엘리엇으로 하여금 동양 종교인 불교와 힌두교에 몰두하게 만들었으나 결국 1927년에 앵글로 카톨릭으로 개종하면서 그의 시에는 많은 변화가 보였다. 개종 후의 시는 초기 시에서 보였던 존재의 불안보다 구원의 희망이 보이기 시작한다. 속죄와 구원, 죽음과 영생의 문제는 엘리엇의 시와 시극에서 끊임없이 계속되는 기본적인 주제이다. 기쉬(Nancy K. Gish)에 따르면 엘리엇의 후반기 모든 작품에서 시간과 무시간, 인간과 신의 관계가 근본적 관심사가 되고 있다고 말하면서 1920년대의 시들에서 시작됐다고 말한다(27). 『원로 정치가』에서 주인공인 클레버튼 경은 자신이 저지른 악과 죄로 인하여 고통과 갈등이 생긴다. 그리고 주인공은 이런 고통과 갈등 속에서 용서하고 참회하여 구원에 이르게 된다. 엘리엇의 초기 시에서 보인 죄의식은 시극에서도 지속적으로 보이고 있으며 결국에는 작가가 추구하는 궁극적인 관심9)이라는 것을 알 수 있겠다.

엘리엇의 마지막 시극인 『원로 정치가』에서 그는 인간의 사랑을 찬미하고 세속적 가치를 인정하게 된다. 『원로 정치가』는 이전의 작품의 주제와는 사뭇 다르다. 헨리 휴즈(Henry Hewes)는 1958년 9월 『토요일 리뷰』('*SATURDAY REVIEW*')에서 영리하고 냉소적이고 절망적 인상을 가진 엘리엇의 작품과는 달리 『원로 정치가』는 실망스러울 만큼 단순하고 자연스러운 인정으로 가득

---

8) 나는 문화와 종교간의 본질적인 관계를 파헤치려 하며, 이 관계를 표현하기 위해 관계라는 단어의 한계를 분명히 하려 한다. 나의 첫 번째 주장은 종교와 함께 한 경우를 제외한다면 어떤 문화도 나타나거나 진전되지 않았다는 것이다. 관찰자의 입장에 따르면 문화는 종교의 산물로 보일 것이며, 그렇지 않으면 종교는 문화의 산물로 보일 것이다. (I then try to expose the essential relation of culture to religion, and to make clear the limitations of the word relation as an expression of this 'relation'. The first important assertion is that no culture has appeared or developed except together with a religion: according to the point of view of the observer, the culture will appear to be the product of the religion, or the religion the product of the culture. 1948 13)
9) 이준학 교수의 박사 학위논문 『사랑과 고통의 변증법』에서 '신은 사랑이다'는 '궁극적 관심이 사랑이다'는 의미로 해석하면서 엘리엇은 '신은 사랑이다'(God is love)라는 신의 관념을 통해 인간 실존의 고통의 문제에 대한 해답이 '사랑'임을 암시하고 있다.

차 보인다고 평했다(Grant 702). 이 극은 『대성당의 살인』이나 『가족 재회』그리고 『칵테일 파티』에서 보여준 종교적이고 엄숙한 주제가 『원로 정치가』에 와서는 악이나 결점 같은 인간다운 면이 사랑으로 극복되어 있다.

제 1막에서 클레버튼 경(Lord Claverton)은 정신적으로 공허하며, 너무 일찍 노쇠하고 병들었다. 또한 그는 낯선 사람들에게 노출되는 것을 두려워한다. 보이지 않는 감시자를 마음속에 의식하면서 살아온 클레버튼 경은 인생을 즐길 겨를도 없이 항상 양심의 가책만을 느끼며 살아왔다. 그가 정신적으로 병이 들었다는 것은 그가 과거의 기억에서 벗어나지 못한다는 점이다. 그는 과거의 기억이 현재를 결정하여 현재 살고 있지만 과거에 얽매여 사는 결정론의 시간에서 살고 있다. 결정론의 시간은 과거가 죄가 원인이 되어 그 결과로 현재까지 과거의 고통이 있는 시간이고 이런 시간은 베르그송의 '기계적 기억' (mechanical memory)이다.

그의 딸 모니카(Monica)는 아버지의 행복을 걱정하기 때문에 결혼하려는 자신의 계획까지 보류한다. 이때 그녀가 사귀었던 과거의 남자 친구가 방문하여 클레버튼 경의 과거를 폭로한다. 클레버튼 경은 잊고 있던 자신의 과거에 대한 죄의식이 살아난다. 이런 죄의식은 그가 자동차를 운전하다 죽어서 쓰러져 있는 시체를 다시 치고서 도망친 사건이다. 클레버튼은 이 사건 때문에 양심의 가책을 받고 괴로워했다. 마치 에덴동산에서 추방되어 원죄를 떠맡은 인간처럼 과거의 죄가 현재까지 유전되어 인과론적으로 삶이 결정된 얽매인 인간이다. 양심의 가책을 받아 괴로워하는 클래버튼은 과거에 속한 인간이며 베르그송의 기계적 기억에 갇힌 인간이다. 그러나 그는 과거에서 해방되고 결정론의 시간에서 벗어나기를 원한다.

『가족 재회』에도 해리에게 따라 다니는 유령인 유메니데스가 등장한다. 그가 과거의 유령에 사로 잡혀 있다는 것은 현재가 과거에 의해 결정되고 있다는 증거다. 스미스(Grover Smith)에 따르면 가족재회의 상징적이며 가공적인 유메니데스 대신 『원로 정치가』에 와서는 구체적인 극중 인물이 등장하는데 이런 등장인물은 클레버튼이 과거에 저지른 불명예스러운 죽은 자아를 기억을 통하여 그에게 불러일으키고, 그는 현재에 과거의 남자와 여자를 생생히 대면한다(Smith 244)고 말한다. 고메즈는 과거에 어떤 노인을 치고 달아난 사건인 그가 저지른 죄를 낱낱이 폭로한다. 이런 고메즈의 폭로는 클레버튼의 기억 속에서 유전된 죄의식을 불러일으킨다.

그렇다면 왜 선생님은 굴복하셨어요?
왜 배즐리를 떠나 그들에게서 피하지 않으셨어요?
그것들은 그들이 현실이 아니기 때문이지, 찰스.
그들은 단지 망령에 불과해. 내 과거에 나타난 망령.
그들은 늘 나와 함께 있었지, 다만 최근에서야
나를 괴롭히는 그 망령의 정체가 악의에 찬, 하찮은 실제 인간인 것을
알게 된 것이지. 나는 이제 나의 망령같은 존재로부터 탈출하여
실재 같은 존재로 나타나는 자신을 알게 된 것이지.

Then why should you submit?

Why not leave Badgley and escape from them?
Lord Claverton. Because they are not real, Charles.
There are merely ghosts: Spectres from my past.
They've always been with me
Though it was not till lately that I found the living persons
Whose ghosts tormented me, to be only human beings,
Malicious, petty, and I see myself emerging
From my spectral existence into something like reality. (*CPP* 569)

과거가 현재를 결정하는 결정론의 시간에는 구원이 없다. 죄는 유전(遺傳)되어 클레버튼의 기억 속에서 현재까지 지속된다. 이런 '지속'은 의식이 흘러 과거가 현재를 결정하기 때문에 현재는 없고 과거만 있다. 이런 시간은 과거의 죄가 현재에 영향을 미쳐서 고통을 가져온다. 클레버튼이 베르그송의 기계 기억의 사슬에 갇혀 있다는 증거는 "기억이 나를 괴롭힌다"(memory frets me: *CPP* 571)는 고백을 통하여 알 수 있다. 그래서 챨스는 클레버튼 경에게 배즐리(Badgley)를 떠나서 과거의 죄를 불러일으키는 고메즈나 카그힐(Carghill)에서 왜 벗어나지 않느냐고 묻는다. 이 물음에 클레버튼은 그들은 실재하지 않은 과거에서 온 자신의 유령이라고 말한다. 즉 그들은 자신의 유령

이기 때문에 그 곳을 떠난다고 그들을 피할 수 없다는 뜻이다. 클레버튼은 죽음을 생각하면서 "내가 생각하기에 나를 해방(liberation)시키는 시간과 장소가 결정되었다"(*CPP* 573)고 말한다. 이 말은 그들은 자신의 유령이기에 공간(空間)상의 도피했다고 해서 죄에서 벗어날 수 없다는 뜻이다. 또한 그들이 자신과 함께 있었으나 최근에 나를 괴롭히는 유령들을 살아 있는 사람들 속에서 발견했으며 고통의 의미를 새롭게 깨달았고 그 고통의 원인은 바로 자신이 과거에 저지른 죄 때문이라는 것이다. 이런 깨달음은 『가족재회』에서 유메니데스의 존재가 그 가족의 죄라는 사실을 깨달은 해리의 경험과도 유사하다. 과거에는 깨닫지 못한 경험을 새롭게 깨닫는 순간이 베르그송의 "순수 기억"이고 『네 사중주』에도 과거의 기억을 통해 깨달음을 얻는 구절이 있다.

> 우리는 경험을 했으나 의미를 알지 못했다.
> 의미에 접근해 보니 다른 형태로 경험이 회복되고 있다.
>
> We had the experience but missed the meaning,
> And approach to the meaning restores the experience
> In a different form. (*CPP* 186)

과거에 경험을 했지만 그때는 그 경험의 의미를 알지 못한다. 그러나 시간이 지나고 사심이 없는 지금 과거를 회상해 보니 그 순간, 과거에는 알지 못했던 의미를 새롭게 깨닫게 된다. 과거는 현재에 새로운 의미로 다가오고 새롭게 창조되는 과거의 경험은 베르그송의 순수 기억을 통해서 얻는 것이다. 즉 의미는 새롭게 깨달아 잃었던 경험을 다른 형태로 회복하는 것이다. 『원로 정치가』 2막에도 베르그송의 순수 기억의 의미를 불러일으키는 구절이 있다.

> 다만 이 상태가 지속되기를 바란다.
> 이 행복감이란! 그것이 어릴 적에 가끔 있었지만
> 그때는 알지 못했다. 그리고 그것을 의식할 만큼
> 성장해 보니 그것이 자주 찾아오지 않는군.
>
> Already. I only hope that it will last —

> The sense of wellbeing! It's often with us
> When we are young, but then it's not noticed;
> And by the time one has grown to consciousness
> It comes less often. (*CPP* 544)

클레버튼은 젊었을 때에 행복감이 가끔 있었으나 그때는 그 행복감을 알아차리지 못했다고 딸에게 말한다. 그러나 시간이 흐른 지금 행복을 의식하니 행복이 자주 오지 않는다고 말한다. 클레버튼의 이런 말은 과거가 새로운 의미로 다가와서 과거에는 의미가 없던 사건을 새롭게 깨닫는 베르그송의 순수 기억을 의미한다. 클레버튼은 젊은 시절에 행동에 얽매일 수밖에 없다. 왜냐하면 삶을 이루는 근본 법칙은 행동의 법칙이며, 행동을 해야 현재의 절박한 상황이 해결되기 때문이다. 베르그송은 『물질과 기억』(*Matter and Memory* 153)에서 "의식은 언제나 실천적인 생에 집중해야 되고, 우리는 현재에 본질적으로 감각 운동적"일 수밖에 없다는 것이다. 클레버튼은 생존을 위해 자신도 모르게 삶에 유용한 것만을 택했다. 그것은 노인을 치고도 멈추지 않은 것이다. 그 다음에 화물차가 노인을 다시 치었으나 그는 멈추었고 체포되었으나 나중에 석방되었다. 왜냐하면 그 노인은 자연사(自然死) 했음이 밝혀졌기 때문이다. 그리고 자신이 멈추지 않았다는 죄책감에 사로잡히게 된다.

세월이 흐르면 우리는 과거의 삶에 자연히 초연해진다. 이제 과거의 행동에서 자유로워진 지금 새롭게 나타난 그들은 클레버튼에게 과거에 저지른 죄의식을 불러일으킨다. 그는 과거에 몬트조이를 배신했지만 그때에는 아무런 죄의 의미를 알지 못한다. 그러나 시간이 지나고 몬트조이가 다시 나타나자 그녀에게 과거에 저지른 죄에서 새로운 의미를 깨닫는다. 이처럼 과거에는 무심코 지난 사건을 시간이 흐른 지금 사건의 의미를 새롭게 깨닫는 것은 삶에 "무관심"(disinterested)할 수 있기에 가능한 것이다. 베르그송의 『물질과 기억』은 "생에 무관심 할 수 있는 것은, 무용한 것, 비실용적인 것을 생각하고 소중히 여길 줄 아는 것과 통한다"(189)고 한다. 이 무관심한 순간에 우리는 살기보다는 나의 존재(存在)를 꿈꾸는 입장(168)에 처하게 되며, 이제까지 까맣게 잊고 있던 "과거의 전체성"(totality of the past)을 지각할 수 있다고 한다. 이것이 베르그송의 순수 기억의 힘이다.

　과거가 현재로 유전(遺傳)되는 기계 기억의 사슬에 매어 있는 클레버튼에게 과거를 깨닫게 해주는 또 다른 사람은 아들인 마이클(Michael)이다. 마이클의 존재는 역설적으로 클레버튼이 과거에서 벗어나지 못하고 있음을 말해 준다. 그는 마이클을 "자신의 존재의 연장"(prolongation of his father's existence)으로 생각하기 때문에 항상 자식을 믿지 못한다. 클레버튼은 마이클이 자동차 탈선 사고를 낸 후, 그가 교통사고를 내서 누구를 치지 않았나 하는 공포에 쌓여 있다. 그는 아들이 외국에 나가고 싶다고 하자, '사람을 치어 죽여서 그러느냐'고 묻는다. 이것은 자신이 과거에 노인을 차로 친후 도망간 사건 때문에 죄의식에 시달려 왔음을 간접적으로 보여주는 것으로 생각할 수 있다. 마이클이 부정하자 그러면 여자 문제냐고 묻는다. 이런 질문 또한 과거에 몬트조이에 대한 죄책감에서 나온 것으로 자신의 분신인 아들에게 자신의 문제가 자식에게 유전됨을 두려워하고 있음을 간접적으로 드러내 주는 것으로 그가 결정론의 시간에 갇혀 있다는 증거다. 그가 아들을 걱정하지만 아들은 클레버튼의 의도대로 움직이지 않는 사실은 모순적인 진실을 말해 준다.

　자식과의 이런 관계는 『가족 재회』의 에이미(Amy)의 태도에서 볼 수 있다. 그녀의 현재는 과거와 마찬가지로 전혀 변화가 없었고 이런 변화를 인정하지 않는 에이미의 태도는 기계 기억의 사슬에서 벗어나지 못하고 있음을 단적으로 보여준다. 에이미는 해리(Harry)에게도 변화가 없다는 것을 강요하지만 상황은 에이미의 의도와는 반대로 된다. 이제 해리는 기억을 통하여 과거에는 깨닫지 못한 것을 새롭게 깨닫는데 이것은 현재에 의식을 통해 흐르는 과거를 단절하여 현재가 과거를 변화시켰기 때문이다. 이런 순수 기억의 순간은 그의 과거에서 현재로 유전되는 죄의 의미를 깨닫게 한다. 해리는 죄의 의미를 깨닫고 속죄의 길을 간다. 이렇게 클레버튼이 죄의식에 사로잡혀 있는 것은 그가 교통사고를 내서 사람을 친 사건은 아니다. 왜냐하면 그 사람은 그가 치기 전에 죽어 있었기 때문에 정확히 말하면 그는 죄를 짓지 않았다. 그러나 사람을 치고도 멈추지 않은 사실 때문에 그는 죄책감을 모면할 수 없는 것이다. 죄에 대한 클레버튼의 생각이 일반적인 국법과 다르다는 것은 다음 말에서 알 수 있다.

> 범죄는 법과 관련되고
> 죄는 죄인과 관계되기 때문에
> 마지막 5분 동안에 차이는
> 나의 비행의 잔악함이 아니라
> 내가 고백했다는 사실이다.
>
> For the crime is in relation to the law
> The sin is in relation to the sinner
> What has made the difference in the last five minutes
> Is not the heinousness of my misdeeds
> But the fact of my confession. (*CPP* 573)

여기서 클레버튼이 고통해하는 죄는 국가법에서 말하는 죄는 아니다. 그의 죄는 하나님과의 관계가 멀어지고 끊어진 관계에서 나온 죄를 의미한다. 이런 죄는 어거스틴(Augustine 354-430)에 따르면 인간이 낙원에서 속세로 쫓겨나서, 영원한 사물에서 잠재적인 사물로, 풍족함에서 빈곤으로, 확고함에서 불안한 세계로 추방당한(성염 85) 죄를 의미한다. 또한 어거스틴은 타락한 인간 실존, 하나님을 등진 인간을 '죄를 지을 수밖에 없는 인간'(non posse non peccare: not able to sin)이라고 말한다. 이것은 하나님에서 멀어진 인간의 원죄를 말하는 것이다. 클레버튼이 지금 느끼는 죄의식은 이런 종교적 차원의 죄를 말한다. 아담이 범죄 한 후로 모든 인간은 선을 행할 수 없는 죄인이다. 자신이 죄인인 것을 알고 있는 죄인이 있고, 자신이 죄인임을 모르는 죄인이 있을 뿐이다(김영옥 35 재인용)는 말에서 클레버튼은 자신의 죄인임을 알고 있는 사람이다. 클레버튼은 "내가 마침내 그들에게서 도피할 수 있는 것은 바로 이런 만남을 통해서야. – 나는 너에게 고백을 했어: 이것은 나의 자유를 향한 첫 걸음을 이루었어, 그리고 아마 가장 중요한 것이지(It is through this meeting that I shall at last escape them. – I've made the first step taken towards my freedom, And perhaps the most important *CPP* 572)라고 말한다. 과거의 죄는 더 이상 중요하지 않다. 클레버튼이 죄를 고백했다는 것은 그가 결정론적 죄의 유전에서 벗어났다는 것이며 그가 자유를 얻을 수 있는 가능성을 확인시켜 주는 것이다.

『네 사중주』에는 엘리엇은 "병이 악화되는 것이 건강을 회복하는 길"(CPP 181)는 구절이 있다. 병이 악화되어야 의사인 그리스도가 치료를 할 수 있기 때문이다. "죄가 더한 곳에 은혜가 넘친다"(5장 20절)는 「로마서」의 말씀은 악을 구원에 이르는 시발점으로 본 것이다. 엘리엇은 「보들레르론」에서 "아무 것도 행하지 않는 것보다 차라리 악을 행하는 것이 낫다"(SE 429)고 했다. 실제로 인간이 적극적으로 죄를 지면 자신이 죄인인 것을 인정할 수 있고, 죄책감에 사로잡혀 괴로워하며, 그래서 구원받기를 갈망하게 된다. 그러나 그렇지 않을 경우 자신이 죄인이라는 의식을 갖지 못하고, 구원을 받아야 할 필요성도 느끼지 못하는 것(김영옥 35)이라는 뜻이다. 여기서 죄를 고백하면, 그의 고백은 인간과 하나님사이에 올바른 관계가 시작되는 것으로 구원의 길로 들어선다는 뜻이다. 「보들레르론」에서 "자신의 죄를 인정하는 것이 새로운 삶의 시작"(the recognition of the reality of Sin is a New Life: SE 427)이라는 엘리엇의 말도 같은 뜻이다. 이런 관점에서 클레버튼의 참회는 겸허한 자아의 방기이며 수동적 기다림의 자세이다. 클레버튼이 참회하고 있다는 것은 원죄를 깊이 자각하는 것이고, 자기를 부인하는 '비움'의 삶을 실현하는 것이다. 이런 이유로 엘리엇은 원죄에 대한 흄의 이론을 따르게 된 것이다.

엘리엇은 흄의 시와 시관을 칭찬했지만 흄이 베르그송의 제자였고 흄의 『사색』(Speculations)중 상당 부분은 베르그송의 시간 철학에 깊은 영향을 받고 썼던 점을 엘리엇은 간과했다. 엘리엇은 베르그송의 시간 철학과 사상, 가설들에 한 번 이상 혐오감을 표시했으며 변화에 환호하는 사람들에게 동조조차 하지 않았다. 엘리엇은 소르본느에서 베르그송의 강의를 들을 때 바이러스처럼 강력한 영향을 준 시간에 깊은 관심을 가졌지만 결국 시간을 사악한 질병으로 생각한다. 그래서 이 파괴적인 질병인 베르그송 사상과 싸우기 위해 스스로 만든 면역 체계를 앵글로 캐톨릭으로 생각하고 앵글로 캐톨릭의 전통과 문화를 따르고 보존하려 한다. 엘리엇은 "만일 20세기의 시대정신이 있다면 20세기 정신이 될 수 있는 새로운 정신의 선구자를"[10] 흄으로 생각한다고 말한 것은 그에 대한 영향력을 짐작할 수 있다. 1909년 흄은 이미지즘 운동에 이론적인 자극을 주었고, 시에서 급진적인 실험이 가능하도록 자극하는 동안, 엘리엇은 배빗의 지도 아래 19세기와 20세기 초기의 불란서 문학비평을 연구 중이었다. 그는 시몬즈(Arthur Symons)의 『문학에서 상징주의 운동』(The Symbolism Movement in Literature 1919)을 읽고 라포르그(Laforgue)를 모방하여 시를 썼다. 그 당시 흄은 베르그송의 제자이며 흄은 베르그송의 형이상학에 일시적으로 심취되었다. 그러나 흄은 원죄의 교리를 바탕으로 반낭만주의, 반인본주의, 반민주주의 철학을 구성하는 한편 그 당시에 풍미하던 과학의 결정론의 허구성을 밝히기 위해 베르그송의 형이상학을 사용했던 것이다.

1911년에 엘리엇은 베르그송의 강의를 듣기 위해 프랑스의 소르본느 대학을 방문했다. 흄이 1911년 3월에 볼로냐 의회에서 베르그송의 강의를 들은 것과 유사하다. 흄이 경험한 것과 똑같이 엘리엇도 "베르그송으로의 일시적 전환"(Eliot, A Sermon... 5)을 겪었다. 1916년 엘리엇은 베르그송의 형이상학을 그의 고전적 위치와 양립할 수 없는 낭만적 "감염"으로 간주했다(Webb 405). 그리고 흄도 또한 이 기간 동안 불란서 반동주의자들의 비평 이론에 흠뻑 빠져 있었다. 특히 조르즈 소렐(Georges Sorel), 모라스(Maurras), 라세르(Pierre Lasserre) 쥬리앙 벤다(Julien Benda)와 공통되는 정신적인 토대를 가진 사람들은 엘리엇과 흄에게 사상의 기반을 제공했다. 흄은 고전 정신을 계승하는 베빗과 모라스를 잇는 파스칼의 이론과 기독교의 원죄 개념을 바탕으로 루소에서 유래된 모든 낭만주의와 자유주의의 변화무쌍한 형태에 반대하는 비평의 입장을 취한 20세기 최초의 영국인이 되었다. 이런 그의 입장은 무엇보다도 원죄였다. 엘리엇은 베르그송의 제자였던 흄을 20세기의 정신의 선구자로 생각했고, 흄의 반낭만주의, 반인본주의, 반민주주의에 바탕이 되는 원죄의 교리를 조르즈 소렐(Georges Sorel), 모라스(Maurras), 라세르(Pierre Lasserre) 쥴리

---

10) *Criterion*, II, 231(April, 1924). 흄은 1917년에 죽었다. 『사색』은 1924년까지 출간되지 않았다. 그러나 엘리엇은 1910년 "대화에서 표현된 것 같이 흄의 철학적 이론들"의 시에 대한 영향력을 언급했다("A Commentary," *Criterion*, XVI (July 1937: 668). 매티슨(Matthiessen)은 엘리엇은 "개인적으로 흄을 알지 못했으나 파운드로부터 그에 관한 많은 것을 들었다고 『엘리엇의 업적』(*The Achievement of T. S. Eliot: An Essay on the Nature of Poetry*, New York, 1947, p. 71)에서 말하고 있다.

앙 벤다(Julien Benda)의 고전적 전통을 잇는 계보로 생각한다. 베빗과 모라스를 계승하는 흄은 파스칼의 이론과 원죄 개념이 바탕이 되어서 루소에서 유래한 모든 낭만주의 이론을 반대한다.

『원로 정치가』에서 클레버튼이 마침내 죄의식을 느끼고 있다는 것은 구원의 희망을 주는 부분이다. 이것은 죽어야 부활하지 죽지 못하면 생명을 다시 찾을 수 없다는 진리로, '한 알의 씨앗이 떨어져 죽으면 많은 열매를 맺을 것'이라는 요한복음의 역설의 진리와도 같은 맥락이다. 그러나 대부분의 사람은 죄의식을 깨닫지 못하기 때문에 구원으로 나갈 수 없다. 엘리엇은 「현대의 딜레마」("The Modern Dilemma")에서 전통적인 기독교의 믿음과 도덕을 수호하려면 죄의식을 회복해야 한다고 주장한다(676). 엘리엇은 죄의식의 관점에서 현대 인간의 정신적이고 영적인 상태를 진단하고 있는 것이다.『원로 정치가』에서 이런 죄의식에서 해방되는 실마리를 클레버튼경은 찰스에게 말한다.

> 세상 사람들에게 감추어야 한다고 생각하는 아무리
> 중요한 일도 모니카에게 감출 것이 없다면, 당신의
> 영혼은 자유롭다. 단 한 사람, 모든 것을 고백할 수 있는
> 상대가 일생에서 단 한 사람이라도 있다면, 법률상의
> 범죄뿐 아니라, 비열한 짓, 추악한 짓까지도, 그리고
> 어리석은 짓을 해서(누구나 그런 경험은 있게 마련이다)
> 그저 꼴사나운 결과가 돼 버린 경우라 해도 그것을 고백할
> 수 있는 상대가 한 사람 있다면 — 그 사람은 그 상대를
> 사랑하는 것이고, 그 사랑이 그 사람을 구원해 주는 것이다.

> And if there is nothing that you conceal from her
> However important you may consider it
> To conceal from the rest of the world — your soul is safe.
> If a man has one person, just one in his life,
> To whom he is willing to confess everything —
> And that includes, mind you, not only things criminal,
> Not only turpitude, meanness and cowardice,
> But also situations which are simply ridiculous,
> When he has played the fool(as who has not?) —
> Then he loves that person, and his love will save him. (*CPP* 568)

인생에서 범죄나 사악함, 비열 그리고 비겁함 뿐만 아니라 어리석은 상황을 기꺼이 고백할 수 있는 단 한 사람이라도 있고 그가 어리석은 짓을 한 그 사람을 사랑한다면 그 사랑은 그 어리석은 사람을 구원할 것이라고 클레버튼은 말한다. 그런데 모니카는 아버지를 위해 자신의 삶을 바칠 수도 있다고 고백한다. 가족 간의 사랑을 표현할 적당한 말이 없다는 모니카의 말속에서 아버지에 대한 진실한 사랑을 느낄 수 있다. 클레버튼의 종교적인 고백은 "궁극적인 가치의 종교적 개념만이 옳다는" 흄의 원죄론을 연상할 수 있다. 흄은 원죄의 교리가 종교적인 태도의 범주를 가장 가깝게 표현하는 것으로 생각했다11). 엘리엇은 「보들레르론」("Baudelaire" 1930)에서 보들레르의 참된 의미는 "죄와 구속"(Sin and Redemption)의 인식에 있었다고 전제하면서 "죄의 실체를 인식하는 것은 하나의 새로운 삶이고 그 자체가 구원의 직접적 형태"(*SE* 427)로 보았다. 이런 엘리엇의 말은 악을 선의 결핍으로 본 어거스틴이 생각과 일맥상통한 말로서 하나님의 관점에서 볼 때 인간이 선이나 악을 행하든지 인간의 유한성을 인식하고 인간의 죄를 깨닫는 것이 중요하다는 것을 보여주는 말이다. 이런 점에서 클레버튼의 과거에 대한 참회는 그를 죄의 사슬에서 벗어나게 해준다. 엘리엇의 시는 끊임없이 원죄가 인류의 유산이라는 것을 암시한다(Kim 47)는 말에서 구원에 이르는 길이 험난함을 암시하며 "인간의 역사는 끊임없이 하나님에게로 멀어져 가는 운동"(48)이라고 평한 김달용의 말에서 원죄가 한 개인의 문제이며 또한 인류의 문제라는 인식을 준다.

엘리엇이 흄의 원죄론을 따르고 베르그송의 변화의 철학을 거부하게 된 이유 중의 하나는 자신의 첫 번째 부인인 비비엔의 죽음일 것이다. 그는 한 평생을 외롭게 살다가 일흔이 다 되어서 재혼을 했다. 엘리엇이 이처럼 죄의식에 사로잡히고 도덕적 책임감에 벗어나지 못했던 것은 인간이 **원죄**를 가지고 태어났기 때문이며 이런 죄의식은 도덕적인 그의 의식을 지배했다. 이런 죄를 정화(淨化)하기 위해 그는 고행의 길을 택하지 않으면 안 되었고 이런 이유로

---

11) What is important, is what nobody seems to realize—the dogmas like that of Original Sin, which are the closest expression of the categories of the religious attitude. That man is in no sense perfect, but a wretched creature, who can yet apprehend perfection(T. E. Hulme, *Speculations* 70).

엘리엇의 전 작품에 일관되게 나오는 죄와 정화 그리고 지복의 과정이 중요한 이유가 바로 여기에 있다. 비비안(Vivienne Haigh-Wood)과의 결혼 생활은 불행했으며 견디기 어려운 시련이었고 그녀의 악화된 건강이 자신 때문이라는 죄책감이 그를 떠나지 않았다. 그녀가 정신병원에 수년 동안의 감금된 끝에 1947년 1월 22일 57세를 일기로 세상을 떠났다는 소식은 그를 더욱 고통스럽게 했다. 헤이워드(John Hayward)나 시케이스(Christopher Sykes)같은 친구들은 엘리엇의 충격과 슬픔이 엄청나서 양심의 가책과 회한의 빛이 역력했다고 증언했다(Matthews 138). 엘리엇은 아내가 죽은 후에 언제나 죄의식의 공포에 시달렸고 장례 기간에는 마비 증세가 재발할 정도로 충격이 컸다고 허치슨(Mary Hutchinson)에게 밝히고 있다(Ackroyd 284).

그의 삶이 누르는 죄의 무게만큼이나 『원로 정치가』에서 그를 지겹도록 누르는 죄의식의 짐에서 자유로운 순간이 왔으며 그것은 사랑이었다. 클레버튼경은 진정으로 자신이 사랑한 사람은 없었으며 모니카를 사랑한다고 말하면서 아버지와 딸 사이의 적나라한 이해와 고백의 어려움을 토로한다. 이런 아버지의 고백을 듣고 모니카는 진실한 자아로 돌아온 아버지의 고독한 모습을 보고 사랑과 이해로서 그를 위로한다. 스미스(Grover Smith)도 죄의 고백은 죄를 면죄해주고 죽음과의 영적 교섭을 통해 정화해 준다고 말하면서 클레버튼은 지옥에 떨어졌지만 정신적 수호신의 축복을 받으러 왔다(246)고 평하고 있다. 김달용은 후반기의 시에는 보였던 암울한 분위기는 사라지고 죄의 무게에서 눌려 온 현대 세계에 신의 현존을 어렴풋이 보여준다 (Kim 73)는 말에서 구원의 희망이 보인다.

> 놀랄지 모르지만, 나는 평화로운 기분이다. 진실을 알고서
> 회한이 뒤따르고, 회개한 후에 마음의 평화가 온다. . . .
> 자기 자신의 기만의 가면을 쓰고 살은 그 사람을, 그 가면을
> 쓴 자신을 믿게 되었기 때문이지.
> 이제 나는 사랑이란 무엇인가를 알게 되었다. . . .
> 나는 네가 있는 그대로를 사랑할 수 있는 한 남성을
> 발견한 것이 행복하다.

Lord Claverton. This may surprise you: I feel at peace now
It is the peace that ensues upon contrition
When contrition ensues upon knowledge of the truth. . . .
The man that I pretended to myself that I was,
So that I could believe in my own pretences.
I've only just now had the illumination
Of knowing what love is. We all think we know, . . .
And I am happy, Monica, that you have found a man
Whom you can love for the man he really is. (*CPP* 581)

클레버튼경은 지금 평화를 느낄 수 있는 것은 과거를 참회(contrition)했기 때문이다. 회개는 자신에게 마음의 평화를 가져온다. 『황무지』에서 샨티를 찾던 엘리엇의 심정은 이제 『원로 정치가』에서 노 정치가의 마음에서 평화를 찾는다. 어거스틴의 "당신은 우리를 당신을 향하여 살도록 창조하셨으므로 우리 마음이 당신 안에서 쉴 때까지는 편안하지 않았습니다"(『고백록』 19 1990)는 고백처럼 자신의 모든 욕심을 하나님에게 맡길 때 즉 하나님 안에서 참 평화와 사랑을 발견한다는 말이다. 기쉬에 따르면 하나님의 뜻을 따를 때 평화를 성취하는 마음은 자기 자신의 모든 의지를 잃어버린 후에 온다(72) 말한 것도 같은 맥락으로 이해 할 수 있겠다. 그리고 그는 진정한 사랑이 무엇인가를 아는 깨닫는다. 그는 자신의 딸인 모니카가 진실한 그 남자에게서 사랑을 발견했다는 말에 행복함을 느낀다고 고백한다.

그리고 마이클―그 애가 나를 버렸지만, 나는 그 애를
사랑한다. 왜냐하면 그 애가 버린 나를 나도 또한 버렸기
때문이다. 나는 내가 대단한 사람이나 된 체하고 가장했던
자신으로부터 해방되었다. 그리하여 나는 아무 것도 아닌
사람이 됨으로써 다시 살기 시작한다. 한 번 죽어 보는 것
도 해볼 만한 일이다. 삶이 무엇인가를 알게 되니까.
너에게는 아버지 이상으로 사랑하는 사람이 있다는 것을
알고 네가 그 사람을 사랑하고 사랑 받고 있다는 것을 알
기 때문에 나는 더 진정으로 너를 사랑하게 된다. 내 딸이
여, 그리고 이제 내가 마이클을 사랑하게 되니, 알겠나, 이
것은 처음 있는 일이다―나는 사랑의 실천에서 초심자에

불과하다는 생각이 드는구나. 이것은 대단한 일이구나.

I love him, even for rejecting me,
For the *me* he rejected, I reject also.
I've been freed from the self that pretends to be someone;
And in becoming no one, I begin to live.
It is worth while dying, to find out what life is.
And I love you, my daughter, the more truly for knowing
That there is someone you love more than your father —
That you love and are loved. And now that I love Michael,
I think, for the first time — remember, my dear,
I am only a beginner in the practice of loving —
Well, that is something. (*CPP* 582)

클레버튼은 아들을 존재의 연장으로 생각했으며 과거에 저지른 악행에서 생긴 죄의식에 싸여서 자식과 딸에 집착했다. 그러나 아버지의 그늘 아래에 있던 마이클이 아버지의 간섭에 반발하고 외국으로 떠나 독립하려 한다. 진정으로 자식을 소유할 수 없다는 것을 깨달은 클레버튼은 자식은 물론 어느 누구와도 하나가 될 수 없다는 것을 알게 되었을 때 자신이 지금까지 간직한 정체성을 잃으면서 동시에 얻게 된다. 인생이 무엇인가를 알기 위해서 죽을 가치가 있다는 클레버튼은 모니카가 자신보다 챨스를 더 사랑하고 있다는 사실을 알았음에도 챨스를 사랑한다고 말한다. 이제 챨스를 사랑할 수 있고 자신은 사랑을 실천하는 초보자며 그것이 중요하다고 고백한다. 모니카에게 집착했던 클레버튼이 그녀에게서 벗어나는 것이 죽음과 같은 고통이지만 그녀를 놓아주는 것이 새로운 삶을 시작하는 출발점인 것을 깨닫는다. 클레버튼은 이제 모니카의 곁을 떠나면서 챨스에게 '지금처럼 언제나'(now and always) 그녀를 돌봐 달라고 부탁한다. 이때 클래버튼이 느끼는 마음의 평화는 인간에 대한 집착에서 벗어나서 얻는 것이다. 이런 평화는 회개를 한 후에 자신의 모든 것을 버린 후 에 얻는 것이며 이 순간 그는 진실한 자아를 찾는다. 모니카와 챨스에 대한 올바른 사랑은 참회를 해서 하나님과 올바른 관계가 정립된 후에 나온 축복이다. 이런 은총은 클레버튼에게서 자신이 간직해온 거짓된 과거가 없어지는 경험 즉 의식 속에서 죄가 끊어질 때 가능하며 새로운 자아가 탄생하는 순간이다. 이런 변화는 종교에서 말하는 근본체험이며 신비주의에서 말하는 신비 체험이다.

신비 체험을 통한 의식 세계는 신비 체험가들이 경험하는 내면세계이며 이런 의식 세계의 경험을 엘리엇도 1913-1914년 하버드 재학의 마지막 해에 성인과 신비가에 대한 많은 책을 읽었고 경험12)했다. 엘리엇의 삶을 압도한 것은 강한 신비 경험인 것이다. 이런 체험을 통한 의식 세계는 신비 체험가들이 경험하는 내면세계이며 이런 의식 세계의 경험을 엘리엇도 하버드 대학 시절에 경험13)했다. 그러나 엘리엇은 자신을 신비가 라고 하지 않고 항상 신비주의에 관심14)을 가졌다고 말했다. 엘리엇은 성요한의 십자가를 제외하고는 진정한 시인이자 신비가는 없다고 말한다. 신비 경험을 하는 모두가 신비가가 될 수 없다는 엘리엇의 말속에는 신비 체험의 강도가 얼마나 깊은지가 기준이 된다. 1913-1914년에 엘리엇은 「베르그송에 관한 논문」에서 베르그송의 사상을 다음과 같이 평했다.

"베르그송의 비평가들이 베르그송을 신비가로 불러 주도록 이끌었던 암시, 절대를 향하여 이끄는 암시(暗示) 이상의 암시, 나는 이런 명칭으로 언쟁

---

12) "About the same time that Eliot graduated from Harvard College, while walking one day in Boston, he saw the streets suddenly shrink and divide. His everyday preoccupations, his past, all the claims of the future fell away and he was enfolded in a great silence." Lyndall Gordon, *Eliot's Early Years* (Oxford: Oxford University Press, 1977.), p. 15.
13) "About the same time that Eliot graduated from Harvard College, while walking one day in Boston, he saw the streets suddenly shrink and divide. His everyday preoccupations, his past, all the claims of the future fell away and he was enfolded in a great silence." Lyndall Gordon, *Eliot's Early Years* (Oxford: Oxford University Press, 1977.), p. 15.
14) "I don't think I am a mystic at all, though I have always been much interested in mysticism. . . . With me certainly, the poetic impulse is stronger than the mystical insight, at one time or another, of an unsystematic kind. No doubt Wordsworth and Vaughan and Traherne and even Tennyson, I believe, had had some curious mystical experiences. But I can't think of any mystic who was also a fine poet, except Saint John of the Cross. A great many people of sensibility have had some more or less mystical experiences. That doesn't make them mystics. To be a mystic is a whole-time job-so is poetry. Paul Murray, *T. S. and Eliot and Mysticism* (London: Macmillan, 1991), p. 1

하고 싶지 않다. 이런 암시가 현재의 베르그송의 작품 속에서 고심하여 나타나 있어도 그 암시는 약골의 신비주의다.

"suggestions, more than suggestions, of leading toward an absolute; suggestions which have often led Bergson's critics to call him mystic. With this appellation I am not disposed to quarrel; though as at present elaborated in Bergson[work], it is rather a weakling mysticism. . . ."15)

엘리엇이 베르그송의 작품을 허약한 신비주의로 본 것은 절대와의 합일과 같은 신비 체험의 강도가 약한 것을 문제로 삼은 것 같다. 엘리엇을 신비주의로 인도한 언더힐도 예술적 신비가를 "인류의 대사"(the ambassador of the race)(Underhill, "The Mystic as Creative Artist," 400)로 간주하고 그들을 초월과 현실 세계를 이어주는 중계자로 평가하고 있다.

클레버튼의 사랑에 대한 태도 변화는 캐롤 스미스(Carol H. Smith)가 엘리엇 100주년 축하 강좌(T. S. Eliot Centennial Celebration Lectures)에서 "자신이 1962년 『원로 정치가』에 관한 글을 쓸 때 엘리엇은 아직 살아 있었고 나는 그 때 엘리엇이 인간의 사랑을 수용하고 구원의 길로서 긍정의 길(Affirmative Way)을 가는 가장 먼 길을 『원로 정치가』에서 보았으며"(Brooker, 148), 인간에 대한 새로운 사랑을 깨닫고 작품 속에 구현했다고 평했다. 에디버러(Edinburgh)에서 헨리 휴즈도 엘리엇과의 70번째 생일날의 인터뷰에서 "『원로 정치가』는 이 전의 어떤 극보다 인간다운 엘리엇을 드러내 주고 보편적인 것을 준다고 말하면서 엘리엇이 서로 주고받는 사랑은 항상 그를 젊어지게 하며 결혼하기 전에 더 젊었지만 늙었고, 이제 더 나이가 들었지만 60세 때 보다도 더 젊음을 느낀다고" 증언하고 있다. 이런 증언은 물론 그가 재혼해서 변화된 의식을 삶에 반영하는 것으로 보아야겠다. 휴즈는 『원로 정치가』에는 신(God)이라는 단어가 전혀 언급되지 않았지만 주요 등장인물이 구원과 평화로운 죽음으로 가는 길에서, 그가 사랑하는 사람에게 고백하며 흔히 캐톨릭의 태도인 죽음과 영원(eternity)에 대한 엘리엇의 개인적 태도를 불러일으킨다고(Graham

---

15) Eliot, T. S. "A Prediction in Regard to Three English Authors, Writers Who, Though Masters of Thought, Are Likewise Masters of Art." *Vanity Fair* 21.6 (1924): 22.

Clark Ⅲ 428) 말한다. 이런 휴즈의 평에서 『원로 정치가』는 사랑이라는 주제가 가장 부각되어 나타나지만 그 배후에는 등장인물을 종교적인 구원으로 이끌어 가고 있음을 알 수 있다.

  챨스   낯설지 않아요.
    죽은 자가 살아 있는 생명에게 축복을 쏟아 주었지요.
  모니카. 나이와 노쇠는 더 이상 나에게 공포를 줄 수 없어,
    상실과 변화도 나를 오싹하게 하지 않아,
    죽음조차도 나를 놀라게 하거나 당황하게 할 수 없어
    불변하는 사랑을 확신하기 때문에
    나는 당신 안에서 완전히 안전함을 느껴
    나는 당신의 일부야. 이제 나를 나의 아버지에게 데려다 줘.

  Charles.   It is not at all strange.
    The dead has poured out a blessing on the living.
  Monica. Age and decrepitude can have no terrors for me,
    Loss and vicissitude cannot appall me
    Fixed in the certainty of love unchanging.
        I feel utterly secure
  In you; I am a part of you. Now take me to my father.
      CURTAIN

『원로 정치가』에서 클레버튼의 모니카에 대한 진정한 사랑은 그가 자신의 정체성을 깨달아 갈 때 가능하다. 그가 자식에 대한 집착을 버리고 딸을 챨스에게 맡기고 떠난 후 지금 그는 진정한 자신의 모습을 찾는다. 모니카는 챨스에게 확신에 찬 사랑의 고백을 하고 아버지를 걱정하면서 자신을 아버지에게 데려 달라면서 끝맺는다. 고메즈와 카그힐여사는 클레버튼에게 과거의 죄를 깨닫게 해주며 클레버튼이 과거와 단절하는 계기를 주었다. 그러나 모니카는 과거를 고백하고 죄를 뉘우치는 아버지를 받아들이고 사랑으로 감쌌다. 틸리히(Tillich)는 하나님의 사랑을 '관계하시는' 하나님의 속성에 속하는 존재론의 개념으로 설명한다. 그에 따르면 사랑은 연합(聯合)의 원리이다. 분리되고 나누어진 것이 다시 하나로 합하는 것이 사랑의 본질이다. 모든 사랑은 분리를

극복하려고 한다. 남녀의 사랑은 본래 하나님의 형상이었던 남자와 여자의 결합을 추구한다. 아가페의 사랑은 죄로 소외되고 떨어진 인간과 인간, 인간과 다른 존재자들, 인간과 자연, 마침내 인간과 자신의 존재 근거인 하나님과의 화해를 추구한다(김경재 26)고 보았다. 이런 폴 틸리히의 사랑에 대한 견해로 볼 때 클레버튼의 자기 방기(放棄)는 모니카가 찰스와 새롭게 결합하는 사랑을 찾게 만든다. 이런 점에서 엘리엇의 마지막 작품인『원로 정치가』는 사랑이라는 주제가 부각되는 작품으로 평가된다.『원로 정치가』는 인간적 사랑을 통하여 등장인물들이 자신들의 정체성을 찾아가나 그 배후에는 죄의 문제가 끊임없이 도사리고 있기에 죄의 참회와 하나님의 은총은 필수적이다.

『원로 정치가』에서 베르그송의 순수 기억의 힘은 주인공을 과거의 사슬에서 벗어나서 결정론에서 해방시켜 주지만 주인공을 과거와 미래의 죄에서 구원할 수는 없다. 여기서 베르그송의 순수 기억의 효과는 그 한계가 드러난다. 죄를 정화해 주는 길은 긍정의 길과 부정의 길의 두 가지가 있다.『『가족 재회』의 해리는 속죄의 길인 부정의 길을 택하고『원로 정치가』에서 클레버튼은 사랑으로 인한 긍정의 길을 택한다. 이 두 가지 길은 주인공에게 죄의 문제를 해결해 주고 구원을 주는 길이다. 스미스(Carol H. Smith)는 엘리엇의 극이 신비주의 긍정의 길(Affirmative Way)을 극화시켰다면, 엘리엇은 자신의 개인적 기쁨과 궁극적 평화를 표현하는 극적 수단을 표현하지 않았을 것(151)이라 평하며 엘리엇은『원로 정치가』를 아내에게 헌정 한 것이고, 이 헌사에서 쓴 시에서 보여준 상보적 사랑만이 개인적 메시지를 보다 직접적으로 보여 주고 있다고 말하고 있다(Brooker 151). 이런 스미스의 논평은『원로 정치가』의 문제가 개인의 문제만은 아니라는 암시한다. 클레버튼의 선택한 긍정의 길과는 달리『대성당의 살인』에서 베켓의 죽음은 신의 차원인 신의 뜻을 완수하는 부정의 길로 볼 수 있다. 이생에서의 죽음은 죄의 대가이고 하나님의 차원에서는 재결합이므로 새로운 시작이다.

『네 사중주』의 시작 속에 끝이 있고 끝 속에 시작이 있다는 구절은 이런 차원의 시간으로 이해될 수 있다. 이런 시간의 관점은 기독교의 시간이며 순교는 종말이 아니라 시작이고 시간 속에 무시간이 오는 정점의 경험이다. 그의 시속에서 줄곧 표현하려 한 정점의 경험이나 시간과 무시간의 교차의 순간 인 성육화는 『대성당의 살인』에서 상징적으로 잘 표현되어 있다. 절대적 판단 과 자비를 찾으려는 해리의 결심은 대주교 토마스가 순교하려는 "시간 세계를 넘어서"(*CPP* 274)는 결의에 찬 믿음과 같으며 해리와 토마스 대주교의 믿음 은 시간 속에 무시간을 경험한 순간이기도 하다. 여기서 『가족 재회』와 『원로 정치가』에서 보이는 시간과 무시간이 만나는 종교 세계는 『네 사중주』의 종 교 세계와도 크게 다르지 않음을 확인 할 수 있다.

이런 엘리엇의 시간은 "항상 현존하는 것"을 영원한 현재인 "정지된 현재 (standing Now= *nunc stans*)"로 보고 과거와 미래가 이 정점(靜點)에서 과거 가 속죄되면 변화되고, 과거에 실현되지 못한 가능성('what might have been') 이 실현된다고 믿었다. 이런 엘리엇의 영원한 시간에 대한 관점은 과거와 현 재가 합쳐 항상 새로운 현재를 창조하나 현재가 과거와 합류하여 과거를 변화 시키는 베르그송의 순수 기억과는 다르다. 엘리엇은 고정된 영원한 현재 (eternal now)에서만 과거의 죄와 미래의 공포에서 해방되어 새로운 존재로 변 한다고 보았다. 이런 엘리엇의 시간관은 그의 사유 체계와 관계가 있다. 엘리 엇은 희랍적 유산인 이성을 헤겔, 칸트로 이어지는 서구의 전통적 사유 근거 로 인정했기 때문에 베르그송이 초기의 철학에서 이성(理性)을 소홀히 다룬 것에 공감을 얻지 못했고, 신비주의의 핵심인 절대와의 합일과 같은 종교적인 경지에 베르그송이 이르지 못했다고 베르그송을 거부한 것이 아닌가 생각된 다. 나중에 엘리엇이 이런 이유 때문에 베르그송의 신비주의를 '허약한 신비 주의'(weakling mysticism)로 생각하게 된다. 엘리엇에 따르면 "고전적 신비주 의는 비개성적이다. 그것은 위생서(衛生書)처럼 비개성적이며 어디에도 전기 적 요소가 없다. 감정이나 감각적인 것도 있을 수 없다."16) 그러므로 「전통과 개인의 재능」에서 확립한 '비개성 시론'의 기준에 부합하는 것이다. 이런 관 점에서 엘리엇은 유럽의 전통을 계승한 시인으로 단테나 십자가의 성요한을 진정한 신비가로 생각한다. 단테는 자신의 감정을 믿음으로 승화하여 정신적

---

16) T. S. Eliot, "The Clark Lectures on the Metaphysical Poetry of the Seventeenth Century, with Special reference to Donne, Crashaw and Cowley." *Eliot Collection*, Houghton Library, Harvard University. 3:7-9

인 질서의 세계에 살고 있다고 엘리엇은 말한다("From Varieties of Mysticism..." 110-11). 이런 엘리엇의 시각에서 볼 때 단테는 자신의 감정을 믿음으로 승화했지만, 베르그송은 그의 초기 작품인 시간과 자유의지에서 가장 싫어했던 감정이나 감각 그리고 느낌들을 내면의 깊은 자아와 관련지어 중요하게 평가했고 그가 중시했던 지성은 내면세계의 진실을 공간화하여 양으로 치환했다고 평가절하 한 것을 못마땅해 했을 것이다.

결국 엘리엇이 초기에 지속과 직관의 형이상학에 많은 영향을 받았으나 흄(T. E Hulme)이나 배빗(Babbitt), 언더힐(Underhill)같은 전통론자의 영향과 종교인 앵글로 카톨릭에 자신의 정체성을 두었기 때문에 베르그송을 거부하게 된 것으로 보아야 한다. 그리고 그의 직관에 대한 평가는 미들튼 머리(John Middleton Murry)와의 논쟁17)에서 확연히 드러난다. 엘리엇이 이성을 존중하고 직관을 싫어하는 입장은 그가 베르그송의 순수 기억에 많은 빚을 지고 있다는 점에서 그의 이중적인 태도를 볼 수 있겠다. 그의 이런 이중성은 브레들리인이라고 천명하고서 브레들리 철학의 한계를 발견하고 브레들리를 부정했던 점과, 낭만주의 시에 많은 영향을 받았으면서도 낭만주의 시인을 매도한 그의 태도에서 찾을 수 있다.

III

지금까지 베르그송의 순수 기억과 같은 베르그송의 개념들로『원로 정치가』의 주인공인 클래버튼의 의식의 변화 과정을 해석하고 그 한계를 밝혔다. 그러나 베르그송의 개념들로『원로 정치가』를 해석하는 과정이 초점이 되지는 않았다. 이런 베르그송적 해석은 목적지로 가는 한 과정인 것이다. 『원로

---

17) "나는 사전에서 직관이라는 단어를 삭제하고 싶지는 않다. . . . 나는 직관이 담론의 세계에서 그 자리를 찾아야 한다"고 주장한다. 그는 직관의 역할을 축소하고 이어서 "직관의 천부적 재능"을 거절하지는 않지만 "우주를 해결하는 열쇠로" 생각해서는 안 된다고 주장한다. Eliot, T. S. "Mr. Middleton Murry's Synthesis", *Criterion*, 1927 *T. S. Eliot's Publications In the Criterion*: 1922-39, pp. 77-8.

정치가』에서 기계적 기억에 갇혀 있는 클레버튼은 베르그송의 순수 기억으로 인하여 과거의 죄를 깨닫는 계기가 되었다. 그러나 순수 기억은 죄의 문제를 해결해 주지는 못한다. 죄의 문제를 해결하여 구원에 이르는 기독교의 진리는 엘리엇에 끼친 베르그송의 영향의 한계를 드러내 준다. 엘리엇은 베르그송의 기억이론에 영향을 받았으면서도 베르그송을 부정하는 이중적 자세를 취한다. 엘리엇의 이런 이중성은 또한『이신을 좇아서』에서 인도 철학이 주는 깨달음의 경지를 경외하면서도 자신의 정체성이 기독교에 있다고 생각하여 동양철학의 심오한 경지로 나아가는 것을 포기하기도 한다.

한 작가의 작품에는 작가의 정신적 세계가 담겨 있기 때문에 작가의 사유 체계와 정신적 편력은 중요한 의미를 띤다. 이런 이유로 엘리엇의 사유 체계를 밝히려는 시도들은 작가의 마지막 작품인『원로 정치가』의 해석에 도움을 줄 것이다. 엘리엇은 초기 시에서 현대인을 우유부단하고 불안하며 철저히 단절된 자아를 보여주었으나 철학적이고 사색적인『네 사중주』를 거쳐 시극인,『가족 재회』와『원로 정치가』에서는 개인에서 가족의 문제로 주제를 옮겼다. 이처럼 가족의 문제를 시극의 중심으로 옮기게 된 것은 엘리엇의 재혼과 깊은 관계가 있다(Grant 704). 스미스(Carol H. Smith)에 따르면 엘리엇은『원로 정치가』에서의 클레버튼의 정신을 치료하는 모니카의 사랑을 자신이 아내인 발레리(Valerie)에서 찾은 행복과 동일시했다(Brooker 150)고 말하고 있다. 이런 점은 엘리엇이 가족 간의 관계를 통해 주인공이 정체성을 찾는 과정을 그리면서 한 개인의 문제가 아닌 가족의 문제로 주제를 변화했고 또한 이런 인간에 대한 변화된 생각을 시극에서 구현했다.

『원로 정치가』에서 과거에 클레버튼이 저지른 죄는 과거의 친구인 고메즈와 연인이었던 몬트조이와의 만남에서 일어난다. 그는 과거에 거주하는 유령을 이해할 뿐만 아니라 이런 기억을 통해 유령과의 만남으로 죄를 인정한다 (Grover Smith 246). 과거에서 단절되고 싶고, 기억에서 지우고 싶었던 과거는 묘하게도 기억을 통해서 과거의 죄를 깨닫는 계기가 된다. 기억은 자신이 받는 고통의 의미를 찾는 계기가 되며, 고통의 원인은 자신이 과거에 저지른 죄라는 사실을 깨닫는다. 죄의 정화를 위해『가족 재회』에서 보여주는 부정의 길인 '속죄의 길'을 그는 택하지 않는다. 지금까지 클레버튼은 거짓된 자아의 탈을 쓰고 위선적 삶을 살았다. 과거의 죄를 상기시켜 주는 친구와 애인으로 인해 거짓된 클레버튼의 자아는 들어나고 위선적인 자신의 정체가 딸과 아들에게 통체로 드러난다. 이때 클레버튼은 자신의 모습을 딸인 모니카에게 솔직히 고백하고 참회18)하고 용서를 구한다. 존스(David E. Jones)에 따르면 엘리엇의 극에서는 하나님과 창조물 사이에 관계가 깨지고 무질서가 자연의 세계를 지배하고 있으며, 이 무질서는 원죄 때문에 인간 속에 끊임없이 지속되지만 그리스도의 속죄는 창조 속에 내재해 있는 질서의 회복을 가능하게 해주며 모든 사람이 회복하는 방법을 제공했다고 말한다(76). 여기서 속죄는 과거의 모든 죄를 면해 주는 것이다. 클레버튼은 이런 "만일 어떤 사람이 자기 일생에서 그가 정말 모든 것을 고백할 단 한사람이라도 있다면 그는 그 사람을 사랑할 것이며, 그 사랑은 그를 구원할 것이라(*CPP* 568)"는 고백을 한다. 이런 고백은 사랑의 의미를 깨닫게 해준다. 모니카는 이런 아버지를 용서하고 더욱 사랑하게 된다. 클레버튼은 이때 진정한 자아로 거듭나는 경험을 겪는다. 이때는 거짓된 자아가 죽고 진실한 자아가 태어나며, 사랑을 통해 죽지만 새롭게 부활되며(Smith 247), 끝이 아닌 새로운 시작이 된다.

주제로 볼 때『원로 정치가』는 결국 인간의 사랑을 수용하고 구원의 길인 은총을 기쁘게 수용한다고 볼 때「마리나」(Marina)를 회상케 한다(Grover Smith 247)는 말속에서 엘리엇이 평생 동안 추구해온 고난의 부정의 길보다 새롭게 택한 사랑과 은총을 얻는 긍정의 길을 제시하고 있다. 이런 사랑의 깨우침은 클레버튼에게 자신은 사랑을 실천하는 초보자며 사랑의 실천이 중요

---

18) 카톨릭으로 귀의한 직후인 1929년에 발표한「성회 수요일」제 3부에서 엘리엇은 신의 길로 나아가는 것은 무엇을 의미하는가를, 빙빙 돌아서 위로 올라가는 계단에 비유하여 아름다운 이미지로 표현하고 있다. 이 계단은 정신적 전환의 과정에 대한 비유로서 시인은 이 계단의 굽이를 하나하나 올라가면서 방기와 뉘우침의 눈길로 죄의 세계를 뒤돌아본다. 악마와 싸우고 있는 허상들이 난간에 매달려 있는 계단이 캄캄하여 안 보이자 이제 신으로 나아가는 축복의 이미지가 황홀하게 눈앞에 전개된다. 한편으로 과거의 죄를 뉘우치고, 한편으로 신을 향하여 축복을 기대하는 양면적 자세는 이 시의 모티프인 바, 그것은 카톨릭으로 귀의한 직후의 시인의 심경을 잘 드러내 보이는 바 자서전적 일면이다(이창배 109-110).

하다고 고백한다(*CPP* 582). 클레버튼이 모니카와 마이클에 대한 집착에서 벗어나는 것은 죽음과 같지만 새로운 삶을 시작하는 출발점이기도 하다. 이런 점에서 엘리엇이 「보들레르론」에서 "아무 것도 행하지 않는 것보다 악을 행하는 것이 더 낫다, 왜냐하면 그것은 우리의 존재 이유이기 때문(*SE* 429)"이라는 역설의 논리는 "죄의 실체를 인식하는 것이 새로운 삶이고 그 자체가 구원의 직접적인 한 형태"(*SE* 427)라는 말과도 같은 맥락인 것이다. 이런 관점에서 모든 것을 빼앗기고 아무 것도 남지 않는 이런 클레버튼의 실존적 상황은 그를 새롭게 거듭나는 계기가 된다.

클레버튼은 이제 모니카의 곁을 떠나며 찰스에게 그녀를 '지금과 언제나(Now and Always)' 돌봐 달라고 부탁할 때 그는 인간에서서 마음의 평화를 느낀다. 엘만(Richard Ellmann)은 엘리엇의 모든 작품에 충만해 있는 주제는 다양한 형태로 나타나는 사랑이라고 쓰고 있다(449). 이런 평화는 모든 것을 하나님에게 맡긴 평안이며 "하나님의 뜻 속에 우리의 평화가 있다"(In His will is our peace, Dante's line)[19]는 단테의 평화다. 클레버튼은 관대한 마음으로 너도밤나무 아래에서 평안히 죽으려 하며 모순적이게도 뱃글리 정원에서 평화를 발견한다. 모니카의 찰스에 대한 올바른 사랑은 하나님과의 바른 사랑에서 오는 것이며 하나님과의 축복을 받을 때에 가능하다. 이런 은총은 클레버튼이 자신의 과거를 단절시키고 현재에서 과거와 미래가 오는 '영원한 현재'의 순간을 경험하게 한다. 이 순간은 정점(靜點)의 순간으로 과거의 죄가 끊어지며, 시간 속에 무시간이 들어오는 순간으로 인간의 죄가 그리스도의 사랑에 의해 씻기는 순간이다. 이런 순간은 신비주의에서 말하는 신비 체험이며 종교에서 말하는 근본 체험이기도 하다. 이런 근본 체험은 클레버튼에게 과거의 관계를 끊고 정신적 각성과 깨달음을 주인공이 얻는 과정으로 정신적인 변화를 일으키고 이런 정신적 각성은 모니카와 마이클의 진실한 사랑을 일깨운다.

이 극은 인간들 사이의 관계에서 구체적인 사랑의 의미를 발견한 것 같지만 단순히 인간들만의 관계는 아닌 것 같다. 인간 사이의 화해를 이루기 위해

---

[19] Eloise Knapp Hay의 *T. S. Eliot's Negative Way*, p. 163에서 재인용.

서는 죄의 참회 그리고 온전한 방기(放棄)를 통하여 정죄가 이루어져야하고, 인간사이의 사랑을 통한 화해 그리고 절대적 타자의 은총이 필요하다. 그런데 인간이 죄를 지을 수밖에 없는 것은 인류 공동의 문제인 원죄가 배후에 도사리고 있기 때문이다. 따라서 주인공이 자신의 정체성을 찾는 것은 단지 자신만의 문제가 아니고 공동체와의 관계 더 나아가서 하나님과의 올바른 관계에 서만 해결될 수 있다는 것을 보여주려는 것이라 하겠다.

주요어 (Key Words): 앙리 베르그송(Henri-Louis Bergson), 흄(T. E. Thomas Ernest Hulme), 순수기억(pure memory), 원죄(original sin), 죄의식(guilty consciousness), 정체성(identity), 영원한 현재(Eternal Now)

인용문헌

김경재.『폴 틸리히 신학 연구』. 서울: 대학기독교 출판사, 1987.
김진성.『베르그송 연구』. 서울: 문학과 지성사, 1985.
김홍호.『노장사상과 무문관 해설』. 서울: 풍만 출판사, 1984.
김영옥.『성 어거스틴 신학에 비춰본 T. S. Eliot 시』. 성균관대학교 박사학위 논문, 1996.
선한용.『시간과 영원』. 서울: 성광문화사, 1986.
이명섭.「*Four Quartets*와 태장계 만달라에 육화된 자비와 신앙」.『T. S. 엘리엇 연구』. 한국T.S.엘리엇학회, 창간호 (1993): 117-94.
이준학.「T. S. Eliot의 시와 시극에 나타난 '궁극적 관심'」.『영어 영문학』. 한국영어영문학회, 40 (1994): 43-62.
____.「사랑과 고통의 변증법」. 고려대 박사학위논문, 1990.
이창배.『T. S. 엘리엇 전집』. 서울: 민음사, 1988. 12.
____.『T. S. 엘리엇 연구』. 서울: 민음사, 1988. 12.
Jeo-Yong Noh. *T. S. Eliot's Publications in* The Criterion: *1922-1939*. Seoul:

Dongin Publishing Company, 1995.

Ackroyd, Peter. *T. S. Eliot*. London: Hamish Hamilton, 1984.

Armstrong, Christopher J. R. *Evelyn Underhill* (1875-1941). London: Mowbrays, 1975.

Auguistine, Saint. *The Confessions of St. Augustine*. Trans. John K. New York: Doubleday & Co, 1970.

____. *Confessions*. 선한용 역. 『성 어거스틴의 고백록』. 서울: 기독교서회, 1990.

____. *De Vere Religion*. 성염 역주. 『아우구스티누스: 참된 종교』. 서울: 분도 출판사, 1989.

Bergonzi, Bernard. *T. S. Eliot*. New York: Macmillan, 1972.

Bergson, Henry. *Creative Evolution*. Trans. Arthur Mitchell. New York: Henry holt and Company, 1913.

____. *Time and Free Will: An Essay on the Immediate Data of Consciousness*. Trans. F. L. Pogson. London: George Allen & Unwin Ltd, 1910.

____. *Matter and Memory*. Trans. N. M. Paul and W. S. Palmer. New York: Humanities P, 1988.

Bergsten, Staffan. *Time and Eternity, A Study in the Structure and Symbolism of T. S. Eliot's Four Quartets*. London: William Heinemann, 1960.

Brooker, Jewel Spears, ed. *The Placing of T. S. Eliot*. Columbia and London: U of Missouri P, 1991.

Brun, Philip Le. "T. S. Eliot and Henry Bergson." *Review of English Studies* xviii (70) (1967): 149-61.

Childs, Donald J. "T. S. Eliot's Rhapsody of Matter and Memory." *American Literature* Vol. 63, No. 3 (September 1991): 474-88.

____. "T. S. Eliot: From Varieties of Mysticism to Pragmatic Poesis." *MOSAIC* 22.4 (1989): 99-116.

Clarke, Graham. *T. S. Eliot Critical Assessments* I II III IV. London:

Christopher Helm, 1990.

Douglas, Paul. *Bergson, Eliot, and American Literature*. Kentucky: U of Kentucky P, 1986.

Edel, Leon. *The Modern Psychological Novel*. Gloucester: Peter Smith, 1972.

Eliot, T. S. *The Complete Poems and Plays of T. S. Eliot*. London: Faber and Faber, 1969. [*CPP*로 표기]

_____. *After Strange Gods: A Primer of Modern Heresy*. London: Faber and Faber, 1934. [*ASG*로 표기]

_____. *Selected Essays*. London: Faber and Faber, 1932. [*SE*로 표기]

_____. *The Use of Poetry And The Use of Criticism*. London: Faber and Faber, 1933.

_____. *Notes towards the Definition of Culture*. London: Faber and Faber, 1949.

_____. "The Modern Dilemma." *The Christian Register: A Journal of Free Churches* (1933): 676.

_____. *The Sacred Wood: Essays on Poetry and Criticism*. New York: Methuen, 1960.

_____. "A dialogue on Dramatic Poetry." *Selected Essays*. London: Faber and Faber, 1972. 46.

_____. "Draft of a Paper on Bergson." Ms. 1910-11, Eliot Collection, Houghton Library, Harvard University.

_____. "Mr. Middleton Murry's Synthesis." *Criterion* 6 (Oct. 1927): 340-47.

_____. "Notes on Bergson's Lectures." A Manuscript in the Eliot Collection, Harvard University.

_____. "A Sermon Preached at Magdalene College Chapel by T.S. Eliot, O.M." Cambridge: Cambridge UP, 1948.

_____. "A Prediction in Regard to Three English Authors, Writers Who, Though Masters of Thought, Are Likewise Masters of Art." *Vanity Fair* 21 (Feb. 1924): 29, 98.

_____. "The Clark Lectures on the Metaphysical Poetry of the Seventeenth Century, with Special reference to Donne, Crashaw and Cowley." Eliot Collection, Houghton Library, Harvard University.

Gish, Nancy. *Time in the Poetry of T. S. Eliot.* London: The Macmillan P, 1981.

Gordon, Lyndall. *Eliot's Early Years.* Oxford: Oxford UP, 1978.

Grant, Michael. *T. S. Eliot: The Critical Heritage 2.* London: Routledge & Kegan, 1982.

Hay, Eloise, Knapp. *T. S. Eliot's Negative Way.* Cambridge: Harvard UP, 1982.

Hulme, T. E. "Romanticism and Classicism." Adams, *CTSP* (1936): 113-14.

_____. *Speculations: Essays on Humanism and the philosophy of Art.* Ed. Herbert Read. London: Routledge & Kegan Paul, 1924.

Habib, M. A. R. ""Bergson Resartus" and T. S. Eliot' Manuscript." *The Early T. S. Eliot and Western Philosophy.* Cambridge: Cambridge UP, 1999.

Meyerhoff, Hans. *Time in Literature.* Los Angeles: U of California P, 1955.

Jones, D. W. *The Plays of T. S. Eliot.* London: Routledg and Kegan Paul, 1980.

Kim, Dal-Yong. *Puritan Sensibility in T. S. Eliot's Poetry.* New York: PETER LANG P, 1994.

Lewis, Wyndham. *Blasting and Bombardiering.* London: Eyre & Spottiswoode, 1937.

Matthiessen, F. O. *The Achievement of T. S. Eliot: An Essay on the Nature of Poetry.* New York: Oxford UP, 1947.

Murray, Paul. *T. S. and Eliot and Mysticism.* London: Macmillan, 1991.

Radhakrishnan, Sarvepalli, et al.(eds.). *History of Philosophy Eastern and Western.* London: George Allen & Unwin Ltd, 1967.

Sicari, Stephen. "In Dante's Wake: T. S. Eliot's Art of Memory." *Cross Currents,* Vol. xxxviii, No. 4 (Winter 1988-89): 413-34.

Smith, Carol H. *T. S. Eliot's Dramatic Theory and Practice.* Princeton:

Princeton UP, 1963.
Smith, Grover. *T. S. Eliot's Poetry and Plays*. Chicago: U of Chicago P, 1974.
Smidt, Kristian. *Poetry and Belief in the Work of T. S. Eliot*. London: Routledge and Kegan Paul, 1961.
Underhill, Evelyn. *Mysticism*. New York: Meridian Books, 1955.
____. "The Mystic as Creative Artist." in Woods Webb, Clement C. J. Review of *Group Theories of Religion and the Religion of the Individual, International Journal of Ethics. New Statesman* 8 (1916): 64.

『원로 정치가』에서 클레버튼 경의 "자아" 탐구

| 최희섭 |

I

시인, 비평가, 시극작가로서의 엘리엇(T. S. Eliot)의 마지막 작품이 시극작품 『원로 정치가』(*The Elder Statesman*)이다. 엘리엇이 1957년 1월 10일 성 바나바스(St. Barnabas)에서 자기보다 38살이 적은 30세의 발레리와 재혼 한 1년 후에 발표된 이 작품은 마음이 텅 빈 것을 느끼는 공적인물에 관한 "명백히 자서전적인"(Gordon 241) 극이다. 이 극의 주인공 클레버튼 경(Lord Claverton)은 성공적인 정치가, 사업가였으나 질병으로 인하여 일찍 퇴직하고 딸 모니카(Monica)의 보호를 받고 있으며, 결국 사랑을 통하여 자아를 회복한다. 이 작품이 재혼으로 획득한 사랑의 기쁨을 노래했다는 것은 헌사에서 드러난다.

부인에게

그대 덕이오, 우리가 깨어나는 시간에 내 감각을 일깨우는
가슴 두근거리는 기쁨과
우리가 잠자는 시간에 휴식을 지배하는 리듬,
 연인들의

함께하는 숨결 모두가 . . .
연인은 말이 필요없이 똑같이 생각하고

---

* 이 논문은 『T. S. 엘리엇 연구』 제10권(2001)에 수록되었던 것을 수정·보완한 것임.

의미가 필요없이 똑같이 재잘대지요:

그대에게 이 책을 바칩니다, 내가 말로 할 수 있는 최상이라오
당신이 나에게 준 것 중에서 아주 작은 부분에 대한 보답이지만.
이 말들은 사실 그대로를 뜻하지만, 어떤 경우엔 더 깊은 뜻이 있소
　　그대와 나에게만.

TO MY WIFE

To whom I owe the leaping delight
That quickens my senses in our wakingtime
And the rhythm that governs the repose of our sleepingtime.
　　　　The Breathing in unison

Of lovers . . .
Who think the same thoughts without need of speech
And babble the same speech without need of meaning:

To you I dedicate this book, to return as best I can
With words a little part of what you have given me.
The Words mean what they say, but some have a further meaning
　　　　For you and me only. (5)[1]

많은 비평가들은 엘리엇이 부인에게 바친 이 헌사에 지나치게 많은 관심을 기울이는 나머지 이 작품이 지닌 여러 가지 다른 요소들을 간과하고 있다. 이 헌사에 표현된 엘리엇의 사랑의 기쁨과 그 마음을 표현할 수 없는 표현 불가능의 문제, 또는 언어로 표현하지 않아도 서로 이해할 수 있는 깊은 사랑의 정도 등에 초점을 맞추는 비평가들은 이 작품에 표현된 심오한 사상에는 주의를 별로 기울이지 않는다. 그러나 이 작품이 엘리엇의 창작활동을 마감하는 작품이라는 것을 염두에 두면, 이 작품에는 엘리엇의 여러 사상이 용해되어 있으리라는 것을 쉽게 짐작할 수 있다. 여러 사상이 쉽게 구분되지 않을 정도로 완전

---

1) 작품의 인용은 T. S. Eliot, *The Elder Statesman* (New York: Farrar, Straus and Cudahy, 1959) 에서 하며 본문 중에 쪽수만 밝힘.

하게 용해되어 있으므로, 어느 하나의 사상을 구별해내는 일이 쉽지는 않다.

죽음을 앞둔 노인이 단지 말년에 이룬 가정의 행복과 사랑을 노래했다고 치부하기에는 이 작품이 담고 있는 내용이 그렇게 단순하지 않다. 이정호 교수가 말하듯이 위대한 작품을 쓴다는 것은 글을 쓰는 작업 자체가 부재(absence)로서의 죽음 속에 삶의 흔적으로서의 죽은 기호를 남기는 일이기 때문에 죽음을 생각하지 않고 글을 쓰는 작가가 위대한 작가로 남는 경우는 없다(191). 현대 영미 시단에 커다란 족적을 남긴 엘리엇 또한 죽음을 중요한 화두로 삼고 있으며, 이 작품에서는 죽음을 앞둔 노인을 다루고 있다. 그 노인의 "개인의 내적인 자아와의 만남"(최영승 257)을 다루고 있는 이 작품은 소위 현대생활의 공통된 현상이라는 가장 낮은 차원에서 자기 주제를 이식시켰을 뿐만 아니라(최영승 255) 보다 보편적인 인간의 관심사인 삶과 죽음의 문제를 다루고 있다.

블룸(Harold Bloom)이 지적하고 있듯이 엘리엇은 초월(transcendence)에 대해 강박적으로 집착하고 있었으며, 그의 희곡에는 초월에 대한 집착이 중심축을 이루고 있다(qtd in 이정호 215). 이 작품에서 엘리엇이 보여주는 초월은 현실의 회피가 아니라 현실의 수용/긍정이며, 죽음에서의 도피가 아니라 죽음을 직시함으로써 죽음을 극복하는 것으로 나타난다.

『시편 1909-1962』(*Collected Poems 1909-1962*)에 이 헌사가 「부인에의 헌정」("A Dedication to My Wife")이라는 제목으로 개작되어 실렸는데, 여기에서는 말줄임표로 되어 있던 행이 "그 몸이 서로의 냄새를 풍기는 연인들의"(Of lovers whose bodies smell of each other)로 되어있고 마지막 연은 다음과 같이 바뀌었다.

> 어떤 까다로운 겨울 바람도 차갑게 못할 것이고
> 어떤 심술궂은 열대의 태양도 시들게 못하리라
> 우리의 것인 우리들만의 것인 장미원의 장미들을
>
> 그러나 이 헌사는 남들이 읽을 것이다.
> 이것들은 당신에게 공적으로 한 사적인 말들이오.

No peevish winter wind shall chill
No sullen tropic sun shall wither
The roses in the rose-garden which is ours and ours only

But this dedication is for others to read:
These are private words addressed to you in public. (qtd in Unger 183-84)

여기에서 장미원이라는 말에 주목할 필요가 있다. 장미원은 엘리엇의 『네 사중주』(Four Quartets)에서 나온 통합된 이미지로서 정점, 시간과 무시간의 교차점으로 표현되기도 한다. 장미원의 이미지는 에덴 정원이라는 기독교적인 의미를 지니고 있지만 불교적인 의미도 지니고 있다. 장미원의 이미지가 『네 사중주』에서 처음 나온 것은 아니다. 기쉬(Gish)가 지적하듯이 엘리엇의 후반기 모든 작품에서 시간과 무시간, 인간과 신의 관계가 근본적 관심사인데 이는 1920년대의 작품에서부터 나온다(27). 『황무지』(The Waste Land)에서는 후일에 장미원으로 발전하는 히야신쓰 정원이 불교적인 상징으로 사용되었으며2) 『성회 수요일』(Ash Wednesday)에서의 장미원은 기독교적인 의미로 사용되었다. 『네 사중주』에서는 장미원이 기독교와 불교에 공통된 이미지로 사용되어 있다. 엘리엇의 『네 사중주』와 후반기 극에서 무시간에 대한 관심이 더욱 분명해졌는데(Smidt 173), 이 작품의 헌사를 고쳐 쓴 시편에 장미원이 사용된 것은 이 작품이 불교와 기독교에 공통된 요소를 포함하고 있음을 암시한다.

엘리엇은 익히 알려져 있다시피, 유니테리언 가정에서 태어나 대학원에서 한 때 철학을 연구했고, 불교를 포함한 동양사상에 관심이 있었지만 영국성공회로 개종하였다. 그의 이러한 사상적 편력은 그의 작품에 여러 가지 사상이 서로 혼재하는 결과를 가져왔다. 『원로 정치가』의 경우도 예외가 아니다. 사랑을 통한 가정의 행복과 자아의 성취가 이 작품의 한 가지 주제이지만, 불교적인 자아의 각성이라는 주제도 큰 비중을 차지하고 있다.

본고는 이러한 점에 착안하여 이 작품에 내포된 불교 사상을 고찰한다. 그 방법으로 엘리엇이 불교에 대한 관심이 일과성의 것이 아니라 평생토록 지속

---

2) 히야신쓰 정원은 무(無)의 개념인 "빛의 중심, 침묵"(l. 41)과 연관되어 불교적인 장미원의 이미지로 된다(최희섭 215-17 참조).

된 것이었음을 살펴보고, 클레버튼 경의 고통과 자아의 회복을 불교적인 관점에서 해석하도록 한다. 이러한 고찰을 통하여 이 작품에 불교사상이 매우 깊이 용해되어 있음이 증명될 것이다.

II

펄과 턱(Jeffrey Perl and Andrew Tuck)은 엘리엇의 인도철학에 대한 학식은 일반적으로 생각되어온 것보다 훨씬 광범위하며 러셀 및 다른 사람들에 대한 연구도 아시아 연구의 영향이었고, 후기 시와 비평, 사회적 논문 및 심지어는 종교적 개종까지도 이 초기의 활동에 의존하고 있다고 밝히고 있다(157-58). 엘리엇은 대학원에서의 수강과목의 삼분지 일 정도를 아시아 철학과 언어학과목에 할애했고 2세기의 불교 승려였던 용수(Nargajuna)의 중도 철학에 특히 이끌렸다. 그는 불교 경전을 배우기 위해 산스크리트어와 빨리어를 배웠고 파탄잘리(Patanjali)의 형이상학을 공부했으며(*ASG* 40) 중국과 일본의 종교적 철학적 사상 학파를 다루는 마사하루 아네사키(Masaharu Anesaki)의 과목을 수강했다(Perl & Tuck 158). 컨즈(Kearns)는 배빗과 로이스, 산타야나, 제임스 우즈 등 엘리엇의 여러 은사들은 불교 및 힌두교 학파들의 다양성과 해석적 문제들 및 그 주장의 상이성을 알고 있었을 뿐만 아니라 이를 강조하기도 했다고 한다(27).

엘리엇은 1915년에 옥스포드(Oxford)에 있는 불교학회(the Buddhist Society)에도 나갔고(qtd in 정갑동 1999 207) 불교도가 되려고도 했으며, 스펜더(Stephen Spender)가 증언하듯이 "불교는 엘리엇의 작품에 평생의 영향으로 남아 있었다"(20). 엘리엇이 불교도가 되지는 않았지만, 1922년에 『황무지』의 주석에서 붓다의 불의 설교를 "그 중요성에서 산상설교에 상응"(*CPP* 79)하는 것으로 보았으며, 1929년에 「단테」("Dante")론에서 그 중요한 개념들이 불교에 그대로 수용된 "『바가바드 기타』(*Bhagavad Gita*)가 『신곡』(*The Divine Comedy*) 다음으로 가장 위대한 철학시"(*SE* 258)라고 했다. 그는 1933년에 "몇몇 초기의 불교 경전들은 구약성서의 어떤 부분들처럼 나에게 영향을 미친다"

(*UPUC* 91)고 말하여 불교의 영향을 받았음을 자인하기도 하고 "내 자신의 시가 인도 사상과 감수성의 영향을 보인다는 것을 나는 안다"(*NTDC* 113)고 1948년에 술회한 바 있다.

그는 또 1944년 9월에 행한 연설 「무엇이 저급한 시인가」("What is Minor Poetry")에서 붓다의 생애에 관한 장편 서사시인 『아시아의 빛』(*The Light of Asia*)에 관하여 "그 내용에 잠재적인 공감을 지녔었고", "지금까지도 따스한 애정을 지니고 있다"고 쓰고 있으며(*OPP* 42), 1955년에 「현자 괴테」("Goethe as the Sage")의 독서 방법에 대해 논의하는 문맥에서 초기 불교 경전 및 『바가바드 기타』를 다루고 있다(*OPP* 224-27). 또한 그는 1962년의 팜플렛 「조지 허버트」("George Herbert")에서 자신의 종교적 철학적 신념들과 다른 인도의 종교적 철학적 신념들을 공부할 기회를 가졌던 것을 매우 감사하고 있음을 밝히고 있다(qtd in Kearns 7). 엘리엇 자신의 대학원 시절의 연구 경향과 불교에 대한 이러한 언급으로 볼 때 불교는 그에게 지속적인 영향을 끼쳤으며, 엘리엇은 자신의 작품이 불교의 영향을 보여주고 있음을 충분히 인식하고 있었음이 드러난다.

그는 『이신을 찾아서』(*After Strange Gods*)에서, 인도 철학자들의 "오묘함은 대부분의 유럽 철학자들을 마치 학생들처럼 보이게 만든다"(34)고 말할 정도로 불교사상을 깊이 파악하고 있었다. 이러한 여러 가지 객관적 증거는 엘리엇의 불교에 대한 관심이 일과성의 것이 아니라 지속적인 것이었음과 그 영향이 적지 않았음을 보여주기에 충분하다. 불교와 인도사상은 엘리엇에게 이처럼 "평생의 중요성"(Kearns 7)을 가졌다. 엘리엇은 자신이 경험한 실재에 대한 비전을 형상화하는 작가였으므로 인도 철학의 주제와 상징이 그의 작품에 형상화되는 것은 당연하다(정갑동 1999 207).

스리(P.S. Sri)는 『T. S. 엘리엇, 베단타, 불교』(*T. S. Eliot, Vedanta and Buddhism*) 서문에서 엘리엇의 시와 시극에 있는 힌두교와 불교 경전들에 대한 직접적인 언급들을 모두 지적하면서, 엘리엇이 인도 철학적인 주제들과 상징들을 서구의 세계관과 하나의 유기적인 총체로 융화시키려고 하였다고 밝히고 있다(ix). 컨즈는 『엘리엇과 인도 전통』(*T. S. Eliot and Indic Tradition*)의 서문에서 엘리엇의 작품에 기독교와 동양사상이 서로 밀접하게 연관되어 있기 때문에 그 원천을 밝히는 것만으로는 충분한 연구가 될 수 없다고 한다. 그 이유는 인도의 텍스트가 엘리엇에게 이미지와 지역적인 언급의 저장고로서 뿐만 아니라 중요한 기독교적 통찰의 준비로서 작용했고, 사상과 스타일의 근본적인 변화를 위한 촉매역할을 했기 때문이라고 밝히고 있다(vii-viii).

국내에서 엘리엇을 불교적으로 접근하는 가장 탁월한 연구는 박경일 교수에 의해 이루어지고 있다. 그는 엘리엇의 시와 비평을 불교적인 관점에서 분석하고, 포스트모더니즘과의 연계 가능성을 심도있게 연구한다. 박경일 교수는 "인도철학적인 엘리엇 연구를 시도하는 많은 학자들은 대체로 동-서양에 걸친 엘리엇의 철학적 수업이 그의 세계관을 형성하는 데 기여했으며, 이같은 배경이 드라마를 포함하여 그의 전반적 시작(詩作)에 영향을 미쳤음을 인식하면서도, 이것이 그의 비평활동과 시학의 형성/발전에도 지울 수 없는 흔적을 남기고 있다는 점을 거의 인식하지 못하고 있는 것으로 보인다"(1993 47)고 비평가들의 엘리엇에 대한 동양사상적 접근의 편협성을 제기한다. 그는 서구의 비평가들에게 비판의 화살을 돌리고 있으나, 그의 비판은 서구의 비평가들에게 한정된 것이 아니라 국내의 비평계에 대한 것이기도 하다.

엘리엇은 불교와 인도 전통의 고전 텍스트에서 자신의 종교적 신념 및 철학과 이들이 창작과 이루는 관계 등에 있어서 일치하는 관점을 발견했다. 엘리엇에 대한 불교와 인도사상의 가장 큰 영향은 지역적/지엽적인 인유들에 있지 않고, 불교적 감수성과 감각 및 사유태도에 있다(박경일 1997 53). 그렇기 때문에 엘리엇이 자주 사용한 중요한 이미지와 상징은 어느 한 종교에 국한된 것들이 아니라 여러 종교에 공통된 면모를 보인다. 또한 이미지나 상징뿐만 아니라 그의 사유체계 전체가 동서통합적인 면모를 보이고 있으므로 불교적인 독특한 용어나 상징을 사용하지 않은 작품에도 불교적인 요소가 많이 있다. 엘리엇은 자신의 작품에서 보편적인 인간상을 다루었기 때문이다.

『원로 정치가』에는 주인공 클레버튼 경을 포함하여 총 8명의 인물이 등장한다. 이 작품은 런던에 있는 클레버튼 경의 응접실을 배경으로 오후 4시에 막이 열린다. 막이 열리자 모니카와 그녀의 애인인 찰스(Charles)가 등장하여 서로의 사랑에 대한 논쟁을 한다. 이들의 대화중에 "나는 잠시 전과 같은 사람이 아니예요. 당신과 내가 이제 무슨 의미가 있나요?"(16)라는 찰스의 질문에 대한 모니카의 대답은 이 작품의 주제를 암시한다.

  우리의 사적인 세계에 - 이제 우리는 우리의 사적인 세계를 가졌어요 -
  의미는 다르지요. 보세요! 우리는 몇분 전에 들어왔던
  방에 돌아와 있어요
  . . . .
  이제 우리는 공적인 세계에 있어요.

  In our private world — now we have our private world —
  The meanings are different. Look! We're back in the room
  That we entered only a few minutes ago.
  . . . .
   — Now we're in the public world. (16-17)

여기서 모니카가 사적인 세계와 공적인 세계를 구분하여 제시하는 것은 이 작품의 주인공인 클레버튼 경의 삶이 사적인 면과 공적인 면이 나누어져 있음을 암시한다. 비록 장소는 동일한 장소이고, 등장인물도 동일하지만, 그 장소와 그 인물을 바라보는 태도가 공적인 면과 사적인 면으로 나누어져 있음을 암시하는 이 구절은 클레버튼 경의 삶이 공적인 면과 사적인 면으로 양분되어 있음을 보여준다.

  클레버튼 경은 공직에 있다가 질병과 노쇠로 인하여 퇴직하고 지금은 집에서 요양 중인데, 곧 배즐리코트라는 고급요양소로 떠날 예정이다. 모니카는 그를 수행하여 함께 떠나려 한다. 모니카는 찰스에게 자신이 아버지를 모시고 가는 이유를 세 가지로 설명한다. 첫째 아버지가 지금까지 살아오면서 혼자 계신 적이 없어서 혼자 있는 것을 두려워하고, 둘째 낯선 사람들에게 드러내어지는 것을 두려워하고 셋째 그는 본인이 알고 있는 것보다 훨씬 더 병이 들어 있다는 것이다(19-20). 클레버튼 경의 질병이 보여주는 이러한 세 가지 징후는 "인간의 보편적인 딜렘마"(Carol Smith 220)이다. 클레버튼 경은 한 개인이면서 동시에 보편적인 인간을 대변하므로 그의 질병은 모든 인간이 안고 있는 문제이다.

공적인 삶과 사생활, 공적인 자아와 사적인 자아의 문제는 클레버튼 경이 해결해야하는 가장 큰 문제이다. 클레버튼 경이 "공적인 자리에서 권위라는 옷을 입고 사람을 만날 때 사람들의 눈에 비치는 것은 사적인 인물이 아니라 공적인 명사(名士)"(20)였기 때문에 그의 사생활은 언제나 지켜졌다. 그렇기 때문에 찰스는 "그분의 사생활이 너무도 잘 지켜져서, 나는 지킬 사적인 자아가 과연 있었는지 의아스럽다"고 말하여 자신은 사적인 자아가 없는 텅 빈 사람이 아닌가 의심한다. 모니카는 클레버튼 경이 보다 심오한 실패를 자기 자신에게도 숨기려고 노력해온 사람이지만, 공적인 얼굴 뒤에 알려지지 않은 자아가 있음을 믿고 있기 때문에(Gordon 243), "틀림없이 사적인 자아가 있다"(20)고 강변한다. 여기서 공적인 자아와 사적인 자아는 불교적인 용어를 빌면 가아(假我)와 진아(眞我)라고 말할 수 있다. 클레버튼 경은 공적인 삶을 위하여 사적인 삶을 희생시켰다. 그는 자신의 진정한 존재와의 접촉을 상실한 상태로 지내온 셈이다. 클레버튼 경은 지금까지 평생토록 공적인 삶을 화려하게 유지하기 위하여 사적인 삶을 희생하거나 숨기는 "거짓된 삶"(Grant ed 707)을 살아왔다. 그는 진정한 자아는 생각할 겨를도 없이 헛된 자아(가아)에 이끌린 삶을 살아온 것이다. 공적인 자리에 있다고 해서 사적인 자아가 없어지는 것이 아니기 때문이다.

이러한 대화가 계속되는 중에 클레버튼 경이 일과표를 들고 나타난다. 클레버튼 경이 아무런 약속도 적혀있지 않은 일과표를 들고 나타나자 모니카가 "무(nothing)를 생각하셨어요?"하고 묻는다. 이에 대한 클레버튼 경의 대답은 불교적인 사고로 가득하다.

> 무를 명상하고 있었다. 회상해봐
> 몇 년을 두고 날마다 아침식사를 하며
> 나는 이 일과표를 – 아니 이와 유사한 책을 – 들여다보았다
> . . . .
> 오늘 이 일과표를 아침 식사 때가 아니라
> 티타임 전에 보니
> 내가 집고있는 것은 텅 빈 페이지들이다 –

내가 국회에 들어간 이후 최초의 텅 빈 페이지이다.
. . . .
나는 생각하고 있었다 . . . 텅 빈 페이지가 얼마나 많이 있을지?

Contemplating nothingness. Just remember:
Every day, year after year, over my breakfast,
I have looked at this book — or one just like it —
. . . .
If I've been looking at this engagement book, to-day,
Not over breakfast, but before tea,
It's the empty pages that I've been fingering —
The first empty pages since I entered Parliament.
. . . .
I've been wondering . . . how many more empty pages? (23)

클레버튼 경이 명상하고 있던 것은 무의 인식이었다. 그의 명상이 불교적인 "무"에 대해서 라는 사실은 모니카가 "무"(nothing)이라고 물은데 대하여 "무"(nothingness)라고 대답한 것에서 보다 분명해진다. 그는 "무"를 화두로 삼아 깨달음에 도달하려 하고 있는 것이다. 또한 일과표의 텅 빈 페이지는 현재와 미래에 대한 불확실을 나타내기도 하지만 불교적인 무(無)와 공(空)을 클레버튼 경이 무의식적으로 인식하고 있었음을 보여준다. "이기심과 야망의 결합"으로 창조된 클레버튼 경은 무와 공의 희미한 인식을 통하여 "삶의 불모성"을 명상하고 있는 것이다(Ackroyd 325). 클레버튼 경의 치료는 이와 같은 자기인식, 즉 "공적인 성공의 무의미함에 대한 인식"(Carol Smith 220)으로 시작된다. 이는 이 작품이 그의 자기인식을 중심으로 하고 있음을 나타낸다. 클레버튼 경은 지금까지 자신이 쓰고 있던 공적인 가면 아래에 실체가 없을까봐 두려움을 느낀다. 그는 가면을 벗어버림으로써 실체를 찾는 과정을 시작할 시점에 와 있다(Browne 311).

실체를 모르는 무와 공에 대한 클레버튼 경의 두려움은 다음 구절에서 보다 강하게 표출된다.

마치 어디로든 가는 기차든 결코 타려고 않는 사람에게
기차를 타려고 뛰어가지 말라고 하는 것과 같아!
나는 내가 떠난 삶에 대해 조금도 갈망이 없어 -
다만 내 앞에 놓인 공(텅 빔)에 대한 두려움 뿐이야.
만일 내가 죽음으로 나를 몰고갈 힘만 있다면,
나는 기꺼이 죽음과 대면할거야! 그런데 행동하려는 욕망도 없이,
그러나 무위를 싫어하면서 기다리고 기다리다니.
진공의 두려움, 그것을 채우려는 욕망의 부재.
그것은 마지막 열차와 모든 다른 승객들이 떠난 후,
그리고 매표소도 닫히고
짐꾼들도 퇴근한 후,
지선의 기차정거장에서
텅 빈 대합실에서 앉아 있는 것같아.
나는 텅 빈 난로 앞에서 춥고 텅 빈 방에서
무엇을 기다리고 있는가?
아무도 아닌 사람을. 무를.

It's like telling a man he mustn't run for trains
When the last thing he wants is to take a train for anywhere!
No, I've not the slightest longing for the life I've left —
Only fear of the emptiness before me.
If I had the energy to work myself to death
How gladly would I face death! But waiting, simply waiting,
With no desire to act, yet a loathing of inaction.
A fear of the vacuum, and no desire to fill it.
It's just like sitting in an empty waiting room
In a railway station on a branch line,
After the last train, after all the other passengers
Have left, and the booking office is closed
And the porters have gone. What am I waiting for
In a cold and empty room before an empty grate?
For no one. For nothing. (24)

클레버튼 경은 지금 자신의 삶 전체가 허무함을 인식하고, 그 허무함, 공허함의 실체를 탐구하려 하고 있다. 행동력도 행동의 의욕도 없이 생활의 공백을 대하는 심정을 클레버튼 경은 열차가 다 떠나버리고, 직원들도 퇴근하고, 승객

들도 모두 가버린 텅 빈 대합실에 앉아 있는 것으로 비유하고 있다(이창배 연구 172). 여기서 클레버튼 경은 자신이 어떤 갈망도 없고 단지 무와 공에 대한 두려움만 느끼고 있다고 한다.

클레버튼 경은 지금까지 추구해왔던 공적인 세계가 공함을 인식하기는 했지만, 공의 의미를 깨닫지 못했기 때문에 두려움을 느낀다. 그는 반야심경에 나오는 색불이공 공불이색 색즉시공 공즉시색(色不異空 空不異色 色卽是空 空卽是色)의 가르침을 어렴풋이 느끼고 있으나 깨닫지 못한 상태에 있다. 현상계에 존재하는 사물과 현상을 존유하는 것으로 믿고 분별하는 관념에 불과한 색은 본성, 본체가 없으므로 공이다(박희선 59). 클레버튼 경은 "현상계를 참된 것으로 믿고, 육체적 자아를 자신이라고 오인"(불교교재편찬위 342)하고 있었기 때문에 그것이 공하다는 사실을 직면함으로써 두려움을 느끼는 것이다. 그는 가아(假我)를 추구하여 진아(眞我)를 무시하는 삶을 살아왔기 때문에 자신을 "실패한 성공자, 성공한 실패자"(26)로 규정한다. 제 1막에서 텅 비고 무력한 모습으로 나타나는 클레버튼 경의 자아가 텅 비어 있다는 점에서 그는 텅 빈 사람들 중의 한 사람이다(Lucy 204). 그를 공격하기 위해 오는 세 인물들도 텅 비어 있기는 마찬가지이다(Hay 148).

그는 이제 "인위적이고 공적인 자아가 붕괴되고, 진정한 인간, 일상적인 인간으로 태어나기"(Ackroyd 325) 위한 출발점에 서 있다. 진정한 자아를 찾기 위한 그의 노력을 도와주기 위하여 등장하는 인물들이 옥스퍼드 대학 때의 친구 고메즈(Gomez)와 젊은 시절의 애인 카길 여사(Mrs. Carghill), 그리고 아들 마이클(Michael)이다. 이들은 클레버튼을 정신적으로 괴롭히지만, 그 괴롭힘은 그가 자신을 보다 빨리, 분명하게 깨닫도록 하는 역할을 한다.

제 1막에서 클레버튼 경의 자아탐구를 도와주는 사람은 옥스퍼드 대학의 옛 친구 고메즈이다. 고메즈는 클레버튼 경이 예전에 죽은 노인을 치고 그냥 달아났었음을 상기시켜 그의 양심을 자극한다. 클레버튼 경은 자신의 행동에 대한 책임을 회피한 것이다(Gordon 246). 고메즈는 클레버튼이 상기하고 싶지 않은 과거를 상기시킴으로써 그를 괴롭히는 역할을 하지만, 다른 한 편으로는 그의 진정한 자아를 깨닫게 하기 때문에 그를 도와주는 조력자이다. "클레버튼 경의 다른 나(alter ego)"(Carol Smith 222)인 고메즈는 자신이 물질적으로 많은 성공을 거두었지만 실패자의 삶을 살아왔다는 것을 명확히 인식하고 있다(43). 클레버튼 경은 자신의 삶이 실패한 삶이라는 사실을 인식하지 못하고 살아왔지만, 고메즈는 자신의 삶이 실패한 삶이라는 사실을 인식했기 때문에 상대적으로 성공적인 삶이었다는 역설이 가능하다. 고메즈는 실패자를 정의하여 "내 생각에, 최악의 실패자는 / 자신에게 자기가 성공자라고 / 가장해야하는 사람– 아침에 / 거울을 보기 전에 자기 얼굴을 꾸며야하는 사람"(43)이라고 정의한다. 클레버튼 경은 지금까지 이러한 삶을 살아왔기 때문에 실패한 삶을 살아온 것이다.

제 2막은 배즐리코트라는 요양원에서 클레버튼 경이 모니카와 함께 아침에 정원을 거니는 것으로 시작된다. 사회로부터 격리되는 것을 두려워하던 클레버튼 경은 이제 그 격리를 즐긴다.

> 이 행복감! 우리가 어릴 때
> 그것은 종종 우리에게 있었다, 그러나 그때엔 의식하지 못했다.
> 그것을 의식할 만큼 성장했을 때엔
> 그것이 드물게 찾아온다.
>
> This sense of wellbeing! It's often with us
> When we are young, but then it's not noticed;
> And by the time one has grown to consciousness
> It comes less often. (54)

클레버튼 경의 말은 그가 어릴 때에는 행복한 삶을 살았으나, 성장한 후에는 행복하게 살지 못했음을 밝혀준다. 어린 시절에는 세속적인 성공을 위하여 노력하지 않고 자아에 침잠할 수 있었으므로 행복할 수 있었다. 그러나 성장한 후에는 자신의 진정한 자아를 무시하고, 육체적 자아를 진정한 자아로 착각하고 물질적 안락, 세속적 성공을 위하여 노력했다. 그 과정에서 진정한 행복을 느낄 수 없었다.

그렇기 때문에 클레버튼 경은 다른 사람들처럼 삶을 정말로 즐긴 적이 없었다고 하며 자아를 탐색한다.

내 자신 속에 깊이 자리잡은 나 자신에 대한 불만이
평생토록 나로 하여금 세상에게 보다는
우선 나 자신에게 정당화하도록 강요하지 않았나 싶다.
우리 내면에 있는 이 자아는 무엇인가? 이 침묵하는 관찰자는,
가혹하고 말없는 비판자, 그는 우리를 겁주어
우리로 하여금 무익한 활동을 하도록 촉구하는 자는?
결국, 그의 비난이 우리를 몰아간
더욱 가혹한 잘못을 재판하는 자는?

     Some dissatisfaction
With myself, I suspect, very deep within myself
Has impelled me all my life to find justification
Not so much to the world—first of all to myself.
What is this self inside us, this silent observer,
Severe and speechless critic, who can terrorise us
And urge us on to futile activity,
And in the end, judge us still more severely
For the errors into which his own reproaches drove us? (54)

클레버튼 경은 자신의 내면에 있는 진아(眞我)의 존재를 인식하고, 자신이 현상계에 몰두하는 것을 그 진아가 계속하여 비판했기 때문에 갈등을 느껴 왔음을 토로한다. 클레버튼 경이 제 1막에서 현상계의 공함을 인식하고, 무를 화두로 삼아 자아를 탐구하는 모습을 보이기는 했지만, 그는 아직 색즉시공의 진리를 깨닫지는 못하고 있다. 클레버튼 경은 정치가로 은행가로 기업가로 화려한 외적인 활동을 하면서 자아를 잊고 살았다. 이제 자신의 내면에서 자신을 관찰하는 자아를 발견하고 그 자아가 자신을 잘못으로 이끌었지만, 그 잘못을 질책한다고 말하여 자아탐색 여행을 시작했음을 보여준다. 고메즈라는 옛 친구가 찾아와 상기시킨 과거의 비밀은 학창시절에 함께 운전을 하고 가다가 길에서 한 시체를 다시 치고 차를 멈추는 대신에 도망친 사실이다. 클레버튼 경이 그 시체를 치고 달아난 후에 다시 다른 운전자가 구속되었다가 노인이 자

연사한 사실이 증명됨으로써 석방되었으므로 클레버튼 경의 경우에도 범죄가 되지는 않는다. 그러나 멈추어 서지 않고 계속 운전했다는 사실이 양심의 가책으로 남아 있다. 클레버튼 경은 보이지 않는 감시자를 마음 속에 의식하면서 살아왔으므로 인생을 즐길 겨를도 없었고 자의식의 테두리를 벗어날 수 없었다(이창배 연구 174).

제 2막에서는 클레버튼 경의 과거를 상기시키는 또 다른 인물인 카길 여사(Mrs. Carghill)가 등장하여 그로 하여금 자신의 실체를 보다 명확하게 인식하도록 한다. 과거에서 벗어나는 방법은 과거를 정확히 인식하고, 그것이 헛된 현상계의 일이었음을 깨달아 공하다는 사실을 인식하는 것이다. 카길 여사가 클레버튼 경의 과거를 상기시키는 과정에서 그녀의 친구 에피가 말하는 "그 사람은 텅 비었어"라는 말은 클레버튼 경의 실상을 정확하게 보여준다. 과거의 클레버튼 경은 자아를 상실했기 때문에 외관상 화려하지만, 내면은 텅 비어 있었다.

카길 여사와 클레버튼 경은 예전에 사랑을 했었으나 클레버튼 경이 세속적인 출세를 위하여 그 사랑을 저버린 일이 있다. 클레버튼 경은 예전에 카길 여사와의 정서적 유대를 회피함으로써 텅 비어 있음을 보여주었고, 지금도 텅 빈 상태임을 보여준다(Gordon 246). 현재의 클레버튼 경이 카길 여사에게 그들 사이엔 "계산이 이미 끝났으며, 해를 끼친 적도 없고, 서로가 각자의 교훈을 얻었다"고 말하는데, 이 말은 서로의 사랑을 보여주는 것이 아니라 공적인 업무를 보는 듯한 느낌을 준다. 이는 클레버튼 경의 자아가 완전히 텅 빈 상태임을 보여준다. 클레버튼 경은 에피가 말했듯이 텅 빈 사람임을 스스로 보여주고 있는 것이다.

카길 여사는 클레버튼 경이 여전히 폐쇄된 자신을 유지하고 있음을 인식하고 다음과 같이 말한다.

> 근본적으로 당신은 여전히 과거의 어리석은
> 리차드군요. 당신은 세속의 사람인 체 하고자
> 했어요. 그런데 지금은 무엇인 체
> 하는 겁니까? 원로 정치가로.

원로 정치가가 되는 것과
성공적으로 원로 정치가인 체 하는 것의 차이는
실제로는 무시할만해요. 그리고 당신은 그 역할에 어울려요.
당신이 어떤 역할을 연출해왔든, 당신은 언제나 어울렸다고 할 수 있어요.

At bottom, I believe you're still the same silly Richard
You always were. You wanted to pose
As a man of the world. And now you're posing
As what? I presume, as an elder statesman;
And the difference between being an elder statesman
And posing successfully as an elder statesman
Is practically negligible. And you look the part.
Whatever part you've played, I must say you've always looked it. (69)

이는 클레버튼 경이 자신의 삶을 살아온 것이 아니라 항상 꾸며낸 어떤 역할을 하고 있었다는 것을 지적한다는 점에서 고메즈의 말과 다르지 않다. 클레버튼 경은 무대 위의 배우처럼 자신이 꾸며낸 역할을 연기하고 있는 실체가 없는 삶을 살아왔다. 이제 클레버튼 경은 자신이 더 이상 연출할 역할이 없다고 실토를 하기에 이른다(69). 클레버튼 경의 이러한 자기 인식은 자아회복의 과정에 들어섰음을 보여준다.

클레버튼 경의 철저한 자기 인식을 촉구하는 또 하나의 인물은 그의 아들 마이클이다. 마이클은 클레버튼 경의 과거의 삶을 그대로 보여준다. 마이클은 클레버튼 경이 과거에서 벗어나지 못하고 있음을 보여준다. 클레버튼 경은 마이클의 자동차 사고 이후 그가 교통사고를 내서 누군가를 다치게 하지 않았나 하는 두려움에 쌓여 있다. 이는 그가 과거에 노인을 차로 친 후 도망친 사건 때문에 죄의식에 시달려 왔음을 반증한다. 또한 클레버튼 경은 아들이 여자문제로 고민하고 있는 것으로 생각하는데 이는 과거에 자신의 여자 문제를 부정한 방법으로 해결한 것에 대한 죄책감을 갖고 있음을 반증한다.

클레버튼 경은 마이클이 "당신의 존재의 일종의 연장, / 당신이 부재할 때 사업을 수행하는 대표자"(84)이기를 원하지만, 마이클은 "불쌍한 유령"(84)인 아버지에게서 떠나고자 하며 클레버튼 경이 그것을 도와주기 바란다. 마이클은 클레버튼 경에게 "아버지가 나를 제거하는 것을 도와"주기를 원하는 것이라고 말하여 가족이라는 속박으로부터 클레버튼 경이 자유로워지기를 바란다. 클레버튼 경은 자신이 가족이라고 하는 사슬까지도 끊어내야 자아를 완전히 회복할 수 있음을 인식하지 못하고 마이클이 해외로 도피하려는 것은 어떤 사고로 사람을 죽였다든지, 여자문제 때문인 것으로 자신의 과거의 삶과 동일시한다.

클레버튼 경은 그가 "현실로부터의 도피자"(86)라고 말하며 자신의 과거에 비추어 현재의 자신의 상태를 표현한다.

> 과거로부터 도피하는 자는 항상 승부에서 지게 마련이다.
> 나는 경험으로 이것을 안다. 네가 성공과 영광이라는
> 네가 상상한 낙원이라는 목표에 도달할 때,
> 네 과거의 실패가 거기서 너를 맞이하는 것을 볼거야.
>
> Those who flee from their past will always lose the race.
> I know this from experience. When you reach your goal,
> Your imagined paradise of success and grandeur,
> You will find your past failures waiting there to greet you. (86-87)

이 말은 클레버튼 경이 마이클을 설득하기 위해 하는 말이지만, 자신의 삶을 묘사한다. 클레버튼 경은 자신이 세속적인 성공을 거두고 영광을 얻었지만, 자신의 삶이 실패한 삶이었음을 고백하는 것이다. 클레버튼 경은 자신도 모르는 사이에 자신의 과거의 삶을 보여주고, 자신의 삶이 실패한 삶이었음을 인식하게 된다.

스미스(Grover Smith)에 따르면 『원로 정치가』에 등장하는 구체적인 극중 인물이 클레버튼 경에게는 과거의 불명예스러운 죽은 자아이고, 현재의 그는 과거에 만났던 남자와 여자를 생생히 대면한다(244). 스미스는 고메즈와 카길 여사만을 말하고 있지만, 마이클도 클레버튼 경의 과거를 상기시킨다는 점에서 같은 부류에 속한다. 찰스가 클레버튼 경에게 배즐리코트를 떠나서 과거의 죄를 상기시키는 고메즈와 카길 여사에게서 벗어나지 않는 이유를 묻자 클레

버튼 경은 그들은 실재하지 않는 과거에서 온 자신의 유령이기 때문에 그곳을 떠난다고 해서 그들을 피할 수 없다고 밝힌다. 클레버튼 경은 죽음을 생각하면서 "내가 생각하기에 나를 해방시키는 시간과 장소가 결정되었다"고 말한다. 이 말은 그들이 자신의 유령이기 때문에 다른 공간으로 도피한다고 해서 그들을 피할 수 없다는 것이다. 또한 그들이 항상 자신과 함께 있었지만, 최근에 와서야 자신을 괴롭히는 그 유령들을 살아 있는 사람들에게서 발견했으며, 고통의 의미를 새로이 깨달았고, 그 고통의 원인은 바로 자신이 과거에 저지른 죄라는 것이다.

붓다가 깨달은 후 설한 초창기의 설법을 초전법륜이라 한다. 초전법륜의 주된 내용은 중도와 사성제와 8정도이다.『중아함 분별성체경』(中阿含 分別聖諦經)에서 붓다는 녹야원에서 굴린 최상의 법륜을 사성제(四聖諦) 즉 고(苦), 집(集), 멸(滅), 도(道)라고 밝힌다(불교성전 121).『장아함 반니원경』(長阿含 般泥洹經)에서 붓다는 도를 닦는 사람이 반드시 알아야 할 네 가지 진리를 고집멸도라고 설명한다. 이를 간단히 설명하면 고는 이 세상 모든 것이 괴로움이라는 것이고, 집은 괴로움의 원인이 집착이라는 것이고, 멸은 괴로움과 집착이 없어져 다한 것을 말하고, 도는 괴로움과 집착을 없애는 길을 말한다(불교성전 81).『장아함』은 청중이 비구들이었고『중아함』은 대중이었다는 것의 차이는 있지만, 그 내용은 동일하다.

고는 인간의 삶이 고통의 연속이라는 의미이다. 그 고통의 구체적인 모습은 생(生), 노(老), 병(病), 사(死), 싫어하는 자와의 만남(怨憎會苦), 좋아하는 자와 헤어짐(愛別離苦), 원하는 것을 가지지 못함(求不會苦)과 오온(五蘊)3)에서 생기는 것 자체(五陰盛苦)이다. 클레버튼 경은 지금 이 여덟 가지 고통을 모두 겪고 있다. 일단 이 세상에 태어났으므로 생의 고통을 겪고 있으며, 지금 병들어 늙어가고 있으며 죽음을 앞두고 있으므로 노, 병, 사의 고통을 겪고 있다. 고메즈와 카길 여사라는 만나고 싶지 않은 사람과 만나는 고통을 겪고 있으며, 사랑하는 마이클과의 이별을 앞두고 있다. 세속적인 성공을

---

3) 사람을 형성하고 있는 물질과 정신작용: 물질(色), 느낌(受), 생각(想), 의지작용(行), 의식(識)을 말한다(불교성전 82).

계속 유지하고 싶어하지만 그렇게 하지 못하므로 고통을 겪고 있고, 몸과 마음이 모두 괴로움을 겪고 있다.

클레버튼 경은 고통의 원인이 집착이라는 사실을 인식하고 있다. 그는 자신의 과거의 삶에 집착하고 있기 때문에 고통을 겪는다. 인간의 생존 자체가 고통인데, 이는 집착 즉 마음 속 깊은 곳에 갈애(渴愛)가 있기 때문이다. 갈애가 현실적인 모습으로 나타나는 것이 욕망인데 욕망은 욕애(慾愛), 유애(有愛), 무유애(無有愛)의 셋으로 나누어진다. 욕애는 감각적인 욕망이고, 유애는 생존이 영원히 계속되기를 바라는 욕망이며, 무유애는 생존이 단절되기를 바라는 욕망이다. 갈애는 욕망의 근저에 있는 "불만족성"을 내포한다. 이것이 인간을 불행하게 하는 원인이다(정갑동 1998 273). 갈애는 또한 "무명(無明)"이라고도 하는데, 이 때문에 모든 번뇌가 생기고 이 번뇌가 고통의 원인이 된다. 욕망이 고통을 낳는다는 사실을 인식하지 못하고 변화하는 욕망의 노예가 되는 것은 수레바퀴의 회전에 맹목적으로 잡혀있는 것이다. 이것이 무지인데, 이제 클레버튼 경은 그러한 무지를 깨달음으로 승화시킨다(Sri 68).

클레버튼 경이 지금 집착하고 있는 것은 욕애와 유애이다. 고메즈와 카길 여사는 클레버튼 경의 내면에서 나온 허깨비라는 점에서 인간이라고 할 수도 없고, 인간이 아니라고 할 수도 없는 이중의 역할을 취하는 등장인물들이다. 그들이 인간이 아니라 하더라고 그들이 클레버튼 경에게 끼치는 영향이 악마적인 것인지 아니면 천사와 같은 것인지가 불분명하다(Lucy 204). 외관상 그들은 클레버튼 경이 과거에 욕애에 빠져 잘못을 범했음을 상기시킴으로써 파괴적인 요소를 지니고 있으나 현재의 텅 빈 클레버튼 경을 파괴하고 새로운 자아로 다시 태어나도록 돕는다는 점에 있어서 구원의 전령사, 아니면 구원의 매개자라 할 수 있기 때문에 도움을 주는 은혜로운 자들이다.

마이클을 통하여 자신의 존재를 연장하려고 하고 있는 점에서 클레버튼 경은 유애에 빠져 있다. 클레버튼 경은 이제 자신의 고통과 그 고통의 원인을 인식하고 그것을 피하지 않고 적극적으로 맞닥뜨려 극복함으로써 없애려고 한다. 그가 자신의 과거에서 온 인물들을 실체가 없는 허깨비로 인식하는 것은 집착을 끊어 없앰으로써 고통을 극복하는 방법, 즉 멸의 진리를 깨달았음을 보여준다.
    제 3막은 찰스와 모니카가 클레버튼 경의 비밀에 관하여 이야기하는 것으로 시작된다. 그 둘 사이에 클레버튼 경이 끼어들어 자신의 비밀을 털어놓으며 고메즈나 카길 여사가 허깨비에 불과하며 그들은 바로 자신에게서 나타난 것임을 말한다.

> 그들이 현실이 아니기 때문이야, 찰스 그들은 단지 허깨비야.
> 내 과거에서 온 망령. 그들은 항상 나와 함께 있어왔어
> 비록 내가 최근에야 나를 괴롭히는 그 허깨비의
> 정체인 살아 있는 사람들이 악의에 찬, 하찮은 인간인 것을
> 알았지만, 그리고 내 자신이 내 망령같은 존재에서
> 빠져나와 실재 같은 무엇으로 바뀌는 것을 나는 보네.
>
> Because they are not real, Charles. They are merely ghosts:
> Spectres from my past. They've always been with me
> Though it was not till lately that I found the living persons
> Whose ghosts tormented me, to be only human beings,
> Malicious, petty, and I see myself emerging
> From my spectral existence into something like reality. (104)

    클레버튼 경은 이제 자신을 괴롭혀 과거를 회상하게 하는 인물들이 자신의 내면의 악에 불과함을 인식하고, 그들 모두의 옛날 이름을 거명하며 자신의 허깨비임을 말한다. 클레버튼 경이 그들을 과거의 망령이라고 부르지만 실은 "망령이 아니라 은연중에 속죄와 구원을 일깨우는 메신저"(이창배 전집 653, Grover Smith 246)들이다. 왜냐하면 클레버튼 경은 그들을 통하여 영적인 각성을 향해 나아가기 때문이다(Grant ed 707).
    클레버튼 경은 그러한 허깨비들이 더 이상 존재하지 않음을 선언한다.

>   그녀는 더 이상 존재하지 않아.
> 뮤지컬 코메디 스타 메이지 몬트조이도 존재하지 않아.
> 부유한 미망인 존 카길 여사가 있을 뿐이야.
> 그러나 프레디 컬버웰과 메이지 배터슨,

그리고 딕 페리도, 그리고 리차드 페리도-
이들은 모두 내 허깨비들이야. 그들은 내면이 선한 사람들이었어,
고메즈, 카길 여사 그리고 클레버튼 경과는
매우 달리 되었을 사람들이야.
우리가 옥스퍼드에 다닐 때, 프레디는 나를 숭배했어
....
그의 내면에 있는 그 약점이 내 책임인가?
그래, 내 책임이야.
....
그리고 메이지는 나를 사랑했어-자기 중심적이고 어리석었지만-
자신이 지닌 사랑의 역량껏 나를 사랑했어.
사랑을 만나면 우리는 사랑을 존중해야해,
사랑이 헛되고 이기적이라도, 우리는 그것을 남용하지 말아야해.
나는 바로 거기서 실패했어. 그래서 기억이 나를 괴롭히지.

    She no longer exists.
Nor the musical comedy star, Maisie Montjoy.
There is Mrs. Carghill, the wealthy widow.
But Freddy Culverwell and Maisie Batterson,
And Dick Ferry too, and Richard Ferry—
These are my ghosts. They were people with good in them,
People who might all have been very different
From Gomez, Mrs. Carghill and Lord Claverton.
Freddy admired me, when we were at Oxford:
....
Was I responsible for that weakness in him?
Yes, I was.
....
And Maisie loved me, with whatever capacity
For loving she had—self-centred and foolish—
But we should respect love always when we meet it;
Even when it's vain and selfish, we must not abuse it.
That is where I failed. And the memory frets me. (106-107)

클레버튼 경은 여기서 과거의 인물들을 자신의 내면에서 나온 허깨비로 인식하고, 자신의 잘못을 솔직히 인정함으로써 과거에서 벗어나 진정한 자아로 태

어나려 한다. 그는 멸의 진리를 깨닫고 그것을 실천하고 있다. 집착하도록 하여 스스로 괴로움을 겪게 하는 인물들이 실체가 없는 허깨비임을 인식하고 이제 그 허깨비를 직면하여 차례대로 극복함으로써 사성제의 진리를 실천하는 것이다.

클레버튼 경은 이들 두 인물과 관련된 과거의 일들을 찰스와 모니카에게 고백함으로써 과거의 삶을 정화하며 집착을 멸(滅)한다. 클레버튼 경은 참회함으로써 죄의 사슬에서 벗어난다(양재용 148). 그러므로 그는 이제 이 인물들과의 만남을 두려워하지 않는다.

> 이제 도망치지 않으련다－그들로부터 도망치지 않으련다.
> 이 만남을 통해서 나는 적어도 그들에게서 도피할 수 있다.
> －모니카 너에게 고백했다.
> 이것은 내 자유로의 첫 걸음이야,
> 아마도 가장 중요한 것이겠지. 네가 무슨 생각하는지 알아.
> 잊어도 될 과오를 되씹음으로써
> 병적인 양심의 가책으로 고통받는다고 생각하겠지.
> 내가 병들어간다고 생각하겠지, 나는 회복되고 있는데!
> 사람들에게 하찮게 보이는 것들의 거대한 크기를
> 그들이 인식하게 하는 것은 어렵다.
> 아무도 죄라고 믿지 않는 죄를 고백하는 것은
> 모두가 인정하는 범죄를 고백하는 것보다 어렵다.
> 왜냐면 범죄는 법가 관계되고
> 죄는 죄인과 관계되기 때문이야.
>
> I shan't run away now－run away from *them*.
> It is through this meeting that I shall at last escape them.
> －I've made my confession to you, Monica:
> This is the first step taken towards my freedom,
> And perhaps the most important. I know what you think.
> You think that I suffer from a morbid conscience,
> From brooding over faults I might well have forgotten.
> You think that I'm sickening, when I'm just recovering!
> It's hard to make other people realise
> The magnitude of things that appear to them petty;

> It's harder to confess the sin that no one believes in
> Than the crime that everyone can appreciate.
> For the crime is in relation to the law
> And the sin is in relation to the sinner. (110)

클레버튼 경은 자신이 과거의 잘못을 스스로 공표한 것이 고통의 원인인 번뇌를 제거함으로써 진정한 자아인식으로 한 걸음 다가서는 것임을 인식하고 있다. 자아인식은 자신의 마음을 통하여 이루어지는 것이기 때문에 클레버튼 경은 자신의 마음을 정하여 자아인식의 단계를 거치는 것이다. 클레버튼 경은 모니카에게 고백함으로써 "소외"(Unger 15)로부터 벗어난다. 모니카는 신성한 연민이 아니라 인간적인 이해를 통하여 자아의 회복자로서의 자격을 갖는다(Brooker ed 149).

범죄와 죄의 구분은 범죄와 죄가 두 개의 다른 현실에 속한다는 것을 밝혀준다(Spender 196). 이는 두 종류의 현실에 대한 인식이며 시간과 영원이라는 두 개의 다른 시간이 만나는 것이다(Spender 194). 현재 이들이 처해있는 현실과 클레버튼 경의 내면의 현실, 현재 클레버튼 경이 모니카의 돌봄을 받으며 생활하는 것과 잊혀진 과거를 현재에 상기시키는 인식, 이것은 시간과 무시간의 교차라고 할 수 있다. 이제 클레버튼 경은 시간과 무시간의 교차점인 정점에 들어와 있으며, 그곳이 정점이라는 사실을 인식하기 직전에 있다.

클레버튼 경은 현실을 회피하지 않고 현실을 용감하게 직면한다. 카길 여사와 고메즈 그리고 마이클이 등장하여 찰스와 모니카 그리고 클레버튼 경의 모임에 합류한다. 여기서 카길 여사는 마이클이 고메즈의 도움으로 중앙 아메리카에 있는 산 마르코(San Marco) 공화국으로 가게 되었음을 밝힌다. 클레버튼 경은 멸의 진리를 깨달았고, 도의 진리를 실천해야하는 단계에 와 있다. 이것은 클레버튼 경이 겪어야하는 마지막 철저한 자기 인식이다. 클레버튼 경은 마이클이 그곳으로 가는 것이 처음에는 고메즈와 카길 여사가 공모하여 자기를 궁지에 몰아넣기 위한 것이라고 오해하지만, 자기 인식을 통하여 용서와 동정과 진정한 겸손을 얻었기 때문에(Gattaui 104), 있는 그대로의 현실을 수용한다. 클레버튼 경은 마이클이 떠나는 것을 아쉬워하지만 막지 않는다. 그는 이제 마이클이 자신의 삶을 연장하는 것이 아니라 독자적인 삶을 살아야한다는 사실을 인식하기 때문이다. 자신의 자아로부터의 도피가 불가능하다는 것을 깨달은 클레버튼 경은 자신이 시초로 되돌아가야 한다는 것을 인식하고, 자기 아들도 그리해야 한다는 것을 깨달았다(Grant ed 714). 마이클이 그에게 작별인사를 한 후, 마이클과 고메즈가 떠나고 카길 여사도 그를 떠남으로써 클레버튼 경은 이제 과거를 완전히 없애버리고 새로운 사람으로 거듭난다. 고통의 원인이 집착에 있음을 알고 그 집착을 제거함으로써 그는 진정한 자아(眞我)를 회복한다.

새로운 사람으로 변한 클레버튼 경은 이제 평화로움을 느낀다.

> 네가 놀랄지 모르지만. 나는 이제 평화롭다.
> 진실을 알고나니 회한이 뒤따르고
> 회한을 뒤따라 평화가 오는구나.
> 왜 항상 내 자식들을 지배하려 했었던가?
> 왜 마이클에게 좁은 길을 표시했던가?
> 그를 통해 내 자신을 영원하게 하려 했기 때문이다.
> 왜 모니카 너를 나에게 매어놓으려 했던가?
> 나인체 가장한 내 자신이라는 사람을
> 한평생 숭배하도록 하기 원했기 때문이다.
> 그래서 내가 내 자신의 가면을 믿을 수 있도록 말이야.
> 나는 이제야 사랑이 무엇인지 아는
> 깨달음을 얻었다.
>
> This may surprise you: I feel at peace now.
> It is the peace that ensues upon contrition
> When contrition ensues upon knowledge of the truth.
> Why did I always want to dominate my children?
> Why did I mark out a narrow path for Michael?
> Because I wanted to perpetuate myself in him.
> Why did I want to keep you to myself, Monica?
> Because I wanted you to give your life to adoring
> The man that I pretended to myself that I was,
> So that I could believe in my own pretences.
> I've only just now had the illumination

Of knowing what love is. (127-28)

이제 클레버튼 경은 자아를 깨달았기 때문에, 평화로움을 느낀다. 클레버튼 경은 각성의 순간을 경험한 것이다. 그것이 기독교적으로 신의 은총으로 주어진 것이 아니라 철저한 자아의 탐구를 통해서 이루어진다는 점에서 불교적인 사고방식을 엘리엇이 수용하고 있음이 드러난다. 클레버튼 경은 자신의 자아를 찾는 댓가로 아들이 희생당하는 것을 목격해야만 했다(Brooker ed 149). 이제 그는 과거의 자아를 버리고 "있는 그대로의 사람" 다시 태어난다. 자신의 과거를 이해하고 거짓된 자아를 영속화하려는 갈망을 포기함으로써 그는 평화를 얻고 행복에 접하는 것이다(Sri 68).

그는 마이클을 떠나보낸 것이 과거의 자신과의 결별이고 새로운 탄생임을 다시 말한다.

    그리고 마이클—
나는 그를 사랑한다. 나를 버렸어도.
왜냐면 그가 버린 나를 나도 또한 버렸기 때문이다.
나는 대단한 사람인체 가장하던 자신으로부터 해방되었다.
그리고 아무것도 아닌 사람이 됨으로써 나는 살기 시작한다.

    And Michael—
I love him, even for rejecting me,
For the *me* he rejected, I reject also.
I've been freed from the self that pretends to be someone;
And in becoming no one, I begin to live. (129)

클레버튼 경이 버린 것은 과거의 잘못된 자신이다. 그는 이제 진정한 자아를 깨달아 평온을 느끼며, 어둠 속으로 산책을 나간다. 원로정치가 클레버튼 경이 "모든 과거에서 자기를 해방하고 새로운 사랑으로 남을 사랑하고 상실한 자기 자신을 회복했을 때 그는 신생을 얻은 것이다. 그는 과거의 자신을 죽음으로써 새로 살기 시작한다"(이창배 전집 654-55). 여기서 클레버튼 경이 과거의 삶을 버리고 새로운 삶으로 태어나는 것은 일종의 "재생"(Grover Smith 247)

이라고 할 수 있다.

사성제를 통하여 삶의 고통을 모두 없애버린 클레버튼 경은 오온으로 이루어진 가아(假我)를 버리고 진아(眞我)를 되찾았으므로 행복과 평안을 느낀다. 케너(Hugh Kenner)는 이 작품의 긴장은 인간의 사생활의 개념 자체에 놓여 있다고 하면서 두 종류의 사생활을 구분한다. 한 역할 배후에 그 자체를 억제하고 어느날 시들어 허깨비로 되어버리는 종류의 사생활과 그것이 사생활, 자아, 평온한 개인적 실체이기 때문에 다른 사람들과 영교할 수 있는 축복받은 사생활로 구분하고 있다(190). 여기서 케너가 말하는 두 종류의 사생활은 불교적으로 해석하면 가아와 진아이다. 클레버튼 경이 드러내고 싶지 않은 과거와 같은 일반적인 사실과 관련된 자아가 가아이고, 진아는 축복받은 사생활로 진정한 자신, 진정한 자아이기 때문에 궁극적인 삶과 관련되어 있고, 이는 가아(假我)의 죽음으로 달성된다.

제 1막의 서두에서 무와 공의 인식을 두려워하던 클레버튼 경은 이제 현상계 자체가 공하다는 사실을 깨달았다. 이러한 깨달음에 바탕을 두고 자신의 과거의 삶이 부질없는 물질에만 집착한 삶이었음 인식하고 그러한 삶을 영위해온 자아를 버렸다. 그리고 진리를 깨달은 자아, 진정한 자아는 아무것도 아닌 공임을 깨닫고 그러한 인식을 바탕으로 살기 시작한다. 불교에서는 사물을 보는 관점을 진제(眞諦)와 속제(俗諦)라는 두 차원으로 나눈다. 진제란 사물을 있는 그대로 반야(般若, 智慧)의 눈으로 보는 것으로서 언어를 초월한 공(空)의 진리를 말하는 것이며, 속제란 세상 사람들의 상식적인 눈으로 보는 세계로서 진리가 가리워진 모습을 말한다(정갑동 1998 280). 클레버튼이 진아를 인식하기 전에는 속제의 관점에서 세상과 자신을 관찰했고, 진아를 인식한 후에는 진제의 관점에서 자신을 관찰한다. 이는 클레버튼 경이 열반의 상태에 들었음을 보여준다.

열반은 다른 말로 니르바나라고도 하는데 일반적으로 그 종류를 유여의열반(有餘依涅槃), 무여의열반(無餘依涅槃), 무주처열반(無住處涅槃) 3가지로 나눈다. 유여의열반은 무명과 탐욕이 완전히 소멸해 버리긴 했지만 아직 몸과 마음이 기능을 하는 상태를 말한다. 무여의열반은 경험적인 존재를 구성하는 오온(五蘊)까지도 멸한 최후의 해방의 상태이다. 무주처열반은 최후의 해방을 얻을 자격을 충분히 갖추었으나, 최후의 해방(Final Release)으로 물러나는 것을 피하고 또 자신의 자유로운 선택에 의하여 모든 인간에게 봉사하는데 전념하는 보살의 상태이다(Murti 272, qtd in 정갑동 1998 279-80). 열반의 이러한 구분에 따르면 클레버튼 경은 유여의열반에 들어간 상태이다.

이 작품에는 정점에 대한 언급도 없고 장미원에 대한 언급도 없다. 다만 이 작품에 붙은 헌사를 독립된 하나의 시편으로 바꾼 것에만 장미원에 대한 언급이 있을 뿐이다. 클레버튼 경은 작품의 말미에서 "중요한 인물인 체 가장하는 자아로부터 해방"된다. 그리고 그가 "실제의 자신"과 직면할 때 그는 행복과 접하게 된다. 클레버튼 경은 이제 자신의 일상생활의 존재 너머의 무언가를 인식하는 것이다. 모니카는 그의 변화를 재빠르게 인식하고 자신의 애인 찰스에게 그의 부친이 "돌아올 수 없이 멀리 갔다"고 말한다. 클레버튼 경은 비실재로부터 현실로 간 것이고 정점으로 간 것이다(Sri 117).

엘리엇의 작품의 주인공들은 모두 정점을 향해 나아가고 있다. 그들이 추구하는 길과 말하는 개념은 기질에 따라 다르지만, 그들이 결과적으로 갖게 되는 견해는 동일하다. 헤이(Hay)는 이 작품이 "자기발견을 통한 구원의 우화"(150)라고 하고 루시(Sean Lucy)는 이 작품의 주제가 엘리엇의 다른 극들의 주제와 동일한 "모든 사람들이 그들의 진정한 의미를 찾는 것"(203)으로 보고 있다. 루시는 많은 비평가들이 클레버튼 경이 죽음으로써 그의 의미를 찾는 것에서 혼란을 느낀다고 하는데(203), 이는 그 비평가들이 죽음이 삶이라는 역설적인 불교의 세계를 인식하지 못했기 때문이다. 클레버튼 경 이외의 다른 등장인물들은 그가 궁극적으로 획득한 비전에까지 도달하지는 못하지만, 그래도 그가 변화했다는 것을 인식하고 그에 반응한다. 바로 여기에 그들도 구원될 수 있는 가능성이 있다.

그들이 잘못을 범하고, 허위와 배반이 충만한 필멸의 인간이지만, 자신도 모르는 사이에 중심을 향하여 이끌려 가고 있다. 다시 말하여 클레버튼 경은 정점 주변을 맴돌고 있고 다른 인물들은 클레버튼 경 주변을 맴돌고 있다(Sri 117-18).

정점은 시간과 공간으로부터의 해방이 아니라 시간과 공간에 한정되어 있다는 생각으로부터 해방된 상태이다. 욕망으로부터의 해방이 아니라 변화하는 욕망에의 노예상태로부터의 해방이다. 고통으로부터의 해방이 아니라 고통의 파괴적인 힘으로부터의 해방이다. 죽음으로부터의 해방이 아니라 죽음의 두려움으로부터의 해방이다(Sri 118). 클레버튼 경은 고통과 욕망 그리고 죽음의 두려움에서 벗어났으므로 정점에 도달했다.

이러한 세계가 엘리엇이 말하는 "정점"이며, 육체와 영혼, 과거와 미래, 상과 하 등의 상반되는 분별상들을 통일하는("Burnt Norton" II. 11. 62-82) 초월적인 신의 거처인 장미원의 핵심에 있는 원의 중심이다. 이것은 또한 유무의 분별을 떠난[離有無] 불교의 삼매경인 연화의 핵심이기도 하다(李明燮 27, qtd in 정갑동 1998 281). 니르바나의 상태와 다르지 않은 정점은 시간과 무시간의 교차점이며, 장미원이고 우리가 그곳으로부터 출발한 출발점이다. 클레버튼 경은 출발점으로 다시 돌아온 것이다.

이 작품의 제 1막에서는 거실이라는 폐쇄된 공간이 제시됨으로써 클레버튼 경의 삶이 폐쇄적인 것이었음이 암시되고, 제 2막에서는 정원을 배경으로 개방된 삶이 이루어짐이 암시되고, 제 3막에서도 역시 정원을 배경으로 함으로써 개방된, 자아를 회복한 삶이 이루어짐을 보여준다. 스미스(Carol Smith)는 엘리엇이 정원의 이미지를 황홀로의 도피를 나타내기 위해서 『황무지』에서부터 『성회 수요일』를 거쳐 「번트 노튼」("Burnt Norton")에 이르기까지 또 시극 『가족의 재회』(*The Family Reunion*)와 『칵테일 파티』(*The Cocktail Party*)에서도 사용하였으며, 『원로 정치가』에서 "기억이라는 요양원의 정원"이 클레버튼 경이 과거를 정복하는 배경으로 사용된 것은 이 정원이 일종의 장미원임을 밝히고 있다. 엘리엇이 정원의 이미지를 사용하는 것은 기억된 축복의 순간적인, 심지어는 환상적인 특질을 강조한다(195-196). 여기서 스미스는 이 정원이 불교적인 의미를 지니고 있다는 사실을 간과하고 기독교의 에덴동산으로 보고 있으나(196), 이 정원이 시간과 무시간의 교차점이며, 정점과 동일한 지점이라는 점에서 불교적인 해석의 가능성을 열어놓고 있다. 결론적으로 말해서 클레버튼 경은 공허에서 출발하여 회전하는 세상의 정점에 도달했다(Hay 152). 가아를 버리고 진아를 찾음으로써 도달한 장미원에서 클레버튼 경이 무여의열반을 향해 나아가는 지점에서 이 작품은 끝난다.

III

『원로 정치가』가 처음 공연된 해에 『토요 평론』의 휴즈(Henry Hewes)와의 인터뷰에서 휴즈가 5년 전보다 더 건강하고 세상을 두려워하지 않는 듯이 보인다고 말하자 엘리엇은 "보답받는 사랑은 항상 젊음을 가져옵니다. . . 나는 60세 때보다 70세 때 더 젊게 느낍니다. 외로운 사람은 나이를 먹으면 더 외롭게 느끼지요. 나와 같은 경험은 과거와의 대조 때문에 더욱 큰 차이를 만들지요."라고 대답했다(Grant ed. 704-705). 또한 엘리엇은 공적인 명예는 그가 결혼할 때까지 자기에게 아무 의미가 없었다고 한 인터뷰에서 밝혔다(Ackroyd 323). 이러한 언급은 엘리엇의 결혼이 그에게 행복을 가져다 주었으며, 개인적인 삶이 이 작품에 짙게 반영되어 있음을 암시한다. 이러한 이유 때문인지는 모르겠지만 이 작품은 "상업적인 목적을 가진 코미디"(Raffel 159)로써 "꽤 즐거운 통속극"(Raffel 163)이라는 혹평도 받았다.

그렇지만 지금까지 살펴보았듯이 클레버튼 경의 자아의 회복과 장미원에의 안착은 엘리엇의 개인적인 삶의 기록이 아니라 보편적인 인간의 삶의 중요한 진리를 보여주고 있다. 클레버튼 경의 "정신적 재생의 과정은 진정 영웅적인 노력"(Grant ed 722)을 보여준다. 클레버튼 경은 순전히 환경으로 인하여 자신의 삶을 개혁할 기회를 갖게된다. 그는 그 기회를 잡고 비록 상당한 고통이 수반되지만, 딸과 그녀의 애인 앞에서 자신의 영혼을 있는 그대로 보여주고 열반에 들어간다.

처음에 클레버튼 경은 병들고 외로운 노인으로 자신이 빨리 늙어간다는 것을 발견한다. 그는 공직에서 은퇴하고 무를 명상한다. 그가 살아오면서 한 모든 일들은 큰 의미가 없어 보인다. 그는 자신의 앞에 "공허의 두려움"만을 갖고 있으며 무를 명상한다. 그는 갑자기 자신의 과거에서 와서 그들의 삶에 나쁜 영향을 끼쳤다고 자신의 과거를 비난하는 사람들을 대면하게 된다. 자신의 과거와 화해할 필요를 느낀 그는 그들이 자신의 양심을 괴롭히며 자신과 항상 함께 있었던 허깨비임을 인식한다. 이러한 인식과 더불어 그는 과거의 유령 같은 존재로부터 벗어나 실재 같은 무엇 속으로 들어간다. 그가 자신의 과거라는 허깨비를 쫓아 냈을 때 그를 방문한 방문자들은 더 이상 그에게 해를 끼칠 수 없는 단순한 인간으로 축소되고 만다. 그는 자신의 딸과 그녀의 애인에게 고백하고 그녀로부터 일종의 사면을 받는다. 그는 이제 실제의 자신이 된다. 이는 중요한 사람인 척 가장했던 그의 비현실적 자아의 죽음을 표한다. 달리 말하여 그는 자신의 그림자 자아의 비난하는 유령들과 싸움을 벌였으며, 자신의 존재에 대한 허상의 손으로부터 풀려난다(Sri 86).

클레버튼 경이 자신의 내면을 보다 깊이 명상하도록 하기 위하여 과거에서 온 존재는 결국 그에게 자아의 존재를 올바로 보도록 강요함으로써 장미원으로 가도록 촉구하는 구원에의 조력자가 된다. 그는 사성제의 진리를 깨닫고 지금까지의 가아를 버리고 진정한 자아를 되찾음으로써 시간과 무시간의 교차점인 정점, 즉 장미원에 위치하게 된다. 장미원에서 유여의열반에 도달한 그는 찰스와 모니카의 행복을 빌며 무여의열반을 이루기 위해 어둠이 내리는 정원으로 나간다.

주요어 (Key Words): 『원로 정치가』(*The Elder States man*), 엘리엇(T. S. Eliot), 자아(Self), 클리버튼 경(Lord Cleverton), 불교(Buddhism)

인용문헌

박희선. 『선의 탐구: 증도가의 세계』. 홍법원, 1982.
불교교재 편찬 위원회. 『불교사상의 이해』. 동국대학교 불교문화대학, 1997.
불교성전편찬회. 『불교성전』. 동국대학교 부설 동국역경원, 1986.
양재용. 「T. S. 엘리엇의 『원로 정치가』에서의 죄와 구원」. 『T. S. 엘리엇 연구』 vol. 7. 한국 T. S. 엘리엇 학회, 1999, pp. 133-68.

이정호.「타자의 욕망으로서의 순교:『대성당에서의 살인』읽기」.『T. S. 엘리엇 연구』 vol. 9. 한국 T. S. 엘리엇 학회, 2000, pp. 191-222.

이창배.『T. S. 엘리엇 연구: 인간과 문학』. 민음사, 1988. [이창배 연구로 표기]

_____.『T. S. 엘리엇 전집: 시와 시극』. 민음사, 1988. [이창배 전집으로 표기]

최영승.「엘리엇 시극에 비친 미스터리」.『T. S. 엘리엇 연구』 vol. 9. 한국 T. S. 엘리엇 학회, 2000, pp. 223-62.

박경일.「T. S. 엘리엇과 불교」.『T. S. 엘리엇 연구』 vol. 1. 한국 T. S. 엘리엇 학회, 1993, pp. 37-94.

_____.「T. S. 엘리엇의 '추방(자)의 시'와 니르바나의 시학」.『T. S. 엘리엇 연구』 vol. 5. 한국 T. S. 엘리엇학회, 1997, pp. 39-76.

정갑동.「T. S. 엘리엇의『비서』와 불교사상」.『T. S. 엘리엇 연구』 vol. 7. 한국 T. S. 엘리엇 학회, 1999, pp. 203-35.

_____.「T. S. 엘리엇의『칵테일 파티』와 불교사상」.『T. S. 엘리엇 연구』 vol. 6. 한국 T. S. 엘리엇 학회, 1998, pp. 267-90.

최희섭.「The Waste Land의 인도사상적 접근」.『T. S. 엘리엇 연구』 vol. 1. 한국 T. S. 엘리엇 학회, 1993, pp. 211-36.

Ackroyd, Peter. *T. S. Eliot*. London: Hamish Hamilton, 1984.

Brooker, Jewel Spears ed. *The Placing of T. S. Eliot*. Columbia and London: U of Missouri P, 1991.

Browne, E. Martin. *The Making of T. S. Eliot's Plays*. Cambridge: Cambridge UP, 1970.

Cattaui, Georges. *T. S. Eliot*. Tans. Pace Claire & Stewart, Jean. USA: Minerva P. 1966.

Eliot, T. S. *After Strange Gods: A Primer of Modern Heresy*. London: Faber and Faber Limited, 1933. [*ASG*로 표기]

_____. *The Complete Poems and Plays of T. S. Eliot*. London and Boston: Faber and Faber, 1978. [*CPP*로 표기]

_____. *The Elder Statesman*. New York: Farrar, Straus and Cudahy, 1959.

_____. *Note Toward the Definition of Culture*. London and Boston: Faber and Faber Ltd., 1979. [*NTDC*로 표기]]

_____. *On Poetry and Poets*. London and Boston: Faber and Faber Ltd., 1979. [*OPP*로 표기]]

_____. *Selected Essays*. London: Faber and Faber Ltd., 1976. [*SE*로 표기]]

_____. *Use of Poetry and Use of Criticism*. London: Faber and Faber, 1975. [*UPUC*로 표기]]

Gish, Nancy K. *Time in the Poetry of T. S. Eliot*. London and Basingstoke: The MacMillan P Ltd., 1981.

Gordon, Lyndall. *Eliot's New Life*. Oxford: Oxford UP, 1988.

Grant, Michael, ed. *T. S. Eliot: The Critical Haritage*. Vol. II. London, Boston, Melbourne and Henley, 1982.

Hay, Eloise Knapp. *T. S. Eliot's Negative Way*. Cambridge and London: Harvard UP, 1982.

Kearns, Cleo MeNelly. *T. S. Eliot and Indic Tradition: A Study in Poetry and Belief.* Cambridge: Cambridge UP, 1987.

Kenner, Hugh ed. *T. S. Eliot: A Collection of Critical Essays*. (Twentieth Century Views), Englewood Cliffs, N.J.: Prentice-Hall, Inc., 1962.

Lucy, Sean. *T. S. Eliot and the Idea of Tradition*. London: Cohen and West, 1967.

Perl, Jeffrey and Tuck, Andrew. "The Significance of T. S. Eliot's Philosophical Notebooks." *T. S. Eliot: Essays from the Southern Review*, ed by Olney, James. Oxford: Clarendon P, 1988, pp. 157-78.

Raffel, Burton. *T. S. Eliot*. New York: Frederick Ungar Publishing Co, 1982.

Smidt, Kristian. *Poetry and Belief in the Work of T. S. Eliot*. London: Routledge and Kegan Paul, 1949.

Smith, Carol H. *T. S. Eliot's Dramatic Theory and Practice: From Sweeney*

Agonistes to the Elder Statesman. Princeton, New Jersey: Princeton UP, 1963.

Smith, Grover. *T. S. Eliot's Poetry and Plays: A Study in Sources and Meaning*. Chicago and London: The U of Chicago P, 1974.

Spender, Stephen. *T. S. Eliot*. New York: The Viking P, 1976.

Sri, P. S. *T. S. Eliot, Vedanta and Buddhism*. Vancouver: U of British Columbia P, 1985.

Unger, Leonard. *T. S. Eliot: Moments and Patterns*. Minneapolis: U of Minnesota P, 1966.

제5부

T. S. 엘리엇과 종교

앵글로 가톨리시즘 탐구
– 엘리엇은 무엇에 귀의했나?

| 가 원 더 루 |

　　엘리엇(T. S. Eliot)은 무엇에 귀의했나? 앵글로 가톨리시즘이란 무엇인가? 어떤 사람들에게 엘리엇의 정치, 종교에 대한 자각은 그의 시에 어두운 그림자를 드리우게 한다. 그러나 다른 사람들에게는 그런 이해가 엘리엇을 위대한 보수주의적 문학의 거인에 합당한 정통성을 부여한다. 영국국교회 신자들에게 엘리엇의 유산은 중요하다. 왜냐하면 그의 유산은 바로 성공회의 가시적 요소로 구성되어 있기 때문이다. 그것은 종교가 지적으로 신뢰할만한 것이 되지 못했을 때, 지성인인 문학비평가가 종교를 향해 선회하는 일례를 제시해 주고 있기 때문이다. 그리하여 당대의 인습적 불가지론에 저항한 엘리엇의 반항은 검토할 가치가 있다.

　　필자가 탐구하고자 하는 바는 아주 평이하고도 간단하다. 필자는 이 글에서 성공회의 역사에 대한 일반적인 이해를 돕고자 노력할 것이다. 그 다음에는 앵글로 가톨리시즘의 탄생과 그것으로부터 파생된 진보적 가톨리시즘에 초점을 둘 것이다. 또한 필자는 엘리엇의 종교와 사회에 관한 이해를 간략하게 진술할 것이다. 끝으로 엘리엇이 성공회의 예식과 원시적 경험에 관해 깊은 이해를 가지고 있는 반면, 신학 – 특히 그의 "비관주의"(pessimism) – 이 성공회의 주류를 가리키는 표지는 아니라는 점을 논할 것이다. 그 대신, 거의 대

---

* 이 논문은 『T. S. 엘리엇 연구』 제6호(1998)에 영문으로 발표된 것을 우리말로 옮긴 것임.

다수의 시인이나 문인들처럼 엘리엇도 그의 시대가 낳은 인물이라는 점을 우리는 알아야만 할 것이다. 필자는 엘리엇에 관한 전문적인 학자가 아니기 때문에 그를 이해하기 위해 다른 엘리엇 전문가들의 도움에 의존하고 있음을 밝혀둔다.

엘리엇의 귀의는 몇몇 지적 운동의 맥락에서 이해되어야만 한다. 첫째, 제국주의와 동양학의 시대가 "미개인"(primitive)이라는 서구적 범주를 창안해 내었다. 어떤 면에 있어서 엘리엇은 영국 민족의 원시적 의식에 관한 탐구를 추구했다. 둘째, 행동과 자아-이해에 대한 심리학적 설명들이 철학과 문학계로부터 많은 지지자들을 얻고 있었다. 셋째, 민족 국가가 국민의 인종적 관계와 그 관계에 지리적 힘을 떠맡음으로써 아주 강력한 정치적 세력이 되었다. 넷째, 제1차 세계대전의 관점에서 폭력은 의미있는 것이며, 사회 질서를 위해 견고한 기반을 놓으려는 지적 시도는 새로운 강렬함을 띠게 되었다.

앵글로 가톨리시즘은 개인의 종교적 요소와 공적인 "제의식"(ritual)을 산뜻하게 통합할 수 있는 공간을 엘리엇에게 제공했다. 이런 종교는 그에게 영국인의 원시적 의식이 진정한 고향을 찾은 어떤 장소였다. 확실하고 깊은 잠재의식은 제의적 활동을 통해 탐구되고 활용될 수 있었을 것이다. 엘리엇이 이해했던 영국 국교회의 교리가 가장 중요한 교리였는지 아니면 원시인들의 원형들과 형이상학적 통합의 가설들이 의문시되던 시대에 필수적으로 믿을만한 것이었는지는 아직도 분명하지 않다. 우리가 할 수 있는 것은 엘리엇이 이해했던 전통과 성공회에 대한 실제적 분석을 비교해 봄으로써 그것들이 어떻게 비교될 수 있는가를 알아보는 것이다.

성공회란 무엇인가? 영국의 국교회주의는 권위에 대한 전통적 이해, 특히 종교적 권위가 무너지고 있을 때인 종교개혁의 맥락에서 탄생했다. 가톨릭교회는 상업의 발달, 전염병, 인쇄술, 오랜 유럽대륙과의 전쟁에 의해 무너지고 있었다. 영국 내의 위클리프(John Wycliffe)운동과 르네상스의 인본주의(humanism)는 새로운 사상을 받아들일 수 있게 성숙한 시대를 만들었다. "로러디"(Lollardy)운동은 성직자의 권위에 대한 의구심과 영어로 쓰인 성경의 발전을 부추겼다. 르네상스시대의 인본주의는 성경 비평과 인간 마음의 발달을 권장하였고, 나아가서는 교회부속기관들의 개혁을 촉진시켰다. 비록 헨리 (Henry) 8세 자신은 신교주의에 대하여 상반되는 감정을 가지고 있긴 했지만, 그의 추종자들은 루터(Martin Luther)와 동일한 대륙의 개혁가들이 취한 노선으로 움직이고 있었다는 것은 아주 확실하다.

영국의 국교회는 세 가지 중요한 믿음을 배척했다. 즉 영국국교회는 성자들에 대한 기도의 효력을 부정했고 연옥의 존재를 부정했으며, 또 나전어로 쓰인 성경을 부정했다. 영국국교회가 공격한 것은 대중을 사로잡고 있던 미신과 성직자의 부패였다. 그러므로 새로운 문제가 발생한 것을 개혁가들은 알지 못했다. 오히려 그들은 자신을 교황과 로마 가톨릭교회가 포기했던 더 순수하고 정화된 가톨릭교회의 상속자로 보았다. 그들은 자신을 가톨릭교회의 탐욕과 미신으로 부패한 가톨릭교회의 전통을 스스로 정화하는 사람들로 보았던 것이다. 그들은 가톨릭교회의 교리를 개혁하고자 했다.

그러나 로마와의 결별은 엘리자베스 여왕(Queen Elizabeth) 1세가 통치하기 전까지는 확실하게 이루어지지 않았다. 가톨릭교를 복원하려고 시도했던 메리 여왕(Queen Mary)의 짧은 통치 기간에 삼백 명의 신교도들이 처형당했다. 이것이 영국인들로 하여금 로마 가톨릭교회를 외면하게 만들었다. 그리하여 메리 여왕 사후, 엘리자베스 여왕은 가톨릭교회의 전례예복 사용과 전례형식의 몸짓 사용은 허락하되 전 영국국교회의 규범으로『기도서』(The Book of Common Prayer)를 확립함으로써 로마 가톨릭교회와 대륙의 극단적인 기독교 공산주의자들 간에 포괄적인 타결을 이루어낸 것이다. 무엇보다도 중요한 것은 그녀의 정치적 안정이 성공회를 굳건히 뿌리내리게 했다는 것이다.

로마와의 결별을 정당화하기 위해 성공회 변증자들은 초기 교회의 구조와 성서적 해석을 강조하면서 초기 교회사로부터 권위 있는 성서적 사료를 함께 사용했다. 최초의 대표적인 변증자 후크(Richard Hooker)는 성공회의 "성스런 삼위일체"(holy trinity)가 된 "성경"(Scripture), "이성"(Reason), "전통"(Tradition)을 서로 혼용했다. 그는 기독교의 통합은 눈에 보이는 교회와 교회의 대외적 신앙의 공언에 있다고 주장했다. 성경은 이성적인 관점과 여러 시대를 거쳐 전승된 전통적 지혜의 조명을 통해 해석되어야 한다는 것이다. 그리하여 성경은 그 자체가 전통이며, 성경을 있게 한 교회로부터 분리해서 해석될 수는 없다는 것이다. 후크는 성경과 이성을 강조함으로써 가톨릭 교리를 신교의 교리로 개혁하였던 것이다. 그러나 그는 전통을 강조함으로써 종교개혁을 가톨릭교회로 바꾸고 있었던 것이다.

성공회가 가지고 있는 다양한 형태의 뿌리는 초기 교회의 포용성에 있다. 이 글에서 필자가 논하고자 하는 형태는 "고교회"(high church)라고 불러지는 것이다. 고교회는 고대의 영적 전통을 국가적 상황에 접목시키려고 추구했다. 고교회의 성직자는 성경의 신교적 관념을 수용했겠지만 성경의 의미를 참되게 이해하기 위해서는 가톨릭적인 맥락이 필요함을 주장했다.

물론 교회에 관한 다른 관점들도 있었다. 예를 들면, 청교도들은 주교가 없는 장로적 체제와 제한적 권리를 가진 왕을 원했다. 영국국교회의 신자들 가운데 한 집단인 "래티투디나리언"(Latitudinarian)이라는 자유주의자들은 이성주의와 플라톤적인 철학적 탐구를 믿었다. 그들은 교리를 해석함에 있어서 필수적인 것들을 필수적이 아닌 것들과 폭 넓게 구별했다. 신앙의 절대적 요소는 거의 없었고 가능성이 있는 것들은 많았다. 그들은 사회생활에 있어서는 행정관에게 복종해야 한다고 굳게 믿었다.

그러나 고교회는 국가보다는 교회가 우선이거나 적어도 국가는 교회의 영적 정통성을 우선시해야 한다고 생각했다. 교회가 그 혈통을 성자 베드로(St. Peter)에 이르기까지 추적할 수 있었다는 사실은 교회의 위상에 논쟁할 수 없는 권위를 부여한 것이다. 교회는 문화의 유일한 보고였고, 그렇게 유지시키기 위하여 왕의 특권에 의존했다. 그러나 "명예혁명"(Glorious Revolution) 이후 의회가 왕을 퇴위시킨 것에 대해 많은 고교회 성직자들은 환멸을 느꼈다. 왜냐하면 그들은 신성하게 서위된 왕을 의회가 퇴위시킬 수 있는 어떤 권리도 없다고 생각했기 때문이다.

교회는 정치적 통제로부터 분리되어야 한다는 것이 고교회의 자아정체 확립에 기본이었다. 고교회는 국가통합에 있어서 자신을 민족의 영혼으로 이해했다. 교회의 우월성을 주장함에 있어서 그들은 영국국교회의 가톨릭파의 모체였다. 다른 한편으로 "저교회"(low church)는 자신을 국가의 팔로 이해하고 있었다.

  18세기 동안, 이성주의와 저교회-특히 프랑스 혁명과 산업혁명이 일어났을 때까지 이성주의와 저교회는 큰 영향력을 행사했다. 앵글로 가톨릭 신자들은 발전하는 정치적 극단주의자들의 지나친 폭력에 대해서 의문을 제기했다. 그들은 프랑스혁명과 자유시장의 진보적 사랑이 취향에 맞지 않음을 알았다. 낭만주의 초, 앵글로 가톨릭주의는 산업주의의 추함 속에서 평화, 아름다움, 진리를 찾으려고 시도함으로써 새로운 추종자들을 찾았다.

  콜리지(Samuel Taylor Coleridge)는 여러 가지 면에서 엘리엇의 신학적 선행자이다. 그는 어떻게 종교와 문화가 어떻게 뒤얽혀있는가에 대해서 이해하려고 노력했다. 엘리엇과 마찬가지로 그는 18세기 과학의 발견들로부터 탄생한 작은 교파 중 하나인 "유니테리언"(Unitarian)교의 신자였다. 그러나 그도 역시 훨씬 통일성이 있고 지속적인 사회질서의 비전을 추구했다. 그는 "오성"(understanding)과 "이성"(reason)을 중재하려고 노력했다. 즉 세계에 대해 즉각적이며 물질적인 이해를 직관이라고 한다면, 이성이란 주관적 경험의 관념화를 뜻하는 것이다. 복음주의자들(evangelicals)처럼 그는 신앙의 정서적 측면을 강조하기보다는 신앙을 이성과 감성으로 이해했다. 종교적 진리를 발굴하고자 하는 이러한 시도는 백 년 뒤에 엘리엇의 심리학 연구에 반영된 듯하다.

  18세기의 진보주의자들과는 다르게 콜리지에게 기독교는 명제나 가설의 문제가 아니라 삶의 한 방법이었다. 신앙은 틀에 박힌 도그마를 추종함으로써 경험할 수 있는 것이 아니라 국가가 설립한 교회에 참여함으로써 경험할 수 있다는 것이었다. 계몽사상에 의해 영향을 받은 대부분의 사상가들과 마찬가지로 그는 성경을 인간성의 개발을 위한 책으로서 읽었다. 그러나 그 역시 성경은 권위를 지닌 책이라고 생각했다. 왜냐하면 성경이 인간의 깊은 영적 갈증을 해소할 수 있다는 사실을 독자가 필연적으로 인식할 수 있기 때문이라는 것이다. 더 나아가서 실재 세계가 형이상학과 유사성이 있는 것처럼, 그는 사회경험이 필수적으로 종교적 전거(典據)를 가지고 있다고 생각했다. 그리하여 사람들은 국가와 교회의 제의식과 관습을 통하여 개인적인 신을 진실로 경험한다고 믿었다. 이와 같은 견해는 먼 거리에서 신과 함께 있는 것으로 그려지는 우주와는 정면으로 대조되는 것이었다.

콜리지에게 더더욱 중요하게 교회는 국가를 위하여 문화를 보존하고 변화 속에서 연속인 것과 균형을 이루는 것이라고 생각했다. 성직자는 민족의 문화적 지식을 보존하면서 민족적 경험을 들려주는 이야기꾼으로 봉사하는 것으로 생각했다. 이러한 견해는 여러 가지 면에서 우리가 보게 되는 엘리엇의 종교에 관한 이해와 유사하다. 물론 상이함이 없는 것은 아니다. 예를 들면, 엘리엇이 기독교 교육의 유산에 관하여 비관적이었다면 콜리지는 낙관적이다. 그러나 두 사람은 공히 프랑스혁명과 제1차 세계대전의 비극에서 드러난 인간본성에 대하여 냉소적이다.

콜리지의 경험, 교회, 전통에 대한 확신은 "트래크트"(Tract)운동가들에 의해서 두드러지게 강조되었고, 그들이 바로 앵글로 가톨릭운동의 핵심을 이루는 사람들이다. 그들은 특히 의회가 아일랜드에 있는 성공회 주교의 수를 줄인 것에 대해서 당혹감을 감추지 못했다. 그들은 의회가 주교직으로부터 주교들을 몰아낼 어떤 권리도 가지고 있지 않다고 주장했다. 그들의 의향은 낭만주의와 맥을 같이 했고, 영국의 국민적 통합을 위해 "사도적"(apostolic)전통에 호소했다.

영국의 국교회에서 가장 중요한 세 사람의 앵글로 가톨릭파의 주창자는 모리스(F. D. Maurice), 푸시(Edward Buverei Pusey), 뉴먼(John Henry Newman)이다. 그들은 서로 많이 다르다. 모리스는 기독교 사회주의의 창설자이고, 뉴먼은 끝내는 성공회를 떠나 로마 가톨릭교로 개종한 사람이다. 논란의 여지는 있지만, 성공회 교리에 사회적 책무를 불어넣은 책임을 고려한다면 모리스가 가장 영향력이 큰 앵글로 가톨릭일 것이다. 그러나 이 논문의 주제로 볼 때, 푸시가 훨씬 더 관련성이 있는 인물이다. 왜냐하면, 엘리엇이 귀의한 것은 바로 그가 언급하고 있는 그 무엇에 있기 때문이다.

푸시는 우선적으로 전통이 교회와 국가의 기본이라고 믿었다. 그는 사도로부터 전래된 전통만이 통일성을 제공한다고 믿었다. 그에게 교회는 사회적 발전뿐만 아니라 민주주의와도 아무런 관련이 없는 것이었다. 오히려, 교회가 물질세계를 초월하고 그 세계를 인도하는 영적 실재에 관련을 갖고 있는 것으로 믿었다. 푸시의 주변에 있었거나 그로부터 영감을 받은 앵글로 가톨릭 교인들은 교회와 국가가 대등한 존재로 관계를 유지하지만, 영적으로는 교회가 국가보다 우월한 위치에 있다고 믿었다. 그들은 성경과 그 자체에 내재하고 있는 원시적 전통은 국가와는 무관하고 독자적인 것으로서 교회가 의회에 의해서 타협될 수는 없다는 것이다. 다른 한편으로 복음주의자들이나 진보주의자들은 교회가 국민의 도덕성을 높이는 국가의 한 부속기관으로 생각했다.

앵글로 가톨릭들은 중세 교회의 제의식을 긍정적으로 생각했다. 그들은 로마 가톨릭교회가 부패하기 이전에 사용한 교회 전례를 되찾을 수 있다고 믿으면서 학문적인 연구에 매진했고, 동유럽의 정교회들과 대화를 통해서 예배 예식의 감수성을 재활시켰다. 또 제례의식이 교회 공동체의 성장을 촉진한다고 믿으면서 정교한 의복과 몸짓을 사용하기 시작했다. 미사 중에 국가는 교회와 그 구조에 육화되어 있는 오랜 세월의 권위를 경험할 수 있다는 것이다. 이것은 단지 아름다운 미사를 봉헌하는 일만을 의미하는 것이 아니었다. 사실 앵글로 가톨릭파의 사회운동가들은 전례의 발전을 산업혁명으로 생긴 빈민가에서 사는 많은 사람들에게 복음을 전하는 한 방법으로 보았기 때문이다.

그러나 과학적 탐구의 발전은 교회 내부에 깊은 균열을 초래했다. 이에 대응하여 일군의 앵글로 가톨릭 신학자들과 진보주의자들은 변화하고 있는 지적 흐름에 가담했다. 이러한 "진보적 가톨릭교인"(liberal Catholics)들은 초기 교회의 통일성을 회복하려고 노력하면서 교회내부의 통합 속에서 실천적 진보를 강조했다. 다른 기독교파의 인본주의자들의 저서에 의해 동요된 이 신학자들은 앞서 일어난 과학적 발전의 관점에서 기독교가 가지고 있는 진리의 핵심을 찾으려고 노력했다. 그들은 성경의 우주관을 재구성했고, 또 종교는 사람의 삶을 표현한 것이라는 논지를 폈다.

논란의 여지는 있지만 새로운 과학에 관한 논쟁 속에 쓰인 근대 성공회 교리에 있어서 가장 중요한 평론집은 『세상의 빛』(Lux Mundi)이다. 예수 그리스도의 사랑을 통해 인간영혼이 구원된 본질을 강조하는 그리스도의 육화신학이 탐구되었다. 그들은 완벽하게 가톨릭적이며 전통적이고 신빙성 있는 현대적 세계관을 제공하려고 시도했고, 개인적 경험과 이성의 관계에 대해 천명했다. 이러한 "진보적 가톨릭들"(liberal Catholics)은 창조의 전진을 믿었고, 인간 본성에 대하여 낙관적이었다. 그들은 사도적 기독교가 사회발전을 촉발할 수 있다고 믿었다. 그러나 그들은 전통을 권위적인 것으로 생각했다기보다는 교육적인 것으로 생각했다. 그들 중 많은 사람들이 F. D. 모리스의 저서에 의해 깊은 영향을 받은 사회주의자들이었다.

과거를 보존해야 한다는 것에 집요하게 매달렸던 다른 가톨릭들과는 달리 그들은 현재의 지혜를 향상시켰다. 신학적으로 그들은 한 때 부패했던 우리 육신이 우리에게 약속한 하느님의 사랑을 통해 보속 받았다고 주장했다. 우리는 용서받은 자들로서 삶을 영위함으로써 그리스도의 육화를 개인적인 것으로 만드는 것이다. 그러나 많은 앵글로 가톨릭들과 같지 않게 그들은 자신의 신학으로부터 정치적 의의를 끌어냈다. 이것은 복음주의적 세계관의 교의들 가운데에서 몇몇을 명확하게 수용한 결과이다.

그러면 이러한 상황에 대해 엘리엇의 입장은 무엇인가? 우리는 엘리엇이 진보적 가톨릭주의보다 앵글로 가톨릭주의를 강조했던 인물로 알고 있다. 아마도 엘리엇이 글자 그대로 천국이나 지옥을 믿지는 않은 것은 사실일 것이다. 그러나 스카프(William Skaff)가 주장하고 있는 것처럼 엘리엇은 앵글로 가톨릭이 되는 것에 충분한 이유가 있다고 생각했던 것이다.

스카프는 엘리엇의 앵글로 가톨리시즘을 다음과 같이 요약한다. 즉 엘리엇은 신비한 경험을 통해 알 수 있는 절대자에 대한 믿음을 가졌다. 이 신비로운 경험은 이성적 측면과 정서적 측면을 가지고 있다. 또 엘리엇은 무의식이 형이상학적 의식 — 우리 각자의 개인적 중심이 세계의 더 큰 힘에 필연적으로 굴복하다 — 과 연계되어 있다고 생각했다. 이 무의식의 경험은 인류를 통해 공유되었다. 이는 앵글로 색슨의 의식에만 공유된 것이 아닌 깊은 종교적 의식이다. 그는 원시인의 마음은 두 가지를 동시에 믿을 수 있다는 것에 당혹했다. 예를 들면, 원시의 샤만(shaman)이 그 조상의 의상을 입고 춤을 출 때 그 자신이 그의 조상이 된다는 것을 진실로 믿었을 뿐만 아니라 현재의 자신도 믿는 것이다. 미사에 있어서도 앵글로 가톨릭 신자들은 그와 똑같은 것을 믿는 것이다. 즉 빵과 포도주가 변화지 않는다는 사실을 알면서도 몸과 피가 될 수도 있다는 것을 믿는 것이다.
　비록 우리가 신화적 믿음을 이제 완전하게 믿을 수는 없지만, 엘리엇은 우리가 제의식적 활동을 통하여 원시인의 의식 속으로 들어갈 수 있다고 생각했다. 이런 면에서 예술은 제의식과 유사한 것이다. 즉 예술과 제의식은 똑같이 원시적 근원에서 왔다. 예술과 유사하게 제의식도 무의식적인 마음을 뒤흔든다. 제의식과 마찬가지로 발레와 드라마는 리듬과 조직을 가지고 있다. 훨씬 더 깊은 제의식은 생과 사의 움직임과 같은 우리의 일상생활의 진정한 요소들을 비춰준다. 그와 유사하게 종교적 지도자들이나 치료사들은 어떤 의미에 있어서 연예인이며 예술가이다. 더 나아가서 제의식 속에서 우리는 상상력과 비평이 시작하는 신화적 의식 속으로 들어가는 것이다.
　신화를 통하여 우리 마음의 무의식적인 구조는 우리가 사는 실제세계의 진정한 요소 - 빵과 포도주 같은 요소로 표현되는 것이다. 그러나 신화들은 의식적으로 작용하도록 할 수 없고, 문맥상으로 자의적인 것으로 잘못 받아들여질 수도 없다. 그러나 제의식에 있어서 우리는 과거와 현재를 함께 불러올 수 있다. 전례 연구에 있어서 우리는 그와 같은 일을 "회상"(anamnesis)이라고 부르고, 또 종교사에 있어서 그와 같은 제의식은 시간이 움직이지 않은 듯한 성스런 시간 속에서 발생한다고 말한다. 엘리엇은 인류학 분야에서 연구된 것을 충분히 알고 있었고, 또 자신의 종교를 틀에 넣기 위해 신화에 대한 깊은 이해로 향하는 경향이 있다.
　스카프의 논의에 의하면 엘리엇에게 진정한 자아의식은 신화와 실제세계, 즉 개별적이고 다른 형태로 한 마음 속에 공존하도록 허용했다는 것이다. 제의식적인 활동은 민중들을 실제세계와 연관지음에 있어서 긴장을 인식하도록 하면서 그 의미를 강화한다. 미사 의식은 이상하고 낡은 의상으로 둥글게 도는 사람들의 의식의 일반적인 춤의 형태를 취하고 있다. 그러나 그것은 상징들을 사용함으로써 무의식세계의 진정한 구조를 재현하는 것이다. 우리가 실제세계에서 신화적 세계와 동시에 살 때, 우리는 자의식에 도달하는 것이다.
　엘리엇은 심리학, 인류학, 철학을 공부하고 난 뒤에 귀의했다. 그는 다양한 수련으로부터 얻은 통찰들을 예술, 전통, 문화에 대한 그의 이해를 정당화시키는 보편적 형이상학으로 결합시켰다. 우리가 과거, 우리 자신의 자아를 주장하는 세계로부터 무엇을 물려 받았는지를 이해할 때, 우리는 각자 스스로가 되는 것이다. 우리는 과거로부터 있어왔던 것을 축적하고 있는 국교회의 일상적 삶에 참여한다는 것이 우리에게 무엇을 요구하는 것인지를 안다. 그리하여, 엘리엇은 콜리지의 있는 그대로의 모습을 보여주고, 그리하여 앵글로 가톨릭주의로 귀의한 것이다.

여전히 엘리엇이 깊게 관심을 가졌던 전통의 사용과 남용에 관한 논쟁이 계속되고 있다. 전통이란 물론 양면의 날을 가진 칼과 같다. 그것은 해석자의 재능에 따라서 어떤 의견을 강화하거나 부정하기 위하여 사용될 수 있다. 엘리엇은 거듭 전통이 없는 사상은 기초가 없는 사상이라는 것을 확신하고 있다.

우리는 엘리엇의 강력한 앵글로 가톨릭주의에 대한 확신을 무엇이라고 생각할 것인가? 우리는 엘리엇을 영국의 문화가 세계를 구원할 수 있을 것이라고 믿은 불굴의 민족 중심주의자로 해석하는 것이 가능한 일일까? 엘리엇은 앵글로 가톨릭적인 세계관이 가장 중요한 것이라고 생각했던가? 아마도 그렇게는 생각하지 않았을 것이다. 오히려 그는 기독교가 강력한 힘을 가지고 있을 동안 다른 문화들은 아마도 그들 자신의 신화적 의식을 가지고 있었을 것으로 생각했을 것이다. 만약 그가 그런 생각을 하고 있었다면, 그는 문화가 뒤섞인 채 아주 급속하게 변하는 세상을 이해하는 것에 당황했을 것이다. 또 그는 시장이 문화의 가치를 중재하는 것에 대하여 강력히 반대했을지도 모른다. 그는 종교가 예술에게 지식을 제공하지 시장에 그것을 제공하지는 않는다는 것을 확신했을 지도 모른다.

진보적 가톨릭 교인들과는 달리 엘리엇은 비관주의자였다. 앵글로 가톨릭 맥락을 따라 그는 의회 민주주의와 진보주의를 전통의 견고한 기반이 없거나 인간에게 가득 차 있고 뿌리내린 죄에 대한 이해가 없는 사상이라고 생각했다. 비록 필자는 이러한 견해가 몹시 잘 못된 것이라고 생각하지만, 이것은 약간의 역사적 정당성을 가지고 있는 억지스런 논쟁이다. 그럼에도 근대세계를 구성하고 있는 개인주의는 과거의 신중하고 사려 깊은 지혜에 의해서 억제되어야 한다고 생각한다. 개인 각각은 뿌리가 없지 않다. 각 개인은 그들의 문화에 자신을 결속시키는 깊은 기억을 가지고 있다. 진행 중에 있는 진보적 신앙은 그 맥락으로부터 개인을 실수로 찢어내고 있다. 개인이 신의 은총으로 고취되어 있다는 진보적 가톨릭의 견해는 이 세상에 악이 숨어 있다는 엘리엇의 굳은 신념에 충분히 주목하지 않고 있다. 두 가지 이데올로기의 정치적 귀결은 명백하다. 즉 진보적 가톨릭주의는 긴장관계에 있긴 하지만 국가와 병존할 수 있다. 또 앵글로 가톨릭주의는 국가를 종교에 있어서가 아니라 국가의 권위에 관련된 사항에 있어서만 정통성이 있다고 알고 있다.

엘리엇은 감각에 의해서 크게 움직였던 사람으로 그는 자신의 감수성을 통해 지적 기초를 찾으려고 노력한 사람이었다. 원시인, 무의식, 신화의 본성에 대한 엘리엇의 이해가 그를 기독교로 귀의하게 한 큰 이유였다. 성경에 대한 진보적 믿음으로 인해, 그 어떤 사람도 개종하지는 않았다. 그러나 훨씬 새로운 역사연구는 기독교가 통일되어 있지 않고, 의식 자체가 민족 국가의 경계들보다 훨씬 더 지역적이며, 신화적 경험이 필연적으로 보편적이 아니라는 사실을 보여주었다. 더 나아가서 엘리엇의 앵글로 가톨릭주의가 성공회에 있어서 훌륭한 그 무엇에 대해 최상의 것이었거나 가장 대표적인 맥락은 아니다. 필자의 소견으로는 성공회의 최상이거나 가장 대표적인 것은 성령에 대해 낙관주의적이지만 현대사회에 대한 통찰에 전통을 우선시하는 것을 경계하는 진보적 가톨릭주의일 것이다. 그럼에도 전통의 무게와 현대적이고 비역사적인 진보적 문화의 견고한 비평에 의해 지지를 받음으로써 엘리엇의 통합은 약간의 잘 엮여진 기초를 가지고 있다고 말할 수 있다.

(노저용 옮김)

주요어 (Key Words): 앵글로 가톨리시즘(Anglo-Catholicism), 성공회(Anglicanism), 비관주의(pessimism), 제의식(Ritual), 위크리프(John Wycliffe), 후크(Richard Hooker), 콜리지(Samuel Taylor Coleridge), 모리스(F. D. Maurice), 뉴먼(John Henry Newman), 푸시(Edward Buverei Pusey), 스카프(William Skaff)

인용문헌

Ackroyd, Peter. *T. S. Eliot*. London: Hamish Hamilton, 1984.

Butler, Perry. "From Early Eighteenth Century to the Present Day." *The Study of Anglicanism*. Eds. Stephen Sykes and John Booty. Philadelphia: Fortress P, 1988.

Haugaard, WIlliam. "From the Reformation to the Eighteenth Century." *The Study of Anglicanism*. Eds. Stephen Sykes and John Booty. Philadelphia: Fortress P, 1988.

Kojecky, Roger. *T. S. Eliot's Social Criticism*. London: Faber, 1971.

Sachs, William. *The Transformation of Anglicanism*. Cambridge: Cambridge UP, 1993.

Skaff, William. *The Philosophy of T. S. Eliot: From Skepticism to a Surrealist Poetic, 1909-1927*. Philadelphia: U of Pennsylvania P, 1986.

엘리엇의 문화론의 성서적 고찰

| 김명옥 |

I

시인 엘리엇은 『성림』(The Sacred Wood 1928)의 서문에서 자신의 관심의 영역이 문학 비평 이외의 주제들 즉 "그 시대와 다른 시대의 영적이며 사회적인 삶"으로 확대될 것임을 시사하고 있다. 실제로 1927년에 엘리엇이 기독교로 개종한 이후 그의 관심은 순수 철학이나 문학 비평에 국한하지 않고 당시의 시급한 문제들 즉 정치, 사회, 문화, 종교 그리고 교육에 걸친 다양한 문제로 확대되고 있다(Donoghue 218). 엘리엇은 1930년대 이후 세계 제2차 대전을 전후로 하는 시대적 절박감 속에서 유럽의 지성 세계를 이끌어 가는 『크라이테리언』(The Criterion)의 편집인으로 일하면서 그리고 종교인과 문인의 한 사람으로 활동하면서 개인적인 전문인보다는 공적인 지도자로서 헌신하고 있다. 특히 엘리엇은 1938년부터 1947년 칼 만하임(Karl Mannheim)이 서거하기까지 다양한 분야의 지성인과 전문인들로 구성된 무트(The Moot)에서 그 주요 멤버로 활동하면서 당시의 시급한 문제들에 대한 대처 방안을 모색하고 있다. 이 기구는 비공식 단체로서 기독교적 헌신과 의견을 공유하는 당대의 지성인들이 한해 두세 번씩 만나 당시의 시사적인 공통 주제에 대해 서로 의견을 교환하였고 『기독교 소식지』(Christian News-Letter)를 발간하여 다양한 필자들의 의견을 수렴하고 또 경청하였다.

---

* 이 논문은 『T. S. 엘리엇 연구』 제11권(2001)에 「엘리엇의 사회, 문화론의 성서적 고찰」로 수록되었던 것을 수정한 것임.

이 단체는 "사회는 혁명에 의해서가 아니라 권력 가진 자들에게 책임을 지도록 설득하고 지식인들을 연합함으로써 변화될 수 있다"(Kojecy 169)는 생각을 가진 만하임을 중심으로 주로 사회 개혁을 주도하고자 했다. 그리고 그 활동 영역을 철학적, 신학적인 이론에 치중하는 그룹과 행동에 중점을 두는 소그룹들로 나누어 활동하였으며(171) 엘리엇은 행동보다는 이론에 치중하면서도 특히 이론과 행동의 조화에 깊은 관심을 보였다. 그는 서로 다른 견해를 가진 전문가들과 활발한 의견을 교류하면서 동시에 자신의 의견을 적극적으로 피력하였고 이 단체에서 논의된 주제들 즉 기독교와 사회의 연관성, 기독교적 질서론, 지성인의 정치 참여, 교육 등이 후일 엘리엇이 기독교 사회, 문화, 교육에 관해 자신의 의견을 정립할 때 많은 영향을 주었으니 실제로 엘리엇은 이때의 의견을 토대로 여러 권의 저서들을 발간하였다. 이 기간 동안 엘리엇의 활동은 20세기 전반에 걸쳐 시인과 문학 비평가로서 끼친 그의 영향력 못지않게 사회의 공인으로서 사회를 개혁하려는 의지를 보이면서 당대의 지도자로서의 역할을 유감없이 실현하고 있다(175-183).

특히 엘리엇이 1930년-40년대에 쓴 저서들 즉 『기독교 사회의 이념』(*The Idea of a Christian Society* 1940)과 『문화의 정의에 대한 논고』(*Notes towards the Definition of Culture* 1948) 그리고 『고대와 현대의 글들』(*Essays Ancient and Modern* 1936), 『이신을 찾아서』(*After Strange Gods* 1934)와 『크라이테리언』의 논평들은 엘리엇이 이 기간에 문학 이외의 분야에 관해 다양한 사상가들, 종교인들과 의견을 교환하면서 정립한 그의 의견들을 싣고 있다. 이상의 저서에서 엘리엇은 자신이 직접 언급한 대로 어디까지나 비전문가의 위치에서 특히 일반 대중들을 대상으로 당시에 매우 시급하다고 생각되는 근본적인 주제들을 다룬다(*ICS* 5). 그는 독자들이 이러한 글을 전문화된 지식인으로가 아니라 "생각하고 느끼고 생활하고 관찰하는 인간들의 총 수확물"(5)로 판단해 주기를 바라고 있다. 다시 말하면 그의 전문적인 시인과 비평가로서가 아니라 한 인간으로 살아온 자신의 전인적인 삶의 총체를 집약하고 있음을 암시하고 있어 우리는 동일한 시대를 살고 있는 독자들과 대등한 위치에서 사회 문제들을 고민하고 개선해 보려고 노력한 시민의식과 동시에 한 시대의 지도자로서의 책임감을 엿볼 수 있다.

II

　엘리엇은 정치, 경제, 교육 등의 분야에서 가장 우선되어야 할 것은 무엇보다도 인간성 내지는 인간의 정체성에 대한 올바른 이해라고 보았다. 그는 교육에 대한 올바른 정의를 내리기 위해서는 "인간이란 무엇인가?"(What is a man?)하는 인간의 정체성 규명이 우선 되어야 하며 교육의 목적 역시 '인간은 무엇을 위해 사는가?'(For what is a man?)라는 삶의 목적에 대한 근본적인 이해가 선결되어야 한다고 말하고 있다.

> 만약 우리가 교육을 정의할 경우 우리는 '인간이란 무엇인가?'를 묻게 된다. 그리고 교육의 목적을 정의할 경우 '인간은 무엇을 위한 존재인가?'라는 질문을 하게 된다. 그러므로 교육 목적에 대한 모든 정의는 숨겨진 혹은 함축된 철학이나 신학을 내포한다.
>
> If we define education, we are led to ask 'What is Man?'; and if we define the purpose of education, we are committed to the question, 'What is Man for?' Every definition of the purpose of education, therefore, implies some concealed, or rather implicit philosophy or theology. (*TCTC* 75)

　이처럼 엘리엇은 올바른 인간 교육을 위해서는 무엇보다 인간의 정체성이 바르게 정립되어야 하고 인간에 대한 올바른 정의를 위해서는 철학과 신학적인 설명이 불가피하다는 생각을 가지고 있다. 엘리엇은 인간 세상을 개선하고자 하는 경제 혹은 정치 개혁가나 혁명가들은 무엇보다 윤리적인 개혁가나 혁명가와 함께 손잡아야 하며(*CC* 211) 정치, 경제학자들이 도덕적인 전제 없이 만든 제도는 타락할 수밖에 없다고 말하면서(213) "정치가적 자질의 기초는 궁극적으로 도덕가와 철학자들이 제공해야 한다"(215)는 생각에서 모든 인간 세상에서 일어나는 무수한 문제 해결의 선결문제로 인간의 정체성 규명과 인간성 회복을 우선적으로 꼽고 있으며 이를 위해서 인간의 존재와 행동의 근원을 해명하는 윤리, 철학의 이론적 도움이 필요하다고 주장한다.

　개인적으로 엘리엇은 정치, 교육, 사회, 문화에 걸친 제반 문제의 해결 방안을 기독교의 교리에 근거하는 윤리, 도덕의 원칙들에서 찾고 있다. 그 이유로는 기독교가 인간을 절대자와의 관계 속에서 스스로를 바라보게 하며 완전한 창조주 앞에서 모순되고 부조리한 인간의 정체성이 여실히 드러날 뿐 아니라(*SE* 430) 자아성찰의 훈련을 통해 인간 스스로가 연약함과 무기력한 부족성을 가진 존재라는 사실을 인식시키는 종교라고 생각(*EAM* 115)한 때문이었다. 그는 "기독교가 항상 인식하고 있는 것은 개인은 본질적으로 연약하며 무능력하다는 바로 그것이다"(*CC* 181)라고 말하고 "이는 인간의 연약함의 징후이면서 강함의 원천이기도 하다"(118)고 덧붙여 인간의 실상을 성경적으로(2Co 12:10) 이해하고자 한다. 이와 같은 생각에서 인간 세계의 개선을 기독교 교리에 근거한 인간성 회복을 통해 가능하다고 생각하는 엘리엇의 사회, 문화론을 기독교적 관점 즉 성서에 나타난 하나님의 섭리 내지는 교리에 비추어 살펴보는 것은 매우 타당하고 할 수 있다. 이 논문에서는 그가 제시하는 바람직한 인간의 사회 공동체와 문화의 특성이 어떤 것인지를 기독교의 말씀에 기초하여 살펴보고자 한다. 지금까지 엘리엇의 사회, 문화론에 관한 많은 연구가 정통 기독교가 아닌 다른 사상적 배경에 치우친 점을 감안하여 이 글에서는 1930년대 그의 사고의 근간을 이루고 있는 엘리엇의 사회, 문화론의 성서적 배경을 밝혀보고자 한다.

III

엘리엇은 「가톨릭과 국제질서」("Catholicism and International Order")에서 당면 문제에 대한 대체 방법이 기독교인과 비기독교인 사이에 근본적인 차이가 있음을 지적하고 있다. 그에 의하면 기독교인들은 현세의 문제에서 영적인 믿음의 인도를 받으면서 기독교 질서를 위해 헌신하는 자들이며 국제 사회는 결국 종교적으로 허용된 도덕에 의존하고 있음을 믿고 있다.

우리는 만약 기독교 세계가 내일 통합된다 하더라도 유럽 세계와 결코 공존할 수 없음을 잘 알고 있다. 상당히 영향력 있는 반기독교 집단뿐만 아니라 현세의 공적 일과 내세의 일이 서로 전혀 무관하다고 믿는 사람들을 모두 포용하면서 우리가 자유주의자로 부르는 모든 세력들은 기독교의 통합을 반대할 것이다. . . . 반면에 우리(기독교인)는 비록 암울하다해도 확신하고 있다. 즉 우리의 영적 믿음이 세상적인 일에서 우리를 인도해갈 것과 만약 그렇지 않을 경우에도 그 잘못은 우리에게 있다는 사실이다. 그리고 우리는 도덕이 종교적인 인준에 의존하며 세계의 사회 조직은 도덕적인 인준에 의존한다는 것과 영원한 가치에 비추어서 일시적인 가치를 판단할 수 있음을 확신한다. 우리는 세상의 눈으로는 절망적인 신념으로 보이는 기독교적 세계 질서, 바로 그 질서가 어떤 견해로 보나 궁극적으로 펼쳐질 유일한 질서라는 신념에 몰두하고 있다.

We are also aware that if Christendom were reunited to-morrow it would be far from coextensive with even the European world. Against it would be not only that considerable body of influence which is positively antiChristian, but all the forces which we denominate Liberal, embracing all people who believe that the public affairs of this world and those of the next have nothing to do with each other. . . . We on the other hand, feel convinced, however darkly, that our spiritual faith should give us some guidance in temporal matters; that if it does not the fault is our own; that morality rests upon religious sanction, and that the social organization of the world rests upon moral sanction; that we can only judge of temporal values in the light of eternal values. We are committed to what in the eyes of the world must be a desperate belief, that a Christian world-order, the Christian world-order, is ultimately the only one which, from any point of view, will work. (*EAM* 113-14)

이처럼 엘리엇은 자신을 포함하는 기독교인들은 세상적인 문제에서 그들의 믿음을 통해 올바른 인도를 받고 있으며 '기독교적 세계 질서'야말로 미래에 이루어질 유일한 질서라는 신념을 가지고 있다고 말한다. 엘리엇에 의하면 기독교인은 현재 당면한 사회, 정치, 경제문제를 분석하고 해결책을 찾기 위해 그 어떤 전문가보다도 더욱 헌신적인 열심을 보이는 반면에 비 기독교인들은 스스로를 변화시키고자 하는 의무감이나 스스로를 이해하려는 필요성은 물론 공의(righteousness)에 대한 갈망과 갈증이 별로 없기에 자신의 편견이나 사회적인 배경, 개인적인 기호에 따라 그의 생각이 흔들리기 쉽다(114-15)는 것이다. 이러한 언급에서 우리가 주목할 단어는 '기독교 세계 질서'이며 바로 이 '기독교 질서'는 엘리엇의 사회, 문화, 교육 및 정치적 이론에 공통적으로 적용되는 기본 개념이다. 이는 엘리엇 초기의 문학 비평에서 엘리엇이 심도 있게 다룬 '전통' 내지는 '역사의식'과 의미의 맥이 닿아 있기는 하나 이들이 어디까지나 인간 세계에 관한 '전통'이며 '역사의식'이라는 점에서 동일한 뜻으로 이해될 수 없다.

엘리엇은 질서를 세상적 질서 혹은 일시적 질서와 기독교 질서로 구분하며 이 둘의 차별성을 하나님과의 관계에서 찾고 있다. 즉 전자가 '이 세상 왕국'을 지배하는 세상적 질서라면 후자는 창조주 하나님과 관계를 맺으면서 그의 통치를 받는 하나님 왕국의 질서를 말하며 이는 하나님이 창조한 인간과 자연을 절대자와의 관계성에 근거하여 다스리는 창조 질서라고 말할 수 있다 (119-23; *ICS* 48-49). 엘리엇이 말하는 기독교 질서를 실현하는 기독교 공동체는 이교도의 그것과는 달리 첫째는 하나님과의 수직적인 관계를 우선적으로 하면서 동시에 창조된 "자연에 순응하는 삶"(48). 여기서 그가 말하는 '자연에 순응하는 삶'은 "하나님의 뜻에 순응하는" 삶 즉 하나님의 창조 질서를 따르는 삶이다(48). 그것은 창조주와 피조물인 인간의 수직적인 종속의 관계를 기본으로 하고 그 위에 인간과 인간 그리고 자연계와의 수평적인 유대 관계를 세우는 하나님의 통치 질서를 말하는 것이다. 그러나 유감스럽게도 이러한 하나님의 통치 질서는 최초 인류의 조상인 아담과 이브에서부터 파괴되고 있다. 인간이 하나님 명을 거역한 이후 그 둘이 에덴동산으로부터 추방되면서 영(Spirit)이신 하나님과의 영적 관계가 끊어지게 되었다. 인간의 역사 속에서 하나님과의 관계를 상실한 시간에 비례하여 자연과 인간 그리고 인간과 인간 사이의 질서의 원형은 서서히 파괴되고 하나님이 세운 질서 대신에 인간이 세운 세상 질서가 서게 되었다.

기독교 역사 속에서1) 이스라엘 백성들이 사무엘 선지자에게 "열방과 같이

---

1) 여기서 기독교 역사는 물론 예수 탄생 이전의 유태교 역사를 포함하고 있다. 예수를 중심으로 하는 기독교는 하나님과 인간과의 관계가 중심인 만큼 최초의 인간 창조와 하나님이 선별하여 선택한 백성인 이스라엘의 종교 즉 유태교와 뗄 수 없기 때문이다. 다만 유태교는 예수를 통한 하나님의 구원의 계획을 거부한 것이며 기독교가 구약인 유태인의 종교 역사를

우리에게 왕을 세워 우리를 다스리게 하소서"(1 Sa 8:5)하며 이스라엘을 다스릴 왕을 요구하자 이에 화가 난 선지자 사무엘에게 하나님은 "백성이 네게 한 말을 다 들으라 그들이 너를 버림이 아니요 나를 버려 자기들의 왕이 되지 못하게 함이라"(8:7)고 말하여 이스라엘 백성이 하나님을 거부하고 대신 인간을 왕으로 세우려는 요구를 허락하고 사울을 그들의 초대 왕으로 세우게 된다. 바로 이때부터 이스라엘은 사울 왕의 통치를 받게 되어 소위 국가와 군주의 틀을 갖춘 왕정시대 시작된다(1:8-10). 그러나 이 경우에도 하나님은 그가 세운 선지자에게 한 군주의 선택을 지시하여 하나님이 간접적으로 통치하는 방법을 취하였다. 그러므로 군주인 왕이 나라를 다스리지만 왕은 하나님이 선택한 선지자를 통해 임명되기에 왕은 결국 군주로서의 통치 권위를 하나님으로부터 부여받게 되는 셈이다. 바울이 "각 사람은 위에 있는 권세들에게 굴복하라 권세는 하나님께로 나지 않음이 없나니 모든 권세는 다 하나님이 정하신 바라"(Ro 13:1)[2]고 말하여 왕의 권위를 인정하고 그에 복종할 것을 충고하는 부분은 이스라엘을 다스려온 하나님의 통치 역사를 감안할 때 쉽게 이해될 수 있다.

바로 엘리엇이 염두에 두고 있는 공동체는 하나님과의 관계를 전제로 하는 기독교 사회인만큼 그의 '정통설'(orthodoxy), '군주주의'(monarchism), '권

무시하는 것이 아니다. 성경의 구약, 신약 전체는 인간에 대한 하나님의 구속사이며 그 역사는 아담과 하와로 인해 초래된 타락한 세상으로부터 성결한 백성으로 이스라엘 민족을 택하여 세우고 하나님이 직접 통치하는 하나님 왕국을 세우는 계획으로 시작하지만 이 계획은 이스라엘 백성의 반복되는 타락으로 실패한다. 결국 하나님은 그리스도를 통한 새 법 즉 사랑의 법을 통해 예수를 믿고 따르는 자는 그가 지은 죄의 여하를 막론하고 무조건 그 죄를 용서하고 모두 하늘 왕국(the kingdom of heaven)의 자녀로 삼아 그 왕국의 시민으로 세우고 (MT 5:2-10) 그들을 통해 하나님의 의의 나라를 이 땅에 건설하려는 계획을 세웠으니(주기도문 참조) 이것이 기독교의 출발이 되었다. 그리스도의 재림을 완성될 하나님 왕국의 통치 역사는 예수가 이 땅위에 오시기 전에는 하나님의 직접 통치시대로서 사사 시대(Judges)를 거치고 그 후에는 하나님의 간접 통치 시대로 넘어가는 과정을 밟게 되었으니 그 직접 계기는 이스라엘 민족이 하나님 대신에 세상 나라와 똑같은 인간 통치자를 요구하면서 사울(Saul)을 초대 왕으로 세우는 사건에서 비롯하고 있다.

2) "Everyone must submit Himself to the governing authorities, for there is no authority except that which God has established. The authorities that exist have been established by God(Ro 13:1)."

위주의'(authoritarianism), 나아가서 '토리즘'(Torism), '보수주의'(Conservatism) 등 엘리엇이 내세우는 일련의 정치 형태들의 이론적 배경은 바로 하나님 왕국의 통치 질서 즉 통치자의 권위를 하나님이 세울 경우에 가능하게 된다. 그에게는 하나님과의 관계에서 벗어난 권위나 계급, 질서의 개념은 잘못될 수 있다. 그러기에 그는 이러한 개념들이 하나님과의 관계를 떠나 오직 일시적인 세상 영역에 잘못 적용될 경우 '독재주의'나 '신정정치'(theocracy)의 함정에 빠질 수 있음을 경고한다(*EAM* 118). 뿐만 아니라 '자유주의'와 '인본주의' 그리고 '박애주의'에 대해서도 그는 유사한 견해를 가지고 있다.

> 예를 들면 개인의 자유 개념은 모두 각자의 영혼이 둘도 없이 중요하다는 사실 즉 누구나 궁극적으로 자기 자신의 구원이나 파멸에 책임이 있다는 사실과 결과적으로 사회는 모든 개인에게 자신의 원만한 인간성을 개발할 기회를 허용할 의무가 있다는 지식에 기초를 두어야 한다. 그러나 이러한 인간성이 항상 <u>하나님과의 관련 속에서 고려되지 않는다면</u> 결국 창조된 존재들을 지나치게 사랑하는 박애주의 역시 자신의 이익이라고 생각되는 일에서 오히려 다른 사람을 억압하는 결과를 낳게 될 것임을 우리는 알게 된다. 나는 사회학 분야에서 힘을 행사하면서 서로 부딪쳐 더 심한 혼란을 만드는 이러한 극단으로부터 오직 기독교와 카톨릭의 생각만이 우리를 구할 수 있다고 생각한다(밑줄은 필자의 것).

> The conception of individual liberty, for instance, must be based upon the unique importance of every single soul, the knowledge that every man is ultimately responsible for his own salvation or damnation and the consequent obligation of society to allow every individual the opportunity to develop his full humanity. But unless this humanity is considered always in relation to God, we may expect to find an excessive love of created beings, in other words humanitarianism, leading to a genuine oppression of human beings in what is conceived by other human beings to be their interest. I consider that only Christian and Catholic thought, operating in the sphere of sociology, can save us from these extremes which only create worse confusion when they meet. (*EAM* 119)

이처럼 엘리엇은 하나님과의 관계를 상실한 상태에서 인간성은 인간에 대한 지나친 사랑으로 치우치는 박애주의를 낳게 되고 이는 오히려 다른 인간을 억압하는 결과를 초래할 수 있다고 본다.

엘리엇이『기독교 사회의 이념』에서 구현하고자 하는 이상적인 기독교 사회는 한마디로 말하여 하나님의 창조 질서에 따라 통치되는 인간 공동체이다. 그러나 그 누구보다도 현대인과 현대 사회의 타락과 병폐를 민감하게 의식하고 있는 엘리엇은 현대의 비 기독교화와 기독교인의 위기를 잘 알고 있으며 (ICS 18) 앞으로 인류 사회가 "전체주의식 민주주의"체제 하에 놓일 것을 예견하고 있다. 그러기에 엘리엇이 기독교 사회의 필연성을 강조할 때 그는 무엇보다 현대사회의 부정적인 요소들을 열거하고 나서3) 만약 그러한 부정적인 요소를 제거할 만한 긍정적인 사회가 있을 수 있다면 그것은 기독교 사회이어야 한다는 식의 귀납 법적 추론으로 자신의 주장을 펼쳐간다. 그는 기독교 사회를 정의할 때 우선 종교 예배 행위가 있어야 하며 둘째는 기독교의 원칙들이 사람의 행위를 통제 내지는 규제할 수 있어야 하고 아울러 세상적인 번영만을 삶의 목적으로 하지 않는 즉 영혼 구원의 문제를 궁극의 목적으로 삼아야 할 조건들을 제시하고 있다(9-10). 그는 "통제와 균형의 유일한 가능성은 종교적인 통제와 균형이며 문명의 기술에서 창조적인 활동을 번성시키고, 지속할 수 있는 사회의 유일한 희망의 길은 기독교 사회가 되는 것이다"(19)라는 전제 하에 점차적으로 몰락하는 인류의 미래를 바로 잡을 수 있는 유일한 가능성으로 긍정적인 기독교 사회를 구상하고 있다.

엘리엇이 개인의 창작 활동에서 벗어나『크라이테리언』의 편집장으로 혹은 영국 성공회 신자로서 공인의 지도자로 활약하고 있던 이 시기에 "인간과 인간 사이의 올바른 유대는 인간과 하나님의 유대의 조건이라" (Kojecky 158에서 재인용)는 생각에서 엘리엇이 구현하는 공동 사회가 기독교 질서를 회복하는 사회이기는 하지만 엄밀한 의미에서 그러한 사회는 이 지상에서 완성될

---

3) 비기독교 사회에서 발생하는 현상들 중에서 엘리엇이 지목하는 것들로는 인간들이 무감각한 타락에 빠져 믿음을 잃게 되고 나아가서 자기 스스로에 대한 신뢰마저 상실하게 된다. 뿐만 아니라 "전체주의식 민주주의"체제 하에서 개인의 영혼의 요구는 자연히 무시되고 선전으로 인해 모든 의견들이 획일화되고 또한 규격화된 업무에 발맞추면서 순수 예술이 사라진다는 등등이다(ICS 18).

수 없음을 엘리엇은 그 누구보다도 잘 알고 있었다.

    나는 기독교 사회에 대한 나의 염원을 사회의 최소 단위에 국한하려 했다. 즉 성자의 사회가 아닌 보통 사람으로 구성된 사회이며 개인적이기 이전에 공동의 기독교 사회를 그려보았다. 미래에 가능한 기독교 질서에 대한 고찰이 덕 있는 황금시대에 관한 일종의 묵시적 비전으로 자리 잡게 되기가 쉽다. 그러나 우리가 기억해야 할 것은 지상의 그리스도 왕국은 결코 실현되지 않을 것이며 또 항상 실현되어 가는 과정에 있다는 점이다. 우리가 수행하는 어떤 종류의 개혁이나 혁명도 그 결과는 항상 마땅히 되어야 할 인간 사회를 우스꽝스럽게 모방한 초라한 모습이 될 것임을 기억해야 한다.

    I have tried to restrict my ambition of a Christian society to a social minimum: to picture, not a society of saints, but of ordinary men, of men whose Christianity is communal before being individual. It is very easy for speculation on a possible Christian order in the future to tend to come to rest in a kind of apocalyptic vision of a golden age of virtue. But we have to remember that the Kingdom of Christian earth will never be realized, and also that it is always being realized; we must remember that whatever reform or revolution we carry out, the result will always be a sordid travesty of what human society should be. . . . (*ICS* 47)

    엘리엇은 기독교 질서가 회복된 인간 공동체의 완성을 미래의 비전으로 삼고 현재는 그 목표를 향해 꿈을 이루어 가는 과정일 뿐이라고 고백한다. 그는 가장 이상적인 초대 교회의 공동체가 현대의 삶에서는 현실적으로 불가능하다는 점과 반면에 국가 교회(National Church)의 위험성이 얼마나 큰 것인가를 예리하게 인식하고(*ICS* 43) 있는 만큼 현대사회에서 구현될 수 있는 절충적인 '기독교 사회상'을 제시하고 있다. 즉 그것은 기독교의 원칙 하에서 자연스럽게 형성된 공동체의 문화와 관습이 사회 구성원의 사고와 행동 규범을 통제하는 최소 단위의 기독교 공동체이다(22-27). 엘리엇이 제안하는 기독교 사회는 창조주와 창조된 인간의 창조 질서 속에서 그 사회의 문화와 관습에 따라 종교적인 행동 규범이 정착된 작은 공동체이기에 자칫 경직되기 쉬운 종교적 제도에 구속되지 않으면서 다른 신앙인들을 포용하는 형태를 취한다4).

그러나 아무리 그 공고가 괴팍하게 들릴지 몰라도 기독교인은 적어도 기독교적인 사회 구성 - 그것은 오직 경건한 기독교인으로만 구성되는 그런 사회와는 다른 - 으로 만족할 수 있다. 그 사회는 인간의 자연적인 목적 즉 공동체 속에서 미덕과 번영으로 모든 사람에게 인정하면서 동시에 초자연적인 목적 즉 볼 수 있는 눈을 가진 자들에게 지복을 인정하는 사회가 될 것이다.

However bigoted the announcement may sound, the Christian can be satisfied with nothing less than a Christian organization of society — which is not the same thing as a society consisting exclusively of devout Christians. It would be a society in which the natural end of man — virtue and well-being in community — is acknowledged for all, and the supernatural end — beatitude — for those who have the eyes to see it. (27)

기독교를 국교로 삼은 그러한 기독교 국가가 불가능해진 현대 사회에서 엘리엇이 구상하는 기독교 사회상이 모든 사람이 공통적으로 추구하는 세상적인 목적뿐만 아니라 초월적인 목적을 동시에 인정하면서 그 사회의 구성원의 행동 규범이 종교적 원칙에 의해 형성된 모습이기에 엘리엇의 기독교 사회관은 『문화의 정의에 관한 글』에서 고찰하는 엘리엇의 문화 이론과 긴밀한 연관성을 맺고 있다.

엘리엇의 『문화의 정의』는 그 서문에서 "유례를 찾아볼 수 없는 파괴의 시기"에 특히 '문화'의 역할이 얼마나 중요한가를 깨닫고 문화의 정의와 함께 건전한 문화가 창조, 전수될 수 있는 조건들을 그 내용으로 다루려는 의도를 밝히고 있다(NDC 13-20). 바로 이러한 의도를 가지고서 그는 "어떤 문화도 종교와 연관 없이 등장하거나 발달할 수 없다"(27)고 전제 하에 그의 문화론을 펼쳐가고 있는 만큼 엘리엇이 정의하는 문화는 종교적인 사회 생활과 거의 유사함을 발견하게 된다.

> 대다수의 사람들에게 . . . 종교는 주로 행위와 습관의 문제이며 사회 생활과 합치되어야만 한다.

---

4) 이점에서 엘리엇이 구상하는 기독교 사회는 이 세상에서 실현될 수 없으며 그 어떤 가정된 세계에서도 적절치 못하다는 블랙머(R. B. Blackmur)의 주장은 지나친 감이 있다(*CA* 33).

우리가 종교를 사람들이 태어나서 죽기까지 그리고 아침부터 잘 때까지 모든 생활 방식이라고 볼 수 있는 면이 있으며 바로 그 생활 방식이 또한 그 문화이다. . . . 그것[문화]은 한 민족의 모든 특징적인 활동과 관심들을 포함한다.

그러나 나는 단지 문화는 여러 활동의 집합일 뿐만 아니라 생활 방식이라는 내 주장을 옹호하기 위해서 이 질문을 제기하였다.

For the great majority of the people . . . religion must be primarily a matter of behavior and habit, must be integrated with its social life. . . . (*ICS* 24)

Yet there is an aspect in which we can see a religious as the *whole way of life* of a people, from birth to the grave, from morning to night and even in sleep, and that way of life is also its culture. (*NDC* 31)

I have raised this uestion, however, solely in support of my contention that culture is not merely the sum of several activities, but a *way of life*. (41)

이처럼 종교적 삶이 생활 방식으로 정착하여 한 사회의 문화를 형성하게 되고 각 개인의 종교적 역량과 기능에 따라 무수한 수준과 종류가 나타나면서 (28) 그에 따른 다양한 문화적 계층이 자연스럽게 형성하게 된다고 엘리엇은 보고 있다. 바로 이러한 생각에서 그는 각 기능에 따라 개인의 질적 차이와 의무가 차등화된 집단 속에서 각 계층의 고유의 문화가 자연스럽게 전수되고 교환되는 유기적 구조를 가진 공동체를 가장 바람직하다고 생각한다(유병천 78). 그러나 이 책에서 엘리엇이 말하는 계층 사회는 인도의 카스트 제도처럼 계급으로 차별화로 된 경직된 사회가 아니며(24) "문화"는 특수 계층만이 아닌 전체 사회의 창조물이기에(37) 모든 사람은 각기 다른 수준의 다양한 문화적 활동에 참여하기를 요구한다(38). 다시 말하면 문화는 어떤 부류의 전유물이 아니라 한 사회의 각 계층이 만드는 것이기에 엘리엇이 구상하는 건전한 사회는 각 계층에 따라 문화적 수준이 연속적인 단계(948)를 이루는 사회이다. 엘리엇은 "상위 계층이 하위 계층보다 더 많은 문화를 소유하고 있다고 생각해서는 안되고 좀더 의식적인 문화와 좀더 전문화된 문화를 대표한다고 생각해야 할 것"(48)이라고 말하는 까닭도 이러한 생각에서 연유한다.

바로 이러한 '문화' 해석은 인간의 타고난 역할과 재능을 설명하는 성서의 비유에서 그 근거를 찾아볼 수 있다. 즉 인간은 각기 다른 분량의 재능을 가지고 태어났다는 달란트 비유와 태어난 각기 다른 삶의 목적과 역할을 설명하는 '그릇'과 몸의 '지체' 비유들이 그것이다. 우선 달란트 비유부터 살펴보자. 이 비유는 인간은 태어날 때 각기 다른 분량의 재능을 가지고 태어났으며 창조주는 그 다른 재능의 많고 적음이 아니라 받은 재능의 활용 여부에 따라 선한 자와 악한 자를 구분하는 창조주의 잣대에 관한 창조 섭리를 보여준다. 즉 주인이 집을 떠나면서 종들에게 각각 금 다섯, 둘, 그리고 한 달란트(talents)를 맡기고 집을 떠났다가 돌아온 후에 맡긴 달란트의 결과를 점검할 때 동일한 결과를 요구하는 것이 아니라 처음 받은 것을 두 배로 만들어 열, 그리고 네 달란트를 각각 내어놓은 종들에게는 "잘 하였도다 착하고 충성된 종아 네가 작은 일에 충성하였으매 내가 많은 것으로 네게 맡기겠다"(MT 25:21)고 칭찬하는 반면에 한 달란트를 땅에 묻었다가 그대로 내놓은 종을 "악하고 게으른 종"이라 꾸짖으면서 그 한 달란트를 빼앗아 열 개 가진 자에게 주는 이야기(MT 25:14-30)이다. 우리는 이 비유에서 인간을 바라보는 창조주의 "선"과 "악"의 기준은 부여받은 재능을 살아가면서 최대한으로 활용했느냐 못했느냐에 그 초점이 맞추어져 있음을 알게 된다. 이러한 기준은 타고난 재능의 적고 많음을 고려하지 않고 오직 그 결과의 많고 적음으로 인간 능력의 우열을 가리는 이 세상의 평가 방식과는 근본적으로 다르다.

한편 인간이 각기 다른 목적을 가지고 태어났음을 말해주는 비유로는 그 재료와 용도가 각기 다른 "그릇"의 비유가 있다(2Ti 2:20-21).5) 이 세상에는 금, 은 혹은 나무나 진흙 등 다른 재료를 가지고 각기 용도에 따라 다른 모양으로 빚어져 귀한 혹은 천한 목적으로 쓰이는 그릇처럼 인간 또한 각자의 고유한 목적을 가지고 태어났다. 다만 그릇이 목적에 맞도록 사용되기 위해서는

---

5) "In a large house there are articles not only of gold and silver, but also of wood and clay; some are for noble purposes and some for ignoble. If a man cleanses himself from the later, he will be an instrument for noble purposes, made holy, useful to the Master and prepared to do any good work."

그 재료의 귀천(貴賤)이 문제가 되지 않고 다만 그 그릇이 목적에 따라 쓸 수 있도록 깨끗이 비워져 있느냐에 달려있다. 결국 인간의 삶의 귀천이 아니라 얼마나 마음을 정결히 비우고 있느냐 즉 하나님의 말씀에 따라 창조주가 원하는 삶을 살아갈 수 있느냐가 결정된다. 이상의 비유들은 인간의 삶의 목적과 재능에 대한 창조자의 원리를 설명하고 있으며 그것은 인간 세상의 평가의 잣대와는 현격히 다른 것으로 창조된 인간의 정체성을 가장 명확하게 보여주는 성경의 비유들이다.

반면에 인간 공동체에 대한 하나님의 창조 섭리는 어떤 것일까? 이를 설명하는 비유로는 성경에서 인간의 '몸'과 그 몸을 구성하고 있는 다양한 '지체'들의 관계성에 대한 비유를 예로 들 수 있다. 즉 한 몸의 지체들은 서로 다른 기능을 수행하면서도 한 몸으로 연합하여 그 생명을 유지하듯이 가장 바람직한 인간의 공동체 특히 기독교 공동체는 한 분이신 예수의 몸을 이룬 각 지체로서 각기 다른 기능을 담당하면서도 예수의 몸으로 연합하여야 한다. 이처럼 인간의 신체가 다양성과 하나로의 연합을 가장 완벽하게 이루듯이 인간 공동체는 그 구성원 개개인들이 고유의 역할을 충실히 이행하는 동시에 공동체로 연합할 때 가장 바람직하다. 이러한 모형으로 판단할 때 인간은 각기 그 기능이 다르지만 사람들 사이에 기능의 우열이 있을 수 없으며 공동체의 삶을 위해서는 각자의 기능에 충실함이 절대 필요하다.

> 눈이 손더러 내가 너를 쓸데없다 하거나 또한 머리가 발더러 내가 너를 쓸데없다 하거나 하지 못하리라. 이뿐 아니라 몸의 더 약하게 보이는 지체가 도리어 요긴하고 우리가 몸의 덜 귀한 것들로 입혀 주며 우리의 아름답지 못한 지체는 더욱 아름다운 것을 얻고 우리의 아름다운 지체는 요구할 것이 없으니 오직 하나님이 몸을 고르게 하여 부족한 지체에게 존귀를 더하사. . . .

> The eye cannot say to the hand, "I don't need you!" And the head cannot say to the feet, "I don't need you!" On the contrary, those parts of the body that seem to be weaker are indispensable, and the parts that we think are less honorable we treat with special honor. And the parts that are unpresentable are treated with special modesty, while our presentable parts

need no special treatment. But God has combined the members of the body
and has given greater honor to the parts that lacked it. . . . (1Co 12:21-24)

몸의 각 지체 간에 덜 귀하거나 더 아름다운 것이 없이 인간을 각 기능별로 다양하게 만들어 맡은 일을 성실하게 감당하고 몸 전체로 유기적으로 연합하여 살도록 하나님이 인간들을 창조한 것이라면 인간의 공동 사회 역시 모든 인간을 획일적으로 다루는 전체주의나 그와는 정반대로 어느 특정한 개인에게 지나친 의무나 능력 행사를 부여하거나 아니면 개인의 특성과 자유를 지나치게 강조한 나머지 전체적인 연합을 무시하는 민주주의의 지나친 방임주의 등은 바로 창조 섭리에 어긋나는 다스림의 형태임을 우리들은 쉽게 간파할 수 있다. 엘리엇이 두 극단의 중도에서 정치, 사회 내지는 문화론을 전개하는 이유를 우리는 이상의 원칙에서 찾아보게 된다.

엘리엇이 꿈꾸는 가장 이상적인 인간의 문화 공동체는 그러한 하나님의 창조 원칙들을 바탕으로 개인의 기능에 따라 다양한 문화적 수준을 유지하면서 자연스러운 통일을 이루는 사회이다. 그가 종교와 문화가 동일한 현상의 지배를 받는다고 말하면서(*NDC* 67) 가장 바람직한 문화 공동체의 성격으로 "통일성과 다양성"(50)을 꼽고 있으면서 나아가서 지역주의에 뿌리를 둔 지역 문화를 중요시 여기는 점(52-55) 등은 각 지체가 갖는 기능의 다양한 역할과 한 몸으로 자연스런 통일을 이루는 성서적 비유에서 그 유사성을 유추할 수 있다. 건강한 문화의 성장은 지체의 다양한 기능이 활성화될 때 가능하며 어느 한 부분으로 치우칠 때 문화 발전이 방해받는다는 사실을 엘리엇은 그의 문화론에서 거듭 강조하고 있다.

> 이 논문[『문화의 정의』]의 거듭되는 주제는 문화가 번성하고자 한다면 사람들이 너무 연합하거나 너무 나뉘어져서는 안 된다는 것이다. 지나친 통합은 야만주의 때문이며 횡포로 갈 수 있다. 그리고 지나친 분열은 퇴폐 때문이며 이 역시 횡포로 가게 된다. 그 어떤 지나침도 문화 발전을 저해하게 될 것이다. . . . 계급이 없는 사회이거나 침투할 수 없는 엄격한 장벽이 있는 사회는 모두 좋은 것이 아니다.

It is a recurrent theme of this essay, that a people should be neither too united nor too divided, if its culture is to flourish. Excess of unity may be due to barbarism and may lead to tyranny; excess of division may be due to decadence and may also lead to tyranny; either excess will prevent further development in culture. . . . Neither a classless society, nor a society of strict and impenetrable social barriers is good. . . . (50)

각 지역으로 흩어져서 고유한 기능에 따라 문화를 발전시킬 수 있는 사회를 지향하는 엘리엇은 문화의 고유한 특성들이 사라지고 하나의 전체 문화로 통합되는 현상을 문화의 질적 타락을 가중시키는 위험 신호로 보고 있다. 엘리엇이 각기 다른 기능에 따른 계급 사회구조와 그 사회에 수반하는 다양한 수준의 문화를 상호 교환, 전수하면서 발전시켜 건전한 공동체를 이루는 것을 강조하는 만큼 그는 누구에게나 '완전한 평등'의 원칙 하에서 동일한 기회와 책임을 부여하는 민주사회가 오히려 '보편적인 무책임'을 조장하는 결과임을 우려하고 있다(48). 이처럼 개인이나 지역 문화 간의 평등은 바로 개인의 개별적인 특성을 무시할 뿐 아니라 지역 간의 자생적인 문화의 차별성을 무시하고 평준화하는 일이기에 사회의 문화적, 질적 타락을 가져오게 됨을 누누이 강조하면서 엘리엇은 이러한 현상을 종교적인 믿음과 연관 지어 설명하고 있다. 그의 설명은 궁극적으로는 하나님이 창조한 인간의 참 모습 그리고 인간 사회의 기본적인 속성에 대한 성서적 이해에 근거를 두고 있는 만큼 후자를 이해할 때 엘리엇의 문화론을 오히려 수월하게 이해할 수 있는 까닭도 그러한 이유 때문이다.

이러한 직능에 따른 계급 문화의 구상은 당시 소수의 엘리트로 운영되는 사회를 주창한 만하임의 영향을 받고 있다. 그러나 일부 계층만이 문화적인 활동에 참여한다는 만하임의 엘리트주의(elitism)는 엘리엇이 문화를 "여러 활동의 집합일 뿐 아니라 생활방식"(not merely the sum of several activities, but a way of life)(41)으로 이해하고 있다는 사실만 보더라도 엘리엇의 이론과는 다르다. 엘리엇이 특권층의 전유물이었던 과거의 문화가 오히려 기능에 따른 계층 형성을 막고 경직된 계급간의 인간 차별화의 병폐를 초래했다는 사실을 지목하면서 과거 인류의 문화 역사를 비판하는 엘리엇의 태도로도 계급 문화에 대한 그의 생각이 만하임의 그것과는 뚜렷이 구별됨을 알 수 있다(38-41).

엘리엇은 이러한 기능별 계층에 근거한 집단 문화를 선호하면서 그 문화를 전수하는 제 1차 집단으로 '가족'을 들고 있다. 가정이 고유한 문화를 전수하는 역할에 실패할 때 문화는 자연히 타락할 수밖에 없다는 생각에서 특별히 가정의 역할을 강조한다(43). 이처럼 문화 전수의 모체 집단으로 '가족'의 역할을 강조하는 엘리엇의 생각 역시 하나님의 창조 모형에서 그 근거를 찾아 볼 수 있다. 왜냐하면 성경은 우리에게 하나님이 처음 창조한 공동체는 군주를 중심으로 하는 국가가 아니라 아담과 하와의 부부로 구성된 가정이었음을 말해준다6). 더구나 이스라엘 통치 역시 가계로 구성된 각 지파들을 중심으로 이루어졌으며 이스라엘을 다스리는 율법은 모두 가족의 구성원과 그 이웃에 대한 항목들로 되어 있음을 상기할 때 가정을 문화 전수의 모체로 보는 엘리엇의 생각은 매우 기독교적이다.

엘리엇이 가정의 구성원인 가족에 거는 기대감은 무엇보다 구성원 사이의 긴밀한 유대 때문이었다. 그는 과거의 조상에 대한 경건과 미래에 태어날 자손에 대한 배려를 포괄하는 구성원 사이의 애정의 유대감을 무엇보다 소중히 여겼으며(43-44) 이들 가족을 통해 문화가 자연스럽게 계승, 발전하는 것을 가장 바람직한 현상으로 보았다. 이러한 엘리엇의 생각은 특히 우리가 살고 있는 현실에서 각 가정을 중심으로 전수되어온 고유한 문화가 가정의 붕괴로 점차 사라지고 대신 비속한 특수 계층의 문화가 지나치게 획일적으로 자리 잡으면서 문화의 독자성과 차별성이 사라지고 있음을 목격할 때 더욱 설득력을 갖는다. 더구나 그렇게 획일화된 강대국의 문화가 특히 세계화의 물결을 타고 약소국의 문화를 잠식하면서 세계 문화라는 하나의 문화권으로 전 세계가 통합되는 현상을 목격하고 있는 우리는 각 나라의 고유문화 특히 지역 문화의 필요성을 강조했던 엘리엇의 주장이 얼마나 타당한 것인가를 실감하지 않을

---

6) 태초에 하나님이 창조한 공동체가 "가정"중심의 사회라는 사실은 매우 의미심장하다. 왜냐하면 능력의 창조주는 죽은 사람들의 뼈를 일으켜 사람의 무리를 만드시는 분이기에(Eze 37:1-10) 태초에 인간 집단을 만들지 않고 대신에 한 남자와 한 여자로 이루어진 가정을 만들어 인류 사회의 핵을 삼으셨기 때문이다. 말세가 가까운 현대에 핵인 가정들이 급속도로 파괴되는 현상은 이러한 하나님의 창조 섭리에 비추어 볼 때 주목할 사건이다.

수 없다. 균일한 문화는 엘리엇의 시각으로는 결코 문화일 수 없기 때문이다(62).

엘리엇의 문화론에서 특히 주목할 만한 사항은 가정과 지역 중심의 고유 문화가 각 계층 간에 단절되지 않고 서로 접촉하고 상호 교환하면서 전승될 때 계층 간의 갈등과 의견 대립 및 마찰이 불가피하다고 보면서 오히려 그러한 마찰을 문화 발전의 긍정적인 요소로 받아들인다는 점이다. 이는 마치 기계가 잘 움직이려면 기름칠도 중요하지만 마찰을 위한 베어링(ball bearing)이 있어야 하듯이 개인과 그룹 간에 마찰은 문명의 발달에 절대 필요하다고 역설한다(59). 특히 개인이나 국가 간에 발생되는 갈등이나 마찰을 오히려 문화의 건전한 발전을 위해 적극적으로 수용하는 엘리엇의 태도는 민족과 민족 사이에 혹은 지역과 지역 사이에 문화적 마찰로 인해 어려움을 겪는 이 시대에 특히 고무적인 발언이 아닐 수 없다. 다만 각 가정을 통해 전수되는 계층 간의 문화의 고유함과 다양성이 마찰과 갈등을 겪으면서 발전될 때 그것을 전체로 묶어 주는 힘이 필요한 것이며 바로 그 힘을 엘리엇은 그의 종교인 기독교에서 얻고자 했다(82).

엘리엇은 현대 사회에서 문화를 전수해야 할 가정이 붕괴되고 있으며 더구나 가족들을 하나로 묶어 주어야 할 기독교의 힘이 상실되는 현상을 기독교인의 예언자적인 시각으로 지켜보며 우려한다. 그는 특히 무책임을 방임하는 극단적인 자유주의에 치우친 현대인들이 권태와 무목적의 위협에 시달릴 뿐 아니라(Bantock 62-3) 자연을 지혜롭게 "정복하고 다스리라"는 하나님의 명(Ge 1:28)을 거스르고 자기중심적인 탐욕으로 자연을 무제한적으로 파괴하여 지구의 황폐화 현상을 초래하고 있는 등의 인류의 부정적인 미래를 예견하고 있다(*ICS* 48-49). 그러나 이러한 부정적인 비전을 바라보면서도 그는 신앙인 즉 기독교인의 한사람으로 결코 절망하지 않는다. 오히려 그는 미래의 파멸을 막을 수 있는 긍정적인 대안을 제시하고자 한다(Bantock 49). 그는 "오직 기독교와 가톨릭의 사고만이 . . . 더욱 악화된 혼란만을 가져오는 그러한 극단으로부터 우리를 구할 수 있다"(*EAM* 119)는 신념하에 가장 보수적인 기독교의 교리를 천착하여 부정적인 문제에 오히려 긍정적으로 접근하려고 한다. 그는 전통이 정통성의 감독 하에 끊임없이 비판, 수정, 보완되면서 성장되어야 하듯이(ASG 62), 계층과 지역 간의 갈등과 마찰을 통해 건설적인 문화가 창조되고 발전될 수 있다고 역설하면서(NDC 132) 계급 문화 사이의 상충하는 힘의 균형을 적극적으로 장려하는 열린 자세를 제안한다. 이처럼 현대의 부정적인 상황을 직시하면서 오히려 그러한 요소들을 포용하여 긍정적인 미래를 예견하는 그의 자세는 자기중심적인 현대 사회의 문제를 자기희생이라는 기독교의 덕목으로 적극 치유하기를 원하면서 개인의 근본적인 연약함과 무능력이 오히려 힘의 근원이 되며 "약할 그 때에 곧 강함이라"(2Co 12:10)는 역설적인 성경 말씀을 실제 삶 속에서 실천하는 공인 바로 그 모습이다.

이상으로 우리는 기독교의 성서적 관점에서 엘리엇의 사회, 문화론을 살펴보았다. 인간 사회가 하나님의 창조 질서 위에서 세워지고 기능에 따른 계층이나 지역의 고유문화가 갈등하면서 "다양성과 통합"의 특성을 유지할 것을 주장하는 엘리엇의 기독교 사회 론과 문화론을 하나님이 최초로 세운 가정에 적용시켜 보면 우선 한 가정의 구성원은 모두 위로는 각자 하나님을 경외하고 가족들 간에는 서로 사랑으로 하나가 되어 사랑의 공동체를 이루고 남편에게는 그 가정의 리더로서의 권위를 인정하게 된다. 그리고 이러한 가족 공동체가 애인의 재능과 역할 따라 고유한 문화를 개발하고 또 이를 가족 단위로 전수해 갈 때 건전한 사회가 될 수 있을 것이다.

끝으로 우리는 엘리엇이 주장하는 이러한 모든 이론의 중시에는 그 어떤 경우에도 극단으로 치우치지 않고 "중도의 길" 즉 "정통의 길"(the way of orthodoxy)(*EAM* 134-5)을 선택하려는 강한 의지가 숨어 있으며 창조주와의 수직적인 질서를 바탕으로 지상의 모든 구성 요소들 사이에 창조 질서에 부합하는 균형 관계를 유지하려는 그의 기본 원칙이 자리 잡고 있음에 주목할 필요가 있다. 이러한 원칙이 특히 엘리엇의 후반기에 그의 모든 활동에서 흔들림이 없이 적용되고 있으니 바로 그 힘은 엘리엇의 신앙적인 믿음에서 나오고 있음을 알기는 그리 어렵지 않다.

주요어 (Key Words): 무트(The Moot), 칼 만하임(Karl Mannheim), 기독교 질서 (Christian order), 신정정치(theocracy), 정통설(orthodoxy), 전체주의식 민주주의(totalitarian democracy), 중도의 길(a way of mediation)

인용문헌

유병천. 「『기타』와 『神曲』과 엘리어트」. 『엘리어트』. 영미어문학연구총서 4. 민음사, 1978.

NIV 『한영해설성경』. 아가페 출판사, 1998.

Bentock, G. H. *T. S. Eliot and Education*. London: Faber and Faber, 1971.

Clarke, Graham, ed. *T. S. Eliot: Critical Assessments*. Vol. IV. London: Christopher Helm Ltd. 1990. [*CA*로 표기]

Donoghue, Denis. "The Idea of a Christian Society." *The-Yale-Review*. Vol. 78. Winter, 1989.

Eliot, T. S. *Notes toward the Definition of Culture*. London: Faber and Faber Ltd. 1972. [*NDC*로 표기]

_____. *Selected Essays*. London: Faber and Faber, 1980. [*SE*로 표기]

_____. *Essays Ancient and Modern*. London: Faber and Faber, 1947. [*EAM*로 표기]

_____. *To Criticize the Critic and Other Writings*. London: Faber and Faber, 1978. [*TCTC*로 표기]

_____. *Christianity and Culture: The Idea of a Christian Society and Notes towards the Definition of Culture*. New York: Harcourt Brace & Company, 1976. [*ICS*로 표기]

_____. *The Sacred Wood.: Essays on Poetry and Criticism*. London: Methuen & Co. Ltd. 1960. [*SW*로 표기]

Kojecky, Roger. *T. S. Eliot's Social Criticism*. London: Faber and Faber, 1971.

Noh, Jeo-Yong, ed. *T. S. Eliot's commentaries in The Criterion (1922-1939)*. Hanshin Publishing Media Co. Ltd. 1993. [*CC*로 표기]

휴머니즘과 종교

| 노저용 |

1

하버드 대학교에서 T. S. 엘리엇이 가르침을 받은 훌륭한 교수들 가운데에서 그에게 가장 큰 영향력으로 문학과 비평세계로 인도한 사람이 있다면 그는 아마도 배빗(Irving Babbitt)일 것이다. 엘리엇은 1909년에 영문학 석사과정에서 불문학 교수였던 배빗을 처음 만났다. 그 때, 엘리엇은 배빗교수의 "19세기에 중점을 둔 프랑스 문학비평"(Literary Criticism in France with Special Reference to the Nineteenth Century)이라는 과목을 수강했다. 그 과목을 수강하면서 엘리엇이 무엇을 배웠고, 배빗 교수가 그에게 무엇을 어떻게 가르쳤는가는 24년이 지난 후에 엘리엇이 쓴 글에 생생하게 남아 있다. 즉 배빗교수가 1933년에 67세로 타계하자 그를 추모하는 글에서 엘리엇은 자신이 수강했던 배빗교수의 세미나강좌를 다음과 같이 회고했다.

24년 전 내가 배빗교수를 처음 알았을 때, 그의 명성은 단지 몇 사람들 사이에 알려져 있었다. 그는 내가 지금도 그의 다른 저서에 비해 중요한 것으로 여기고 있는 『문학과 미국의 대학』과 『신 라오콘』이라는 두 저서의 저자였다. 그는 교수사회에서 흥미롭고, 괴짜이며, 반항적인 인물로 간주되었다. 또 그는 당시 유행하던 교수법을 노골적으로 경멸하는 인기 없는

---

* 이 논문은 『T. S. 엘리엇 연구』 제12권 2호(2002)에 "Humanism and Religion"으로 게재되었던 것을 국문으로 번역하고, 수정·보완한 것임.

교수라는 명성도 얻었다. 그러나 그것으로 인해 분별력 있는 하버드 대학교의 대학원생이나 학부생들이 그에게 매혹되었다. 수강생들에게는 다행스럽게도 그의 강좌의 수강생은 소수 인원이었기에 작은 책상 하나를 둘러싸고 자유롭게 진행될 수 있었다. 다른 훌륭한 스승들처럼 배빗도 소수의 수강생들로 최고의 기량을 발휘할 수 있었던 것으로 생각된다. 얼핏 보기에 그의 강의는 거의 교수법이랄 것이 없다. 그는 한 무더기의 책과 서류, 노트한 것을 가지고 강의실에 들어와서는 그 시간 내내 이것저것 들추며 뒤적거렸다. 그는 착석하기도 전에 말하기 시작하여 시작과 끝이 어딘지도 모르게 강의하면서 자신이 말하고 싶은 것을 다 말하기에는 한 평생이 부족할 것 같은 인상을 주었다. 내가 수강한 강좌는 프랑스 문학비평에 관한 것으로 생각된다. 그러나 그 강의는 상당부분 아리스토텔레스, 롱기누스, 할리카르낫소스의 디오니시오스, 루소, 당대의 정치 및 종교운동을 다루었다. 이런저런 연유로 수강생은 아리스토텔레스의 『정치학』이나 라퐁텐의 『우화』를 비롯하여 상당수의 책을 읽게 되었다. 왜냐하면, 교육받은 사람이라면 누구나 그런 책들을 읽었을 것이라고 배빗은 가정했기 때문이다. 그 강의들이나 담론을 연결시켜 주는 그 무엇이 있었다면, 그것은 그의 지적 열정이었다. 어떤 사람은 그것을 지적 분노라고 말할지도 모른다. 그들을 서로 연결시켜주는 것은 배빗의 주요사상이 연속적으로 반복되는데 있었다. 그 강의가 주는 즐거움은 격식 없으면서 수강생에게 요구하는 지적 민첩성, 자신이 싫어하는 것들을 논의하는 진솔함 인데, 그리하여 그의 제자들도 배빗이 싫어하는 것을 똑같이 싫어하게 되는 것이었다.

Twenty-four years ago, when I first knew him [Babbitt], his reputation was only amongst a few. He was the author of two books, the first of which I still regard as the more important, *Literature and the American College*, and *The New Laoccon* [*Laokoon*]. He was considered an interesting, eccentric and rebellious figure amongst the teaching profession; and his outspoken contempt for methods of teaching in vogue had given him a reputation for unpopularity which attracted to him some discerning graduates and undergraduates at Harvard University. Fortunately for his pupils, his classes in those days were small, and could be conducted informally round a small table. For Babbitt, I think, like some other great teachers, was at his best with a small group of pupils. Superficially, his lectures were almost without method. He would enter the room with a pile of books, papers and notes, which he shifted and shuffled throughout the hour; beginning to talk before he sat down, beginning anywhere and ending anywhere, he gave us the impression that a life-time was too short for telling us all that he wanted to say. The lectures which I attended were, I believe, concerned with French Literary Criticism; but they had a great deal to do with Aristotle, Longinus and Dionysius of Halicarnassus, Rousseau, and contemporary political and religious movements. Somehow or other one read a number of books, Aristotle's *Politics* or La Fontaine's *Fables*, just because Babbitt assumed that any educated man had already read them. What held the lectures or talks together was his intellectual passion, one might say intellectual fury; what made them cohere was the constant recurrence of his dominant ideas; what gave them delight was their informality, the demand which they made upon's one's mental agility, and the frankness with which he discussed the things that he disliked, and which his pupils came to dislike too. ("A Commentary" Oct, 1933: 115-16)

배빗은 일생을 통해 모두 여덟 권의 저서를 남겼습니다. 엘리엇이 윗글에서 언급한 두 권의 초기 저서 외에 배빗은 『근대 프랑스 문학비평의 대가들』(*The Masters of Modern French Criticism*, 1912), 『루소와 낭만주의』(*Rousseau and Romanticism*, 1918), 『민주주의와 지도력』(*Democracy and Leadership*, 1924), 『독창적이 되는 것에 관하여』(*On Being Creative*, 1932)를 생전에 출간했으며, 사후에는 그가 번역한 『법구경』(*The Dhammapada*, 1936)이 출간되었고, 또 『스페인 풍의 성격과 다른 평론들』(*Spanish Character and Other Essays*, 1940)이란 평론집도 간행되었다.

위에서 언급한 저서와 강의를 통해 배빗은 당대에 미국의 문학비평계와 사상계에 지대한 영향을 미쳤다. 특히 그의 문학사상은 "신인문주의"(New Humanism)라는 운동을 일으키는 초석이 되었다. 이 운동은 20세기 초 미국의 문학비평이 독자적인 문학연구의 한 분야로서 탄생하기 이전인 1910년대에서 30년대 초에 이르기까지 문학비평과 정치사상에 심오한 영향을 미친 운동이었다. 물론 이 운동의 근저에는 엘리엇이 그 중요성을 인정한 배빗의 핵심사상을 담고 있는 『문학과 미국의 대학』이라는 초기 저서가 있었다. 엘리엇이 런던에 정착해서 초기에 쓴 평론이나 서평에는 배빗의 문학관과 비평사상에 의해 영향을 받았음을 보여주는 부분이 적지 않다.

그러나 1924년, 배빗이 『민주주의와 지도력』이라는 저서를 발행하자 엘리엇은 자신이 편집장으로 있던 문예사상지 『크라이테리언』에 리드(Herbert Read)의 서평을 실었다. 이 서평을 시점으로 하여 배빗의 핵심사상인 "신인문주의"가 비평의 도마 위에 올려 놓여 졌고, 1920년대 중반부터 1930년대를 통해 『크라이테리언』을 비롯하여 몇몇 다른 저널에서도 배빗의 사상에 관한 치열한 논쟁이 전개되었다. 이 논문은 배빗의 저서 『민주주의와 지도력』이 발간된 이후, 엘리엇이 편집했던 『크라이테리언』과 다른 저널에 서 전개된 배빗의 사상에 대한 쟁점을 추적해 본 것이다. 이 추적은 그 논쟁에 직·간접적으로 참여한 엘리엇이 배빗의 사상과 어떤 차이를 드러내고 있는지에 초점을 두고 이루어진다.

2

리드는 『크라이테리언』에 배빗의 『민주주의와 지도력』에 관한 서평을 게재한 1924년에 철학자 흄(T. E. Hulme)의 미발표 원고를 모아 『수상록』(*Speculations*)이란 제목으로 출판한 바 있다. 훗날, 그는 이 『수상록』에 담겨 있는 흄의 사상이 "엘리엇의 정치적 이상주의나 철학적 신념에 어떤 큰 영향을 미치지는 않았지만 그의 신념을 무한정으로 강화시켰다."고 술회한 적이 있다 ("T. S. E.－A Memoir" 18). 또 리드는 자신의 입장이 엘리엇의 그것과는 거의 정반대로서 "문학에 있어서는 낭만주의자(romanticist)요, 정치에 있어서는 무정부주의자(anarchist)이며, 종교에 있어서는 불가지론자(agnostic)"(26-7)이었다고 밝히면서 배빗의 『민주주의와 지도력』을 호의적으로 다루지 않았다. 그 저서가 드러내고 있는 배빗의 동기는 공리주의적(utilitarian), 인도주의적(humanitarian), 낭만주의적 혼돈 대신으로 인문주의적 기준을 재건하는 것이라고 본 리드는 배빗의 인문주의사상이 기본으로 하고 있는 용어인 "의지"(will)가 명확하게 정의되고 있지 않음을 비판했다. 즉 "배빗의 개념에 있어서 이 구조가 서 있는 '의지'는 훨씬 위험한 용어이다. 왜냐하면 그곳은 어떤 명확한 정의가 없기 때문이다. 비록 배빗 씨가 그 저서에서 '의지의 이론'을 첨부하여 특별부록으로 할애하고 있긴 하지만 끝에 가서도 전혀 자신이 더 현명해지지 않는다."("Books of Quarter" 132)라는 것이 리드의 판단이다. 또 그는 "배빗이 명백하지 않는 것은 최근에 비평정신의 회복으로 기독교의 상징들이 힘을 상실하였고, 당대의 문명에서 결코 복구될 수 없다"(133)는 주장을 하는데 있다고 지적했다.

『민주주의와 지도력』에서 배빗이 강조하여 전달하고자 하는 '의지'의 뜻은 신의 의지가 아니라 억제할 수 있는 인간의 의지를 말한다. 배빗은 "어떤 종류의 팽창주의자들에 반하여 인간을 특정적으로 인간답게 하고 궁극적으로 신성하게 하는 그 무엇은 명확히 의지의 한 성질이라는 것을 망설이지 않고 말할 수 있다. 그 의지란 자제의 의지로서 인간의 보편적인 자아와 관련시켜 느껴지는 의지이다."(6)라고 피력했다. 또 자신이 주창하는 인문주의는 실증적이고 비평적이라고 단언하면서 "상위 의지"(higher will)는 기독교적이 아니며 종교적 이라기보다는 먼저 개인적이고 인간적인 것으로 기독교적인 인문주의와는 다르다고 주장했다.

> 나의 입장은 기독적인 인문주의와는 다르다. 인간의 확장적 욕망을 단련시키는 상위 의지와 거부권에 대해 내가 흥미를 가지는 것은 종교적이라기보다는 인문주의적이다. 다른 말로 표현한다면, 나는 인간의 세속적인 관계에 있어서 인간을 통제하는 균형법칙을 중재하거나 준수하는데 더 관심을 갖고 있지 참된 종교가 항상 마지막에 가서 이르게 되는 중재에는 관심이 적다. 더욱이, 나는 단지 전통적인 방법이라기보다는 실증적이고 비평적으로 내 인문주의의 목표에 이르려고 하고 있다. 이런 측면에 있어서, 나는 자연주의자들과 뜻을 같이한다. 그들은 출발부터 직접적이고 경험적인 것을 선호하고 외적 권위를 인정하지 않고 있기 때문이다.

> I differ from the Christian, however, in that my interest in the higher will and the power of veto it exercises over man's expansive desires is humanistic rather than religious. I am concerned, in other words, less with the mediation in which true religion always culminates, than in the mediation or observance of the law of measure that should govern man in his secular relations. Moreover, I am for coming at my humanism in a positive and critical rather than in a merely traditional manner. To this extent I am with the naturalists, who have from the start been rejecting

outer authority in favour of the immediate and experimental. (*Democracy and Leadership* 6)

배빗은 건전한 개인주의자가 되기 위해서는 비록 과거와 완전한 단절을 가져올지라도 개인의 "내적 삶의 진실"(truths of the inner life)에 집착하여 그것을 유지시킬 필요가 있다는 생각했다. 인도주의자(humanitarian)는 우선적으로 자신의 내적 삶에 관심을 갖는 사람이 아니라고 지적하면서 지난날에 기독교 문명을 유지하기 위해 기독교인들이 "인간의 하위본성"(lower human nature)을 강요한 기독교적 기준을 가졌던 것처럼, 개인주의자도 문명을 보존하기 위해서는 그 기준으로 비평정신을 가져야 한다고 배빗은 생각했다. 그러나 오늘날 사람들이 비기독교적인 전통 속에 살고 있기에 그러한 기준은 오직 "유일자"(The One)와 "다자"(The Many) 사이에서 중재를 통해서만 획득될 수 있다는 것이다. 즉 그 중재는 "사물의 무한한 이면을 가늠하여 어디에서 인가 동일화의 한 요소"(9)가 되게 해야 한다는 것이 『민주주의와 지도력』에서 밝힌 배빗의 사상입니다.

배빗은 『민주주의와 지도력』에서 자신이 주창하는 휴머니즘의 핵심을 요약하여 제시했을 뿐만 아니라 인간의 상위 본성과 하위본성 사이에서 힘의 균형을 유지하는 윤리적 상상력의 중요성도 강조했다. 즉 그는 상상력을 우리가 지각하는 그 무엇을 총칭할 뿐만 아니라 우리가 상상하는 모든 것을 포함하는 것이라고 규정하면서 상상력의 문제는 "유일자와 다자의 문제와 긴밀하게 연관되어 있기에 기준의 문제와도 관련이 있다."(13)는 것이다. 또 그는 "만약 기준을 성취하기 위하여 삶에서 다양성과 변화를 가늠할 수 있는 영속적인 통일성을 발견할 수 없다면 그 누구도 비평 선상에서 기준을 얻는 것이 불가능하다"(13)고 역설했다. 배빗에게 이 통합은 정돈되지 않은 인간의 실제 경험세계의 자료를 식별하는 인간의 지력에서 찾아볼 수 있다는 것이다. 즉 그는 자신의 관점을 요약하여 "이 세상에서 마지막으로 가치가 있는 유일한 것은 사실에 관해 즉각적인 상상력과 분별력 있는 집중"(14)이라고 단언했다. 그리하여 그는 자연 법칙의 사실에 대한 인간의 집중은 오직 물질적 문명의 발전에 기여했으며 그 결과로 정신적 실명을 초래하게 되었다고 주장했다. 그리하여 그는 진정한 지도력은 문명의 위협인 민주주의와 양립할 수 없다는 주장을 폈다. 단순한 비전(오만함)과 비전(단련된 상상력)을 가진 인물을 구분하면서 그는 진정한 지도자상을 다음과 제시했다.

> 이 논의의 주요 목적 중 하나는 좋든 나쁘든 간에 진정한 지도자는 언제인가 항상 나타날 것이고, 이러한 진리를 회피하려고 추구한다면 민주주의는 문명에 하나의 위협이 된다는 것을 보여주는 데 있다. 지도력의 대치물로서 '보편적인 의지'를 반영하는 것으로 생각되는 수적 다수에서 발견될 수 있는 개념은 단지 위험한 만심(慢心)일 뿐이다.
>
> A main purpose of my present argument is to show that genuine leaders, good or bad, there will always be, and that democracy becomes a menace to civilization when it seeks to evade this truth. The notion in particular that a substitute for leadership may be found in numerical majorities that are supposed to reflect the 'general will' is only a pernicious conceit. (16)

배빗은 그와 같은 만심의 전형적인 실례를 자연회귀를 주창한 루소와 같은 인물에서 찾았다. 그에 의하면, 이 루소적인 만심이 '강력한 억제'(frein vital)인 "인간의 상위자아의 진정한 목소리"(the true voice of man's higher self)를 확장적 정서로 대체할 것을 권장했다는 것이다. 또한 이 만심에 굴복한 결과는 동포애가 아니라 퇴폐적 제국주의였다는 것이다. 그 일례가 로마제국의 퇴폐이고, 그 원인은 로마제국이 '강력한 억제'를 등한시했기 때문이라는 것이다. 또 그는 미국 사회도 로마제국에 있었던 것과 똑같은 징후인 사치와 방종이 난무하는 것을 보는 것이 실망스럽다고 술회했다. 배빗은 퇴폐적 제국주의와 루소적인 운동을 연계시키면서 '강력한 억제'를 수련하지 않은 루소적인 제국주의자들을 비난했다.

> 이러한 무정부주의적 개인주의자들의 올바른 대항자는 누구나 동의할 것으로 생각되지만 단지 전통주의자들이 아니라 그들의 확장적 욕망, 특히 지배욕에 갇힌 자들이 참된 지도력을 갖추었다는 개인주의자들이었다.
>
> The right opponents of these anarchical individualists, one may venture to

affirm, were not the mere traditionalists, but the individualists who had qualified for true leadership by setting bounds to their expansive lusts, especially the lust of domination. (19)

뒤이어 배빗은 정치적 지도자가 자신의 내적 삶에 주안점을 두어야 할지 아니면 인류의 진보와 봉사에 주안점을 두어야 할지를 자문하면서 다음과 같이 답했다. 즉 서구문명의 생존은 인도주의를 규탄하고 내적 삶의 어떤 진리를 획득한 정치지도자에 달려있다는 것이다. 그가 규정한 인도주의의 정의는 총괄적으로 인류에 대해 동정심, 미래의 진보에 대한 신념, 이 진보를 위해 위대한 동인을 제공하겠다는 욕망을 가진 자의 신조일 뿐이라는 것이다.

어떤 중요한 의미에서 첫 번째 원칙들이 잘못된 세상에서 우리는 살고 있다는 입장을 스스로 확신하는 바이다. 그 뜻은 세상의 지도자들에 의해서 배신당한 세상에서 우리가 살아가고 있다는 말로 대신할 수 있을 것이다. 어떤 형태이든지 간에 내적 삶의 진실을 회복하고 자연주의의 실수를 거부하는 지도자들의 출현에 바로 서구문명의 생존이 달려있다고 할 수 있을 것이다.

I commit myself to the position that we are living in a world that in certain important respects has gone wrong on first principles; which will be found to be only another way of saying that we are living in a world that has been betrayed by its leaders. On appearance of leaders who have recovered in some form the truths of the inner life and repudiated the errors of naturalism may depend the very survival of Western civilization. (26)

3

엘리엇은 1926년 1월에 속간된 『신 크라이테리언』의 논단에서 흄의 『수상록』을 비롯하여 몇 권의 저서를 열거하면서 배빗의 『민주주의와 지도력』을 『신 크라이테리언』의 경향을 예증하는 모델로 제시했다. 반면에 웰즈(H. G. Wells), 쇼(Bernard Shaw), 러셀(Bertrand Russell)은 『신 크라이테리언』이 지향하는 이성에 의한 엄격한 통제라는 경향에 반하는 작가들로 분류하면서 엘리엇은 "우리 보다 더 어렵거나 더 편안한 조건에서 태어나고, 성장한 사람들을 우리가 비웃을 일은 아니다. 그러나 우리는 우리 자신의 신념을 찾아야하고, 찾은 후에는 다른 신념들에 대항해서 싸워야 한다."("The Idea of a Literary Review" 6)라고 분연히 결의를 드러내 보인 적이 있다. 이러한 결의를 표명한 지 오래되지 않아 그는 자신의 신앙을 영국 국교인 성공회에서 찾았고, 미국인에서 영국의 신민으로 국적을 바꾸었다. 그리하여 1927년에 이르러 그는 법적, 정신적으로 미국인에서 영국인으로 탄생한 것이다.

엘리엇은 자신의 신앙을 성공회에 개종하고 국적을 영국으로 바꾼 후부터 자신이 존경했던 배빗교수의 인문주의에 대해서 비판적인 관점을 드러내기 시작한다. 그는 배빗의 "내적 억제"(inner check)를 "신의 의지"(the will of God)의 위치에 그 권위를 세우고자 했던 아놀드(Matthew Arnold)의 "우리 최상의 자아"(our best self), 혹은 "올바른 이성"(right reason)과 동일한 것으로 간주하면서 배빗의 "내적 억제론"(theory of the inner check)을 다음과 같이 비판했다.

> 아마도 아놀드의 가장 훌륭한 저서인 『문화와 무정부』에서, 우리는 '신의 의지'에 관하여 무엇인가 언급되고 있는 것을 안다. 그러나 '신의 의지'가 '우리가 권위로 내세우고자 하는 우리 최상의 자아이거나, 혹은 올바른 이성'에 의해 그 중요성이 자리바꿈을 하는 듯하다. 이 최상의 자아라는 것은 약간 변장한 아놀드처럼 보인다. 우리 시대에서 가장 괄목할만한 비평가 중 한사람은 배빗교수로서, 그는 대부분의 문제에 대해서 근본적으로 옳지만 흔히 지지자는 없는 가운데서 옳다. 배빗은 계층, 권위적 정부, 종교의 옛 구속은 우리 시대에 와서 그가 '내적 억제'라고 부르는 무언가에 의해서 제공되어야 한다고 거듭거듭 주장하고 있다. 그 내적 억제라는 것이 아놀드의 '최상의 자아'와 흡사해 보인다. 비록 박학다식과 치밀한 사고가 떠받치고 있긴 하지만, 둘 다 받아들 수는 없는 이론이다.

> In *Culture and Anarchy*, which is probably his greatest book, we hear something said about 'the will of God'; the 'will of God' seems to become superseded in importance by 'our best self, or right reason, to which we want to give authority'; and this best self looks very much like Matthew

Arnold slightly disguised. In our time one of the most remarkable of our critics, one who is fundamentally on most questions in the right, and very often right quite alone, Professor Irving Babbitt, has said again and again that the old curbs of class, of authoritative government, and of religion must be supplied in our time by something he calls the 'inner check.' The 'inner check' looks very much like the 'best self' of Matthew Arnold; and though supported by wider erudition and closer reasoning, is perhaps to the same objections. ("Francise Herbert Bradley" 982)

배빗의 내적 억제론에 반대하는 근거로서 엘리엇은 브래들리(F. H. Bradley)의 『윤리학 연구』(Ethical Studies)로부터 다음의 글을 인용했다.

'어떻게 인내천(人乃天)의 이상이 내 의지가 될 수 있겠는가? 이에 대한 회답은, 신성한 의지는 결코 그대의 개인적 의지처럼 될 수 없다는 것이다. 그래서 그대의 개인적 의지는 전적으로 선량해야 한다. 그 자아에 맞게 그대는 죽어야 하고, 신앙으로 그 이상과 하나가 될 수 있다. 그대는 단지 이 사람 혹은 저 사람의 의지로서 그대의 의지를 포기할 것을 결심해야 한다. 그것은 그대의 진정한 자아로서 그대 자신의 자아여만 한다. 그대는 다른 모든 것은 단념하고 생각과 의지로써 그 둘을 붙들어야 한다.'

'How can the human-divine ideal ever be my will? The answer is, Your will it never can be as the will of your private self, so that your private self should become wholly good. To that self you must die, and by faith be made one with the ideal. You must resolve to give up your will, as the mere will of this or that man, and you must put your whole self, your entire will, into the will of the divine. That must be your one self, as it is your true self; that you must hold to both with thought and will, and all other you must renounce.' (*TLS* 1927, 982)

엘리엇은 브래들리가 교회와 국가를 위해 개인의 가치와 위엄을 희생해 가면서 개인을 위축시키지는 않았다고 지적했다. 더 나아가서 그는 브래들리 입장을 취하면서 아놀드나 배빗 중 그 누구도 받아들이지 않을 "단순한 의지"(mere will)와 "신성한 의지"(the will of the Divine)를 구분했다.

이 구분은 '개인적 자아'와 '공적 자아' 혹은 '상위 자아' 사이의 문제가 아니다. 그것은 자신으로서 개인과 그 이상이 아닌, 즉 단지 헤아려진 원자로서이거나 주님과 교감을 갖는 개인과의 문제인 것이다. 그 구분은 인간의 '단순한 의지'와 '신성한 의지' 사이에 분명히 있는 것이다. 브래들리는 그 과정을 지시함에 있어서 의지 혹은 지성 중 어느 것을 희생하며 과장하지 않은 조심성을 드러내고 있다는 것이다. 여하튼 이 과정은 아놀드나 배빗이 수용할 수 없는 것이다.

This distinction is not between a 'private self' and a 'public self' or a 'higher self'; it is between the individual as himself and no more, a mere numbered atom, and the individual in communion with God. The distinction is clearly drawn between man's 'mere will' and 'the will of the Divine.' It may be noted also that Bradley is careful, in indicating the process, not to exaggerate either will or intellect at the expense of the other. And in all events it is a process which neither Arnold nor Professor Babbitt could accept. (982)

배빗의 인문주의적 원칙에 대해 엘리엇이 명백하게 거부하는 입장을 표명하는 이유는 배빗의 원칙이 세속적 삶의 철학에 기초하고 있다는 점에 있다. 즉 엘리엇은 배빗이 어떤 기독교의 교의나 신의 계시를 수용하지 않는 점을 비난하고 있는 것이다. 엘리엇이 배빗의 가장 중요한 저서로 평가한 『민주주의와 지도력』의 서문에는 다른 저서에서도 배빗이 피력한 바 있는 인본주의의 원칙을 요약해서 싣고 있다. 엘리엇은 『민주주의와 지도력』이 출간되기 전까지는 배빗의 원칙을 분석 없이 수용할 수 있었으나 자신의 종교적 입장이 달라진 개종 후에는 그의 스승의 관점을 그대로 받아들일 수 없었던 것으로 보인다. 이러한 변화는 엘리엇이 1928년 미국에서 발행된 월간 지 『포럼』(*Forum*)에 기고한 「어빙 배빗의 인문주의」("The Humanism of Irving Babbitt")에 잘 나타나 있다. 배빗의 이론을 "건설적 이론"(constructive theory)라고 지칭하면서 그는 배빗의 이론이 실증적이긴 하나 아직 완전히 체계화된 이론은 아니라고 주장했다. 그리하여 완성된 이론을 위한 보완책으로 그는 다음과 같은 몇 가지 의문을 제기했다.

인문주의의 문제는 의심할 여지없이 종교문제와 관련이 있다. 배빗 씨는 그 저서를 통해서 이곳저곳에서 자신이 종교적 관점을 수용할 수 없다는 것을 명확히 밝히고 있다. 쉽게 말하자면, 그는 어떤 교리나 계시를 받아들일 수 없다는 것이다. 즉 그의 휴머니즘은 종교의 한 대안이다. 이러한 입장은 이 대안이 하나의 대체물 그 이상인지? 만약 대체물이라면, 인도주의가 인문주의와 갖는 관계를 그 대체물인 종교와 같은 갖는 것인지? 결국에 휴머니즘은 스스로 작용하는 인생관이거나 아니면 역사에서 잠시 작용할 종교의 파생물인지? 배빗 씨와 같이 그의 조상의 전통이 기독교였거나 아니면 많은 사람들의 경우처럼 한 세대 멀어져 있고, 기독교 신앙에서 멀어진 몇몇 사람들을 위해서만 작용하는 것인지? 다른 말로 하자면, 배빗의 휴머니즘이 한 세대 혹은 두 세대를 지속할 수 있는 것인지?

The problem of humanism is undoubtedly related to the problem of religion. Mr. Babbitt makes it very clear, here and there throughout the book, that he is unable to take the religious view — that is today that he cannot accept any dogma or revelation; and that humanism is the alternative to religion. And this brings up the question: is this alternative any more that a substitute? and if a substitute, does it not bear the same relation to religion that 'humanitarianism' bears to humanism? It is, in the end, a view of life that will work by itself, or it sit a derivate of religion which will work only for a short time in history for a few persons like Mr. Babbitt — whose ancestral traditions are Christian, and who is, like many people, at the distance of a generation or so from definite Christian belief? It is, in other words, durable beyond one or two generations? (38)

이런 의문을 제기한 뒤, 엘리엇은 기독교가 유럽인들의 역사에 있어서 핵심적인 부분이라는 점을 강조하면서 배빗의 불가지론적 입장에 반하는 다음과 같은 의견을 개진했다.

민족의 종교적 관습은 어디에서나, 어느 시대에서나, 어느 민족에게나 아직도 아주 강력하다. 인문주의적인 관습이란 없다. 내 생각으로 인문주의란 몇몇 시대, 몇몇 장소, 몇몇 사람들의 마음상태에 불과한 것이다. 인문주의가 존재하기 위해서는 다른 태도에 종속해야 하는 것이다. 왜냐하면, 그것은 본질적으로 비평적이기 때문이기도 하고, 또 나아가서는 기생적이기도 하기 때문이다. 인문주의는 큰 가치를 가지고 있었고, 아직도 있다고 할 수 있다. 그러나 그것은 결코 선택된 사람들을 위하여 자고(鷓鴣)의 소나기나 풍요로운 마나를 제공하지는 못할 것이다.

The religious habits of the race are still very strong, in all places, at all times and all people. There is no humanistic habit: humanism is, I think, merely the state of mind of a few places at a few times. To exist at all, it is dependent upon some other attitude, for it is essentially critical — I would even say parasitical. It has been, and can still be, of great value; but it will never provide showers of partridges or abundance of mana for the chosen people. (39)

배빗이 위대한 인문주의자로서 공자, 석가모니, 소크라테스, 에라스무스를 포함시킨 것에 대하여 이의를 제기한 엘리엇은 공자와 석가모니는 일반적으로 종교의 창립자로 간주된다고 지적했다. 또 불교는 인간이 신성에 의존하고 있다는 것을 인정한다고 반박했다. 더 나아가서 배빗이 열거한 위대한 인문주의자들이 처했던 인종, 장소, 시간적 맥락을 무시하고 있음을 비판하면서 그는 배빗의 인문주의사상이 자신이 모범으로 내세운 사람들의 그것과는 아주 다르다고 피력했다. 또 배빗의 인문주의는 놀랍게도 "19세기의 급진주의적 개신교 신학과 같으며, 사실 그것은 마지막 고뇌에 찬 개신교 신학의 산물 혹은 부산물"이라고 혹평했다(40).

　인문주의가 필요하긴 하지만 그 기능이 우선적이라기보다는 부차적인 것이라고 본 엘리엇은 "누구도 인문주의 자체를 하나의 종교로 만들 수는 없다."(40)고 주장했다. 「어빙 배빗의 휴머니즘」에서 엘리엇은 자신의 논점을 요약해서 "인본주의적 관점은 종교적 관점의 부수적이거나 종속적"이라는 주장을 역설했다. 또 자신에게 있어서 종교라면 물론 기독교이고, 기독교라면 교회에 대한 개념을 의미하는 것이라고 말했다. 이처럼 엘리엇이 배빗의 인문주의 사상을 비판할 수 있었던 것은 자신이 유니테리언교(Unitarian)에서 개종함으로서 영국 국교회의 교의를 받아들였기 때문인 것이다. 흥미롭게도 배빗의 인문주의에 대한 엘리엇의 접근은 흄이 그의 『수상록』에서 주장하고 있는 "종교적 태도"(religious attitude)와 맥을 같이 하고 있다. 흄이 그랬던 것처럼, 배빗의 인문주의를 종교와 정면으로 대치시키면서 엘리엇은 "배빗의 용어에 있어서 인문주의를 규정하는 것이 쉽지 않다. 왜냐하면, 그는 인본주의를 인도주의와 자연주의에 반하여 종교를 전열에 내세우는 경향이 있기 때문이다. 내가 시도하고 있는 것은 인문주의를 종교와 대조시키는 일이다."(39)라고 말한 바 있다. 사실 그와 같은 대조는 흄이 『수상록』에서 인문주의를 윤리적, 종교적 가치와 구분지운 방법이기도 하다. 엘리엇은 흄의 대조적 논증 방법뿐만 아니라 그의 핵심적 사상에 대해서도 의문 없이 수용한 바도 있다(*New Adelphi* 1929, 310). 특히, 흄이 주장한 "종교적 개념의 궁극적 가치는 옳고, 인문주의적 가치는 틀렸다."(*Speculations* 70)는 흄의 신념은 리드가 지적하고 있는 것처럼 엘리엇의 사상을 한층 강화시키는데 기여한 것으로 보인다.

그러나 배빗의 인도주의와 인문주의를 흄의 인문주의와 종교적 태도와 대비해 보면 그 용어들이 다소 혼란을 야기(惹起)시키는 부분이 있다. 즉 배빗이 사용한 "인도주의"(humanitarianism)는 그 의미에 있어서 흄의 "인문주의"(humanism)와 거의 흡사하게 사용되고 있다는 사실이다. 반면에 배빗의 인문주의와 흄의 "종교적 태도"(religious attitude)는 서로 크게 다르다는 점이다. 즉 배빗의 인문주의가 특정한 종교적 교리가 아닌 개인주의에 바탕을 두고 있다면, 흄의 종교적 태도는 객관적이고 윤리적 가치에 바탕을 두고 있다. 흄의 윤리적 가치는 원죄라는 기독교 교리에 입각하여 인간본성을 설명한 것이다. 비록 배빗도 인간의 불완전성은 수용할 수 있었을 런지 모르지만, 엘리엇과는 달리 기독교적 신의 계시는 결코 받아들일 수 없었던 것이 배빗의 입장이다.

4

엘리엇이『포럼』(*Forum*)을 통해 배빗의 인문주의에 대해서 의문과 비판을 가하자, 배빗은「엘리엇 총장과 미국의 교육」("President Eliot and American Education")이라는 글을『포럼』에 기고하여 엘리엇의 비판을 반박하는 한편 자신의 인본주의를 옹호했다. "불교, 희랍, 기독교 윤리의 통합"(The Unity of Buddhist, Greek, Christian Ethics)라는 부제 하에 배빗은 불교와 기독교 덕목을 각 종교의 결실로 판단해 본다면 그들은 근본적으로 동일하다는 주장을 내

세웠다. 또 그는 공자의 가르침은 서구의 인문주의 전통에 있어서 가장 권위 있는 아리스토텔레스의 『윤리학』과 완벽하게 일치한다는 주장도 폈다. 따라서 인문주의와 종교는 그 수련에 있어서 서로 다르지 않는 일치점이 있다고 주장하면서 그는 인문주의가 종교의 지지 없이 독자적으로 존립할 수 있다고 역설했다.

> 종교와 인문주의는 귀의(歸依)사상에서 서로 공존할 뿐만 아니라, 만약 인문주의자가 자연주의적 수준으로 가라앉을 위험을 무릅쓰지 않는다면 그 중재는 명상에 대한 어떤 배경을 가질 필요가 있다. 결국, 심리적인 기반위에 사람은 '겸손이 모든 진정한 덕목의 낮으나 깊은 기초'라고 말한 버크(Edmund Burke)에 동의하게 된다. 엘리엇 씨가 최근 『포럼』에서 개진한 주장을 수용해야 할 필요는 없다. 즉 그가 인문주의는 근거가 빈약한 것이고, 기생적이며, 특히 서구인에게 있어서 그것이 교리적이고 계시된 종교의 도움을 받지 못한다면 급속도로 몰락할 운명에 처해 있다는 주장이 그렇다. 세상이 보아 온 가장 중요한 인문주의의 현시(顯示)는 고대 희랍에서 발현하였고, 그 인문주의는 어떤 종교의 지지도 받지 않았다는 사실이다.

> Religion and humanism not only come to-gether in the idea of conversion but one must add that, if the humanist is not to run the risk of sinking to the naturalistic level, his mediation needs to have a certain background in meditation. One is forced finally to agree, if only on psychological grounds with Burke that 'humility is the low but deep foundation of all true virtue.' It does not follow that one must accept the thesis developed by Mr. T. S. Eliot in a recent issue of *The Forum* that humanism is something precarious and parasitical and that, for occidental man in particular, it is doomed to speedy collapse unless it has the support of dogmatic and revealed religion. The most important manifestation of humanism that the world has yet seen —that in ancient Greece— did not have any such support. ("President Eliot and American Education" 3)

배빗의 주장에 맞서 엘리엇은 『포럼』을 통해 더 이상 인문주의에 대해 자신의 반론을 제기하지는 않았다. 그 대신 『미국의 비평: 포에서 현재까지 문학이론 연구』(*American Criticism: A Study in Literary Theory from Poe to the*

Present)라는 저서를 1928년에 출간한 포스터(Norman Foerster)를 『크라이테리언』기고자로 초대했다. 엘리엇의 말을 빌리면, 포스터는 배빗의 문하생 가운데에서 가장 총명한 제자이며 그의 스승에게 가장 가까이 있는 인물 가운데 한 사람'("American Critics" 24)이었다.

포스터는 그의 저서 『미국의 비평: 포에서 현재까지 문학이론 연구』에서 포(Edgar Allan Poe), 에머슨(Ralph Waldo Emerson), 로웰(Amy Lowell), 휫먼(Walt Whitman) 등의 문학 비평사상을 다루는 한편, 배빗의 인문주의사상에 기초한 "신인문주의"(New Humanism)의 원칙을 제시했다. 그 저서의 마지막 장인 "20세기: 결론"(The Twentieth Century: Conclusion)에서 그는 배빗의 사상을 요약해서 인문주의의 핵심적인 전제가 인간과 자연, 즉 이원론이라고 주장했다. 그러면서 그는 자연주의자의 "경전주의"(monism)에 대하여 반대하는 동시에 단지 수리적 체계도 반대한다는 의견을 피력했다. 자신의 이원론이 진리라고 전제하면서 그는 인문주의가 과거와 현재의 인류의 실제 경험, 특히 주요 지침으로 희랍과 기독교 전통의 권위에 호소하는 것이라고 주장했다. 또 그는 자유의지는 자연주의의 결정론적 전제에 반(反)하여 가치의 기준을 따르는 것으로 보았다. 그러나 이성이 하나의 믿음으로 이끌 수 있다는 사실을 인정하면서도 그는 인문주의가 인간의 경험을 통해 드러난 사실과 배치될 때에는 이성을 기꺼이 따르지 않을 것이라고 주장했다. 즉 그는 상식과 직관이 선택의 전제를 통제한다고 보았다. 이런 가설을 전제로 하면서 그는 다음 여덟 조항의 인문주의의 기본적인 강령을 제시했다. 뒤따르는 논란이 이 조항들에 의거하여 전개되기 때문에 전 조항의 인용이 요청된다.

1. 적절한 인간적 기준이란 완전성을 요구한다. 그것은 '타고난' 인간의 본성을 포함하여 인간 본성의 모든 부분의 개발을 요구한다. 그것은 어떤 것도 억압하지 않는다.
2. 그러면서도 그것은 균형을 요구한다. 그것은 부분과 전체의 조화를 요구한다. 무분별하게 '삶의 수용' 대신에 그것은 가치의 척도를 강요한다.
3. 이 완벽하고 균형을 갖춘 기준은 통상적이거나 전형적인 인간다움을 구성하고 있다고 말할 수 있을 것이다.

4. 비록 그와 같은 윤리성이 과거에 결코 존재하지는 않았다고 하더라도, 인문주의가 본받고자 하는 근사치는 과거의 황금시대에 있었다. 그것의 최상의 본보기를 여전히 발견할 수 있는 (조각, 호머와 소포클레스, 플라톤과 아리스토텔레스) 곳으로 그것은 희랍을 지목하고 있다. 또 (버질, 호레이스)가 있었던 로마, (예수, 바울, 아우구스틴, 아시지의 프란시스)의 기독교 전통을 지향하고, (석가모니와 공자)의 동양, 그리고 세익스피어, 밀턴, 괴테가 살았던 근대를 지향한다.
5. 논리적 능력을 거부하고 자연의 윤리성을 추구한 낭만주의와 다르게 인문주의는 그 믿음이나 이성에 있어서 항상 헬레니즘이 발생한 기원에 진실 되게 접근한다.
6. 과학에서 발전한 생명개념과는 다르게 인문주의는 직관이나 상상력을 활용하여 이성을 뛰어넘으려고 한다. 또 그것은 베아트리체의 안내를 선호하여 버질을 저버릴 때, 상징, 신화, 최고의 기독교 시인의 전례를 되풀이 하여 회생시킨 희랍 철학자들의 가장 시적인 사례를 따른다.
7. 궁극적인 윤리의 원칙은 실제적 경험이 암시하고, 그와 비슷하게 이성과 윤리적 상상력에 의해서 예시된 억제이거나 통제이다. 인간을 위한 법칙과 사물을 위한 법칙이 있다. 인간이 자연의 법칙에 굴복할 때, 자연법은 무법상태가 된다. 그 무법상태란 걷잡을 수 없는 욕망이며 맹목적인 충동이다. 또 그것은 억제되지 않은 기질의 병적인 변화이며, 확장적 자만과 동정의 쉼 없는 진동이다.
8. 인문주의가 모든 것을 맡기는 이 중심-즉 무수한 원심력인 충동에 역행하는 이 구심력, 그 자체는 움직이지 않으면서 우리 감각의 유동성을 끌어내는 이 자석 같은 의지-이 종교를 발생시키는 실재이다. "순수 인문주의"(pure humanism)는 경험의 관찰된 사실로서 종교를 자연 현상적 용어로 기술하는데 만족한다. 그것은 실험적 지식을 어떤 훌륭한 종교의 교리로서 시인하는 그 이상을 추월하는 것을 주저한다. 그것은 이성을 거부하며 구축된 어떤 형식적 신학(낭만주의적 이상주의도 받아들 수 없었던 것처럼)도 받아들일 수 없다. 왜냐하면, 그것은 초자연적 직관의 가치도 지성에 의해서 검토되어야 한다고 주장하기 때문이다. 또 그것은 우리가 주장한 것처럼, 완전성을 요구하고, 위험한 힘을 무시하지 않고 활용하기를 바라기 때문에 육체와 정신의 엄격한 이원론을 추구하는 경향이 있는 종교적 금욕주의를 두려워한다. 종교와는 달리 그것은 과학과 예술의 기구에 중요성을 할당한다. 그럼에도 그것은 일반적인 자아를 초월하는 힘이나 개인적 기질의 다양성에도 불구하고 모든 사람들이 공유하는 비개성적 실재로서 또는 그들의 태도가 순종해야 하는 것으로서 윤리적 의지를 인식함에 있어서 종교와 동일하다. . . . 종교 못지않게 인문주의는 겸손의 미덕을 요구한다.

1. An adequate human standard calls for completeness; it demands the cultivation of every part of human nature, including 'natural' human nature. It suppresses nothing.
2. But it also calls for *proportion*: it demands the harmony of the parts with the whole. Instead of 'accepting life' indiscriminately, it imposes a scale of values.
3. This complete, proportionate standard may be said to consist of the *normally* or *typically* human. . . .
4. Although such an ethos has never existed, it has been approximated in the great ages of *the past*, to which humanism accordingly looks for guidance. It looks chiefly toward Greece, where it still finds its best examples (in sculpture, in Homer and Sophocles, in Plato and Aristotle); also toward Rome (Virgil, Horace), toward the Christian tradition (Jesus, Paul, Augustine, Francis of Assisi), toward the Orient (Buddha, Confucius), toward moderns like Shakespeare, Milton, and Goethe. . . .
5. Unlike romanticism, which in its quest of a natural ethos repudiated logical faculty, humanism is always true to its Hellenic origin in its faith in reason. . . .
6. Unlike the conceptions of life that grow out of science, humanism seeks to press beyond reason by the use of *intuition* or *imagination*, following the example of the most poetical of Hellenic philosophers, who restored again and again to symbol and myth, and the example of the foremost Christian poet when he forsook the guidance of Virgil in favor of that of Beatrice. . . .
7. The ultimate ethical principle is that of *restraint* or *control*, indicated alike by practical experience and by the light of reason and the ethical imagination. There is a law for man and a law for thing. That which is law in nature becomes anarchy when surrendered to by man—the anarchy is wandering desires and blind impulses, the morbid ebb and flow of unhindered temperament, the restless oscillations of expansive pride and expansive sympathy. . . .
8. This center to which humanism refers everything, this centripetal energy which counteracts the multifarious centrifugal impulses, this magnetic will which draws the flux of our sensations toward it while itself remaining at rest, is the reality that gives rise to religion. Pure humanism is content to describe it thus in physical terms, as an observed fact of experience; it hesitates to pass beyond its experimental knowledge to the dogmatic

affirmations of any of the great religions. It cannot bring itself to accept
a formal theology (any more than it can accept a romantic idealism) that
has been set up in defiance of reason, for it holds that the value of
supernatural intuition must ben tested by the intellect. Again, it fears the
asceticism to which religion tends in consequence of a too harsh dualism
of the flesh and the spirit, for, as we have said, humanism calls for
completeness, wishing to use and not annihilate dangerous forces. Unlike
religion, it assigns an important place to the instruments of both science
and art. Nevertheless, it agrees with religion in its perception of the
ethical will as a power above the ordinary self, an impersonal reality in
which all men may share despite the diversity of personal temperament
and toward which their attitude must be one of subjection. . . .
Humanism, no less than religion, enjoins the virtue of *humility*. (241-5)

위에서 인용한 신인문주의 원칙의 선언과 거의 동시에 리드는 1928년 12월 호의 『크라이테리언』에 「휴머니즘과 절대: 논쟁의 본문들」("Humanism and the Absolute: The Texts of a Debate")이라는 평론을 기고했다. 이글에서 그는 상기한 신인문주의 여덟 원칙 중에서 네 원칙과 프랑스 출신의 비평가인 벤다(Julien Benda)가 저술한 『위대한 배신』(*The Great Betrayal*)에서 상술한 여섯 가지 원칙을 인용·비교하여 후자에 비해 전자의 원칙이 부적절함을 논증했다. 포스터는 "신적인 것과 인간적인에 대하여 절대적 분리"를 명확히 하지 않고 있으며 이 점에 있어서 리드는 벤다의 분리사상을 아주 가깝게 모방하고 있는 흄(T. E. Hulme)에 동의하는 한편, 실재의 본질에 있어 어떤 특정한 불연속성을 우리는 얼버무리거나 위장함으로써 대부분의 오류를 발생시킨다."(275-6)고 주장했다.

리드의 "신인문주의"에 대한 비판을 뒤이어 체스터턴(G. K. Chesterton)도 『크라이테리언』의 논쟁에 가세했다. 「인문주의가 종교인가?」("Is Humanism a Religion?")라는 글에서 그는 "휴머니즘이 종교의 모든 기능을 수행할 수 있을 것인가?"라고 자문 하면서 스스로 답하기를 "나는 휴머니즘이 초월적 휴머니즘을 완전히 대체할 수 없다는 것을 믿는다."(383)고 선언했다. 왜냐하면, 그는 어떤 진리가 하나의 사실이라고 말할 수 있을 정도로 너무나 확실하기 때문에 인문주의를 믿을 수 없다는 것이다.

신인문주의에 대해 더욱 맹렬하게 공격한 사람은 영국인이 아니라 미국의 비평가인 테이트(Allen Tate)였다. 1929년 7월에 발간된 『크라이테리언』에 그는 「휴머니즘의 오류」("The Fallacy of Humanism")라는 글을 기고했다. 이 글의 시작부터 그는 적의를 드러내며 신인문주의를 공격했다. 그는 "휴머니즘의 기원이 모호할 뿐만 아니라 그것이 호소하는 권위의 종류는 더욱 모호하다"(661)고 지적했다. 그에게 인문주의적 방법의 모호성은 낭만주의자들의 그것과 유사하며, 인문주의의 기본적인 가치에 있어서도 그렇다는 것이다. 인문주의적 방법이란 소크라테스의 산파술적 방법을 지칭하는 것인데, 그는 배빗의 소크라테스적 방법뿐만 아니라 그의 실험주의도 수용할 수 없다고 천명했다.

> 배빗교수는 실험적인 현대인이 충분히 실험적이지 않다는 것을 정확하게 비난했다. 그의 주장을 따르면 현대인은 그들의 시대적 가설들에 대해서 의문을 갖지 않고 통째로 삼켜버렸다는 것이다. 배빗 자신은 실험을 계속하고 있으나, T. S. 엘리엇이 지적한 것처럼 우리는 무한정으로 실험을 지속할 수는 없다. 배빗교수가 고질적인 실험주의자로 남아 있는 이유는 그 나름대로 그가 충분히 철학적이지 않기 때문이다. 그와 포스터 씨가 현 사회에 적용하고 있는 소크라테스적 방법은 인문주의자뿐만 아니라 그의 적들도 똑같이 사용할 수 있는 방법이다. 플라톤의 대화에서 찢어낸 이 방법은 모순을 폭로하는 한 방법이다. 이 방법은 그 폭로에 대해 어떤 동기도 제공하지 못하고, 어떤 절대자에게도 복종하지 않는다.

> Professor Babbitt has acutely charged the experimental moderns with not being experimental enough—they have not, he says, questioned the assumptions of their time, but swallowed them whole. He himself continues to experiment, but as Eliot has pointed out, we cannot go on experimenting indefinitely. The reason why Professor Babbitt remains an inveterate experimenter is that he, in his turn, has not been philosophical enough. The Socratic method, which he, and Mr. Foerster after him, apply so ably to contemporary society, is a method only, and it may be used by the Humanist and enemy alike. Torn out of the Platonic Dialogues, it is an instrument for the exposure of contradiction; it brings with it no motive for

the exposure; it yields no absolute. ("The Fallacy of Humanism" 670)

뒤이어 테이트는 엘리엇이 쓴 배빗에 관한 비판을 지지하면서 자신의 견해를 다음과 같이 피력했다.

종교는 인간본성이 악하다는 교리에 만족한다. 그 악으로부터 우리가 회복하는 것은 신비('은총')이다. 우리가 지금까지 보아온 것처럼 본성의 추상적 개념은 시간의 실재를 파괴함으로써 끝난다. 만약 직접경험이 불가능하다면 모든 사상도 그러하고 전통이나 물려 받은 질서도 무시간적이며 모순적이다. 본성의 현존 속에서 지성이 추상화되는 경향을 억제하는 것이 종교의 필수적인 역할이다. 추상화된 본성은 인간의 추상화가 된다. 인간은 끝내 순수하고 사악한 성질 속에 영원히 잠기게 되는 형벌을 받게 된다. 그는 영원히 본성에 죄를 짓게 된다. 왜냐하면, 인간은 본성의 존재 이유를 알 수 없기 때문이다. 종교를 보호하는 것은 추상화이지 본성이 아니다. 그렇게 생각된다면 그것은 추상의 추상화이지 경험이 아니다.

Religion is satisfied with the dogma that nature is evil, and that our recovery from it is mystery ('grace'). For the abstraction of nature ends, as we have seen, with the destruction of the reality of time, and, if immediate experience is impossible, so do all ideas of tradition and inherited order become timeless and incoherent. It is the indispensable office of religion that it checks the abstracting tendency of the intellect in the presence of nature; nature abstract becomes man abstract, and he is at last condemned to a permanent immersion in pure and evil quality; he is forever condemned to it because he can no longer see it for what it is. The protection of religion is the abstraction, not of nature, which so conceived would be the abstraction of abstraction but of experience. (680)

지금까지 『크라이테리언』에 기고한 사람들은 신인문주의에 호의적이지 않는 비평가들이었다. 엘리엇은 이러한 부정적 비평가들에게 대응하도록 포스터에게 다시 기회를 주었다. 엘리엇의 요청으로 포스터는 「휴머니즘과 종교」("Humanism and Religion")라는 글을 다시 기고했으나 자신의 견해와 다른 비평가들과 견해를 좁히는데 주력하지는 않았다. 그 대신 그는 인문주의와 종교의 관계에서 제기된 몇 가지 문제점, 특히 엘리엇이 제기한 문제점을 더욱 명확히 하는 데에 집중했다. 인문주의가 종교인가? 아니면 종교의 대체물이거나 부속물인가라는 문제에 초점을 두고 그가 전개한 글에서 다음과 같은 의견을 피력했다.

> 인문주의는 종교가 아니다. 진정 종교가 없는 인문주의나 종교의 대체물로서 인문주의를 상상하는 것은 가능하다. 확실히 인문주의는 저 세상에 반하여 이 세상에 매력을 갖는 것이 가능하다. 왜냐하면, 자연주의가 질서와 행복을 제공하지 못하는 반면에 인문주의는 최상의 질서와 행복은 아닐지라도 그것들을 제공하고 있기 때문이다. 인문주의는 자신 속에서 영적 겸손에 소명의식을 찾지 못하는 사람들이나 인도에 어긋나지 않는 균형에 지속적인 헌신을 찾지 못하는 사람들에게 호소한다. 불완전한 의미이지만 종교적인 사람의 이상을 대체하는 인문주의는 교양 있는 사람에게 이상을 제공한다. 이것은 특별한 것이다. 그것은 현제를 포함하여 어느 시대에서도 팽배했던 야만성 보다는 훨씬 나은 것이다.
>
> Humanism is not a religion. It is possible, indeed, to conceive of a humanism without religion — an alternative to religion. Certainly, humanism is capable of attracting the worldly as opposed to the otherworldly, because it offers, as naturalism does not, order and happiness, if not the best order and happiness. It appeals to those who can find in themselves no vocation for spiritual humility, but who do not find in themselves a steadying devotion to humane proportion. As an alternative to the ideal of the civilized man. This is something, it is at least far better than the barbarism that prevails in most ages, including the present. ("Humanism and Religion" 6)

신인문주의가 기독교의 파생물인지 혹은 파생물이 아닌 지라는 체스턴의 질의에 답하여 포스터는 비록 인문주의가 천주교에 의해 자양분을 섭취하기는 했지만, 인문주의는 "고전적이고, 희랍적이며, 기독교 발생 이전"(28)에 기초를 두고 있다고 주장했다. 또 그는 인문주의는 체계적인 철학이라기보다는 실천적인 철학이며, 인간적인 가치를 명확히 하는데 목적을 두고 있다고 했다. 즉 그에 의하면 "인문주의는 교리적 정신에 의해 작용한다기보다는 비평정신을 따라 작용하는 것으로서 과거의 종교적 해결은 부적절하고 동시에 중용을 통하지 않고 자연적 차원에서 초자연적 차원을 추구할 때 사람들이 환상에 쉽게 빠지는 것을 두려워한다."(25-6)는 것이다.

포스터의 대응에 뒤이어『크라이테리언』은 두 편의 평론을 더 실었다. 그 첫 번째 글은 1930년 1월 호에 게재된 페르난데즈(Ramon Fernandez)의「인본주의자의 가치이론」("A Humanist Theory of Value")이라는 글로서 엘리엇 자신이 직접 번역한 것이다. 또 두 번째 글은 7월 호에 머리(John Middleton Murry)가 기고한「자연주의의 초연함」("The Detachment of Naturalism")이라는 평론이다. 이들은 각기 인문주의의 다른 양상을 다루면서 앞서 언급한 신인문주의의 비평가들을 직접 지지하거나 그들의 견해에 동의하지 않고 신인문주의를 간접적으로 비판한 글이다. 페르난데즈는 인문주의의 진정한 문제를 가치문제와 동일시하면서 "인문주의는 사실상 인간 권리의 소유권을 회복하는 것이며, 즉 가치의 근원인 그 기반을 되찾는 일"(242)이라고 피력했다. 또한 그는 인문주의가 가치 자체를 변화시키지는 못하지만 가치에 대한 우리의 관점을 변화시킬 수 있다고 했다. 그러므로 그는 인문주의는 가치개념에 기초를 둔 객관적 윤리여야 한다는 주장을 폈다.

> 인간은 개별적으로나 집단적으로 모든 가치의 근원이다. 가치란 인간의 신체적이고 도덕적 구조를 다른 것으로 옮겨 놓는 경향들에 의해서 정해진 평가에 기초를 둔 것이다. 이러한 경향들은 전적으로 일반적인 원칙, 규칙, 강제 명령들에 의해서 스스로를 표현한다. 인간의 육체적, 도덕적 구조는 거의 고정되어 있기에, 이 원칙들은 변하지 않고 지나칠지도 모른다. 그러나 가치는 세 가지 원칙에 기초를 두고 있다. 그 원칙들은 단지 인간에게 객관성과 규범적인 경향의 영속성을 환기시키는 역동적인 도식일 뿐이다. 사실 그것이 스스로를 객관화하려고 노력하는 평가의 본질적 성질이며 거기로부터 평가의 다른 형태와 차별이 발생한다.

> Man, individually or collectively, is the source of all values. Values are based upon evaluation, which is ordained by tendencies which translate the physical and moral structure of man. These tendencies express themselves, in a wholly general way, by principles, rules and injunctions. As it is highly probable that our physical and moral structure is fixed, these principles may pass for practically unchangeable. But value is not founded upon these principles. They are only dynamic schemata to remind man of the

objectivity and the permanence of his normative tendencies. In fact, it is an essential character of evaluation that it strives to objectify itself, and thereby differ from other modes of appreciation. ("A Humanist Theory of Value" 243)

페르난데즈는 인문주의의 진정한 가치는 민주주의적 지혜에 있다고 생각했다. 그에 의하면 인문주의는 "그 행위를 명하는 원칙, 그리하여 권위의 상위 계급으로 모든 노력을 끌어올리는 것에 있다기보다는 그 행위를 실현하는 것에 더 큰 가치가 있다"(243)고 보았기 때문이다.

이 글에 화답하여 머리는 페르난데즈의 평론이 파벌적인 논란으로 전락할 수 있는 위험에 처했던 논쟁에 강장제적인 영향을 미쳤다고 논평하면서 "페르난데즈의 가치론은 그 자체로 굳건하게 서 있을 수 있는 주장"("The Detachment of Naturalism" 642)으로 보았다. 뒤이어 그는 자기 나름대로 주관적인 가치론을 폈다. 머리의 주장에 의하면, 모든 가치는 평가에 의해 이루어지고, 그 평가는 전적으로 인간적이라는 것이다. 즉 "가치를 정하는 행위는 암시적이든지 혹은 명시적이든지 간에 하나의 목적이나 태도나 행위가 인간의 유기체를 직접 혹은 간접으로 조화롭게 유지하는데 도움을 주는 주장"(647)이라고 했다. 또한 그는 종교적이거나 초자연적 가치를 전면 부정하면서 "가치를 정하는 행위는 단순히 동물적 기능"(647)이라는 주장도 폈다. 그리하여 그에게 도덕이란 자연적이며 동물적 삶의 영역에 속하는 것이다. 인문주의를 "자연주의"(naturalism)이라고 부르면서, 머리는 인문주의의 진정한 가치를 자아 분석과 성찰을 통해 스스로를 하나의 사물로서 볼 수 있는 힘을 개발시키는 초연함에 있으며, 그런 초연함이 종교의 본질이라고 주장했다(654). 머리의 주장은 자연주의의 주관적 이론으로서 종교와 도덕을 완전히 분리시키는 것이었다. 물론 그런 주장은 엘리엇을 위시한 인문주의 비평가들이나 인문주의자도 결코 수긍할 수 없는 것으로 보인다.

6

비록 엘리엇은 인문주의의 논쟁에 관한 또 다른 글을 『크라이테리언』에 실지는 않았지만 포스터의 저서와 그의 평론을 읽고 그것에 충분히 재고할 여유를 가진 듯하다. 그 결과로 그는 머리가 편집했던 『신 아델피』(*New Adelphi*)라는 월간 잡지에 「휴머니즘 재고」("Second Thought about Humanism")라는 글을 기고했다. 이 글에서 그는 자신이 배빗의 제자들 중 한 사람으로 출발했다는 사실을 상기하면서 배빗의 인문주의에 대해 너무 가혹한 비판을 했다면서 자성적인 태도를 보였다. 그러나 그는 앞서 취한 자신의 입장을 번의했다기보다는 오히려 재확인 하면서 "인간은 영적 실제를 인식할 수 있기 때문에 인간이지 그것을 창안할 수 있기 때문은 아니며, 인간에 내재하고 있는 모든 것은 아래로부터 발전한 것으로 추적할 수 있거나 위로부터 오는 것임에 틀림없다."(307)는 주장을 폈다. 이러한 그의 입장은 흄이 『수상록』에서 인문주의와 종교적 태도를 구분지은 것과 별로 큰 차이가 없는 주장이다. 그러면서 포스터의 『미국의 비평』에서 설명한 인문주의에 관한 논의에서 그는 인문주의에 반대하는 것이 아니라 철학과 신학을 다루는 규칙을 잘 알지도 못하고 또 충분히 인문주의적이지 못한 포스터의 입장에 반대하는 것(307)이라고 밝혔다. 그는 포스터를 "이단자"(heretic)라고 일컬으면서도 진정한 인문주의의 가치에 대해 그 나름대로 자신의 의견을 다음과 같이 피력했다.

> 인문주의는 그것을 철학이나 종교의 대체물로 내세우지 않는 '순수 인문주의자'에 있어서 그 자체로 가치가 있는 것이며 (a), 확실한 신앙 위에 선 훨씬 긍정적인 문명에 있어서 중재하고 교정적인 요소로서 (b) 가치가 있다.
>
> Humanism is valuable (a) by itself, in the 'pure humanist,' who will not set Humanism as a substitute for philosophy and religion, and (b) as a mediating and corrective ingredient in a more positive civilization founded on definite belief. ("Second Thought about Humanism" 309)

간략하게 말해서 인문주의에 대한 엘리엇의 입장은 인문주의가 가톨릭 교리를 수용할 수 없듯이, 기독교의 정통성 없는 인문주의는 존재할 수 없다는 것이다. 그의 입장은 다음의 글에서 명백하게 들어난다. 즉 "나는 인문주의를 공격하지는 않는다. 나는 인문주의 없는 가톨릭 교리에 대해서 훨씬 적대적일 것이다. 인문주의는 어떤 가톨릭 교리에도 한 요소이고, 진정 필수적이라는 것을 의미할 뿐이다"(309)라는 견해를 제시했다. 이것은 그가 배빗의 인문주의를 전적으로 받아드렸다는 뜻은 아니다. 엘리엇이 배빗의 인문주의를 반대하는 이유는, 배빗이 인문주의를 문학비평과 뒤섞을 뿐만 아니라 희랍 고전, 불교, 유교, 기독교를 통합하려는 시도에 있다고 밝혔다.

> 긍정적으로 배빗이 제공하는 모든 것은 무엇이 적절한가에 대한 자신의 생각인데 그것은 매우 매호다. 나는 서로 다른 일들을 문학적인 것과 뒤섞는 것을 싫어한다. 동시에 그의 인문주의로부터 순수하게 "문학적"인 문제를 분리하는 것이 불가능한 것인데도 그의 인문주의는 '통합'을 강요하고 있는 것이다.
>
> All Babbitt has to offer positively, I am afraid, is Babbitt's idea of what is proper, and that is pretty vague. I hate mixing things up and at the same time I find it more impossible to isolate any purely 'literary' etc. problem, but am forced to a 'synthesis'. ("T. S. E.―A Memoir" 76)

1933년, 엘리엇은 미국의 버지니아 대학교 강연에서 다시 배빗의 인문주의적 통합을 비난했다. 즉 배빗이 시도한 인도철학, 불교사상, 중국사상, 서구철학의 혼합은 적절한 것이 아니었다는 것이다. 배빗의 동·서양사상의 통합에 대해 엘리엇은 "어떤 면에서 배빗은 가장 고귀한 의도로써 사안을 개선했다기보다는 오직 더 악화시켰다고 생각하지 않을 수 없다."(*After Strange Gods* 41)라고 결론지었다.

결론적으로 인문주의 논쟁의 전개과정에서 엘리엇은 종교문제에 관한 한 배빗과는 첨예하게 다른 관점을 드러냈다. 그러나 처음으로 엘리엇을 다양한 사상세계로 인도한 사람이 배빗이었고, 루소적인 낭만주의를 비판하고 고전주의를 주창한 사람이 배빗이었음을 상기한다면, 그가 배빗으로부터 얼마나 깊은 영향을 받았는지는 재론의 여지가 없다. 배빗의 고전주의가 엘리엇으로 하여금 후일 유니테리언적인 인간본성을 배격하고 가톨릭 교리인 원죄사상을 수용할 수 있도록 가르친 사람도 배빗일지도 모른다. 무엇보다도 배빗으로부터 엘리엇이 배운 것은 겸손의 미덕이다. 배빗은 궁극적 진리를 얻을 수 있는 능력을 인간은 가지고 있지 않다는 것을 인정하는 것이 기독교의 겸손이라고 가르쳤다. 그는 "기독교 겸손의 주된 근원은 인간이 가지고 있는 자질로는 단순한 이성이 감각의 기만을 지배할 수 없는 어떤 궁극적 진리이거나 신념에 이를 수 없다."(*Democracy and Leadership* 11-12)는 것이다. 이러한 겸손에 대한 개념은 엘리엇이 신념으로 가지고 있는 인간의 본성에 대한 개념과 유사하다.

> 인간이 자신을 아무리 사회적, 경제적 재조직을 통해 혹은 우생학이나 혹은 지능과학에 다른 어떤 가능한 외적 방법을 사용하여 개선한다고 한들, 인간은 완전으로부터 한 없이 멀리 떨어져 있고 여전히 자연인으로 남을 뿐이다.
>
> We must say that man, however he is improved by social and economic reorganization, by eugenics, and by any other external means possible to the science of intellect, will still be only the natural man, at an infinite remove from perfection. ("A Commentary" 1932, 78)

이러한 인간 본성에 대한 신념을 가졌던 엘리엇은 그의 스승을 뒤따른 겸손사상의 주창자이다. 그는 『크라이테리언』 논단을 통해 다음과 같이 겸손에 대해 역설한 바 있다-"여러분은 겸손을 가져야 합니다. 또 여러분은 신념을 가져야 합니다. 겸손과 신념은 과거와 미래에 대한 우리의 태도로 나타내야 합니다."("A Commentary" 1934, 89)라고.

궁극적으로 배빗은 미국의 지적, 도덕적 보수주의를 고수한 심오한 윤리주의자로 보인다. 비록 그는 교리적 종교에 대한 믿음은 갖지 못했지만 모든 문제가 결국 종교적인 문제와 결부된다고 주장할 정도로 종교를 심각하게 생각한 사람이었다. 배빗은 "경제적인 문제는 정치적인 문제이고, 정치적 문제는 철학적 문제이며, 철학적 문제는 결국에는 종교적 문제와 불가분의 관계"

(*Democracy and Leadership* 1)에 있다는 점을 통찰한 사람이다. 배빗이 세상을 떠난 후, 비록 배빗과 종교적 믿음은 달리했지만 엘리엇도 배빗에 못지않은 기독교적 윤리관을 주창한 윤리주의자였다. 그는 윤리학 연구가 정치학에 선행하고, 이 선행은 기근이나 전쟁도 바꿀 수 없는 불변하는 그 무엇이라고 하면서 윤리 중요성을 강조했다. 그는 급속도로 세속화되어 가는 세상에 맞서 그의 스승이 그랬던 것처럼 서구의 기독교전통을 위해 투쟁한 보수적 기독교 지성인 가운데 한 사람이었다고 말할 수 있을 것이다.

주요어 (Key Words): 배빗(Irving Babbitt), 인본주의(Humanism), 리드(Herbert Read), 흄(T. E. Hulme), 크라이테리언(*The Criterion*), 브래들리(F. H. Bradley), 머리(John Middleton Murry), 인도주의(Humanitarianism), 벤다(Julien Benda), 체스터턴(G. K. Chesterton), 페르난데즈(Ramon Fernandez), 테이트(Allen Tate)

인용문헌

Babbitt, Irving. *Literature and American College: Essays in the Defense of Humanities*. Cambridge, M. A.: Houghton Mifflin, 1908.
_____. *Democracy and Leadership*. London: Constable, 1924.
_____. "President Eliot and American Education." *Forum* (1929): 3.
Chesterton, G. K. "Is Humanism a Religion?" *Criterion* (1929): 382-93.
Dobrée, Bonamy. "T. S. Eliot: A Personal Reminiscence." *T. S. Eliot: The Man and His Work*. Ed. Allen Tate. London: Chatto and Windus, 1967. 76.
Eliot, T. S. "The Idea of Literary Review." *New Criterion* (1926): 1-6.
_____. "The Humanism of Irving Babbitt." *Forum* (1928): [37]-44.
_____. "American Critics." Rev. of *The Reinterpretation of American Literature*. Ed. Norman Foerster. *Times Literary Supplement* 10 (Jan. 1929): 24.

____. "Bradley's Ethical Studies." *Times Literary Supplement* 10 (Jan. 1929): [981]-2.

____. "Second Thought about Humanism." *New Adelphi* (1929): [304]-310.

____. "A Commentary." *Criterion* (1932): 73-9.

____. "A Commentary." *Criterion* (1933): 115-20.

____. "A Commentary." *Criterion* (1933): 642-47.

____. "A Commentary." *Criterion* (1934): 86-90.

____. *After Strange Gods: A Primer of Modern Heresy*. London: Faber, 1934.

____. "Revelation." *Revelation*. Ed. John Baillie and Hugh Martin. London: Faber, 1937. 15-23.

Fernandez, Ramon. "A Humanist Theory of Value." Trans. T. S. Eliot. *Criterion* (1930): 228-45.

Foerster, Norman. *American Criticism: A Study in Literary Theory from Poe to the Present*. New York: Russell and Russell, 1928.

____. "Humanism and Religion." *Criterion* (1929): 23-32.

Hulme, T. E. *Speculations: Essays on Humanism and the Philosophy of Art*. Ed. Herbert Read. London: Routledge and Kegan Paul, 1924.

Murry, John Middleton. "The Detachment of Naturalism." *Criterion* (1930): 642-60.

Read, Herbert. "Books of the Quarter." *Criterion* (1924): 132.

____. "Humanism and the Absolute." *Criterion* (1928): 275-76.

____. "T. S. E.—A Memoir." *T. S. Eliot: The Man and His Work*. Ed. Allen Tate. London: Chatto and Windus, 1967. 16-[41].

Tate, Allen. "The Fallacy of Humanism." *Criterion* (1929): 661-81.

엘리엇의 중국학

| 양병현 |

I

　엘리엇에 대한 동양 사상 혹은 종교 연구는 중국과 일본 문화와 사상에 대한 연구를 접목시키지 않고는 온전하다고 보기 어렵다. 엘리엇은 하버드대학 대학원 재학 시 일본인 학자 마사하루 아네사끼(Masaharu Anesaki)로부터 선불교와 학문적인 연대를 갖게 되었다. 이에 따라 동북아 문화에 대한 엘리엇의 이해는 우리가 생각하는 것보다 그 깊이와 폭에 있어 훨씬 넓었으리라는 생각이 든다. 엘리엇은 자신의 학문적 스승인 어빙 배빗(Irving Babbitt)의 동북아 문화 영향을 비판한 적이 있다. 배빗이 중국 유학에 지나치게 의존하고 있다는 엘리엇의 지적은 그가 중국학에 대한 이해가 크다는 추정을 할 수밖에 없다.
　그래서 필자는 엘리엇에 대한 동양사상 연구가 인도학 중심을 벗어나 동양사상 전체로 확대되어야 한다고 보았다. 우연하게도 엘리엇과 극동 문화가 관련된 배경에는 19세기 말 일본 문화와 선불교를 미국에 소개하였던 어니스트 페노로사(Ernest F. Fenollosa)가 있었고, 중국 문화와 유교와 관련된 배경에는 그의 정신적인 지주였던 배빗은 물론 에즈라 파운드(Ezra Pound)가 있었다. 일본의 선불교는 인도 불교 문화나 사상과 다르기는 하지만 나가르주나

---

* 이 논문은 『T. S. 엘리엇 연구』 제1권 창간호(1993)에 「T. S. 엘리엇과 유교」로 수록되었던 것을 수정한 것임.

(Nagarjuna-용수)의 중관사상(中觀思想)에 이어 대승 불교와 함께 여전히 그 뿌리가 불교에 두고 있었기 때문에 인도학에 익숙한 엘리엇에게 크게 낯설지는 않았을 것이다.

다만 중국 문화와 유교는 마르코 폴로(Marco Polo)의 『동방 견문록』과 그 이후 실크로드를 통한 동서양의 교류, 예수교파(the Society of Jesus)의 서양 선교사들을 통해 본격적으로 서양에 알려지게 되었지만 19세기말 20세기 초 서구 열강들에 의해서야 비로소 동양 문화의 중요한 부분으로 인식되고 있었다. 18세기 서구 계몽주의 시대에서도 서구의 합리성과 전통 중심의 문화 배경에는 중국학이 어느 정도 상호 영향을 주기는 하였지만 직접적으로 학문적인 연구 대상으로 떠오르게 된 때는 19세기말에서 20세기 들어서일 것이다. 그러나 이 분야에 대한 연구도 거의 서구 학자들에 의해 이루어져 있었다.

최근의 동양학 연구는 동양 학자들의 관심에 의해서 동양사상과 서양사상에 대한 관계가 매우 폭 넓게 이루어지고 있기는 하다. 하지만 그 연구 또한 기존의 서구 학자들이 이루어 논 동양학 연구에 많은 빚을 지고 있고, 서구 학자들의 연구 방법론을 기반으로 동양 사상 연구가 이루어지고 있는 것도 사실이다. 미국 웨인주립대학(Wayne State University) 대학의 한국인 교수였던 유병천 박사의 연구서인 『위대한 주기: 미국작가들과 동양』(*The Great Circle: American Writers and the Orient*, 1983)은 미국 지성사에 대한 동양학 연구이기는 하지만 여전히 힌두 사상과 불교 사상, 일본의 선불교를 다루고 있음에도 중국학 연구는 빠져 있다. 학자 자신이 중국학 연구에 정통하지 못한 것도 있겠지만 그 방향 역시 서양 문화와 사상 연구를 기반으로 인도학 연구가 주를 이루고 있었다.

엘리엇 관련 동양학 연구 역시 초기에 인도인 학자 중심으로 옮겨져 있었다. 이 또한 중국학에서 비껴서 있다. 1980년대 들어 중국인 학자들에 의한 서양 사상에 대한 중국학 연구가 매우 활발하게 이루어지고 있었던 점을 주목할 필요가 있다. 엘리엇에 대한 중국학 관련 연구는 에즈라 파운드 중심으로 이루어지고 있었다. 그 중에서 대표적인 논문으로는 팔란드리(Angela Jung Palandri)의 「유교 시인에 경의」("Homage to a Confucian Poet", *Tamkang*

Review, 1974)로 엘리엇과 파운드를 동시에 인터뷰한 내용을 보면 엘리엇이 파운드와 더불어 매우 유교적 시인이라고 밝히고 있었다. 중국학 연구는 이후 다소 느리게 진행되고 있었으나 엘리엇의 동양 사상 연구는 거시적인 안목에서 중국학을 포함하여 동아시아 관계 전체를 중심으로 연구가 이루어질 필요가 있었다.

엘리엇의 유교 관심은 일찍이 1909년 하버드대학 불어 교수인 그의 스승 배빗을 만나 중국의 불교인 대승 불교와 중국 사상을 접하게 됨으로써 시작된다. 본격적인 연구는 하버드 대학원에서 1911년부터 1914년까지 고대 인도어와 인도 문학의 해독과 이해를 위해 인도어 학자인 찰스 록크웰 란만(Charles Rockwell Lanman), 제임스 휴턴(James Houghton) 그리고 폴 엘머 모어(Paul Elmer More) 밑에서 연구할 때 중국과 일본의 종교 및 철학적인 사상을 가르쳤던 당시 객원교수인 마사하루 아네사끼 강의를 통해 보다 구체화된다.[1] 이 연구와 강의를 통해 엘리엇은 약 A.D. 2세기 무렵 인도에서 태어난 나가르주나가 창시한 대승불교의 '중관'(中觀) 철학파(the philosophical school of Madhyamika)[2]가 중국의 유교를 통해 성장한 동아시아의 대승불교, 그리고 후에 일본에서 선불교로 발전하게 되는 과정 등을 배우게 된다. 또한 그 후 그의 정신적 스승인 파운드를 통해 중국 언어와 시학에 대해 체계적 경험을 하게 된다.

이러한 많은 경험에도 불구하고 엘리엇의 중국학이 거의 연구되지 않고 있는 이유는 우선 인도 사상과는 달리 중국 사상에 대한 언급이 그의 산문이나 시가 어디에서도 구체적으로 혹은 체계적으로 기술되고 있지 않은데 있다.

---

1) Harold E. McCarthy, "T. S. Eliot and Buddhism" (*Philosophy East & West* 2 (1952): 31-52)을 참조.
2) 산스크리트어인 Madhyamika는 Middle Path를 뜻하는 것으로서 인도인인 나가르주나(Nagarjuna)가 소승 불교(Hinayana (Small Vehicle) Buddhism)의 참선을 통한 수도의 입장에서 벗어나 대승 불교(Mahayana (Great Vehicle) Buddhism)의 차원에서 인도 힌두교의 영혼 재래설과 브라흐만 종교철학이 갖는 양극단을 피하고자 세운 불교의 한 학파다. 여기에서는 인간이 속한 세상과 절대자의 형이상학적 차원의 세계를 열반이나 혹은 '공'(emptiness)의 차원에서 그 어느 쪽에도 치우치지 않은, 그러나 현세와 피안의 세계 양극단을 포용하는 숭엄한 정신 현상과 그 과정을 터득하는 것을 중시하고 있다. 중국과 한국, 일본의 불교는 이 대승 불교의 영향으로 속세를 향한 구도자적 종교 철학관을 보편적으로 강조하고 있다.

설혹 언급이 되어 있다고 하더라도 무엇이 중국적이고 또한 어떻게 서술되어 있는지 그 문맥과 배경 설명을 하는데 상당한 어려움을 접하게 되기 때문이다. 가장 커다란 이유는 엘리엇이 중국 사상인 유교와 도교 혹은 대승 불교를 논하는 곳에 거의 예외 없이 참고적인 지시나 문헌을 제시하고 있지 않는데 있다.

그러나 이러한 무체계적이고 다소 방만한 중국 사상에 대한 언급들 속에서 그의 해박하고 정확한 지식을 엿볼 수 있다. 이는 그가 이미 중국학에 상당히 접해 있었거나 혹은 동양사상 전반에 걸쳐 중국학의 위치와 그 의미를 이해하고 있었다는 것을 말해준다. 동서고금의 흩어진 지식을 다소 산만하고 방만하게 나열하는 그의 창작 기법은 어느 부문이 어디에서 그 자료를 도입했는지 분명치 않기 때문에 엘리엇을 이해하고 연구하기 위해서는 엘리엇 자신 정도의 지식이 필요하거나 보다 나은 지식이 요구된다.

대표적인 그의 시들인 『황무지』, 『네 사중주』 모두 이해하기가 쉽지 않다. 이러한 이유는 20세기 특유의 예술 창작 기법의 전위적인 특성에 그 원인이 있기는 하지만 엘리엇 자신의 동서양 문학과 사상, 철학, 그리고 종교에 대한 해박한 지식에 있다고 할 수 있다. 그의 비평 에세이들에서는 산문의 특성상 시가와는 달리 다소 논리적이고 체계적인 지식을 접할 수 있어 이해의 어려움은 덜하나 독자의 해박한 지식을 요구하는 것은 거의 마찬가지다. 따라서 중국학을 기술하는 부분에 있어서는 전후 문맥상의 이해의 차원을 넘어야 한다.

그러므로 엘리엇의 중국학에 대한 보다 체계적인 이해와 연구가 필요함에도 불구하고 지금까지 엘리엇의 경우 학문적 차원에서 중국학 분야 연구가 그렇게 많지 않다. 대부분 그의 동양 사상을 이해하는 폭이 인도 사상에 치우치고 있는 실정이기 때문이다. 이러한 까닭에 엘리엇의 동양 사상 연구가는 인도 학자가 대부분을 차지한다.3) 유병천 박사의 『위대한 주기』 역시 극동 문화권 중심 연구임에도 불구하고 엘리엇의 유교 관계는 거의 미미하게 밝혀지고 있을 뿐이다.4)

---

3) 대표적 연구가인 Ashok Kumur Jha가 출간한 *Oriental Influences in T. S. Eliot* (Allahabad, India: Kitab Mahal, 1988)이 있다. 여기에서 Jha의 Oriental은 인도를 가리키고 있다.
4) Beongcheon Yu, *The Great Circle: American Writers and the Orient* (Detroit: Wayne State

이처럼 엘리엇에 미친 인도 사상의 영향을 주로 연구하는 배경은 동양의 신비주의에 대한 그의 이해에 기인하고 있다. 이러한 엘리엇의 신비주의에 대한 학문적 배경을 설명하기 위해 대부분의 학자들은 그의 하버드 대학원 시절 인도학 연구와 그의 학습노트를 중시한다(Perl and Tuck 158-9). 그러나 지금까지의 연구는 엘리엇의 중국학 연구를 간과하는 바람에 그의 신고전주의 경향에 미친 유교의 영향을 제시하지 못했다. 『황무지』는 인도 불교를, 『네 사중주』는 인도 문학인 『기타』(*The Bhagavad-gita*)와의 연계성만을 밝히고 있어 중국학에 대해 나름의 합리적이고 체계적인 그리고 계몽적인 특성을 살피지 못하고 있다. 본 글은 엘리엇의 비평 철학과 태도, 그리고 『황무지』보다는 『네 사중주』가 인도 신비주의 경향보다 중국 철인정신(sagehood)과 그 실천 정신을 훨씬 크게 보여주고 있다는 것을 다루고자 한다. 그러기 위해 인도적인 것과 중국적인 것을 비교 분석하고 엘리엇의 중국학 이해를 명시하고자 한다.

II

인도의 신비주의에 대해 엘리엇은 "계몽된 신비화"("enlightened mystification")로 정의하고 있다(*ASG* 40). 이는 동양 사상에서 전반적으로 나타나는 신비주의 특성을 지적하는 것으로 엘리엇이 특히 강조하고 싶은 것은 신비화를 수식하는 '계몽된'의 표현이다. '계몽된'의 의미에는 합리적이며 동시에 직관적인 이해를 수반하면서 객관적인 설명이 가능한 신비주의를 의미하고 있다. 따라서 분석적이고 이분법적 사고를 가진 서구인에게는 상호 모순적인 두 경험이 결합되는 과정을 고려해 볼 때 동양의 애매하고 불합리한 신비적 정신 현상을 약간 위험한 것으로 보는 경향이 있었다.

그러나 엘리엇은 동양의 신비주의를 '계몽된' 것으로 이해하고 서구의 신비주의와 결합시키려고 했다. 오히려 그는 서구의 신비주의를 동양의 신비주의에서 파악하여 올바른 정의와 지표를 설정하려 하였다. 그러한 예로 18세기

University Press, 1983), p. 161.

후기 이후 구체화되기 시작한 유럽의 낭만주의와 인도의 신비주의의 역사적인 연계성을 '유럽의 낭만주의적 오해'라 표현하고, 동양의 신비주의의 불합리하고 애매한 정신현상을 지양하고 보다 구체적이고 실증적 체험으로 이를 재정의 하려고 시도하였다. 그러나 인도의 직관적 신비주의에서 경험해 볼 수 있는 필연적인 애매성은 엘리엇을 종종 설명할 수 없는 미궁으로 빠지게 하였다. 그것은 전통적인 앵글로색슨계의 경험적, 합리적 사고와 충돌하고 있었다.

"인도의 사고보다는 중국의 사고가 앵글로색슨에 보다 가깝다"(*ASG* 41)고 표현한 엘리엇은 인도의 신비주의가 갖는 애매한 직관주의 경험을 극복하고 중국 사상의 전통 중심관과 합리적 사상을 서구의 전통 중심 사상과 기독교의 종교적 합리성으로 조화시키려 했다. 그래서 엘리엇은 낭만주의가 갖는 신비성과 표현의 애매성, 그리고 무책임성을 극복하고 고전주의에서 볼 수 있는 표현의 구체성과 책임성을 강조하고자 하였다. 그 결과로서 그의 문학은 지성 중심의 아우구스탄적 신고전주의와 후기상징주의를, 철학과 종교에 있어서는 직관적이고 신비적인 즉각 경험을 중요시 하게 되었다. 비로소 엘리엇은 서구 전통 개념과 기독교에 대해 다른 세대와는 달리 새로운 해석을 내리고 있었다.

우선 인도의 신비주의를 살펴보면 신 중심의 사고로서 힌두교[5] 신인 브라만은 절대신으로 그 존재를 나타내고 있다. 인도적 신비주의는 브라만 정신을 삶의 세계의 굴레로부터 벗어나 인간 해방을 위한 목표로, 혹은 궁극적인 삶을 추구하기 위해 브라만과 자아를 하나로 결합하려 한다. 이런 의미에서 브라만은 궁극적 실체이지만 인간의 경험에 따라서 인간과 일체화 되는 속성을 안고 있다. 따라서 힌두교의 종교철학적 체험은 유일신적이며 동시에 범신론적이다.

아마도 엘리엇은 힌두 문학에서 인도인들의 직관 철학과 유일신적 종교 체험을 통해 자신의 궁극적인 삶과 진실을 추구하는 형식을 발견한다. 하지만 그는 인간 스스로가 브라만과 하나가 될 수 있다는 인도인의 범신론적 사고는 받아들일 수 없었다. 그럼에도 불구하고 그는 유일신을 주창하는 기독교의 종

---

[5] 이후부터 논의 되는 힌두교, 불교, 그리고 유교에 관한 해석과 이해는 개괄적인 측면에서만 언급하고자 한다. 보다 전문적인 이론과 지식의 이해를 얻고자 한다면 이 논문에서 참고 했던 문헌들을 참조하기 바란다.

교적 체험 때문에 브라만을 통한 인도인들의 직관적이지만 구체적인 경험을 의미 있게 생각하고 있었다. 다만 그는 시간과 무시간대의 간극을 초월한 브라만 세계의 경험, 즉 무시간대로의 영원한 복귀를 궁극적 삶으로 간주하는 인도식의 사고를 받아들일 수 없었다.

불교는 현상 세계의 굴레를 벗어나는 방편으로서 브라만과의 결합을 시도하는 힌두적 사고를 거부하고 마음의 해탈을 성취하는 것이 궁극적 삶과 자유를 얻게 된다고 한다. 그래서 불교의 열반은 모든 만물과 자아 자체로부터의 궁극적인 인간 해방을 목표로 하고 있다. 소위 마음 상태인 '공'(空)상태는 불교인의 최고 덕목이다. 결국 열반은 '공'의 상태이며 진리 추구로서의 초연한 정신현상을 가리키고 있다. 동시에 변증법적인 정신 현상을 통해 감각 세계와 신의 세계를 그렇게 중요하게 생각하지 않는 경향이 있다. 오히려 이들은 이러한 세속 가치와 초자연적 존재를 무가치한 것으로 여기고, 직관주의와 초월적 지혜로서 '공'을 절대적 진리의 실체로 느끼고 체험하고자 한다. 나가르주나의 대승(madhyamika-middle path)정신은 그러한 공의 체험을 위해 현상 세계를 상대적 진리, 혹은 환상으로 간주하여 현상 세계와 실체 세계의 간극을 극복하고자 한다.

다시 말하면, 불교식의 해탈과 궁극적인 자유는 공은 색이요 색이 공인 대승불교의 직관주의적 변증법에 의해 터득하고자 하며, 궁극적으로 우주의 진실을 마음 상태 하나로 접근하고자 한다. 엘리엇에게 『네 사중주』의 '정지점'(still point)의 개념은 불교의 공의 실체를 연상시키고 있고, 유신론보다 무신론적으로 비쳤다. 그는 이러한 인간의 최고의 정신 상태를 궁극적인 실체로 보려는 불교를 받아들일 수 없었다. 다만 그는 세상 진리들을 상대적 가치관으로 보고, 이를 극복하고자 수정처럼 맑은 마음의 빈 상태를 얻으려는 불교의 정신적 변증과정을 중요하게 보았다. 그럼으로써 그는 종교적 신비주의가 갖는 직관주의를 훨씬 합리적으로 계몽화할 수 있는 방법을 찾게 되었으며, 더 나아가 현상 세계와 실체 세계를 통합하는 정신활동을 경험할 수 있게 되었다.

이처럼 힌두교와 초기 불교를 통해 터득한 엘리엇의 인도 사상은 어떠한 구체적인 실체나 정신 활동으로 보아서는 직관적으로 비치지만 그 정신 과정은 매우 계몽화된, 소위 계몽화된 직관주의를 나타내고 있었다. 이제 엘리엇에게 인도 사상에서 여전히 부족한 것은 세속에 대한 적극적 관심이었다. 힌두교와 불교가 세속의 일상에 적극적인 관심을 보이지 못하고 있는 것을 엘리엇은 유교식의 전통 중심관에서 찾았다. 인도식은 세속세계보다는 본질세계에 궁극적인 목표를 두고 있었고, 사회에 대한 개개인의 윤리적 책임을 중시하지 않고 있었다. 중국학은 개개인의 사회적 책임성을 기반으로 도덕 관념을 중시하고 있었기에 무시간대보다는 시간 개념 속에서 역사와 전통을 중시하고 있었다. 엘리엇은 이러한 중국계 유교식이 앵글로색슨계인 자신의 취향에 어울린다고 보고 있었다.

우선 유교에서 주장하는 '중'(中)의 개념은 가운데라는 뜻으로서 하나의 철학적이고 종교적인 체계를 수반하고 있다. 유교 현자의 숭고한 초월 정신은 그 '중'의 정신으로 현상 세계를 버리거나 거부하는 개념이 아니라 일상의 도덕적 실천을 행동으로 드러나게 한다. 따라서 현자의 '중'의 성취와 실천은 '리'(理)(천리 혹은 천도)의 다른 표현이면서 인간이 행해야 할 궁극적인 원리를 뜻하고 있다. 이처럼 '중'은 자연과 인간의 이치를 가리킨다. 결국 유교의 정신은 '리'라는 궁극적 실체를 통해 현상세계의 이치를 규명하고 동시에 이 형이상학적인 원리를 매일 실천함으로써 직관적인 신비주의에서 벗어나 인간의 윤리적 행위를 강조한다.

그럼에도 불구하고 기독교의 유일신적 개념과 유사한 '리' 개념은 행동에서는 구체적이지만 우주의 이치를 모방해야 한다는 의미에서는 다소 신비적인 체험을 동반한다. 그래서 다소 다르기는 하지만 절대자의 실존적 의미를 주는 '리' 정신에다, 현자의 '중'의 실천 도덕에 의해 세속 세계에서는 인간의 책임성을 수반하기 때문에 유교식 신비주의는 인도식의 필연적인 애매성과 무책임성을 극복한다.

이러한 중국학의 신비주의와 도덕주의는 엘리엇의 하버드 대학원 철학과 박사학위 논문인 『브래들리 철학에서 지식과 경험』(*Knowledge and Experience in The Philosophy of F. H. Bradley*)이 잘 반영하고 있다.6) 현대 영국 철학자 브래들리의 '절대 개념'(the One Absolute)과 '즉각 경험'(immediate experience) 철학은 동양의 신비주의에서 흔히 볼 수 있는 궁극적 실체와 직관적 경험과 유사하다. 하지만 엘리엇은 기독교를 위해 동양적인, 특히 유교식의 도덕성과 그 체계적 신비주의를 지성과 감성, 지식과 경험, 실제와 이상, 자아와 우주의 간극을 초월하는 성숙된 지혜의 수단으로 선호한다. 그의 기독교 성격의 문학은 이러한 중국식의 사유 체계를 반영함으로써 20세기 초의 전위적인 문학 스타일과 비평이론의 미학 원칙을 제공할 수 있게 된다.

엘리엇과는 달리 당시의 서구 지식인들은 동양 사상이 신비적이고 직관적이라는 것은 이해하고 있었지만 보다 계몽된 특성은 간과했다. 엘리엇의 견해에 따르면 독일의 낭만주의자들은 힌두교와 불교로부터 정신적이고 종교적인 자극을 찾았지만 다소 복잡한 동양의 형이상학적인 체계를 간과했다고 말한다. 그러한 예로 그의 저서 『낯선 신을 좇아서』는 많은 서구인들이 그들 자신의 기독교 전통에서 벗어나 낯선 인도 사상에 심취하고 '낭만주의적인 오해'(romantic misunderstanding)를 갖고 있다고 비판하며, 이들의 동양 사상에 대해 전반적인 몰이해를 비난하게 된다(ASG 41).

특히 엘리엇은 고도로 진화된 중국학의 종교, 철학적인 의미를 잘못 이해하고 있던 그의 스승 배빗, 그리고 파운드 등을 비판한다. 이들이 무비판적으로 중국 문화를 모방하고 이상 문화로 접근하고 이를 취하는 바람에 엘리엇은 심지어 이들을 서구 전통에 '이단자'요 '반역자'라고 혹평까지 하였다(ASG 41). 20세기 서구 도덕성의 쇠퇴를 극복할 수 있는 새로운 대안으로 중국식 문화로의 가치관 전이는 19세기 낭만주의자들이 인도 문화로부터 새로운 문화적 자극을 받은 거와 유사한 문화 충격이었다. 중국식 문화 또한 당시 진부하고 낡아빠진 서구 문명과 문화에 환멸을 느낀 많은 서구인들에게 신선한 충격을 준 것은 사실이다.

그러나 서구인으로서 서구 전통과 문화를 벗어나 무비판적으로 외래문화

---

6) 엘리엇의 F.H. Bradley에 관한 박사학위 논문인 *Knowledge and Experience in the Philosophy of F. H. Bradley*는 1916년에 쓰여 졌지만 1964년에 출판되었다. 본래의 제목은 *Meinong's Gegenstandstheorie Considered in Relation to Bradley's Theory of Knowledge*이다. Francis Russell. "The Return of T. S. Eliot" (*Harvard Magazine* 91, 1988), p. 55.

를 추앙하고 흠모하는 것을 경계하였던 지식인이 엘리엇이었다. 엘리엇은 동서 문화를 정확히 이해하고 새로운 서구 문화의 전통을 유지하도록 자극하고 싶어 하였다. 따라서 중국 문화에서 유교가 지켜온 오랜 전통 의식과 인도식 불교의 신비주의 보다 유교의 동양적 신비주의와 체험중심의 윤리의식을 엘리엇은 중시하였다. 그는 당시 서구인들의 잘못된 의식을 비판하고 중국 문화와 중국식 전통주의로부터 서구의 전통 고전주의 해석을 새롭게 시도하고 있었다.

전통에 대한 용어는 중국학을 이해하는 데 매우 중요하게 나타난다. 엘리엇에 따르면 전통은 정체된 것을 의미하는 것이 아니라 세대를 통한 한 집단의 정서와 행위의 요체이지만, 그러나 전통의 유지는 그 집단 구성원들 모두에게 의식적인 지성 활동을 요구하는 문제라고 설명한다(*ASG* 29). 이점에서 엘리엇은 인도 문화보다는 중국 문화가 갖는 유교의 고전적 전통 숭배와 서구 문화가 갖는 고전적 전통 숭배의 관련성을 보다 더 확실하게 느끼고 있었다.

따라서 유럽의 기독교 전통이 서구의 물질적 성장과는 달리 그 정신적 의미를 상실해 왔음을 인식한 엘리엇은 유럽의 정통 문화와 정통 신앙을 앵글로 색슨계 가톨릭으로 보고 유럽 정신을 다시 이해해야 한다고 주장하게 된다(*CC* 90). 이로 보아 엘리엇은 중국식의 사상과 전통에 대한 새로운 인식을 통해 서구 기독교 문화와 정통 신앙을 확립하게 되고, 계몽된 신비주의와 유일신적 종교를 확대, 재생산하게 된다.

III

엘리엇은 힌두교와 불교 사상과의 접촉으로부터 유럽 낭만주의의 문학전통을 해석하고, 유교와의 접촉으로부터 유럽 고전주의 전통을 이해한, 두 가지 상이한 문학 형식을 발견하게 된다. 전자는 인도의 신비주의와 연계되어 있기 때문에 종종 문학 형식에서는 그 표현의 애매성이 지적된다. 그러나 인도 문학은 그 애매성 때문에 객관적으로 설명하기 어렵다는 이유로 꺼려하여 유교 문학에 심취한(*ASG* 41) 파운드와는 달리, 엘리엇은 1946년 그의 에세이 「유럽 문화의 통합」("The Unity of European Culture")에서 자신의 시가에 대한 인도의 영향을 고백한다. "오래 전 나는 고대 인도어를 공부하였다. 그때 철학에 심취하였던 만큼 나는 시를 조금 읽었다. 그리고 나는 내 시가 인도사상과 감성의 영향을 보이고 있는 것을 알고 있다"(CC 114).

이러한 그의 진술로부터 엘리엇의 동양 사상은 대체로 인도적이라는 것을 엿볼 수 있다. 물론 인도 사상은 그가 인도 종교와 철학에 관한 학문적 연구를 포기한 이후에도 자신의 심리 깊은 곳으로부터 끊임없이 그리고 결정적으로 그의 창작 활동에 반영되어 온 것은 사실이다. 그러나 그의 시가에 있어 인도 사상의 영향은 역설적으로 시인으로서 동시에 비평가로서 그를 문학적 딜레마에 빠지게 한다.

시인으로서 엘리엇은 인도의 신비주의와 낭만주의의 생각들로부터 자유로울 수가 없었다. 그의 시가에서 주관적이고 반논리적인 힌두교와 불교, 특히 불교의 가장 근본 형태인 선불교가 자주 나타난다. 사실상, 엘리엇은 동양적인 역설을 선호하고 있다. 즉 이율배반적인 철학적 과정에서 흔히 볼 수 있는 변증적인 단순성을 추구하고 있다. "철학적 발견은 무엇이 다른 무엇인가를 우리에게 알려준다. . . . 철학자의 과제는 크게는 단순화에 있다"(SE 386).

이처럼 철학에 주어진 과제는 한편으로는 어떠한 논리나 합리성이 개입되지 않는다. 마치 선불교가 일상적인 논리나 이성, 그리고 지식의 일상적인 형식을 초월하는 데 목표를 두고 있는 거와 유사하다. 이러한 신비적이고 직관적인 관점에서 그는 명백하게 불교인임에는 틀림없다. 따라서 엘리엇은 그 나름의 낭만주의적인 경향으로 인해 시적인 딜레마에 종종 빠진다. 비평가들은 그의 시가에서 흔히 나타나는 모순과 이율배반, 혹은 역설을 간파함으로써 고전주의 경향을 주장하는 그의 이중성을 폭로한다.

윌슨 나이트(Wilson Knight)는 『네 사중주』의 낭만주의적 혹은 초월주의적 특징을 이렇게 지적한다(88-89). "엘리엇의 작품은 낭만주의 전통이 풍부하다. 초월적인 것을 생각해 보면 나는 『네 사중주』를 선택한다. 『네 사중주』는 시간의 다양성, 시간 초월에 관해 명상이 풍부하고, 정적이고 동적인 것들의 균형, 행위와 무행위의 균형에 관해 명상이 넘쳐("Burnt Norton," "Dry

Salvages") 생의 영원성을 창조한다.『네 사중주』는 낱말의 패턴 형식이나 음악을 통해 침묵에 이르는 말의 사고들을 표현한다("Burnt Norton").『네 사중주』는 음악 자체를 너무 깊이 있게 들려주어 모두 다 들을 수 없을 정도이고 ("Dry Salvages"), 다양한 춤의 상징들을 표현하고 있다("Burnt Norton," "Little Gidding"). 그리고『네 사중주』는 그 자체의 정막감에서 영원하게 움직이는 중국 도자기를 표현하고 있다"("Burnt Norton").

존 머리(John M. Murry)에 의하면 확실히『네 사중주』는 어떠한 의미에서든 낭만주의적이다. 머리는 첫째 엘리엇의 딜레마가 진정한 의미에서 시인으로서 고전주의자가 아니라는 점을 지적한다. 그의 작품이 지나치게 지성화되어 있다고 보기 때문이다. 둘째, 또한 진실한 낭만주의자도 아니라고 지적한다. 자발성(spontaneity)이 결여되어 있고 계산된 정교성으로 지나치게 장식되어있다고 보기 때문이다(Grant 223).『네 사중주』는 시의 신비주의적 특성 때문에 작가가 고전주의자라기보다는 가장 낭만주의자일 수밖에 없다고 머리는 덧붙인다(Grant 228). 결국 엘리엇은 아우구스탄적 고전주의자들이 갖는 전통적인 의미에서의 고전주의와는 다른, 그의 회의적이고 이율배반적인 조건 때문에 스스로를 고통으로 빠뜨리는 아이러니를 안고 있다.

인도 형식의 신비적 낭만주의가 엘리엇의 인도 사상과 신비주의를 이해하는 데 그대로 적용되는 것은 아니다. 하지만 전통적인 질서관과 책임 의식의 결여로 특징되는 힌두교와 초기 불교가 그의 작품에 반영되어 있는 것은 사실이다. 그의 낭만주의적 형식과 정서는 바로 직관적이고 초월적인 특성을 강하게 암시하고 있기 때문이다. 더구나 영국 낭만주의자들의 영향을 받은 엘리엇에게 많은 면에서 18세기, 19세기 독일의 초월주의 역시 영향을 미치고 있었다. 이로보아 엘리엇이 어떤 식으로든 인도 사상에 지적인 빚을 지고 있다는 사실을 간과할 수 없다. 역사적으로 독일의 낭만주의와 엘리엇, 그리고 인도의 신비주의는 사상적으로나 종교적으로 그 연대가 매우 깊다는 것을 의미한다 (Diogenes 42).

G.S. 포메란츠(Pomerantz)는 독일의 낭만주의자들이 유럽 전통인 아우구스탄적 계몽주의 계열에서 달아나 이질적인 집단을 형성하고 있다고 지적한

다. 이를 그는 소위 "Germanophiles"라 부르고 "Hellonophiles"와 상대적으로 대치시킴으로써 독일식 낭만주의적 비상을 계몽주의 이성으로부터 극단적인 반동이요 단절이라고 규정한다(Diogenes 42-43). 이를 엘리엇은 동양사상의 특성인 신비주의를 잘못 이해한 '낭만주의적 오해'(romantic misunderstanding)라고 규정하고 있다.

그러나 독일 낭만주의의 영향에도 불구하고 영국과 프랑스 낭만주의는 계몽주의 전통의 보편성을 나름대로 어느 정도 보존하고 있다. 예를 들면, 콜리지(Coleridge)의 제1상상력(primary imagination)과 제2상상력(secondary imagination) 비평에서 우리는 직관적 합리주의 특성을 목격할 수 있다. 이러한 특성은 그가 전형적으로 동양의 신비주의가 가지고 있는 어둡고 심오한 인간의 영혼 속으로 종종 빠져들어 가면서도 여전히 계몽주의 이성의 유산을 유지하고 있음을 보여준다. 엘리엇의 낭만주의 특성에서도 또한 종종 콜리지 유형의 어둡고 깊은 인간의 영혼 세계를 볼 수 있다. 배빗은 인도의 이러한 설명할 수 없는 어둡고, 비합리적이고, 원시적이며, 비계몽화된 신비주의를 받아들이기 어려웠다("Romanticism and the Orient" 351).

프랑스어 교수인 배빗이 상대적으로 중국식 사상과 종교에 심취한 배경을 보면 파운드가 중국 사상과 문학에 빠져있는 이유를 알 수 있게 된다. 또한 엘리엇이 배빗과 파운드로부터 고전 사상을 깊게 영향을 받았다는 것을 생각해 보면, 유럽 전통인 아우구스탄적 고전주의를 계승한 영국의 낭만주의와 프랑스 지성주의를 엘리엇이 무리 없이, 그리고 모순 없이 혼합하고 있는 것을 볼 수 있다. 이를 소위 '올바른 낭만적 이해'(right romantic understanding)라 설명할 수 있을 것이다.

세계 종교가 갖는 보편적 휴머니즘, 특히 유교 현자인 공자의 휴머니즘을 높게 평가한 배빗은 '보다 높은 의지'(higher will)를 인간의 도덕적 자유를 위한 직관적 의식으로 보았고(Yu 130, Foerster 25-51) 엘리엇에게 열정과 감성을 제어하는 형식을 제공했다. 파운드의 모더니즘에 대한 수법, 특히 서양 고전과 중국 고전 텍스트들의 사상과 표현 기법의 해석학적 독해는 엘리엇 문학에 있어 독해의 실제적 기교를 가르쳤다(Kearns 3). 따라서 엘리엇의 사상은

'계몽화된 신비화'(enlightened mystification)에 기초한 고전주의라 할 수 있다. 정확히 말하면 초자연적이고 미신적인 특성을 제거한, 보다 밝고, 지적이고, 이성적이고, 의식적이고, 형식적인 신비주의를 가리킨다.

엘리엇은 『낯선 신을 좇아서』에서 다음과 같이 언급하고 있다. "나는 산문에서는 이상적인 것들에 사로 잡혀 있지만 운문에서는 실제적인 것들을 다룰 수 있다"(28). 엘리엇이 산문에서 이상주의 입장을 추구하지만 시가에서 현실과 타협하고 있는 것을 보여준다. 사실 비평 사고에 관해 그는 대체적으로 반낭만주의를 견지하고 있다. 그러나 엄격한 의미에서 엘리엇은 창작활동에서도 비평과정을 동시에 수반해야 한다는 입장을 주장하고 있다. 그래서 그의 시가는 언어, 사상, 혹은 믿음에 따른 지성활동을 보이고 있고, 시적 감성과 이미지를 객관화하는 미학 활동인 심미주의를 보이고 있다. 따라서 그는 극단적 의미에서 고전적이다 혹은 낭만적이다 하는 편견을 경계하고 있다(ASG 29).

엘리엇은 불교와 인도의 요가 형식으로부터 명상을 주시하였고 시적 통일성을 체험하기위해 명상을 중요한 정신과정으로 받아들이게 된다. 이 요가식의 명상에 의해 그는 주관성과 객관성, 감성과 이성, 실제와 이상, 우주와 자아, 나아가 기억과 욕망을 조화하고 결합시키는, 특히 경험주의에 기초한 (물리적이든 정신적이든) 실천의식을 주장한다. 여기에서 엘리엇은 대승 불교 창시자인 나가르주나의 중관철학의 '공'(divine emptiness) 개념을 실천 철학의 하나로 역설적이지만 적극 받아들인다. 그에게 '공' 철학은 완전한 그리고 충만한 인격 완성을 위한 올바른 정신활동을 제공해준다. 그는 '공' 철학으로부터 직관적으로 창작활동을 할 수 있는 의식과정을 발견한다. 뿐만 아니라 전통과 사회에 대한 책임을 갖기 위해서는 생각 또한 도덕적 혹은 양심적인 행동과 불가피하게 합일되어야 하기 때문에 감성과 이성의 신비적 통합을 실천한 공자의 지혜를 선택한다. 따라서 엘리엇은 공자를 "반동적인 프로테스탄트적 철학가"로 본 배빗을 편협된 시각이 낳은 희생자로 비난하게 된다. 오히려 엘리엇은 중국 전통을 숭상하고 형이상학적인 규범을 행동으로 실천한 철인 공자를 종교적 휴머니스트로 정리하게 된다(ASG 41).

무엇보다 「전통과 개인의 재능」("Tradition and the Individual Talent")에서 엘리엇은 시인이 반드시 수행해야 하는 과정으로 명상을 통한 '감정의 변환' (transmutation of emotion)을 강조한다. 시인으로서 엘리엇의 학문적 업적은 요가와 불교의 참선 형식으로 부터 얻은 바 크다. 이 형식은 그의 텍스트 해독과 창작활동을 위해 명상에 관한 심리학을 제공하기 때문이다. 예를 들면, 동양의 명상활동에서 흔히 느껴지는 자의식은 그의 앵글로색슨 가톨릭 전통에서도 성숙되어진다. 비평에 관한 그의 담론을 보면 명상과 앵글로색슨 전통의 관련성은 미학은 물론 종교와 심리학까지 미치고 있다. 엘리엇에 따르면, 진정한 시인의 직업은 원시적 감성과 생각을 결합하는 의식 과정을 강조하게 되어 결국 오늘날 현대인의 의식에 크게 기여한다고 보고 있다. 특히 시인의 의식은 보다 명료하고 이해될 수 있는 형식이어야 한다. 이러한 시인의 정신현상이 현대에 있어 도덕적으로 건전한 마음에 인도되지 않는다면 매우 위험하다고 강조한다(*UPUC* 143-5).

이로 보아 파운드와 더불어 20세기의 시인으로서 엘리엇은 후기 상징주의자로 분류된다. 이점은 엘리엇이 낭만주의의 반지성주의에 반동하고, 프랑스 상징주의자들로부터 영향을 받는 배경이 되고 있다. 엘리엇에게 생각과 감정을 동시에 조율하고 균형있게 하는 매개는 언어이다. 이때 언어의 상징성은 언어와 이미지의 개인적 차원의 창조적 성격을 벗어나 의미의 공통분모를 전통과 역사적 차원에서 찾는다. 파운드의 이미지즘 운동은 명백하게 중국의 전통 문학과 시학에 대한 표의 언어와 이미지와 상징성으로부터 영향을 받은 바 크다. 두 사람의 관계로 보아 엘리엇이 시에 있어 언어와 이미지의 상징을 통해 감성을 생각으로 구체화하는 과정은 대단히 중국적이다.

엘리엇 자신이 인정하든 아니하든 두 가지 전통인 낭만주의와 고전주의 사이의 딜레마를 해소하는 방법론으로 그는 동양사고, 특히 중국적 사고를 통해 미학과 유교의 정신적 가치관을 새롭게 정립하고 아우구스탄적 계몽주의 이성의 고전적 형식을 계승한다.

IV

　엘리엇이 언급한 중국의 도교와 선불교, 그리고 유교의 중용사상과 파운드의 입장을 엘리엇의 주장으로 정리해 보자. "나는 앨더스 헉슬리(Aldous Huxley)로부터 얼마 전 충격을 받았다. 그는 프랑스 정신병의사인 휘베르 베느와(Hubert Benoit) 박사가 쓴, 선불교의 심리학에 관한 『절대 지혜』(*The Supreme Wisdom*)를 영어로 번역하여 그 서문을 썼다. 나는 프랑스어 본으로 그 책을 읽었다. 헉슬리는 서구 정신병 의학을 도교와 선불교의 동양사상과 비교하고 있었다. 그에 따르면 서구 심리치료학의 목표는 고통 받는 개인을 도와 덜 고통 받는 개인들, 사회에 그 사람을 적응시키는 데 두고 있다. 그 개인들은 서로 간에 그리고 지역 단체들에 잘 적응된, 하지만 기본적 만물 질서에 적응되어 하등의 문제가 없는 사람들이다. . . . 그러나 또 다른 부류의 완벽하게 기능하는 정상 상태가 있다. . . . 혼란스러운 사회에 완벽하게 적응된 인간조차도 스스로 만물의 본성에 적응하도록 자신을 준비할 수 있다"(*OPP* 115-6).

　정신병 치료에 선불교의 기법을 적용한 휘베르 베느와(Hubert Benoit)의 책을 읽고 앨더스 헉슬리가 영문 번역판 서문에 쓴 내용에 공감한 엘리엇은 도교와 선불교에 이론적으로 상당한 지식과 관심을 표명하고 있었다. '자연'(nature)은 도교에서 '도'(tao)(道)의 개념으로 유교에서 '리'(principle)(理)와 대치될 수 있다는 사실도 그는 인식하고 있었다. 즉, 명상 과정을 통해 개인이 사회적 기능을 훌륭하게 수행하기 위해 '도'(道)를 깨닫고 '선'(善)을 행하는 자세는 유교의 철인정신(sagehood)이 소유한 기본 덕목들이다. 유교의 중용에서도 도덕적, 정치적, 사회적, 혹은 종교적 실천은 자기 수양을 통해 이루어지고 있다는 것을 이미 엘리엇은 알고 있었다.

　위의 인용 문맥에서 엘리엇은 도교와 선불교가 주장하는 원칙들이 현실 문제 적용에 직접적이지 않거나 분명하지 않다고 지적하고 있다(*OPP* 115-6). 후에 브래들리 철학을 자신의 경험철학으로 전환시킨 엘리엇은 그 논문의 끝부분에서 현실과 이상, 주체와 객체의 상호 모순적이고 배타적인, 그러나 필연적인 관계를 동시에 실현할 수 있는 방법론으로 도교와 선불교는 적절한 방법론이 아니라고 결론짓는다(*KE* 162). 중국의 철인들처럼 그 궁극적인 해결은 사회 실천을 위한 신념과 행위에 의해서만 가능하다는 사실을 엘리엇은 일찍이 간파하고 있었다.

파운드와의 관계에서 조금 더 살펴보기로 하자. 휴 케너(Hugh Kenner)는 파운드가 시가와 비평을 통합하고 싶어 하지만 'Kung'(공자의 명칭)과 절망적인 '도' 사이에서 갈피를 잡지 못하고 있다고 지적한다. 달리 말하면 유교의 형식주의와 도교의 초월주의 사이의 불가피한 통합이 그의 중국 역사시인 「중국사 캔토스」("the Chinese History Cantos")에 시도되고 있다(Kenner 454). 하지만 이 캔토스에서 나타나고 있는 신비주의자들은 항상 그 통합을 해체하는 역기능을 수행하고 있는 것으로 그려진다. 그들을 가리켜 파운드는 "taozers", "foezers"로 부르고 있다. 여기에서 전자는 도교인을 후자는 불교인을 칭하는 파운드의 용어이다.

1951년 6월 21일 파운드는 2차 세계대전동안 이탈리아를 위해 미국을 비난하는 방송을 한 죄로 자기 조국 미국에 의해 간첩죄로 기소되나 신병관계로 성 엘리자벳(St. Elizabeth)병원에 있던 중 엘리엇의 방문을 받게 된다. 거기에서 파운드는 엘리엇을 다음과 같이 규정한다. "아, 나는 그에게 잘못된 그 무엇이 있다는 것이며... 그가 도교인과 불교인과 교제하고 있었다는 것을 알았다."[7] 그는 물론 엘리엇이다. 엘리엇은 "내가 얻고자 시도하는 것은 최종 분석에서 궁극적 진리를 가리키는 모든 종교적 지점, 즉 우주적 진리라"며 파운드에 비해 보다 포괄적이다.

이때 엘리엇은 이미 영국 국교도로 개종해 있었다. 여기에서 엘리엇은 유교와 연관된 도교와 불교를 언급하며 세계 종교의 궁극적 진리를 말하고 있다. 사실 엘리엇은 구체적인 언급은 피하고 있지만 세계 종교의 진리, 즉 이 모두가 혼합되어 자신의 문학과 종교사상에 깊은 영향을 주었음을 고백하고 있었다. 이는 이미 파운드에 의해 증언되고 있었다.

신유학파인 주희가 유교 철학에 도입한 유교의 핵심이론은 잘 알려진 데로 중용 사상이다. 파운드의 용어로 '동요하지 않는 중심'(unwobbling pivot)이

---

[7] Angela Jung Paladri, "Homage to a Confucian Poet," *Tamkang Review*, 5 (1974), pp. 138-39.

다. 그의 『캔토스』에서 이 중용 사상은 하나의 새로운 예술 형식을 제공한다. 엄격한 의미에서 중국의 '중'은 초월적 의미이지 아리스토텔레스가 말하는 극단을 이해하고 피하면서 이르는 중용은 아니다. 이 '중'은 도교의 '도'(道)와 함께 합리적 속성을 갖고 있다. 이 도를 깨닫고 수양하여 삶을 유지하는 방법이 바로 '도'이다. 파운드는 이 '도'를 가리켜 '과정'(the process)으로 설명한다. 파운드에게 있어서 그 중심은 예술가의 창작과 비평에 형식을 제공하는 의미가 크며, 그의 시 『캔토스』를 통일시키는 예술 활동 과정에 해당된다.

파운드는 "그 중심은 『캔토스』의 통일성을 의도하고 있고, 표의문자의 특성적 이미저리를 인식하기 위해 처리된다. 그래서 질서를 명료화하고 타고난 초월적 본성을 현실화하는 이유로 그 말 중심은 '과정'에 해당된다"(Kenner 456). 파운드의 이러한 합리화는 아우구스탄적 예술의 본질이며 엘리엇의 후기 상징주의로 이월된다. 이 후기 상징주의는 예이츠(W.B. Yeats)의 상징주의, 즉 예술 자체를 위해 현실에서 탈출하여 몽환상태를 고의적으로 유지하려는 그의 예술기법에 대한 엘리엇의 비평에서 찾아 진다. 구체적으로 말하면, 시 활동과 심미비평에 있어서 두 사람은 형식에 관한한 유교인이고 정신에 있어서 도교인이다.

시가와 비평에 있어 이러한 심미주의는 엘리엇의 에세이 「전통과 개인의 재능」에서 명확하게 드러나고 있다. 심리적인 면에서 신비적 체험을 중요시할 때는 종교적 성찰을 강조한다. 여기에서 엘리엇은 전통을 하나의 진리로서, 그리고 구체적 질서와, 형식, 내용, 그리고 하나의 '도'로서 바라본다. 이로 보아 파운드가 지적한 "Taozers" 혹은 "Foezers" 두 특성을 동시에 조화하려는 엘리엇은 파운드의 유교와 중국의 현인 철학을 다 인정하고 있지 않지만 적어도 그는 시적으로나 비평적으로 빚을 지고 있었다.

엘리엇은 파운드의 비평에는 훨씬 많은 도덕적 동기가 있고, 자신의 비평은 이점에서 그와 공통성이 있다고 말한다(*OPP* 117). 파운드는 보다 구체적으로 그 공통성을 하나의 완전한 질서의식이요 엘리엇과 자기는 결국 같은 그룹의 비평가에 속한다고 고백한다(Unger 18). 파운드 비평이 엘리엇에 끼친 윤리적 영향은 언어와 개성에 관한 낭만주의 개념을 두 사람 모두 싫어하는

데서 훨씬 커 보인다. 우선 일단의 시 이론, 즉 자유와 엄격성, 감성과 이성, 시가와 비평, 동일성과 다양성을 통합적으로 조정하고, 형성하고, 균등하게 하는 비평정신이 거의 두 사람에게 동일하다. 확실하게 엘리엇은 자신의 빚을 이렇게 명시하고 있다.

"나의 빚은 황무지에 대한 [파운드]의 조언이고 그의 운용이다. 나는 [소크라테스적] 산파법(마음속의 막연한 생각을 문답식으로 유도하여 명확하게 인식시키는 방법)을 수행하려고 종종 노력하였다"(Russell 28-32). 결과는 몰개성에 관한 엘리엇의 시 이론이며 시가와 비평의 윤리적 함축과 브래들리 철학의 '즉각 경험'(immediate experience)에 근거한 그 자신의 철학적 단순성이다. 그 핵심은 중국학의 철인 정신(sagehood)을 가리키고 있다.

V

『네 사중주』에서 중국적인 것에 관한 주제들을 살펴보면 우선 시간에 대한 인도적 개념보다 훨씬 건강하게 나타난다. 주희가 중국 전통이 일상에서 생각하고 행동하는 자연의 도라 할 수 있는 중용이나 '리' 철학에 있다고 보는 것처럼 중국에 있어 개인이나, 사회나, 정치 제도들, 혹은 시 조차도 현실과 전통의 문맥에서 시간의 의미를 찾는다.

첫 시 「번트 노턴」에서 엘리엇은 시간과 무시간대 어느 한쪽에서 영원과 불멸성을 추구하는 것을 거부하고, '소용돌이 세계의 정지점'(the still point of the turning world)(64)에서 현실적 구원을 성취하기를 원한다. 일반적으로 해탈에 대한 중국의 견해는 삶의 중간, 즉 시간 속에서(時中)의 체험을 강조한다. 특히 중용 철학에서의 삶은, 예를 들면 중국의 철인들은 정신적으로나 육체적으로나 평화를 얻기 위해 이상을 현실에 접목시키고, 자연의 법칙을 그대로 현실로 실천하는 데 역점을 두고 있어 보인다.

이러한 철인들의 이미지와 유사하게 시에 나타나는 시인은 존재와 비존재 사이의 한계 형태에 있어 보이지만 그의 생각과 행위는 늘 현실에 밀착되어 보인다. "존재와 비존재사이에서 한계 형태에 사로잡혀있다"(170-71)는 표현은 철인의 마음속에서 일어나는 변증 과정을 묘사한 대목이며 그의 생각과 행위는 늘 삶의 경험 내에 있기 때문에 이러한 상태는 정지점, 혹은 평화로 언급되고 있다. 이러한 과정이 없다면, "정지한 마음은 환상으로 가득차게 되고 의미가 없이 집중하지 못하고 무감각한 불만족스런 장소가 될 뿐이다"(93, 105-6).

이 시의 전단 부문에서 시인은 시간이 역사적 연관 속에 있지 않다면 구원의 의미가 없다고 생각하고, 시간의 영원성을 거부한다. 즉, 시인은 시간이 역사적 경험 속에서만 구원의 의미가 있다고 생각한다. 그렇지 않다면 시간 경험은 관념 세계에서만 영원한 가능성으로 남아 있게 되는 하나의 추상에 불과하다(6-8). 그러나 시인은 일상의 생각과 행동을 추상 세계로 인도하는 문이 아닌 단순한 구원이 가능한 문을 택한다(14-15). 다시 말하면 시인은 일상적으로 명상하고 시간 속에서 행동하는 계몽된 신비주의 형태의 경험을 강조하고, 이로부터 현실적 구원을 찾고 있다.

중국의 사상은 시간 속에서 밝은 마음(明心)의 깊이를 통찰한다. "현재시간과 과거시간 모두 미래시간에 아마 현존하며 미래시간은 과거시간에 포함된다"(1-3). 시간 혹은 역사는 경험의 단순한 형식이 아니다. 오히려 시간과 역사는 마음이 현재 현실과 조화를 이루고, 이러한 감정을 정확한 언어로 표현할 수 있는 공통형식과 양식을 제공한다.

이처럼 시인은 표현의 간결함과 정확성을 위해 상징적인 말을 찾게 되고, 이러한 말을 통해 주관적인 면들을 객관화하려고 노력한다. 이러한 노력은 파운드가 선호한 방식이며 파운드는 중국의 단시에서 흔히 나타나는 시의 기교를 환영하고 이를 적극 자신의 시에 적용하게 된다. 말과 감정에 관한 중국적 의미에서 시인은 언어로 시적 감정을 객관화하는 방법을 발견하고 있다. 다시 말하면, 상징을 수반하는 표의 문자처럼, 말이 참된 의미와 지시를 나타내기 위해서는 시간 속에 있어야 하고 동시에 그 시간성을 넘는 무시간의 영역 속에서도 상징 형태들을 갖고 있어야만 한다. "말이 움직이며 음악이 시간에서만 움직인다. . . . 하지만 그 형태에 의해서만 말과 음악이 정지점에 이를 수 있다. 그렇지 않을 경우 말은 깨지며 무엇인가 파열되고. . . 부정확성으로 쇠락한다"(140-55).

    말과 음악에서 정지 상태는 시적인 의미에서 그 움직임의 부산물이다. 언어의 정지 상태는 영원히 움직이고 있는 역설을 가정하고 있기 때문이다. 마치 그 언어의 의미가 전통적으로 그리고 상징적으로 현재에 살아있는 한 진실하게 느껴지는 이치와 같다. 이로 보아 현실적 견지에서 언어와 표현의 중국식 경험은 시간에 의해 그 전통적 의미를 보존하는 패턴을 제공해준다.

    두 번째 시인 「이스트 코커」에서 엘리엇은 일종의 역사적인 결론으로서 인간의 경험을 한 가지 양상으로 제안하게 된다. 바로 문명의 실제적 영역은 한시적인 시간과의 결합에서 온다는 것이다. 엘리엇은 역사 속의 경험이 확실한 가치가 있고, 그 생명력이 있다는 것을 언급하고 있을 뿐만 아니라, 그 역사 과정과 인간 과정 모두 시간과의 관련성을 인식하게 된다. 중국식 사고로는 시간의 순환적 의미는 역사에서 그 의미를 지속적으로 발견하게 된다. 이는 역사 속에서 인간 과정의 패턴을 발견하게 되고, 이로 부터 윤리적으로 도덕적으로 타산지석을 찾는 데 있다. 그래서 역사와 시간에 관한 중국의 형이상학은 엘리엇에게 다음의 형이상학적인 믿음을 가능하게 한다. "나는 여기에 있고 저기에도 있고 도처에 있다. 나의 시작에서다"(50-51). 사람이 시공 속에 어디에 있던지 상징적인 새로운 시작은 계속해서 시작된다. 시간 속에서 구원의 경험을 반복하는 종교 의식 또한 따지고 보면 이러한 반복과 주기의 형이상학이다. 결국 엘리엇은 이러한 인간 경험의 상징적 패턴을 역사 과정이 주는 결론으로 인식하게 된다.

    구원을 위해 역사, 시간, 그리고 언어에 관해 생각해 보며 엘리엇은 나가르주나의 중관철학이 주장하는 이론과 실재보다 중국의 방식을 선호하게 된다. 아마도 그는 이 중관철학이 중국식의 역사, 시간, 언어의 변증법을 설명할 수 없다고 본 것 같다. 그가 생각하기를 '중'에서 성취되는 것은 '도'의 중용에서 뿐만 아니라 모든 것에서, 심지어 어떤 확실한 기반도 없는 모진 감옥의 어귀에서조차도 성취되는 것이어야만 한다(90-92).

    사실상 엘리엇은 그 스스로 낭만주의적인 현실 탈출과 그러한 표현 형식을 경계하고 있다. 인도의 요가, 도교, 혹은 선불교가 보이는 명상 형태로의 은둔, 말하자면 전통과 언어에서 보이는 역사적 책임의식으로부터 벗어난 무시간대, 혹은 '장미빛 정원 등의 신비적인 망각의 자연세계'(the world of lotus; the land of forgetfulness)로의 비상을 경계하고 있다.

「드라이 샐비지」는 유교를 그 기원에서부터 인간사의 특별한 순간까지 추적하는 역사성을 띤 종교로 간주하고 있다. 역사의 이미지는 강과 같이 묘사되고 있으며 현재의 시간 속에서 살아있는 상징적인 대상들을 끊임없이 현실로 부상시키고 있다. 역사적으로 중국의 철인은 공자, 맹자, 혹은 주희를 후손들이 숭배하는 것처럼 이들의 언어와 이미지는 영원히 성육화되어 추앙받고 있다. 엘리엇은 중국의 철인 정신을 시간과 무시간대의 교차 지점으로 이해하고 성자들의 직업, 즉 이들의 사랑 행위에서 죽음, 열정, 참여, 그리고 겸허의 숭고한 정신을 상기시킨다. "그들은 시간과 더불어 무시간대의 교차점을 염두에 둔다. 이는 성자의 직업이며 어떤 직업도 주어지고 받는 것이 없다. 오로지 사랑 속에서 평생의 죽음, 열정, 참여, 그리고 자기 굴복만이 있다"(204-9).

중국의 성자들은 정지점에서 시간과 영원의 완전한 결합을 추구하지 않을 수도 있다. 그러나 그들은 우주의 덕성인 '인'(love or benevolence)(仁)의 정신을 일상생활 속에서 종교적인 형태로 실천하고 수행하고 있다. 유교의 이상은 중용에 의한 행동으로 완전한 원칙을 소유한 인간상이다. 엘리엇이 이해한 이러한 유교적 이상형은 "시간의 안팎에서 무심한 순간 세속적인 것과 영원한 것을 의도적으로 통합하는 원리"(210-11)를 따른다.

엘리엇은 행동과 선택에 있어서 유교인들이 추구하는 이상향의 인간상을 아우구스탄적, 캘빈적, 혹은 청도교적인 신념 속에서 찾고 있다. 시에서 시인은 침묵을 유지하려는 자신의 능력을 보이고 있고 필요에 따라 자신을 초연히 분리시키고 있다. 이로 보아 엘리엇은 동양의 철인들이 자신의 행동과 언어를 살아 있는 상징으로까지 영원히 성육화시키고, 범인에게까지 그 행동의 의미를 실천하던 면면들을 의미 있게 시에서 찾고 있다. 그 의미는 구원으로 인도되면서도 시간과 경험 속에서 무엇인가를 실천하는 유일한 가능성으로 제시된다. "우리는 주목 나무, 즉 의미 있는 토양에서 멀지 않게 우리의 세속적 전환이 성장한다면 마침내 만족한다"(234-37).

마지막 시 「리틀 기딩」은 지혜의 단순성을 강조한다. 명상과 삶의 밀착을 통해 가장 높고 최후의 단계로서 이 단순한 지혜를 제시한다. 어린애의 감춰진 목소리와 웃음 속에서 아는 것과 행하는 것의 이중성이 결별되고, 이들 삶의 완전한 단순성에서 철인과 성자들의 완벽한 지혜와 그 단순성의 조건을 보게 된다. "사과나무에 있는 아이들은 찾지도 않기 때문에 모르지만 바다의 두 파도 사이의 정지점에서 지금 빠르게, 지금 늘 반쯤 듣고 있다"(255-60).

결론적으로 유교의 철인정신과 엘리엇의 성자 정신은 평범한 일상에서 실천을 통해 성취되는 군자의 도, 즉 이들의 단순성과 계속성에 있다. 이로써 엘리엇은 동양사상에 본질적인 비계몽화된 신비주의를 탈피하기 위해 역사 의식과 책임과 도덕성이 결여된 힌두교, 불교, 도교를 진정한 삶의 형식으로 간주할 수 없었다. 이로써 엘리엇은 실천과 지속적인 변화를 통해 새로운 삶을 창출해 나가는, 그러나 전통에 뿌리박은 생활인인 유교의 철인의 모습 속에서 앵글로색슨의 전형을 발견하게 된다. 유럽의 기독교 전통 속에서 새로운 전통을 수립한 앵글로색슨계 가톨릭으로 개종한 엘리엇의 모습이 정지와 변화를 모색하는 그러한 중국형 인간의 모습이라 할 수 있다.

주요어 (Key Words): 중국학(Chinese Studies), 유교(Confucianism), 불교(Buddhism), 힌두교(Hinduism), 기독교(Christianity), 종교철학(Religio-Philosophy), 계몽된 신비주의(enlightened mystification), 에즈라 파운드(Ezra Pound), 『네 사중주』(The Four Quartets)

인용문헌

Babbitt, Irving. "Romanticism and the Orient." *Bookman* 74 (1931).
_____. *Irving Babbitt: Representative Writings*. Ed. George A. Panichas. Lincoln: U of Nebraska P, 1981.
Chan, Wing-Tsit. "The Study of Chu Hsi in the West." *Journal of Asian Studies*

35 (1976): 555-575.

Eliot, T. S. *After Strange Gods.* (*ASG*). London: Faber & Faber Ltd., 1934.

____. *Christianity and Culture.* (*CC*). 1939. San Diego, New York, London: A Harvard/ HBJ Book, 1977.

____. "The Humanism of Irving Babbitt." *Selected Essays: 1917-1932.* 1932. New York: Harcourt, Brace & Co., 1942.

____. *Knowledge and Experience in the Philosophy of F.H. Bradley.* London: Faber & Faber, 1964.

____. *The Use of Poetry & the Use of Criticism.* (*UPUS*). 1933. Cambridge, Mass.: Harvard UP, 1964.

____. *On Poetry and Poets.* (*PP*). 1943. New York: Farr, Straus & Cudahy, 1957.

____. "Ezra Pound." *An Examination of Ezra Pound.* Ed. Peter Russell. Norfolk, Conn.: New Directions Books, 1950, pp. 25-36.

Jha, Ashok Kumur. *Oriental Influences in T. S. Eliot.* Allahabad, India: Kitab Mahal, 1988.

Kearns, Cleo M. *T. S. Eliot and Indic Traditions.* New York: Cambridge UP, 1987.

Kenner, Hugh. *The Pound Era.* Berkeley & Los Angeles: U of California, 1971.

Knight, G. Wilson. *Laureate of Peace: On the Genius of Alexander Pope.* London: Routledge & Kegan Paul Ltd., 1955.

McCarthy, Harold E. "T. S. Eliot and Buddhism." *Philosophy East & West* 2 (1952): 31-52

Murry, John Middleton. "Eliot and the 'Classical' Revival, 'Adelphi'." *T. S. Eliot: The Critical Heritage.* Vol. 1. Ed. Michael Grant. London, Boston: Routledge & Kegan Paul Ltd., 1955, pp. 88-89.

Palandri, Angela Jung. "Homage to a Confucian Poet." *Tamkang Review* 5 (1974): 129-141.

Perl, Jeffrey M. & Andrew P. Tuck. "The Significance of T. S. Eliot's Philosophical Notebooks." *T. S. Eliot: Essays from the "Soutern Review"*. Ed. James Olney. Oxford: Oxford UP, 1988.

Pomerantz, G.S. "Some Distinctive Features of the Literary History of the East." *Diogenes* 92 (1975): 32-46.

Pound, Ezra. "T. S. Eliot." *T. S. Eliot: A Selected Critique*. Ed. Leonard Unger. New York: Rinehart & Company, Inc., 1948.

Russell, Francis. "The Return of T. S. Eliot." *Harvard Magazine* 91 (1988): 53-56.

Schweitzer, Albert. *Indian Thought and Its Development*. 3rd. Ed. Boston: The Bacon P, 1960.

Yang, Byung Hyun. *T. S. Eliot: Oriental Thought and Its Development: A Study of Poetry and Belief*. Diss. The University of Nevada-Reno, 1991.

Yu, Beongcheon. *The Great Circle: American Writers and the Orient*. Detroit: Wayne State UP, 1983.

엘리엇의 시에 대한 실존적 연구

| 이준학 |

I

　엘리엇은 우리에게 무엇인가? 그의 무엇이 우리에게 의미가 있는 것일까? 그의 '객관적 상관물'의 이론이나 '통합된 감수성'의 이론인가, 아니면 '개성으로부터의 도피'라는 멋진 표현으로 한 시대를 풍미했던 그의 '비개성시론'인가? 이런 이론들은 1940년대 이후 영미 쪽에서 많은 비판의 대상이 되어왔으며, 지금은 시의 이론을 공부하는 시간에만 소중하게 들쳐졌다 다시 뒷켠에 놓여지는 고가(高價)의 소장품 같은 것이 되어가고 있다. 그의 시는 어떤가? 다른 작품을 차치하고, 그의 대표작인 『황무지』조차도, 이제 "사월(四月)은 잔인한 달"이라는 단구(短句)로만 일반 독자들의 기억 속에 남아있는 것 같다. 아무래도 우리의 문화 속에 제대로 소화되지 못했던 것 같은 엘리엇은 뜻있는 학자들의 우울한 '투덜거림' 사이에서 이런 식으로 서서히 잊혀져가 버리는 것인가? 잊혀져가고 있다는 것은 의미를 잃어가고 있다는 것이다. 20세기의 마지막 10년을 살고 있는 우리에게 엘리엇은 정말 아무 의미도 없다는 말인가?
　본 논문은 바로 이 질문에 대한 대답으로 생각되고 씌어진 것이다. 물론 대답은 '충분히 있다'이며, 필자는 그것을 인간실존의 고통의 문제에 관한 그

---

* 이 논문은 『T. S. 엘리엇 연구』 제1권 창간호(1993)에 「T. S. 엘리엇의 시에 대한 실존적 연구」로 수록되었던 것을 수정한 것임.

의 끈질긴 탐구의 과정에 대한 고찰을 통하여 그 내용을 드러내 보이려 한다. 인간실존의 고통의 문제는 전 생애를 통하여 그의 궁극적 관심이었다. 현대인들에게 종교에 대한 새로운 이해를 준 혁명적 '철학적 종교'의 신학자인 폴 틸리히(Paul Tillich)는 종교에 대한 그의 유명한 실존적 정의에서 기성종교에 대한 신앙의 유무에 관계없이 인간의 '궁극적 관심'이 인간에게 곧 종교라고 정의한다(Tillich 1964, 7-8). 그래서 이 논문은 엘리엇의 종교에 대한 실존적 연구가 된다. 포이엘바흐(Feuerbach)는 그의 저서 『미래철학의 원리』(*Grundsätze der Philosophie der Zukunft*)에서 "한 인간이 되는 대신에 한 철학자가 되기를 원하지 말라. . . . 한 사상가로서 생각하지 말라. . . . 살아 있는 현실의 한 존재로서 생각하라. . . . 실존 속에서 생각하라"(89)고 말한다.

틸리히는 "신앙이라는 것은 어떤 궁극적 관심에 사로잡힌 상태이며, 신(God)이란 이 궁극적 관심의 내용에 대한 명칭이다"(40)라고 말하였는데, 이러한 개념은 '신이라는 최고의 존재의 현존에 대한 믿음'이 신앙이라는 전통적인 종교의 개념과는 상당히 다른 것이다. 스스로를 실존주의자라고 부른(Tillich 1983, 25) 틸리히는 이 개념을 종교에 대한 '실존적—이론적이 아닌—이해'(40)라고 말한다. 어떤 의미에서 '인간 실존의 상황과 아무런 관련이 없는 신학은—신학은 항상 이런 유혹을 받고 있지만—용서할 수 없는 죄악'(Tillich 1983, 24)이다. 현대의 상황에서 인간 실존의 고통을 해결하기 위한 탐구는 외면하고, 최고의 존재인 신을 믿는자들 만의 내세의 구원을 주장하는 종교는 인간과는 관련이 없는, 인간사회에서는 무의미한 허황된 미망에 불과하다. 니체(Nietzsche)가 사형을 선고한 신, 싸르트르(Sartre)나 까뮈(Camus)가 버렸던 신, 스티븐스(Wallace Stevens)가 사라져버렸다고 말한 신은 바로 이러한 종교의 신이었다.

이유를 알 수 없는 처참한 주검들 앞에서 아무데도 의지할 곳 없이 신 앞에 무릎 꿇고 그의 뜻을 묻고 또 묻다가 치유될 수 없는 깊은 상처를 안고 전장에서 돌아온 틸리히는 대부분의 기독교의 설교가, 인간의 실존의 고통과 절망에서 시작된 문화의 혁명(cultural revolution)의 상황과는 상당히 유리되어 있다는 것을 발견하였다. 틸리히는 1957년 출간된 그의 저서 『프로테스탄 시대』(*The Protestant Era*)에서 이런 상황을 다음과 같이 말하고 있다.

> 우리가 세계 제일차 대전으로부터 돌아왔을 때, 우리는 문화적 대변혁과 중동부 유럽의 종교적 전통 사이에 깊은 간격이 있다는 것을 알게되었다. 루터교와 로마·그리스 가톨릭 교회들은 문화적—로마 가톨릭 교회에 약간의 예외가 있기는 하였으나— 정치적 변혁을 거부하였다. 그들은 이 변화들을 세속의 자율의 반항의 표현으로 간주하고 거절하였다. 다른 한 편, 대변혁운동 쪽에서는 교회들을 초월적 타율의 표현으로 보고 거부하였다. 이 양쪽 모두와 정신적 유대를 갖고 있던 우리들에게, 이러한 상황은 결국 문화 뿐 아니라 종교를 위해서도 명백하게 불행한 일이었다.
>
> When we returned from the first World War, we found a deep gap between the cultural revolution and the religious tradition in central and eastern Europe. The Lutheran and the Roman and Greek Catholic churches rejected the cultural and—with some exceptions on the part of Roman Catholicism—the political revolutions. They rejected them as the rebellious expression of a secular autonomy. The revolutionary movements, on the other hand, repudiated the churches as the expression of a transcendent heteronomy. It was very obvious to those of us who had spiritual ties with both sides that this situation was intolerable and, in the long run, disastrous for religion as well as for culture. (55)

틸리히가 설명하고 있는 상황은, 전쟁이 가져다 둔 엄청난 재난 앞에서 그 재난의 원인이 되는 사회의 기존의 가치체계를 개혁하기 위한 인간들의 정치적·사회적 노력에 대하여 교회는 그것이 세속의 자율에 속하는 일이므로, 종교가 참여할 수 없다고 거절하고, 사회는 그러한 종교를 인간실존의 삶과 유리된 초월적 타율의 세계라고 비난하고 있는 상황이다. 그러나 깊이 생각해 보면 종교가 추구하는 것이나 세속의 문화가 추구하는 것은 똑같이 '실존의 고통이 없는' 진정한 평화이다. 종교는 타율적인 초월적 힘을 통하여, 세상은 자율적인 인간의 힘을 통하여 그것을 성취하려 하는 것이 다를 뿐이다. 자율적 인간세계는 보편적 이성을 가진 인간이 문화나 종교의 근원이고 척도라고 주장하며, 초월적 힘에 의지하는 타율적 종교세계는 인간의 이성은 불완전하여 바르게 행동할 수 없으므로 인간의 법칙보다는 더 뛰어난 법칙(superior law)에 의존해야 한다고 주장한다. 하지만 깊이 성찰해 보면 이 더 뛰어난 법은 인간자신의 존재의 근거가 되는 신적 지반에 뿌리를 둔 인간 자신의 내면의 법칙일 뿐이다. 틸리히는 이것을 종교의 타율(heteronomy)과 구별하여 신율(theonomy)이라고 말한다(56-57). 한편 진정한 평화를 추구하는 인간 실존의 갈망은 세속의 세계에 있어서나 종교의 세계에 있어서나 모두 근본적으로 인간의 '생명의 법칙'(law of life)에서 유래되는 것이다. 그리고 이 생명의 법칙은 인간 자신의 법칙이면서 동시에 인간생명의 근원인 신의 근거 안에 포함되는 것이다. 따라서 인간의 보편적 이성의 힘에 의존하는 인간의 자율문화와 인간보다 더 뛰어난 초월적 힘에 의존하는 종교의 타율문화는 인간과 종교의 기반인 신의 신율문화 속에서 하나로 통합된다(56-7). 이러한 논리적 배경에서 틸리히는, 종교에 대한 실존적 접근은 종교의 성스러운 영역(the sacred)과 세속의 영역(the secular) 사이의 간격을 소멸시켜 준다고 말하고 있다(Tillich 1964, 41). 실존적 관점에서 보면 '종교란', 틸리히가 말한 것처럼 '가장 넓은 의미에서 그리고 가장 근본적으로' 세속이나 세속과 유리된 종교를 넘어서는 '인간의 궁극적 관심'(7-8)이다. 인간의 궁극적 관심이란 그 성질상 어느 특별한 영역이나 장소, 시간에 의해 제한되지 않는 것이기 때문에 인간의 궁극적 관심 속에 세속의 영역과 종교의 영역의 구별이 있을 수 없는 것이다. 이것이 틸리히가 말하는 의미의 종교의 보편성의 근거이다. 틸리히가 말하는 종교는 스스로를 세속과 구별하여 인간자신이 스스로 신이 되고 선민(先民)이 되어 칩거하고 있는 성역 속의 전통적, 세속적 의미의 종교가 아니라, 종교와 세속을 구별하지 않는 신이 우주와 인간의 주인이 되는 진정한 의미의 종교이다. '우주는' 세속문화의 영역이나 인간이 만든 종교의 영역이 아니라 '신의 성역'(God's sanctuary)(41)이라고 틸리히는 말한다. 근본적으로 종교적인 것이나 세속적인 것은 구분된 영역이 아니라 서로의 안에 있는 영역인 것이다(41).

깊이 성찰해 보면 종교가 특별한 영역으로 존재한다는 사실 자체가 인간이 타락한 상태의 가장 뚜렷한 증거이다. 왜냐하면 인간이 타락해 있지 않다면, 인간을 죄와 타락으로부터 구원해 줄 종교의 영역도 필요 없는 것이기 때문이다. 구분될 수 없는 종교와 세속, 성과 속, 종교와 인간문화―이하에서는

'문화'라고만 표현한다- 의 구분이야말로 우리 인간의 궁경(predicament)의 한 표시이다. 종교에 대한 실존적 접근을 통하여 종교와 문화, 성과 속의 구별의 부당함을 발견한 틸리히는 마침내 "종교는 문화의 실체이며 문화는 종교의 표현"(42)이라고 말하기에 이른다. 이 말은 궁극적 관심으로서의 종교는 문화에 의미를 주는 실체(substance)이며, 문화는 인간의 궁극적 관심으로서의 종교가 스스로 표현된 것의 총체라는 의미이다.[1]

『문화의 정의에 대한 노트』(*Notes Towards the Definition of Culture*)에 나타난 종교와 문화에 대한 엘리엇의 견해가 지금까지 우리가 살펴본 틸리히의 생각과 거의 동일하다는 사실은, 지금까지 별로 주목되지 않았으나, 20세기의 정신의 거장들인 한 신학자와 한 시인의 사상의 유사성을 발견할 수 있는 중요한 단서가 될 수 있을 것이다. 그리고 엘리엇과 틸리히의 사상의 유사성에 대한 고찰이 의미가 있는 것은 이 고찰을 통하여 우리는, 아무리 공부해도 확연해지지 않는 엘리엇의 문학의 '정신의 틀'(mental set)(Mackinon, 4)을 어느 정도 밝혀볼 수 있을 것으로 생각되기 때문이다. 엘리엇은 문학과 종교의 관계에 대하여 논하면서 종교 없이 홀로 나타나고 발전한 문화는 없었다고 전제하고, 이런 관점에서 "문화는 종교의 산물로 나타날 것이며 종교는 또 문화의 산물로 나타날 것"(Eliot 1949, 15)이라고 말했는데, 문화와 종교에 대한 엘리엇의 이러한 견해는 틸리히의 견해와 표현만 다를 뿐 거의 같은 것이다. '문화는 종교의 산물'이라는 말을 통해 엘리엇은, 틸리히가 '종교는 문화의 실체'라는 말을 통해 의미하는 바, 곧 인간의 궁극적 관심으로서의 종교가 문화에 대한 의미와 방향을 주고 동력을 부여한다는 뜻을 표현하고 있으며, 또 '종교는 문화의 산물'이라는 말을 통해 엘리엇은, 틸리히가 '문화는 종교의 표현'이라는 말로 의미했던 바 곧 인간의 궁극적인 관심이 스스로 구체적으로 표현되어 나타난 문화가 없다면 종교는 그 흔적을 발견할 수도 계승·발전할 수도 없다는 뜻을 표현하고 있다. 엘리엇은 이 말을 통하여, 인간의 문화와 종교의 상

---

1) 이러한 생각은 종교와 문화의 이원론을 무력하게 만든다. 종교적 사고나 문화적 사고를 막론하고 인간정신 생활의 모든 사고와 행동이, 발화된(spoken) 언어나 침묵의 언어에 의해서 표현된다는 사실이야 말로 종교와 문화가 서로 분리된 영역이 아니라는 뚜렷한 증거이다. 왜냐하면 언어야 말로 문화의 기본적 창조물이기 때문이다(Tillich 1964, 42).

호인정적 상보관계에 대한 그의 이해를 확연하게 보여주고 있다. 엘리엇은 종교와 문화의 원리를 이해하기 위해서는 종교와 문화를 서로 관계(relation)가 있는 별개의 것으로 여긴다던지 아니면 동일시(identifying)하는 오류를 범해서는 안 된다(Eliot 1949, 55)고 말하면서도

> 문학과 종교는 양쪽 모두, 서로 다른 것들을 의미하고 있으나, 개인이나 또는 집단에게, 그들이 소유한 어떤 것을 의미할 뿐 아니라, 그들이 추구하는 어떤 것을 의미해야 한다. 그러나 그 안에서 우리가 종교를 한 민족의 모든 생활양식, 곧 요람으로부터 무덤까지, 아침으로부터 밤까지 그리고 심지어 잠 속에서까지의, 모든 생활양식으로 볼 수 있는 어떤 현상이 있다. 그리고 그 생활양식은 또한 그 민족의 문화이기도 하다.

> And both 'religion' and 'culture,' besides meaning different things from each other, should mean for the individual and for the group something toward which they strive, not merely something which they possess. Yet there is an aspect in which we can see a religion as the whole way of life of a people, from birth to the grave, from morning to night and even in sleep, and that way of life is also its culture. (31)

라고 말함으로써 인간의 궁극의 문제에 대한 탐구에 있어 세속의 영역이나 종교의 영역을 별개의 다른 영역으로 구분하지 않고 있는, 자신의 세계관의 보편성을 보여주고 있는데, 바로 이 점이야말로 엘리엇이 기성종교에 대한 신앙의 유무에 관계없이 현대의 인간 모두에게 의미가 있는 근거이며, 본고는, 그의 종교 곧 '인간실존의 고통'에 대한 그의 궁극적 관심을 추적함으로써 엘리엇이 우리 한국인에게 뿐 아니라 모든 인간에게 의의를 가지는 그의 영원한 '현대적 의미'를 고찰해 보려 하는 것이다.

III

엘리엇의 궁극적 관심인 인간실존의 고통에 대한 관심은 먼저 인간세계에 대한 회의의 형태로 나타나는데, 그의 시에 나타난 회의의 조명을 통해서 보

면, 인간의 궁극의 문제에 대한 관심이 그의 시의 주제가 되고 있는 것이 뚜렷하게 드러나 있다. 엘리엇은 F. H. 브래들리(Bradley)에 관한 그의 논문에서 '회의와 환멸은 종교를 이해하는데 있어 하나의 유용한 도구'(Eliot 1976, 450)라고 말한 적이 있는데, 이런 의미에서 보면 엘리엇의 시 속에 나타나고 있는 회의는, 인간실존의 고통에 대한 그의 궁극적 관심 곧 그의 종교를 이해하기 위한 유용한 도구가 된다고 말할 수 있을 것이다.

여기서 우리가 먼저 염두에 두어야할 것은 엘리엇의 시 속에 나타나는 회의는 환멸이나 실망과는 다르다는 것이다. 그의 시 속에는 환멸이 주는 비애의 감정이나 실망 다음에 오는 좌절이 없다. 사실 "회의란 믿음에 대한 부정(negation)이지만, 불신(disbelief)과는 다르다"[2] 회의는 어떤 명제에 대해서 긍정이나 부정의 확실한 결론에 도달하지 못한 상태를 말하는 것이며, 불신은 어떤 명제의 당위성을 전혀 오류로 단정하고 그것을 확실한 것으로 믿는, 믿음의 한 형태인 것이다. 따라서 회의에는 어떤 것을 믿었다가 실망하는 데서 오는 좌절이 있을 수가 없다. 항상 새롭고 끊임없는 회의가 있을 뿐이다. 엘리엇은 『문화의 정의를 위한 노트』(*Notes Towards the Definition of Culture*)에서 그의 회의(scepticism)의 성질에 관하여 다음과 같이 말하고 있다.

> 그러나 발전의 특징들 중의 한 가지는, 우리가 종교적 관점을 취하건 문화적 관점을 취하건, 회의의 출현이다 — 물론, 이 말을 통해, 나는 무신앙이나 부정(더욱이 정신적 나태 때문에 생기는 불신 등을 의미하려는 것은 아니고), 증거를 면밀히 검토하는 습관이나 결정을 유보하는 능력을 의미하려는 것이다. 회의는 고도의 문명의 특질이지만, 그러나, 그것이 극단적 회의주의로 추락할 때, 그것은 문명이 죽을 수 있는 원인의 하나가 된다. 회의가 힘이라면 극단적 회의는 유약이다.

> But one of the feature of development, whether we are taking the religious or the cultural point of view, is the appearance of scepticism — by which, of course, I do not mean infidelity or destructiveness (still less the inbelief which is due to mental sloth) but the habit of examining evidence and the capacity for delayed decision. Scepticism is a highly civilised trait, though,

---

[2] *Ensyclopedia of Religion and Ethics*, 1965 ed., S. V. "Scepticism."

when it declines into pyrrhonosm, it is one of which civilisation can die.
Where scepticism is strength, pyrrhonosm is weakness. (Eliot 1962, 29)

그러면 엘리엇을 그토록 회의에 빠지게 한 원인은 무엇일까? 그것은 『황무지』의 제 2부에서 야만적인 왕에 의해 능욕당한 뒤 새가 된 필로멜(Philomel)의 울음 속에 가장 극적으로 표출된 인간실존의 고통 때문이다. 그는 '내 자신의 신앙은 결코 제거될 희망조차 할 수 없는 회의에 사로잡혀 있다'(Bergonzi 113)고 말한 적이 있는데, 이 말은 그가 실존의 고통에 깊이 사로잡혀 있었음을 간접적으로 시사해준다. 고통받는 인간들이 소망하는 것은 무엇인가? 그것은 고통이 없는 세계, '이해를 초월한 평화'이다. 그러나 인간이 사는 지상에서 이 평화를 얻을 수 있는 완전한 방법 - 인간의 궁극의 문제에 대한 해답 - 은 발견되지 않고 있다. 「프로프록의 연가」("The Love Song of J. Alfred Prufrock")로부터 「작은 노인」("Gerontion"), 『황무지』 그리고 「텅 빈 사람들」("The Hollow Men")에 이르는 모든 작품의 심리적 주제는 바로 이 해답 없는 상태의 세계와 인간에 대한 회의이다. 인간의 세상에 대한 회의는 세상에 만연한 악과 악이 주는 고통 때문이다. 이 악과 고통을 피하기 위하여 우리는 외면으로만 세상과 만날 뿐 내면은 항상 이 세상으로부터 스스로를 유리시키려 한다. 이 '스스로의 유리'야말로 현대인의 소외의 근본 원인이다. 소외된 인간이 느끼는 것은 무엇인가? 그것은 뼈저린 외로움이며 인간이 사는 세상에 대한 직접적 회의는 바로 외로움에서 시작되는 것이다. 인간이 외로움 속에서 가장 깊게 느끼는 것은 사랑에 대한 깊은 갈망이다. 현대인은 대체로 부나 권력, 또는 명예를 가지고도 사랑을 얻지 못하고 있으며, 문명이 복잡해짐에 따라 그것은 더욱 심화되고, 외로워진 인간들의 세상에 대한 회의는 점차 증대된다. 인간이 신을 찾게 되는 것도 근본적으로는 이 외로움 때문이라 할 수 있다. 웅거(Unger)는

> 인간이 세상을 사랑하지 않게 될 때 인간은 이미 신을 사랑할 준비가 된 것입니다. 세상으로부터의 외로움과 고립감은, 인간이 좇아가야 할 하나의 이상인 종교적 정화(淨化)를 추구하는 수양의 계기가 되는 것입니다.

If one does not love the world, one is already prepare for making an effort to love God. Isolation and alienation from the world become a stage in the discipline of religious purgation, an ideal to be pursued. (Unger 19)

라고 말하고 있는데, 엘리엇은 그의 시 속에 이 외로움의 이미지를 부각시킴으로써 세상에 대한 그의 회의를 간접적으로 표출시키고 있는 것으로 보인다.

그의 초기시들인 「프루프록의 연가」, 「히스테리」("Hysteria") 그리고 「눈물 흘리는 소녀」("La Figlia Che Piange")의 주제는 '한 남자와 한 여자 사이의 대화의 실패'(10)이다. 「프루프록의 연가」에서 주인공은

> 내 진정을 그대로 표현할 수가 없군요! . . .
> 만일 그녀가, 베개를 고쳐 베면서 숄을 벗어 던지면서,
> 그리고 창 쪽으로 몸을 돌리면서,
> '전혀 그게 아니예요.
> 그런 뜻에서 말한 것이 아니예요'라고 말한다면
> 무슨 소용이 있겠습니까?
>
> It is impossible to say just what I mean! . . .
> Would it have been worth while
> If one, settling a pillow or throwing off a shawl,
> And turning toward the window, should say:
> 'That is not it at all,
> That is not what I meant, at all.'

이라고 말한다. 자신을 타인에게 이해시킬 수도, 타인을 이해할 수도 없는데서 생기는 대화의 단절은 필연적으로 인간에게 소외감을 느끼게 하며, 외부의 세계로부터 홀로 격리되어 있는 듯한 느낌을 갖게 한다. 여기서 생기는 외로움과 세상에 대한 회의는 『황무지』까지의 엘리엇의 시들 속에 잘 드러나 있다. 「프루프록」 그룹의 시들 속의 '수술대 위에 에테르로 마취된 환자'나 '좁은 골목'에 사는 '셔츠 바람으로 창가에 기대 선 외로운 사내'같은 이미지 그리고 '싸구려 일박(一泊)여관과 톱밥 깔린 식당,' '빈터,' '어렴풋한 맥주의 쉬어빠진 냄새,' '죽은 제라늄,' '공장 마당에 부서진 용수철,' '모든 더 낡은 밤의 냄

새들,' '지하철의 부엌,' 그리고 '하녀들의 습습한 영혼' 등의 이미지나 "인어(人魚)들 ... 나는 그들이 나를 향해 노래하리라고는 생각지 않는다"에 이르기까지, 그리고 인간의 외로움을 너무나 뛰어나게 형상화시킨

> 나는 차라리 고요한 바다 밑을 어기적거리는
> 엉성한 게 다리나 되었을 것을.
>
> I should have been a pair of ragged claws
> Scuttling across the floors of silent seas.

와 같은 구절 속에 자신을 남에게 줄 수도, 남을 자신의 것으로 소유할 수도 없는 외로움이 암시되고 있다. 이러한 이미지는 「작은 노인」 그룹의 시들 속에서도 계속적으로 나타난다. '바위들'이나 '이끼', '비름', '쇠부스러기' 그리고 '똥' 등의 사물이나 블라이슈타인(Bleistein), 스위니(Sweeney) 또는 그리쉬킨(Grishkin) 같은 인물들이 바로 그런 것들이다.

  어떤 의미에서, 엘리엇의 시작품은 모두 이 외로움의 주제에 대한 다양한 변형(variations)이라고 말할 수도 있을 것 같다. 웅거는 『황무지』를 가리켜 "『황무지』는 자신 속에 갇힌 일련의 인물들을 그려주고 있다"(12)고 말하고 있는데 이러한 주제는 이 시의 마지막 부분에 확연하게 나타나 있다.

> 우리는 각자의 감옥 속에서, 열쇠를 생각합니다.
> 열쇠를 생각하면서 각기 감옥을 확인하는 것이죠.
>
> We think of the key, each in prison
> Thinking of the key, each confirms a prison.

"운율상으로나 수사법상으로 그 이전의 작품들과는 거의 다른 새로운 효과를 내고 있는"(G. Smith 99) 「텅 빈 사람들」도 그 내용에 있어서는 "『황무지』에 대한 일종의 종결부"(Spender 120)라고 말해질 수 있는데, 스펜더는 이 작품을 가리켜서

이 작품은 『황무지』속에 암시된 생각을 시적으로 논리적인 결론으로까지 밀어 부치고 있습니다. 그 생각은 도시 속에 살고 있는 당대의 인간들은 죽은 자들보다 진정하지 못한 삶을 살고 있을 수도 있다는 것입니다.

It pushes to its poetically-logical conclusion one idea implict in "The Waste Land," that in the Temporal City of modern life, those who are contemporaries and physically alive may be less truly living than the dead. (120)

라고 말하고 있다. '죽은 자들보다 못한 삶'을 살고 있는 인간들은 『황무지』에 묘사된 감옥 속에 사는 인간들과 조금도 다름이 없다. 그들은 결국

형체 없는 모양, 색깔 없는 그림자,
마비된 힘, 동작 없는 몸짓;

Shape without form, shade without colour,
Paralysed force, gesture without motion;

에 불과하다. 소위 '삶 속의 죽음'(death in life)(Cox and Hinchliffe 130)이 이 행들 속에서는 체념적으로 기술되고 있으며 이것은 현대를 사는 인간들의 절망적 외로움을 간접적으로 표출시켜주고 있다.

그러면 엘리엇은 항상 이런 회의 속에만 빠져 있었는가? 물론 아니다. 웅거가 "세상을 사랑할 수 없을 때 인간은 이미 신을 사랑할 준비가 되어 있다"고 말한 것처럼 엘리엇도 점차 신을 찾는 단계로 나아간다.

왜냐하면 왕국은 당신의 것이오니
왜냐하면 인생은
당신의 것이오니
당신의 것이오니

For Thine is the Kingdom
For Thine is
Life is
For Thine is the

「프루프록의 연가」, 「작은 노인」을 거쳐 『황무지』와 「텅 빈 사람들」에 이르러, 그의 작품 속에는 카힐(Audrey F. Cahill)이 말한, "인간 정신의 혼돈을 세속적이고 일반적인 정신의 혼돈과의 관계 속에 보다는 의심없이 완전히 수영할 수는 없으면서도 그것이 가능해 보이는, 소망스런 질서와의 관계 속에 드러내려는 의식"(Sullivan 49)이 점차 뚜렷이 나타나기 시작하고 있다. 이것은 엘리엇이 세상에 대한 깊은 회의 끝에 '신을 사랑하기 위한 노력을 할 준비 단계'에 처해 있음을 암시해 주는 것이며, 그의 전신(轉身)이 멀지 않았음을 예시해 주는 것으로 보인다.

엘리엇은 기독교도로 죽었지만 거의 사십세가 될 때까지 그는 공인된 기독교도는 아니었다. 그가 교양있는 유니테리언 가정에서 자랐다는 것은 널리 알려진 사실이지만 청교도 합리주의(Protestant rationalism)로 알려진 유니태리언교는 사실상 기독교를 배척하였다(Smidt 3). 엘리엇도 이것을 알고 있었다.

> 저는 기독교 우리의 바깥, 유니테리언 교리 안에서 자랐습니다. 제가 교육을 받은 유니테리언 교리 속에서는 모든 것이 검거나 흰 둘 중의 하나였습니다. 하느님의 아들이라던가 성령 등은 믿어지지 않았고, 다만 많은 사람들이 믿는 실재로서 숭앙받을 자격이 있을 뿐이었습니다.
>
> I was brought up outside the Christian Fold, in Uniterianism; and in the form of Uniterianism in which I was instructed, things were either black or white. The Son and the Holy Ghost were not believed in, certainly; but they were entitled to respect as entities in which many other people believed. (3)

엘리엇에게 있어 이 유니태리언교는 소위 '보스톤의 회의'(Boston doubt)와 관련되어 있었는데 엘리엇은 이것이 "유니테리언으로 태어나지 않은 사람들에게는 설명하기 어려운 회의로서, 이 회의는 파괴적은 아니지만 용해력이 있는 것이었다"(2)고 말하고 있다. 다시 말하면 유니테리언교는 기독교와는 다른 회의적 종교였다. 따라서 이 회의적 경향이 엘리엇에게 보이지 않는 영향을 주었을 것은 우리가 추측할 수 있는 일이다. 다른 종교의 영향도 무시할 수 없다. 『황무지』나 『네 개의 사중주』 그리고 『칵테일 파티』에서 발견될 수 있는 동방종교나 신비주의로부터의 인용은 엘리엇이 불교와 힌두교의 영향을 깊이 받고 있음을 보여주고 있다. 실제로 그는 1911년 파리로부터 귀국한 후에 랜만(Lanman)의 '인도 언어학' 과정에 들어가 공부했으며 2년 동안 범어(Sanskrit)와 인도 철학을 연구하였다. 불교는 평생동안 그의 작품 속에 영향을 남기고 있는데, 스펜더는 "엘리엇이 『황무지』를 집필하고 있을 때 거의 불교도가 되었었다"(Spender 20)고 말하고 있다.

그러나 엘리엇의 동방종교에 대한 관심이 그가 불교도나 힌두교도가 되었다는 것을 의미하진 않는다. 그것은 모두 종교의 본질에 관한 그의 보다 넓은 관심의 일부분이다. 그의 시 속에는 원시신화와 의식(儀式)으로부터 보다 차원이 높은 신앙들과 그 예배의 형식에 이르기까지 모든 인간신앙의 핵심들이 나타나 있으며, 그의 인류학에 관한 연구는 특히 『황무지』에 명백히 나타나고 있다.

그러면 왜 엘리엇은 그렇게 종교에 깊은 관심을 가졌던 것인가? 외적으로는 유니테리언의 회의적 경향의 영향 때문이라고 말해볼 수도 있겠지만, 더 정확히 말하면 인간의 고통 문제에 관한 그의 부단한 관심 때문이라고 말할 수 있을 것이다. 왜냐하면 종교란 '인간의 궁극적 관심'이며 인간실존의 질문에 대한 상징적 답변이기 때문이다. 그렇다면 무엇이 그를 이 지난의 문제에 집착하게 했을까? 그것은 진정한 정신적 '행복의 부재(不在)'이다. 성인이 된 후의 그의 생활은 내적으로 그렇게 행복하지 못했던 것이 분명하다. 영국에서의 안정되지 못했던 초기의 생활이나, 부모의 승인을 받지 못한, 불행하게 끝난 첫번째 결혼생활 등은 이것을 짐작케 해주는 요소들이다. 내적 불행은 그의 회의와 고독 그리고 종교에의 정열의 근본원인이 되는 것으로 보인다. 그러나 우리가 여기서 무엇보다도 주목해야 할 것은 그의 종교에의 접근방법이다. 그는 "기독교에의 접근에 있어서 기독교에 대한 이성적 수긍이 종교적 감정에 선행되어야 할 것"(G. Smith 122)이라고 말한 적이 있으며 스펜더는 "엘리엇의 신앙이 대부분의 불가해한 경우에 있어서까지도 항상 이성에 기초를 두고 있다"(Spender 10)고 말하고 있는데, 이것은 종교의 문제에 있어 감정(sentiment)이 앞서는 일반적 경향과는 반대의 경향이다. 이런 경향은 엘리엇이, 인간실존의 궁극적 문제에 대한 자기 나름의 답변을, 불확실한 채로 이겠지만, 미리 가지고서 ─ 이 답변은 일시적으로 이루어진 것은 아니고 점차적으로 형성된 것으로 보인다 ─ 여러 종교를 연구했다는 것을 암시해 주고 있다. 실제로 엘리엇의 종교에 대한 연구는 종교적으로 '체계화된 것들'에 대한 고찰이었으며, 그가 개종을 했다는 것은 그것들 중의 어떤 것이 자신의 불확실했던 답에 표현을 주고 있는 것을 발견하고 그것의 형식까지를 자신이 받아들일 수 있다고 확신했다는 것을 의미한다. 이런 과정은 파스칼의 『팡세』(Pensées)에 관한 그의 논문에 명확히 표시되고 있다.

> 사색하는 기독교인은 ─ 여기서는 공공연하게 기독교를 변론하는 사람들보다는 신앙을 통해서 종교의 최고의 경지에 도달할 수 있다고 의식적으로 성실히 믿으려는 기독교인을 말하는 것인데 ─ 세상의 그리고 종교 내의 세속적 악을 끊임없이 거부하고 배제하면서 전진해 나아갑니다. 파스칼은 세상이 그렇게 바람직한 것이 못되며, 어떤 비종교적 언어로도 그 본질을 설명할 수 없다는 것을 발견하고, 세상에 대해서 그리고 특히 내부의 도덕적 세계에 대해서 만족스런 설명을 해줄 수 있는 종교로서, 여러 종교 중에서 기독교 곧 가톨릭 기독교를 발견하게 됩니다. 이렇게 함으로써 파스칼은 소위 뉴만이 말한 '강력한 공점적(共占的) 이성'에 의하여 성육의 교리에 몰두하게 되는 것입니다.

> The Christian thinker ─ and I mean the man who is trying consciously and conscientiously to explain to himself the sequence which culminates in faith, rather than the public apologist ─ proceeds by rejection and elimination. He finds the world to be so and so; he finds its character inexplicable by any non-religious theory: among religious he finds Christianity, and Catholic Christianity, to account more satisfactorily for the world and especiallt for the moral world within; and thus, by what Newman calls 'powerful and concurrent' reasons, he finds himself inexorably committed to the dogma of the Incarnation. (Eliot 1976, 408)

코제키(Roger Kojecky)는 더욱 구체적으로 다음과 같이 말하고 있다.

아무리 겸손하다 할지라도 다른 사람들에게 길을 인도해 주려는 사람이나 문화운동의 지도자가 되려는 사람은 자기가 제시하는 사상에 대하여 합리적으로 확신을 가질 필요가 있습니다. 엘리엇은 그의 확신의 근거가 점점 영국 성공회가 가지는 확신에 근거하고 있음을 발견합니다.

A man who, however modestly, sets out to show the way to others, or to be the leader in a literary movement, needs to be reasonably sure of the ideas he proposes. And Eliot found . . . that the ground of his assurance was increasingly that of England's Established Church. (Kojecky 70)

그의 개종은 이러한 추상적, 구체적 논리의 과정 다음의, 인간적 불신과 거기서 생긴 회의[3]라는 폭발 직전의 고통의 감정[4]이 결합되어 이루어진 것이다. 그의 개종에 있어서 이성의 우위는 그의 '종교에 대한 회의'의 소지가 된다. 왜냐하면 종교는 이성의 문제라기보다는 감정의 문제이기 때문이다.

그의 개종이 그렇게 용이한 것이 아니었다는 것은 개종 전의 시인 「텅 빈 사람들」속에도 암시되고 있지만, 개종의 어려움은 개종 후의 시인 「동방박사들의 여행」속에서 그의 개종 후의 회의를 강조하기 위한 전주(前奏)로 사용되고 있다.

> 마침내 우리는 토막 잠을 자면서 밤새워
> 강행군을 하기로 하였지만
> 우리의 귓전에 항상 노래하듯 이건 모두 어리석은 짓이라고
> 비웃는 소리가 떠나지 않았습니다.

> At the end we preferred to travel all night,
> Sleeping in snatches
> With the voices singing in our ears, saying
> That this was all folly.

---

[3] 그의 세상에 대한 회의는 너무 깊은 것이어서 그의 인생을 무의미한 것으로 바꾸어 버리고 있었기 때문에 Spender는 그의 저서 *Eliot* 속에서 "If life is to have any meaning, he has to construct the idea of God — with Him or without Him."이라고 말하고 있다(156).
[4] "Gerontion"의 'old man'의 상태 그리고 *The Waste Land*의 epigraph의 Sibyl의 '죽고 싶다'는 말 속에 이런 감정이 암시되고 있다.

그러나 새로운 삶을 기대했던 종교 속에서 그는 그것을 발견하지 못한다. 그가 들어온 세계는 삶의 세계인지 죽음의 세계인지 분명치가 않다. 이 작품의 화자(話者)는 묻고 있다.

우리가 그 길을 간 것은 탄생을 위해서입니까 죽음을 위해서 입니까?
확실히, 탄생은 있었습니다.
우리는 증거가 있었고 추호도 의심치 않았습니다. 죽음을 보았습니다만
그 둘이 다른 것이라고 생각했었습니다.

Were we led all that way for Birth of Death?
There was a Birth, certainly,
We had evidence and no doubt. I had seen birth and death,
But had thought they were different;

「동방박사들의 여행」의 주인공은 개종을 통해 탄생(Birth)을 받아들였으나 그것이 탄생 전의 죽음과 너무나 흡사한 데 당황하고 있다. 스미스는 이러한 괴로움의 이유를 "그가 열심히 개종 전의 삶을 부인하고 있으나 육체적으로는 아직 거기서 풀려나지 못했기 때문"(G. Smith 123)이라고 말하고 있다.

육체적인 속성이 그대로 지배하고 있는 종교 내의 실제생활이 엘리엇에게 회의를 안겨준 것은 당연하다. 현대종교는 세상에서 얻은 병을 고쳐주기보다는 더 악화시키고 있는 것으로 보여지기 때문이다. 「이스트 코우커」에는 교회를, 죽어가는 간호원에 비유하는 형이상학적인 이미지가 있다.

그녀의 간호는 회복시키기 위한 것이 아니라
우리의, 그리고 아담의 저주를, 상기시키기 위한 것입니다.
그러나, 회복되기 위해서, 우리의 병은 더욱 악화되어야 합니다.

Whose constant care is not to please
But to remind of our, and Adam's curse,
And that, to be restored, our sickness must grow worse.

종교가 준 회의에서 회복되기 위해서는 인간이 얻은 이 회의의 병이 더욱

악화되어 마지막으로 다시 죽어보는 것 뿐이다. 워드(David Ward)는 이런 상황을 새로운 여행의 출발에 비유하면서 다음과 같이 말하고 있다.

> . . . 그리스도나 낡은 세상 그리고 주인공 자신의 애매한 탄생이나 죽음은 여행이 끝나지 않았다는 것을 계시해주고 있습니다. 이 탄생이나 죽음의 애매성은 오히려 여행의 시작을 계시해주는 것입니다. 왜냐하면 이 애매성은 인간존재의 불안성을 주인공에게 확인시켜 줌으로써 탄생의 기쁨을 위해 마지막 또 다른 죽음을 기다리게 만들고 있기 때문입니다. 이 시의 마지막에서 주인공은 '나는 또 한 번 죽었으면 좋겠다'라고 말하고 있는 것입니다.

> . . . the ambiguous birth or death, of Christ, of an old world, of himself, is a revelation which does not end the journey. On the contrary, it initiates journey, since it convinces him of the transitory nature of his existence, which awaits a final consummation 'I should be glad of another death.' (Ward 165)

그의 종교에 대한 회의는 「동방박사들의 여행」에서 끝나지 않는다. 「시미언을 위한 노래」는 「동방박사들의 여행」의 마지막 부분에 제시된 '또 다른 죽음'(another death)을 주제로 하여 전개된다. 이 시의 후반에서 그의 종교에 대한 회의는 심화되고 그의 신음소리도 높아진다.

> 순교도, 명상과 기도의 황홀도
> 궁극의 비전도 저는 바라지 않습니다.
> 저에게 평안을 주소서
> (칼이 당신의 심장을 꿰뚫을 것입니다.
> 당신의 심장도.)

> Not for me the martyrdom, the ecstacy of thought and prayer,
> Nor for me the ultimate vision.
> Grant me thy peace.
> (And a sword shall pierce thy heart, Thine also.)

마지막 두 행은 이 세계는 그리스도가 다시 십자가에 못박혀 속죄해 주어야 할 만큼 악으로 인한 죄가 성한 세계라는 것을 암시하고 있는 것으로 보인다. 그는 이 시의 마지막에서 다시 한 번 세상에서 떠나게 해달라고 애원한다.

당신의 종을 떠나게 하소서

Let thy servant depart

그리스도가 다시 십자가에 못박히는 것을 볼 수도 없으며 세상의 악을 좌시할 수도 없으므로 그는 떠나고 싶다. 이 행은 개종 후의 그의 종교에 대한 회의를 가장 강렬하게 암시해 주고 있으며, 우리에게 겟세마네(Gethsemane) 동산에서의 예수의 마지막 기도를 연상케 해준다.

아버지 할 수 있으시다면 이 잔을 내게서 지나가게 하소서. 하지만 저의 뜻대로 마옵시고 아버지의 뜻대로 하소서.

My father, if it be possible, let this cup pass from me; nevertheless, not as I will but as you wilt. (Matthew 26: 39)

(물론 이 시 속의 기도는 '하지만 내 뜻대로 마옵시고 당신의 뜻대로 하옵소서'를 말하지 않고 있다. 이 생략은 그가 그리스도 같은 신인이 아니고 인간이라는 증거이다. 신이 아니기 때문에 부끄러움 없이 구해달라고 소리칠 수 있는 것이다.)

그러면 이러한 종교에 대한 회의의 근본적 원인은 무엇인가? 그것은 현대의 인위적 종교 속에 진정한 사랑이 없기 때문이다. 현실종교는 사랑을 표방함으로써 사랑이 없어 외로워 지친 사람들을 환상에 빠뜨려 놓고 실제로는 깊은 비애를 안겨주고 있을 뿐이다. 사랑이 없는 이유는 종교도 역시 인간적 속성에 의해 지배되고 있기 때문이다. 이것을 스미스는 다음과 같이 말해주고 있다.

동방박사나 시미언은 '작은 노인'처럼 인간의 정신이 과거에 매어 있어서 그 속박으로부터 벗어날 수 없는 것의 상징인 것 같습니다. 이들의 영혼은 아직 세상에 속해 있으며 아직 정신적으로 세상의 더러움을 벗지 못하고 있는 것입니다.

> The Magi and Simeon, like Gerontion, appear to symbolize the soul's enchainment to the past, and its inability to desert its bond to the past. These men are still in and of the world, still spiritually uncleansed of the human taint. (G. Smith 127)

문제는 인간에게 있다. 단테의 『신곡』(神曲) 속에서 단테가, 분노한 죄로 연옥의 제 3단계에서 정죄(淨罪)를 하고 있는 혼령인 마르코 롬바르도(Marco Lombardo)에게 세상의 악의 원인이 무엇인지, 하늘로부터 내려진 것인지 아니면 지상의 인간에게 있는지를 물었던 것처럼, 엘리엇도 인간의 속성을 다룬 시 「작은 영혼」 속에서 "인간의 자유 의지와 주위의 환경과의 관계를 탐구하고 있다"(Ward 168).

엘리엇은 이 작품을 통해 '실재와 개연성'(is and seems), '긍정과 부정'(may or may not), '욕망과 절제'(desire and control) 사이에서 심한 정신적 갈등을 겪고 있는 주인공을 통하여 인간으로서의 자신의 개인적 딜레마를 보편화시켜 봄으로써, 자신의 세상과 종교에 대한 회의의 객관적 필연성과 타당성을 더욱 확실하게 인식하게 되는 것 같다. 스미스의 다음과 같은 말은 이것을 확인시켜 준다.

> 「작은 영혼」은 한 개별적 인간의 정신의 딜레마가 아니라 전체 인간의 절망적 조건을 일반화시킴으로써 인간의 조건을 더욱 음울하게 그리고 더욱 사적인 것으로 만들고 있습니다.
>
> 'Animula,' on the other hand, makes so general a pronouncement, not about a single spiritual dilemma but about the helplessness of the whole human condition, that it contrives to be more dismal and more personal at the same time. (G. Smith 128)

그러나 「작은 영혼」 속에 나타난 인간의 속성에 대한 절망적 인식이 그로

하여금 완전히 인간을 포기하도록 한 것은 아니다. 그는 인간의 속성에 대한 회의 자체에 대해서도 회의하고 있다. 만일 그가 이 회의없이 '인간은 그 속성 때문에 구제불능이다'라고 단정을 내려 버렸다면, 이 작품 이후의 다른 작품들 속에 나타나는 신에 대한 회의는 나타나지 않았을 것이다. 왜냐하면 인간의 자유의지에 의해 세상이나 종교가 이루어졌다면 모든 악은 인간의 책임일 것이며 신은 아무 책임이 없을 것이기 때문이다.

「작은 영혼」을 통해 엘리엇에게 중요하게 느껴지는 것은 앞에서 지적했듯이 그가 인간의 속성에 대한 인식을 통해 회의의 필연성과 타당성을 확신하게 되었다는 사실이다. 만일 이 타당성의 인식이 없었더라면 그는 개종 후의 치열한 회의의 무게에 깔리고 말았을지도 모르기 때문이다. 그는 파스칼의 『팡세』(Pensées)의 번역에 부친 서문에서

> 항상 생각하면서 사는 모든 사람은 자기 자신의 회의를 가져야 합니다. 이 회의는 의문으로 끝나는 수도 있을 것이고 부정으로 끝나는 수도 있을 것이며, 신앙으로 인도할 수도 또는 회의를 초월해서 어떤 믿음 속에 동화될 수도 있습니다. 파스칼은 강력하고 고도로 세련된 지성을 가진 종교적 신앙인으로서 끊임없이 의심의 악마와 대결하면서 기독교를 변호하는 것인데, 이 경우 회의는 신앙의 정신과 뗄 수 없는 불가분(不可分)의 것인 것입니다.
>
> For everyman who thinks and lives by thought must have his own scepticism, that which stops at the question, that which ends in denial, or that which leads to faith and which is somehow integrated into the faith which transcends it. And Pascal, as the type of one kind of religious believer, which is highly passionate and ardent, but passionate only through a powerful and regulated intellect, is in the first sections of his infinished Apology for Christianity facing inflinchingly the demon of doubt which is inseparable from the spirit of belief. (Eliot 1976, 411)

라고 말했으며 계속해서

> 파스칼이 절망하거나 환멸을 느꼈다고 해서 그가 개인적으로 약하다고 말

할 수는 없습니다. 환멸이나 회의는 지적(知的)인 영혼의 발전에 있어 가장 중요한 요소들이기 때문에 한 개인의 개성과는 별개의 객관적인 것입니다. 파스칼 같은 지성에게 있어 회의나 절망은 가뭄이나 흑야(黑夜)에 비유될 수 있는 것으로서, 이는 기독교 신비주의자들에게 있어서는 신비적 앎에 이르는 필수적인 단계인 것입니다.

His despair, his disllusion, are, however, no illustration of personal weakness; they are perfectly objective, because they are essential moments in the progress of intellectual soul; and for the type of Pascal they are the analogue of the drought, the dark night, which is an essential stage in the progress of the Christian Mystic. (412)

라고 말하고 있다. 그는 심지어 절망을 '신앙의 기쁨의 서곡이며 그 구성요소'(412)라고 까지 쓰고 있다. 사실 그의 회의는, 「공기요정 시편들」에 비해 어조가 훨씬 암시적이고 포괄적이며 좀더 세련되어 있지만, 『네 개의 사중주』속의 「드라이 셀베이지스」에 까지도 계속되고 있다.

> 시간의 끝은 어디에 있습니까, 소리 없는 흐느낌에,
> 꽃잎들을 떨어뜨리며 움직이지 않고 서 있는
> 소리 없는 가을꽃의 조락 속에 있습니까,
> 끝은 어디에 있습니까 표류하는 난파물에 있습니까
> 해안에 밀린 뼈들의 기도 속에,
> 재난의 예고를 들은 순간의 드릴 수 없는 기도 속에 있습니까?
>
> 끝은 없습니다, 다만 더해질 뿐.
> 더 많은 날들과 시간이 이어질 뿐
> 가장 믿을만하다고 믿어졌던 것에 대한
> 실망의 세월 속에
> 감정은 더욱 무디어져 –
> 그래서 할 수 없이 포기하는...
>
> 그들의 끝은 어디에 있습니까? 안개가 움츠려드는
> 바람의 꼬리를 쫓아 노를 젓는 어부들의 끝은?
> 우리는 바다 없는 시간을 생각할 수 없고
> 난파물이 흩어져있지 않는 바다는 생각할 수 없으며

과거처럼, 목적지가 꼭 있을 것 같은
미래를 생각할 수는 없습니다.

Where is the end of it, the soundless wailing,
The silent withering of autumn flowers
Dropping their petals and remaining motionless;
Where is there an end to the drifting wreckage,
The prayer of the bone on the beach, the unprayable
Prayer at the calamitous annunciation?

There is no end, but addition: the trailing
Consequence of further days and hours
While emotion takes to itself the emotionless
Years of living among the breakage
Of what was believed in as the most reliable—
And therefore the fittest for renunciation . . .

Where is the end of them, the fisherman sailing
Into the wind's tail, where the fog cowers?
We cannot think of a time that is oceanless
Or of an ocean not littered with wastage
Or of a future that is not liable
Like the past, to have no destination.

　　이 시의 어조 속에는 순진했던 과거처럼 목적을 세울 수도, 목적지를 정할 수도 없다는 것을 아는 '체념'이 서려 있지만 한편으로는 '어디에 그 끝이 있는가. . . ?'(Where if the end of it. . . ?)라고 묻는 부드럽지만 깊은 회의가 깔려 있다. 모든 회의를 극복한 것 같은 체념 속에서도 회의의 그림자는 치열하게 번득이고 있다. 우리는 여기서 엘리엇의 '안이한 낙천주의에 대한 혐오'(Smidt 30)를 느낄 수 있다. 그는 단테의 『신생』(*Vita Nuova*)에 관한 논문에서, '가톨릭 환멸의 철학'이 가르치는 것은 ". . . 생(生)으로부터 생이 줄 수 있는 것 이상을 기대하지 말며, 인간으로부터 인간이 줄 수 있는 것 이상을 바라지도 말고 생이 줄 수 없는 것을 죽음에 기대하라"(*Dante*, 61)라는 것이라고 쓰고 있지만, 다른 곳에서는 "인간은 승리의 기대 속에서라기 보다는 오히려 계속 생존하기 위하여 투쟁한다"(Eliot 1976, 449)고 쓰고 있다. 사랑의 문제를 해결하지 않고는 생존할 수 없기 때문에, 그의 회의는 적극적일 수밖에 없다. 그는 '문명인이 도달할 수 있는 최고의 단계는 깊은 회의를 가장 심원한 신앙과 융합시키는 것'(Smidt 30)이라고 말하고 있는데 이것은, 그의 회의가, 의미 있는 삶을 위해서 문명인이 해결해야 하는 필연적인 투쟁임을 암시하고 있으며, 또한 그가 인간의 궁극적 문제에 대한 질문을 멈출 수 없다는 것을 의미하기도 한다. 그는 이 멈출 수 없는 질문이 주는 고통의 깊이를 인식하고 있다. 그러나 생에 대한 그의 성실성이 그를 멈추지 못하게 하고 있는 것이다.

엘리엇은 그의 성실성을 통해 인간과 종교에 대한 회의의 근본적 원인은 인간의 속성에 있음을 알게 되는 것으로 보인다. 그러나 그는 이 사실 자체를 '확신'으로 수용하지는 않는다. 인간의 속성에 대한 인식을 통해 세상과 종교에 대한 회의의 필연성과 타당성을 인식했으면서도 그가 이 인식 자체를 회의하게 된 것은, 역설적이지만, 그가 인간의 속성의 근본을 꿰뚫어 알게 되었기 때문이다. 인간은 설사 종교가 말하는 것처럼 자유의지를 가지고 있다 하더라도 인간 자체가 가진 속성 때문에 선보다는 악의 유혹에 더 약하다. 역사 이래의 인간들의 노력에도 불구하고 인간의 힘으로는 세상이나 종교는 개선되어지지 않고 있다. 세상이나 종교가 인간에 의해 지배되는 한 그 개선이 불가능하다는 것이 완전히 증명된 셈이다. 그러나 그 개선이 불가능한 인간의 속성은 인간 자신이 창조한 것이 아니다. 신이 창조한 것이다. 신이 사랑이 없는 인간의 속성을 창조하였다면, 사랑의 부재 때문에 발생하는 외로움과, 세상과 종교에 대한 회의의 근본 원인은 결과적으로 신에게 있다. 신은 초월적 힘이며 전능하다. 그렇다면 그의 의지인 선은 세상에 완전히 실현되어져야 한다. 그러나 현실은 정반대의 현상을 보여주고 있다. 악이 더 성하다. 왜 전능한 신은 인간을 불화의 길로 유혹하며 '신 자체의 속성'에 대해서조차 회의를 품게 하는 악을 인간의 세계에서 제거해 버리지 않는가? 이러한 신의 섭리는 도대체 무엇인가? 엘리엇의 신에 대한 회의는 여기서부터 시작되는 것으로 보인다. 여기서 우리가 간과할 수 없는 것은 이런 과정이, 우리가 살펴 본대로, 모두 시 속에 회의의 형태로 나타나고 있다는 사실이다. 따라서 우리는 그의 생의 문제에 대한 성실성이 시 속에서는 회의에 대한 성실성으로 나타나고 있다고 말할 수도 있을 것이다. 이 점에서 엘리엇의 시 세계 속에서의 회의는 그의 인간의 궁극의 문제를 추구하는 방법론이 되고 있는 것이다.5)

"왜 신은 전능하시면서 그가 창조한 인간을 영원히 불행하게 만드는 악을 방관하는가?"라는 질문 속에는 인간을 고통 속에 침몰시키는 악을 방치해 두고 있는 신에 대한 강한 반발이 내포되어 있다. 『성회 수요일』은 주로 정신생활의 참회의 측면과 관련되어 있으며(Sullivan 50) '제목 뿐 아니라 시 자체가 여러 가지 점에서 속죄의식인 성찬식을 암시하고 있는 것'(Williamson 168)이 사실이지만 이 시의 어떤 부분들은 시의 외면에 나타난 것과는 다른, 신에 대한 회의를 짙게 암시하고 있는 듯한 느낌을 주는 것도 사실이다. 시의 표면에 나타나 있는 것 만으로는, 우리가 그것이 신을 부정하고 있는 표현이라고 말할 수는 없을 것이다. 그러나 앞에서 살펴보았듯이 엘리엇의 종교에 대한 회의의 원인이, 자유의지를 가지고 있으면서도 악의 유혹에 더 약한 인간의 속성에 기인하고 있으며 이러한 인간이 사실은 전능한 신의 피조물이기 때문에, 결국 그의 종교에 대한 회의가 신에 대한 회의로 발전했다는 사실을 상기해 볼 때, 인간이 추구하는 세속적인 것들에 대한 회의는 곧 신에 대한 회의로 볼 수 있으며 이런 것들에 대한 반발은 곧 신에 대한 반발로 볼 수 있으리라는 것이다. 『성회 수요일』의 제 1부에는 먼저 이 시의 주인공이 추구해 왔던 것으로 보이는 세속적 욕망에 대한 회의가 강하게 나타나고 있다.

> 나는 다시 돌아가기를 원하지 않기 때문에
> 나는 희망하지 않기 때문에
> 이 사람의 재능과 저 사람의 권력을 갈망하며
> 돌아가고 싶지 않기 때문에
> 나는 그런 것들을 찾아 더 이상 노력하지 않습니다.
> (왜 늙은 독수리가 그 날개를 펴야 하는 것입니까?)
> 왜 내가 평범한 왕조의
> 잃어버린 권력을 슬퍼해야 하는 것입니까?

---

5) See Ronald Bush, p. 9. Bush said that "he(Eliot) uses . . . the tools of scepticism to construct a case for the life of the heart."

> Because I do not hope to turn again
> Because I do not hope
> Because I do not hope to turn
> Desiring this man's gift and that man's scope
> I no longer strive to strive towards such things
> (Why should the agèd eagle stretch its wings?)
> Why should I mourn
> The vanished power of the usual reign?

다른 사람의 재능이나 능력 그리고 왕조의 권력 같은 것을 탐하는 것은 악의 원인을 만드는 인간의 속성이며 이 속성은 신이 창조한 피조물의 속성이다. 따라서 이러한 탐욕을 부정하는 것은 신에 대한 간접적인 반발의 표현으로 볼 수 있는 것이다. 엘리엇에게 있어 이러한 반발은 곧 신에 대한 회의와 직결되며 이것은, 그의 인간의 문제에 대한 해답이 선(善)이었으며 그 선의 실현의 마지막 가능성으로서 신을 찾았던 만큼, 자기 삶 전체, 생명의 의미를 통째로 부정하는 것과 같은 것이다.

슈미트는 "엘리엇의 시를 구성하고 있는 것은 신앙이 아니고 고통이다"(Smidt 192)라고까지 표현했으며, 웅거는 『성회 수요일』을 16세기 스페인의 십자가의 성 요한(St. John of the Cross)의 신비주의적 저술인 "영혼의 어두운 밤"(*The Dark Night of the Soul*)과 비교하고 있는데, 이 작품은 "신과 결합하고 싶은 사람은 영적 시련과 고통을 상징하는 '어두운 밤'(the dark night)을 통과해야 하며 이 어두운 밤 속에 들어가려면 감각적이거나 정신적인 모든 것으로부터의 심령적 격리를 이룩해야한다"(Unger 14-15)고 말하고 있다. '어두운 밤'의 세계는 바로 엘리엇의 시 세계에 나타나는 개인적 고통의 세계이다.

스펜더는 이러한 고통 속에 있는 주인공을 "『성회 수요일』에서 '나'는 신과 함께 어쩌면 신도 없이 홀로 선 개체이다"(Spender 156)라고 설명하고 있다. 하지만 그는 그의 모든 회의가 옳다고 확신하지는 못한다. 신이 악을 방치함으로써 인간에게 고통을 주고 있지만 이 고통이 신의 섭리 안에 있는 것이라고 믿는 기독교의 통념을 그는 완전히 떼쳐버릴 수가 없는 것이다. 그에게 있어 신은 여전히 선을 행하다 악에 상처를 입고 죽는 영혼들의 최후의 모성으로서 모든 선과 악의 행위 위에 존재하고 있다. 그는 기도한다.

> 신에게 기도합니다. 우리에게 자비를 베풀어주시기를
> 내가 나 자신과 너무 많이 토론하고
> 너무 많이 설명한 문제들을
> 잊을 수 있도록 기도합니다.
> 왜냐하면 다시 돌아가기를 희망하지 않으므로
> 이 말들이 이루어진 것에 대한 답이 되게 하시고
> 다시는 그런 일이 일어나지 않게 하시고
> 심판이 우리에게 너무 무겁게 내려지지 않게 하소서
>
> And pray to God to have mercy upon us
> And I pray that I may forget
> These matters that with myself I too much discuss
> Too much explain
> Because I do not hope to turn again
> Let these words answer
> For what is done, not to be done again
> May the judgement not be too heavy upon us

  이 시구 속에서 우리는 모순되는 두 개의 자아가 공존하고 있는 것을 본다. 미래만을 강조하는 신에 대하여 강력히 반발하는 현실에 뿌리를 둔 자아가 있는가 하면 한편으로는 이러한 자신을 용서해 주십사고 신에게 빌고 있는, 내세에 뿌리를 둔 자아가 있다. 한 인간 속에 있는 두 개의 자아는, 우열을 가릴 수 없이 동등한 힘을 가지고 서로 대립하고 있다. 이 두 자아 사이에 끼인 주인공의 고통은 극심한 것이다. 그러나 그는 어느 쪽도 고통 때문에 포기하지는 않는다. 여기서 우리는 엘리엇의 생에 대한 성실성을 본다. 그는 무의식적으로지만 이 성실성을 앞세우고, 자신과 똑같이 신에 대하여 회의하는 죄인들을 용서해 주시기를 기도한다.

> 우리 죄인들을 위하여 지금 그리고 죽음의 순간에 기도해 주소서
> 지금 그리고 우리의 죽음의 시간에 우리를 위해 기도해 주소서

Pray for us sinners now and at the hour of our death
Pray for us now and at the hour of our death

악은 인간의 속성과 결합되어 죄를 만든다. 사탄(Satan)의 유혹에 굴복하여 선악과를 따먹고 에덴동산을 쫓겨나는 아담과 이브는 신까지도 완전히 믿지 못하며, 허영과 탐욕에 가득찬, 그래서 죄에 빠지기 쉬운 현대인들의 일반적인 상징이다. 『성회 수요일』의 전반에서 주인공은 이러한 '우리 죄인들을 위해 기도해 주소서'라고 간구하고 있으며 「'바위'로부터의 합창」(Choruses from 'The Rock')에서는

오 주여, 훌륭한 의도를 가졌으나 불순한 마음을 가진 인간으로부터 저를 구해 주소서: 왜냐하면 인간의 마음은 무엇보다도 허위에 차있으며, 사악하기 이를 데 없기 때문입니다.

O Lord, deliver me from the man of excellent intention and impure heart: for the heart is deceitful above all things, and desperately wicked.

라고 탄식한다. 하지만 역설적으로, 이 자기의 죄의 시인(是認)이 그를 구원한다. 엘리엇은 "자신이 죄가 있음을 인정하는 것이 새로운 삶의 시작"(Eliot 1976, 427)이라고 말했는데, 시 속에서 자신의 보잘 것 없음을 고백한 바로 다음 부분에 나타나는 "샘물이 솟아나고, 새들이 노래하며 내려왔다"는 구절은 이 새로운 삶을 암시하는 것으로 보인다. 그러나 주인공이 자기의 죄를 인정함으로써 구원을 받긴 하지만 그것은 신의 섭리로서의 악의 원인이 밝혀지지 않는 한 완전한 것이 될 수는 없다. 따라서 앞에서 "주여, 저는 하잘 것 없나이다"라고 두 번 고백한 다음에 덧붙인 "다만 그 한 말씀만 들려 주소서"(speak the Word only)라는 구절 속에는, 바로 이 악에 대하여 단 한 마디의 언질만이라도 해주십사 하는 애원이 포함되어 있는 것으로 여겨진다. 그리고 엘리엇의 '신에 대한 회의'의 본질이 악에 있었던 만큼, 이 문제에 대한 해답도 결국 이 '다만 그 한 말씀 들려 주소서'라는 기도에 대한 응답 속에 포함되며, 결국 이 "들려지지 않고 말해지지도 않은 말"은 엘리엇의 신에 대한 회의를 푸는 열쇠

가 되는 것으로 보인다. 그러나 말씀을 말을 통해 표출시키려는 엘리엇의 의도의 표현으로 보이는 그의 시는 확실한 표현을 발견하지 못하고 있을 뿐 아니라, 이 시의 후반에 시도된 말씀(Word)과 말(word) 사이의 관계 설정 조차도 애매하기 짝이 없다. 워드는 이 점을

> 말과 말씀과의 대조는 기껏해야 임시방편의 고안인 것 같습니다. 너무 불안정하기 때문에 무의미로부터 이 대조를 구하기 위해서 활자상의 구별을 필요로 하고 있습니다.
>
> The contrast between the word and the Word seems at best a make-shift device, so ramshackle that it needs a typographic distinction to save it from unmeaning; (Ward 161)

이라고까지 말하고 있으나, 이것보다는 말씀이 그 성질상, 항상 이것을 추구하는 말에 의해 완전히 표출될 수 없는 성질의 것이기 때문인 것으로 보인다. 이 문제에 있어 중요한 것은 말씀이 얼마나 말로 표현되었느냐가 아니고, 말씀을 말로 표현해보려는 시인의 성실성일 것이다. 엘리엇은 『성회 수요일』이 출판된지 12년 후에 이런 상황을 "시인은 의의(意義)는 있으나, 언어가 표현할 수 없는 의식의 변경(frontiers of consciousness)에 사로잡혀 있다"(Eliot 1965, 22-3)고 설명해 주고 있을 뿐이다.

　말씀을 확연하게 말할 수 있는 존재는 신 자신 뿐이다. 그러나 신은 세상을 창조한 이후 계속 침묵을 지키고 있다. 결국 말씀의 애매성은 신의 본질의 애매함과 관련시켜 생각할 수밖에 없다. 신에 대한 회의의 고통 속에서 완전히 탈출할 수 있는 길은 오직 신의 말씀을 통해서일 뿐이므로 말씀을 표출시키기 위한 말은 그의 시 속에서 계속 추구된다.

> 어디서 말은 찾아질까요, 어디서 말은
> 반향할까요?
>
> Where shall the word be found, where will the word
> Resound?

스펜더는 "현세의 조건 속에서 말씀은 말해질 수 없다"(128)고 대답한다. 이 대답은 시 속에 나타난

여기서는 아닙니다. 충분한 침묵이 없습니다.

Not here, there is not enough silence

라는 대답과 애매하다는 점에서 유사하다. 이에 비해 윌리암슨은 좀 더 수긍이 가는 대답을 해주고 있다. 그는 "말씀이 여기에 있다"고 대답한다. 인간 중에는 이것을 믿는 자도 믿지 않는 자도 있으나, 믿는 자들 조차도 자기의 믿음을 실천하기에는 너무 약하다고 그는 말하고 있다(Williamson 182). "말씀이 여기에 있다"는 대답은 신의 말씀이 "현재 세상에 실현되고 있는 것과 똑같다"는 의미이며, 이것은 현재의 악이 궁극적으로 완전한 선을 실현시키기 위한 섭리라는 것을 의미한다. 엘리엇은 이것을 믿는 것으로 보인다. 그러나 세상의 악이 너무 크기 때문에 그것을 신의 섭리로만 이해하고 지나쳐 살기에는 그의 마음이 너무 다감하고 섬세하다. 악이 주는 자극을 견디기에는 그는 약한 것이다. 여기서 생기는 회의가 주는 고통을 이기기 위해서는, 그의 믿음을 붙들어주는 강한 힘, 신의 은총이 필요하다. 윌리암슨은 "이 시의 화자는 지금 절실하게 은총의 필요를 느끼고 있다"(182)고 말한다.

그러나 엘리엇이 그의 「보들레르론」에서 말한 것처럼 "인간 존재의 불행한 필연성 중의 한 가지는 우리들이 모든 것을 스스로 찾아내야 한다는 것이다"(Eliot 1976, 428). 신의 섭리를 믿으면서도 한편으로는 악을 볼 때마다 신에 대해 회의하고 괴로워하는 딜레마 속에서 인간은 스스로 자신을 회의의 고통으로부터 구해줄 힘을 찾을 수밖에 없다. 이 딜레마는, 인간이 세상과 접하고 있는 동안은, 그리고 신이 입을 열지 않는 한은 영원히 헤어날 수 없는 함정이다. 동시에 여기서 유발되는 신에 대한 회의도 끝없이 반복될 수밖에 없는 숙명을 갖게 되는 것이다.

엘리엇이 그의 시를 통해서 계속 추구한 세계는 "하느님이 세상을 지극히 사랑하사 독생자를 보내셨다"(John 3: 16)는 구절 속에 암시된 무한한 신의 사

랑이었으나 그가 발견한 것은 더 많은 악이었던 것으로 보인다. 그러나「보들레르론」에서 그가 말한대로 "악의 관념은 선의 관념을 암시해 주는 것"(Eliot 1976, 427)이며 "악마주의 자체도 단순한 편견이 아닌 한 뒷문을 통해 기독교로 들어가려는 시도"(421)가 될 수 있는 것이다. 엘리엇의 딜레마는 여기에 있다. 정면에 큰 산처럼 서 있는 악이 세상의 전부인 것처럼 생각되는데, 그 배면(背面)에 그보다 더 큰 선의 산(山)이 있는 것을 인식하고 있는 것이다. 정면의 산을 넘을 수 있을 것 같지도 않거니와 배면의 산은 잘 보이지도 않는 것이다. 그러나 그는 이 정면의 산을 넘을 수 있다고 생각한다. 넘으려는 시도가 실패한 순간마다 그는 회의에 빠지지만 그는 회의에 대해서 회의하고, 다시 도전하고 또 실패하고 회의하며, 이 회의에 대해서 또 회의하고 도전한다. 우리는 그의 이 성실한 도전에서, 살아있는 그에게 생명을 주는 것은 사랑이 아니라, 실패에서 오는 회의에 대한 끊임없는 또 다른 신선한 회의라는 것을 알게 된다. 이것이 엘리엇에게 새롭게 도전할 힘을 준다. 엘리엇의 시 속에 나타난 회의의 의미는 여기에 있다. 그가 할 수 있는 것은 끝없는 회의이며, 거기서 생기는 끝없는 고통 뿐이다. 그리고 그의 힘은 고통받는 위대한 능력 뿐이다. 그가 보들레르를 가리켜 한 말은 그 자신에게도 해당되는 것으로 보인다.

> 그는 위대한 힘, 그러나 고통받을 수 있을 뿐인 힘을 가진 사람들 중의 하나였습니다. 그는 고통을 피할 수 없었으며 그것을 초월할 수도 없었습니다. 그래서 그는 스스로에게 고통을 끌어당겼습니다. 그러나 어떤 고통도 훼손할 수 없었던 위대한 수동적 힘과 감수성을 가지고도 그가 할 수 있었던 것은 그저 그의 고통을 열심히 연구하는 것 뿐이었습니다.
>
> He was one of those who have great strength, but strength merely to *suffer*. He could not escape suffering and could not transcend it, so he *attracted* pain to himself. But what he could do, with that immense passive strength and sensibilities which no pain could impair, was to study his suffering. (423)

그러나 이 고통은 그가 끝없이 악에 대해 도전하고 있음을 증명해주는 것이며, 이 도전은 그의 시의 전편에 끊임없이 압도적으로 나타나고 있는 진정한 회의를 통해 증명된다. 그의 도전은 시의 뒤에 감추어져 나타나지 않고 있으나, 도전하지 않는 자에게 진정한 회의란 있을 수 없는 것을 우리는 안다. "아무것도 하지 않는 것보다 악이라도 행하는 편이 낫다. 그땐 적어도 우리는 존재하니까"라는 엘리엇의 말은, 살아 있는 인간이 최선을 다한다는 것의 중요성을 강조하는 것으로 해석되어야 할 것이다.

사랑이 없는 고통의 세계에서 그는 사랑의 존재를 믿었으며, 끝내 포기하지 않고 그것을 추구하였다. 그에게 중요한 것은 이 믿음과 결코 좌절하지 않는 최선의 성실성이다. 그가 자신이 빠진 딜레마와 회의에서 빠져나올 수 없을 것 같으면서도 긍정적으로 보이는 것은 바로 이 신에 대한 믿음과 성실성이 그를 구해주리라는 것을 우리가 확신하기 때문이다. "보들레르가 감내하고 있는 것과 같은 고통은 은총의 가능성에 대해 긍정적인 암시를 던져준다" (423)고 「보들레르론」에서 그가 보들레르에 대해 한 말은 그에게도 그대로 적용될 수 있을 것이다.

IV

종교철학의 제문제를 존재론적으로 설명하고 있는 틸리히에 의하면 인간은 유한한 자유— 이것은 선악과를 따먹을 수 없다는 신화적 사실 속에 상징적으로 나타나 있다— 속에 스며드는 존재론적 불안 때문에 사탄의 유혹에 굴복하여 유한한 자유를 현실화함으로써 본질에서 분리된다. 다시 말하면 본질에서 실존으로의 전이(轉移)가 일어나는 것이다. 실존의 상태는 소외의 상태로서 이 상태에서 인간은 존재의 근원인 신으로부터, 다른 존재들로부터 그리고 자기 자신으로부터 분리된다. 본질에서 분리된 인간은 깊은 죄책감에 사로잡히게 되며, 소외상태 속의 인간은 죽음과 같은 고독과 끝없는 방황 속에 빠지게 된다(Tillich 1957, 39-45). 그러므로 인간실존의 가장 절실한 욕구는 이러한 분리상태 즉 소외를 극복하고, 자신의 개체적 생명을 초월해서 분리된 것과 재결합하려는 욕구이다. 이 "융합의 욕망은 사랑의 필수불가결한 요소이다"

(Tillich 1951, 280).[6] 그래서 프롬(Fromm)은 분리된 것의 융합의 달성 즉 사랑을 인간실존의 문제에 대한 해답으로 제시한다(7). 엘리엇의 시는 분리되어진 소외의 상태에서 외로움을 절감함으로써 시작하여 이것을 극복해주는 화합의 힘으로서의 '사랑'[7]을 깊이 인식함으로써 완숙한 경지에 이르는 것으로 보인다.

『네 개의 사중주』는 엘리엇이 한 인간으로서 "인간의 근원적 소외감과 외로움 그리고 거기서 생기는 고통을 극복시켜줄 것은 무엇일까"하는 자신의 궁극적 관심을 추구한 결과 그것이 '사랑'이라는 신비적 체험에 대한 시적 언어의 등가물로서, 시 속에서 시인은 주로 시간과 공간의 개념을 이용하여 이 체험을 암시적으로 표출시키고 있는 것으로 보인다. 요한 1서의 기자는 "신은 사랑이다. 사랑 안에 거하는 자는 신 안에 거하는 것이며, 신도 그 사람 안에 거하는 것이다"(1 John 4: 6)라고 썼다. 그는 신과 사랑의 동질성을 깊이 인식하고 있었다. 기독교의 여러 상징을 현대인에게 의미있는 언어로 재해석하는 노력을 계속해 왔으며, 설교를 통해 "신을 모르는 자라도 사랑을 행하면 그는 신 안에 거하고 있는 것이다"(Tillich 1955, 26)라고까지 말한 틸리히는 그의 필생의 업적인 세 권(三卷)으로 된 『조직신학』(*Systematic Theology*)의 제 1권에서, 사랑이 존재론적 개념임을 명시하고, 사랑의 감정적 요소(emotional element)는 사랑의 존재론적 성격에서 나온 것이지만, 사랑의 개념이 감정적 측면에 의해서만 정의되는 것은 잘못이라고 말하면서 바로 이어 다음과 같이

---

6) Hegel은 그의 초기 논문들에서 사랑의 철학자로 출발한 것으로 알려져 있는데, 유명한 그의 변증법은 분리(separation)와 융합(reunion)으로서의 사랑의 성질에 대한 그의 직관에서 추출된 것이라고 한다(Tillich 1954, 22).

7) 이때의 사랑은 아가페(agape)적 사랑으로, 다음과 같이 설명된다
"아가페적 사랑을 제외한 모든 사랑은 변하거나 온전하지 못한 일시적 특질에 종속되어 있다. 그것은 반발과 유인, 열정과 동정에 종속되어 있다. 아가페적 사랑은 이런 상태들로부터 독립되어 있다. 아가페적 사랑은 높거나 낮은, 마음에 들거나 들지 않는 성질에 관계없이 무조건적으로 타자를 긍정한다. 아가페적 사랑은 사랑하는 자와 사랑받는 자를 융합시킨다. 왜냐하면 신은 양자 모두를 충족시키는 형상을 지니고 있기 때문이다. 그러므로 아가페적 사랑은 보편적이다. 구체적 관계가 기술적으로 가능한 사랑("이웃들")은 아무도 제외되지 않으며, 어느 누구도 선호되지 않는다. 아가페적 사랑은 저항한다 할지라도 타자를 수용한다. 아가페적 사랑은 고통을 견디며 또한 용서한다. 아가페적 사랑은 타자에 대한 인격적 충족을 추구한다."(Tillich 1951, 280)

쓰고 있다.

이런 생각은 필연적으로 사랑의 의미에 대한 감정적 오해를 유발하며, 사랑을 신적 생활에 대한 상징적 의미로 사용하는 것에 대해 의문을 불러일으킵니다. 그러나 신은 사랑입니다. 그리고 신은 존재자체이므로 우리는 존재자체는 사랑이다라고 말해야 하는 것입니다.

This leads necessarily to sentimental misinterpretation of the meaning of love and calls into question its symbolic application to the divine life. But God is love. And since God is being-itself, one must say that being-itself is love. (Tillich 1951, 279)

신의 다른 표현인 "존재자체"(being-itself)란 무엇인가? "존재자체"는 "하나의 존재"란 말이 아니다. "존재자체"는 모든 존재를 초월하며, "모든 존재의 총체"를 초월하는 개념이다. 틸리히는 계속해서 "존재자체"의 성격을 이렇게 밝히고 있다.

존재자체는 유한과 무한을 초월합니다. 그렇지 않다면 존재자체가 그것 외의 다른 것에 의해 조건 지어질 것입니다. 존재의 진정한 능력은 존재와 존재를 조건 지어주는 것을 넘어서 존재하는데 있습니다. 존재자체는 무한하게 모든 유한한 존재를 초월합니다. 한편 모든 유한한 것들은 존재자체와 존재자체의 무한성 속에 포괄됩니다.

Being-itself is beyond finitude and infinity; otherwise it would be conditioned by something other than itself, and the real power of being would lie beyond both it and that which conditioned it. Being-itself infinitely transcends every finite being. . . . On the other hand everything finite participates in being-itself and in its infinity. (237)

우리는 여기서 『네 개의 사중주』의 첫 시인 「버언트 노오튼」을 볼 필요가 있다. 이 시 제 1부는 특히 중요하다.

현재의 시간과 과거의 시간은
아마 미래의 시간에 존재하고
미래의 시간은 과거의 시간에 포함되어 있을 것입니다.
모든 시간이 영원히 존재하는 것이라면
모든 시간은 회복할 길이 없습니다.
있을 수 있었던 일은 단지 사색의
세계 속에 영구한 가능성으로
남는 하나의 추상.
있을 수 있었던 일과 있은 일은
항상 현존하는 한 점을 지향합니다.

Time present and time past
Are both perhaps present in time future
And time future contained in time past.
If all time is eternally present
All time is unredeemable.
What might have been is an abstraction
Remaining a perpetual possibility
Only in a world of speculation.
What might have been and what has been
Point to one end, which is always present.

첫 두행은, 미래의 내용은 과거와 현재에서 경험된 것 즉 유한한 것을 내용으로 하지만, 이 유한성은 그것이 미래에 포함되면서 이 유한한 시간과 그 범주 속의 공간을 초월해서 존재하게 된다는 의미이다. 왜냐하면 과거와 현재에서 추출되어 미래에 포함된 내용은 과거나 현재 속에서 일상적 시간과 공간의 개념으로 설명되는 구체적 사건들이 아니라 그것이 주는 생각이나 느낌이며[8], 이 느낌이란 것은 시간과 공간의 일상적 범주에서 생긴 것이면서도, 이 범주를 초월해서 존재하는 것이기 때문이다. 슈미트도 "우리가 생각하고 기억하고 느끼는 많은 것들은 시간을 차지하지 않고 있는 것 같다"(Smidt 144)고

---

[8] Eliot도 그의 박사학위를 위해 썼던 논문에서 "It(feeling) means for me, first, the general condition before distinctions and relations have been developed, and where as yet, neither any subject nor object exists."라고 쓰고 있는데 이때의 'general conditions'는 시간과 공간을 초월한 상태를 말한다(Eliot 1964, 16).

말하고 있다. 셋째 행의 'past'는 현재까지를 포함한 시간개념으로, 이것은 현재도 미래의 시간에서 보면 과거가 되어 있는 시간이기 때문이다. 따라서 이 행은 미래의 내용은 과거에서 경험되었던 내용이라는 의미이다. 결국 유한성 속에서 나온 "느낌"에 의해 모든 시간은 통합되어 동시성 속에 공존하는 것이 된다. 이렇게 되면 "회복이란 시간의 차이에 의존하는 것이기 때문에"(for redemption depends upon the differences in time)(Williamson 211) 결국 모든 시간은 회복할 수 없는 것이 된다. 넷째 행과 다섯째 행의 의미는 바로 이것이며, 영원히 존재하는 시간 속의 느낌은 슈미트의 말처럼 "'있을 수 있었던 일'은 제외하고, 옳거나 그른, '있었던 일'만에 의거하여"(Smidt 144) 얻어질 수밖에 없는 것이기 때문에 "있을 수 있었던 일은 하나의 영원한 가능성으로서 사색속에 하나의 추상으로 남는다". '있을 수 있었던 일'9) – '있었던 일' 외의 다른 일의 무한한 가능성을 암시하고 있다는 의미에서 '무한성'을 상징한다 – 은, 이 무한성과 유한성을 초월해서 '항상 존재하는 한 점'을 지향한다. 이 한 점은 앞에서 언급한대로 일상의 유한성 속에 근거를 두고 있다는 것까지를 종합해보면, 우리는 그것이 위에서 인용한 '존재자체'의 개념과 일치하는 것을 알 수 있게 된다('present'는 지향하는 한 점 즉, 존재자체의 모든 시간에 있어서의 '현존성'을 암시하는 표현으로, 현재와의 동시성을 갖지 못한 것은 무엇이든 지향할 바가 되지 못함을 암시하고 있다.)

「이스트 코우커」에도 존재자체에 대한 인식이 처음과 끝이라는 시간의 유한성을 나타내는 개념을 통해 나타나고 있다. 이 시는 "나의 시초에 나의 종말이 있다"(In my beginning is my end)로 시작하여 "나의 종말에 나의 시초가 있다"(In my end is my beginning)로 끝나고 있다. 이 두 문장은 「버언트 노오튼」에 나오는 "시작과 끝이 거기에 항상 있었다"(the end and the beginning were always there)라는 구절을 상기시키지만 결코 과거와 미래가 동시성을 가진 것이라든지 아니면 영원성은 모든 시간을 초월한다는 것을 의미하고 있지

---

9) 앞으로 있을 수 있는 일은 항상 과거에 있을 수 있었던 일에 근거를 두고 있다. 여기에 '있을 수 있었던 일'을 '있을 일'과 같은 의미로 쓰일 수 있는 근거가 있는데, Eliot은 시의 운율적 효과를 위해 이 시의 9행과 47행에서도 'what might have been'을 'what might be' 대신 쓰고 있는 것 같다.

는 않다. 이 두 문장이 의미하는 바는 "매 순간은 종말이며 시초이다"(every moment is an end and beginning)(G. Smith 258)라는 것이다. "매 순간이 종말이며 시초이다"라는 말은 매 순간 속에 종말과 시초가 없다는 것과 같은 말로서, 시초와 종말이 없는 어떤 시간, 제 자신의 시작과 끝이 있는 어떤 시간을 암시한다. 이러한 시간의 개념은 이 시의 첫 두행의 "succession"의 이미지 속에 명백히 드러낸

    . . . 계속해서
    집들이 세워지고 그리고 무너집니다. . . .

        . . . In succession
    Houses rise and fall. . . .

"건설과 파괴의 주기"(a cycle of building and decay)(269) 속에서 처음과 끝은 존재할 수 없는 동시에, 그 주기 속에 포함된다. 여기서 우리가, 틸리히가 『조직신학』 속의 「존재와 신」이라는 장 속에서, 존재자체를 시초와 종말의 개념으로 정의해 놓은 부분을 읽어본다면 우리는 곧 「이스트 코우커」에 나타난 시간의 개념이 '존재자체'의 시간개념과 일치함을 보게 될 것이다.

    존재의 능력으로서, 존재자체는 시작과 끝을 가질 수 없습니다. . . . 존재
    자체는 시작 없는 시작이며 끝없는 끝입니다. 존재자체는 시작이며 끝입
    니다. . . .

    As the power of being, being-itself cannot have a beginning and an end. .
    . . Being is the beginning without a beginning, the end without an end. It
    is its own beginning and end. . . . (Tillich 1951, 189)

「드라이 셀베이지스」("Dry Salvages")에서는 강과 바다 등의 공간적 상징과 종소리가 주는 시간을 초월한 느낌을 통해 신에 대한 인식을 나타내 주고 있으며, 또 「리틀 기딩」("Little Gidding")에서는 영국이라는 공간의 개념과, 무시간의 교차점이라는 시간 개념을 통해 '존재자체' 즉 신에 대한 인식을 암

시하고 있다.

> 무시간적 순간의 교차점인 이곳은
> 영국이며 아무 곳도 아니고, 그런 적이 결코 없으면서 늘 그렇습니다.
>
> Here, the intersection of the timeless moment
> Is England and nowhere. Never and always.

"무시간적 순간의 교차점인 이곳이 영국이며 동시에 아무 장소도 아니다"라는 것은 무시간적 교차점이 한 장소와 관계를 가지면서 그 장소를 초월해서 존재한다는 뜻이다. '그런 적이 결코 없으면서 늘 그렇다'는 것은 무시간적 순간이 어느 장소에서 어떤 구체적 순간에 느낀 것이면서 동시에 그 구체적 순간을 초월한다는 의미로서 이런 순간은 곧 「버언트 노오튼」의 초반에 나타난 시간과 공간의 개념과 같은 것이다.10)

이러한 존재 자체에 대한 인식의 시간들은 '크로노스'(Chronos)와 구별되는 '카이로스'11)(Kairos)로서의 시간으로서, 스펜더는 이 시간을

> 이 시간은 현실 속의 순간이 영원한 시간과 구분되는 교차점입니다. 이 시간은, 역사의 논리 밖의 시간이지만, 교리적으로 하나의 역사적 사건으로 수용된, 그리스도의 화육(化肉)의 시간입니다.
>
> This is the intersection of a moment in time by eternity, which is the Incarnation of Christ, accepted dogmatically as a historic event, though outside the logic of history. (Spender 155)

라고 표현하고 있으며, 엘리엇은 그의 시『바위』(The Rock)의 제 7부에서 이

---

10) 여기서 우리는 사부작(四部作) 중의 일부(一部)와 사부(四部)가 이어지는 시작과 끝의 어떤 circle을 느끼게 된다.
11) 'Chronos'와 'Kairos'는 시간을 나타내는 희랍어로서, Chronos는 시계바늘에 따라 돌아가는 일상적 시간이며, Kairos는 일상적 시간으로 잴 수 없는, 어떤 내용과 의미가 충만한 시간, 그 시간으로 의미가 사라지지 않고 그 시간이 의미하는 바에 의하여 영원히 현존하는 질적인 시간이다.

러한 순간을 명확히 제시하고 있다.

> 그때, 예정된 순간에, 시간 안에 있는 시간에 속한 순간이 왔습니다.
> 시간 밖의 순간이 아니고, 시간 안의, 소위 역사 속의 순간이: 시간의 세계
> 　를 가르고, 이등분하는, 시간 안의 그러나 시간 속의 순간과는
> 　다른 순간이.
> 시간 안의 순간 그러나 그 순간을 통하여 시간이 만들어지는 순간: 왜냐하
> 　면 의미 없이는 시간은 존재하지 않고, 그 순간이 의미를 제공
> 　하기 때문에.

> Then came, at a predetermined moment, a moment in time and of time
> A moment not out of time, but in time, in what we call history:
> 　transecting, bisecting the world of time, a moment in time
> 　but not like a moment of time.
> A moment in time but time was made through that moment:
> 　for without the meaning there is no time, and that moment
> 　of time gave the meaning.

그러면 『네 개의 사중주』의 각 시의 제 1부들에 나타나는 이와 같은 존재 자체, 존재의 근원(the ground of being)[12])에 대한 인식의 표출을 통해 엘리엇이 의도하는 바는 무엇인가? 이 질문에 대한 해답은 이 시에 나타나는 '사유(思惟)의 전개방식'과 깊은 관계를 갖고 있다. 이 시의 화자 곧 "시인은 '십계단의 비유에서와 같은'[13]) 코스를 따라 사랑을 추구하고 있는데"(Wagner 84) 이 코스는 신비주의자들이 신비적 앎(mystical awareness)을 찾는 심리적 발전과정과 비슷하다. 신비주의에 대한 연구가인 이블린 언더힐(Evelyn Underhill)은 신비주의자들의 심리적 발전과정을 다섯 단계로 분류하고 있는데, 요약해 보면 아래와 같다.

---

12) Tillich는 신(神)이라는 말 대신에 '존재자체', '존재의 근원', '존재의 능력', '궁극적 관심', '궁극적 실체'라는 말들을 사용하고 있다(Wheat 114).
13) Burnt Norton, 1. 163. St. John of the Cross의 신(神)과의 합일(合一)을 위한 상향(上向)의 계단(Williamson 216)

1) 환희와 고양으로 특징 지워지는 신의 실재에 대한 각성
2) 불완전성에 대한 인식과, 훈련과 금욕을 통해 신을 향한 정진에 방해가 되는 모든 것을 제거하려는 시도
3) 빛을 가져다주는 정화
4) '자아'의 순화 — 신비적 고통과 신비적 죽음. 자아는 '완전히 수동적'으로 됩니다.
5) 통일 — "실재의 초절적 수평 위에 삶의 자아 확립. . . ."

1. an awakenning of Divine reality marked by "joy and exaltaton,"
2. the realization of imperfection and an attempt to eliminate by discipline and mortification all that stands in the way of progress towards God,
3. purgation bringing illumination,
4. the purification of self — mystic pain or mystic death. The self becomes "utterly passive,"
5. Union — "The self establishment of life upon transcendent levels of reality. . . ."(Wagner 83-4)

그런데 이 다섯 단계와 엘리엇의 『네 개의 사중주』의 각 시의 5부는 기이하게도 상당한 유사성을 가진다(83). 엘리엇도 다음과 같이 신비주의와 시와의 관계에 대한 긍정적 암시를 준 바 있다.

> 신비주의와 어떤 종류의 시 또는 시가 만들어지는 어떤 종류의 상태사이에는(꼭 순(純)이지적인 것은 아니고 아마 단순히 심리적인) 어떤 관계가 있다는 것을 나는 의심하지 않습니다.
>
> That there is a relation (not necessarily poetic, perhaps merely psychological) between mysticism and some kinds of poetry, or some of the kinds of state in which poetry is produced, I make no doubt. (Eliot 1968, 139)

그러나 중요한 것은 이 시와 신비주의 방법과의 유사성의 사실에 대한 문제가 아니라, 이 시에서 느껴지는 신비주의의 방법과 이 시의 주제와의 관계이며 이 시 속의 신비주의의 느낌이 주제를 효과적으로 표출시키는데 어떤 역할을 하고 있느냐이다. 엘리엇 같은 시인이 시작 과정에서, 이 시의 신비주의

의 진한 냄새 때문에 그의 시가 특정한 의미의 종교시라거나 교훈시로 평가절하될 수도 있으리라는 위험을 간과했을 리가 없다. 그러나 그가 이런 위험을 무릅쓰고 기독교 신비주의의 냄새를 시 속에 도입한 것은 그것이 이 시의 주제를 표출시키는데 필수적 역할을 담당하기 때문일 것이다. 그러면 이 신비주의는 이 시의 주제와 어떻게 관련이 되며, 어떤 역할을 하는 것일까?

우리는 먼저 위에 인용한 엘리엇 자신의 언급에 주의할 필요가 있다. 윗글의 괄호 속에서 엘리엇은 "꼭 순 이지적인 것은 아니고, 아마 단순히 심리적인"이라는 표현을 쓰고 있으며, 그 밑에서 "신비주의와... 시가 만들어지는 어떤 종류의 상태"라는 표현을 쓰고 있는데, 이 표현 속에 『네 개의 사중주』와 신비주의와의 관계와 역할의 한계가 암시되어 있는 것으로 보인다. "꼭 순 이지적인..."으로 시작된 표현은 『네 개의 사중주』 속에서 신비주의의 역할은 그 자체의 어떤 주의를 노출시켜 드러내는 것이 아니라, 신비주의의 냄새가 시속에 풍겼을 때 나타나는 심리적 효과 즉 진정한 앎에 도달하려는 경건하고 진지한 분위기가 주는 효과를 위한 것이라는 의미로 해석할 수 있으며, 이 효과는 이 시의 주제와 깊은 관계를 가지는 시의 전개 순서에 따른 진전을 용이하게 하는 동시에 독자에게는 이 주제를 시인이 의도하는 깊이로 받아들일 수 있는 정신 상황을 마련하게 해주는 것으로 보인다. 또 "신비주의와... "로 시작되는 표현 속의 "시가 만들어지는 마음의 상태"는 시를 쓰는 시인의 정신상태를 의미하는 것으로, 시인의 정신상태, 즉 신비주의자들의 '진정한 앎'을 얻고자 하는 마음의 상태 자체가 아닌, 그러한 마음의 상태로 상징되는 '신'—존재자체—에 대한 인식을 출발로 하여 종국에 달성되는 신과의 합일 곧 '사랑'14)을 희구하는 마음의 상태를 의미하는 것으로, 『네 개의 사중주』의 시인은 이러한 마음의 상태 속에 있으며 신비주의와 『네 개의 사중주』와의 관계는 바로 신비주의와 이런 시인의 마음의 상태와의 관계일 뿐이다. 이러한 관계의 한계는 시 속에 가득 찬 신비주의의 냄새에도 불구하고 이 시가 기독교 신비주의를 초월한 보편성 또는 '일반적 의식'에 도달할 수 있게 하고 있

---

14) Tillich는 일년간에 두 번에 걸친 기독교 신비주의에 관한 세미나를 지도하면서, 기독교 신비주의란 필연적으로 사랑의 신비주의임을 깨닫게 되었다고 고백하고 있다(Brown 175).

다. 한편 엘리엇은 신비주의가 고행의 형식을 통해 도달하려는 바가 상반(相反)의 합일15), 다른 말로 하면 존재의 실존과 본질의 합일(合一)의 경험인 '사랑'에 있다는 사실을 통해, 아주 중요한 주제에 대한 암시 즉 이 시가 추구하는 바가 '사랑'임을 강력히 암시한다.

다른 한편으로 엘리엇은 신비주의의 다섯 단계 중의 고행과 정죄(淨罪)의 단계에 나타나는 '어두운 밤'(the dark night)16)이 상징하는 어두움과 고통의 과정을 이용하여 "신은 사랑이다"라는 인식에 도달하기까지의 세계와 신에 대한 회의를 나타내고 있는 것으로 보인다. 이때의 회의는 "신은 사랑이다"라는 명제에 대한 명백한 회의를 불러일으키는 것이며 이 명제를 받아들이는 것의 어려움을 실감케 한다.

> 이곳은 불만의 땅입니다
> 앞의 시간과 뒷 시간
> 몽롱한 빛 속에 잠긴 . . .
> 충만도 아니고 공허도 아닌, 다만
> 시간에 매인 긴장된 얼굴들 위에 껌벅이는 불꽃
> 착란에 의한 혼란으로 얼빠진 얼굴들
> 환상으로 가득 차고 의미를 잃은
> 집중없이 부푼 무감각
> 사람들과 종이조각들, 시간의 앞과 뒤에 부는
> 바람에 나부끼는,
> 병든 폐 속을 드나드는 바람
> 앞의 시간과 뒤의 시간.

> Here is a place of disaffection
> Time before and time after
> In a dim light . . .
> Neither plenitude nor vacancy. Only a flicker
> Over the strained time-ridden faces

---

15) 사랑은, 사랑의 주관과 객관 사이의 상이성(相異性)을 전제로 한다(Brown 175).
16) 기독교 신비주의자인 St. John of the Cross가 신비주의를 체계화한 작품(作品) *Dark Night of the Soul*에서 온 말로 고행과 정화의 과정은 이 작품 속에서는 신과의 합일(合一)을 위한 어두운 밤(黑夜)(the dark night)에 해당한다.

>   Distracted from distraction by distraction
>   Filled with fancies and empty of meaning
>   Tumid apathy with no concentration
>   Men and bits of paper, whirled by the cold wind
>   That blows before and after time,
>   Wind in and out of unwholesome lungs
>   Time before and time after
>
>   — Burnt Norton, III

회의와 깨달음 뒤의 마지막 '합일'에 해당하는 각 시의 제 5부는 인간 생명을 휘어잡는 궁극적 관심의 실체가 '사랑'이라는 인식의 표현들로 가득하다. 이것은 "모든 것은 스스로 찾아내야 한다"(Eliot 1976, 428)는 것을 받아들인 인간의 절망적 회의와, '그럼에도 불구하고'(in spite of) 자유로울 수밖에 없는 인간정신의 존재론적 운명에 따라, 어둠 속에서 필사적으로 모색한 결과로 얻어진 것이다. 시 속에서 엘리엇은 먼저 각 시제 1부에서 그가 표출한 시간과 공간의 범주론적 실재를 초월한 존재자체인 신의 존재론적 성격 앞에 '사랑'(Love)을 붙임으로써, 더 구체적으로 말하면, '사랑'과 '존재자체'의 존재론적 성격을 단순한 연결사인 'is'로 연결시킴으로써 "Love is Being-itself" 곧 "God is love"라는 등식(等式)을 성립시킨다. 각 시의 제 1부 속에서 존재자체인 신에 대한 인식을 계속적으로 표출한 이유는 여기에 있는 것으로 보인다. 「버언트 노오튼」에서 '사랑'은 "Love is . . . timeless"라는 등식으로, 또 사랑과 행복을 상징하는 녹음 속의 아이들의 숨은 웃음은 신의 영원한 실재를 의미하는 "Quick now, here, now, always"(자 빨리, 여기, 지금, 언제나)라는 표현과 연결되고 있으며, 「이스트 코우커」에서 "사랑은 여기에, 지금이, 상관없이 될 때 그 자체에 가장 가깝다"고 표현되고 있다. 「드라이 셀베이지즈」에서는 "사랑의 장소에서 과거와 현재는 정복되고 화해되며", 「리틀 기딩」에서는 다시 장미원으로 돌아와― 이것은 존재의 근원에서 분리되었던 것이 다시 근본과 합해지는 것을 상징하며, 이 화합은 곧 사랑을 암시한다.17) ― 처음으로 출발했던

---

17) Four Quartets의 각 제목에 대해 Williamson은 "These titles make the circle of his beginning and end, from the point of family origin in England to America and return."이라고 말했는데

장소를 알게 된다. 숨은 아이들은 다시 등장하고 다시 "Quick, now, here, now, always"와 연결되고 있다. 시인은 사랑을 「버언트 노오튼」에서의 존재자체의 무시간성과 영원한 현존성과, 「이스트 코우커」와 「드라이 셀베이지스」에서는 시간과 장소의 일상성의 범주를 극복하는 존재자체의 능력과, 「리틀 기딩」에서는 다시 시초와 종말이 같은, 다른 말로 하면, 시작과 끝이 없는 무시간성, 영원한 현존성과 연결시킴으로써 '존재자체와 사랑'이 같은 것임을 암시한다.

그러면 시인의 삶에 있어 "신은 사랑이다"라는 명제는 무슨 의미가 있는 것인가? "신은 사랑이다"라는 말은 다른 말로 하면, "궁극적 관심이 사랑이다"라는 의미로서, 시인이 시 속에서 이 명제를 암시적으로 드러내는 이유는, 시인에게 있어 "시인의 생명을 사로잡는 가장 절실한 관심이 곧 사랑이다"라는 것을 의미하고 있는 것이다. 다시 말하면 그의 인생에 있어 가장 중요한 것은 '사랑'이라는 말이다. 이것은 엘리엇 자신의 문제와도 무관하지 않다. 슈미트는 "어느 경우건 엘리엇은 자기의 정신과 영혼의 불안을 구하기 위해서 사색하지 않으면 안되었다"(Smidt 183)고 말한 바 있는데, 훌륭한 가문의 몸 약한 막내 아들이던 엘리엇이 어렸을 때부터 어머니와 네 누이의 지나칠 정도의 사랑 속에서 성장했던 것(Matthews 19)을 우리는 알고 있으며 이러한 그의 행복은 우리가 앞에서 살펴 본 녹음 속의 아이들의 웃음 속에 잘 나타나 있다. 그러했던 그가 타향인 영국에서, 후에 정신병원에 입원하게까지 되는, 비비엔(Vivienne Haigh-Wood)과의 결혼 후에 가지게 된 육체적 정신적 불행은 그가 '사랑'에 궁극적 관심을 갖게 되는 깊은 바탕이 되는 것임을 우리는 쉽게 짐작할 수 있을 것이다. 과거의 행복에 대한 그리움은 『네 개의 사중주』의 각 제목들이 그의 행복했던 과거의 추억과 깊이 관계되는 장소들로(Bradbrook 27) 되어 있는 사실에 충분히 암시되어 있다. 시인은 「버언트 노오튼」에서 "장미원"(rose garden)으로 들어갔다가, 「리틀 기딩」에서 다시 처음 출발했던 곳으로 돌아온다. 윌리암슨은 이것을 다음과 같이 말한다.

출발했던 곳으로의 회귀(回歸)는 장미원에서의 출발과 회귀가 암시하는 바와 마찬가지로 존재의 근원에로의 화합(和合) 즉 사랑을 암시한다(Williamson 207).

우리가 궁극적으로 발견하는 것은 인간이 과거의 정원으로 들어가 자신의 역사를 따라가다 보면, 그는 마침내 자신이 출발했던 정원에 도달하게 된다는 것입니다.

The ultimate discovery is that if man enters the garden of the past and follows his history, he arrives at the garden from which he set out. (Williamson 208)

과거에의 순례와 기억을 통해 그가 배운 것은 「리틀 기딩」의 제 3부에 잘 나타나 있다.

<pre>
            이것이 기억의 효용입니다.
해방을 위해 — 사랑의 축소가 아니라
욕망을 넘어선 사랑의 확장, 그래서 과거 뿐 아니라
미래로부터의 해방을 얻는 것이.
</pre>

This is the use of memory
For liberation — not less of love but expanding
Of love beyond desire, and so liberation
From the future as well as the past.

V

지금까지 우리는 엘리엇의 궁극적 관심인 인간실존의 고통의 문제가 깊고 긴 회의의 터널을 통해 사랑이라는 해답에 도달하는 과정을 고찰하였다. 그러나 우리는 인간실존의 고통의 문제가 이것으로 완전히 해결되지 못한다는 것을 알고 있다. 인간고통의 문제에 대한 해답은 사랑인데, 가장 깊은 의미에서 이 사랑의 실천은 현실적으로 고통인 것이다. 이것은 추상적 논리의 결과가 아니라 사랑에 대한 절실하고 구체적인 경험의 피할 수 없는 결론이다.

그러나 인간은 "마음의 원(願)이로되 육신은 약한 존재이다"(Mark 14: 38). 인간의 실존의 삶 속에서 사랑의 욕망은 대부분은 육체의 이기적 욕망에 굴복한다. 그런 인간들이 모여사는 세상에서 이기적 욕망에 배치되는 사랑의 실천은 항상 이기적 악과의 투쟁을 전제로 하는 것이며, 악과의 투쟁은 고통이다. 또 진정으로 누구를 사랑한다고 할 때 그 사랑이 확연하게 증명되는 것도 악으로부터 사랑의 대상을 지켜주는 행위 속에서이며, 악으로부터 누구를 지킨다는 것은 악과의 싸움을 전제로 하는 것이다. 1935년 발표된 엘리엇의 최초의 장막시극『대성당의 살인』(Murder in the Cathedral)에서 주인공 베켓(Becket)이 교구민들에 대한 지고한 사랑의 대가로 받는 것은 악의 상징인 왕으로부터 받는 생명의 위협이다. 그는 세명의 유혹자가 차례로 보여주는 세속의 쾌락과, 왕에 대한 복종을 통해 얻는 대법관으로서의 권력, 왕에 모반하고 귀족과 결탁하여 얻는 지상에서의 신의 대리기관인 교회의 수장으로서의 권력들을 모두 일언지하에 거절한다. 그러나 마지막 유혹자가 던진 순교를 통한 사후의 영광은 그를 뒤흔든다. 왕과 주교들과 귀족들을 영원히 굴복시킬 수 있는 그리고 무덤에서까지 그들을 지배할 수 있는 권력이다. 그러나 그는 마침내 이 유혹도 거절한다. 그것은 그릇된 이유로 옳은 일을 행하게 하는 유혹인 것이다. 보이지 않는 순교의 영광조차 허락되지 않는 그의 죽음은, 대주교이기 이전에 한 연약한 인간인 그에게 도대체 무엇인가? 인간으로서 행할 수 있는 최고의 사랑인 순교를 통해 그가 받는 것은 현실적으로 최고의 고통인 죽임 뿐이다.

    우리는 당연히 질문하게 된다. 왜 진정한 사랑이 고통일 수밖에 없는가? 고통은 왜 생기는가? 고통의 근원은 어디에 있으며 왜 그것은 모든 시대와 공간을 통해 끝없이 계속되는 것인가? 이 질문은 우리 뿐 아니라 엘리엇 자신이 절망적으로 던졌던 인간의 실존의 상황에 대한 질문으로 보이며[18] 이 문제를 극적 상황 속에서 다루고 있는 작품이 바로 『가족의 재회』(The Family Reunion)로 보인다. 엘리엇은 이 작품 속에서 주인공 해리(Harry)의 고통의 이유가 모든 인간의 실존 속에 작용했던 "일반적인 인간의 죄성(罪性)"[19]이라

---

[18] In the decade following World War I, T. S. Eliot was the very voice of the "lost generation" wandering and groping in the modern waste land. (Friedman 31)
[19] "가장 순수하고 명정한 이성의 소유자였던 Kant에게 있어서 조차도 인간의 죄성의 이유 곧 악의 원리는 증명조차 필요로 하지 않는 사실이었다."(Neve and Heick 97)

고 밝히고 있다. 엘리엇은 인간이 이 "일반적인 죄성"을 가지고 있는 것을 주인공 해리의 입을 통해 "자신이 더럽혀진 채로 있다"고 표현하고 있는데, 이 극의 후반에서 해리는 "이 더러움(defilement)에서 벗어나는 유일한 길은 궁극적으로 화합(reconcilation)이라는 것"을 안다고 말한다. ─ 이 때의 화합은 신과의 화합이며 이것을 위해 해리는 항상 신과 함께하는 길인 순교의 길을 떠난다─ 틸리히는 "분리된 것의 재결합을 위한 노력으로서의 사랑은 소외의 반대이며, 이 사랑과 신앙 속에서 죄[20]는 정복된다. 왜냐하면 재결합(reunion)에 의해 소외는 극복되기 때문이다"(Tillich 1957, 46)라고 말하였는데, 이 재결합이야 말로 해리가 극 속에서 말하는 조화의 회복인 '화합'인 것이며, 이 화합이야말로 이 극 속의 가족이 진정으로 다시 모이는『가족의 재회』가 상징하는 바 사랑인 것이다.

그러나『대성당의 살인』의 주인공 Thomas à Becket이나『가족의 재회』의 주인공 해리를 통해 제시된 순교를 통한 사랑의 방법은 인간이 속한 현실의 상황으로부터 떠남으로써 성취되는 방책이다. 이 방법은 "신이 아닌 모든 것들에 대한 사랑으로부터 영혼을 분리시킴으로써 신에 도달할 수 있으리라"(C. Smith 157)고 믿었던 기독교 신비주의의 부정의 방법(Negative Way)이다. 그러나 이 방법은 베켓이나 해리처럼 중세적 또는 성자(saint)적 기질을 지닌 특수한 인간에게나 가능한 것이지, 인간의 실존의 상황을 떠날 수 없는 대부분의 현대의 인간들에게는 실천이 불가능한 방법이다. 그렇다면 '삶의 현실'이라는 테두리를 뛰어 넘을 수 없는 상황 속에 있는 평범한 인간들에게 실천 가능한, 실존의 고통으로부터의 탈출 방법은 없는 것일까? 엘리엇의 새로운 탐색은 여기서부터 다시 시작되는 것으로 보이며, 극적 표출방법의 실패로 제대로 전달되지 못한『가족의 재회』의 주제의 재구성과 함께 이 문제를 본격적으로 탐구해 본 작품이 바로『칵테일 파티』(The Cocktail Party)인 것으로 보인다.

이 작품 속에서 엘리엇은 사랑에 실패한 뒤 삶의 현실을 부정하고, 엄격한

---

20) 틸리히는 "죄란 자기가 속한 신으로부터, 인간으로부터 그리고 자기자신으로부터의 이탈"(Tillich 1957, 46-47)이라고 말한다.

교단에 가입하여 킨칸자(Kinkanja)라는 야만의 땅에 파견되어 간호원으로 봉사하던 중, 원숭이들을 숭배하는 이교도들의 폭동 때 그들에게 잡혀 십자가에 못박혀 죽게 되는 여주인공 실리아(Celia)를 통해 사랑의 '부정의 방법'을 극명하게 재조명함과 동시에, 또 다른 주인공들인 챔버레인(Chamberlayne) 부부를 통하여, "모든 창조된 것들은 신의 불완전한 형상(imperfect image)까지를 포함해서 모두 신의 형상들로서 긍정적으로 수용되어야 한다"(C. Smith 157-158)[21)]는 정신에 근거를 둔 기독교 신비주의의 긍정의 방법(Affirmative Way)을 제시한다. 불완전한 형상들을 신의 형상의 일부로 수용한다는 것은 우리가 인간의 완전성에 대한 환상을 유보하고 서로 다른 인간의 수많은 결점들을 현실로 인정하고, 그것을 똑같은 비극적 유한성 속에 사는 인간 공동의 운명적 상처로 받아들인다는 것을 의미한다. 이러한 긍정의 방법이 설득력을 갖는 것은 모든 세상의 불완전한 것들과의 단절을 목표로 하는 '부정의 방법'이 소수의 특수한 사람들을 제외한 대부분의 인간들에게 현실적으로 불가능해 보이기 때문이다. 이 방법은 다른 말로 하면 인간의 끝없는 욕망을 절제하는 체념의 방법이다. 어느 선에서 절제하고 체념하느냐 하는 것이 문제가 되지 않을 수 없다. 그러나 이러한 한계의 문제는 부정의 방법에서도 다른 차원에서 똑같이 제기될 수 있는 문제이다.[22)] 더 중요한 것은 이 방법이 실제로 인간에게 사랑과 평안을 회복시켜 줄 수 있으며 그것이 현실의 생활 속에서 실제로 완전한 실천이 가능한가 하는 문제이다. 이 문제도 사실은 두 가지 방법 모두에게 해당되는 질문이다. 제 2막의 후반에서 실리아가 두 가지 방법 중 "어느 방법이 더 좋으냐"고 질문하자 심령의 의사인 라일리는 "어느 쪽이 더 좋은 것

---

21) 엘리엇에게 기독교 신비주의의 '긍정의 방법'과 '부정의 방법'에 대한 암시를 준 것으로 짐작되는 소설 *Descent of the Dove*(1939)와 *Descent into Hell*(1949)을 쓴 Charles Williams는 그의 또 다른 책인 *The Figure of Beatrice*(1943)에서, 이 긍정의 방법을 시인과 연인들의 삶의 방법으로 기술하면서 Dante를 이 길의 선구적 대표자로 묘사하고 있다. 그에 의하면 단테는 Beatrice를 신이 그녀를 보았듯이 즉 '인간의 타락'(the Fall of Man)의 사건이 없었더라면 그녀가 가지고 있었을 또는 그녀가 천국으로 되돌아가면 가지게 될 것 같은 그런 흠 없는 완전한 형상으로 그녀를 보았다는 것이다. 말하자면 그는 불완전한 신의 창조물인 한 인간의 형상을 완전한 신의 창조물로 받아들였던 것이다(160).
22) 예를 들면 "어느 선(線)이 완전이라고 말할 수 있는 선이냐?"하는 등의 문제이다.

이 아니고" "두 가지 길이 모두 필요하다"고 대답한다. 그렇다면 먼저 각자에게 적절한 방법을 시도해 보는 수밖에 다른 도리가 없다. 『네 개의 사중주』에서 엘리엇이 말한 것처럼 인간은 "계속 노력하기 때문에 패배하지 않을 뿐"인 존재인 것이다.

그러나 깊이 성찰해보면 긴 삶의 역사를 통하여 인간은 그를 고통으로부터 구해줄 방법에 대한 무지 때문에 불행했던 것은 아니다. 그렇다면 인간의 불행의 근원은 진정으로 무엇인가? 인간이 매일의 생활 속에서 끊임없이 실천하며 살 수밖에 없는 불행한 쪽으로의 크고 작은 자유로운 선택 때문인가, 아니면 처음부터 정해진 그의 운명 때문인가? "인간은 자유를 가지고 있기 때문에 인간이다"(Tillich 1957, 182). 인간은 죽을 수밖에 없는 운명을 지닌 유한한 존재이지만 동시에 삶의 모든 단계에서 어떤 것이건 선택하면서 살 수 있는 자유를 지닌 존재이다. 그렇다면 삶과 고통에 대한 해결책이 사랑인 것을 알면서도 인간이 겪는 실존의 고통은, 그의 자유 때문인가 아니면 운명 때문인가? 희극 형식으로 쓰인 엘리엇의 네 번째 장막시극인 『비서』(*The Confidential Clerk*)는 바로 이 문제를 진지하게 다루고 있다.

인간은 언젠가는 죽을 수밖에 없는 제한된 조건 속에서 사는 유한한 운명적 존재이면서 동시에 삶의 모든 단계에서 어떤 것이건 선택할 수도 있는 자유로운 존재이다(Tillich 1951, 182). 인간이 행복하거나 행복하지 못한 것은 어떤 의미에서 삶의 모든 순간에서의 그의 자유로운 선택의 결과이다. 그러나 인간들은 이 "자유로운 선택의 결과"를 운명23)이라 부르는 모순을 범하고 있다. 인간은 자연의 순리에 지배되는 한계를 지닌 존재이지만 그는 그를 다른 생물로부터 분리시키는 특질인 정신의 힘에 의하여 항상 주어진 울타리를 뛰어넘는 자유를 지닌 존재이다. 미국의 유명한 진보주의 신학자인 라인홀드 니버(Reinhold Niebuhr)는 그의 명저 『인간의 본질과 운명』(*The Nature and Destiny of Man*)의 초두에서 이것을 다음과 같이 말하고 있다.

---

23) 이때의 운명은, 운명을 뜻하는 영어 'fate'의 어원인 Latin어 *fatum*이 뜻하는 대로 - 말해진 것, 예언적 선언, 신의 결정 - 인간의 자유로운 선택의 영역을 넘어선, 일반적으로 쓰여지는, 결정론적 의미의 운명을 가리킨다. See Mircea Eliade et al. eds., *The Encyclopedia of Religion*, 1987 ed., s. v. "Fate."

인간은 자연과 시간의 유전(遺傳) 속에 포함되어 있기도 하고 포함되어 있지 않기도 합니다. 인간은 자연의 필연성과 운행에 종속된 피조물입니다; 그러나 그는 또한 그의 짧은 생애를 알고 있는 자유로운 정신이며 이 앎을 통해 자신의 내적 능력에 의하여 현실을 초월하는 존재입니다. . . . 인간의 역사 속에서 인간 정신이 자연의 필연성으로부터 해방된 적은 없었지만, 또한 인간 정신이 주어진 환경을 초월하여 어떤 더 궁극적인 가능성을 추구하지 않은 적도 없었습니다.

Man is, and yet is not, involved in the flux of nature and time. He is a creature, subject to nature's necessities and implementarions; but he is also a free spirit who knows of the brevity of his years and by this knowledge transcends the temporal by some capacity within himself. . . . There is no point in human history in which the human spirit is freed of natural necessity. But there is also no point at which the mind cannot transcend the given circumstances to imagine a more ultimate possibility. (1-2)

그러나 인간은 자신이 선택한 불행한 결과에 대하여 인간의 운명의 주관자인 신에게 그 책임을 물으며, 신이 그 책임을 다하지 못한다는 죄목으로 니체처럼 거침없이 신의 죽음을 선포하기까지 하고 있다. 그러나 신은 유한한 인간의 원망이나 사망 선고의 차원, 곧 인간의 감정이나 이성의 차원을 넘어선 존재이다. 중요한 것은 신을 아무리 원망해도 우리의 자유로운 선택의 결과인 불행한 삶의 운명은 변하지 않고 우리 앞에 엄연히 현실로서 존재한다는 사실이다. 인간이 할 수 있고 해야 할 일은 자유냐 운명이냐의 문제가 아니라, 어떻게 하면 인간의 행복에 더 도움이 될 선택을 함으로써 현실보다 더 나은 운명을 획득할 수 있느냐를 생각하는 일 뿐이다. 왜냐하면 운명은 인간에게 일어날 일을 미리 결정하는 인간을 넘어선 이상한 힘이 아니라, 인간의 자유의 기반(basis)이며(Tillich 1951, 185), 틸리히의 말처럼, 인간 자신의 행복을 실현하기 위한 "모든 자아실현의 행위 속에서 자유와 운명은 하나로 통합되는 것"(Tillich 1957, 78)이기 때문이다.

『비서』24) 속에서 엘리엇은 부유한 금융업자의 후계자가 되는 기회가 목

---

24) Helen Gardner는, The Cocktail Party의 주제는 자유와 운명이라고 말하고 있지만 (See 'A Review,' New Statesman, 20 March 1954, vol. xlvii, 373-4 in Grant, 699.) The Cocktail

전에 있음에도 불구하고 부에의 환상과 야망을 버리고 자신이 살고 싶은 진정한(real) 삶을 위하여 극히 보수가 적은 시골교회의 올겐주자가 되는 고통을 자원하는 주인공을 등장시킨다. 그리고 이 주인공 콜비(Colby)의 용감한 선택에 대한 조망을 통하여, 수많은 작고 큰 선택으로 표상되는 자유의 실천에 의하여 인간의 운명이 결정되는, 자유와 운명의 "상극적 상호의존 관계"(polar interdependence)(Tillich 1951, 182)를 명확하게 우리에게 보여준다. 이 작품 속에서 엘리엇은 가장 이상적 삶으로써 인간의 한계를 인정하고 인간 사이의 완전한 이해를 기대하지 않는 사랑의 긍정적 방법을 권하면서도, 그러한 삶의 방법이 세상의 악을 부정하고 궁극적으로는 그것을 초극하는 신과의 합일, 곧 진정한 사랑의 실천을 위한 준비 단계가 되는 것이어야 한다고 말하고 있다.

그의 마지막 작품인 『노 정치가』(*The Elder Statesman*)는 지금까지 우리가 살펴본 인간실존의 고통에 대한 해답을 실천하려는 노력에도 불구하고 결국 연약하기에 많은 잘못을 저지를 수밖에 없는 인간의 뉘우침과 용서의 문제를 다루고 있다. 수많은 고통과 좌절을 통해 얻은 해답에도 불구하고 인간은 또 수많은 잘못을 저지르고 만다. 엘리엇은 이런 삶을 살다가 마침내 죽음 앞에 선 노 정치가 클래버튼(Claverton)경의 행적에 대한 고찰을 통하여, 원초적 '죄성'을 지닌 인간의 구원의 가능성을 추구하고 있다. 은퇴하여 심각한 병에 걸려있는 클래버튼 경 앞에 그의 젊은 시절의 죄를 상기시켜 주는 대학친구 고메즈(Gomez)와 옛 연인 카길 부인(Mrs. Carghill)이 나타나며 이들을 통해 주인공은 심각한 갈등에 빠진다. 왜냐하면 두 사람이 주인공의 잘못을 비난하고 있지만 그들도 자신들의 이익을 위해 주인공을 이용했었기 때문이다. 그들과 싸워 그들의 잘못을 폭로함으로써 그들의 비난으로부터 벗어날 수도 있다. 그러나 그가 그를 괴롭히는 두 사람으로부터 벗어난다고 해서 그가 범한 잘못이 주는 죄악감으로부터 완전히 도피할 수도 없거니와 그의 잘못이 없어지는 것도 아니다. 그의 사위인 찰스(Charles)가 자기들의 잘못을 클래버튼 경에게 전가하고 자신들을 정당화시키려는 그들의 심리를 설명하면서, "그들에게 그것

---

*Party*가 인간 운명의 필연성 곧 인간의 힘으로는 다른 방도가 없는 인간의 운명적 상황을 강조하고 있는데 비해, *The Confidential Clerk*은 인간의 선택 곧 자유를 더 강조하고 있다.

을 폭로하면 그들도 당신을 괴롭히지 못하리라"고 전하지만 클래버튼 경은 명백히 이것을 거절한다. 그는 찰스의 논리의 정당성을 인정하면서도 그것이 자기 잘못과는 무관한 것이라고 잘라 말한다. 고메즈와 카길 부인은 "사람으로 구체화된 클래버튼경의 과오들"(Grant 703)인 것이다. 클래버튼경은 여기서 조문화된 세속의 법을 넘어서는 양심의 법에 대하여 말하고 있다. 세속의 법 앞에서 그는 죄인이 아니지만 신의 법인 양심의 법 앞에서 그는 죄인이다. 의미가 있는 것은 그의 과오가 아니라 마침내 그가 자기의 모든 잘못을 뉘우치고 그것을 고백했다는 사실이다. 그는 지독한 수치를 무릅쓰고 딸 모니카 (Monica)에게 자기의 죄를 낱낱이 고백한다. 이 고백을 통해 클래버튼경은 자신의 가면의 삶과 잘못으로부터 자유를 얻는다. 이 작품의 제 3막에서 클래버튼경은 한 인간이 자기의 "범죄 뿐 아니라, 비열한 짓, 비루한 행동 그리고 비겁한 행위 뿐 아니라 그가 바보 짓을 했을 때의(안한 사람 누가 있는가?) 우스꽝스러운 상황들까지를 낱낱이 누구에게 고백할 수 있을 때, 그는 그 사람을 사랑하는 것이며, 그 사랑이 그를 구원해 줄 것"이라고 말한다.

VI

엘리엇의 궁극적 관심인 인간실존의 고통의 문제에 대한 긴 고찰을 통하여 우리에게 깊게 느껴지는 것은, 인간의 연약함에 대한 시인 엘리엇의 절실한 인식이다. 그것은 자신의 연약함에 대한 정직한 고백이면서 동시에 동료인간의 연약함에 대한 공감이고 사랑이다.

이 논문의 앞부분에서 필자는 엘리엇과 틸리히의 문화와 종교에 대한 견해의 유사성에 대하여 언급하였으나, 이 유사성은 그들 사이의 철학적 신학적 견해의 유사성이라기 보다는 근본적으로 인간실존의 고통에 대한 그들의 공감 곧 느낌의 유사성이다. 이 공감은 어느 누구에서도 시원한 대답을 기대할 수 없는 절박한 상황 속에서 그들이 믿어왔던 부성적(父性的) 신을 향한 그들의 간절한 부름 속에, 대답없는 신에 대한 회의와 체념 그리고 신 없이라도 인간 스스로 어떻게 해보지 않으면 안되겠다는 절박한 인식과 끈질긴 노력 속에 드러나 있다. 그리고 그 다음, 인간의 연약함에 대한, 두 사람이 보여주는 뼈아픈 동정과 연민 그리고 어쩔 수 없는 사랑 속에, 그리고 인간들의 고통이 그저 피할 수 없는 수동적 고통이 되게 하기 보다는, 구원을 위한 능동적 고통이 되도록 해야되겠다는 맹렬한 의지 속에 그것은 드러나고 있다.

이러한 공감은 엘리엇의 시와 시극 그리고 틸리히의 저서들을 읽을 때 어렴풋이 느껴지는 감정이지만, 앞에서 고찰한 것처럼 틸리히의 종교에 대한 실존적 정의를 참고하여 그의 초기시들을 읽을 때, 틸리히의 신에 대한 존재론적 정의를 참조하면서 『네 개의 사중주』를 읽을 때, 죄와 사랑에 대한 틸리히의 존재론적 정의와 자유와 운명에 대한 틸리히의 철학적 신학적 견해를 이해하면서 엘리엇의 시극들을 읽을 때, 더 확연히 느껴지는 감정이다.

'신이 죽어버린' 20세기 지성사(知性史)에서 엘리엇은, 종교 밖에 머물러 있는 반항적 실존주의자들로 대표되는 대부분의 지식인들과는 달리 겸허하게 종교의 의식과 전통, 교리 등을 받아들인 드문 시인이었다. 그러나 그렇다고 해서 그의 시나 시극이 그가 받아들인 기독교의 선전의 범주에 드는 것은 아닙니다. 모든 인간에게 공통된 보편적인 삶의 궁극의 의미를 탐구하고 있는 그의 시는, 항상 상반되는 요소들 사이의 갈등의 극복을 통하여 기독교도의 견해를 넘어선 일반성을 획득하고 있는 것이다. 슈미트는 엘리엇의 『네 개의 사중주』를 설명하면서 이것을 다음과 같이 말하고 있는데, 이것은 그의 장막시극에도 그대로 적용되는 것이다.

> 우리가 『네 개의 사중주』에 더 깊이 몰입하면 몰입할수록 우리는 이 작품을 구성하고 있는 긴장과 역(逆)긴장이 더욱 복잡하게 얽혀 있는 것을 알게 됩니다. 이 긴장과 역긴장은 하나의 통일된 조망을 보여주고 있지만, 어느 경우든 그것은 기독교인의 견해 이상의 것을 포괄하는 조망이며, 동시에 거의 기독교를 넘어서는 세련성을 보여주는 조망인 것입니다.
>
> The deeper we go into the *Four Quartets* the more complicated do the strains and counter-strains which constitute it appear. They do form an unified outlook, but in any case it is an outlook which comprehends considerably more than the Christian view, and which at the same time is refined almost beyond Christianity. (Smidt 183)

그러면 엘리엇의 무엇이 그의 작품의 기독교적 색채에도 불구하고 그것을 초월하는, 슈미트가 말한 것과 같은, 일반성을 획득하게 하는 것일까? 그것은 그의 정신적 탐구가 근본적으로 기독교적 관점에서 출발한 것이 아니고, 다른 모든 일반 사람들과 마찬가지로 그가 사는 삶의 상황의 실존적 고통으로부터 출발하고 있기 때문이다.25) 이러한 출발은, 그로 하여금, 판에 박힌 어떤 종교 - 그가 기독교 뿐 아니라 불교, 힌두교에도 심취하였던 것은 잘 알려진 사실이다- 의 편협한 교리에 매이지 않고, 인간의 삶의 고통 속에 던져지는 모든 질문을 통해, 그를 포함한 대부분의 현대인들이 갖는 인간 고통의 문제들에 접근하게 함으로써, 어떤 특정 종교의 상투적 편향적 해답이 아닌, 모든 인간에 공통되는 삶의 궁극의 문제에 대한 보편적 해답들을 찾아내게 해주고 있는 것이다. 그가, "대부분의 사람들에게 있어 종교란 무엇보다도 먼저 태도나 습관의 문제여야 하며, 종교가 속한 사회의 생활과 일 그리고 즐거움들과 융화되는 것이어야 할 뿐 아니라, 고유한 종교적 감정은 일종의 가정적 사회적 감정의 확장 내지는 신성화여야 한다"(Eliot 1977, 24)고 말했을 때, 그는 그의 종교관의 보편성과 일반성을 가장 분명하게 드러내고 있는 것이다.

---

25) 이러한 맥락에서 The Waste Land를 "단지 개인적이고 전적으로 무의미한 삶에 대한 불평의 해소에 지나지 않으며, 그저 한 편의 리드미컬한 투덜거림에 불과하다"(Valerie Eliot 1)고 토로한 엘리엇의 말을 액면 그대로 받아들여야 한다고 생각한다. 실존적인 관점에서 보면 The Waste Land는 삶 속에서 엘리엇이 느낀 회의와 고통을 그때까지의 온갖 학문의 성과와 상징들을 동원하여 표현한, 음악적 투덜거림이고 그것은 그의 진실이다. 진심이기 때문에 이 작품은 그 지독한 난해성에도 불구하고 두고두고 독자들의 가슴을 흔들 수 있었던 것이다. 물론 이 작품이 현대문명의 황폐와 불모성을 표현하고 있다던지 구원의 메시지를 전달하고 있다고 하는 것도 사실이다. 그러나 이 작품의 긴 생명과 의의(意義)의 핵심은 20세기 현대문명의 현장을 진지하게 살았던 예민한 감수성을 지닌 한 인간의 회의와 투덜거림의 진실성이며, 엘리엇과 틸리히의 유사성의 의의의 핵심도 인간실존의 고통에 대항하는 그들의 태도의 진실성에 있는 것으로 보인다. 그들은 그들의 실존의 고통의 표현인 이 진실한 '투덜거림'을 멈추고 싶은 절실한 욕구 때문에 사랑을 찾아내고, 이 사랑을 실천하는 과정에서 견디게 되는 고통을 통해 그들이 그토록 회의해왔던 신과 진실로 만나게 되는 것이다.

주요어 (Key Words): 실존적(existential), 엘리엇(T. S. Eliot), 궁극적 관심 (ultimate concern), 회의(scepticism), 고통(suffering), 폴 틸리히(Paul Tillich), 존재자체(being-itself), 사랑(love), 재화합(reunion), 자유와 운명(freedom and destiny), 뉘우침(contrition)

인용문헌

김경재, 『폴 틸리히: 생애와 사상』. 서울: 대한 기독교 출판사, 1979.
Adams, J. Luther., et., al. ed. *The Thought of Paul Tillich*. Cambridge, New York: Harper and Row, 1985.
Bergonizi, Bernard. *T. S. Eliot*. London: Macmillan & Co., Ltd., 1972.
Bradbrook M. C. *Eliot: Bibliographical Series of Supplement to British Books News*. No. 8. London: Longmans, Geen & Co., Ltd., 1958.
Brown, D. M. *Ultimate Concern*. Trans. Lee Ke Joon. Seoul: The Christian Literature Society, 1976.
Bush, Ronald. *T. S. Eliot: A Study in Character and Style*. New York: The Oxford UP, 1984.
Cox, C. B. and Hinchliffe, Arnold P. *T. S. Eliot: The Waste Land*. London: Macmillan and Co., Ltd., 1971.
Eliot, T. S. *Dante*. London: Faber & Faber, 1929.
_____. *Christianity and Culture*. Sandiego: A Harvest/HBJ Book, 1949.
_____. *On Poetry and Poets*. New York: The Noonday Press, 1961.
_____. *Notes Towards the Definition of Culture*. London: Faber & Faber, 1962.
_____. *Knowledge and Experience in the Philosophy of F. H. Bradly*. London: Faber & Faber, 1964.
_____. *Selected Essays*. London: Faber & Faber, 1976.
Eliot, Valerie., ed., *The Waste Land: A Facsimille*. London: 1971.
Friedman, Maurice. *To Deny Our Nothingness: Contemporary Images of Man*.

Chicago London: The U of Chicago P, 1978.

Fromm, Erich. *The Art of Loving*. New York: Harper & Row, 1956.

Gardner, Helen. *The Art of T. S. Eliot*. London: Faber & Faber, 1972.

Hayward, John. *T. S. Eliot: Selected Prose*. Harmondworth, Middlesex: Penguin Books, 1953.

Kojecky, Roger. *T. S. Eliot's Social Criticism*. London: Faber & Faber, 1971.

Mackinon, Lachlan. *Eliot, Auden, Lowell*. London and Basingstoke: Macmillan P Ltd., 1983.

Matthew, T. S. *Great Tom: Notes Towards the Definition of T. S. Eliot*. New York: Harper & Row, 1974.

Neve, J. L. and O. W. Heick, 『기독교 신학사』. 서남동 역, 서울: 대한기독교서회, 1967.

Niebur, H. Richard, *Radical Monotheism and Western Culture*. New York: Harper Torchbooks, 1960.

Pauck, W. Marion. *Paul Tillich, His Life and Thought*. New York: Harper & Row, 1976.

Smidt, Kristian. *Poetry and Belief in the Work of T. S. Eliot*. London: Routledge and Kegan, Paul, 1961.

Smidt, Carol. *T. S. Eliot's Dramatic Theory and Practice*. Princeton: Princeton UP, 1963.

Smidt, Grover. *T. S. Eliot's Poetry and Plays*. Chicago and London: U of Chicago P, 1974.

Spender, Stephen. *Eliot*. Fontana: William Collins Sons & Co., Ltd, 1975.

Sullivan, Sheila., ed. *Critics on T. S. Eliot: Reading in Literary Criticism*. No. 14. London: Geroge Allen & Unwin Ltd., 1973.

Tillich, Paul. *Systematic Theology*. Vol. 1. Chicago: U of Chicago P, 1951.

_____. *Love, Power, and Justice*. London, Oxford, New York: Oxford UP, 1954.

_____. *Systematic Theology.* Vol. 2. Chicago: U of Chicago P, 1957.

_____. *The Protestant Era.* Chicago: U of Chicago P, 1957.

_____. *Dynamics of Faith.* New York: Harper & Row, 1957.

_____. *Theology of Culture.* New york: Oxford UP, 1964.

_____. *What is Religion?* Trans. J. L. Adams. New York, Hagerstown, San Francisco, London: Harper Torchbooks, 1969.

_____. 『宗敎란 무엇인가?』. 黃弼昊 譯. 서울: 展望社, 1983.

Unger, Leonard. *T. S. Eliot.* U of Minnesota Phamphlets on American Writers. Vol. 8. Minneapolis: Lund P, 1970.

Wagner, Linda W., ed. *T. S. Eliot: A Collection of Criticism.* New York: McGraw-Hill Book Company, 1974.

Ward, David. *T. S. Eliot between Two Worlds.* London and Boston: Routledge & Kegan Paul, 1973.

Wheat, Leonard F. *Paul Tillich's Dialectical Humanism.* Baltimore and London: The John Hopkins Press, 1970.

Williamson, George. *A Reader's Guide to T. S. Eliot.* New York: Farrar, Straus & Giroux, 1966.

T. S. 엘리엇 詩劇

저자 · 한국 T. S. 엘리엇학회 편
초판 1쇄 발행일 · 2009. 9. 30
ISBN 978-89-5506-412-4

펴낸곳

도서출판 동인 / 펴낸이 · 이성모 / 주소 · 서울시 종로구 명륜동2가 237 아남주상복합Ⓐ 118호 / 전화 · (02)765-7145, 55 / 팩스 · (02)765-7165 / Homepage · www.donginbook.co.kr / E-mail · dongin60@chol.com / 등록번호 · 제 1-1599호

정가 35,000원

※ 잘못 만들어진 책은 바꾸어 드립니다.

필진

- 가윈 더 루   미국 성공회 신부
- 김명옥   한국외국어대학교 교수
- 김양수   안동대학교 명예교수
- 김재화   성공회대학교 명예교수
- 김 한   동국대학교 교수
- 노저용   영남대학교 교수
- 배희진   성균관대학교 강사
- 양병현   상지대학교 교수
- 양재용   강원대학교 교수
- 이정호   서울대학교 명예교수
- 이준학   전남대학교 명예교수
- 이창배   동국대학교 명예교수
- 정갑동   동국대학교 명예교수
- 최영승   동아대학교 교수
- 최종수   전 한국외국어대학교 교수
- 최희섭   전주대학교 교수
- 허정자   한국외국어대학교 강사

발간위원장 : 노저용(영남대)
발간위원   : 권승혁(서울여대), 김구슬(협성대), 김재화(성공회대), 박미정(한국외대), 배순정(연세대), 양균원(대진대), 이윤섭(안양대), 정경심(덕성여대), 허정자(한국외대)